HEYNE
BÜCHER

Hyemeyohsts Storm

Die Weisheit der Medizinräder

Lightningbolt:
Geschichte einer Einweihung

Aus dem Amerikanischen
von Norbert Schachner

WILHELM HEYNE VERLAG
MÜNCHEN

HEYNE ESOTERISCHES WISSEN
Herausgegeben von Michael Görden
Nr. 13/9832

Umwelthinweis:
Das Buch wurde auf
chlor- und säurefreiem Papier gedruckt.

Taschenbucherstausgabe 7/2000

Copyright © by Hyemeyohsts Storm 1994
Copyright © der Medizinschilde Hyemeyohsts Storm 1994
Copyright © der deutschsprachigen Ausgabe 1997 by
Heinrich Hugendubel Verlag, Kreuzlingen/München
Wilhelm Heyne Verlag GmbH & Co. KG, München
http://www.heyne.de
Printed in Germany 2000
Umschlaggestaltung: Atelier Bachmann & Seidel, Reischach
Umschlagillustration: Premium./National Geographic, Düsseldorf
und Hyemeyohsts Storm
Satz: Pinkuin Satz und Datentechnik, Berlin
Druck und Bindung: RMO-Druck, München

ISBN 3-453-17361-9

Inhalt

Danksagung
7

An die Leserinnen und Leser
Kommentar des Übersetzers
9

Vorwort
15

Einführung
21

Lightningbolt
33

Bildnachweis und
Abbildungslegenden
645

Es ist eine große Ehre für mich, dieses Buch den mutigen Zero Chiefs (»Hauptleuten der Null«) zu widmen, die sich jeder Art Verfolgung und Tyrannei gegenübersahen und doch beschlossen haben, ihr Leben dem Schutz und dem Weiterbestehen der Lehren der Medizinräder zu übereignen. Aufgrund ihres überdauernden Vermächtnisses wurde mir das größte Privileg zuteil: ihre Geschichte und ihr Wissen mit allen Leuten auf Erden zu teilen.

Wenn Sie mit dem Autor Kontakt aufnehmen möchten, wenden Sie sich bitte an folgende Adresse:

Hyemeyohsts und Swan Storm
P.O. Box 11562
Santa Rosa, CA 95406
USA

www.hyemeyohstsstorm.com

Danksagung

Es versteht sich von selbst, dass jedes Werk aus Liebe und Wichtigkeit heraus mit großer Anstrengung zustande gekommen ist. Als ich an Lightningbolt zu arbeiten begann, war meine größte Angst, dass ich nicht in der Lage sein würde, meine Lehrerinnen, die Zero Chief (»Null-Haupt-Frau«) Estcheemah und ihre Schülerin, Rivers (»Flüsse«), so darzustellen, wie sie wirklich waren – hervorragende Frauen von großem Mut und persönlichem Einsatz. Es ist nicht leicht, über heilige Frauen zu schreiben und heilige Lehren mitzuteilen – und nicht von der Erfahrung kleiner gemacht zu werden. So möchte ich ihrem Geist für Führung, Schutz und Inspiration danken. Darüber hinaus erweitere ich meine Danksagung auf meine vertraute Partnerin im Schreiben und in der Medizin, meine Frau, Swan Storm (Stephanie Leonard-Storm). Wir reisten ausgiebig zusammen in Mittelamerika und den Vereinigten Staaten, während ich Lightningbolt schrieb. Sie las das Manuskript, las es wieder und wieder, unzählige Male, und gab mir über die Jahre wertvolle Anregungen und klarsichtigen Rat, um dieses Werk ins Leben zu bringen. Ihr Einsatz und ihre Unterstützung machten dieses Buch möglich.

Ich möchte auch meinem Sohn und großen Freund, Rocky Storm, danken, und meiner wunderbaren Freundin Osprey Orielle Lake, die mir mit ihrer Liebe und ausdauernden Unterstützung beistand. Und ich danke allen meinen lieben Freunden, Sage, Sean, Star, Moon, Willow, Rainbow, Earth Bear, Siegrund, China, Wind, Ocean, Red Wolf, Tiger, Forest, Maiygyne, Gazelle, Wyolah, Kachina, Impala, Dragon, Black Wolf, Bert und Familie, die alle etwas Besonderes für dieses Buch gegeben haben. Meine tiefe Wertschätzung muss auch meiner wundervollen Agentin und Freundin Gloria Loomis gegenüber ausgedrückt werden, die viel dafür getan hat, die Veröffentlichung dieses Werkes zu sichern, und ich sage ihr aufrichtig Dank.

Ich möchte auch dem Team des Ballantine Verlags danken. Viele Hände taten sich zusammen, um dieses Buch zu realisieren, und niemandes Hände waren hilfsbereiter als die von Barbara

Shor, Pru See, Designer Alex Jay und besonders Jeff Doctoroff, der unzählige Stunden mit der Endauswahl der Kunst verbrachte.

Und schließlich möchte ich meiner geduldigen und tapferen Herausgeberin danken, Cheryl D. Woodruff, die viele feurige Faxe und einen Ozean an Arbeit überlebt hat. Sie half mir, die Einheit des Bild- und des Wortteils dieses Werkes zu kreieren, und bewahrte seine Integrität.

An die Leserinnen und Leser

Kommentar des Übersetzers

Bei der Lektüre von »Lightningbolt« werden Sie auf einige sprachliche Besonderheiten stoßen, die Ihnen fremd in den Ohren klingen mögen und auf die schon hier aufmerksam gemacht werden soll, damit Sie im Lesefluss nicht mehr mit diesen Fragen ringen müssen.

Das Buch besteht im Wesentlichen aus einem autobiographischen, erzählenden Teil und aus einem in vier Kapiteln zusammengefassten Lehrteil. Diese Lehren wurden Lightningbolt zum großen Teil in der Crow-Sprache vermittelt; die Übertragung ins Amerikanische besorgte Storm in dem Bewusstsein, dass es Crow-Wörter gibt, die klanglich und strukturell einer alten Form des Deutschen verwandt sind. Seine Kenntnis mehrerer Indianersprachen sowie seine Fähigkeit, alte sprachliche Wurzeln auch in den modernen Sprachen aufzuspüren, machen diese Verbindungen noch interessanter. Dass von ihrer Qualität auch etwas in die deutsche Übersetzung einfließt, war ein großes Anliegen des Autors.

Da die alten Lehren und Erkenntnisse der Medizinräder dem direkten Studium der Natur entspringen, ist davon auszugehen, dass in den älteren Formen jeder Sprache – vor allem etymologisch – Anklänge oder Echos darauf zu finden sind, die die hier vorgetragenen Konzepte angemessener wiedergeben als unsere moderne, der Natur entfremdetere Alltagssprache.

Wenn nun Storm in seinem Text nicht nur über die wichtigste Lehre, das Gleichgewicht von Weiblich und Männlich, sprechen, sondern ihr auch in der Darstellung sprachlich gerecht werden möchte, so resultiert daraus ein Konflikt. Die Flüssigkeit und leichte Konsumierbarkeit des Textes verwandelt sich in eine Spannung, die gelegentlich sperrig oder roh, zumindest aber »unhandlich« erscheinen mag. Es entspricht der Absicht des Autors, dass wir mit einigen Begriffen die »Stromlinie« des modernen Deutsch verlassen und uns auf die »Stormlinie« einer älteren Sprachform mit all ihren Verwirbelungen und Stromschnellen begeben.

Als deutsche Entsprechung des englischen Wortes spirit werden Sie die Neuschöpfung »Geist-Geist« finden. Ich habe mich zu dieser Doppelung entschlossen, da im Deutschen die synonyme Verwendung des Wortes »Geist« für den mentalen wie für den spirituellen Teil des Bewusstseins gebräuchlich ist. Gerade für die Lehren der Medizinräder ist aber die deutliche Unterscheidung zwischen dem Verstand bzw. der Vernunft als einer Funktion des Denkens (Norden) und der Qualität der Spontaneität, der Erleuchtung als einer Funktion der Kreativität (Osten) von weitreichender Bedeutung.

Für die Vokabel tree taucht neben der üblichen Übersetzung (»Baum«) auch das Wort »Dri« auf. Diese zugegebenermaßen aus dem heutigen Sprachwissen kaum mehr zu erschließende Variante ist besonders dazu angetan, den Zusammenhang zwischen einer alten Wortwurzel und der Platzierung der Zahl Drei auf dem Medizinrad (Süden) zu veranschaulichen: Die Drei ist in den alten Medizinradlehren die Zahl für die Bäume und Pflanzen, die Kräfte des Südens und der Emotionen sind die Dris. Von der phonetischen Nähe der englischen Wörter three und tree ist der Weg zu den Druiden – den Dri-Experten – dann nicht mehr weit.

In seinem Vorwort weist Storm selbst darauf hin, dass er in seinem ersten Werk, »Sieben Pfeile«, chauvinistische Konzepte der allgemein gebräuchlichen, maskulinisierten amerikanischen Sprache kritiklos übernommen hatte. Die wichtigste Korrektur, die er darum in »Lightningbolt« anbringt, ist die Verwendung des Wortes »Leute« statt »Menschen«. Es ist ungemütlich, eine alte Gewohnheit aufzugeben, und es mag gewöhnungsbedürftig sein, als Ersatz für die Vokabel »Mensch« – die im modernen Deutsch durchaus wertschätzende Konnotationen birgt – dem eher umgangssprachlich anmutenden Terminus »Leute« eine ebenso große Wertschätzung entgegenzubringen und nicht dem Vorurteil zu erliegen, dass mit der oft pejorativen Verwendung des Wortes im Sinn der Entindividualisierung auch dem Wortsinn entsprochen wird. Die von Storm angebotene Erklärung, dass »Leute« in uns mehr das anspricht, was wir wirklich sind, nämlich Lichtwesen, mag dazu dienen, dem Gebrauch des Wortes »Mensch« zugunsten von »Leute« zu entsagen. Was Ihnen dagegen »erspart« bleibt, sind sämtliche Derivate, die auf diesem Wege denkbar wären (etwa »Leutheit« für humanity, »leutlich« für human); stattdessen werden Sie Umschreibungen wie »persönlich«, »individuell«, »Gattung«, nicht aber »menschlich« oder »Menschheit« finden.

Mag der Begriff »Leib« auch antiquiert klingen im Vergleich zu »Körper«, so löst doch die klangliche Nähe eine Assoziation an life, das Leben, aus, an die Storm uns (wieder)erinnern möchte.

Bereits im Vorfeld des Buches war die Übersetzung von creation / creator / creatress / to create mit »Kreation« / »Kreator« / »Kreatorin« / »kreieren« heftig umstritten und löste Kontroversen aus. Durch den Bezug auf die ältere Wortwurzel »ker-«, die sich z.b. im Assoziationsbereich von Kern / Korn / Wachstum wieder findet, sollte dieses Vokabular sowohl der geläufigen »Schöpfung« in all ihren Formen als auch der modernen »Kreation« – mit der heute eine gestylte Frisur ebenso wie ein neues Gericht eines Sternekochs bezeichnet wird – auf Dauer standhalten.

Die Wiederherstellung des Gleichgewichts zwischen Weiblich und Männlich als übergeordnetes Prinzip ist ein erklärtes Lehrziel dieses Buches. Es stellte sich also die Frage, wie dem in der modernen deutschen Sprache Rechnung getragen werden kann. Zu hoffen, dass Sie als Leser bei der Erwähnung eines Lehrers oder Führers automatisch auch die entsprechende Lehrerin oder Führerin mitdenken mögen, war uns zu wenig; das Universal-Suffix »-Innen« anzuhängen schien jedoch zu kurzlebig, wenn nicht gar überlebt. Deshalb werden Sie oft die volle Ausschreibung beider, weiblicher und männlicher, Geschlechtsformen vorfinden. Wir hoffen, dass die Geduld, die Sie als Leserin und Leser für diese vermeintliche Redundanz aufbringen, als Energie dem Erleben einer wachsenden Gleichstellung von Frau und Mann zugute kommt.

In diesem Zusammenhang steht auch der Entschluss, den Titel Chief in der Übersetzung zu belassen: Eine »Häuptlingin« oder »Hauptfrau« würde meines Erachtens zu viele erklärende Gegenbewegungen gegen die nahe liegenden Assoziationen erforderlich machen und könnte damit gerade das angestrebte Ziel verfehlen.

Vor diesem Hintergrund wurde auch das gebräuchliche neutrale Pronomen »man« vermieden und umschrieben – die Verwendung des neudeutschen »frau« schied als Lösung aus, da dies entschieden zu plakativ gewirkt hätte und einem Werk unangemessen gewesen wäre, das die Gleichstellungsfrage mit subtileren Mitteln in den Bereich der sensiblen Wahrnehmung zu rücken trachtet.

The little dome of rainbows, die kleine Regenbogen-Hütte, machte eine besondere Antwort erforderlich. Als eine Baukonstruktion, die spirituell und physisch die Erdgebärmutter darstellt und als eines der erhabensten Werkzeuge für Zeremonien der Heilung und Erneuerung gilt, ist die Assoziation mit dem männlichen Wort »Dom« – das vom lateinischen, weiblichen (!) domus stammt – nahe liegend, aber nicht gerade sinnfördernd. Im Gegenteil: Hier kommt ein Stück chauvinistischer Sprachgeschichte besonders deutlich zum Vorschein. Deshalb gibt es auch keine »glatte« Lösung, sondern ich wich auf einen Analogbegriff aus, der zum einen Weiblichkeit ausdrückt, zum anderen jedoch die sakral-spirituelle Dimension von dome weitertransportiert: die Kathedrale.

Wie einfach macht es sich doch das Englische bzw. Amerikanische mit der Kennzeichnung des Geschlechts bei Tieren! Lightningbolts Begegnung mit einer night hawk lässt dem Übersetzer im Deutschen nur Alternativen zweiter Wahl: Nennt er sie »die Habichtin«, so befindet er sich auf isoliertem Terrain; »der weibliche Habicht« vertieft das Dilemma. Führt er »das Habichtweibchen« ein, so ist er bei dem deutschen Vorurteil über die Neutralität der Tiere angelangt, das als einziges Argument den Trost bietet, dass sie gerecht für beide Geschlechter in Anspruch genommen wird. Vielleicht beginnen Sie wie ich darüber nachzudenken, welche Konsequenzen es hat, dass wir gezwungen sind, der Baum, der Vogel, der Mensch zu sagen?

Möglicherweise mutet es übertrieben an, die Artikelbeugung im Deutschen im Sinne einer feministisch-linguistischen Betrachtungsweise genauer unter die Lupe zu nehmen. Mir zumindest kam die Dominanz des Maskulinums in der deutschen Sprache durch Sätze wie »Ich verneige mich vor der Rose« erst richtig zu Bewusst-Sein. Die im Deutschen einheitliche Artikel-Pluralform »die« hinwiederum scheint mir dem Umstand Rechnung zu tragen, dass auch alle Vervielfältigung aus dem Weiblichen geboren ist.

Dialekte wurden weniger spezifisch hervorgehoben, als es das amerikanische Original vorgab. Damit habe ich versucht, den ausgeprägten Trennungsimpulsen und Ablehnungshaltungen entgegenzuwirken, die Dialekte in den deutschsprachigen Ländern auch oder gerade heutzutage noch immer sehr viel eher auslösen können als in Amerika, welches als Sprachschmelztiegel eine längere Übung hat als Europa.

Die amerikanischen Eigennamen für Personen und Orte wurden beibehalten; da es sich dabei meist um erschließbare Kombinationen aus dem englischen Grundwortschatz handelte, wurde aus

Gründen der Ästhetik auf eine Übersetzung – die zumeist holperig und hemmend auf den Lesefluss gewirkt hätte – verzichtet. Die Originalnamen schienen überdies für den Gesamtgeschmack »würziger«.

Storm durchbricht in seiner Schreibweise die amerikanischen Rechtschreibregeln, vor allem in der betonten Großschreibung von Substantiven und Verben. So bedeutet to Dream beispielsweise, dass es sich hierbei um eine ganz besondere Tätigkeit handelt, nämlich die des Träumens, die in einem übergeordneten Zusammenhang steht mit dem großen Traum, den wir alle suchen. Eine analoge Übertragung bot sich nicht an, doch möchte ich nochmals darauf hinweisen, dass wir die Freiheit haben, unsere eingefahrenen Sprach-, Grammatik- und Rechtschreibregeln selbst zu hinterfragen. »Brich die Regel, wenn du musst«, steht einmal als Rat im vorliegenden Buch, als es um das Thema verbaler Befehle und ihrer Wirkung auf unser Bewusstsein geht.

Es ist meine Hoffnung, dass das Bemühen um Nähe am »Sprachlicht« des Originals und um innovative Übersetzungsvorschläge in Form der hier angerissenen Eingriffe eine inspirierende Sprachdebatte bei Ihnen und zwischen uns allen anregt. Ich freue mich, an diesem Werk teilzuhaben.

Norbert Schachner

Vorwort

Diese Geschichte handelt von dem, was mein Leben gewandelt hat. In diesem Buch werdet ihr Lightningbolt begegnen. Ich, Hyemeyohsts, bin Lightningbolt. Es gibt zwei Gründe, warum ich diesen Namen verwende und meinem Buch den Titel »Lightningbolt« gebe. Es gab Leute, die mir sehr wertvoll waren, die mich bei diesem Namen riefen. Der zweite Grund, warum ich den Namen Lightningbolt verwende, ist, dass ich nicht mehr derselbe junge Mann bin. Ich bin jetzt in meinen Fünfzigern. Lightningbolt wurde Hyemeyohsts.

Viele Leute erwarten, ich sei dieselbe Person, die ich war, als ich »Sieben Pfeile« und »Gesang des Heyoehkah« schrieb. Es überrascht mich, wie die Zeit uns alle transformiert.

Lightingbolt erzählt die Geschichte, wie ich Estcheemah, meiner Lehrerin, begegnet bin. Eingewoben in den Text werdet ihr vier deutlich unterscheidbare und wichtige Abschnitte finden. Sie bringen im Detail einiges von der Geschichte der Blumen-Soldatinnen und Blumen-Soldaten und die alten Lehren von Estcheemah und anderen Zero Chiefs, die vor ihr gelebt haben.

In der Geschichte, die ihr erfahren werdet, werdet ihr an der Seite von Lightningbolt auf seiner Suche nach Identität und Freiheit reisen. Ihr werdet mit ihm sein, wenn er seine massive Unwissenheit bekämpft.

Es wird in den Eröffnungsepisoden des Buchs nicht allzu viel erklärt, was der junge Lightningbolt sucht – habt also Geduld. Erlaubt euch, nicht zu wissen, und reitet gemeinsam mit Lightningbolt durch Montana und Wyoming und durch seine Zeit. Das Bild wird klarer werden, während ihr und Lightningbolt euch gegenseitig kennen lernt.

Ihr, die ihr alles erzählt haben wollt, könnt die letzte Seite dieses Buchs lesen und damit zufrieden sein. Wer war Estcheemah, meine Lehrerin?

Estcheemah war viele Dinge und viele Leute für mich. Für andere, die sie »kannten«, war sie etwas von allem: Sie war eine »gewöhnliche« Frau. Sie war eine »Mexikanerin«, eine »Hexe«, »eine Niemand«. Sie war eine »machtvolle Medizinfrau«, eine »Heilige Frau«. Und sie war »eine Frau, die ab und zu das Reservat besuchte«.

Für mich war Estcheemah die wichtigste und klügste Person, die jemals auf Erden gelebt hat. Sie war eine Zero Chief und eine Heilerin. Aber bevor ich von ihr zu lernen begann, dachte ich, sie sei einfach eine ältere indianische Frau, die ich in Begleitung ihrer Stammes-Ältesten sah. Als ich Estcheemah zum ersten Mal traf, hielt ich Ausschau nach »Macht«. Das Problem war – ich wusste nicht, was Macht bedeutete. Zu jener Zeit sprach Estcheemah nicht mit mir über Macht. Aber mir wurde schnell klar, dass sie Dinge sagte, die keine andere Indianerin sagte. Bald nachdem ich sie getroffen hatte, begann sie über Blumen-Soldatinnen und Blumen-Soldaten zu sprechen. Ich hatte von so etwas noch nie gehört und fragte mich, was sie wohl meinte. Estcheemah sagte mir auch andere Dinge, die meinen Verstand durchpusteten:

»Schönheit gebiert uns.«

»Erfahrung ist Leben.«

»Leben bringt Maß.«

»Das Lebensmaß beendet unsere Unwissenheit.«

Ihr könnt mitkommen und mit mir in Wyoming sitzen, in Estcheemahs Heim, als sie mir sagte: »Du musst eine Kartoffel wertschätzen und lernen, sie zu lieben. Auch eine Karotte, die Hühner, die du isst und, ja, sogar eine Kuh.«

Was? Was sagte sie da? Ich hielt Ausschau nach Macht, nicht danach, wie ich eine Kuh lieben konnte! Und warum sprach sie über Kartoffeln? Waren Kartoffeln das geheime Elixier des Lebens? Ich fragte mich zu dem Zeitpunkt, ob sie wirklich die Hexe war, vor der mich alle gewarnt hatten.

»Kartoffeln«, so sagte sie, »halten uns lebendig.«

Warum war sie so besorgt darum, uns lebendig zu halten? Was erwartete sie – dass wir plötzlich sterben würden? Das Reservat war zu dieser Zeit ein Vulkan, der Aberglauben atmete, Ängste und rachsüchtige Götter, Spukgeister und drohte: »Mach das Große Es ja richtig«, was bedeutete, das Ritual richtig zu machen, oder du würdest »augenblicklich umgebracht«. Aufgrund dieser Art des »Denkens« erwartete ich jeden Moment, dass Estcheemah schreien würde: »Renn um dein Leben!« Und, natürlich, ich wäre gerannt.

Estcheemah hat mir nicht ein einziges Mal gesagt, ich solle um mein Leben rennen. Stattdessen hieß sie mich, mich zu setzen und zu rennen aufzuhören, als wäre mein Leben plötzlich vorbei.

Während ich bei ihr saß und von ihr erwartete, dass sie mir magische Kürbisrasseln überreichte, fuhr sie fort, mich zu fragen, ob ich »Absichten in meinem Leben« hätte.

Schließlich stellte sie mir die Frage, die ich beantworten konnte: »Was willst du von mir?«

Meine unmittelbaren Hauptziele waren simpel. Ich wollte unbegrenzte persönliche Macht, Millionen Dollars, perfekte Freunde, magische Nippes, Amulette und Waffen, die Feinde und Freunde gleichermaßen beeindrucken würden. Jetzt, da ich eine echte Magierin getroffen hatte, war alles, was ich zu tun hatte, zu fragen – und siehe da – all diese Dinge würden mein sein. Falsch!

Estcheemah fragte mich weiterhin, ob ich irgendeine Art Respekt für die Dinge hätte, die mir in dieser Welt gegeben worden seien. Sie ließ die Worte »diese Welt« immer so besonders klingen. Ich fragte mich, ob sie und ich in derselben Welt lebten.

Wir taten es nicht.

Ich lebte die meiste Zeit in meinem Kopf – in meinen Phantasien und Dogmen. Ich lebte in der Vergangenheit, bekümmert um die Zukunft, und hatte nie genug Zeit. Estcheemah lebte immer in ihrer Gegenwart, liebte Leben, und war glücklich, ihren Überfluss an Zeit und Wissen zu teilen.

Die alte Zero Chief, die Medizinfrau, gab mir einen Pfirsich, um »darauf zu meditieren«. »Ein Pfirsich«, so wurde mir gesagt, »ist heilig. Ebenso wie eine Kartoffel heilig ist.« Sie betonte, dass alles, was wir unsere Nahrung nennen, nicht Geld ist, sondern stattdessen heilig und Teil von Mutter Leben.

Ich hatte über ein Käsesandwich noch nie vorher in dieser Weise nachgedacht und so musste ich mich sehr anstrengen, um ihre Lehre zu verstehen. Estcheemah veränderte mein Denken über alles vollkommen!

Die Welt schuldet Estcheemah etwas. Die Information, die sie uns allen gegeben hat, ist von äußerst hohem Wert. Sie selbst wollte jedoch nicht bekannt sein. Sie war zufrieden damit, ihre »Lehrlinge« zu lehren. Sie lebte kein abgeschiedenes Leben, aber sie war auch keine Person, von der alle hätten behaupten können, sie zu kennen.

Weil es meine Pflicht ist, das Wertvolle zu schützen, habe ich Namen, Daten, Plätze und Zeitpunkte verändert. Ich habe auch beschlossen, keine intimen Details von Zeremonien in diesem Buch mitzuteilen, denn ohne trainierte und erfahrene Führung können sie gefährlich oder durch Unwissenheit missbraucht werden. Es ist eine

Sache, über Zeremonien zu schreiben, und etwas ganz anderes, sie durchlebt zu haben.

Leben ist unsere große Lehrerin. Der tiefgreifendste Grund für die Existenz von Leben ist, dass jede Person die Gelegenheit hat, Leben zu erfahren und Selbstverantwortung zu lernen. Wer wir sind und wie wir unser Leben leben, ist die große Frage und wundersame Antwort. Das lernte ich, während ich mit Estcheemah war. Das größte Geschenk, das Estcheemah mit mir teilte, war ihre Lehre, wie ich mich selbst lehren kann. Sie sagte: »Sich selbst zu lehren ist einer der tiefgreifendsten Gründe, warum Leute leben. Wenn wir das Selbst lehren, erkennen wir den Geist-Geist von Mutter Leben und lernen, die Energien zu respektieren, die uns alle geboren haben.«

Darum, Erdwanderer: Willkommen im Leben und im Abenteuer von Lightningbolt!

Mit aller Liebe,
Hyemeyohsts, der frühere Lightningbolt

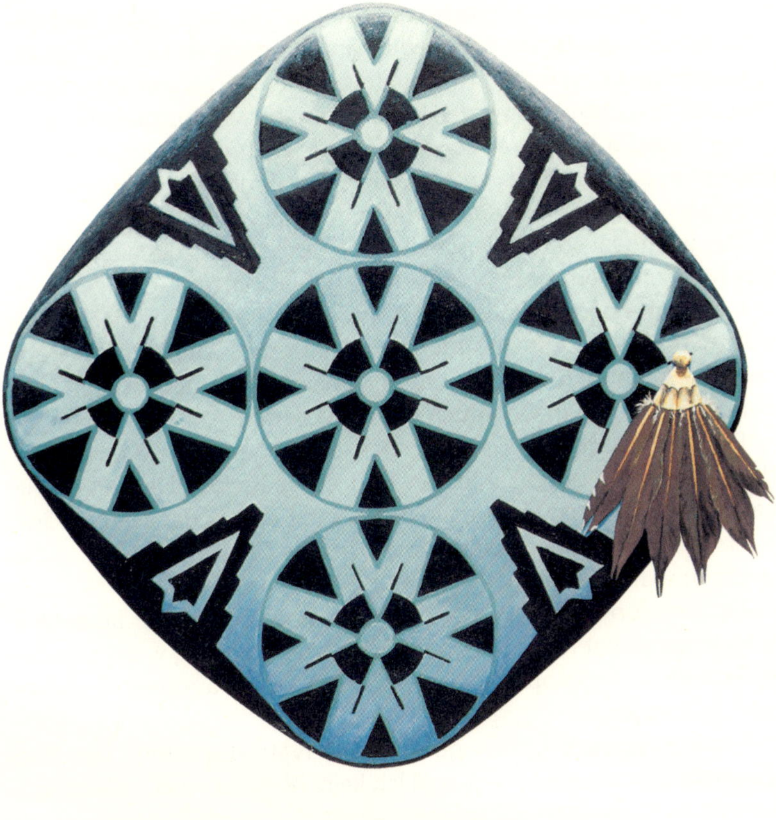

Einführung

Mein Name ist Hyemeyohsts Storm. Ich bin der Autor von »Sieben Pfeile« und »Der Gesang des Heyoehkah«. Diejenigen von euch, die mit meinen früheren Werken vertraut sind, kennen mich als Hyemeyohsts. Doch nur ein paar Leute kannten mich als Lightningbolt. Unzählige Leute haben mich gefragt, wie mein Name auszusprechen sei. Hyemeyohsts wird »Hei-juh-äm-i-joh-sts« ausgesprochen.

Vor zwanzig Jahren, als ich viel jünger war, war es schwierig, ein Buch wie »Sieben Pfeile« zu schreiben. Der Grund dafür ist, dass ich in derartigen Dingen unerfahren war.

Das Buch war sofort Zielscheibe von »Experten«, die niemals von den Medizinrädern oder ihren Lehren gehört hatten.

Ich könnte darauf hinweisen, dass zu der Zeit, als »Sieben Pfeile« publiziert wurde, Leute in Amerika und Europa auch nichts über chinesische Akupunktur gehört hatten, obwohl Millionen Asiaten jahrhundertelang davon Gebrauch gemacht hatten.

Ein Teil der Schwierigkeit war, dass die so genannte »Primitivität« der Indianer im amerikanischen und europäischen Denken so tief verwurzelt war, dass nur wenige Leute die Existenz der Medizinräder oder die höchst differenzierte Disziplin des Denkens, die aus ihnen geboren wurde, akzeptiert hätten.

Ein Anthropologe diskutierte mit mir und sagte: »Der amerikanische Indianer hat nicht die Differenziertheit, die nötig wäre, um eine so komplexe Philosophie, wie von Herrn Storm ausgeführt, verstehen zu können.«

Ergänzend dazu griffen gewisse Reservats-»Experten« das Buch ebenfalls an – hauptsächlich weil ich kein »Vollblut« war. »Halbbluts« werden in Reservaten auf keinem Gebiet als Experten betrachtet, außer vielleicht für die Kuhzucht.

Die Medizinräder sind sehr alt. Sie sind so alt wie die ersten Amerikaner selbst. »Sieben Pfeile« war eine einfache Einführung in unsere Medizinräder.

»Lightningbolt« fängt da an, wo »Sieben Pfeile« aufgehört hat. Ihr werdet beim Durchblättern der Seiten bemerken, dass es vier spezielle Lehrabschnitte an sehr wichtigen Stellen innerhalb der Geschichte von »Lightningbolt« gibt. Sie enthüllen einiges von dem, was ich während verschiedener Zeiten in meinem Leben gelernt habe.

Einige Leute werden sich bemüßigt fühlen, alles über Lightningbolts Suche zu lesen. Andere werden über ganze Jahre von den Lehrabschnitten des Buches angezogen. Die Wahrheit ist: Leute lernen nicht getrennt vom Leben. Das ist der Grund dafür, warum es so wichtig war, Lightningbolts Geschichte mit den tiefgründigen Lehren zu verbinden, die zu lernen er die große Gelegenheit hatte.

Dieses Wissen lehrte mich meine Lehrerin Estcheemah, eine der jüngsten aus der ununterbrochenen Linie von Zero Chiefs. Vieles von ihrer Information wurde in vielen uralten Tempelschulen Amerikas studiert und gelehrt und durch die Disziplin der Blumen-Soldatinnen und Blumen-Soldaten weitergegeben. Ich habe daran gearbeitet, das uralte Wissen in diesem Buch jeder Leserin und jedem Leser zugänglich zu machen.

Denjenigen von euch, die mein Buch »Gesang des Heyoehkah« gelesen haben, ist der Name Estcheemah vertraut. Rainbow, Estcheemahs Mutter, und Dancing Tree, Estcheemahs Vater, sowie Little Wolf und seine Frau Dreamer erscheinen in diesem Buch. Estcheemah war das kleine Mädchen, das am Ende der Geschichte geboren wurde.

In »Gesang des Heyoehkah« buchstabierte ich Estcheemahs Namen »Estchima«. Es schien jedoch niemandem zu gelingen, den Namen korrekt auszuprechen. Er sollte so klingen: »Es-tschi-mah.«

Ich bin geboren und aufgewachsen in den nördlichen Cheyenne- und Crow-Reservaten, die Seite an Seite in Südost-Montana existieren.

Meine gütige und sanfte Mutter und ihre in viele Stämme und Reservate verzweigte Familie gebar mich in eine Welt von gewaltigen Ausmaßen. Es gab nicht nur die weit ausgedehnte indianische und Halbblut-Familie der Cheyenne- und Crow-Reservate, sondern es gab auch noch die anderen Verwandten in vielen anderen Reservaten.

Montana ist ein großartiger und schöner Teil von Amerika – ein Gebiet von 147 138 Quadratmeilen Ausmaß. Zum Vergleich: Das Vereinigte Königreich von Großbritannien und Nordirland, mit einer Bevölkerung von etwa 57 Millionen Leuten, hat 94 226 Quadratmeilen. Montanas Bevölkerung betrug etwa 350 000, als ich jung war.

Die Folge davon war, dass mein Garten hinter dem Haus, der Platz, wo ich spielte, hunderte von Meilen breit und tief war.

Amerika hat sich drastisch gewandelt, seit ich ein Knabe war. Das Montana, Dakota, Wyoming und Kanada, das ich kannte, sind jetzt alle Teil einer vergangenen Zeit. Behaltet diese Tatsache in eurem Geist, während ihr über meine Vergangenheit lest.

Ich wuchs auf mit Reisen. Das ist für viele Leute, die in Reservaten leben, nicht ungewöhnlich. Familie, Medizin, Rodeos und Powwows locken sie zu den wunderschönsten Plätzen. Reisen durch Kanada, Nord-Dakota, Süd-Dakota, Montana, Wyoming, Oklahoma, Texas, New Mexico und Mexiko sind ganz normal.

Die Erfahrung meines Aufwachsens trug sich in einer Welt von Indianern und Halbblut-Leuten zu. Meine Ausbildung als Halbblut-Indianer ist ein Geschenk, das wenige Leute auf Mutter Erde schätzen können. Ich denke, dass »Lightningbolt« einiges von der Geschichte erzählen wird, was es bedeutet, ein Halbblut zu sein.

Halbbluts werden auch Mestizen genannt. Wer und was sind Mestizen? Das Wort Mestize bedeutet »gemischtblütig«. Das sind Leute mit vielerlei gemischten Blutlinien.

Ich bin ein Halbblut und stamme von vielen Orten und vielen Rassen. Meine Mutter war als Cheyenne, Sioux und irische Amerikanerin geboren worden. Mein Vater wurde in Norddeutschland geboren und wurde später Amerikaner.

In dem Teil von Montana, wo ich herkam, war es ganz alltäglich, viele Sprachen zu hören, und zwar täglich, denn es gibt dort viele Rassen und Völker. Ich spreche deshalb einige Sprachen.

Ich war sehr jung, als meine Familie vom nördlichen Cheyenne-Reservat in das Crow-Reservat zog, und obwohl mir die Cheyenne-Sprache gut bekannt ist, bin ich mit dem Crow-Sprachklang vertrauter. Aufgrund meiner vielen Verwandten lernte ich andere Sprachen der Ureinwohner, einschließlich Cree und Sioux, und später lernte ich mexikanisch-indianisches Spanisch und amerikanisches Englisch.

Es gab fünf ganz unterschiedliche Arten des amerikanischen »Englisch«, die in den Reservaten gesprochen wurden, in denen ich aufwuchs. Zunächst gab es zwei verschiedene Dialekte des Reservats-Englisch, das von den Cheyenne und den Crow gesprochen wurde. Ich lernte beide.

Die dritte Form des amerikanischen Englisch wurde von den Viehzüchtern und Farmern gesprochen, und, glaubt mir, sie ist noch immer einzigartig. Die vierte Sprache, die uns allen in der Schule einge-

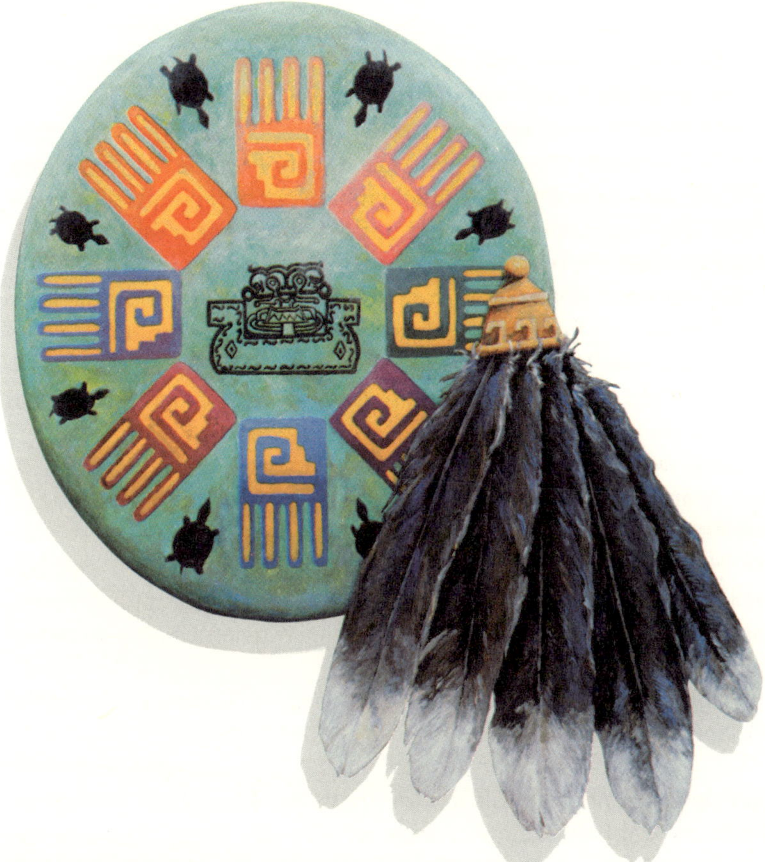

trichtert wurde, war die gestelzte Wortklauberei der akademischen Welt.

Die fünfte Art des amerikanischen Englisch, in die wir alle eingeführt wurden, war die der Medien. Diese Sprache war eine einzigartige Mischung aus Schweinchen Schlau, Donald Duck, Süd-Georgianisch (mein Lieblingslehrer in der Schule), New-Yorkisch, Texanisch und Televisionesisch.

All diese Sprachen lehrten mich, der Amerikaner zu sein, der ich wurde, und alle haben mein Denken beeinflusst.

Wie bereichert es mein Leben, ein Mischblut zu sein? Ein Halbblut-Indianer oder Hybride, wie ich genannt werde, ist in so viele verschiedene Kulturen und Sprachen hineingeboren, dass er oder sie einen sehr besonderen Blick auf das Leben mitbekommt. Halbblut-Leute können mit beinahe jeder Person auskommen.

Ein Halbblut existiert zwischen den Kulturen und er oder sie kann eine Menge von der Durchlässigkeit zwischen Systemen und Völkern verstehen. Die Halbblut-Person bewegt sich mit Leichtigkeit zwischen diesen vielen Welten. Halbbluts sind überlebensfähig – das müssen wir sein.

Jetzt, wo ich älter bin und beträchtlich verständiger, kann ich sehen, warum Estcheemah mich als einen ihrer Lehrlinge wollte. Sie wählte mich aus, denn sie glaubte daran, dass ich überdauern würde. Halbblut-Leute entwickeln die Stärke zu überdauern deshalb, weil wir in keiner Gesellschaft zu einer beschützten Gruppe gehören. Estcheemah wählte mich auch aus, weil ich gelernt hatte, zwischen Kulturen hin und her zu gehen.

»Lightningbolt« ist die Geschichte meines Lernens als Halbblut-Indianer.

Von dem Moment an, als ich im Staub des nördlichen Cheyenne-Reservats krabbeln konnte, wusste ich um den Krieg. Bildhafte Geschichten wurden von den alten Leuten mit Reservatskindern geteilt, von Halbblut-Leuten wie auch von Indianern, die den Terror der Indianerkriege überlebt hatten.

Um die Zeit, als die Unabhängigkeitserklärung unterzeichnet wurde, hatten sich tausende von Europäern mit den amerikanisch-indianischen Ureinwohnerinnen und Ureinwohnern verheiratet. Diese Halbblut-Familien hatten gut zweihundert Jahre in Nordamerika gelebt. Dies bedeutete, dass um die Zeit, in der die Indianerkriege gekämpft worden waren, viele Halbblut-Generationen über vierhundert Jahre in Amerika gelebt hatten.

Die alten Leute erzählten uns grausame Geschichten darüber, wie die Indianer und Halbblut-Leute gezwungen worden waren, in den Reservaten zu leben. Wir hörten alles über die vielen Schlachten mit ihren kummervollen und blutigen Details.

Es gab reichlich Geschichten von Halbblut-Familien – weiße indianische Halbblut-Leute, schwarze indianische Halbblut-Leute und Kreolen –, die während des herzzerbrechenden Amerikanischen Bürgerkriegs entweder mit dem Süden oder dem Norden gekämpft hatten. Der Geschichte dieses Konflikts kommt an Schmerz und Tod nichts gleich. Die meisten der Halbblut-Leute standen in Beziehung zu Familien auf beiden Seiten des Konflikts.

Es darf auch nicht vergessen werden, dass die Kriege, die die Halbblut-Leute und Indianerinnen und Indianer vernichteten, genauso in Kanada und Mexiko gekämpft wurden. Zum Beispiel wurden viele spanisch-indianische Halbblut-Familien in dem blutigen Krieg gefangen, den die Vereinigten Staaten mit Mexiko kämpften, um die Territorien, die wir jetzt als den amerikanischen Südwesten kennen, in ihren Besitz zu bringen.

Halbblut-Leute und Indianerinnen und Indianer wurden auch in den spanisch-amerikanischen Krieg, den Ersten Weltkrieg, den Zweiten Weltkrieg, den Koreakrieg und den Vietnamkrieg eingezogen, wo sie tapfer kämpften. Andere hatten in hunderten verschiedenen Arten militärischer »Notfallsituationen, Konflikte und Polizeiaktionen«, die dem Vietnamkrieg vorangingen, gedient. Während all der Zeit meines Aufwachsens kannte ich nichts außer Krieg, Kriegsgeschichten, Kriegsspiele, blutige Bilder vom Krieg, und die Kriegsveteranen waren für mich so gewohnt wie der Schmutz, in dem ich spielte.

Vietnam war jedoch ein besonderer Krieg, denn er veränderte das Denken vieler Amerikaner für immer. Um die Zeit, in der ich in die Jahre kam, beobachteten Amerikaner reale Leute beim Sterben im Fernsehen, während sie ihr Abendessen verzehrten. Ich wurde vollkommen entzaubert durch das Amerika, das ich kannte, und die Propaganda, die ich hörte.

Wir jungen Leute in den Reservaten wollten gewinnen. Wir wollten aus ganzem Herzen gewinnen, aber wir wussten nicht, wer der Feind war oder wie wir kämpfen konnten. Wen besiegen? Womit?

Auch die schwarze Bevölkerung in Amerika kämpfte einen Krieg – den, zu Amerika dazuzugehören. Sie starben wie die anderen Brüder in Vietnam, aber was gewannen sie dabei?

Wie kämpfen und gewinnen junge Leute gegen Apathie? Es war die Apathie, die alle in den Reservaten tötete, und wir wussten nicht, wie wir dagegen ankämpfen konnten. Es gab keine weisen Führerinnen oder Führer, die in den Reservaten über irgendetwas Reales gesprochen hätten.

Die Kriegshelden, die aus Vietnam heimkehrten, wurden von den meisten Amerikanerinnen und Amerikanern wie Kriminelle behandelt. Vietnam war für viele Jugendliche Amerikas ein Symbol der Niederlage und der Grausamkeit geworden.

In jedem Reservat waren die Veteranen des Zweiten Weltkriegs und Koreas zerrüttete und enttäusche Männer, die alles schon einmal mitgemacht hatten. Es war für diese Halbblut-Leute und Indianer unmöglich gewesen, nach ihrer Rückkehr Arbeit zu finden.

Wenn Vietnamveteranen im ganzen Land eine schwere Zeit hatten, warum sollten dann nicht die Indianer, die Halbblut-Leute und die schwarzen Vietnamveteranen auch diskriminiert werden? Sie waren immer als Bürger zweiter Klasse behandelt worden, immer ausgelassen aus dem, um dessen Erhalt sie gekämpft hatten. War das nicht das Spiel, das jede Halbblut-Person und jede Indianerin, jeder Indianer als die amerikanische Gerechtigkeit kennen gelernt hatte?

Ich redete täglich mit diesen kummerbeladenen Männern und hörte ihrem verzweifelten Unglücklichsein zu. Sie hatten für Amerikas Freiheit gekämpft, aber sie waren um ihr Verdienst betrogen worden.

Und wo blieb Mutter Erde – wer sorgte sich um sie? Es schien zwei Amerikas zu geben – das Amerika, in dem wir alle lebten, und das Amerika, das uns etwas vormachte. Eine winzige Hand voll unserer Ältesten und Häuptlinge fuhr fort, uns zu sagen, wir sollten unsere Mutter Erde ehren und hochhalten. Aber das heuchlerische Amerika schien sie zu hassen oder ignorierte ihre Wichtigkeit völlig.

Die Leute des heuchlerischen Amerika bestanden darauf, dass unsere Erde etwas sei, was dem Bergbau diente oder auf dem wir etwas zu bauen hatten, um so etwas wie eine Adresse zu haben. Viele Leute, die ich kannte, verachteten Mutter Erde entweder oder dachten, sie sei »tote Materie«. Ich konnte nicht verstehen, wie tote Materie alles Lebendige – einschließlich mir – geboren haben konnte.

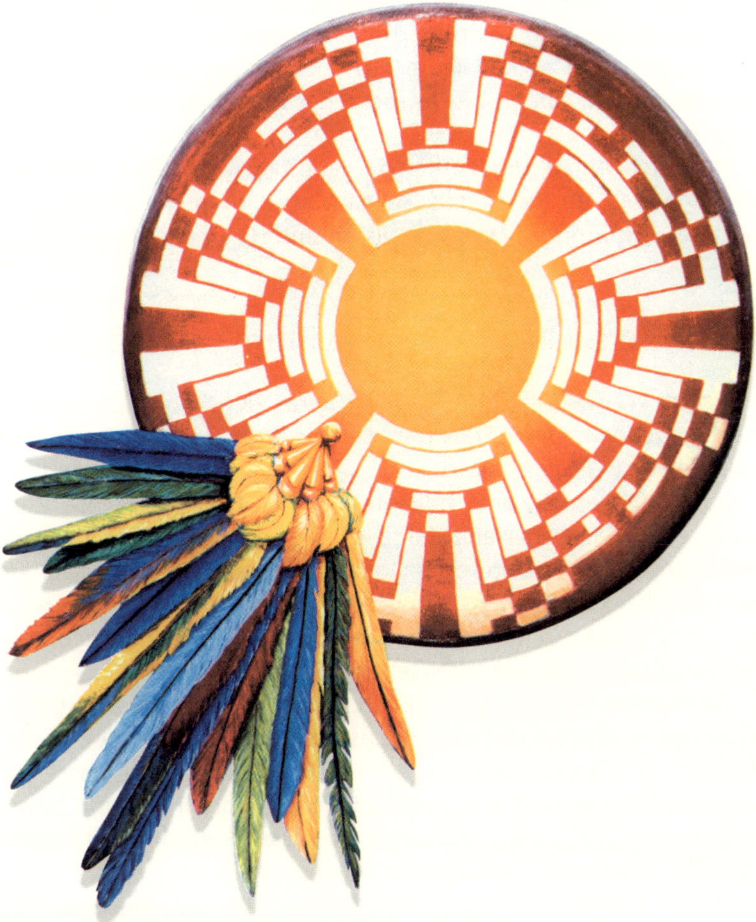

Ich fuhr fort, Fragen zu stellen, und traf auf die seltsamsten Antworten. Es gab Leute, die Shakespeare zitierten und erklärten, unsere Erde sei lediglich eine imposante Bühne, auf der Leute ihren Unsinn ausagierten. Andere schauten auf die Lehren der Kirche, die darauf insistierte, dass unsere Erde »der Platz der Teufel und Dämonen« sei, dem kein Vertrauen entgegengebracht werden dürfe. Viele der Geschäftsleute um mich herum glaubten, unsere Erde sei eine Jauchegrube. Je mehr ich hörte, desto mehr brach mein Herz.

Nur Estcheemah, die Blumen-Soldatin und Zero Chief, hatte die überragende Intelligenz und Selbst-Macht, in meine Welt voller Kummer einzudringen und mir Wissen und Heilung zu bringen.

Die Zero Chiefs und die Blumen-Soldaten

In diesem Werk werdet ihr meiner Lehrerin, der Zero Chief Estcheemah, begegnen. Diese Frau war die klügste und machtvollste Person, die ich je gekannt habe.

Dass Estcheemah, eine brillante Lehrerin und machtvolle Zero Chief, eine Frau war, war zutiefst wichtig, denn sie ließ mich viele meiner irrtümlichen kulturellen Dogmen über mich selbst erkennen. Sie enthüllte mir wahre Größe, indem sie darauf hinwies, wie reich das Leben sein kann, und auf die Macht und das Gleichgewicht, das wir alle besitzen können, aber selten erkennen.

»Lightningbolt« ist das erste Buch, das jemals über die Zero Chiefs geschrieben worden ist – den höchsten Rang innerhalb der uralten Disziplin der Blumen-Soldatinnen und Blumen-Soldaten. Diese geduldigen, klugen, mutigen und machtvollen Lehrerinnen und Lehrer entdeckten und lehrten mit höchster Zuverlässigkeit die Weisheit und Lehren unserer uralten Medizinräder.

Es ist von unermesslicher Wichtigkeit für alle Leute unserer Welt, über die Blumen-Soldatinnen und Blumen-Soldaten und ihre Zero Chiefs Kenntnis zu haben – großartige Frauen und Männer unseres Erdenerbes. Sie lebten und lehrten unter den alten Maya und vielen der anderen zentralamerikanischen und südamerikanischen Völker. Die heiligen Medizinrad-Lehren, deren Trägerinnen und Träger sie waren, gingen zeitlich weit vor die Maya zurück. Die Zero Chiefs sind auch verantwortlich für die Entdeckung des uralten Gesetzeskreises, der ersten Form der Demokratie, die je von Leuten kreiert wurde.

Zum ersten Mal überhaupt wird etwas von dieser wertvollen Information in diesem Buch mitgeteilt werden. Diese uralten Lehren haben aufgrund des mutigen Einsatzes einer Hand voll von Leuten überlebt, die sich eingesetzt haben. Die Zero Chiefs haben überdauert, obwohl es keine Chance für das Überleben gab.

Die wahre Macht dieser Hauptleute ist die wunderbare Art, wie sie die Geheimnisse des persönlichen Selbst und die Mysterien unseres lebendigen Universums lehren. Durch ihre Lehren lernen wir über die Natur des Krieges in jeder Person und den Triumph des individuellen Selbst. Sie sprechen davon, wie wir durch Selbstdisziplin und Wissen über unsere kleinlichen Haltungen hinauswachsen und im Rahmen persönlicher Herausforderung triumphieren können.

Alle Zero Chiefs lehren, dass wertvolle Information nie hinter wissenschaftlichem oder religiösem Jargon verborgen werden, sondern einfach, direkt, bedeutungsvoll und aufs engste mit unserem täglichen Leben verbunden sein sollte. Die Sprache, die sie immer benutzten, um höchst vielschichtige und komplexe Themen wie Mathematik, Geist-Geist, das Selbst und die Bedeutung unserer Existenz an sich zu erklären, ist wahrlich bemerkenswert, denn sie ist einfach, direkt und oft sehr schön.

Die Lehren, die die Zero Chiefs unserer Welt vorstellen, können unser Leben zum Besseren wenden. Durch sie entdecken wir, dass es keine mysteriöse, lauernde dunkle Seite von uns Leuten oder seitens der Kreation gibt, der alle Leute zum Opfer fallen. Stattdessen erfahren wir die Gründe für den Kampf im persönlichen Selbst. Wir lernen, dass persönliche Unwissenheit unser größter Feind ist – nicht die Kreation, nicht das Leben, nicht unsere Mutter Erde. Wir erfahren auch viele der Gründe, warum Leute kreiert wurden.

Die hervorragende Zero Chief Estcheemah begann mich zu lehren, indem sie mich herausforderte, mein Selbst zu respektieren und die Person zu verstehen, die ich damals war und die ich jetzt bin. Sie gab mir die Herausforderung, mein Selbst kennen zu lernen. Ich habe viele Jahre daran gearbeitet, um dieser Herausforderung zu begegnen, und ich bin augenblicklich noch immer aktiv mit dieser Suche beschäftigt.

Von einer Person wie Estcheemah gelehrt zu werden war keine einfache Aufgabe. Sie war unglaublich konfrontativ und aggressiv.

Jedoch besaß sie auch so viel Sanftheit und Liebe, dass es nicht zu fassen war. Estcheemah lehrte mich, dass Unwissenheit und Angst unsere größten Feinde sind. Sie sagte mir, dass die Zero Chiefs vor langer Zeit entdeckten, dass Leute alles tun würden, einschließlich morden, um der Selbstverantwortung zu entfliehen. Dies, so erklärte sie mir, sei der Grund dafür, dass viele Leute in unserer Welt so verwirrt seien darüber, wer sie sind und warum sie hier sind.

Könnt ihr euch die Verwunderung vorstellen, die diese Art Rede auslöste in mir – einem ärgerlichen Halbblut-Indianer, der zwischen vielen verschiedenen Wirklichkeiten gefangen war? Hier war eine Person, die die wahre Bedeutung und das Maß des Lebens kannte. Estcheemah kannte unsere Mutter Erde. Sie hatte den Mut, von der Kreation und all den anderen Dingen zu sprechen, über die ich so verzweifelt etwas erfahren wollte.

»Leben ist wertvoll« sagte mir Estcheemah. »Es ist die tiefreichendste aller Erfahrungen, die in der gesamten Kreation bekannt ist. Leben ist heilig und immer gegenwärtig, denn Leben ist Präsenz. Den Härten und Belohnungen von Mutter Leben zu entfliehen zu versuchen ist gleichbedeutend mit Flucht aus der Existenz.«

Ich verstand nicht alles, was sie mir zu dieser Zeit erzählte – alle ihre tiefen Lehren über Leben und Tod –, aber irgendwie berührten ihre Worte mein innerstes Wesen. Durch sie wurde mein Herz langsam von seinen Wunden geheilt.

Während Estcheemah in den weiten Heiden von Wyoming mit mir spazieren ging und sprach, erweckten ihre Worte mein Interesse. Sie stellte alles in Frage, was ich jemals gelernt hatte! Jedoch war ich nicht augenblicklich erleuchtet durch das, was sie mir sagte. Ich hatte zu warten, zu wachsen, die tiefen Schmerzen meines Lernens zu fühlen, bevor ich ihre Lehren vollkommen verstand und schätzte.

Während ihr dieses Buch lest, meine Freundinnen und Freunde, werdet ihr einen jungen Mann aufwachsen sehen. Estcheemah wusste, dass ich ein Halbblut war. Und sie wusste, dass Halbblut-Leute im Geiste der »Experten« nicht als authentisch angesehen werden, auch wenn sie Seite an Seite mit »Reservatsindianern« leben und »registrierte Indianer« sind.

Estcheemah machte sich nichts daraus, ob sie authentisch war, und ich auch nicht. Meine Lehrerin musste mir nicht ihre Glaubwürdig-

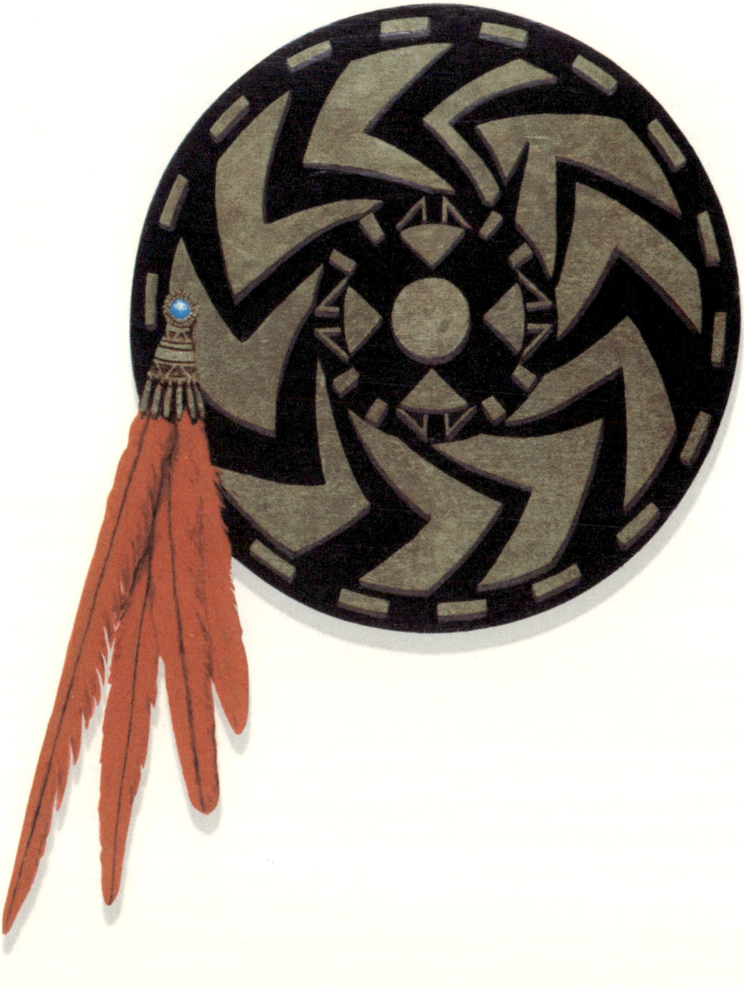

keit als Medizinfrau beweisen. Ja, wenn sie das getan hätte, wäre ich in die entgegengesetzte Richtung gelaufen! Dass sie meine Aufmerksamkeit einfing und sie viele Jahre lang lebendig hielt, war ihrem hervorragenden Verstand und ihren wunderbaren Lehren zu verdanken.

Es ist sehr wichtig zu wissen, dass eine Blumen-Soldatin oder ein Blumen-Soldat zu sein bedeutet, direkt von Chiefs der Blumen-Soldaten ausgebildet worden zu sein. Ich wurde viele Jahre lang ausgebildet, ein Blumen-Soldat zu werden. Meine Stammlinie reicht weit zurück ins Altertum.

Ich sage das, denn es wird Leute geben, die versuchen werden, sich selbst Blumen-Soldatinnen und Blumen-Soldaten zu nennen, einfach deswegen, weil sie über Blumen-Soldatinnen und Blumen-Soldaten gehört oder gelesen haben. Unter den Leuten gibt es immer welche, die so tun als ob. Sie werden eure Unterscheidungskraft auf die Probe stellen. Das ist die Gefahr, wann immer Information mit Leuten geteilt wird. Seid bereit, zu unterscheiden.

Für die Leute, die Mutter Erde lieben, wird das aufrichtige Studium unserer heiligen Medizinräder lohnend und transformierend sein. Ihr müsst euch nicht Blumen-Soldatin oder Blumen-Soldat nennen, um Kind von Mutter Erde zu sein und eine Person, die sich dafür entscheidet, selbstverantwortlich zu sein.

Estcheemah wählte, ihre Lehren in die Welt zu bringen, indem sie nicht nur Lightningbolt ausbildete, sondern auch, indem sie die Frau lehrte, die meine Medizin-Zwillingsschwester wurde. Zwillinge zu lehren (immer eine Frau und einen Mann) war in der Disziplin der Blumen-Soldatinnen und Blumen-Soldaten vorrangig, denn es sichert mehr Gleichgewicht und Macht innerhalb des Lernens.

Lightningbolts Medizin-Zwilling, Liberty, war gleichermaßen verantwortlich für die Information und die Lehren, die ihr von Estcheemah gegeben wurden. Als Medizin-Zwillinge gelehrt zu werden, gab uns beiden die Gelegenheit, individuell zu lernen und zusammenzuwachsen.

Ich fragte Estcheemah, warum so viel Schmerz in der Welt ist und warum wir Leute so sehr aus dem Gleichgewicht mit der Natur sind.

Sie antwortete: »Das kommt daher, weil Leben zum Feind erklärt und unsere Erde von fast allen Religionen zum Feind gemacht wurde. Zusammen mit dem Leben und unserer wunderbaren Erde wurden Frauen – alles Weibliche – von jeder organisierten Religion zum Feind gemacht. Der tiefe geistige und spirituelle Schaden, den diese Art Glauben in unser aller Leben hineingebracht hat, und die negative Art, mit der sie auf unser Denken über unsere Planetin eingewirkt hat, ist tiefgreifend.«

Estcheemahs Lehren bewegten mein Herz und meinen Verstand. Wie unterschiedlich sehe ich Leben und unsere Mutter Erde, weil ich Estcheemah kennen gelernt habe. Die alte Zero Chief lehrte: »Dieser Anschlag, unsere Kreatorin Mutter Göttin zu ignorieren, ist der verkrüppelndste Schlag, den die Gattung der Leute je erlitten hat. Das wahre und absolute Gleichgewicht unserer Kreatorin Mutter und des Kreators Vater ist die heiligste und machtvollste Symbolik und Wirklichkeit, von der wir Leute Kenntnis haben können. Wir müssen die Würde jeder Person wiederherstellen. Dies wird geschehen durch das Wiedererkennen unserer Kreatorin Mutter, unserer Heiligen Mutter Leben. Dieser eine Akt allein wird ein Gleichgewicht in unsere kummerbeladene Welt bringen.«

Als ich jung war und ihre Worte das erste Mal hörte, hatte ich keine Ahnung davon, welche enormen Konsequenzen ihre Lehren für mich und für alle Leute in unserer Welt beinhalteten.

Während ich »Sieben Pfeile« schrieb, kämpfte ich mit dem akademischen Typ der englischen Sprache, die ich zu lernen gezwungen worden war. Ich bin immer noch erstaunt darüber, wie sehr ich durch die Sprache meiner Schulbildung indoktriniert worden bin. »Menschheit« und »man denkt« waren Begriffe, die ich benutzte, während ich »Sieben Pfeile« schrieb, anstatt Worte zu wählen wie »Leute« und »Leute denken«. Ich denke, es ist sehr wichtig für uns alle, gewahr zu werden, wie unsere Sprache vermännlicht wurde.

Reife muss erworben werden, bevor wir Leute großartigen Dingen irgendeine Gerechtigkeit widerfahren lassen können. Ich brauchte Zeit, um die Nähe zu Estcheemah zu bekommen, damit ich »Lightningbolt« schreiben konnte. Genauso wie ich mit ihr sein musste, um mit ihr zu lernen, so könnt ihr, die Leserinnen, die Leser, danach trachten, nach eurem eigenen Herzen und eurem Verstand zu greifen und euch so nah wie möglich an die Person anzunähern, die

Estcheemah wirklich war. Ihr habt die große Gelegenheit, von dieser Information und dem Wissen berührt zu werden, das nie zuvor irgendwo in schriftlicher Form präsentiert worden ist.

In dieser Kultur werden wir gelehrt, das Tiefgründige auf das Anfassbare zu reduzieren. Ich fordere euch auf, während des Lesens dieser Geschichte Estcheemah oder die Lehren der Zero Chiefs nicht nur auf die hier mitgeteilten Beispiele zu reduzieren. Stattdessen versucht, die Lehren und Wirklichkeit von Estcheemah so umfassend werden zu lassen, wie es diese heilige Frau und die uralte Selbst-Disziplin, die sie lehrte, wirklich war.

Lightningbolt

»Es ist erstaunlich, was ein Gewehr und ein paar Streichhölzer ausmachen, wenn es darum geht, einem Mann Behaglichkeit zu verschaffen.« Der junge Lightningbolt lachte stillvergnügt in sich hinein, als er seinem Pferd Arrow die Gurte festzog. Er wandte sich um, um noch einen Blick auf die warme Berghütte zu werfen, die er hinter sich ließ. Sobald sein Sattelpferd versorgt war, wandte er seine Aufmerksamkeit dem großen Wallach zu. Er überprüfte sorgfältig alles, was er auf den Rücken des kraftvollen Packpferdes gebunden hatte. Old Roman Nose schien ebenfalls begierig auf den Aufbruch.

Es war sehr kalt, februarkalt. Die eisige Luft stach in sein Gesicht und ließ Tränen aus seinen Augen auf die Wangen hinuntertröpfeln, wo sie gefroren. Lightningbolt schwang sich in den Sattel, nahm Haltung an und zog seine Medizindecke zu sich herauf, um seinen Kopf zu schützen.

Er war nicht auf einem romantischen Ritt durch die wunderschönen Little-Big-Horn-Berge unterwegs. Es war kein Platz für irgendeine Art des So-tun-als-ob. Ein närrischer Fehler konnte ihn umbringen und er wusste darum. Alle, die in Montana geboren sind, ob indianisch oder weiß, wissen, dass Mutter Montana sie nährt, aber sie wissen auch, dass sie die Narren tötet.

Die Aufgabe, die vor ihm lag, war zwiefältig. Er wollte die fünfunddreißig Meilen reiten, die ihn von der nächsten Hütte trennten, und dort wollte er den alten Goose Flying treffen. Er wollte auch zwei Hirsche auf seinem Weg erlegen, um Nahrung zu beschaffen, die er und der alte Medizinmann brauchen würden.

Als die Fuchsstute ihre ersten Pflichtschritte in das kalte blaue Morgenlicht getan hatte, heraus aus dem Schutz der Schlucht, die die alte Hütte verbarg, war sie begierig auf die Reise. Sie schüttelte ihr stolzes Haupt und scharrte, dann stieß sie eine Dampfwolke aus.

»Du bist stark, Arrow, aber Big Nose ist langsam«, warnte er seine Mähre. »Nehmen wir's beide leicht, in Ordnung? Es ist unheimlich hier und wir sind hoch droben im tiefen Schnee.« Er wandte sich um, das Packpferd von neuem zu inspizieren. »Und die alte Big Nose da hinten mag nun mal keine Pferderennen, klar?«

Als nächstes zog er sein Gewehr aus seiner Satteltasche und vergewisserte sich, dass es geladen und in guter Funktionsbereitschaft war. Er hatte dies bereits zweimal getan, einmal in der Hütte, die Nacht zuvor, und noch einmal, als das Gewehr in sein Futteral kam.

Seine Augen wanderten an den Packschnüren und Leinen entlang, die das Bettzeug hielten; die Säcke mit Kaffee, Zucker und Draht und die zwei Säcke Hafer für die Pferde: Alles war gesichert.

Lightningbolt setzte sich in seinem Sattel auf und schweifte mit seinem Blick über die Landschaft. Gedächtnis und Intelligenz sagten ihm, was unter dem Schnee versteckt lag. Er lächelte und wendete sein Pferd gegen Westen.

»He, Arrow.« Er berührte sie liebevoll.

Die draufgängerische Mustangstute warf ihren Kopf hoch und tanzte. Ein Funken stob von einem ihrer Hufeisen, als sie einen Stein wegkickte. Dies würde Lightningbolts erste lange Winterreise mit geeigneten Hufeisen an seinem Tier werden. Er war sehr wohlgemut und er fühlte sich zuversichtlich.

Mit jedem Schritt, den sein Pferd tat, dachte er darüber nach, wie er im Einzelnen die Sage Creek Water Gap durchqueren würde.

Die Schlucht, die Wasserklamm genannt wurde, war heimtückisch und voller Fallen. Tausende heißer Teiche flossen in eine tiefe, enge Kehle. Diese warmen Teiche waren lindernd für die, die Heilung suchten; aber wo sie sich in der breiten Schlucht sammelten, wurden sie ein Schreckensbild von Treibsand und schlammgefüllten Sümpfen.

Lightningbolt musste eine Entscheidung treffen. Er konnte hineinwaten und versuchen, direkt durch die Schlucht zu gehen, oder er konnte den langen Weg um die Wasserschlucht herum nehmen. Er entschied sich für das Risiko in der Schlucht.

Er wusste, seine Reise würde ein extremes Wagnis, wenn er nicht vollkommen im Einklang mit seiner Aufgabe bleiben würde. Eis war der Feind. Die heißen Teiche ließen den Strom teilweise tauen und formten breite Treibeisnadeln und -platten, die es zu meiden galt.

Die meisten Leute zogen in die Berge und die wunderschöne Schlucht, weil der Boden für Vieh gut zum Grasen war. Aber es gab auch solche, die aus zeremoniellen Gründen zu Besuch kamen.

Der junge Halbblut-Indianer war geboren und aufgewachsen in diesem Land, aber er war nur während der Sommermonate in diesen besonderen Bergen gewesen. Obwohl er mit dem Land vertraut war, schien es mit der Schneedecke, die alles verhüllte, fremdartig.

Warum der junge Lightningbolt unverschämt genug war, zu glauben, dass er eine derartige Reise überleben konnte, war eine Frage, über die er jahrelang nachzudenken hatte. Aber in dem Augenblick gab es keine einfache Antwort.

Sogar die Antworten für seinen Aufenthalt in den Bergen waren allesamt falsch. Das Missverständnis hatte einige Monate zuvor begonnen, als Lightningbolt Goose Flyings Schüler geworden war. Im selben Augenblick, als Lightningbolt seinem Lehrer begegnet war, hatte ein furchtbarer Krieg begonnen, den keiner von beiden voll begreifen konnte. Der schnell bewegliche, temperamentvolle Lightningbolt hob sich aufs schärfste ab von dem sanften alten Mann, der gelassen war und seine Entscheidungen langsam traf.

Es gab ein unüberwindliches kulturelles Problem zwischen ihnen. Der junge Halbblut-Indianer lebte in seiner modernen Reservatswelt, während der alte Mann sich Mühe gab, in einer Zeit zu leben, die schon nicht mehr existierte. Ihre Versuche, miteinander zu sprechen und sich zu verstehen, waren immer sehr emotional. Es war, wie wenn weiß glühender Stahl ins kalte Wasserbad getaucht wird. Beide Männer litten unter diesen Ausbrüchen, obwohl beide so taten, als sei nichts zwischen ihnen vorgefallen.

Der gutmütige alte Goose Flying würde seinen Schüler niemals absichtlich einer Gefahr aussetzen. Aber der alte Medizinmann war auch nicht besonders aufmerksam den Problemen anderer Leute gegenüber – besonders nicht ihrer Unwissenheit, und Lightningbolts Unwissenheit war abgrundtief.

Goose Flying hatte versprochen, dass er Lightningbolt im Medizin-Träumen unterrichten wollte, wenn der junge Mann ihm seine Wintervorräte bringen würde. Aber es kam ihm niemals in den Sinn, dass sein Schüler so arrogant sein würde, die Reise zu einer solch gefahrvollen Zeit zu unternehmen oder gar durch die gefährliche Wasserkluft zu reiten.

Goose Flying hatte elf Winter in dem, was er seine Traum-Hütte nannte, allein genossen. Die Hütte mit drei Räumen, auch als die Willow Rose bekannt, war in einem kleinen Tal in den Bergen von Little Big Horn erbaut worden. Der sichere und empfohlene Weg, um dorthin zu gelangen, war, von der Wyoming-Seite aus die Berge heraufzukommen.

Was sich zugetragen hatte, war, dass Goose Flying alle seine »wilden Hunde«, seine Schüler, gebeten hatte, ihm den Nachschub, den er brauchte, zu bringen, aber nur Lightningbolt setzte dies in die Tat um. Der alte Mann wusste, dass er auf den verwegenen jungen Mann zählen konnte, der so eine Reise unternehmen würde, aber er erwartete niemals, dass er von der Montana-Seite den Berg hochkommen würde.

Lightningbolt war ein sehr unglücklicher junger Mann, der fortwährend nach neuen Wegen suchte, seine furchtbare Langeweile zu beenden. Gefahr bedeutete ihm nicht viel. Oft ging er tollkühn mit seinem Leben und seinem Wohlergehen um. Manche beschuldigten ihn, er sei ein potentieller Selbstmörder.

Der schreckliche Konflikt, der in Lightningbolt brodelte, war den meisten Leuten, die ihn kannten, verborgen. Die machtvolle Kraft, die ihn antrieb, war die Leere und die Verwirrung, die er in seinem Leben fühlte.

Vom ersten Moment an, dessen er sich erinnern konnte, hatte er von sich die Vision gehabt, ein machtvoller Krieger zu sein. Er sehnte sich danach, ein Offizier zu sein und nicht ein Reservatssklave und Versager. Er wollte kein anderes Leben akzeptieren außer dem, ein großer Krieger zu sein. Die meisten seiner engsten Freunde waren in die Armee eingetreten. Sein bester Freund, Alex, war nach Vietnam gegangen.

Aber Lightningbolt war vom Militär abgelehnt worden – weggerissen von seinem großen Traum, ein hochrangiger Krieger zu werden. Er glaubte, es sei absolut unangemessen, wegen eines Auges mit »schlechtem Sehvermögen« abgelehnt zu werden. Die Armee bewertete ihn als »untauglich«. Es brach das Herz des jungen Mannes.

Was war eine Person, die nicht ein Krieger, ein Soldat war? In Lightningbolts Geist war ein Mann ohne militärische Ehren ein Niemand, eine Unperson. Welch größere Ehre gab es, als ein mutiger Krieger oder ein Offizier zu sein?

Beinahe von dem Augenblick an, wo er als Kind seine Augen geöffnet hatte, hatte er von seinen indianischen und seinen Halbblut-Verwandten über den Krieg gehört. Viele waren Kriegsveteranen. Ein Leben im Reservat zu leben, niemals Teil des Militärs zu sein war undenkbar! Sklaverei war das Reservat.

Waren nicht alle Jungen, mit denen er aufgewachsen war, dazu erzogen worden, Krieger zu sein? Die Spiele, die sie spielten, waren Kriegsspiele. Und die großen indianischen Kriegerhäuptlinge, machtvolle Krieger und Kriegerinnen, waren ihre Helden. Jedes Ding, das er anfasste, jeder Gedanke, den er als Kind gehabt hatte, formten ihn zu einem Krieger.

Seine Cousins und Brüder waren einberufen worden, für ihr Land zu kämpfen, aber Lightningbolt wurde sein Platz und Recht versagt. Der Schock seiner Ablehnung schleuderte Lightningbolt in inneren Aufruhr. Der Verlust seiner Militärkarriere zerschmetterte sein Selbstbild, zerschmetterte alles, was er wusste und glaubte. Was konnte die Leere ersetzen, die er nun in seinem Herzen und Geist fühlte?

Lightningbolt war ein Soldat ohne einen Krieg, den es zu kämpfen galt. Überwältigt von Kummer und Wut, trieb ihn seine Angst, eine Unperson zu sein, unbarmherzig an. Er war gezwungen, eine neue Richtung für sein Leben zu finden. Und dennoch, obwohl er intensiv nach seinem neuen Traum suchte, konnte er keinerlei Wert in seiner Welt sehen.

Diese abscheuliche Kraft in Lightningbolt war es, die ihn in die Berge trieb, um mit seinem Lehrer Goose Flying zusammen zu sein.

Es war nicht so, dass Lightningbolt um die Wyoming-Seite nicht Bescheid gewusst hätte. Er wusste, dass der Weg herauf von Wyoming der leichteste Weg für diese Reise war. Er ignorierte die Information, denn er wollte sehen, ob er die Montanareise überleben konnte. Er glaubte, dies sei sein Weg, große Medizin zu machen.

Unglücklicherweise hatte kein Medizinmann diese Art Glauben je verworfen. In der Tat war genau das Gegenteil geschehen: Diese Art Glauben wurde auch noch gelobt. Der Mythos des starken Kriegers, der alle Widrigkeiten überwindet und große Medizin entdeckt, wurde als Wahrheit gelehrt. Lightningbolt wäre buchstäblich überallhin gegangen, um die Medizin-Wege zu erlernen.

Es wäre nicht richtig zu sagen, dass er durch »spirituelle Inhalte« motiviert war. Er kannte nichts als seine tiefe Traurigkeit und Wut, und er war dabei, neue Wege zu finden, die seinem Schmerz ein Ende bereiten würden. Warum er seinen Kummer, seinen Ärger fühlte, gab er vor sich selbst nicht offen zu. Aber anfänglich hatte ihn das angetrieben, nach Medizin-Wegen zu suchen. Wenn es eine spirituelle Seite bei seiner Suche gab, dann war er sich dessen nicht bewusst.

Lightningbolt mühte sich allein durch die Schlucht. Er litt erheblich unter der fürchterlichen Kälte, aber die Pferde befanden sich in noch größeren Schwierigkeiten. Er war des öfteren gezwungen, von Arrows Rücken abzusteigen, um die Jutesäcke neu zu wickeln, die er zur Sicherheit um die Pferdebeine gewunden hatte, bevor er sie in den eisigen Strom eintauchen ließ. Der Sage Creek war in der Wasserklamm an einigen Stellen von Eis verstopft, an anderen wiederum warm, und die Jutesäcke halfen, die Pferdebeine vor Schnitten durch das Eis zu schützen.

Jedes Mal, wenn Lightningbolt seine Hände in das eiskalte Wasser eintauchte, ließ der Schmerz Tränen in seinen Augen aufwallen, aber er biss seine Zähne gegen diese Not zusammen. Die Beine seiner Freunde zu schützen bedeutete ihm mehr als jede Schmerzerfahrung, die er erlitt.

Obwohl die Wasserklamm knappe drei Meilen lang war, wurde die Reise durch die Schlucht eine zwei Tage währende Feuerprobe. Weil das Gehen für die Pferde zu beschwerlich wurde, war er gezwungen, abzusteigen und sie zu führen. Sie erkämpften sich ihren Weg durch eine Schneewehe, nur um eine neue noch höhere anzutreffen.

Das nächtliche Zelten in der Wasserklamm war eine Herausforderung. Sowohl Lightningbolt als auch die Pferde waren am Ende jedes Tages erschöpft. Er versorgte als erstes die Tiere, fütterte und striegelte sie, bevor er auf sich selbst schaute.

Bäume und Treibholz gab es in der kleinen Schlucht reichlich. Nach dem Holzsammeln machte er ein Feuer und kochte sein Abendessen, was bedeutete, dass er die erstbeste Dose mit Nahrung, die er aus seinem Gepäck herauszerren konnte, aufwärmte. Als nächstes kam der Aufbau seines Zeltes. Bevor er schlief, überdachte er die Probleme, auf die er während des Tages gestoßen war.

Am nächsten Morgen erwachte Lightningbolt früh und war vor Sonnenaufgang im Sattel. Die helle silbrige Morgendämmerung grüßte die Augen des jungen Mannes während seines Ritts. Plötzlich öffnete sich die Schlucht in ein breites schwingendes Tal. Lightningbolt hatte sein Ziel erreicht und war endlich auf seinem Weg zur Hütte.

Er sprang von Arrows Rücken ab und gab den Pferden eine Hand voll Hafer. Aber anstatt sich dankbar zu fühlen, spürte Lightningbolt seinen alten Ärger wiederkommen. Er schwor sich selbst leise, dass er nie wieder eine solch schreckliche Reise unternehmen würde. Große Medizin? War er verrückt gewesen? Er fühlte sich, als ob er gegen etwas kämpfte, aber er konnte nicht verstehen, wer oder was der Feind war.

Zwei sprudelnde Gewässer vereinigten sich, wo seine Pferde nun den Schnee wegscharrten, um zu grasen. »Du hast es geschafft, Big Nose«, sagte er zu dem Wallach, als er über den Nacken des Pferdes strich. »Zu dumm, dass du die Reise mit einem Esel machen musstest, der dir gesagt hat, was zu tun ist.«

Hundert Meter entfernt war das blanke Skelett einer Sonnentanz-Hütte zu sehen. Sie schien sehr alt und stolz. Alles Grün war aus ihrem Kreis von Baumwoll- und Wildkirschblättern gewichen. Sie war im Sonnenschein und in der Wärme während des Monats Juni errichtet worden.

Und doch, die Hütte war eine Vision winterlicher Schönheit. Die Gebeine hunderter geschnittener Äste, die den breiten Ring um den Zentrumsbaum bildeten, waren geblieben, aber die zehntausende sich ineinander verwebender Zweige waren eine feine Spitzenborte aus Eiszapfen geworden. Alles war bedeckt mit einem sanften weißen Mantel aus Schnee.

Der anmutige, machtvolle Zentrumsbaum stand in voller Größe in seinem Schneekreis. Wie unglaublich lieblich er war! Eine Göttin dieses Landes, ihr Gesicht und ihr Haar waren aus Milliarden Diamanten und Schneespitzenborte skulptiert.

Hätte Lightningbolt mehr Wertschätzung gehabt und nicht so viel Ärger, so hätte er sie gesehen. Aber seine Aufmerksamkeit war gefesselt von dem untrüglichen Schneehügel, den er als einen gefrorenen Leib erkannte.

Vorsichtig ging er an den Hügel heran und schaufelte den Schnee weg. Im Schock wurde ihm klar, dass er in das Gesicht eines seiner Onkel, Big Antilope, starrte. Zwei leere Whiskyflaschen lagen neben dem toten Mann. Es gab zweifellos noch mehr Flaschen zu finden. Wo war sein Pferd? Lightningbolt blickte sich um. Wo war sein Zelt? Dieser ältere Mann würde nie hier draußen allein sein. Er war ein Mann, der das Alleinsein fürchtete. Warum war er hier?

»Du Idiot!« schrie er den toten Mann an. Er fühlte sich angewidert und plötzlich sehr verletzlich, unglaublich wehrlos. »Was zur Hölle musstest du hier draußen sein und saufen?« explodierte er ärgerlich.

Ein Grab auszuheben stand außer Frage. Er versuchte, den Leichnam zu bewegen, aber er war bis in den Boden hinein angefroren. Mit einem Gefühl von Ekel schwang er sich auf Arrows Rücken. Sie brauchte kein gutes Zureden, um den Platz zu verlassen.

Er ritt beinahe eine Stunde lang, dann hielt er an, als er einen geschützten Platz bei einem großen Bestand von Büffelbeerbüschen fand. Hier konnten die Pferde auf trockener Weide Gras fressen. Er kümmerte sich um sie, dann schlug er sein Zelt auf. Er wollte später essen, wenn er wieder Appetit haben würde.

»Mittag«, runzelte er die Stirn, mit dem Gefühl der Frustration. »Der Tag ist weg! Kann nicht reiten, wenn ich so verdammt verrückt bin! Ich muss auf die Füße kommen. Ein verdammter toter Mann, so ein Jammer!« Er begann auf und ab zu gehen.

Der lange Bestand von Beerenbüschen gab Lightningbolt sechzig Meter oder mehr relativ schneefreies Gras. Er ging hin und her, er fühlte sich ruhelos und ärgerlich. Plötzlich beschloss er, ein Feuer und Kaffee zu machen.

Er setzte sich, hielt seine Kaffeetasse nah bei sich und wärmte seine Finger. Lightningbolt blickte zum ersten Mal wirklich um sich herum. Ihm wurde klar, dass jeder Baum, Busch, Stein und Grashalm mit Liebreiz umhüllt war; doch er hatte nur einen halbherzigen Blick für diese Schönheit übrig. Lightningbolt kannte ein Geheimnis, das nur wenige Leute verstanden. Er wusste, dass, wenn er sich seiner physischen Wirklichkeit und seinen Umständen nicht sehr bald stellen würde, er schwer zu leiden haben würde. Es stimmte zwar, dass der Schnee unglaublich schön war, doch in seinem Geist träumte er davon, wie sein Land schneefrei und in seinem sommerlichen Grün war. Das war gefährlich, das wusste er.

Plötzlich füllten sich seine Augen mit Tränen und er begann zu weinen. »Der freundliche Narr!« Er schniefte und versuchte, die Kontrolle über seine Traurigkeit zu erlangen. »Ich wünschte, ich hätte den alten Hund nicht geliebt. Er soff ununterbrochen und er war nie zuverlässig. Wir alle wünschten ihm den Tod.«

War Big Antilope schlussendlich in den Tod gewünscht worden? Das fragte er sich, während er an seinem Kaffee nippte und langsam wieder auf und ab ging. Nein … es war unmöglich, Narren wie ihn tot zu wünschen. Wie kam es aber, dass dieser Mann auch so überaus freundlich gewesen war? Alle liebten die Freundlichkeit und den Humor von Big Antilope. Aber sie hassten es, dass er schwach war und nie Glück hatte und andauernd Leute mit seinen Problemen behelligte.

Lightningbolt streute gemäß der Tradition seiner Vorfahren etwas Tabak in sein Feuer. »In Ehrerbietung für Leben zu geben heißt Teilen, in Ehrerbietung für Tod; das ist unser Brauch«, sagte er.

Er wiederholte die Worte seines Großvaters, Old Man Eastman. »Wo ist das Feiern? Von wo nach wo gehen wir, heiliger großer Geist?« Er wandte sich um und blickte in das lange Tal. »Was immer es für Big Antilope bedeuten mag, Erdmutter. Was mich betrifft, ich bin hier, und ich gehe dorthin.« Er deutete das Tal hinunter. »Aber der Säufer, wo geht er hin?« Lightningbolt schüttelte seinen Kopf und füllte seine Kaffeetasse wieder.

Am folgenden Morgen, acht Meilen weiter, erlegte er seinen ersten Hirsch. Die Kugel brachte Schmerz, als sie einschlug. Das traurige Echo brüllte in den Klüften und Schluchten. Es sang den Todesgesang des Gewehrdonners.

Das Lebensblut floss rot in den kalten Schnee. Der sanfte Bruder Hirsch fiel und lag nun da, im Kampf gegen das ewige Schweigen. Er kämpfte gegen den weißsengenden Schmerz im Schnee, allein und voller Angst.

»Für alle Zeit!« sang Lightningbolt, als er seine Pferde zu seinem gefallenen Verwandten, dem Hirsch, trieb. »Großer, sanfter Bruder«, sagte er weich, als seine Stiefel sich tief in den Schnee eingruben, sich mit dem Blut vermischend. »Du Kummerbeladener, ich bin da«, sagte er, als er seinen Hammer des Erbarmens, seine Axt, auf den verwundeten Kopf seines Bruders Hirsch schwang.

Der Hirsch schloss seine Augen langsam und wurde eins mit Zeit und der heiligen Erdenergie. Er starb mit der Würde der Vollendung.

Lightningbolt streute Tabak in den Schnee um den Hirsch herum und richtete dann seinen Blick auf die entfernten Berggipfel. »Wie weit sind wir wohl davon entfernt?« fragte er, als er den Hirsch auszuweiden begann.

Als die Nacht ihre Schönheit in die stillen Berge brachte, rief sie auch ihre Medizinen aus der Leere heran, wo der Schlaf die Galaxien bewacht. Ihre wundersame Erneuerung des Sternenlichts und der Dunkelheit widerspiegelten das heilige Blau unserer geduldigen Mutter Erde – und wurde eins mit der Melodie des Wunsches unserer süßen Mutter für Ihre Kinder.

Lightningbolt war geritten, bis er zum heißen Teich kam. Er schlug sein Lager auf, dann ruhte er sich aus, bevor er sich das Schwimmen genehmigte. Still glitt er in das verschwenderisch warme Wasser des Teiches. Er stellte sich vor, wie er im Schein der Sterne und des Mondes und um sie herum im blauschwarzen Wasser schwamm.

Der heiße Teich, der von der Medizinfrau, die als Basketmaker bekannt war, den Namen Child's Remembrance bekommen hatte, war wundersam warm, tief und gespeist von der Reinheit der Urgewässer. Die Wasser des Teichs waren glücklich in ihrer absoluten Existenz, als sie zur magischen Schale wurden, die alle Wunder des heiligen Wegs, der Milchstraße, in sich bargen.

Zwei Baumstämmchen waren durch die Hände spielender kleiner Mädchen während der Sommerjahreszeit in den sechzig Meter weiten Teich gestoßen worden. Jetzt waren die Stämme mit hochgetürmtem Schnee bedeckt und glitten heiter auf einem warmen, nächtlichen Himmelsspiegel dahin, der jedes gebrochene Herz zu heilen vermochte.

Lightningbolt rollte sich auf den Rücken und schaute hinauf in den Nachthimmel, um zu träumen. Magie sprang plötzlich aus den blauen Schatten heraus und tanzte einen alten Pfad hinunter zum Wasserspiegel, um zu trinken. Es waren zwei zarte Winterhirschkühe, scheue Damen, deren Leiber aus Süßgras, Bergblumen, Kräuterweide und Wasserlilien zusammengesetzt waren. Sie sahen den jungen Mann und fühlten seine traurige Gegenwart. Die zwei Hirschkühe sangen sanft. Es war ein Gesang, den sie von einer Heidelerche gelernt hatten. Dieses Mysterium und die machtvolle Präsenz wärmten Lightningbolts Herz. Er lächelte, dann lachte er laut heraus.

Die zwei Besucherinnen tranken das Wasser aus dem nächtlichen Sternbecken, dann tanzten sie zurück in die Weiden und die Magie, von wo sie gekommen waren.

Am folgenden Tag sprach das Gewehr wieder seine Donnersprache und ein anderer Bruder Hirsch fiel in die weite Fläche.

Als der junge Mann seinem Pferd die Zügel gab und in das Clear Water Valley hinunterblickte, staunte er angesichts des warmen Goldes des Lampenlichts, das die Fenster der einsamen Hütte von Goose Flying erleuchtete.

Das Licht schien seltsam, unerkennbar, dem Vollmond gänzlich unbekannt, den Bergen fremd, ärgerlich, verglichen mit dem Sternenlicht – und doch irgendwie behaglich warm und mit glücklichen Erinnerungen angefüllt.

Lightningbolt hörte dem Knarzen seines Sattels und dem sanften Atmen seiner Pferde zu. Es war schade, dass er nun die Offenheit und wilde Schönheit zurücklassen musste und wieder einmal in einem Gebäude eingeschlossen war. Er mochte Gebäude nicht allzu sehr.

Arrow scharrte, schnaubte, dann nieste sie. Diese gewöhnliche, sehr einfache Aktion seines Pferdes brach in Lightningbolts Träumerei ein und beendete seine Betrachtungen.

»So, der alte Mann weiß irgendwie, dass wir hier sind, Arrow«, flüsterte er und tätschelte sie innig. »Was wird unser Traumpreis sein? Du und Old Roman Nose habt auch hart gearbeitet ... ihr solltet auch euren großen Medizinpreis bekommen.«

Die Tür der Hütte öffnete sich und warf den Schein des Öllichts auf den reinen Schnee.

»Whey, hah!«, rief Goose Flying.

Die Echos seiner Stimme wurden in den umliegenden Klüften und Schluchten willkommen geheißen. Zwei Kojoten begannen zu singen. Lightningbolt ließ seinen Atem heraus. Seine Spannung ließ nach und er lächelte.

»Whey, ya!«, rief er zurück.

Arrow wählte ihren Weg den schmalen Pfad hinunter, der von Hand gebaut worden war. Alles dort war handgemacht.

Die kleine Hütte war bezaubernd. Sie sah aus wie ein »Lebkuchenhaus« und so sollte sie auch aussehen. Ein Schweizer Ehepaar hatte das Haus während eines Besuchs gebaut. Dann gingen sie weg und wurden nicht wieder gesehen. Einige glaubten, dass sie während des Zweiten Weltkriegs getötet wurden.

Nachdem die Pferde versorgt und mit Zureden und Freundlichkeit erquickt waren, gönnte es sich Lightningbolt, zu rauchen. Dann hackte er Feuerholz. Er nahm sich Zeit für diese Arbeit, sodass er seine neue Umgegend kennen lernen konnte.

Als er die Hütte betrat, fühlte er sich voll Arbeitseifer, und doch war er achtsam, es nicht zu sehr zu zeigen. Er mochte den alten Goose Flying. Der alte Mann stand mit seinem Rücken gegen Lightningbolt, während er seine Hände in einem verzierten europäischen Waschbecken wusch.

»Mh-hmmm ... Lightningbolt«, sagte der alte Mann, wandte sich um und griff nach einem Handtuch. »Du bist hier, wohlbehalten und stark. Ich kann mich immer auf deine guten Sinne verlassen.« Er kam näher und tauschte mit Lightningbolt ein warmes Händeschütteln. »Der Hirsch?«

»Im Schuppen ... zwei davon«, antwortete Lightningbolt und gab der Hand seines Lehrers einen festen Druck. »Ich muss dir sagen« – er schaute ein wenig unbehaust – »eine Zeit lang fühlte ich mich wie ein Narr, dass ich die Wasserklamm genommen habe. Es war höllisch gefährlich!«

»Du bist durch die Wasserklamm geritten?«, zuckte Goose Flying zusammen, während sich die Linien um seine Augen vertieften. »Ich habe Big Antilope ausgesandt, dir zu sagen, dass du auf jeden Fall von der Wyoming-Seite aus kommen sollst. Du bist ein großes Risiko eingegangen.« Er schüttelte seinen Kopf. »Jack Rabbit, der Cree-Junge aus Kanada, ging mit ihm.«

Lightningbolt setzte sich langsam auf einen alten Holzstuhl neben der Tür.

»Du hast seinen Leib gefunden, nicht wahr?«, fragte der alte Mann und nahm einen anderen Stuhl. Er seufzte und zeigte seine tiefe Traurigkeit.

Lightningbolt antwortete mit einem Nicken. Er war wieder ärgerlich. »Ich wusste Bescheid um die Wasserklamm. Es ist nicht dein Fehler.«

»Ja, wir prüfen uns selbst. Vielleicht prüfte Big Antilope sich in diesem Leben ebenfalls?«

»Womit? Mit unserer Dummheit?«, spuckte Lightningbolt ärgerlich aus, dabei prüfte er seinen Lehrer.

»Ich prüfe dich nicht«, entgegnete Goose Flying. »Warum prüfst du mich? Diese Berge, du kennst sie. Hast du deine eigene Dummheit geprüft oder dein tapferes Herz?«

Lightningbolt nahm seine Lederüberhosen ab und begann, sein zweites Paar Jeans, das er trug, auszuziehen.

Goose Flying goss jedem von ihnen eine Tasse Kaffee ein. Er reichte seinem Lehrling eine Tasse. »Was hast du da draußen erwartet?«, fragte er sanft. »Ich habe mich selbst ebenfalls geprüft. Dann wurde ich alt und müde. Die machtvolle Medizinfrau Estcheemah sagte mir, dass ich ein Träumer sei. Träumen ist jetzt mein Weg. Es tröstet mich einfach.«

Die Kojoten sangen jetzt in unmittelbarer Nähe. Sie hatten die Hirsche im Schuppen gerochen.

»Alle wahre Macht beginnt, wenn wir eine Vorstellung haben«, sagte Goose Flying. »Aber wenn wir keine Wertschätzung für Leben haben – wozu ist dann die Vorstellung nütze? Was willst du tun? Was willst du bauen? Big Antilope hatte keine Vorstellung, keinen Lebenswillen. Er suchte andauernd seinen Tod. Du kannst nicht ewig hier in diesen Bergen herumreiten. Eines Tages musst du von deinem Pferd absteigen. Bist du bereit, das zu tun?«

Ob aus Gewohnheit heraus oder weil Lightningbolt ganz einfach ärgerlich war, er streckte seine Hand nach seiner 38er aus. Er leerte die Magazine der Waffe und ließ die Munition achtlos auf den Fußboden fallen.

»Ich weiß nicht«, antwortete er, nahm sich einen Stuhl und legte die Waffe neben seine Kaffeetasse. Er griff nach unten und las die Kugeln sowie seine Sporen auf und legte alles auf den Tisch.

Die Augen des alten Goose Flying bewegten sich so starr wie die einer Eule. Es war ein Zeichen, das der junge Mann wohl kannte. Viele der älteren Leute drückten ihr Missfallen mit dieser Art Blick aus. Er versuchte, herauszufinden, was er getan hatte, um Goose Flying so zu enervieren.

»Was ist verkehrt?«, fragte Lightningbolt; er wollte den alten Mann nicht ärgern.

»Warum wirfst du nicht dein Gewehr auf meinen Tisch, und deine Messer und Stiefel?« Der alte Mann schimpfte. »Ist das bei dir so Sitte?«

Lightningbolt war augenblicklich verlegen. Waffen auf den Tisch eines Medizinmannes oder einer Medizinfrau zu werfen war verboten. Es war ein Zeichen von extremer Respektlosigkeit.

Er nahm schnell die Pistole, Sporen und Munition vom Tisch und legte sie neben seinem Stuhl auf den Boden. »Verdammt!« Er explodierte vor Frustration. »Warum zur Hölle habe ich das gemacht? Es tut mir leid, Goose.«

Diese kleine Ohrfeige ins Gesicht von Goose Flying hatte eine Wunde geöffnet, die der alte Mann versiegelt geglaubt hatte. »Ja«, erklärte er. »Ja, es scheint eben so zu sein. Wenn du ein Enkel meiner Blutslinie wärst, dann wäre ich sehr verärgert über dich. Aber weil ich dein Lehrer bin und du ein Halbblut-Indianer bist, liegen die Dinge anders.«

Lightningbolt setzte sich auf und bewegte sich auf seinem Stuhl vorwärts.

»Ich muss lehren trotz meines Ärgers und meiner Enttäuschung«, fuhr Goose Flying fort. »Was ist das, wenn nicht meine Familie und mein Blut? Es ist eine Disziplin. Ich bin erstaunt, ja, hier ist eine Lehre für mich. Du prüfst mich viele Male bis zu meinem Knackpunkt.«

»Knackpunkt?«, wiederholte Lightningbolt die Worte beinahe atemlos. Er begann, seine Waffe zu reinigen, denn seine Hände brauchten eine Beschäftigung. Nie zuvor hatte er eine derartige Rede gehört.

»Mangel an Sorge«, fuhr der alte Mann fort. »Wo sind die großen Kreise der jungen Männer, die lernen? Ich schätze, ich sollte von einem Halbblut nicht erwarten, dass er alle Gebräuche kennt.«

»Was soll das denn?«, gab Lightningbolt zurück. »Halbblut! Du meinst, ich werde diesen Unsinn auch von dir wieder hören?«

»Es ist anders gemeint, als du denkst«, antwortete Goose Flying. Beide, die Vollblut- wie die Halbblut-Leute kennen die Gebräuche nicht. Das ist unsere Schuld, die der Medizinleute.«

»Bist du ärgerlich, weil ich ein Halbblut bin oder weil ich meinen Mist auf deinen Tisch geworfen habe?«, forderte Lightningbolt ihn heraus.

»Beides ... und keines davon«, antwortete der Medizinmann. »Ich hätte wählen können, nichts zu dir zu sagen. Es ist mein Geschenk für dich, dass ich über meine Enttäuschung mit dir spreche. Warum sollte ich ärgerlich sein? Ich habe hart gearbeitet und was ist daraus geworden! Vieles davon war umsonst. Wo ist dieser junge Cree-

Mann? Wo sind die anderen jungen Männer? Den jungen Männern wird erzählt, dass der Gott, der das höchste Wesen genannt wird, heilig und im Wein ist. Der Alkohol ist das höchste Wesen. Der Alkohol ist der Geist, er ist Gott. Wie kann ich dagegen ankämpfen?«

»Du fragst mich?«, fragte Lightningbolt überrascht. »Machst du Witze?« Er nippte an seinem Kaffee, er war kalt. »Tja, es macht Sinn. Jedes Wochenende Gott runtergurgeln.« Er lachte verächtlich. »Die Bierdose aufreißen und einen Schluck Gott nehmen. Was für ein Witz.«

»Die einfachen Gemüter denken nicht«, sagte der alte Goose Flying. »Das ist ihr Problem. Es wäre gut, wenn sie den Mut hätten, zu sagen, was du eben gesagt hast. Aber nein, sie fürchten sich davor, das zu sagen.«

»Blöde Idioten!«, fluchte Lightningbolt.

»Nicht so schnell!«, warnte der alte Mann. »Ich habe dich damals nicht einen blöden Idioten genannt, als ich dich betrunken beim Rodeo gefunden habe.« Er zwinkerte und zeigte ein bisschen Humor. »Oder sollten wir sagen, dass deine Situation ... eine andere war? Warst du ein Idiot, der an dem Tag Gott getrunken hat?«

Lightningbolt lachte. Er war glücklich, dass die Spannung weg war.

»Vielleicht sollte ich lediglich ein Träumer sein.« Der alte Goose lächelte und setzte sich in seinem Stuhl zurück. »Ich war einmal wie du. Ich war nur auf der Jagd nach Macht. Ich kenne dein Denken, denn es ist so, wie meines war. Du denkst, Macht zu haben sei, ein Ding zu besitzen, wie eine Art Zauberschild oder Zaubergewehr. Macht, so wirst du lernen, ist Wissen. Und es gibt jene Fragen ...«

»Wie lange bleiben wir so ratlos?«, fragte Lightningbolt.

»Ratlos?«, blinzelte der alte Mann. Einen Moment lang hatte er sich in seinem Geist in eine frühere Zeit zurückversetzt. »Was war das, was du gerade gesagt hast?«

Lightningbolt lächelte.

»Diese Hirsche, die du getötet hast«, grinste Goose. »Ich werde leben wegen ihnen. Es kann hart sein hier oben im Winter. Die Hirsche sind ein wunderbares Geschenk. Manchmal musste ich mit den Regierungsrationen auskommen, die ich hier mit mir hochgebracht habe ... oder ich habe ein paar Fallen gestellt. Aber ich war nie ein guter Jäger.« Er lächelte breit. »Sogar Mäuse können mir entkommen. Sie sind überall hier.«

»Goose, warum kommst du nicht im Frühling hierher zum Arbeiten?«, fragte Lightningbolt neugierig. »Es wäre um ein Beträchtliches leichter.«

»Nein«, antwortete der alte Mann. »Der Winter ist die große Wasserzeit. Jetzt ist die große Zeit des Träumens. Der Schnee ist Wasser. Schnee ist überall. Schnee ist etwas Besonderes. Wir Träumer wissen, dass der Schnee uns träumen hilft. Ich bin elf Jahre lang hierhergereist und ich träume hier während der Zeit der Schwarzen Hütte. Winter ist die Schwarze Hütte. Wenn die Sonne fahl ist, ist der Traum hell ... Deshalb träumen wir im Winter. Du bist hier, um mit mir zu träumen.«

Lightningbolt fasste nach dem Kaffeetopf. »Kaffee?«, fragte er.

»In dem Topf da ist Tee. Ich habe deinen Kaffe aus dem roten dort eingegossen«, antwortete Goose Flying. »Der Tee ist bitter, aber das mag ich. Ich habe den Rest meines Kaffees aufgespart, damit du auch noch etwas hast. Hast du Zucker mitgebracht?«

»Ja, viel«, sagte Lightningbolt. »Und Massen von Kaffee.«

»Heute Nacht werde ich einen kleinen speziellen Baum für dich schneiden«, erklärte Goose Flying. »Das wird dein Traumbaum sein. Du wirst mir helfen, jeden Zentimeter deines Traumraums mit Ästen zu bedecken. Den zarten Baumduft ganz um dich herum zu haben ist sehr wichtig. Hast du irgendwelche Fragen?«

Lightningbolt konnte nur lächeln. Er hatte den »großen Preis« gesucht und hier war er! Was hatte er doch für Glück.

»Die Welt«, fuhr Goose fort, »ist erfüllt mit Kummer und viel Schrecken. Es gibt unglaublichen Schmerz. Es gibt Schönheit, Liebe und viel mehr – das ist die Lehre der Medizinfrau, genannt Estcheemah. Aber die meisten Leute suchen nicht nach Schönheit. Sie sprach mit mir über den Schmerz und wie er uns auch lehren kann. Doch was hinterfragt und lehrt mehr außer Schönheit? Estcheemah hat mir erzählt, dass diejenigen, die das Selbst lieben und für das Selbst sorgen, eines Tages lernen werden, das Selbst zu kennen. Wie wirst du dein Selbst finden? Ich frage dich das, genau wie Estcheemah mich einst gefragt hat.«

Die Worte, die Goose gesprochen hatte, waren machtvoll und hätten erleuchtend sein können – aber die Stimme des alten Mannes war unsicher. Er sprach fast monoton und das ließ Lightningbolt in eine Phantasie über den Baum, von dem ihm Goose erzählt hatte, abgleiten.

»Was hast du zu sagen?«, fragte Goose.
»Ich bin bereit!«, antwortete Lightningbolt schnell.
»Wozu?«, lockte der alte Mann.
»Zu allem!«, entgegnete er geschwind. »Du zeigst mir das Vieh, und ich werde mit ihm ringen!«
Goose Flying runzelte die Stirn.
Lightningbolt war sehr ungeduldig und wollte anfangen.
»Nun«, beharrte der Medizinmann, »du musst in die Nacht hinausgehen, während ich deinen Baum hole. Du wirst mit den Steinen, den Bäumen, den Sternen, dem Mond und unserer heiligen Erde sprechen und sie um Hilfe für deine Suche bitten. Sprich über dein Leben.«
»Sicherlich!«, sagte Lightningbolt voll Enthusiasmus. »Toll. Soll ich um einen Supertraum bitten?«
»Du hast jede Nacht Superträume«, neckte Goose. Er hatte noch immer nicht realisiert, dass sein Lehrling eintausend Meilen von dem entfernt war, was er zu lehren versuchte. »Werkzeuge sind das, was du brauchst.«
»Werkzeuge?« blinzelte Lightningbolt und versuchte zu verstehen.
»Waffen«, fuhr Goose fort, und es war ihm immer noch nicht klar, dass Lightningbolt keine Ahnung hatte, worüber er redete.
»Waffen?«, wunderte sich Lightningbolt.
»Ja – Werkzeuge der Macht, Waffen«, sagte Goose. »Dinge großen Lernens. Du bist unwissend.«
Lightningbolt nickte Zustimmung.
»Du wirst nach diesen Werkzeugen fragen«, instruierte ihn der Medizinmann. »Und rauche deine Pfeife.«
»Ich habe keine Pfeife«, antwortete Lightningbolt entschuldigend.
»Dann rauche eine Zigarette«, riet der alte Mann. »Geh. Ja, geh jetzt. Wenn du zurückkommst, wird das Träumen beginnen.«
Lightningbolt erhob sich eilends von seinem Stuhl, warf sich seinen Mantel über und war zur Tür hinaus. Er ging ungefähr zehn Schritte von der Hütte, dann suchte er einen Platz zum Wasserlassen. Nachdem er sich erleichtert hatte, zündete er sich eine Zigarette an und fragte sich, mit welchem Stein er wohl reden sollte. Er wählte den ersten Felsen, den er sah, ging auf den Stein zu und nahm einen Zug von seiner Zigarette.
»Ah hey,« sagte er andächtig zu dem Stein. »Ho! Wie geht es dir?«

Eine wunderschöne Eule flog in einen Baum, ungefähr hundert Meter zur Linken von Lightningbolt. Die Aufmerksamkeit des jungen Mannes wurde augenblicklich zu der Kreatur hingezogen. Nachdem die Eule weggeflogen war, wurde seine Aufmerksamkeit auf fünf Kaninchen gelenkt, die im Schnee herumtollten. Aufgrund der Schönheit des Landes und der vielen Ablenkungen wurde Lightningbolt klar, dass fünfzehn Minuten vergangen waren, ohne dass er mit seinem Stein gesprochen hatte. Ihm wurde sehr kalt.

»Ich brauche einen Traum«, erzählte er dem Stein. »Und ich weiß nicht, warum der alte Goose will, dass ich mit dir rede, aber er will es. Danke für alles, was du mir geben kannst. Ich bin voll tiefen Danks. Danke, okay? Ich meine es wirklich. Okay, bis später. Danke vielmals.«

Lightningbolt lag im Bett, mit weit geöffneten Augen; es war unmöglich, zu schlafen. Er warf sich hin und her, verkrallte sich, drehte sich um, bäumte sich auf, wälzte sich herum und kämpfte mit der Bettdecke, bevor er sich schließlich im Bett aufsetzte.

»Verdammt«, fluchte er. »Meine große Chance kommt und ich kann nicht schlafen! Ich werde möglicherweise die ganze Nacht wach sein.«

Völlig verstimmt stand er auf und warf sich sein Hemd über. Er schlurfte in die Küche und schaute herum. Der Boden war zu kalt, um barfuß zu gehen, also musste er zurückgehen und seine Stiefel anziehen. Er war doppelt missmutig mit sich selbst, als er den Weg in die Küche ein zweites Mal antreten musste.

Die Tür zum alten Goose war geschlossen und kein Laut kam aus seinem Raum. Die Chancen standen tausend zu eins, dass der alte Mann draußen auf irgendeinem Hügel war, mit seinem schwarzen Angusrinderfell unter seinem Hintern dasaß und seine Medizinpfeife rauchte. Er konnte sich warm halten wie ein Bär am Nordpol – so machte sich Lightningbolt keine Sorgen.

Der Ofen war noch immer heiß. Er goss etwas Wasser aus dem Wassereimer in das schmucke Waschbecken und wusch sein Gesicht. Es war kalt. Der Eimer war beinahe leer. Er hob den grünen Kaffeetopf vom Ofen hoch an seine Lippen und kostete. Er enthielt Tee. Was war der bitter! Jetzt war er noch wacher.

Schimpfend schlurfte er an den Tisch und begann, über seine Reise nachzudenken. Er sah zum Fenster hinaus in den Schnee. Der

Mond war groß und hell, so hell, dass er dachte, er brauche die Lampe nicht anzuzünden. Die Bäume waren wunderbar. Weiße Magie lag hoch auf jedem Zweig und Busch. Die Schönheit, die er überall sah, half ihm, ruhig zu werden.

Plötzlich stand er auf und wandte sich um, um zum Ofen zu gehen und mehr Holz nachzulegen. Er machte einen Schritt und schlug sein Schienbein hart an einer Kiste an, die er nicht gesehen hatte. Er jammerte, hüpfte auf einem Bein herum und fiel über einen anderen Gegenstand auf dem Boden – seinen Sattel.

Er kroch zurück zum Tisch und zog die Kerosinlampe zu sich herüber. Alles, was zu seinem Leib gehörte, schien vor Schmerz zu pochen.

Er entzündete die Lampe. Aber als er versuchte, das Glas wieder einzusetzen, entglitt es ihm, fiel auf den Tisch und zersplitterte.

Voller Angst, sich mit den Scherben zu verletzen, bewegte er sich sorgsam in die am weitesten entfernte Ecke, gegenüber dem Ofen, und suchte nach dem Besen, den er vorher erspäht hatte.

Die erste Kehrbewegung seiner Hand im Dunkeln stieß sein Gewehr herunter. Die Waffe schlug mit einem schrecklichen Ton auf, den Lightningbolt gar nicht mochte. Er hoffte, sie möge nicht verkratzt sein.

Er fand den Besen und die Kehrschaufel und kam zum Tisch zurück. Sehr sorgsam durchsuchte er den Schrank oberhalb des Tisches nach der zweiten Glashaube, die er dort gesehen hatte.

Während er herumstolperte, war die spärliche Lampenflamme ausgegangen. Er zündete die Lampe wieder an, dann ersetzte er das Glas und blickte herum.

Goose hatte hundert Dinge in dem Raum bewegt, bevor er die Hütte verlassen hatte. Lightningbolt sah, dass es zehn oder zwölf weitere Objekte gab, über die er hätte stolpern können. Er kehrte das Glas auf, dann wurde ihm klar, dass er den Kaffee verkochen hörte. Der letzte Dampfstoß blies eine bitterriechende ranzige Wolke von verbranntem Kaffee in den kleinen Raum hinein.

Nun musste die verdammte Tür geöffnet werden!

Er griff sich den Kaffeetopf, ging zur Tür, riss sie auf und warf den Topf hinaus in eine Schneewechte.

Der kalte Luftzug, der ihn in den Raum zurückzwang, hatte ihn jetzt definitiv aufgeweckt; auch wenn die Fallen von Goose versagt hatten, der Wind hatte sicherlich nicht versagt. Er erschauerte bis in die Knochen hinein.

»Okay, verdammt, ich bin wach!« schrie er in den Wind hinein.

»Geh, leg dich schlafen!« schrie Goose zurück. »Was treibst du?«

Verlegen zog sich Lightningbolt in die Hütte zurück und schlug die Tür zu. Am Morgen würde er alles erklären.

Dunkle Ringe waren unter Lightningbolts Augen, als er am Tisch saß. Er wollte ernsthaft schlafen gehen, sodass er seinen Großen Medizintraum erfahren konnte. Was war los? Er stand auf und begann achtsam im Raum auf und ab zu gehen. Warum musste Leben zuzeiten so seltsam sein? Warum war er den ganzen Weg hier heraus geritten? War er verrückt? Und was dann, wenn Goose bloß ein komischer indianischer Kauz war wie Old Man Rabbit? Jetzt eben war er ein merkwürdiger alter Kerl. Der Mann konnte bisweilen sogar gespenstisch sein. Goose hatte ihm erzählt, dass Old Man Rabbit

Dinge aus der Luft herbeibeschwören konnte. Wie sich herausstellte, war das Einzige, was er wirklich herbeibeschwören konnte, Flaschen mit faulig schmeckendem Wein. Alle seine so genannten Mächte waren billige Tricks. Leben schien seltsam, was konnte ein Mann da schon tun?

Eine tiefe Kümmernis, gemischt mit einer verzweifelten Traurigkeit, nistete sich im Magen des jungen Mannes ein. Die Knöchel seiner Hände waren weiß. Als er seine Hände studierte, wurde ihm plötzlich klar, dass sie sich zu Fäusten ballten.

»Hui«, murmelte er. »Ich verkrampfe mich wirklich.«

Er entspannte langsam seine Hände, dann starrte er in das Lampenlicht und erinnerte sich, dass Goose etwas erklärt hatte, bevor er sich aufgemacht hatte. »Viele von den Indianern, die gegenwärtig leben, waren in ihrem Vorleben keine Indianer«, hatte Goose ihm erzählt. »Einige von den Indianern und Indianerinnen, die heute leben, waren Indianermörder und -hasser in ihren Vorleben. Jetzt lernen diese Leute, was es bedeutet, Indianer zu sein. Du heißt Lightningbolt, denn du hast den Namen des Sturms. Das ist gut. Du suchst auch, das ist gut. Aber du hast noch nicht gelernt, wie du weinen kannst.«

Lightningbolt lächelte. Was, wenn er in seinem früheren Leben Leute auf beiden Seiten getötet hätte oder zumindest während eines seiner früheren Leben? War das nicht eine typische Halbblut-Angelegenheit, das zu tun?

Goose Flying? Wie stand es um seine Vorleben? War er ein Indianer gewesen? Ein Reitersmann? War er ein Maismehlmüller?

Lightningbolt lachte laut heraus.

Er dachte über die Steine nach. Möglicherweise hätte er bloß ein wenig geduldiger mit ihnen sein und mehr sagen sollen. Er fragte sich vergeblich, ob er noch einen Versuch starten sollte, verwarf aber die Idee, denn Goose würde ihn möglicherweise wieder anbrüllen.

Plötzlich wurde ihm klar, dass er Goose hören konnte, der nach ihm rief. Er rannte zur Tür und öffnete sie.

»Goose?«, schrie er. »Was ist los?«

»Ich bin in meinem Tipi hinter dem Haus«, rief Goose zurück. »Ein verdammter Waschbär ist eben mit meinen Schuhen weggelaufen. Könntest du bitte herkommen?«

Lightningbolt warf sich seinen Mantel über und verließ die Hütte. Er ging um sie herum und fand, dass Goose ein gutes Tipi da hinten

hatte. Er war beeindruckt. Er hatte das Tipi nicht gesehen – es war von Bäumen und Schnee gut getarnt gewesen.
»Was gibt's, Goose?«, fragte er den alten Mann.
»Der Waschbär hat meinen Schuh«, antwortete Goose, »und hat ihn weggeschleppt. Er ist bei dem Baum da drüben. Ich will nicht hier draußen im Dunkeln herumhüpfen. Würdest du ihn für mich holen?«
Lightningbolt brachte den Schuh zurück. »Woher hast du gewusst, dass ich wach war?«, fragte er unschuldig.
»Du hast da drin Krach gemacht, über eine Stunde lang«, antwortete der alte Mann. »Ich musste gar nicht raten.«
»Willst du etwas zu trinken?«, fragte Lightningbolt. »Irgendwas anderes? Bis du hungrig?«
»Ich will schlafen«, antwortete Goose. »Es wird spät.«
»Ah ... sicher ... gute Idee«, stimmte Lightningbolt zu. Er drehte sich um und ging zur Hütte zurück. Sobald er drin war, zog er seinen Mantel aus, dann tat er, als ob er gähnen müsse und streckte sich, aber sein Geist wollte es nicht glauben. Er war immer noch nicht schläfrig.
Lightningbolt wurde ärgerlich.
Eine Maus huschte ängstlich über den Boden und fand eine Krume Brot bei der Holzschachtel.
»Spring hoch, du Schurke!«, rief er der Maus zu. »Es gibt einen ganzen Brotlaib auf dem Regal, direkt über deinem Kopf.«
Er hob sein Gewehr von dem Platz, wo es hingefallen war, auf und trug es in seinen Traumraum. Er reinigte das Gewehr sorgsam, dann legte er es ans Fußende seines Bettes. Er hängte seine Sporen in der Nähe seines Gewehrs auf, dann rollte er sich zum Schlafen zusammen – er war plötzlich erschöpft.

Lightningbolt hatte kaum die Augen geschlossen, als er ein Geräusch hörte. Er setzte sich auf und sah die allerschönste junge Frau in der ganzen Welt.
Der Gürtel, den sie trug, funkelte von hundert Milliarden Sternen. Ihre feingliedrigen Hände hielten eine wundersame goldene Schüssel, die aus der Substanz der Sonne gefertigt schien. Sie leuchtete in jeder Farbe des Lichts.
Unglaubliche weiß glühende Regenbögen feuriger Energien barsten aus der Schale heraus. Kaum hatten sich seine Augen an die Leuchtkraft und die phänomenalen Farben des verzauberten Myste-

riums gewöhnt, als sich die Schüssel unerwartet in die diamantblaue Sphäre unserer Erde verwandelte. Die Erde drehte sich in ihren Händen im leeren Raum.

Jetzt konnte Lightningbolt nicht mehr aufhören, das Gesicht der jungen Frau anzublicken, das erstaunlich schön war. Keine reife Frau, Mädchen, junge Frau oder heranwachsendes Mädchen war je so voller Liebreiz gewesen. Ihre Gegenwart war die einer Göttin.

Ihr Blick war stark und enthielt doch die gesamte Macht vollkommener Sanftheit. Die nährenden Farben und der liebliche Glanz ihrer Augen zeitigten eine tiefere Liebe, als er sie je kennen gelernt hatte.

Absolute Weisheit und bedingungslose Freiheit lagen in jenen Augen. Er vertraute ihr in einer Weise, die er nicht begreifen konnte.

Eine augenblickliche Wandlung erfasste Lightningbolt und machte aus ihm ein Kind, das eine militärische Uniform trug. Er stand am Rande eines funkelnden Teichs, der sein eigenes Gedächtnis war.

Die Waffen, die er hielt, waren Spielzeuge, Spielutensilien von kleinen Mädchen und Jungen, die Krieg spielten. Er schien Teil einer großen Spielzeugparade zu sein, die die Erde umkreiste. Doch waren die Spielzeuge nicht hohl oder harmlos; sie waren tödlich real und monsterhaft wirkungsvoll.

»Du wirst träumen, Kriegerkind«, erklärte die leuchtende Göttin mit einer Aufrichtigkeit, die die Stimme der Zeit selbst zu sein schien. Wenn sie sprach, war ihre Stimme wie Donner, doch es war der Donner aller jemals bekannten Musik. »Ja, träume, Kind, Person. Träume den Traum der Krieger und Kriegerinnen deiner Zeit.«

Dunkle unheilvolle Rauchwolken zogen über ein Schlachtfeld. Der stechende Nebel war Ekel erregend und von abscheulichen Chemikalien verschmutzt. Der eitrige Gestank verbrannter Leiber ließ den jungen Soldaten, verborgen durch einen alten gebrochenen Baum, sich hinter der Gesichtsmaske seines Kampfhelms erbrechen. Er riss seinen Helm herunter und wischte den Schleim von seinem Gesicht. Elend und Schrecken waren in seinen Augen.

Seine Kampfuniform war technisch auf dem neuesten Stand und zusammengesetzt aus tausenden kleinster Spiegel. Viele der Spiegel waren zerbrochen, verschmutzt mit trockenem Dreck und Blut oder mit schmierigen Chemikalien verklebt. Der Verlust eines so hohen Anteils der reflektiven Eigenschaften seiner Rüstung bedeutete, dass er dem Untergang geweiht war.

Er rannte geduckt aus seinem Versteck. Er feuerte sein Lasergewehr, verwegen, auf irgendeinen Feind, den er offensichtlich nicht sehen konnte. Er schrie seine Frustration und seinen Hass auf seine Gegner hinaus. Plötzlich fegte ein sengendes blauweißes Licht über den Bauch des jungen Mannes. Er zerbarst in Blut und Dampf.

Nicht weit von der Stelle, wo der Jüngling fiel, lagen zwei Männer in einem hastig gegrabenen Fuchsloch. Der unbefleckte Zustand der Kampfuniformen der Männer zeigte an, dass sie entweder Veteranen oder Killplayers waren.

Killplayers waren Soldaten oder Soldatinnen, die in den Nahkampfschulen gedrillt worden waren. Es gab diese Schulen in einem halben Dutzend Welten. Einige der besten Killplayers waren Frauen. Killplayers waren hochrangig und die besten Nahkampfsoldaten überhaupt.

»Sektor Nova«, wiederholte der Feldwebel geduldig in sein Funkgerät. »Sektor Nova, computest du?«

Ein dünnes elektronisches Quieken kam vom Helm her.

»Verdamm' deine blutige verfaulte Welt«, sagte Hauptmann Spring leise, während er an seinem Gürtelcomputer herumnestelte. Er sprach laut mit sich selbst.

»Pardon?« sagte die Stimme einer jungen Frau durch das Funkgerät in das Ohr des Hauptmanns. »Haben Sie ›verfaulte Welt‹ gesagt, Sir?«

»Sektor absuchen. Delta Zwo«, antwortete der Hauptmann in sein Funkgerät. »Tut mir leid, Unteroffizier, wusste nicht, dass ich online war.«

»Sektor zwanzig-zwanzig«, antwortete die Unteroffizierin. »Aber niemand ist sicher, Hauptmann Spring. Jede Sektorkoordinate ist in unglaublicher Verwirrung. Höre ich jemanden in Ihrer Nähe, der den Standort der Computerzentrale Sektor Nova zu finden versucht?«

»Erinnern Sie sich an den bösartigen Feldwebel?«, scherzte der Hauptmann in seiner Antwort. »Was gibt's bei Sektor Nova?«

»Niemand in der Computerzentrale ist mehr lebendig«, antwortete die Unteroffizierin. »Seit gestern nicht. Du kannst dem bösartigen Alten sagen, er soll aufgeben.«

Der Hauptmann gab die Information unverzüglich weiter an den Feldwebel.

»Woher kam das Laserkanonenfeuer?«, fragte der Feldwebel. Er schaute grimmig drein.

Vier Soldaten erschienen unvermittelt aus dem Nebel und Rauch und rollten kopfüber in das Fuchsloch. Alle machten es sich, so schnell sie konnten, bequem.

»Mit Sektor Nova ist es aus«, informierte Leutnant Tree den Hauptmann. »Die Koordinaten spielen alle verrückt. Sie sind gestern unter unseren Waffen verdampft, zu Glas zerschmolzen. Etwas ist sehr merkwürdig, Sir.«

»He, hast du diesen Gefreiten da drüben gesehen, wie er verdampft wurde?«, fragte der Soldat, der als nächster beim Feldwebel saß. »Keine Rüstung – seine Spiegel waren futsch! Wie lange, denkst du, hat er wohl gekämpft, Feldwebel?«

»Sicher.« Der Feldwebel legte die Stirn in Falten und ignorierte die Frage. »Du behältst deine Politur, oder du wirst Dünger auf diesem blöden Planeten.«

»Verdammte Koordinaten!«, klagte der dritte Mann. »Was ist los in der Kommandozentrale, Feldwebel?«

»Ich hab's dir gesagt, das ist ein Verliererplanet«, knurrte der Feldwebel Hauptmann Spring an. »Wir hätten eine andere Wahl treffen sollen, nämlich auf Welt Nummer 234 zu kämpfen. Ich denke, wir hätten eine Chance dort gehabt. Dieser Platz ist der gespenstischste Planet im Universum!«

»Es gibt 'ne Menge mehr hier zu gewinnen«, erklärte Hauptmann Spring zum zehnten Mal. »Klar, es ist ein Scheißloch, aber schau dir mal die Belohnungen an, Mann! Hast du je was Besseres gesehn?«

»Dieser Platz ist ein Soldatenfresser«, runzelte der Feldwebel die Stirn.

»Kopf hoch, Feldwebel«, sagte der Hauptmann lächelnd. »Hast du die dreißig Millionen Kreditpunkte vergessen, alter Freund? Denk nur mal dran – bald wirst du reich sein.«

»Für wen kämpfen wir diesmal?«, fragte Tree lässig. Er war mehr am Geld interessiert als an Ruhm oder Politik.

»Die Roten und Weißen diesmal.« Der Hauptmann grinste. »Beide Regierungen, die involviert sind, werden von Narren und Dieben geleitet. Die Armee wird schlecht geführt und die Offiziere sind alles Ehemalige.«

Fünf-Welten-Augen stießen plötzlich aus dem Himmel herab und schwebten einige Meter von den Männern entfernt über der Erde. Es waren galaktische Fernsehkameras mit Selbstantrieb, die letzten und modernsten in Design und Leistung.

»Über sechs Welten beobachten diesen Krieg«, sagte der Leutnant und grinste die Welten-Augen an. »Ich kann mich daran erinnern, als ich ein Kind war und meinen ersten wirklichen Krieg gesehen habe. Ich war wirklich ergriffen. In jenen Tagen haben Nahkampfsoldaten nur zehntausend Kreditpunkte für ihre Knochen und ihr Blut gekriegt. Armselige Bezahlung!«

»Dann kamen die Superstars«, unterbrach der Hauptmann.

»Hologramme, die mitten in den Wohnzimmern vor den Leuten kämpften – lebensgroß und drei Meter breit. Alles war sehr, sehr sicher.«

»Außer der wirklichen Sache hier«, sagte Leutnant Tree mit einem ironischen Lachen. »Es ist nicht sicher hier. Keineswegs!«

»Aber die allmächtigen Zuschauer sind sicher«, fuhr der Hauptmann fort. »Und überleg mal ... ich meine die große Veränderung. Aufgrund der Konkurrenz zwischen den Welten und der Milliarden und Abermilliarden Zuschauer beschlossen die Regierungen, sich auf die Seite der Gewinner zu stellen.«

»Das ist wahr – die gegnerischen Regierungen mussten sich auf die Seite der Kriegsentscheidungen stellen, Gewinnen oder Verlieren. Jedenfalls entdeckten sie, dass das die beste Art und Weise war, den Krieg aus den Hinterhöfen der Leute rauszuhalten.«

»Was soll der Vortrag?«, ging der Feldwebel dazwischen. »Du und der Leutnant machen 'ne Vorführung für die großen Augen?«

»Wissen die Widerlinge das?«, schoss Hauptmann Spring zurück. »Ich bezweifle es. Ich denke, die Leichenfresser schauen uns gerade zu und hören jedes Wort von uns.« Er spuckte aus. »Und begreifen sie es? Ich bezweifle es.«

»Wir sind hier zum Killen und zum Gewinnen!«, explodierte der Feldwebel. »Keine Effekthascherei.«

»Es schaut sowieso niemand zu«, beklagte sich einer der Gefreiten. »Wir haben heute noch nicht genug gekillt, um ein Interview oder eine heimliche Nahaufnahme zu garantieren.«

»Was bringt euch denn so auf?«, warf der Leutnant ein. »Du bist sauer, Bridger, denn du hast deine Offiziersvollmacht verloren. Vom Major zum Feldwebel, über Nacht.«

»Du Schleimbeutel!«, bellte der Feldwebel, sprang auf seine Füße und zog sein Stiefelmesser heraus. »Ich hab sie verloren, weil ich dem blutigen Oberst die Kehle hätte durchschneiden sollen, und du weißt es.«

»He, immer sachte«, sagte der Hauptmann, der zwischen die beiden Männer trat. »Okay, wir haben 'ne Nummer zu groß gespielt, Major ... ich meine Feldwebel. Vielleicht schauen sie eine heimliche Aufnahme an. Das passiert sowieso dauernd.«

»Und wird zensiert, du verdammter Narr«, fluchte der Feldwebel. »Du blöder Killplayerhund! Die Regierungen wollen nicht, dass die Zuschauer wissen, dass dieses Zeug echt ist, kannst du das nicht verstehen? Das ist ja der Knackpunkt bei meiner Auseinanderansetzung mit dem Oberst.«

Plötzlich war die Spannung gebrochen, und zwar durch den Klang der Stimme aus dem Funkgerät von Hauptmann Spring. »Schaut mal hoch, meine Herren.« Das Gerät lief auf Maximallautstärke.

»Generalin Smaragd!«, sagte der Leutnant andachtsvoll. Er erkannte die Stimme der Generalin, denn er war einmal ihr Berater gewesen.

Es gab keine Frau und keinen Mann in der Weißer-Vogel-Division, die nicht ihre Generalin geliebt und respekiert hätten. Sie kannte alle ihre Offiziere mit Namen und zeichnete sie immer selbst für Tapferkeitshandlungen oder Eigeninitiative auf dem Schlachtfeld aus.

»Bist du dort, Bridger?«, scherzte die Frauenstimme auf freundliche Art. »Du bist wieder Major, wie gefällt dir das?« lachte sie.

»Danke«, gab der Major in seinen Feldhelm zurück. »Warum geben Sie die Schokolade aus? Wir sind hier sechs Stunden lang von Laserkanonenfeuer festgenagelt worden. Was gibt's?«

»Schau hoch und sag Dick und Doof da drüben, sie sollen auch hochsehen.« Die Stimme der Generalin war hart. »Da oben blinkt ein Goldkredit von einem der Welten-Augen ... das Laserbild ist zweihundert Meilen lang.«

Zweihunderttausend Augen der Weißer-Vogel-Division blickten in den Himmel. Da über ihnen standen die begehrten Worte, die jede Division zusammen mit ihren Abzeichen zu sehen hoffte – »Goldauszeichnung«.

Die Stimme der Generalin klang barsch aus den zwei Funkgeräten mit Maximallautstärke. »Unsere Kobra-Kopter-Division«, kündigte sie an und klang dabei etwas gespannt, »hat eben eine halbe Million Leute getötet. Das ist bis jetzt unser größter aktiver Kredit. Wir sind jedoch getäuscht worden.«

Die Männer im Fuchsloch achteten darauf, sich gegenseitig nicht anzusehen. Auch die Gefreiten wussten, dass sie besser kein Wort sagten.

»Es ist genau, wie ich es befürchtet habe«, sagte der Major bitter. »Wir sind ausgetrickst worden, meine Freunde.«

»Soldatinnen und Soldaten der Weißer-Vogel-Division«, war

die Generalin jetzt in jedem Funkgerät zu hören. »Die Leute, die wir hier getötet haben, sind keine Soldatinnen und Soldaten der gegnerischen Kräfte. Wir haben keine Basislager angegriffen. Wir haben Städte angegriffen.«

»Was?« rief einer der Gefreiten aus und sprang auf.

»Runter, Killplayer!«, grollte der Leutnant und zog den Mann hinunter zu sich. »Reiß dich zusammen, du Saukerl. Zeig etwas Disziplin!«

»Wir wurden ausgetrickst«, fuhr die Generalin mit ihrer beständigen und gebieterischen Stimme fort. »Wir sind in einer realen Welt. Ich wiederhole, einer realen Welt. Dieser Planet hat das Planetenchecking für tödlichen Nahkampf nicht durchlaufen. Die Armee, die wir getroffen und zerstört haben, ist keine zugelassene Spielarmee der galaktischen Spielekommission. Die Galaktische Spielekommission hat den Krieg, den wir kämpfen, nicht genehmigt. Die Divisionsbefehlshaber nehmen sich unserer Situation an und hoffen, innerhalb von fünf Stunden eine Antwort für uns zu haben.«

»Allein in diesem Monat haben wir mit unseren Enthäutungsbomben über zwanzig Millionen Leute getötet – Leute, die nicht wussten, wie sie sich vor unseren Angriffen schützen konnten. Sie waren allesamt Zivilisten von Städten dieses Planeten.«

Alle Soldaten und Soldatinnen der Weißer-Vogel-Division waren schockiert und überrascht, mit Ausnahme des Majors. Er sah ärgerlich und sehr entschlossen drein.

»Zu Tausenden wurden unsere Familien von uns abgeschlachtet«, erklärte die Generalin. »Es wird geschätzt, dass wir über neunzig Millionen Kinder getötet haben.«

Einigen Männern in dem Fuchsloch war sichtlich übel.

»Jede Landkarte, die wir besitzen, war eine Finte, um uns hereinzulegen«, informierte sie ihre Soldaten. »Die Gürtel, Landkarten, Computer, alles Fälschungen. Nicht eine von ihnen gibt unsere korrekten Koordinaten an. Das ist der Grund für das Überlappen der Feuerkraft und die Verwirrung.«

»Perfekt«, seufzte der Major. »Wir haben wegen der Computerangaben keine Stadt betreten. Die Regierungen wollten nicht, dass wir eine Stadt betreten, denn dann hätten wir was über die Wahrheit erfahren.«

»Die Weißer-Vogel-Division wird sich zum Kampf bereitmachen«, befahl die Generalin ihrer Armee. »Helikopterpanzer oben und Landangriffsfahrzeuge folgen Schlachtplan Nummer null plus plus. Ich wiederhole: null plus plus.«

Die gesamte Division bewegte sich nach vorn zur nächsten Stadt.

Kleine Welten-Augen, die Nahaufnahmen machten und auch Snoops genannt wurden, sowie die großen Welten-Augen forschten in jedem Winkel und starrten in jedes Gesicht – egal, ob es lebendig war oder tot.

Ein Snoop folgte Generalin Smaragd und Major Bridger, während sie durch einen zerstörten Innenhof gingen. Leiber von Kindern lagen überall; viele waren in Stücke zerfetzt. Das Gebäude war einstmals eine Schule gewesen.

»Kinder«, lachte ein Gefreiter, während er am Arm des Majors ging. »Gibt es was Besseres? Es ist kaum zu glauben!«

»An Mord und Hässlichkeit kannst du glauben«, sagte die Generalin zu dem Gefreiten. »Erinnere dich, Sohn.«

Elf junge Kämpferinnen und acht Kämpfer bewegten sich durch die abgeschlachteten Kinder auf der Suche nach eventuellen Überlebenden. Der Auftrag war, wie sie bald entdeckten, hoffnungslos. Die Kanoniere der Weißer-Vogel-Division hatten ganze Arbeit geleistet. Nichts Lebendiges war übrig geblieben. Weißer-Vogel-Kanonen hatten diese Stadt zerstört.

Der geschäftige Snoop, der die Generalin begleitete, registrierte mit hell blinkenden Lichtern, dass sie zehn Millionen Kreditpunkte verdient hatte. Sie zeigte ihre Wertschätzung, indem sie den Snoop mit ihrer Laserpistole entzweischnitt. Die Antwort der Generalin fand den Beifall von Milliarden Leuten – sie verstanden ihre Gefühle. Nachrichtenkommentatoren liebten das. Einige wurden über Nacht berühmt. Einige wurden unglaublich reich.

Auf sechs Welten hatte die große Zuschauerschaft eine unglaubliche Sache gesehen: eine wirkliche Welt, in die eine andere wirkliche Welt eingedrungen war!

Alle wussten, dass die Blau-Welt der Angreifer war, aber was konnten sie machen? Schließlich waren sie nur die Zuschauer. Es würde Angelegenheit der Regierungen sein, diese Sache ins Reine zu bringen.

Unter Milliarden Zuschauern, die die Fans der Generalin waren, erhob sich Jubel. In tausenden von Städten wurden Paraden abgehalten, um sie zu feiern. Sie war der Star.

Doch kaum zwei Wochen, nachdem die Generalin ihren Marsch durch zehntausende toter und verstümmelter Leute gemacht hatte, wurde die Weißer-Vogel-Divsion die Rebellen genannt.

Dieser unvermittelte Wechsel war für die Zuschauer noch aufregender. Die Generalin hatte sich entschieden, das System zu bekämpfen. Während eines Interviews hatte sie in die Kamera geschworen, jede Person aus dem Kriegsnetzwerk, die sie antreffen würde, zu töten. Natürlich positionierte sie ihre Armee so, dass sie für alle, die sich nicht mir ihr in Übereinstimmung befanden, eine Bedrohung darstellte.

Die Fans drehten vor Aufregung durch.

Die Vogelfreien-Division, die Besten der Rebellen, wurde versteckt gehalten. Aber wer oder was konnte die Welten-Augen davon abhalten, wenn die Augen sich entschlossen hatten zu schauen? Es gab kein Entrinnen vor ihnen – das wussten alle, einschließlich der »schrecklichen Generalin Smaragd«.

Es galt als sicher, dass die Aufregung sich etwas beruhigen würde, sobald die »Rebellenkräfte« ihre Flucht in die Wüsten des Planeten angetreten hatten. Aber das Kriegsnetzwerk fuhr fort, jede ihrer Bewegungen zu beobachten.

Die großen Weltraum-Augen, die weiterhin Wache hielten, kreisten sicher auf ihren tausende Meilen entfernten Umlaufbahnen. Die elektronischen Laseraugen konnten sogar die Schnurrbarthaare an einer Wüstenkatze auf der Oberfläche des Planeten sehen.

Die Weißer-Vogel-Division hatte eine wirkliche Welt erobert, nicht eine der Spielwelten, wo Regierungen ihre tödliche Politik ausagierten. Was war geschehen; was war falsch gelaufen?

Viele der Kritiker glaubten, es habe alles mit der Blau-Welt begonnen. Die Blau-Welt hatte alle Regeln erfunden.

Die galaktischen Kriegsspiele waren die »Spielregel« der Regierungen in den Sechs Welten geworden. Galaktische Spiele waren die unterhaltsamsten Shows für Milliarden von Leuten, denen sie Beifall spenden konnten oder wo sie die Politik ihrer Regierungen, Industrien oder Universitäten kritisieren konnten. Viele der »Holokritiker« waren wichtige politische Figuren geworden. »Holostühle« waren Leute, die nur beobachteten.

Die Geschichte, wie alles angefangen hatte, begann damit, dass Kriege auf der Blau-Welt große Unterhaltung geworden waren. Das hatte den Namen Vietnam-Erfahrung erhalten. Viele, viele Jahre später, als Raumreisen Alltag geworden waren, hatten sich die Spiele erweitert.

Zwei Welten waren in bitterer Gegnerschaft verkeilt. Damals beschloss die Blau-Welt, dass der Krieg, der alle Kriege beenden würde, auf einem Planeten gekämpft werden sollte, wo keine Zivilisten verletzt werden konnten, einem Kriegsplaneten, wo nur Kampfpersonal und deren Maschinen erlaubt waren.

Die Blau-Welt hatte gewonnen, obwohl achteinhalb Millionen in dem Krieg starben. Alle Überlebenden, Frauen und Männer, wurden aufgrund der großen Verbreitung, die der Krieg durch die Spiel-Shows erfahren hatte, augenblicklich zu Stars.

Die Weltbevölkerung, die jetzt die großen Zuschauer genannt wurden, hatte den Krieg aus der Gemütlichkeit ihrer Wohnzimmer heraus beobachtet, auf holographischen, sechs Meter breiten Fernsehschirmen in Wunderfarben.

Nur zehn Jahre später entstand ein anderer Konflikt zwischen zwei Regierungen und diesmal meldeten sich tausende von Freiwilligen zum Kampf. Alle waren darauf aus, genauso berühmt zu werden und so viel Geld zu machen wie die Überlebenden des letzten Krieges, die sich jahrelang der Beachtung und des Reichtums erfreut hatten.

Diesmal fand der Krieg zwischen der Blau-Welt und der Weiß-Welt statt. Die Blau-Welt gewann wieder. Auf beiden Welten gab es eine Explosion neuer Stars. Alle waren glücklich!

Die Fans liebten die Killplayers. Diese professionellen Soldatinnen und Soldaten kümmerte es nicht, auf welcher Seite sie kämpften. Die Tatsache, dass in dem letzten Großen Spiel achtundzwanzig Millionen Leute gestorben waren, war schnell vergessen.

Generalin Smaragd, auch als Darlene bekannt, war mit dem Beobachten von Kriegen aufgewachsen. Zu der Zeit, als sie zehn war, waren die sechs Weltkriege ein großes Geschäft geworden, und sie nahmen traditionell ihren Platz in jedem Haushalt ein.

Die meisten der Kriege waren zwischen den Militär-Spielesystemen gekämpft worden. Jedoch, als Darlene fünfzehn war, hatte sie aufgeregt einen Krieg beobachtet, der von drei Welten gekämpft worden war. Auf dem Kriegsplaneten selbstverständlich.

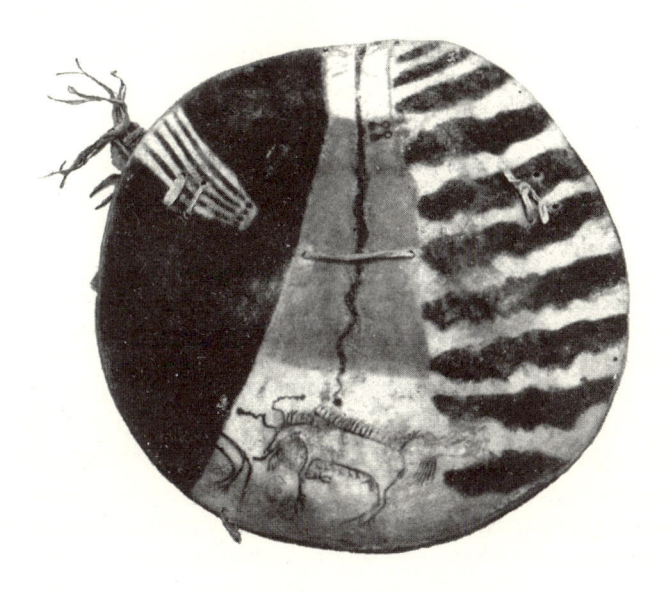

Die Blau-Welt hatte wieder einmal gewonnen.

Jahre später, als Darlene Generalin Smaragd geworden war, waren sie und Millionen anderer Soldatinnen und Soldaten, Frauen und Männer, hinters Licht geführt worden und so zur ersten Invasionskraft geworden, die gegen eine andere wirkliche Welt zum Einsatz geschickt wurde. Die Rot-Welt war gestürmt worden, denn in den Studios konnte über die Kontroverse, wer die Verlierer der Kriegsspiele belohnen sollte, keine Einigung erzielt werden. Die Kontroverse ging um Milliarden und Abermilliarden von Weltkrediten und die Rot-Welt hatte ihre Leasingkreditschulden nicht zurückbezahlt. Nachdem die Blau-Welt in die Rot-Welt eindrang, existierte die Meinungsverschiedenheit nicht mehr.

Die politischen Führer der Rot-Welt wollten, dass die Dinge zurück auf Normalzustand gingen, und konnten nicht verstehen, warum Generalin Smaragd in dieser Lage so starke Gefühle zeigte.

»Sie hat alles gewonnen, was eine Frau begehren kann«, verkündete der neue Präsident während seiner Antrittsrede.

Zwanzig Tage, nachdem die Rebellen vom Kriegsnetzwerk interviewt worden waren, kam ein Würdenträger der Blau-Welt, um Generalin Smaragd eine große Ehrenmedaille zu verleihen, zusammen mit einem Bonus von hundert Millionen Kreditpunkten. Zu diesem Zeitpunkt war sie so populär geworden, dass Milliarden Fans sich freiwillig meldeten, um mit ihr zu spielen und zu kämpfen.

Sie wurde auch informiert, dass sie jetzt »gegen eine gleichwertige Kampfeinheit von Soldaten aus allen sechs Welten« zu kämpfen habe, um ihren Titel zu verteidigen.

Breit lächelnd und sich vergewissernd, dass die Welten-Augen-Kameras ihn von seiner besten Seite aufnehmen würden, informierte der Würdenträger die Generalin, dass innerhalb der Woche »die Abteilung landen und die Spiele beginnen würden«.

Lightningbolt erwachte mit einem Schreck. Er schwitzte und fühlte eine tiefe innere Müdigkeit. Er setzte sich auf und rieb sich die Arme.

Die intensive Strahlkraft des Berglichts erleuchtete das Innere der kleinen Hütte mit einer solchen Helligkeit, dass Lightningbolt seine Augen abschirmen musste. Es dauerte einige Minuten, bevor er aufhören konnte zu blinzeln. In dieser Höhe funkelte der Schnee wie ein flüssiger Eisspiegel: ein polierter Schild, der Millionen von Meilen im Raum wahrgenommen werden konnte.

Lightningbolt stakste in den Hauptraum und setzte sich an den Tisch.

»Ho«, sagte der alte Mann.

»Es ist unglaublich hell.« Lightningbolt gähnte, dann streckte er sich. Er zog seine Hosen an, dann wand er sich in sein Hemd.

»Kaffee?«

»Ich habe etwas von dem guten Hirschfleisch gegessen«, strahlte Goose. Er tätschelte sich den Bauch. »Ich war die meiste Zeit der Nacht wach, du schienst sehr ruhelos.«

Lightningbolt goss sich selber eine Tasse Kaffee ein. »Tee oder Kaffee?«, bot er an, während er sich setzte.

»Tee später«, antwortete Goose. »Bald werde ich ein kleines Katzennickerchen halten. Ich denke, wir sollten sprechen.«

»Mein Traum war erstaunlich.« Lightningbolt lächelte, dann runzelte er ebenso schnell die Stirn.

»Der Kaffee ist großartig. Wie hast du deinen Hirsch gebraten? Ich habe dich nicht gehört.«

»Ich habe mir einen Grillplatz gemacht«, antwortete Goose und reichte ihm eine Platte mit Fleisch. »Er ist draußen bei meinem Tipi. Essen schmeckt draußen immer besser. Ich wollte sicher sein, dass du deinen Erholungsschlaf bekommst.«

»Hirschfleisch«, lächelte Lightningbolt. Er zog die Fleischplatte zu sich heran und nahm eines der größten Stücke.

»Du bist etwas Besonderes, in vielerlei Hinsicht«, schmunzelte der alte Mann, als er Lightningbolt beim Essen zusah. »Ich bewundere dich irgendwie. Es gibt nicht mehr viele, die so sind wie du ... die wirklich nach Selbstmacht suchen. Die meisten sind zufrieden damit, ein Medizin-Werkzeug zu suchen, das sie wie einen Knüppel benutzen. Aber du, du bist anders.«

»Wie hast du diesen Traum so wirklich gemacht?« fragte Lightningbolt plötzlich. »Ich kann mich nicht entscheiden, ob ich einen schrecklichen oder wunderschönen Traum hatte. Es ist seltsam. Was war es?«

»Wirklichkeit ist mit jeder unserer Handlungen verbunden«, sagte Goose und wiederholte Estcheemahs Worte. »Erzähle mir von deinen Medizin-Zeichen. Dieser alte Mann hört gerne etwas über die Medizin-Zeichen. Es ist gut für mich.«

»Du meinst, Dinge, die im Traum passiert sind?«, fragte Lightningbolt. »Ich habe von allen möglichen Dingen geträumt ... unglaublichen Dingen. Ich sah Helikopter, die vollkommen bedeckt waren mit Spiegeln. Das bewahrte sie davor, von Laserfeuer abgeschossen zu werden. Die Soldatinnen und Soldaten hatten ebenfalls verspiegelte Rüstungen. Ich sah Hologramme, Geschütze, Infanterie, Kampffahrzeuge, Kampfpanzer, die verspiegelt waren, und alle Arten Handwaffen. Aber die Welten-Augen und Snoops, Goose, die waren wirklich ausgeflippt! Die Snoops wachten über jede deiner Bewegungen. Es war gespenstisch.«

»Keine fliegenden Pferde?«, fragte Goose mit Erstaunen. »Keine magischen Medizin-Schilde?« Seine Augen waren hoffnungsvoll. »Keine magischen Adlerfedern, die redeten?« Jetzt schaute er zweifelnd. »Magische Rasseln?«

»Die Panzer wogen einhundert Tonnen, Goose«, lächelte Lightningbolt. »Maschinen mit fünfzigtausend Pferdestärken. Und diese Helikopter waren echte Flugpanzer.«

Er wunderte sich über die Enttäuschung und den Kummer, den er in den Augen des alten Mannes sah.

»Die Lasermaschinenpistolen-Combo war echt stark! So eine Art Minigewehr. M-Sechziger waren immer noch in Gebrauch, aber sie verschossen eine Art leichtere Munition. Kannst du das glauben? Es gab Granatwerfer für unten und oben, mit Kleingeschützen für längere Reichweite. Sobald du ein Ziel sahst, hast du es getroffen«, erklärte Lightningbolt »Der Lasercomputer in deiner Waffe beobachtete deine beiden Augen und das Ziel, auf das du zuhieltest. Manchmal korrigierte es sogar deine fehlerhafte Sehweise, zum Beispiel wenn du in dichtem Rauch oder Nebel warst.«

Goose Flying begann auszusehen wie ein Mann, der eben einen lieben Freund verloren hat.

»Nein.« Lightningbolt runzelte die Stirn und widmete der Frage des alten Mannes schließlich einige tiefe Gedanken. »Ich hab' kein einziges Mal Schilde gesehen, außer der verspiegelten Rüstung. Sie benutzten ein fast undurchdringliches Plastik; das war wirklich toll!« Goose schüttelte seinen Kopf und sah niedergeschlagen aus.

»Ich war höllisch aufgeregt!«, fuhr Lightningbolt fort. »Aber Angst hatte ich auch. Dieser Krieg war unbegreiflich ... hoffnungslos, Mann! Aber ein Teil von mir mochte ihn auch«, fügte er hinzu und schüttelte seinen Kopf. »Frag mich nicht warum, aber da war nicht ein magisches Ding, Goose. Nur Tod, und zwar massenhaft. Aber ich finde den Traum jetzt besser.«

»Keine Medizin-Zeichen, aber dein Traum macht mich neugierig. Vielleicht solltest du mir von dem Traum erzählen«, erkundigte sich der alte Goose respektvoll.

Lightningbolt aß langsam seinen Hirsch und erzählte seinen Traum bis ins Detail.

»Aha«, sagte der alte Mann nach einer recht langen Pause. Der Traum hatte ihn aus der Fassung gebracht, aber er zögerte, es zu zeigen. Er nestelte an seiner Kaffeetasse herum und versuchte, die Zeit zu finden, um eine passende Antwort zu geben.

Soviel ging in der Welt von Goose Flying vor sich – es war ein solcher Kampf, mit allem Schritt zu halten! Die meisten seiner Gedanken befassten sich mit einer Zeit, von der wenige Leute wussten, dass sie überhaupt existierte. Die meiste Zeit im Leben des alten Mannes hatte er seine Alkoholsucht bekämpft – nur eine kleine verstreute Hand voll Leute schätzten diesen Sieg.

Schlachtenpanzer? Er war kaum bis zum Zweiten Weltkrieg gekommen, als plötzlich die Leute über den Koreakrieg zu sprechen begannen. Erst als alle über Vietnam redeten, hatte er das Land Korea auf seiner Landkarte gefunden.

Laserkanonen, existierten sie wirklich?

Wo waren die Indianer und Cowboys?

Die Kampfjets, die über seinem Kopf brüllten, waren ihm ein vollkommenes Mysterium; er war noch nicht einmal in einer Piper-Cub droben gewesen. Er hatte es nie jemandem erzählt, aber er hatte öfter als einmal zu einem Jet am Nachthimmel gebetet und gedacht, es sei eine besondere Art Stern. Als er einmal herausgefunden hatte, was es in Wirklichkeit war, war er schrecklich beschämt.

Wenn er eine Person traf, die die verblüffenden Namen moderner Waffen kannte, geriet sein Gehirn bei dem Versuch zu verstehen ins Stocken. War es wirklich möglich, dass die schrecklichen Waffen in Lightningbolts Traum existierten?

Lightningbolt hatte Schwierigkeiten mit dem Stillsitzen. Er war sehr begierig darauf, zu sehen, wie sein Medizintraum sein Leben beeinflussen würde. Er glaubte, dass sich ihm nun besondere Mächte offenbaren würden.

Zumindest hatte Leaping Lion, der Medizinmann aus Utah, das Träumen auf diese Weise erklärt, als Lightningbolt und Spotted Elk ihn im Big-Horn Landesgefängnis besucht hatten. Leaping Lion war wegen Trunkenheit am Steuer festgenommen worden; er behauptete jedoch, dass er ein politischer Gefangener war.

Als die jungen Männer gegen Leaping Lions Festnahme protestierten, erzählte ihnen ein gelangweilter Wärter, dass der Mann wegen Trunkenheit festgenommen war – und dass seine Strafe zur Bezahlung anstand.

Sie waren beide geknickt. Nicht noch ein Trunkenbold! Noch immer erinnerten sich die jungen Männer an die Worte von Leaping Lion. Sie hatten den Betrunkenen zurückgelassen, aber nicht das, was er angeblich über das Träumen wusste.

Genau diese Arten individuellen Versagens würde Lightningbolt hinterfragen, sobald er heranreifte. Aber was den alten Goose betraf, so saß Lightningbolt auf seiner Stuhlkante und war voller unermesslicher Erwartungen. Er glaubte, dass etwas über ihn kommen werde, und plötzlich würde er in der Lage sein, Dinge zu tun und zu wissen, die er nie zuvor tun oder wissen konnte!

»Wir sind so überaus unwissend«, sagte Goose endlich. »Irgendwie bedeuten diese Medizinzeichen sehr viel für dich.«

»Du meinst, keine Erleuchtung wird plötzlich über mich kommen?«, fragte Lightningbolt, tief enttäuscht. »Nichts wird mein Leben aufhellen?«

Goose Flying blinzelte. Jedes Mal, wenn eine junge Person derart moderne Worte benutzte, verblüffte ihn das. Er musste versuchen, den modernen Knoten des Denkens zu entwirren und im selben Atemzug seine Gedanken zu übermitteln. Er hasste es, wenn solche Kämpfe wüteten.

»Ja, Träume sind machtvoll«, sagte Goose und versuchte einen anderen Zugang. »Vielleicht ist irgendwie einer dieser Helme ein Medizinhut.« Aber er blickte finster drein, als hätte er eben in eine sehr bittere Zitrone gebissen. »Nein, ich bezweifle das.«

Lightningbolt fragte sich, worauf Goose hinauswollte.

Plötzlich setzte sich der alte Mann auf und lächelte. »Ja«, begann er wieder. »Du hast diesen Traum gehabt. Überhaupt keine Medizinsachen, nicht eine, die ich sehen könnte.« Seine Augen waren gütig. »Keine magischen Federn. Kein Zauberpferd. Keine sprechenden Medizinbündel.« Er schien nun nachdenklich, ruhig.

Lightningbolts Aufregung schwand.

»Waffen, Welt-Augen, Leitern, die Licht schießen«, versuchte Goose zu erklären.

»Laser, keine Leitern«, korrigierte Lightningbolt ihn. Der Gedanke kam ihm, dass der alte Mann möglicherweise nicht ein einziges seiner Traumbilder verstanden hatte. Er hatte Recht.

»Keine fliegenden Pferde«, blinzelte Goose. »Was für eine abscheuliche Schande!« Er stand auf, ging langsam zum Ofen und füllte seine Tasse mit Tee. »Muss ein Traum für einen echten Halbblut gewesen sein.« Er drehte sich herum.

Lightningbolt lümmelte jetzt in seinem Stuhl.

»Kein Vollblut hatte je einen Traum wie diesen«, erklärte Goose. Er ging zum Tisch und setzte sich. »Vielleicht ist es ein Anfang? Vielleicht auch nicht. Vollblut-Leute bekommen mindestens eine Feder, eine Rassel, ein fliegendes Pferd. Ich bin erstaunt.«

»Da war nicht eine Feder!«, beklagte sich Lightningbolt. »Nicht eine in zwanzigtausend Meilen meines Traums. Ich habe sogar nie einen Vogel gesehen!«

»Das ist eine schreiende Schande.« Goose fühlte mit. »Wir bekommen Medizinrasseln. Du hast Lederpanzer gekriegt –«

»Laserpanzer«, unterbrach Lightningbolt.

Plötzlich erhellte sich das Gesicht von Goose. »Du wirst große Disziplin erlernen«, sagte der alte Mann plötzlich überlaut, schließlich entdeckte er etwas, worüber er reden konnte. »Du warst diszipliniert. Ja, das war es! Das war dein großes Zeichen!« Goose war sichtlich erleichtert. »Der Traum konfrontierte dich mit dir selbst. Ist er in dir? Ist er außerhalb von dir? Ich weiß nicht.«

Lightningbolt sah aus, als ob er eben tief in einen Kern der Kornelkirsche gebissen hätte.

»Du musst deine Rüstung polieren.« Goose war nicht länger zurückhaltend. »Ja, du wirst deinen Raum-Snoops gut zuhören müssen. Es war ein guter Halbblut-Traum. Ich wäre stolz darauf.« Lightningbolt nahm einen Schluck von seinem Kaffee. Er war sehr verwirrt.

Der alte Mann lehnte sich zufrieden in seinem Stuhl zurück und begann in Erinnerungen zu schwelgen. »In den alten Tagen standen die Leute, die ihre Medizinträume hatten, in den großen Ratskreisen und erzählten sie. Es muss wundervoll gewesen sein.« Er seufzte.

Der Raum wurde plötzlich sehr ruhig. Auch wenn Lightningbolt Goose Flying erst neunmal getroffen hatte, erkannte er eine andere Seite des Mannes, die er zu respektieren gelernt hatte. Wenn Goose ruhig wurde, wurde er auch geheimnisvoll.

Geheimnisvoll zu sein, dachte Lightningbolt, war die Art und Weise, wie ein Medizinmann zu sein hatte. Nun fühlte er sich in seinem Element.

Unwissenheit und Erwartungen mischten sich wie Schlamm am Boden eines schnell fließenden Stroms. Der junge Lightningbolt sank langsam wieder in den Schlamm zurück.

»Ich habe mich entschlossen, dich den Berg hinunter zu schicken«, kündigte Goose mit sehr mysteriösem Blick an. »Du wirst auf der Wyoming-Seite hinuntergehen. Ich möchte, dass du Iron Blanket siehst; er ist ein alter Freund. Ich bin ein Träumer, er weiß das. Er weiß auch, dass du hier oben bist.«

»Kein weiteres Gespräch über den Traum?«, fragte Lightningbolt.

»Ich weiß nicht, wie ich deinen Traum so entschlüsseln soll, dass du ihn besitzen kannst«, antwortete Goose. »Du bist andauernd im Kampf. Das ist gut, aber das ist nicht mein Weg. In ein paar Tagen wird die Straße zum Black Horse Pass geräumt sein. Es ist ein leichter Ritt hinunter, aber hart, zurückzureiten. Nur achtundzwanzig Kilometer.«

Die bevorstehende Reise brachte Lightningbolt neue Energie. Jede physische Aktion versprach immer ein Abenteuer für ihn zu werden. Er war bereits begierig auf dem Weg zu sein.

»Du kannst dein Pferd mit Iron Blanket hierher zurückschicken – vielleicht«, fuhr Goose fort. »Er plant einen Besuch hier oben bei mir. Sag dem alten Mann, er soll Krapfen mitbringen. Du hast sie vergessen. Ich werde bald schlafen. Du musst über deinen Traum nachdenken. Die Landarbeiter in Wyoming sind langsam, aber bald wird der Pass geräumt sein.«

Lightningbolt stand auf, streckte sich und gähnte. Nun war ein anderer Goose erschienen, den er kannte – der langweilige. Der mysteriöse Goose war verschwunden.

»Du wirst villeicht einige von diesen Arapahomädchen jagen wollen da unten«, dröhnte Goose weiter fort. »Also, während du herumrennst, könntest du Iron Blanket für mich aufsuchen. Er lebt da unten bei der alten Seifenmühle, weißt du, beim Horse Creek. Sag ihm, ich werde eine Zeremonienhütte mit ihm teilen, wenn ich vom Berg herunterkomme. Vielleicht irgendwann im April. Es wird auch Heilbehandlungen bei Iron Blanket geben. Passiert dort immer. So, sag dem alten Mann, er soll vorbereiten, was auch immer ich tun soll.«

Goose fuhr fort, ohne Lightningbolts Stimmungswechsel zu bemerken. »Heute wirst du meine Schwitzhütte vorbereiten, genau wie du es bei Left Hand getan hast. Stell sicher, dass das Feuerloch ausgeräumt ist. Einige Jäger müssen in der Nähe gewesen sein; es sind nämlich verrostete Bierdosen drin. Hacke reichlich Holz. Iron Blanket will hierher kommen, um mit mir zu schwitzen. Er verbraucht eine Menge Holz. Es ist die Kälte … seine alten Knochen. Mein Medizinbündel hängt an einem Baum. Nimm es ab und bring es an der Hüttentür an. Benutze reichlich Süßgras. Sorge dafür, dass meine Adlerschwinge bei der Tür platziert ist, sie mag diese Stelle. Jetzt werde ich schlafen gehen. Dieser alte Mann respektiert mich, aber was ist mit dir?«

Er lächelte und schüttelte Lightningbolts Hand voller Wärme.

Lightningbolt kehrte in seinen Traumraum zurück und zog sich an. Er sah sich um, während er in seine Stiefel glitt. Die Äste des Baums, alle die grünen Zweige, würden weggeworfen werden müssen. Das war wirklich eine Schande.

Ja, es war wahr, dass er die Zöpfe des alten Goose aufgehen ließ, aber Tatsache war, dass auch Goose ihm zeitweise Verdruss bereitete. Er war schrecklich enttäuscht über den so genannten großen Medizintraum.

Wie kam es, dass er seinen Kopf immer wieder voll Luft hatte, wenn er doch eigentlich seinen Kopf mit immenser Information zu füllen gedachte? Was ging verloren zwischen dem Tun und dem Geschehen? Irgendwo schien eine Verbindung unterbrochen.

Der Raum sah nicht mehr aus wie vorher. Was passiert, wenn Mysterium und Magie fort sind? Gab es denn von vornherein überhaupt je so etwas wie Magie? Er begann zu glauben, dass Magie nur ein Traum war.

Dan Hooper, der »Klingelbeutel«-Priester, hatte ihn gewarnt: »Du wirst mit Dämonen ringen, wenn du da hinaufgehst, um bei diesem Medizinmann zu sein. Lauf und rette deine Seele!« Der einzige Dämon, mit dem Lightningbolt zu ringen hatte, war seine eigene Dummheit. Der Priester hatte keine Ahnung vom Recht einer Person auf ihre Privatsphäre. Für Hooper bedeutete »Leute zu retten«, dass man das Recht hatte, den privaten Raum jeder Person zu verletzen, wo auch immer, wann auch immer. Er konnte es sich erlauben, Leute zu verfolgen und unglaublichen Schmerz auszulösen, denn schließlich ging es ja darum, jemanden zu missionieren.

Hooper ernährte sich von Klatsch und dem Leiden anderer Leute. Je mehr Leute gegen den Priester eingestellt waren, desto mehr genoss er es. Der Mann bewunderte Schmerz. Er liebte die negative Aufmerksamkeit, die er auf sich zog.

Lightningbolt kehrte in den Hauptraum zurück und nahm noch einen Schluck Kaffee. Goose war im Tipi und schlief fest. Er schaute sich im Raum um. Diese freche Maus hatte den Brotlaib im unteren Fach noch immer nicht entdeckt.

»Warte mal«, sagte er zu sich selbst, »legt Goose Krümel unter dem Regal auf den Boden, um die Maus am Hochklettern zum Laib zu hindern?« Er musste ihn danach fragen.

Der alte Mann meinte es gut, Lightningbolt wusste das. Aber es wäre sicherlich beträchtlich besser, wenn Goose seine Angelegenheiten besser im Griff hätte. Manchmal, wenn der alte Mann in das himmelblaue Jenseits in seinem Kopf hineinverschwand, störte das.

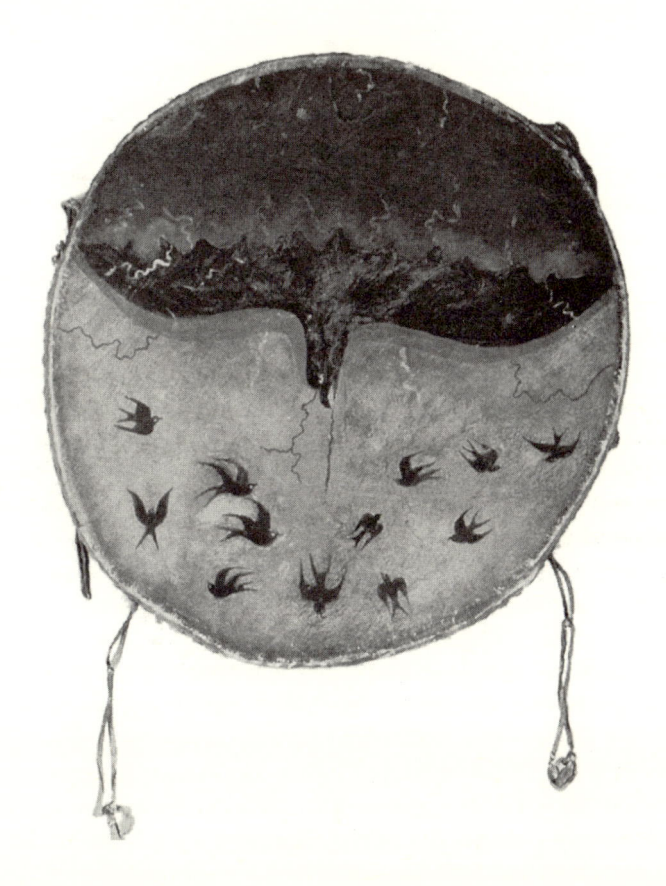

Und warum sprach Goose andauernd von den guten alten Tagen? Was zur Hölle war so gut an den frühen Jahren des zwanzigsten Jahrhunderts? Demzufolge, was er gehört hatte, war es für alle Indianerinnen und Indianer eine entsetzliche Zeit gewesen.

Es war bei weitem lustiger, wenn der alte Mann über machtvolle Medizin sprach! Warum musste er im Müll der Vergangenheit herumwühlen?

Lightningbolt zog seine Gummiüberstiefel an und stopfte seine Hosen hinein, sodass die Stiefel sich nicht mit Schnee füllen oder seine Hosen nass werden konnten. Als nächstes kam der Mantel, dann sein Cowboy-Hut.

Schönheit – die Aufsehen erregende Weite des Little Big Horn –

grüßte Lightningbolts gesamtes Wesen, sobald er draußen war. Alles, was ihn so beschäftigt hatte, schien aus seinem Bewusstsein verschwunden, sobald er die großartigen Berge erblickt hatte.

Lightningbolt arbeitete ruhig und überlegt, bis alle seine Aufgaben erledigt waren, dann kehrte er in die Hütte zurück, um einen Happen zu essen. Das kalte Hirschfleisch schmeckte noch immer köstlich.

Während er in dem kleinen Raum saß, fühlte er sich unglaublich eingeengt, sehr abgeschlossen. Die Wände waren bedrohlich. Hierher war er geritten, all jene Meilen, in der extremen Kälte, um lediglich einen einfachen, gewöhnlichen, normalen, alltäglichen Traum zu haben. Warum hatte er geglaubt, dass ihm etwas Außergewöhnliches widerfahren würde? Bemerkenswerte und fantastische Dinge passierten immer anderen; warum nicht ihm?

Leute erbten ganze Vermögen; sie fanden Reichtümer. Einige waren unglaublich schön oder gut aussehend und einige hatten unfassbar großes Glück. Lightningbolt glaubte, er hätte nichts.

Der Kampf mit der Wasserklamm, die Herausforderung und die Mühe, waren eine stolze Erinnerung geworden. Aber sein Stolz, etwas geleistet zu haben, war nicht das, was er erhofft hatte.

Reichtum, Geld, glaubte er, seien die Antwort auf alle seine Probleme. Das jedenfalls war ihm beigebracht worden.

»Der Weihnachtsbaum ist der Totem des weißen Mannes«, hatte ihm sein Lieblingsonkel einmal erklärt. »Weihnachten ist ihre große Belohnungszeit.« Leute, die nicht imstande waren, Geschenke aufzuhäufen, waren Ausgestoßene und Arme.

Ein Priester hatte einmal zu seiner Mutter gesagt: »Gott ist an dir vorübergegangen. Ja, er ist gerade an den Indianern und den Halbblut-Leuten vorbeigegangen. Du bist zum Armsein verdammt, denn Gott bestraft dich dafür, dass du nicht an ihn glaubst. Du hast vor den Augen Gottes keine Gnade gefunden!«

Anderen Leuten, die Lightningbolt getroffen hatte, war das Gegenteil gesagt worden. Die Reichen waren »von Gott gesegnet«. Aber wenn die Wohlhabenden nicht »ihrerseits gut zu Gott« waren, würden sie alles verlieren!

Er ging zur Koppel und begrüßte Arrow. Sie scharrte, begeistert, dass es weiterging. Auch sie hatte genug von der Enge hier.

»He, Big Nose«, schnurrte er die Stute an, während er sie tätschelte und ihr zwei Hand voll Haferflocken gab. »Du bleibst da. Verscheuch die Kaninchen nicht, okay?«

Pferd und Reiter wurden eine Bewegungsenergie, während Lightningbolt seine Freundin über die weite Hochebene führte. Aus irgendeinem Grund begann Lightningbolt sich an die unglaublich machtvolle Göttin zu erinnern, die mit ihm gesprochen und ihm dann seinen Traum gegeben hatte.

Plötzlich kam ihm die Erinnerung, dass er dem alten Goose über seine Traumvision von der wunderschönen Göttin nichts erzählt hatte. Wie seltsam. Er fragte sich, warum er das ausgelassen hatte.

Er gab sich Mühe, sie sich in seinem Geist vorzustellen. Bald waren seine Gedanken an die Göttin vereint mit der Schönheit des Schnees, der ihn umgab. Eine kristalline Sphäre sprühte Atomenergiefunken und warf Feuerpfeile holographischer Mesonen aus ihrer Mitte, die aus ihrer Mikroleere raketengleich hinauf in das weite Universum stiegen.

Das zarte Kristalllicht vereinigte sich mit endlosen Anzahlen anderer Kristallwelten ihrer Art – und wurde ein wundersam winziger Eisprismen-Kreis, der die Sonne widerspiegelte. Dieser eine bedeutende Kreis nuklearer Materie tanzte allein inmitten endloser Milliarden und Trilliarden von Energieschatten-Kristallen, die Schneeflocken genannt werden.

Die Schneeflocke war außerordentlich schön, prächtig und makellos dadurch, dass die Kreation beschlossen hatte, diesen einen Mikrojuwel aus Wasser derart zu gestalten.

Milliarden und Abermilliarden dieser bemerkenswerten Edelsteine von Ewigkeit fingen einen sehr endlichen Anteil unserer weitläufigen Galaxie ein, das Sonnenlicht, und spielerisch neckten sie die Augen des jungen Reiters, der auf den Black-Horse-Pass zuhielt.

Mit diesem Gesang von Farbe und Bezauberung wurde Lightningbolt ein wunderschöner Tagtraum zuteil. Er stellte sich vor, dass die schimmernden Regenbogenbänder, die am Boden des Tals entlangtanzten, kleine Mädchen und Jungen seien, Geisterchen, Feen jeglicher Art, die lichtgleich hüpften und ausgelassen herumtollten.

Die Schatten und Regenbogen bewegten sich in dem Maße, wie sich Pferd und Reiter bewegten, wuchsen zusammen und changierten endlos, wurden eine Klangfolge, die einzig das Universum verstand.

Dieses blendende Weiß wechselte ab mit den tiefen und reichen Schwarz- und Brauntönen der Schattenplätze zwischen den weit ausgedehnten Schneeflächen, und die opulenten Grüntöne der sich auftürmenden Pinien im Wald forderten die Augen heraus. Die umliegenden Berge versprachen Schätze und boten an, ihre Geheimnisse zu teilen – Silber, Gold, Turmalin, Saphir, schwarze Kohle, verborgene Kristalle, alte Knochen: Alle boten sie sich dem Einfallsreichtum desjenigen, der hier des Weges kam, dar.

Lightningbolts Aufmerksamkeit wurde von den schwarzen Umrissen massiger Steine angezogen, die wie alte Büffelhäuptlinge in die schmalen Täler und Schluchten der niedrigen Hügel hineingeschmiegt waren. Einige der Steine sahen wie ein Reiterzug von Halbblut-Händlern aus, die sich auf ihrem Weg in die Ewigkeit befanden.

Welch großartiges Land! Wer würde sich seiner annehmen? Er hoffte von ganzem Herzen, dass seine Schönheit respektiert und geliebt werden würde.

Wo beginnt der Schatten? Der Schatten wechselt mit der Sonne, bewegt sich mit allen Pflanzen und allen Tieren, vermählt sich mit der Nacht und tanzt mit Mond und Sternen. Der Schatten kennt keinen Anfang und Licht kennt kein Ende. Alle Stürme sind Licht und Schatten, die sich gegenseitig durchdringen. Sogar in den tiefsten Teilen unserer heiligen Erde existiert Licht und existiert Schatten.

Lightningbolt sah in Schatten und Licht eine Erscheinungsweise von Schönheit. Diesmal war es die Schönheit der Elstern, die gerade vor ihm herflogen. Das blitzende Weiß und Schwarz ihrer Flügel spielte mit seinem Verstehen und Lightningbolt begann zu beten. Er tat dies, indem er alles, was er sah, achtete.

»Wie mischst du Bitterkeit mit Süße?«, fragte er sich selbst. »Sind Leben und Tod miteinander vereinbar?«

Der Flug der Elstern antwortete mit Ja. Allein ihre Existenz besagte, dass sowohl die Süße als auch die Bitterkeit Teil des Lernens sind. Ihre Schönheit sprach seine Gefühle an und trennte seine Ängste von seinen Gedanken ab.

Ja, so ist es im Leben. Es lehrt alle seine Kinder durch Erfahrung. Aber können wir uns an diese klaren Erleuchtungen erinnern, dann, wenn wir sie brauchen?

Lightningbolt fragte sich, ob er den Mut haben würde, seine Suche fortzusetzen.

Drei Stunden später lenkte Arrow ihre Schritte hinunter in die weite, nicht sehr tiefe Schlucht, die Little Bow genannt wird. Wie lange schon hatte diese alte Schlucht Leute gekannt?

Fantastische und bizarre Formen jeglicher Art eröffneten sich den Augen von Pferd und Reiter in der Schlucht. Alle waren wunderschön. Die Little Bow war bekannt für ihre tausende und abertausende reinweißer Sandsteinskulpturen. Die meisten der Formen waren von Wind und Wasser skulptiert worden. Einige waren golden, weiß, schwarz und rot bemalt.

Ein Gedanke blitzte in Lightningbolts Geist auf, der ihn veranlasste, Arrow zu zügeln. Er war an einem Platz, wo der Wind den Schnee von den goldenen Gräsern des Tals weggeblasen hatte.

Der Boden der Schlucht bestand aus weißem Sand. Er war weich, die Art Sand, in dem er als Junge so gern herumgesprungen und -gerollt war. Mehr als einmal war er hier gewesen.

Einmal hatte ein Krieg in dieser kleinen Schlucht getobt. Einige Leute bezogen sich darauf als ein Massaker, während andere einfach vergaßen, dass der Zwischenfall je passiert war. Aufgrund der Tatsache, dass zwischen Wyoming und Montana tödliches Territorium existierte, war es weiterhin ein Platz, der nie wirklich jemandem zugesprochen wurde oder zu etwas gehörte. Es war eine jener abstoßenden Begebenheiten, die nie in die Geschichte eingingen, an die viele sich nicht erinnern wollten.

Sechzig Erwachsene hatten in der Little Bow gelebt; alle waren als Medizinleute bekannt. Es gab auch junge Leute und Kinder in gleicher Anzahl. Ihre Anwesenheit in der Little Bow hatte Folgen, die den ortsansässigen Autoritäten nicht genehm waren. Eine war, dass die »Abtrünnigen« fern vom Reservat lebten, auf einem Land, das die Weißen besitzen wollten. Die zweite war, dass »barbarische und heidnische Rituale« in der Schlucht praktiziert wurden; doch war auch bekannt, dass die Indianer Heiler und Hüter des Landes waren.

Lightningbolt dachte an die Einwanderer, die nach Amerika gekommen waren, auf der Suche nach Selbstverwaltung und Religionsfreiheit. Die Einwanderer hatten ihren Traum gefunden, aber dennoch lehnten sie es ab, anderen Leuten deren persönliche Ausdrucksformen von Gemeinschaft und Religion zuzugestehen. Sie ermordeten die Indianerinnen und Indianer brutal, weil diese sich weigerten, die Schlucht zu verlassen.

Wer waren diese vergessenen Gefallenen? Zunächst waren sie eine »nicht genehmigte Vereinigung« und folglich waren sie nicht durch die Regierung geschützt. Nicht »offiziell« zu sein bedeutete, dass sie als Leute nicht existierten. Und so wurden sie »gefährliche Abtrünnige« genannt.

In Wirklichkeit waren diese Leute Familien aus vielen verschiedenen Stämmen, die dezimiert worden waren. Sie zogen in die Schlucht, da dieser Ort als Heiligtum bekannt war. Diese verzweifelten Leute dachten, sie könnten dort Sicherheit finden. Nun war alles, was geblieben war, die hässliche Geschichte, an die sich nur eine Hand voll Leute erinnern konnten. Und Knochen.

Lightningbolt hatte die Erzählung über die Little Bow gehört, als er ein Knabe war.

Der flache Canyon mäanderte von den Bergen hinab wie eine große weiße Schlange. Er wand und bog sich und bewegte sich von einer Talseite der Little Bow zur nächsten – bis er auf der Black-Horse-Passhöhe endete. Hier waren die »Jadezeichen« zu finden – Piktogramme, die vor langer Zeit gemalt worden waren.

Einstmals war die gesamte Länge der langen Hohlschlucht von diesen Bildinschriften überzogen gewesen. Dynamit, Touristen, Grabplünderer, Millionen Kugeln, Ausflügler, Landschulheimexkursionen, Archäologen, Anthropologen, Graffitispinner, Freiluftfanatiker, Jäger, Säufer, mutwillige Zerstörer, Gutwillige und Hasserfüllte hatten fast jedes der Zeichen zerstört, die einstmals existiert hatten. Was die wetterbedingte Verwitterung und Erosion beigetragen hatte, war zu vernachlässigen.

Lightningbolt führte Arrow behutsam um die Ansammlung von Steinen herum. Er erinnerte sich, wie er und die anderen Jungen der Crow-Behörde viele der Piktogramme mit ihren Pistolen weggeschossen hatten. Erst später war ihm das »Lesen« vieler der Zeichen, die hier einmal existiert hatten, beigebracht worden. Warum waren die Leute so destruktiv? Eine Träne tropfte seine Wange hinunter. Es gab keine Antwort für seinen Anteil an dem Gemetzel.

Plötzlich stieg Erregung in ihm auf, als er sich vergegenwärtigte, dass er ja immer noch einige der vernarbten Oberflächen der Schluchtwände lesen konnte.

Er zügelte sein Pferd und erhob sich in den Steigbügeln, so hoch er konnte, um über die Felsen, die ihn umgaben, schauen zu können. Da war ein Zeichen! Ein Stück eines anderen. Noch eines! Er wendete Arrow vorsichtig und erlaubte ihr so, dass sie ihren Weg durch die Steine und großen Felsen fand. Jetzt konnte er die Inschriften bedeutend klarer sehen. »Zwei Horn ... aufrecht Horn steht«, sagten die Zeichen. »Sie oder er bewegen ... unleserlich ... die ... unleserlich ... Schildkröte ... die ... unleserlich ... singt. Pyramide ... unleserlich ... singt. Fällt nieder ... unleserlich. Die Schlacht. Zwei Hiebe ... der Adler ... unleserlich ... weisen den Weg zur Sonnenhöhle ... unleserlich. Winter Sonnen Weg ... unleserlich. Korbmacherinnen ... zwischen ... unleserlich ... Little Horn ... Groß ... unleserlich ... Schafe ... Tanzen.«

Groß Horn Schafe Tanzen«, strahlte er förmlich. Er blickte zu den Gipfeln hoch, die einige Leute noch immer Big Horn Sheep Kiva nannten. »Da war einmal eine große Kiva droben, oder eine Sonnenhöhle.« Er wandte Arrow in Richtung auf die Big Horn Sheep Mountains zu, entschlossen, diese Höhle zu finden.

Erregung durchströmte jede Zelle von Lightningbolts Leib, während er auf das große U in den Gipfeln zuritt. Er nahm an, dass es der Schlüssel sein müsse, um die Kiva zu finden. Er wusste, dass die U-Form auch »Frau« bedeutete, und dass die »Korbmacherinnen« Heilerinnen waren.

Es gab einen natürlichen Stein mit einer U-Form in der breiten Schlucht, der Sheep Head (»Schafskopf«) genannt wurde. Es gab auch eine ältere Bezeichnung für den Namen; auf Crow bedeutete er »Schaf-Tanzen«. Geschichten gab es genug darüber, dass die Kiva bis zur Decke voll sei mit altem Maya- oder Aztekengold. Die Große Wanderung der Four-Mirror-Leute hatte das Gold ungefähr im Jahr 1000 v. Chr. nach Norden gebracht.

Wenn er Recht hatte, hatte er eine Entdeckung von überragender Bedeutung für die Allgemeinheit gemacht. Goldsucher hatten seit Jahren gemunkelt und spekuliert, aber niemand hatte je einen Fortschritt beim Suchen des Schatzes erzielt. Lightningbolt begann einen Tagtraum, in dem er augenblicklich wohlhabend war. Würde das Gold noch immer dort sein?

Er lachte, fühlte seine Bedürftigkeit und seine Hoffnung – beides war belebend und trieb ihn vorwärts. Arrow fing Lightningbolts Stimmung ebenfalls auf. Angst veranlasste sie, im Schnee zu scharren. Ihr unvermittelter Rhythmuswechsel und ihre Nervosität ließen ihn wachsamer werden und er veranlasste Arrow zu halten.

Hier kam die Katastrophe von neuem. Direkt aus heiterem Himmel! Das ohrenbetäubende Brüllen von Zweifel und Zögern überfluteten sein Herz.

Arrow scharrte den Schnee geduldig weg und fand etwas Gras, auf dem sie weiden konnte.

Warum hatten nicht bei weitem klügere Leute als er die Höhle gefunden? »Der lange Weg zum U-Stein« war ein »Geheimnis«, das vermutlich alle Drehbuchautoren Hollywoods kannten!

Lightningbolt fühlte Übelkeit aufkommen. Plötzlich verhöhnten ihn die Berge mit ihrer unermesslichen Größe und ihrer schauderhaften Entfernung. Was so leicht erschienen war, schien jetzt beinahe unmöglich.

»Ich muss heute Morgen meine Stiefel verkehrt herum angezogen haben, Arrow«, sagte er und versuchte, seine Furcht zu bezähmen. Es half nichts, dass er mit seinem Pferd sprach. Lightningbolt musste ernsthaft mit sich selbst sprechen, wenn er eine vertretbare Entscheidung fällen wollte. Sommer ... jetzt war eine ausgezeichnete Zeit, um in den Bergen herumzusuchen.

Er grub nach einem Schokoriegel in seiner Satteltasche. Er fand ihn und biss hinein. Er zerkaute ihn, mit Papier und allem Drum und Dran.

»Herbst, Sommer, Frühling«, sagte er und spuckte das Papier aus. »Ein Jeep wäre gut, ein Panzer, ein halbes Dutzend Freunde, Sprengstoff, vielleicht ein paar Hexen. Warum nicht? Was denkst du, Arrow?«

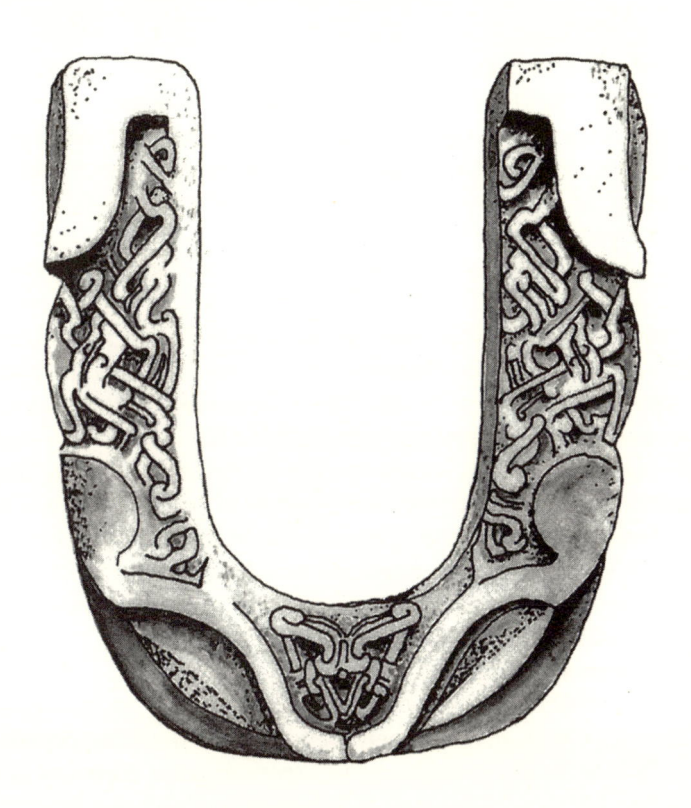

Er zog den Kopf seiner Freundin zu sich und stupste sie an. »Im Zweifelsfall hilft Angriff«, sagte er zu ihr.

Während er seinem Ziel weiter entgegenritt, ging er nochmals durch, was er wusste oder zumindest zu wissen glaubte. »Frau« war in den Piktogrammen geschrieben – das musste definitiv »U-Stein« heißen. Die »Winter-Sonnen-Straße« musste eine Sichtlinie während der Winterzeit sein. Doch wie viele Leute betrachteten die Piktogramme schon ernsthaft?

Andere Halbblut-Leute und Indianer – sie schon. Diese Erkenntnis ließ ihn erneut zusammenfahren, aber er setzte seinen Ritt fort.

Zwanzig Minuten später kam er beim U-Stein an. Der Schatzsucher sprang von Arrows Rücken ab und ging in die Hocke. Er hob einen Stock auf und kratzte den Schnee weg. Ein schneller Blick sagte ihm, wo die Sonne aufgehen würde. Als nächstes zog er eine Linie vom U-Stein zum Berg.

Da war sie, zittrig wie ein Entenschnabel, aber gerade genug, um eine Richtung anzuzeigen. Er würde Arrow Fußfesseln anlegen müssen, sie füttern, und dann den Rest der Reise zu Fuß fortsetzen.

»Verdammte Sonne geht von Osten nach Westen«, sagte er zu sich selbst, »und westlich vom U-Stein ist der Berg.« Es war alles viel zu leicht.

Lightningbolt war verlegen. Er wäre zutiefst beschämt, wenn ihn irgendwer hier finden würde; aber seine Verbohrtheit trieb ihn weiter.

Er nahm seinem Reittier die Last ab und bedeckte sie mit einer Ölplane. Er dachte einen Moment daran, sein Gewehr mitzunehmen, aber entschied sich in der letzten Sekunde, es dazulassen. Er nahm nur seinen Rucksack und sein Messer mit.

Während er hochstieg, wurde das Gehen beschwerlich. Die Dinge konnten schnell gefährlich werden, wenn er nicht achtsam war. Von einem frei liegenden Felsen zum nächsten zu springen forderte enorm viel Energie. Aber es bewahrte ihn vor den Senken, in denen der Schnee tief war. Er rutschte öfter als einmal aus, schürfte sich seine Knie auf und stach sich seine Hände wund, als er den tiefen Schneewehen auszuweichen versuchte.

Vierzig Minuten später setzte er sich erschöpft, seinen Rücken lehnte er zum Ausruhen an einen breiten Felsen. Das Blut pochte in seinen Ohren. Die Rolle des Narren zu spielen, gefiel ihm nicht gerade, und zu dem Zeitpunkt war er sicher, dass er sich auf einer Narrenreise befand. Aber sein Ärger und seine Bestimmung trieben ihn unbarmherzig an.

Er würde achtsam sein müssen, oder er würde sein Leben verlieren. Er bemühte sich, allen Schnee, der sich an seinem Stiefelschaft ansammelte, abzubürsten. Er suchte nach Föhrenzweigen und machte ein Feuer. Bevor er weiterging, so wusste er, würde er seine Kleider trocknen und seine Hände wieder warm bekommen müssen. Er zog das Zelt aus seinem Rucksack und schaute sich nach einer passenden Stelle um, es aufzustellen.

Der einzige schneefreie Platz war direkt in der Mitte des Pfades. Das Zelt auf dem Pfad aufzustellen war die offensichtliche und intelligente Lösung, aber sein Aberglaube verbot es. Ein Lager genau in der Mitte eines Pfades, auf dem er reiste, aufzuschlagen, ließ ihn die Stirn runzeln. Du kannst angegriffen werden, wenn du in der Mitte des Verkehrsweges dein Lager aufschlägst, so hatte die Warnung der alten Jäger gelautet.

Es gab im Umkreis von hundert Metern von seinem Standplatz aus keinen anderen Platz für das Zelt. Er hasste es, aber schließlich entschied er sich doch dafür, in der Mitte des Pfades zu schlafen. Diese letzte Entscheidung, so hoffte er, würde nicht noch so eine Fehlentscheidung wie die, die er ganz zu Anfang getroffen hatte, nämlich die Höhle zu suchen.

Er brütete über seiner eigenen Torheit, während er sein Corned Beef aus der Dose aß. Von seinem Steinhochsitz aus konnte er etwas von dem großartigsten Land sehen, das je kreiert worden war, doch seine Augen waren nach innen gerichtet. Alles, was er tun wollte, hatte immer zwischen zwei Jobs zu geschehen. Warum mussten Arbeit und Geld sein Leben regieren? Wäre er in die Armee aufgenommen worden, würde er jetzt Schulterstreifen tragen.

Die Erinnerung an den langen Ritt zu Goose Flyings Hütte kam nun zurück und verfolgte ihn wieder. Ein Medizintraum? Er hätte diesen Traum auch in seinem eigenen Bett haben können.

Er war in großartiger Stimmung! Der Gedanke an einen Berglöwen, der eben sein angebundenes Pferd auffraß, tauchte in seinem Geist auf. Warum nicht? Er konnte sich jetzt sehen, wie er tagelang zu Fuß ging, hinkend, niedergeschlagen, vom Wetter gebeutelt. Klar, möglicherweise verdiente er es. Narren verdienen den Tod. Er stellte sich die Schlagzeile vor: »Leiche gefunden«. Er seufzte.

Der folgende Morgen war bemerkenswert. Er war hell und die Menge des vor ihm liegenden Schnees erschien ihm spärlich. Wieder rechnete er den Sonnenwinkel aus, zog in seinem Geist eine Linie von Osten nach Westen und schätzte, wie weit nach Westen er wohl gehen müsse, bevor er die Höhle finden würde.

Sein Aufstieg ging langsam und kräftezehrend vonstatten, aber nicht annähernd so lähmend wie am Tag vorher. Er kroch und kletterte den Berg hinauf und setzte seinen Fuß in eine Schlucht nach der anderen. Er wusste, er würde sich sehr dumm vorkommen, wenn er plötzlich auf einen Pfad stoßen würde. Der Gedanke ließ ihn fluchen und noch intensiver klettern.

Ganz unerwartet fand er sich in einer riesigen Schlucht. Er fühlte sich, als habe er die Größe einer Ameise in einem maßlos großen Steinhaufen. Unverzagt wand er seinen Weg weiter durch die Felsen, bis er sich zwei engen Spalten gegenübersah.

Er wählte die zu seiner Linken gelegene und begann ihr zu folgen. Der beengte Durchgang wand und drehte sich, bis er vor etwas stand, das wie eine aus Granit gehauene Tür aussah. Er studierte den skulptierten und gemeißelten Stein sorgfältig. Ja, jenseits allen Zweifels, es war eine Tür.

Er hatte gesiegt, aber er wollte sich das Auskosten seines Triumphs nicht gönnen. Es war immer diese letzte Minute, dieser endgültige Schritt, der eine Person enttäuschen konnte. Genau wie mit dem Traum, als er so aufgeregt gewesen war. Aber was hatte er entdeckt? Nichts.

Wie viele Male war sie passiert – diese alte Desillusionierung? Hundertmal? Tausendmal? Jenseits dieses Steins konnte alles mögliche sein, einschließlich einer undurchdringlichen Mauer.

»Nicht noch einmal«, erklärte er sich selbst laut. »Es ist Zeit, wieder zu arbeiten. Öffne sie.«

Seinen Rucksack warf er an der Mauer nieder und stützte seine Beine ab, um die Tür zu öffnen. Er legte all sein Gewicht hinein, aber ganz unerwartet leicht und schnell bewegte sich der Stein und quetschte seinen rechten Daumen gegen die Mauer. Der Schmerz wurde durch die Kälte noch schlimmer.

»Verdaaaammt!« heulte er. »Das tut weh!« Er trat gegen die Tür, doch er verfehlte sie.

An seinem Daumen saugend, überraschte er sich dabei, wie er in die Leere hineinstarrte. Es war sehr dunkel da drin. Er versuchte, sein Feuerzeug aus seiner rechten Tasche zu fischen, indem er seine linke Hand benutzte, aber er konnte nur zwei Finger hineinbekommen.

»Verdammt«, fluchte er wieder und schüttelte seinen Daumen.

Er versuchte es wieder, aber seine Jeans waren etwas zu eng, um das Ding herauszubekommen. Er würde es mit seiner angeschlagenen Hand herausangeln müssen.

»Ist nicht dein Tag heute, Dummkopf?«, dröhnte die tiefe Stimme eines Mannes aus dem Dunkel.

Lightningbolt verschlug es die Sprache vor Überraschung und Erschrecken.

»Ähem«, antwortete er und versuchte, intelligent anstatt erschrocken zu klingen.

»Wir haben eine großartige Unterhaltung«, sagte die Stimme voll Spott zu ihm. »Fühlst dich nach Zusammenbrechen und Weinen?«

»Verdammt!«, sagte Lightningbolt schließlich im Flüsterton.

»Ich kann sehen, du bist wirklich nicht auf den Kopf gefallen«, bemerkte die Stimme sarkastisch. »Ich kann sehen, du bist ein Mann von vielen Worten. Komm herein, aber rede nicht. Es ist verboten, hier drinnen zu sprechen.«

Lightningbolt strengte sich an, in das Labyrinth hineinzusehen, und versuchte zu erkennen, was vor ihm lag.

»Schau dich an, du Hund«, provozierte die Stimme Lightningbolt. »Steht da und schaut aus wie eine blasse Eule. Wenn du dich selber sehen könntest, würdest du brüllen vor Lachen. Aber nein, lieber stehst du da und blinzelst.«

»Wer zur Hölle bist du?«, sagte Lightningbolt plötzlich angriffslustig.

»Dein augenblickliches Problem und dein Führer«, antwortete der Mann. »Komm rein jetzt, oder mach augenblicklich, dass du wegkommst, und erinnere dich, es ist verboten, in dieser heiligen Kiva zu sprechen.«

Lightningbolt tappte vorwärts, seine ausgestreckten Hände vor sich ausgestreckt. Er murmelte vor sich hin.

»Schließ die Tür!«, befahl die Stimme von irgendwo in der Dunkelheit. »Bist du in einer Scheune aufgewachsen?«

Lightningbolt fluchte, dann wandte er sich auf dem Absatz herum in der Absicht, zurückzugehen und von vorne anzufangen. Er mochte den Unterton, der in dieser Situation mitschwang, überhaupt nicht! Plötzlich entfachte ein helles Feuer Leben hinter ihm. Er drehte sich herum, um seinem Gastgeber und Gegenspieler gegenüberzutreten.

»Die Leute, die du siehst, wenn du kein Gewehr hast«, verkündete der Hüter der Höhle mit autoritärer Stimme. Ihm war ein Lächeln zu Eigen, das ihm augenblicklich die Gunst jeder Kreatur einbringen konnte. »Setz der Zugluft ein Ende«, forderte er.

Lightningbolt rang mit der Tür, bis sie an ihrem Platz war, dann ging er respektvoll zum Feuer des alten Indianers. Der alte Mann umkreiste Lightningbolt und taxierte ihn, als mustere er ein Pferd, das er zu kaufen beabsichtigte. »Gesund, kein Trinker«, schmunzelte er. »Kann ein Störenfried sein, ab und zu ein bisschen töricht. Woher kommst du? Nein, schweig, antworte nicht. Du kannst mich Hüter nennen.«

Lightningbolt fühlte sich sehr unwohl.

Abgesehen von der Tatsache, dass der Hüter offensichtlich sehr alt war, war alles andere an dem Mann ein Zeugnis für etwas anderes als nur Alter. Er sah aus wie die Mischung aus einem Küstenpiraten des achtzehnten Jahrhunderts und einem modernen Guerillakämpfer aus irgendeinem Dschungel Mittelamerikas.

Er war dunkel und doch war seine Haut zart. Er war ganz sicher kein weißer Mann. Lightningbolt wusste, dass der Hüter ein amerikanischer Indianer war, aber woher, Norden oder Süden? Wenn er hätte raten sollen, hätte er gesagt, der Hüter sei ein Inka.

Die Ausrüstung des Hüters war ebenfalls dazu angetan, Aufmerksamkeit zu erregen. Er hatte einen hochpolierten handgemachten mexikanischen Patronengürtel. In der Pistolentasche steckte eine Magnum. An seiner Hüfte trug er ein Messer, das die alten Cheyenne Schulterblatt nannten, bei den Weißen auch als Bowiemesser bekannt.

Das Gesicht des Mannes faszinierte Lightningbolt. Wetter und Zeit hatten tiefe Furchen in des Hüters Gesicht eingraviert, aber es gab auch weiche gütige Linien um seine Augen.

Man konnte ihn als »hakennasig« bezeichnen und manche befanden sein Gesicht auch für hart. Aber mit der Zeit hatte die Schönheit, die von innen heraus schien, dem Mann den Ausdruck von Macht verliehen.

Es waren des Hüters Augen, die den tiefsten Eindruck auf Lightningbolt machten. Diese intensiven Augen waren von höchstem Charisma. Aber es waren auch die Augen eines Mannes, der imstande ist zu töten.

Plötzlich setzte sich der alte Mann in einen modern aussehenden Schaukelstuhl. Seine Augenbrauen hoben sich. Er behandelte seinen Besucher wie ein Kind. »Warum, ist dir etwa nicht klar, dass alle wahren Medizinmänner und Hüter Schaukelstühle benutzen? Das ist Teil der modernen Staffage.«

Lightningbolt runzelte die Stirn.

»Kennst du das Wort nicht?« Der Hüter schnurrte beinah vor Befriedigung. »Nun, es bedeutet ›Ausstattung‹. Ja, du siehst, Junge, alte Schurken wie ich erproben verschiedene Dinge, inklusive Leute.«

Lightningbolt räusperte sich.

»Still, Störenfried«, forderte der alte Mann mit seiner tiefen Stimme. »Lärm ist ein Wort. Ja, wie ich gesagt habe, du kanntest das Wort nicht, und so habe ich ein Maß für deine Bildung.«

Sollte er mehr Äste aufs Feuer legen? Nein, das Feuer des Mannes zu berühren war nicht angebracht. Was konnte er sagen, das intelligent klingen würde?

Tausend Gedanken, zehntausend Zweifel und eine Million Ängste überfluteten seinen Verstand und sein Herz, als er in die glühenden Kohlen starrte, aber konnte er seinen Verstand in Gang bringen? Nein.
　Wo zog der Rauch hin? Gab es einen natürlichen Kamin? Warum war es in der Höhle nicht rauchiger?
　»Habe ich ein wenig Denken provoziert?«, sagte der Hüter und brach in Lightningbolts Gedanken ein. »Was ist los in deinem Verstand? Nein, sag es mir nicht. Es ist verboten, zu sprechen. Lass mich dir erzählen über diese Kiva des Herzschlags, oder Höhle, was dir lieber ist, wie du sie nennen willst. Würdest du das gerne wissen?«
　Lightningbolt nickte, aber er hob seine Augen nicht von den glühenden Kohlen.
　»Was bringt uns an Plätze wie diesen?«, fragte der Hüter. Seine Stimme hatte sich nicht verändert, aber irgendwie schien er näher.
　Lightningbolt lenkte seine Augen ruckartig auf die des Hüters. Dort war dieses Funkeln. Aber jetzt war dort auch eine Herausforderung, die nicht ignoriert werden konnte, zu bemerken.
　»Diese Höhle«, fuhr der Hüter fort, »ist wie ein umfangreicher Traum. Sie ist viel mehr als nur ein physischer Hohlraum. Sie zieht Leute vielfältigster Art und vieler Herzschlagrhythmen an. Indes, nur eine Hand voll haben die Höhle aus eigenen Stücken gefunden. Wie hast du sie gefunden? Warst du auf der Flucht?«
　Lightningbolt schüttelte seinen Kopf.

»Sprich, sag es mir«, forderte der Hüter.
»Nein, ich bin vor nichts geflüchtet«, antwortete Lightningbolt.
»Wo ist all das Gold?«
»Darüber werden wir später sprechen«, sagte der Hüter stirnrunzelnd. »Wie hast du die Kiva gefunden?«
»Die Sonnenstraße«, antwortete Lightningbolt mit sachlichem Ton. Er fühlte sich seiner selbst sehr sicher. »Der U-Stein, Korbmacherinnen, alles läuft darauf hinaus. Frau und U-Stein werden in den alten Piktogrammen als identisch behandelt. Soviel hat der alte Goose erklärt.«
»Hat er das, Goose? Verdammte alte Haut!« fluchte der Hüter. »Er ist ein Narr, dass er die Leute lehrt, wie sie hierher kommen.«
»Goose hat von den Zeichen lediglich gesprochen«, sagte Lightningbolt abwehrend. »Ich habe es herausgefunden, während ich im Little Bow war. Hast du sie benutzt?« Lightningbolt deutete auf die Pistole des alten Mannes.
»Warum nicht?«, antwortete der Hüter. »Die Leute benutzen sie als Nadel. Wir stechen mit den Kugeln, die aus ihnen herauskommen, Löcher in eine Menge Leute. Nachdem all die Löcher die Leute ausgeblutet haben, versuchen wir, jeden mit Politik wieder zusammenzuflicken. Und doch, was kann ich sagen? Ich hoffe wohl, ich muss dich nicht erschießen.«
Lightningbolt nickte zustimmend.
»Es gibt sehr merkwürdige Leute, die hier herauskommen«, erklärte der Hüter. »Ich habe so ziemlich alles gesehen. Du bist auch nur eine Art Narr, wenn du erwartest, dass ich dir augenblicklich vertraue oder dich mag. Und wenn du hierher gekomen wärst, um dich umzubringen? Nach all dem, was ich weiß, könntest du der Oberverrückte sein.«
»Neugierde und das Gerede über Gold«, gab Lightningbolt zu. »Das war mein Ziel.« Er blickte umher. »Was ist mit dem Gold passiert? Hat es je existiert?«
»Neugierde«, lächelte der Hüter, während er seinen Kopf schüttelte, »ist einfach nicht genug. Ich denke, dein Besuch ist beendet. Zeit für dich zu gehen.«
Lightningbolt schaute auf seine Hände hinunter. »Es ist seltsam«, sagte er zu dem alten Mann. »Aber ich werde manchmal dumm und defensiv. Du bist mir entgegengekommen, mit der Waffe. Es tut mir leid.«

Der Hüter schürte das Feuer. »Lass uns von vorn anfangen«, bot er an. »Warum bist du hier?«

»Ich bin den Berg vom Little Bow aus hochgekrochen«, antwortete Lightningbolt. »Sieht aus, als ob ich den schwereren Weg genommen hätte. Ich wollte etwas, Gold, irgendetwas. Sobald ich dich hier drin gesehen hatte, wusste ich, dass du eine Hütte irgendwo hier in der Nähe hast. Du hast mich herausgefordert; ich dachte, du könntest vielleicht auch ein bisschen gefährlich sein. Okay, und so wurde ich ängstlich und zu ruhig.«

»Ich habe nie um eine Entschuldigung gebeten«, unterbrach der Hüter. »Na gut, du bist über den schwereren Weg hier hochgekommen.«

Ein langes Schweigen folgte. Nur das Knacken des Feuers war zu hören.

»Ich hab' mich aufgeführt wie eine Bulldogge, weil ich nicht wusste, was ich tun oder sagen sollte«, sagte Lightningbolt verlegen. Er stand auf und überreichte dem Hüter eine Packung Zigaretten. »Ich bringe dir diesen Tabak. Mir tut es leid, dass ich nicht ein Mann war, der Sorgfalt gezeigt hat. Was ist eine Kiva?«

Zeit schien in Lightningbolt in einer Spirale von Denken zu verebben. Das Feuer zog seine Aufmerksamkeit an und es hielt ihn umfangen mit seiner Wärme und den ewig wechselnden Mustern von Licht und Dunkel.

»Diese Höhle ist eine Kiva«, erklärte der alte Mann und nahm die Zigaretten. »Kiva bedeutet ›Heilige Gebärmutter‹. Es ist die Erd-Gebärmutter von Leben und Tod.«

Lightningbolt saß still und wollte mehr hören.

Nach einer respektvollen Zeitspanne erschien es Lightningbolt angemessen, dem Hüter zu erzählen, wer er war und wie seine Reise ihn in die Kiva gebracht hatte. Er erzählte von seiner Reise durch die Wasserklamm, den Sternenteich, und über alles, was geschehen war, einschließlich seines Traums von einer wunderbaren Göttin. Er erzählte dem Hüter auch von der Spielzeugparade und dem Kriegstraum. Der Hüter signalisierte, dass er verstanden habe, dann erhitzte er den Kaffee auf einem Gitter über seinem Feuer.

Nachdem er den Kaffee ausgeschenkt hatte, setzte er sich in seinem Schaukelstuhl zurecht. Er stellte seine Tasse neben seinen Stuhl und nickte alsbald ein.

Eine augenblickliche Veränderung überkam den Hüter, während

er schlief. Er sah nicht mehr grimmig aus. Der große Mann, der jetzt wie ein Kind schlief, war nicht mehr der Riese, dem Lightningbolt vorher begegnet war.

Die durchdringende Stille der heiligen Mutter Höhle sandte einen tiefen Ruf an all jene aus, die mit ihr in die Gebärmutter ihres Erduniversums reisen wollten. Lightningbolts gesamtes Wesen schien plötzlich aufgehoben zwischen Schlaf und Schwelgen in seinen Tagträumen. Seine Vorstellung vermischte sich mit Phantasie, während er im selben Augenblick berechnend und logisch dachte.

Eine halbe Stunde später, als der Hüter zu sprechen anfing, war Lightningbolt tief in seinen Träumereien und hatte nicht bemerkt, was um ihn herum vorging.

Des Hüters Ton war weich. »Diese alte Hütte, sie birgt ihre Geheimnisse und sie gibt. Du bist in ihr gegenwärtig. Soeben hat sie mit dir geträumt. Das Gold, das du suchtest, wurde ständig aus dieser Höhle gestohlen, im Verlauf einiger tausend Jahre, und zwar von Indianern wie von Weißen. Die letzten großen Goldstücke wurden in den späteren Jahren des 18. Jahrhunderts eingeschmolzen. Messingkopien einiger der kleinen Stücke wurden hergestellt. Aber das gesamte Vorhaben war Pfusch. Die Hüter, die vor mir existierten, versuchten, die Geschichte zu retten, aber sie verstanden nichts vom Metallgießen.«

Der alte Mann erhob sich, streckte sich, dann verschwand er in einer der am weitesten entfernten Ecken der Höhle. Er kehrte zurück und händigte Lightningbolt ein Messingobjekt aus. Es war hässlich und verformt. Was immer es gewesen sein mochte, es gab keine Möglichkeit, es jetzt wieder zu erkennen. Lightningbolt war enttäuscht und den Tränen nahe. Der alte Mann setzte sich wieder und nippte an seinem kalten Kaffee.

»Ich bin es satt, nichts zu finden«, sagte Lightningbolt durch die Zähne. »Alles, was ich finde oder berühre, wird zu nichts.«

»Ich kann deine Gefühle verstehen«, sagte der Hüter beruhigend. »Und doch, es ist deine Unwissenheit, die dich bedrängt, nicht deine physische Welt. Du weißt ganz einfach nicht, was das ist, ein Schatz. Du kannst nicht erkennen, ob sich etwas für dich lohnt.«

»Aber wie lerne ich das?« fragte Lightningbolt. »Verdammt, irgendwo muss es doch einen Anfang geben?«

»Dein Traum«. Der Hüter schien ihn mit seinen Worten zu locken. »Der Traum ist von unermesslichem Wert. Aber du bist zu unwissend, ihn zu verstehen.«

»Wie kann ich ihn verstehen?«, insistierte Lightningbolt. »Bist du willens, mir beizubringen, wie?«

»Das meiste von diesem ›Wie‹ beginnt bei dir«, wies der Hüter ihn zurecht. »Es ist dieses Wort Wie, das wirklich zählt. Es ist nicht, was wir tun. Das ist der Grund dafür, dass es nie funktioniert, Leuten per Gesetz zu verordnen, was sie zu tun haben. Es ist das Wie, das immer von Bedeutung ist. Das Wie ist das Wesentliche«, sagte er, öffnete die Schnalle seines Waffengürtels und reichte Lightningbolt seine Pistole. »Hier ist deine Bezahlung dafür, dass du den ganzen Weg hier herauf gemacht hast, um mich zu sehen.«

»Nein, danke«, lächelte Lightningbolt und reichte die Waffe zurück.

»In Ordnung«, sagte der Hüter. »Aber ist die Pistole nicht eine Bezahlung? Ein Dieb würde enorm viel Zeit aufwenden, um eine Waffe wie diese zu stehlen.«

»Ich bin kein Dieb«, gab Lightningbolt zurück.

»Bist du nicht?«, knurrte der Hüter. »Du beraubst dich deiner Gelegenheiten zu lernen. Du beraubst dich deiner Zeit. Du beraubst dich deiner Ausbildung.«

»Du schlägst vor, ich soll auf die Hochschule gehen?«, sagte Lightningbolt belustigt.

»Nein«, sagte der Hüter. »Warum solltest du ausgebildet werden? Und, was ich zu der Sache zu sagen habe, hat offensichtlich für dich sowieso keine Bedeutung.«

»Es ist die Scheiße, die sie dich da fressen lassen«, beklagte sich Lightningbolt. »Sie sind nur ein Haufen Scheiße-Schaufler.«

»Habe ich gesagt, dass du einen akademischen Grad erwerben musst?«, parierte der Hüter. »Nein, ich meine du brauchst Ausbildung. Es kommt drauf an, wie du lernst. Wie du verstehst, was sie lehren. Du hast einen Verstand. Nutze ihn.«

»Werd ich nicht tun«, sagte Lightningbolt trotzig.

»Was nicht tun? Zur Schule gehen oder lernen?«, fragte der Hüter. »Ich denke nicht, dass du den Unterschied kennst. Ich versuche nicht, dir einzureden, du solltest auf eine höhere Schule gehen.«

»Was verlangst du denn dann?« Lightningbolt runzelte die Stirn. Er wurde von Minute zu Minute ärgerlicher.

»Ich verlange verdammt gar nichts«, sagte der Hüter scharf. »Schau, du bist derjenige, der Ausbildung braucht, nicht ich. Sogar dass du das Wort ›verlangen‹ gebrauchst, zeigt mir etwas über deine

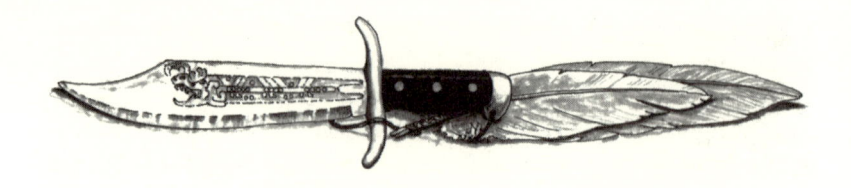

Haltungen, nicht dein Denken. Wenn du kämpfen willst, geh. Geh raus in den Schnee und verteile Arschtritte! Auf Wiedersehen.«

Ein langes und ungemütliches Schweigen folgte.

»Ich bin vom Militär abgewiesen worden«, sagte Lightningbolt schließlich. »Ich kann mit meinem linken Auge nicht gut sehen. Ich hätt' einen verdammt guten Offizier abgegeben.« Lightningbolts Stimme war unvermittelt zornerfüllt. »Mein ganzes Leben lang wollte ich zum Militär. Jetzt, was bleibt mir jetzt noch übrig? Ich bin ein Niemand, der festsitzt. Sicher bin ich unwissend, sicher brauche ich Ausbildung, aber woher?«

»Du willst also töten, nicht wahr?«, grinste der Hüter. »Ich habe dein Gesicht auf hundert Aufmarschplätzen gesehen. Du taumelst vorwärts und stolperst herum in der Hoffnung, das Große Ding zu finden, die Große Medizin. Nun, du wüsstest nicht mal, was damit anstellen, wenn es direkt in deinen Eiern landen würde. Du bist hier in einer Höhle, anstatt in Asien herumzurennen. Was treibst du hier?«

»Ich halte Ausschau nach Information.« Lightningbolt grinste. »Schaut so aus, als hättest du 'ne Menge davon. Vielleicht bin ich nach alledem doch noch auf Gold gestoßen.«

»Ich werde dir vorführen, was ich am allerbesten kann.« Die Stimme des Hüters wurde zunehmend ruhiger. »Ich werde dir noch einmal helfen, Teil dieser Höhle zu werden, abgemacht?«

»Noch einmal?«, fragte Lightningbolt, sein Interesse war geweckt.

»Du hast mit der Kiva geträumt«, berichtete der Hüter. »Sie träumt mit allen, die hierher kommen. Aber jetzt wirst du mit mir träumen. Bist du bereit dazu?«

»Werde ich beim Feuer schlafen?«, fragte Lightningbolt.

»Nein«, antwortete der Hüter. »Du wirst aufrecht sitzen und die ganze Zeit über eine hohe Aufmerksamkeit bewahren. Schau ins Feuer oder schau in die Stille dieser Kiva hinein.«

»Wir erfahren unsere größten Ängste und unseren tiefsten Schmerz, unseren Kummer, wenn wir unsere schöne Erde, Mutter Leben verlassen müssen. Wanderer, wie kommt es, dass viele Leute ihr Leben wegwerfen, um das Lächerliche zu beweisen? Warum ziehen Leute es vor, sich etwas vorzumachen, anstatt die Freude der Herausforderungen des Lebens anzunehmen? Wer ist die Familie, wenn wir sie doch nie kennen lernen? Macht Sprache eine Rasse aus, oder macht Glaube eine Rasse aus? Möglicherweise solltest du diese Fragen stellen, Lightningbolt.

Leben wertzuschätzen ist das ehrenwerteste aller Werkzeuge des Geistes. Kennst du dieses Werkzeug? Die Machtvollen kennen dieses Werkzeug von innen heraus. Wertschätzung und Wissen sind die machtvollsten Werkzeuge, die Leuten, in welchem Leben auch immer, gegeben sind. Wertschätzung von Leben ist ein Werkzeug, das errungen wird.

Ich wurde als April Horse geboren. Aber die, die mich kennen, wissen, ich bin der Schatten. Meine Welt ist hier in den Bergen. Morgensonnen-Mutter berührt mich tief. Ich würde vermutlich sterben, liebte sie mich nicht.

Ich habe meine Schafe. Sie haben ihr Weidegras. Sie haben ihr nie Gewusstes. Ihr nie Gewusstes tröstet sie. Sie kennen mich als den Schatten, der ihnen Tröstung bringt.

Ich bin schrecklicher als der ›Berggeist‹, die große Katze. Doch wissen die Schafe, dass Schatten eine größere Bedrohung ist? Die Schafe fürchten nicht das, was für sie sorgt. Sie sehen nicht, dass der Schatten, der sie füttert, sie auch isst.

So ist es mit vielen Dingen. Estcheemah wurde meine Lehrerin, mein Medizinpferd. Sie trägt mich und sie teilt mit allen. Doch, ich bin der Schatten. Ich bin nicht sie und sie ist nicht ich.

Das Suchen ist es, was dich hergebracht hat, hierher in meine Welt. Ich kann jede deiner Waffen zerbrechen. Alles, was du wirklich hast, ist dein Selbst. Kein Schutz, keine Waffen sind imstande, dir Sicherheit zu geben.

Du musst in meinen Verstand hineinsehen, junger Wolf. Hier in diesen Bergen bist du Wolf, Moheegun. So wirst du genannt, denn das bist du. Du bist der Wolf.

Jetzt stehst du dem Schatten gegenüber. Du musst gegen den Schatten kämpfen. Ich werde dir jede meiner Ängste zeigen. Bist du stark? Bist du mutig? Du wirst mich begleiten auf meinen Wegen des Schmerzes. Du wirst mich hungern sehen und dürsten. Wir werden beobachten, wie die Kanonen brüllen, und unseren Hass gegen den

Himmel schreien. Du wirst das frische Blut derjenigen riechen, die in Stücke gerissen wurden. Du wirst langsam mit mir sterben.

Du wirst Männer sterben sehen, wenn meine Gewehrkugel sie in den Schlaf schickt. So starben die Japaner. Wie hoffnungslos traurig. Werde ich auf ewig weinen? Ich habe so viele meiner Brüder getötet.

Ihre Tode öffneten meine Augen. Ich, der Schatten, wurde geboren, und ich hüte meine Schafe. Also, wagst du es, in die Welt der Schatten hineinzublicken? Du begehrst, in meinen Geist und in meine Bestimmung hineinzusehen? Deine Zähne werden knirschen, so wie meine es getan haben. Du wirst meine Leiden erleiden.

Alles ist hier auf Erden für uns da. Leben hat uns alles gegeben, was wir zu lernen begehren, und alles, was wir brauchen, um zu wachsen, während wir hier auf Erden sind. Ja, sie hat uns sogar die stechenden Ameisen gegeben, die Spinnen und Krankheit. Aber all dies ist nichts, keine vergleichbare Bedrohung mit dem, was wir unseren Brüdern angetan haben. Wir haben sie nicht gestochen, wir haben sie in Stücke geschossen mit unseren Kanonen und Granaten.

Sie gibt uns unsere Möglichkeit zu leben. Wir benutzen unser Leben zum Töten. Das war es, was ich getan habe. Ich habe ihre Geschenke benutzt, um zu töten.

Ich habe Feuer geschmeckt und ich habe abscheulichen Krieg kennen gelernt. Ich habe Männer getötet, meine Brüder. Sie sagen, dass ich, der Schatten, lediglich in Symbolen spreche. Sprechen Symbole deutlicher als Leute? Schmecken Symbole nach dem Gestank des Todes? Ich sehe sie. Ich sehe ihre weiß verblichenen Schädel.

Unsere Verrücktheit war organisiert. Es schien so normal. Es war eine alltägliche Sache, verrückt zu sein. Wir waren ausgebildet in unserer Verrücktheit. Wir freuten uns an unseren Waffen. Zu der Zeit hatten wir Beweggründe zu töten. Es war alles normal, klar und verständlich. Sie waren der Feind.

Als der Krieg ausbrach, war ich einer der Typen, die Papa oder Großpapa genannt wurden. Die Armee war aus Kindern zusammengestellt, die meisten von ihnen wenig mehr als achtzehn Jahre alt. Ich war ein älterer Knabe, beinahe zweiundvierzig Jahre alt. Das ist für die Armee ein alter Mann! Ich war auch ein Indianer. Ich hatte keine Zukunft vor mir. Ich wollte ein Teil des Ganzen sein, Teil der Armee, aber ich wusste nicht, wie.

Wir kannten nichts außer unseren Illusionen. Wir lernten den Feind zu verachten. Wir wurden die perfekten Schatten. Ich kroch in den Dschungel hinein und tötete lautlos. Töten wurde mein Verstand, mein Herz, mein Ein und Alles. Ich atmete mein Schweigen und den Tod. Wir waren ausgebildet, tüchtig zu sein. Ich war sehr tüchtig. Ich ließ mein Messer über Leben entscheiden.

Als die Offiziere uns unsere Todesfahnen aushändigten, lachte unsere Killereinheit innerlich. Wir fanden einen seltsamen Stolz darin, nicht alles zu erzählen. Ja, so waren wir seinerzeit. Ich war der Schatten, eine perfekte Maschine, geboren, um dem Feind Schrecken einzujagen.

Wir waren die beste der Killereinheiten. Wir waren ausgebildet, aus der Entfernung und aus der Nähe zu töten. Wir kannten jede Waffe. Ich wollte machtvoll sein. Ich denke, ich muss an die zweihundert Männer getötet haben. Ich wurde akzeptiert, mir wurde auf die Schulter geklopft. Meine Offiziere liebten mich.

Wir wurden allmählich verrückt, aber wir wussten es nicht. Unsere Verrücktheit gestattete uns nicht einmal mehr unsere Träume.

Wir töteten immer aus dem Schatten heraus; das war meine Spezialität. Wir hatten unsere verschiedenen Spezialitäten und unsere spezielle Verrücktheit. Nicht einer der Männer, die ich tötete, hat mich je gesehen.

Nein, nicht ein Mann sah mich je, bis zu jenem Tag, wo ein Junge in meine Augen blickte. Ich sah, dass er weinte. Er war so jung, es überraschte mich! Ich hatte seine Kehle durchschnitten, um sicherzugehen, dass er tot war. Ich hatte Angst, er würde schreien, weißt du? Ich hatte Angst, er würde ein Geräusch machen. Zu jener Zeit waren wir alle in einer gespannten Situation. Ich starb mit ihm. Nachdem ich in seine jungen Augen gesehen hatte, war ich nicht mehr. Meine Verrücktheit war von mir genommen und ich konnte sehen. Als ich sehen konnte, starb ich.

Mein Schmerz löste sich auf und ich hielt meine Verrücktheit in meinen Händen. Meine Verrücktheit war der blutige Kopf des japanischen Jungen. Meine Herausforderungen im Leben haben mich gelehrt, Schmerz und Verrücktheit zu sehen.

Du kannst dein Leben finden, aber nur, wenn du die Wahrheit deiner Umstände siehst und die Herausforderungen, die in deiner Zeit existieren. Suche nach der Person, die du bist, nicht nach der Person, die du gern gewesen wärest.

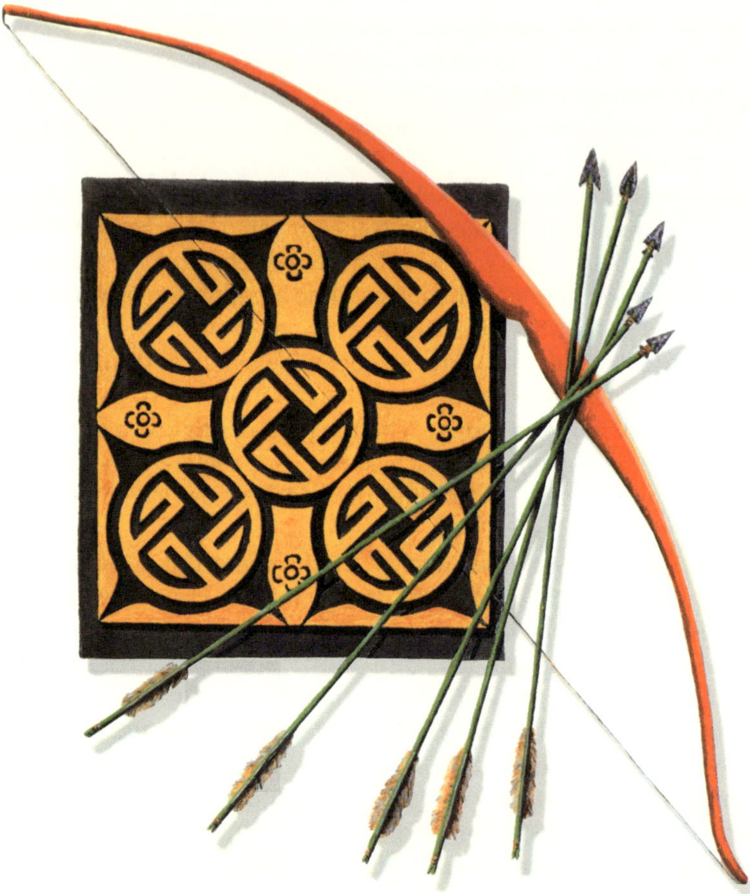

Der weinende, blutige Kopf sagte mir, ich solle ich selbst sein und kein Verrückter.

Vergegenwärtige dir deine eigene Welt des Geistes. Was ist es, das in deiner Welt existiert? Wer bist du in deiner eigenen Welt – der Sklave oder der Befehlshaber?

Weißt du, was arrogante Männer fürchten? Sie fürchten, sie könnten das Machtvolle oder Schöne nie besitzen. Sie ersetzen ihre Furcht durch ihre Arroganz und versuchen, ihr Leben zu kaufen. Leben wird niemals ihre Prostituierte sein; sie können sie nicht kaufen.«

Als die Magie der Stimme des Schattens in der Erdgebärmutterhöhle leiser wurde, traf ein Gefühl von außerordentlicher Traurigkeit auf Lightningbolts Fassade von Disziplin.

Das sanfte, unbestimmte Licht der glühenden Kohlen erleuchtete seine Tränen und spiegelte die Bernsteinfarbe, das Rot und Gold des Feuers wider. Er weinte leise und behielt seine verzweifelte Qual in sich. Warum Lightningbolt weinte, verstand er nicht ganz.

Die weite Dunkelheit der Kiva war Furcht erregend, und Lightningbolt begann, Gefühle zu entdecken, von denen er nie geglaubt hätte, dass er sie besaß.

Der Schatten studierte den kummervollen jungen Mann, der mit untergeschlagenen Beinen an seinem Feuer saß. Er konnte sehen, dass sein Besucher nun offen war für Rat und Information. Aber er wusste auch, dass er nur eine Chance hatte, um Lightningbolts Geist und Herz zu erreichen. Er musste Recht haben mit seinem Vorschlag.

Lightningbolt hielt seine Augen weiterhin auf das Kivalicht gerichtet, während der alte Veteran sprach.

»Wolf, schau mich an«, gebot der Schatten plötzlich. »Es ist Zeit für dich aufzuwachen.«

»Aufzuwachen?« fragte Lightningbolt und schaute direkt in des Schattens Augen. »Was meinst du?«

»Du hast mit mir geträumt, aber jetzt wirst du in deine eigene Welt hineinblicken. Der alte Goose war schlauer als du und du hast das Offensichtliche noch immer nicht gesehen. Wer hat dich auf diesen Pfad geschickt, wenn nicht der alte Goose?«

»Goose?« Lightningbolt kämpfte schwer, um dem Schatten zu folgen.

»Wer wusste, dass du gelangweilt sein würdest und die Zeichen am Pfad lesen würdest? War es nicht Goose, der dich die Zeichen gelehrt hat?« Der Schatten setzte ihn unter Druck.

»Er hat mich hierhergelenkt wie eine Kugel!«, fluchte Lightningbolt erstaunt und schließlich begriff er, was der Schatten meinte.

»Genau dorthin, wo du sein solltest«, beharrte der Schatten. »Und er hat dich nicht hierhergeschickt, um dich zu retten oder damit du mal deinen Rücken gekratzt kriegst. Er wusste, er sandte dich zu einem Mann, der extremen Schmerz kennt.«

Lightningbolts Gefühle schwankten plötzlich zwischen Misstrauen und Erregung. Hatte der alte Goose das Treffen geplant? Wenn ja, dann war Lightningbolt beeindruckt!

»Ich habe ein tiefes Gefühl, ja, sogar ein Wissen, dass du als ein Soldat geboren bist«, sagte der Schatten einfühlsam. »Und ich denke, das ist der Grund, warum Goose dich zu mir geschickt hat.«

»Das ist lächerlich!«, platzte Lightningbolt heraus. »Was weiß Goose denn schon?« Der Klang seiner eigenen Stimme ängstigte ihn. Sie knackte und tönte seltsam in seinen Ohren, sogar fremd. »Es gibt keinen Krieg für mich.«

»Oh, du wirst deinen Krieg haben.« Des Schattens Stimme war kalt. »Ich versichere es dir. Aber abgesehen davon kann ich dir sagen, dass du ein ›Erkennbarer‹ bist. Ein Erkennbarer ist jemand, der instinktiv das Wesen des Nahkampfs erkennt. Keine Person, die den Schrecken des Krieges kennen gelernt hat, kann dem entgehen. Ja, du bist als Soldat geboren. Ich denke, das ist der Grund, warum der alte Goose wollte, dass du zu mir reinstolperst. Als Kind träumtest du vom Krieg, genauso wie ich. Du bist kein Militarist«, führte der Schatten aus. »Ich rate dir nicht, einer zu sein oder je zu werden. Nein, das ist es nicht. Es ist dein Geist und Herz, die dich zum Soldaten machen. Ich würde meine Hand dafür ins Feuer legen. Aber dein Krieg ist nicht der, den du dir vorgestellt hast.«

Ein abscheuliches Gefühl ergriff Lightningbolt. Es schien von irgendeinem ursprünglichen Platz in ihm zu kommen. Das uralte Schweigen belebte sein Herz und schockierte seine Sinne mit seiner unmittelbaren Gegenwart. Das Schweigen verschluckte ihn, überflutete seinen Geist, bis es zu einer Wahrheit wurde, die er nicht länger leugnen konnte.

In diesem Augenblick überkam Lightningbolt ein Aufblitzen von Selbsterkenntnis. Ein absolutes Wissen durchströmte jede Zelle seines Leibes, das ihm sagte, dass der Schatten Recht hatte.

Der Schatten lächelte. »Nein, es ist keine Weissagung, die ich mit dir teile. Es ist ein Bild dessen, was du bist. Ich denke, wir können jetzt miteinander sprechen. Was hast du zu sagen?«

Der junge Mann, der die Kiva verließ, war nicht dieselbe Person, die sie betreten hatte. Als er sein Pferd am Bach entlang zum Little Bow führte, dachte er über all das, was er gelernt hatte, nach.

Es wurde ihm klar, in welch kurzer Zeit er April Horse lieb gewonnen hatte. Der alte Abtrünnige hatte eine tiefe Verbindung zu seinem Herzen und Geist hergestellt. Schließlich hatte er jemanden getroffen, der zumindest einige seiner Gefühle verstand.

Die Erfahrung, die April Horse beschrieben hatte, die er »alte Existenz« nannte, war nicht besonders schön, aber ganz schlecht war sie auch wieder nicht.

Arrow hielt so unvermittelt an, um an einem Büschel Trockenblumen mit Honiggeschmack zu grasen, dass Lightningbolt auf seinem Hintern landete. Er stand auf und bürstete seine Hosen ab, dann schaute er sich in seiner wunderschönen Welt um. Es wurde immer wärmer, sodass er eine seiner Kleiderschichten ablegen musste.

Vieles von des Schattens Schmerz lastete überschwer auf Lightningbolt. Er konnte dem, was der Hüter zu sagen hatte, folgen, aber eine Menge von dem, was mitgeteilt worden war, war ihm beinahe unmöglich zu begreifen. Warum war das Leben so kompliziert? Lightningbolt schwang sich in den Sattel und ließ Arrow Schritt gehen.

Seine Mutter, April Horse, Goose – sogar sein Onkel, der alte Mann Back Bone, der Geschichtenerzähler – lebten in radikal getrennten Welten. Wie war es möglich, sie jemals zusammenzubringen? Es gab keine Hoffnung für irgendeine Art Aussöhnung oder Verständigung zwischen ihnen. Sie stimmten in nichts überein. Lightningbolt hätte dennoch Zeuge eines kleinen Wunders werden können, wenn er geübt gewesen wäre, das Offensichtliche zu beobachten.

Estcheemah hatte den traurigen Schlächter in den Bergen mit sich selbst konfrontiert und seine schrecklichen Wunden geheilt. Sie hatte vier unterschiedliche Wesen in dem einen Mann zum Vorschein gebracht, der vormals als John Hotoosie bekannt war. Dies waren die vier unterschiedlichen Teile des einen Mannes, den Lightningbolt in der Höhle getroffen hatte.

Es gab den Hüter, den alten Mann, April Horse und den Schatten. Der Hüter war bedrohlich. Er zwang alle, die ihren Weg in die Kiva fanden, dazu, mit all seinen Persönlichkeiten Verbindung aufzunehmen. Das war sein Weg, zutage zu fördern, was Leute geheim gehalten hatten.

Es war der Hüter, den Lightningbolt als ersten getroffen hatte. Er war der aggressive Teil, der einen Besucher erschrecken konnte, wenn sich das als nötig erwies. Der Hüter hatte zu entdecken, wer gefährlich war und wer nicht.

Der alte Mann war freundlich und sah auf die physischen Erfordernisse der Besucher. Er war derjenige, der Lightningbolt so vieles sorgfältig erklärt hatte, sobald der junge Mann mit seiner neuen Umgebung vertrauter geworden war.

April Horse war der erfahrene Veteran, kenntnisreich in der Welt und voller Wissen. April Horse konnte in beinahe jeder komplizierten Situation vermitteln. Er war der Überlebensexperte, derjenige, der Entscheidungen traf.

Der Schatten war der Heiler und Medizinmann. Er war ein Paradox; sanft und gutmütig, aber skrupellos, wenn es um das Lehren oder Sorgen für eine andere Person ging. Der Schatten war der Dichter, der Mann mit tiefer Innenschau.

Lightningbolt hatte April Horse über seine Tagträume der Macht befragt. Aber der Schatten hatte nicht geantwortet. Der Schatten erinnerte ihn geradewegs an seinen Medizintraum und erklärte, dass ein Teil von Lightningbolt stellvertretend lebe.

Lightningbolt hatte keine Ahnung, was das Wort »stellvertretend« bedeuten sollte. Stellvertretende Leute, sagte der Schatten ihm, waren die »Großen Zuschauer« in seinem Traum. Eine kleinere Explosion entlud sich während der nächsten zwei Gesprächsminuten, nachdem der Schatten das Wort stellvertretend erklärt hatte. Lightningbolt war schockiert, dass der Schatten überhaupt so etwas vorschlug, und wurde ausfallend, bis April Horse nach vorn kam und Lightningbolts Raserei ein Ende setzte.

Es war der freundliche alte Mann, der den Kaffee aufwärmte, bevor das Gespräch wieder aufgenommen wurde. Dann war es der Hüter, der Lightningbolt erinnerte, dass keinerlei »Pferdescheiße wie diese« mehr geduldet würde. Es war der Schatten, der über Angst sprach und darüber, wie April Horse gelernt hatte.

Der Charakterunterschied in den vier separaten Persönlichkeiten wurde vollends klar, als Lightningbolt herablassend wurde und den alten Mann schlecht behandelte.

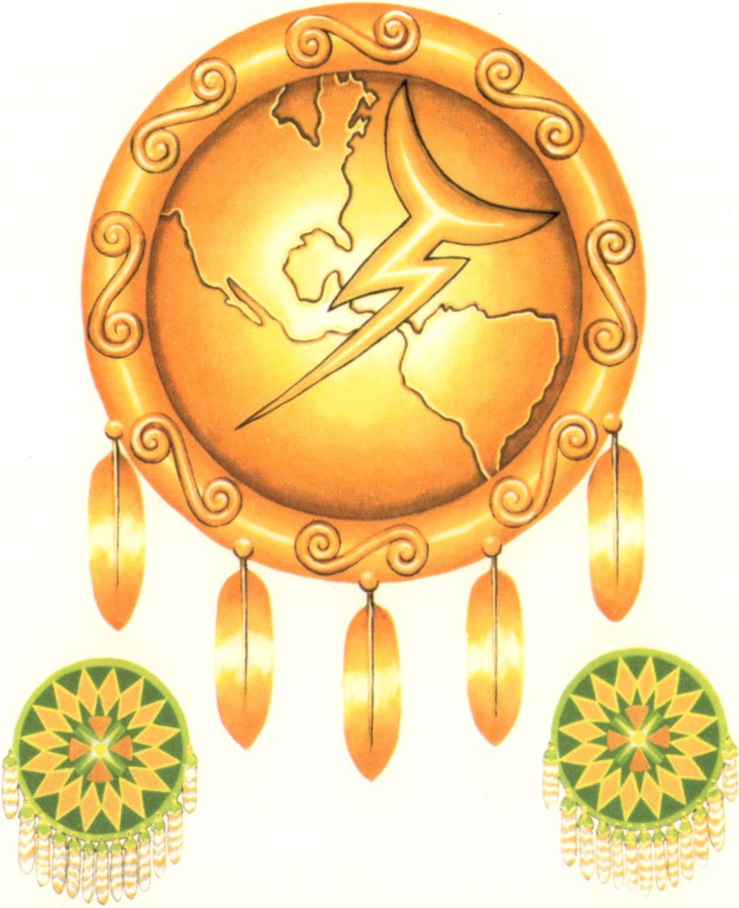

Lightningbolt hatte die Aufmerksamkeit genossen, die er von dem alten Soldaten bekommen hatte, aber die Tatsache, dass April Horse sich die Zeit nahm, mit ihm zu sprechen, verstand er nicht zu schätzen. Er lümmelte sich ans Feuer, anstatt aufmerksam zu bleiben.

Mit militärischer Präzision stand April Horse unvermittelt auf, während Lightningbolt sitzen blieb. Er blickte finster zu ihm hinunter, als ob er dabei wäre, ihn mit einem Schwert zu durchbohren.

»Du bist kein Soldat, du Schweinehund!«, schrie April Horse. »Schau dich an, du erbärmlicher Versager! Du liegst hier an meinem Feuer wie ein gewöhnlicher Hund.«

»He, was ist los, Mann?«, sagte Lightningbolt und sprang auf die Füße. Die Energie, die er von April Horse ausgehen fühlte, ließ seine Haut kribbeln.

»Setz dich, du Narr!« befahl April Horse, »und hör mir zu. Deine Haltung macht mich verückt genug, dass ich dir den Kopf abreißen könnte! Ihr jungen Narren seid alle gleich!«, fluchte April Horse entrüstet. »Wo ist eure Sorge, euer Respekt? Was, denkst du, bin ich, irgendeine Art Dienstleistungsprogramm? Du musst um Information kämpfen. Du denkst wohl, dass die Lebensinformation einfach in dich eindringt, während du rumstehst mit deinem Daumen im Mund? Reiß dich zusammen! Werde diszipliniert. Sei ein Mann mit Respekt und guten Manieren. Andernfalls werfe ich dich raus!«

Als Lightningbolt seine Haltung veränderte und April Horse für seine Worte gedankt hatte, war der Schatten anwesend.

»Danke, dass du meine Worte respektiert hast«, lächelte der Schatten und zeigte Freundlichkeit. »Immer kommt der Donner mit dem Regen. Aber du, du musst das Aufleuchten des Blitzes sein, junger Mann.«

Unvermittelt bemerkte Lightningbolt, dass er in den Little Bow hinuntersah. Die Wolken bildeten sich schnell und es bestand die Möglichkeit, dass Schnee kam.

Zum ersten Mal in seinem Leben fühlte Lightningbolt ein alles durchdringendes Gefühl, dass sich etwas ereignen würde. Er hieß das Gefühl willkommen. Es war groß und so rein wie die Wälder. Lightningbolt war für etwas Neues bereit. Er schwang sich auf Arrows Rücken und begann seinen Abstieg in die Schlucht.

Stunden später erreichten sie endlich die Black Horse-Passhöhe. Die meisten der engen Stellen des Passes waren vom Wind schneefrei geblasen, aber es gab auch einige tiefe Verwehungen.

Sie hatten es mit zweierlei Arten von Schnee zu tun: Unten lag harschiger Schnee; darüber lag, aufgrund der Höhe, Pulverschnee. Zusammen bildeten sie eine Gefahr für Arrow.

Lightningbolt beobachtete sein Pferd, wie es beinahe bauchtief duch den Pulverschnee watete. Vor ihnen, das wusste er, lag ein abrupter Abhang, der in eine seichte Wasserrinne führte. Die enge Schlucht, die sie durchqueren mussten, verlief zu ihrer Linken. Aber bis jetzt zeigte sich keine Kluft. Eine breite und bedrohliche Schneewehe stellte sich ihnen in den Weg.

Er drängte Arrow vorwärts und versuchte, sie in die Verwehung hineinzutreiben. Arrow weigerte sich zu laufen. Sie warf ihren Kopf herum, bäumte sich nach der Seite auf und machte so den Zugang nur noch komplizierter. Lightningbolt musste von seinen Sporen Gebrauch machen. Arrow sprang nach vorne in den Schnee, dann glitt sie aus.

Mutig stand sie auf und hämmerte sich selber noch tiefer in die Schneewehe. Sie fiel wieder, aber dieses Mal konnte sie nicht aufstehen. Unten, verborgen unter ihren Hufen, fühlte Arrow Wasser. Sie fiel auf eine Seite und sank immer tiefer ein. Arrow wieherte und wälzte sich in der Schneewehe, in tödlicher Angst zu ertrinken. Lightningbolt sprang von ihrem Rücken ab und verschwand bauchtief in der Verwehung. Der Schnee schien bodenlos, er hatte Angst.

Fluchend zog und lockerte er den Schlupfknoten, der sein Lasso hielt. Das andere Ende des Seils war am Halfter gesichert für den Fall, dass sich ein solcher Notfall ereignete. Er arbeitete schnell, entfernte Arrows Zügel und schnallte den Halfter über ihrem Kopf fest.

Am Seil zerrend, plumpste Lightningbolt durch die Schneewehe, wobei er dem Lasso erlaubte, sich zu entrollen, während er sich durch den Schnee kämpfte. Er hoffte, dass es lang genug sein würde, um es an eine der Pinien zu binden, die er auf der anderen Seite gesehen hatte.

Geschwindigkeit war die einzige Hoffnung, Arrow zu Hilfe zu kommen, denn wenn sie sich freistrampelte und weiter vorwärts drängte, dann gab es keine Möglichkeit, wie er sich davor bewahren konnte, in die Schlucht abzurutschen.

Lightningbolts Augenbrauen waren mit Schnee bedeckt, während er auf eine starke Pinie zuhielt. Er musste stark blinzeln, um sehen zu können, während er das Seil um den Baum zog. Er kämpfte auf seinen Knien und zerrte stark, zog dort, wo das Seil nachgab, und befestigte das Lasso. Dann hielt er Ausschau, um zu sehen, was mit Arrow geschehen war.

Was war verkehrt? Warum lag Arrow einfach da? Hatte sie sich verletzt? Er rollte und schwamm seinen Weg zurück durch den Schnee dorthin, wo sie sich befand. Er entdeckte, dass seine Freundin die Kluft hinuntergeglitt, wo der Schnee auf die große Hohlkehle hin abfiel.

Mit Händen, die vor Kälte stachen, arbeitete Lightningbolt hart, um das Gewicht von ihrem Rücken herunterzubekommen. Er durfte es nicht zulassen, dass sie sich erschöpfte oder unterkühlte – beides bedeutete das Ende.

Den Rücken des Tiers vom Sattel zu befreien war Kampf, keine einfache Angelegenheit. Er musste sie zum Stehen bringen, bevor er den Gurt lockern und den Sattel frei herunterziehen konnte. Zuerst bettelte er, dann schlug er mit seiner Hand auf ihren Rumpf, aber sie wollte nicht aufstehen. Fluchend vor Zorn zog er den Gürtel von seiner Hose und schlug sie hart.

Sie sprang vorwärts. Während sie das tat, lockerte er die Gurte. Mit ihren nächsten beiden Sprüngen ruckelte er so lange, bis er den Gurt frei hatte. Sobald der Sattel locker war, riss er ihn ganz herunter und warf ihn zur Seite, in der Hoffnung, die Stute würde ihn mit ihrem wilden Bemühen nicht unter sich begraben.

Er pflügte seinen Weg vorwärts und drängte Arrow wieder zu sich hin, indem er am Seil zog. Aber das machte die Lage für sie nur schwieriger. Nichts schien zu funktionieren.

Zentimeter um Zentimeter bewegte sich Arrow auf die Kante zu, wo sie zusätzlich noch gegen die Schwerkraft würde ankämpfen müssen – und die Wasserrinne noch tiefer in die Schlucht hin abfiel.

Lightningbolt geriet in Panik und peitschte Arrow wieder. Sie wieherte und warf sich auf die andere Seite, wo sie ihre Freiheit finden würde. Er schlug sie, jetzt mit der Hand. Er benutzte seinen Gürtel ungern, außer wenn es unbedingt sein musste.

Plötzlich schien Arrow neue Kraft zuzuwachsen. Sie stand auf und kämpfte sich ihren Weg zur anderen Seite in Richtung Sicherheit.

Während Arrow ihren Atem wieder fand, ging Lightningbolt, um seinen Sattel und die Ausrüstung zu holen. Das war der Moment, als er das Wasser sah. Kein Wunder, dass sie so schreckhaft gewesen war – es war nichts unter ihr gewesen, worauf sie hätte stehen können.

Dieser schreckensvolle Kampf hinterließ in Lightningbolt ein Gefühl der Niederlage. Ja, sein Kampf war weitergegangen. Um zu trocknen, musste er die Kälte bekämpfen. Er war von Kopf bis Fuß durchnässt. Er brach Äste von den nahen Pinien und baute sich einen Windschutz. Als nächstes befreite er den Platz, wo er sein Feuer machen würde, vom Schnee, dann machte er sich daran, Holz zu sammeln. Er arbeitete hart und schnell. Innerhalb einer Stunde war alles fertig. Erwärmt vom Schwitzen, entzündete er das Feuer. Dann wandte er all seine Aufmerksamkeit Arrow zu.

Warum hatte er getan, was er getan hatte? Warum war er so dumm gewesen? Er wusste, er hätte den Sattel und die Ausrüstung als erstes abnehmen sollen. Er wusste, er hätte das Pferd weit um den Weg durch die gefährliche Enge herum führen sollen. Was war los mit ihm?

Arrow war noch immer sehr nervös. Sie scheute bei jeder von Lightningbolts Bewegungen. Er striegelte sie, sang ihr vor und fütterte sie mit Haferflocken.

Er hängte seinen Sattel und sein Zaumzeug am Ende des Windschutzes auf, dann zog er sich bis auf seine Unterhosen aus, sogar die Stiefel. Er band alles so fest, dass es zum Trocknen leicht gewendet werden konnte. Das hoch aufgeschichtete Bett aus Pinienzweigen, auf dem er stand, war weit weg vom gefrorenen Boden.

Der Himmel im Westen verlor den letzten Hauch von Licht. Innerhalb von Minuten würde es sehr dunkel sein. Er fühlte sich glücklich, dass er nicht nach Einbruch der Dunkelheit mit den tückischen Schneewehen kämpfen musste. Der Gedanke ließ ihn erschaudern.

Um Mitternacht, jetzt warm und trocken, sattelte Lightningbolt Arrow und ritt langsam auf der anderen Seite des Black-Horse-Passes hinunter. Eine halbe Stunde später kam er auf einen breiten Pfad, der von einer Schneeraupe geräumt worden war.

Er stellte sich ganz auf seinen Ritt ein. Es würde eine lange Zeit dauern, bevor er die Landstraße erreichen würde. Er schloss seine Augen für ein paar Minuten und fühlte Arrows sanften Rhythmus.

Hungrig nach Heu und noch immer betrübt von der schrecklichen Erfahrung in der Schneewehe, schnaubte das Pferd und wieherte alle paar Meter, als würde es Lightningbolt daran erinnern. Er wusste, dass sie niemals vergessen würde, dass er sie hatte peitschen müssen, um ihr Leben zu retten.

Jedes Mal, wenn er seine Freundin tätschelte, zuckte ihre Haut und kräuselte sich und sie stieß seine Hand weg. Arrow mochte diese Reise gar nicht. Sie fühlte sich einsam ohne die Gesellschaft anderer Pferde. Sie träumte davon, an einem ihrer grünen Heuhaufen zu knabbern.

Arrow hatte ein Fohlen. Es war erst im vergangenen Frühling geboren worden, und so war die Verbindung in ihrem Geist sehr stark. Sie sprach mit ihrem Kind und tauschte Bilder mit ihm aus. Arrow wollte sichergehen, dass es ihm gut ging. Dreihundert Meilen entfernt studierte das Fohlen die Bilder im Geist seiner Mutter. Sie warnte das Fohlen in ihrem Geist und befahl ihm, niemals zu nah an das weiche, angsterregende Weiß heranzugehen. Das Fohlen antwortete mit Gedanken an einen Sommerplatz – grünes Süßgras und die sanfte Energie einer Sternennacht. Seine Mutter warf ihren Kopf auf und wieherte. Sie war glücklich, den Gedanken zu empfangen.

Das Fohlen stellte sich die Herbstsamen vor und die strahlenden Diamanten des Taus auf dem morgendlichen Gras. Arrows Ohren prickelten, dann hob sie stolz ihren Kopf. Sie bäumte sich auf und schnaubte.

»Wer oder was hat dich gerade getröstet?«, fragte der junge Mann freundlich, während er sie tätschelte.

Arrow nickte mit ihrem Kopf. Diesmal erschauderte ihre Haut nicht unter seiner Hand.

Als Lightningbolt auf die Höhe von Ezra Daltons Platz kam, gab er Arrow die Zügel. Dort war Licht.

»Wer zieht wohl in so ein altes Gespensterhaus?«, fragte er sich selbst und hielt auf den Hof zu.

Lightningbolt beobachtete, wie ein junger Hippie aus dem Plumpsklo kam, ohne die Tür zuzumachen. Der Schnee würde es für den nächsten Besucher nur ein bisschen nass machen.

Er beobachtete, wie der junge Mann eine Laterne aufhob und sie anzündete. Die Lampe war nicht nötig: Die Nacht war vom Mondlicht sehr hell erleuchtet. Der Hippie war jetzt drei Meter von Lightningbolt und Arrow entfernt.

In der Annahme, der Mann habe ihn gesehen, sprach Lightningbolt. »Hast du Haferflocken?«

Die Laterne fiel auf den Boden und das heiße Glas explodierte im Schnee.

»Wer ... zur Hölle noch mal!«, stammelte der junge Mann sehr verängstigt. Arrow schnaubte und scharrte am Boden. Das ängstigte den Hippie nur noch mehr. Er ging zurück, die Augen geweitet.

Lightningbolt hatte immer noch nicht bemerkt, dass der Mann ihn nicht sehen konnte. »Immer mit der Ruhe«, sagte er. »Wer bist du?«, fragte der Mann mit zitternder Stimme, während er auf Arrow zuging. Er schaute zu Lightningbolt hoch und runzelte die Stirn. »Ich dachte, du wärst der verdammte Teufel.« Er versuchte ein Grinsen.

»Nur ich und mein Pferd«, sagte Lightningbolt und lächelte zurück. »Meine Freundin braucht ein paar Haferflocken. Hast du welche?«

»Haferflocken?«, fragte der junge Mann. »Wie Hafermehl? Bist du hungrig?«

»Es ist für Arrow«, lächelte Lightningbolt und erkannte den New Yorker Akzent des Mannes. »Sie kann eine ganze Schachtel auffressen. Hast du eine? Ich werd dir 'nen Dollar dafür geben.« Er wandte sich in seinem Sattel um, um sich schnell einen Überblick zu verschaffen. »Gibt es Heu? Was ist da drin?« Er wies auf die verfallene alte Scheune.

»Da drin?«, starrte der Hippie. Er schien von seinem Besucher fasziniert. »Wie sieht sowas aus?« Er blinzelte schnell in Richtung Scheune, dann zurück. »Da ist so eine Art Gras drin. Riecht gut, aber ist nicht das Zeug, das du rauchen kannst.«

Lightningbolt berührte Arrow mit seinen Fersen und sie ging auf den Schuppen zu. Er lehnte sich vom Sattel herunter und schaute durch die zerbrochene Tür. »Du holst diese Haferflockenschachtel«, instruierte er den Mann, während er abstieg. »Und hast du einen Eimer Wasser?«

»Bei der Pumpe«, antwortete der junge Mann und deutete auf eine Pumpe bei der Scheune. »He, geht in Ordnung.« Seine Aufregung nahm wieder zu. »Keiner wird das am Morgen glauben.«

Lightningbolt war in die Scheune gegangen, um Heu zu holen. Der eifrige junge Mann war ihm dicht gefolgt. Als Lightningbolt ein Bündel aufhob, musste er den Hippie von der Tür wegschieben. »Das Heu wurde diesen Sommer eingelagert«, sagte er. »Gut und frisch. Wie steht's mit den Haferflocken?«

»Ist in Ordnung!«, antwortete der Hippie. »Wirklich. Oje, hab' nie gedacht, dass ein Pferd so'n Zeug runterkriegen würde.«

Er drehte sich plötzlich um und rannte ins Haus hinein. Lightningbolt zerteilte den Ballen für Arrow. Er schaute sich nach etwas um, wohinein er die Haferflocken füllen konnte. Er fand einen rostigen alten Eimer bei der Scheune, trat dagegen und befreite ihn so vom Eis, dann hob er ihn auf – er war leer. Er trug ihn zurück, dorthin wo Arrow ihr Heu genoss.

Die Tür der alten Hütte öffnete sich mit einem Kreischen und der junge Mann rannte kopfüber in die Nacht hinaus, eine Schachtel Haferflocken an seine Brust gepresst. »Hier!«, verkündete er atemlos. »Das beste Zeug im Haus! Alle werden sich am Morgen wundern, wo zum Teufel es abgeblieben ist.« Er prustete. »Man weiß ja nie, Mitternachtsreiter, stimmt's?«

Lightningbolt riss den Deckel von der Schachtel und schüttete alles in den rostigen Eimer. Arrow beeilte sich, es aufzufressen.

»Das sind ja echte Sporen!«, rief der junge Mann aus, während er Lightningbolt zum Brunnen folgte. »Mein Name ist Fred. Wir sind von der Universität von Kalifornien und aus New York. Du reitest 'n echtes Pferd. Verdammt nochmal. Das ist super!«

Lightningbolt erreichte die Pumpe und begann den Eimer zu füllen. Er beobachtete Fred mit kritischen Augen. Der Hippie lebte noch mehr auf.

»Bist du ein Indianer oder sowas?«, fragte Fred hoffnungsvoll. Er kräuselte seine Nase und zeigte seine Zweifel.

»Halbblut«, antwortete Lightningbolt und pumpte weiter. »Halbblut«, wiederholte Fred. Er schien etwas enttäuscht. »Nicht das eine und nicht das andere?«, versuchte er. »Neger im Holzstoß, stimmt's?«

Lightningbolt wurde zornig.

»Wir sind hier oben, rauchen Shit und heulen den Mond an«, erklärte der Student. »Winterpause, werden bisschen jagen gehn. Elche schießen und vom Land leben. So geht's eben, Mann.«

»Ihr geht jagen?«, fragte Lightningbolt und zeigte sich überrascht. Der Gedanke war unangenehm. »Das da sind eure Maschinen?« Er deutete mit einer schwungvollen Armbewegung in die Richtung. »Ein Halbkettenfahrzeug, ein Jeep, zwei Transporter, fünf Schneemobile. Seid ihr sicher, dass ihr genug Kriegsmaschinen habt?«

»Du isst doch vernünftig, oder?«, wechselte Fred plötzlich wieder das Thema. »Du stirbst nicht an Fehlernährung wie der Rest der Indianer, oder? Ich meine, weißes Mehl und Hot Dogs essen? Du musst dich um deine Gesundheit kümmern. Ich kann ins Haus gehen und dir genug Vitamine holen, die dir Monate reichen würden, was meinst du dazu?«

»Nein, danke«, antwortete Lightningbolt. »Okay, wenn ich deine luftgekühlte Bibliothek da benutze?« Er zeigte auf das Plumpsklo.
»Klar«, sagte Fred und folgte ihm. »Ich brauch' keine Gesellschaft«, sagte Lightningbolt und wandte sich dem Studenten zu. »Musst mal etwas nachdenken.« »Ich hatte nicht vor, mit dir reinzugehen«, sagte Fred überrascht. »Ich wollte dich nur hinbegleiten. Ich werd' ins Haus gehen und vom Küchenfenster aus zusehen«, lächelte er breit. »Auf die Weise frier' ich nicht. Wenn du dann rauskommst, werd' ich dich sehen.«

Lightningbolt ging an dem Plumpsklo vorbei und in die Büsche. Arrow brauchte etwas Zeit zum Essen. Er wollte sie nicht antreiben. Fred? Fred war ein anderes Kapitel.

Fünfunddreißig Minuten vergingen, bevor Lightningbolt zurückkam. Die Tür des Hauses sprang auf und Fred rannte auf Arrow zu.

»Es ist erstaunlich, dass du dir den Hintern da drin nicht abgefroren hast!«, rief der Hippie ehrfurchtsvoll aus. »Keiner hier hält es so lang da drin aus. Du musst zumindest teilweise Indianer sein.«

»Du hast nicht zufällig Kaffee da drin, hm?«, fragte Lightningbolt hoffnungsvoll.

»Kaffee?« Fred sah aus, als ob er eben eine Kugel in den Kopf bekommen hätte. »Kaffee? Bist du wahnsinnig? Kaffee wird dich umbringen! Du musst natürliche Nahrung essen, Mann. Du musst zu den alten Wegen der Indianer zurückkehren. Iss natürlich, Mann. Tee, Beeren, Vitamine, Granola, Brauerhefe, vielleicht auch mal Algen.«

»Hirsch, Elch oder Rind«, gab Lightningbolt zurück. »Beeren mit Brauerhefe ist nichts für Halbblut-Indianer. Es lässt uns entweder braun oder weiß werden. Schreckliches Zeug!«

Fred war nicht beeindruckt. »Du würdest noch 'ne gewöhnliche Wurst essen, nicht wahr? Weißt du, was in denen drin ist?«

»Hier ist dein Dollar für die Haferflocken«, sagte Lightningbolt und bot ihm das Geld an.

»Machst wohl Witze?«, schmollte Fred. »Ein Dollar, vergiss es, Mann. Wir wissen, ihr Halbblut-Leute seid doch so arm wie Ratten. Ist das eine Truthahnfeder an deinem Hut? Isst du die? Ist er auf natürliche Weise gejagt worden?«

Lightningbolt schwang sich in seinen Sattel hinauf. Er fasste hinunter und schüttelte die Hand des Hippies. »Es ist ein Adler, den ich gegessen habe«, antwortete er, während er Arrow zum Gehen wendete.

»Ein Adler!«, heulte Fred und zeigte seinen vollkommenen Abscheu. »Du hast einen lebendigen gottverdammten Adler gegessen! Gott, Mann. Heiliges Kanonenrohr. Bist du total durchgedreht? Isst einen Adler!« Der Hippie sah aus, als würde ihm schlecht. »Kehr zu den alten Sitten und Gebräuchen zurück! Iss natürlich«, bettelte er, trottete hinter Arrow her und gab sich viel Mühe, Schritt zu halten. »Das sind moderne Zeiten, Mann. Wir haben jetzt Reformhäuser. Adlerfleisch in Dosen hab ich noch nie gesehen. Echt, Mann.«

»Danke für alles«, schrie Lightningbolt über das Gezeter des Hippies hinweg. »He, nimm's leicht, Fred, okay?«

Lichter gingen an in jedem Raum. Zwei Leute hatten ihre Mäntel übergeworfen und rannten in den Garten hinaus. Andere Leute folgten.

»Kehr zu den alten Sitten zurück!«, schrie Fred. »Du blöder Indianer, oder was du sonst bist! Kehr zu den alten Sitten zurück!«

Lightningbolt lenkte Arrow aus dem Garten hinaus und die Straße hinunter.

»Beruhige dich, Fred, verdammt!«, fluchte ein Mann mit lauter Stimme. »Hat er was gestohlen?«

Es sollte viele Jahre dauern, bis Lightningbolt Fred wiedertreffen würde. Und dann würde Fred Anwalt sein. Er sprach über Enttäuschung, den endlosen Krieg, das Leichenzählen in Vietnam. All das hatte Fred zum Wahnsinn gebracht, so wie es alle zum Wahnsinn gebracht hatte.

Eine halbe Stunde verging, bevor Lightningbolt sich wieder an die Nacht und den Schritt seines Pferdes gewöhnt hatte.

Ein junger Fuchs bewegte sich auf die Straße hinaus und beobachtete Pferd und Reiter. Er schnupperte in der Luft, sprang hoch, dann schlüpfte er still ins Gebüsch.

Ein Mondlied, der Ruf der Night Hawk, des Nachthabichtweibchens, zog Lightningbolts Aufmerksamkeit himmelwärts. Sie fiepte und zwitscherte, jodelte ihre Jagdmelodie.

Cheyenne und Cree sind sich einig, dass, immer wenn die Nachthabichte eine Person ansingen und sie mit Gesang umkreisen, ihr ein großes Vermögen zukommen wird. Die Nachthabichte sind bei den Cree bekannt als Kleine Mondvögel oder Mondhabichte. Die drosselgroßen Vögel werden auch Traumgeber genannt.

»Es ist das Mondsingen. Es ist der Gesang des Manitou«, lehren sie. »Vision« und »Traum« sind bei den Cree Synonyme. Es gibt keinen Weg, sie zu trennen. Wer immer den Gesang hört und »sich selbst in die Mitte des Gesangs stellt«, wird »die Macht zum Träumen« haben, lehren die Cree. Um dies zu tun, »muss die Person den Geist-Geist, das Vorhandensein ihres eigenen Pfads, anerkennen«.

Lightningbolt glitt von Arrows Rücken herunter und schaute dem Habichtskreisen über seinem Kopf zu. Ihr Kreis geriet enger und niedriger, bis sie eine knappe Armlänge entfernt war, und noch immer sang sie.

Jegliche Verwirrung oder Selbsttäuschung war augenblicklich von Lightningbolt abgefallen. Die Worte der Geschichte von der »Medizin der Nachthabichte«, die seine Tanten und Onkel des Nordens ihn gelehrt hatten, waren tief in seiner Psyche verborgen. Die Schönheit von Land und Mutter Erde, die er kannte und gern hatte, floss kaskadenartig aus seinem Gedächtnis und füllte sein Herz mit einer Flut von Fürsorglichkeit. Wie zu der Zeit, als er im Sternenteich schwamm, fühlte er ein Drängen, die Allgegenwart von Leben anzuerkennen.

Diese Art Gefühle und Empfindsamkeit waren ein Rätsel für Lightningbolt. Er antwortete auf diese Lehren und Emotionen nur, wenn er allein war. Befand er sich in der Öffentlichkeit, war eine andere Seite von Lightningbolts jungem Charakter vorhanden. Dann machten ihn alle derartigen Gefühle verlegen.

Jedes Mal, wenn er auch nur die leiseste Andeutung eines, wie er es nannte, »Tränen-Aufreißers« fühlte, versetzte ihn das in Schrecken. Er fühlte sich dann so schwach, so wehrlos. Er hasste es. Auf solche höheren Emotionen wie Liebe oder Verehrung von Leben zu antworten, schleuderte ihn mitten in einen Krieg mit seinem Geist.

Solange er sich in dieser Nachthabicht-Präsenz befand, war es nicht klar, aber seine Vorsicht, Leben und Liebe zu akzeptieren, hatte etwas mit Verantwortung zu tun. Wenn er diese Dinge akzeptierte, dann bedeutete es, dass er verantwortlich war – doch sein Geist wollte das nicht.

Wenn die Verantwortung für Leben zugegen ist, kann eine Person eine andere Person nicht töten. Aber Lightningbolt war sich sicher, dass er einen Feind notfalls in einem Augenblick töten würde. All das war Bestandteil seines Denkens, während Night Hawk mit ihm präsent war.

Brüllend kehrte die Verwirrung in ihn zurück. Dennoch nestelte er Tabak aus seiner Tasche und stattete Mutter Leben seinen Dank ab. Er verstreute den Tabak auf dem Boden. Einen kurzen Augenblick lang waren seine Gefühle wahr. Nach diesem kurzen Gebet musterte er seine Umgebung, um zu sehen, ob irgendjemand ihn beobachtet hatte. Befriedigt, dass nur Arrow zugegen gewesen war, stieg er wieder auf und setzte seine Reise fort. »Stop« war auf dem Verkehrsschild zu lesen, das halb im Schmutz und Schnee begraben war. Lightningbolt richtete sich in seinem Sattel auf und studierte die Buchstaben. Beinah das gesamte Zeichen war weggeschossen, außer dem Wort Stop. Aus irgendeinem Grund war es übrig geblieben.

Der Morgen erglühte in Gold und Rosa, dann schrie er Farben heraus, die die allergrößten Künstler erzittern ließen. Die langen kühlen Schattenfinger, die Pferd und Reiter jetzt umgaben, hielten sich innig am Land fest. Die Bäume ragten stark und schwarz gegen den Himmel auf.

Zwei ältere Indianer ritten aus einer Senke heraus, ungefähr hundert Meter vor Lightningbolt. Sie zogen die Zügel an und warteten auf ihn, damit er sie einhole.

»Medizinmachen gewesen da droben?«, fragte der ältere Mann und deutete auf die Berge.

Die Frage traf Lightningbolt vollkommen überraschend und er hatte keine Antwort parat.

»Ich hab' den alten Mann hier heraufgebracht«, sagte der jüngere Mann. Seine Stimme war sehr stark. »Sein Name ist Spirit Bull-Cow. Er ist beträchtlich älter, als er aussieht. Wir schützen ihn. Er ist alles, was wir jetzt haben.«

Lightningbolt sprang von seinem Pferd herunter und überreichte dem alten Mann seine zwei noch vorhandenen Zigaretten.

»Huah«, sagte der alte Mann, während er die Zigaretten nahm. »Du bist ein Halbblut, ganz allein in den Bergen.«

»Ja«, antwortete Lightningbolt.

»Ich werde dir eine Zeit schenken«, lächelte der alte Mann. »Ich werde sie ganz um dich herumbreiten. Ich war gerade beim Beten. Warum solltest du nicht auch die Zeit meiner Gebete haben? Wer ist schon kein Halbblut? Alle Kinder sind Halbblut. Ich schenke dir einen Zeitkreis, weil ich sehe, dass du rein bist. Reine Kinder sind gut für den Stamm.«

Lightningbolt schaute nach unten, er hörte aufmerksam zu und versuchte dem, was der alte Mann meinte, zu folgen. »Warte in meinem Kreis«, sagte der alte Mann und gab durch Zeichen zu verstehen, dass Lightningbolt sich setzen sollte.

»Hier auf die Straße?«, fragte Lightningbolt.
»Ja, setz dich da hin«, antwortete der jüngere Mann. »Folge seinen Anweisungen.« Lightningbolt setzte sich auf die Straße nieder und ließ sein Pferd zum Grasen gehen. Die Steine waren kalt.

»Setz dich hier drauf«, sagte der alte Mann und nahm einen aus Weidenruten geflochtenen Reif von seinem Sattel. »Das brauche ich jetzt nicht. Ich benutze es, um die heißen Steine in meiner Zeremonienhütte zuzudecken. Manchmal, wenn ich diese flachen roten Steine von da droben verwende«, er deutete auf die Berge, »platzen sie. Sie zerbersten in der Hitze.« Er lehnte sich herunter und überreichte Lightningbolt den Weidenreif. »Setz dich darauf. Warte eine Stunde und betrachte die Bäume und den Morgen. Ich schenke dir einen Kreis.«

»Erzähle mir von deiner Reise«, regte der alte Mann an, während er ebenfalls abstieg und sich auf die Straße setzte. »Ich möchte etwas darüber hören. Es sind nicht so viele junge Leute hier oben.«

Lightningbolt erzählte sehr geduldig die Geschichte seiner gesamten Reise.

»Der Sternenteich.« Der alte Mann sang die Worte beinahe. »Oh, es ist so viele Jahre her, dass ich dort war. Danke dir, Enkel. Du warst voller Achtung an unserem Medizinteich. Der Schwarze Sternenteich ist sehr heilig. Es ist ein heiliger Platz für uns alte Leute. Und ja, der Mann in der Berghöhle, es ist gut, dass du bei ihm warst.«

Der alte Lehrer erhob sich plötzlich auf seine Füße und stieg auf sein Pferd. Ohne ein weiteres Wort zu sprechen, wendeten beide Männer ihre Tiere und ließen Lightningbolt auf der Straße sitzend zurück. Er fühlte sich etwas traurig, während er beobachtete, wie sie wegritten.

Nach einer Weile ritt er langsam in die Hügel von Wyoming hinunter. Es war beinahe Mittag, als er Arrow die Zügel gab, um sich einen Rundblick zu verschaffen.

»Welches Haus?«, fragte er sich, während er die drei Häuser vor sich in Augenschein nahm.

Das Land, das er nun überblickte, war gutes hügeliges Farmland, aber die Indianer, die dort lebten, bewirtschafteten es nicht. Er berührte Arrows Rippen ganz leicht und sie begann zu gehen. An den Seiten zwei Gruppen roter Weiden. Er dachte, er habe Bewegung bei derjenigen gesehen, die zu seiner Linken war, und wurde neugierig.

Unerwartet versperrten eine silberhaarige Arapaho-Frau und zwei kleine Mädchen seinen Weg. Die Frau näherte sich ihm. Sie wies ihn durch Winken zum Halten an.

Lightningbolt wusste nicht, dass der alte Medizinmann, Spirit Bull-Cow, diese Frau getroffen hatte und ihr von seiner Visionssuche erzählt hatte.

Spirit Bull-Cow hatte ihr erzählt: »Das Herz des jungen Mannes war wahrhaftig, während er am Medizinteich gebetet hat«, und deshalb enthielt alles, was Lightningbolt besaß, spezielle Medizinheilkräfte.

Die Arapaho-Frau hatte auch erfahren: »Der junge Mann hat keine Ahnung von den Medizinwegen und er muss unterwiesen werden, denn er ist dickköpfig und schnell kampfbereit.«

»Das ist für dich«, sagte sie und forderte ihn durch einen Wink auf abzusteigen. Als er sich aus seinem Sattel schwang, öffnete die alte Frau behutsam eine kleine Thermoskanne und goss ein bisschen Suppe in eine Schale, die das ältere der beiden Mädchen hielt. »Huhn«, erklärte sie und lächelte. Er nippte daran. Sie war gut und sie war heiß. Sie schmeckte wie Gemüsesuppe.

Lightningbolt bemerkte, dass die alte Frau und beide Mädchen ihre besten Kleider anhatten. Alle drei trugen Decken, Perlenstickerei und ihre besten Mokassins. Die alte Frau schien unempfindlich für die Kälte, aber die beiden kleinen Mädchen, etwa neun und zehn, schlotterten und schmiegten sich eng an die Frau. Ihre Augen leuchteten und waren voller Fragen.

Lightningbolt kannte diese Gebräuche nicht und war verwirrt über das, was vorging. Er fand diese Abläufe altmodisch und befremdlich. Es wurde zwar noch gesprochen, aber wer würde diese Wege heute noch beschreiten? Warum machte sie das mit ihm?

Er wollte sich herausreden, aber er wusste, dass schon die Erwägung des Gedankens dieser Großmutter gegenüber absolut außer Frage stand. Gab es einen Weg des Entrinnens?

»Mir ist klar, dass dir das peinlich ist«, sagte die alte Frau weich. »Aber ich bin sicher, du wirst es überstehen. Überhaupt, du wirst nicht reden.«

Die Mädchen zwitscherten, ihre Augen leuchteten voller Aufregung.

»In was bin ich denn jetzt wieder reingeraten?«, fragte Lightningbolt sich unwillig.

»Bleib ruhig«, sagte die alte Frau lächelnd und zeigte ihre Betroffenheit und ihre Güte.

Er überreichte ihr langsam Arrows Zügel.

»Trink die Suppe«, ermutigte sie ihn. »Und gib deine Sporen den Mädchen.«

Lightningbolt kauerte sich auf den Pfad nieder und lockerte seine Sporen. Über das Trinken der Suppe zu diskutieren stand ebenfalls außer Frage und so leerte er die Schale mit einem Riesenschluck. Er war erfreut; sie schmeckte großartig. Er händigte den Mädchen seine Sporen aus. Augenblicklich waren die Kinder weg und rannten in das nächstgelegene Haus, das er in der Entfernung sehen konnte. »Wir werden für das Pferd sorgen«, erklärte die Arapaho-Frau, als sie sich umwandte und das Pferd den Pfad hinunterführte. »Da drüben ist mein Haus«, deutete sie in Zeichensprache. »Wenn wir dort ankommen, setz dich an die Tür und warte draußen.«

Er studierte das Heim der Frau. In der Vergangenheit hatten hier einmal zwei Hütten Seite an Seite existiert. Über die Jahre waren die beiden kleineren Gebäude zu einem geworden. Das augenblickliche Gebäude war ordentlich und wohlumsorgt, aber noch immer zu klein, um komfortabel zu sein. Zwei ältere Arapaho-Männer saßen auf der Bank bei der Tür. Sie rauchten, tranken heißen Kaffee und führten eine Unterhaltung.

»Aha«, sagten sie beide beinahe im selben Augenblick.

Lightningbolt nickte und setzte sich zu ihnen. Ein großer, distinguiert aussehender Mann kam aus dem Haus und brachte eine Tasse Kaffee. Er gab sie Lightningbolt und nahm seinen Platz auf der Bank ein.

Ein Transporter fuhr in den Hof und parkte vor dem Haus. Drei Frauen mittleren Alters stiegen aus und begannen der alten Frau mit dem Pferd zu helfen. Alles wurde Arrow abgenommen – Rucksack, Gewehr, Sattel und Zügel.

Nachdem Arrow gestriegelt und gefüttert war, schnitten die Frauen kleine Strähnen aus der Pferdemähne. Diese wurden dann sorgfältig geflochten und mit rotem Stoff zusammengebunden.

»Was tun die bloß mit meinem Pferd?«, fluchte Lightningbolt leise. Er konnte nicht hochblicken, aus Angst, dass jemand seine unglaubliche Verlegenheit sehen würde.

»Uheyhu«, sagte der eine Mann zum anderen. Das war seine Art, seine Zufriedenheit zum Ausdruck zu bringen.

Lightningbolt rutschte an das Ende der Bank, so weit von dem

Mann weg, wie er nur konnte. Dann wandte er ihm den Rücken zu und starrte auf den Schnee und Schmutz. Er musste die Nerven behalten.

»Entspann dich«, kommandierte er sich selbst. »Was soll's. Lass sie rummachen mit dem Pferd. Bleib cool.«

Eine der Frauen rief die Männer. Die Männer standen augenblicklich auf und gingen auf die Gruppe von Frauen zu. Als sie alle aufgestanden waren, hatte die Bank, die nicht mehr im Gleichgewicht war, Lightningbolt mit dem Kopf voraus in den Schnee geworfen. Nicht einer hatte seinen perfekten Tauchsprung gesehen. Aber als die Bank wieder auf ihre Füße zurücksprang, schauten alle.

Nicht ein Ton war zu hören, nicht ein Kichern.

Lightningbolts Ohren brannten vor Scham. Er stand auf und klopfte seine Hände und Knie ab. Aus einem unerklärlichen Grund hatte die Kaffeetasse, die er hielt, nicht einen Tropfen verloren.

Die Frau ging langsam in das Haus hinein und kehrte mit einer Untertasse zurück, die belegt war mit kleinen Stücken Trockenfleisch. »Entspann dich«, flüsterte sie ihm zu. »Es wird nicht lang dauern.« Sie tätschelte ihm gefühlvoll die Schulter.

Lightningbolts Nase und Wangen standen jetzt in Flammen. Er rülpste laut und streckte seine zitternde Hand nach einem Stück Fleisch aus.

»Warum ich?«, fragte er sich. »Ich hab doch gar nichts getan. Was geht hier vor? Ist es mein Pferd?«

Bald war alles ordentlich auf der Ladefläche des Transporters verstaut, einschließlich seines Gewehrs. Er war lediglich etwas nervös bei dem Gedanken, was mit seiner Habe geschehen würde. Die Frauen gingen der Reihe nach in das Haus. Lachen war zu hören. Die Freude der Frauen war mehr als offensichtlich.

Eine der Frauen kam zur Tür und winkte ihn und die Männer nach drinnen. Lightningbolt ging hinein, die Männer folgten ihm. Eine Frau zeigte ihm an, dass er sich an den Tisch setzen sollte.

»Mein Name ist Ammie«, erklärte die silberhaarige Frau Lightningbolt. »Und der große da ist John, mein Ehemann.« Ihre Stimme klang weiterhin gütig. Er setzte sich, dann wurde jede Person im Raum vorgestellt.

»Zeit zum Essen«, sagte John breit grinsend. »Nimm dir was, Junge.«

»Und jetzt kannst du sprechen«, sagte das zehnjährige Mädchen, das bei seinem linken Ellenbogen stand und lächelte.

»Jaa«, fügte das jüngere Mädchen hinzu und blieb an seiner rechten Seite stehen.

Lightningbolt fragte sich, wie er inmitten dieser Menge essen sollte. Diese Ängste verschwanden jedoch, als alle plötzlich den Raum verließen.

Er aß Hirsch, Toast, Marmelade, Speck und Eier, und er liebte jeden Bissen im Mund. Er war ausgehungert, denn er war sicher kein erlesener Feldkoch. Das würde sich bessern müssen.

Nachdem er gegessen hatte, kam die alte Frau mit einem Zopf brennenden Süßgrases und schwenkte ihn sanft in der Luft um ihn herum, segnete ihn mit dem köstlichen Duft. Dann zeigte sie ihm den Nebenraum und ein warmes Bett.

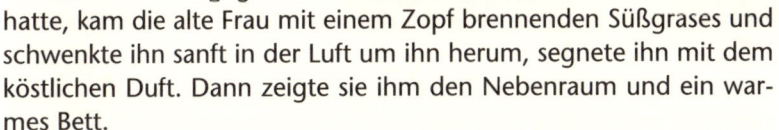

»Schlafe, Enkel«, lächelte sie.

Lightningbolt hatte kaum seinen Kopf niedergelegt, da schlief er schon. Als er aufwachte, war es mitten in der Nacht.

Er hörte das Geräusch einer Person, die ganz in der Nähe schlief. Als er über die Bettkante schaute, sah er die zwei kleinen Mädchen in seinem Schlafsack am Boden aneinander gekuschelt.

Am folgenden Morgen wurde er früh geweckt.

»Der Schulbus kommt«, kündigte das jüngere der Mädchen an. »Bleibst du noch?« Sie starrte in seine Augen.

»Ah, sicher«, antwortete er.

Zwei Stunden später wurde Lightningbolt von John in den Hauptraum zitiert. Er trat ein und setzte sich an den Ofen. Ammie war dabei, einen Perlengürtel zu weben. Der alte Mann sang und begleitete sich selbst mit einer Handtrommel.

»Alles ist weg«, erklärte Ammie. »Wir sind glücklich, dass es so ist. Dein Sattel, die Zügel, alles was du besessen hast, wurde verwendet, um Leute zu heilen.«

Lightningbolt verstand endlich, warum sie so sorgsam mit seiner Habe umgegangen waren.

»John und ich hatten einen Traum«, fuhr Ammie fort. »Du hast zwei wichtige Kreise betreten; den des Nachthabichts und den des Heiligen Teiches.«

»Und du warst voller Achtung«, lächelte John.

»Heutzutage gibt es nicht viele junge Leute, die so sind.«

»Rein«, fügte Ammie dazu. »Du hast dem Platz deine Gebete gegeben. Der Schwarze See war dein Träumen. Du bist dort hineingegangen. Es ist viele Jahre her, dass der See mit uns geträumt hat.«

»Und wir träumten zusammen an dem Heiligen Teich«, fuhr John fort. »Der alte Mann sagte, dass du beinahe vollkommenes Gleichgewicht in deinem Herzen hattest, als du an dem Teich warst.«

»Ja«, Ammie schien vor Behaglichkeit zu schnurren. »Der Grund, warum wir deine Habseligkeiten verwendet haben, war, dass sie Teil des Teiches geworden waren.«

»Zur Heilung«, sagte ihm John. »Leute können sie berühren.«

»Für die, die krank sind«, schloss dort Ammie. »Für ihre Gesundheit. Wir sind dankbar, dass du dort ein wenig im Gleichgewicht warst.«

»Auch du kannst dein Glück weiterhin gut gebrauchen«, sagte John und seine Miene hellte sich auf.

»Er braucht immer mehr«, fügte Ammie hinzu. »Du kannst dein eigenes Wissen über diese Dinge vermehren, wenn du das willst.«

»Würdest du anderen davon erzählen wollen?«, testete John.

»Niemals – ich meine, nein«, antwortete Lightningbolt augenblicklich.

»Du bist doch nicht schüchtern, oder?«, zwinkerte Ammie.

»Ich werde eine Zeremonie abhalten«, bot John an. »Ich hätte dich gern in meiner Hütte.«

»Ah, sicher, warum nicht?«, sagte Lightningbolt. Er wollte die alten Leute nicht enttäuschen.

Zwei Tage später ritt Lightningbolt allein in den Hügeln hinter dem Heim von Ammie und John aus. Er war glücklich, Arrow und all seine Habe zurückzuhaben.

Der Abend vermittelte Wärme. Er sah die Lichter einer Straßenbar in der Entfernung und ritt darauf zu. Während er hinter der Bar abstieg, schaute er sich schnell um. Fünf Pferde waren an einem wackligen Stacheldrahtzaun angebunden. Alle waren erlesene Tiere.

Als er zum Eingang ging, wo er einige Transporter parken gesehen hatte, bemerkte er einen Mann, der betrunken an der Wand lehnte. Er schaute näher hin und sah, dass es ein Halbblut war, etwa sein Alter. Er war völlig betrunken und stank nach schlechtem Fusel.

»Bisco Paul«, verkündete ein grinsender Cowboy, der um die Ecke kam; er hatte einen starken Oklahoma-Akzent. Er ging um den Betrunkenen herum und streckte seine Hand aus. »He, du bist der Chilly Bill, stimmt's? Als ich in Vietnam war, hat mir der Feldwebel Phillips geraten, dich zu treffen. He, Typ!« Er klatschte auf Lightningbolts Hand, dann fiel er betrunken gegen Lightningbolt.

»He, okay«, sagte Lightningbolt lächelnd, während er versuchte, seine Hand zu befreien. »Kapier' ich, Mann. Nein, ich bin Lightningbolt.«

Biscos Gesichtsausdruck wechselte abrupt und zeigte jetzt Bekümmerung. »Fahr hierhin, fahr dorthin. Es ist alles dasselbe, gefährlich, hm?« Bisco versuchte, zu lachen.

»Ich kauf' dir ein Bier«, lächelte Lightningbolt. »Wer ist Chilly?«

»Er ist hier, geht gerade«, antwortete Bisco und plumpste nun gegen die Wand. »Ich geh' schlafen, Mann.« Er glitt zu Boden. Nachdenklich, betrunken bemerkte er den anderen Mann, der zu Boden geglitten war; er tätschelte seine Schulter. »He, armer Kerl, ich wette, du bist Chilly, stimmt's?« Er schloss seine Augen.

Lightningbolt ließ den Veteranen ausschlafen, er ging zur Stirnseite der schäbigen Straßenkneipe. Der Parkplatz war voll mit aufwendigen Sportwagen, individuell gestylten und auffrisierten Autos und ungefähr zwanzig neuen, aber mitgenommenen Kleintransportern. Harte Rockmusik hämmerte gegen seine Ohren, als er die Bartür öffnete.

Er fiel rückwärts, als wäre er mit einer Faust in den Magen getroffen, und ließ die Tür von selber zugehen. Er war nicht bereit für Bars oder Städte. Er würde Zeit brauchen, um den Übergang zu bewältigen. Lightningbolt wählte absichtlich einen anderen Weg zurück zu seinem Pferd.

Der Mond war hell und voll, als er Iron Blankets Heim erreichte. Als er zum Haus hinaufritt, sah er den betagten Medizinmann vor seiner Tür sitzen. Ein jüngerer Mann, der rauchte, war nah bei ihm; Lightningbolt versuchte, ihn zu ignorieren.

»Ich hab' dir dieses Pferd gebracht«, sagte Lightningbolt zu Iron Blanket, während er aus dem Sattel glitt. Er wollte seinen Auftrag, so schnell es ging, erledigen. »Ich heiße Lightningbolt. Als ich auf der Willow Rose war, trug mir Goose auf, ich solle dir sagen, du sollst Krapfen bringen.«

»Das sagt Goose immer«, antwortete Iron Blanket. Er hatte seinen Kopf nicht gehoben. »Wem gehört dieses Pferd?«

»Meinem Onkel«, erklärte Lightningbolt. »Ich werd' sie reiten, bis ich wieder nach Lodge Grass in Montana zurückgehe, dann kannst du sie haben. Ich werd' sie bei John und Ammie lassen. Willst du, dass es so gemacht wird?«

»Es ist gut so«, sagte der alte Mann und schaute auf, enthüllte seine blinden Augen.

Lightningbolt bewegte sich näher auf den alten Mann zu und nahm seine Hand. Er konnte sehen, dass Iron Blankets Augen schwere Narben trugen. »Ich verstehe jetzt«, sagte er ruhig. »Ja, es ist eine gute Wahl. Diese Stute ist freundlich und ruhig. Sie ist gut für einen alten Mann, der nicht sehen kann.«

»Er sieht viel!«, gab der Mann im Schatten zurück. »Deine Herzlichkeit ist für ihn sichtbar.«

»Es ist die Herzlichkeit von Goose Flying, die du siehst«, korrigierte Lightningbolt den Mann. »Ich wusste nicht, dass dieser alte Mann blind ist. Ich befolgte lediglich Anweisungen.«

Iron Blanket gluckste. »So, du befolgst deine Anweisungen, mein Junge. Aber bei diesem Treffen bietest du mir dieses Pferd zum Reiten an?«

»Ich biete das Pferd meines Onkels«, antwortete Lightningbolt und klang sehr formell. »Auch ich wünsche, dass du sie reitest.«

»Deine Angst lässt dich seltsam sprechen«, sagte Iron Blanket. »Wenn ich könnte, würde ich das ändern, aber ich kann lediglich sagen, dass Begegnungen zwischen Leuten so schnell sind wie eine Kugel, die das Gewehr verlässt. Ich wurde blind in einem Krieg, den du nicht kennst. Die Welt hat den Krieg vergessen. Er ist weit weg, aber die Angst, die den Krieg macht, ist immer nah. Kannst du das verstehen?«

»Der Schatten hat von diesen Dingen gesprochen«, antwortete Lightningbolt; er wollte das Thema wechseln und so schnell wie möglich weg. »Hast du deinen Medizingarten? Arbeitet dein Helfer dort?«

»So, du willst das Thema wechseln. In Ordnung.« Iron Blanket machte Druck. »So, du übst Druck auf mich aus bei dem Thema. Ich werde dich weiterhin lehren. Es ist meine einzige Möglichkeit, die Güte deines Onkels zurückzuzahlen.«

»Nein, nein!« Lightningbolt war verlegen. »Ich habe mich erkundigt, wie es kommt, dass du – weißt du, deine Medizin. He, tut mir leid, alter Mann, wirklich!«

»Du handelst wie ein dummes Halbblut!«, fiel der Helfer des alten Mannes ein. »Bist du hier, um ihn zu beschämen?«

Iron Blanket wandte sein blindes Gesicht seinem Helfer zu, der auch sein Neffe war, als wolle er ihn zum Schweigen bringen. Dann musste er es sich noch mal überlegt haben und kehrte mit seiner Aufmerksamkeit wieder zu Lightningbolt zurück.

»Wir Medizinleute haben Gärten, weil wir Mutter Erde lieben«, erklärte der alte Mann behutsam. »Du bist ein Halbblut, wie Hunting Horse mir sagte. Und doch ließ er dabei durchklingen, es sei etwas daran falsch, ein Halbblut zu sein. Es ist gut, dass du bist, was du bist. Es ist gut, dass wir Leute, die wir unsere Gärten haben, auch akzeptiert werden.

Ja, Halbblut, du weißt, dass die Leute in den Reservaten keine Gärten haben. Wird das auch der Gegenstand deiner Anklage werden? Bist du ärgerlich auf die Leute, weil sie keine Gärten haben?«

»Ja, ich nehme an, ich bin's«, gab Lightningbolt zu. »Sie sind zu faul, um ihr eigenes Essen wachsen zu lassen. Sie wollen nur trinken und ihre Sozialhilfeschecks abholen.«

»Du Halbblut-Schwein!«, explodierte Hunting Horse ärgerlich. »Du Arschloch. Willst du, dass ich dir den Kopf abreiße?«

»Nein, er ist tapferer«, sagte Iron Blanket und korrigierte seinen Schüler. »Ja, Hunting Horse, ja, Lightningbolt, der Garten wurde zu einem Symbol dessen, was nicht indianisch ist. Ja, der Sozialhilfescheck ist wichtiger als der Garten. Es ist eine Schande, aber ich würde darüber nicht streiten, wenn ich an deiner Stelle wäre. Wenn ihr mit mir durch den Gestank und das Blut von Frankreich gekrochen wäret, wäret ihr nicht so schnell bei der Hand, euch gegenseitig umzubringen. Wenn ihr euch dort sehen würdet, zwischen den Toten, würdet ihr feiern, dass ihr beide Amerikaner seid. Ihr würdet zusammen kämpfen, Amerikas Lebendigkeit und Freiheit zu bewahren. Aber hier, ohne einen Feind, seid ihr bereit, euch gegenseitig umzubringen, weil Leute traurig sind.«

Iron Blankets Worte durchschossen beide Männer und sie sahen auf den Boden, ohne eine Antwort zu wissen.

»Ja, die indianischen Leute trinken sich in eine Fühllosigkeit, so wie die Halbblut-Leute«, lehrte sie Iron Blanket. »Ja, aber wer außer uns Medizinleuten hat einen Garten? Ja, es ist sehr schade. Ja, wer leidet eigentlich nicht unter Alkoholismus? Doch sollten wir uns wegen dieser Infektion gegenseitig umbringen? Ihr solltet beide bereit sein, über diese Dinge zu lehren, nicht, euch wegen eures extremen Kummers gegenseitig umzubringen. Gebt zu: Würdet ihr glücklich sein, euch gegenseitig wieder zu sehen, wenn ihr auf einem Schlachtfeld wärt und wünschtet, einen anderen Amerikaner zu sehen?«

»Ich wäre es«, stimmte Hunting Horse zu.

Lightningbolt reichte Hunting Horse seine Hand und versuchte, freundlich zu sein.

»Ich werde ebenfalls versuchen, im Denken klarer zu sein«, verkündete Hunting Horse.

»Ich habe dieses Pferd verdient«, grinste Iron Blanket. »Lass sie bei John und Ammie. Ich werde mich darum kümmern, dass sie zu deinem Onkel zurückgebracht wird.«

Am folgenden Tag befand Lightningbolt sich wieder einmal auf dem Pferderücken, aber diesmal ging es um einen Auftrag. Der Morgen war frisch und hell, voll Glück über die Kleinmädchennachrichten, die Jennifer und Sheleen eben mit Lightningbolt geteilt hatten. Sie hatten ihm erzählt, dass sie »ihn wirklich, wirklich« mochten. Sie ritten zu zweit auf einem großen Wallach, den ihr Onkel weggegeben hatte, bevor er nach Vietnam gegangen war.

Die älteste Tante der Mädchen, die vorige Nacht zu Besuch gekommen war, hatte Lightningbolt um einen Gefallen gebeten. Ihm wurde erklärt, dass eines der Kinder von Cut Feather einen »guten blauen Mantel« von Sheleen und Jennifers Cousine gestohlen habe. Die Tante hatte ihn gefragt, ob er ihn zurückholen könnte.

Nicht weniger als zwanzig Schrottautos waren über den Hof des Anwesens von Cut Feather verstreut. Lightningbolt musste Arrow vorsichtig durch den Müll und die Fallen des Hofes lenken. Die Mädchen warteten in gebührendem Abstand.

»Ich bin wegen des Mantels gekommen«, sagte er, als er die Tür erreichte. Er stieg nicht ab. »Ich bin Lightningbolt, Enkel von John und Ammie.« Kein Laut kam aus dem Haus. »Tilly sagt, dass deine Jungen den Mantel drüben im Schulhaus gestohlen hätten.« Schweigen. »Es hat keinen Sinn«, drohte er. »Ich werde wieder und wieder kommen und euch einschüchtern. Ich werde morgen und übermorgen kommen.«

Plötzlich öffnete sich die Tür und ein ramponierter grüner Mantel wurde auf die Türschwelle geworfen.

»Der blaue!«, forderte er. »Wollt ihr, dass ich jeden Tag zurückkomme? Es könnte peinlich werden.«

Die Tür öffnete sich wieder und ein blauer Mantel wurde herausgeworfen.

»Das ist er!«, rief Sheleen aufgeregt.

»Jippie!«, schrie Jennifer.

Lightningbolt stieg nur ab, um den Mantel aufzuheben. Dann führte er Arrow zurück durch das Schrottlabyrinth.

»Dummer Bobby!«, kreischte Jennifer, als sie den Mantel von Lightningbolt nahm. »Du bist sooooo schlecht!«

»Ich hoffe, du krepierst!«, brüllte Sheleen.

Zwei lila Zungen erschienen und wurden in Richtung Haus herausgestreckt.

Lightningbolt wendete Arrow und nahm Kurs zurück zu ihrem Heim. »Warum spricht keine von euch Arapaho?«, fragte er.

»Es ist so einfach wie Strudel«, antwortete Jennifer vertraulich. »Sieh mal, Großmama Willow ist eine Crow.«

»Und unsere andere Großmama ist eine Cree«, fügte Sheleen hinzu.

»Warte«, schalt Jennifer. »Du greifst zu weit vor. Großmama auf Mamas Seite und Großmama auf Papas Seite.«

Lightningbolt hörte zu, aber seine Aufmerksamkeit war auch auf die beiden Reiter gerichtet, die auf sie zuhielten.

»Und«, fuhr Jennifer fort, »nur John spricht Arapaho!«

»Und«, fügte Sheleen dazu, »Großmama spricht Cree.«

»Aber Mama weiß wie«, lachte Jennifer.

»Schau mal, da ist Billy!«, schrie Sheleen und winkte.

»Hallo, Billy!«

»Ho!«, winkte Billy zurück.

Die Reiter wandten sich einer anderen Straße zu und verschwanden hinter einem breiten Weidengebüsch.

»Wir sind Vollbluts«, bemerkte Jennifer platt. »Aber du bist ein gewöhnliches Halbblut. Mama sagt das.«

»Das ist korrekt«, lächelte Lightningbolt. »Deine Mama hat absolut Recht.«

»Wir sind in der Schule die Besten«, kicherte Sheleen, »weil wir, seit wir klein waren, Englisch gesprochen haben.«

»Billy besäuft sich«, sagte Jennifer stirnrunzelnd. »Aber Max ist dauernd betrunken! Wusstest du, dass Max schielen kann?«

»Aber Billy kann auf seinem Kopf stehen«, warf Sheleen ein. »Und auf seinen Händen gehen.«

»Erstaunlich«, sagte Lightningbolt lächelnd. »Und ihr beide?«

»Nix!«, sagte Jennifer alarmiert. »Es lässt dir das Blut in den Kopf steigen. Das sagt Mama.«

»Wie kommt es, dass du überall an dir Medizinsachen trägst?«, fragte Sheleen Lightningbolt.

»Er hat alles am richtigen Platz, Dummkopf«, antwortete Jennifer.

»Aber ist es an ihm kleben geblieben?«, runzelte Sheleen die Stirn.

»Es klebt an allem!«, sagte Jennifer wissend. »Es klebt sogar an seinen Sporen und Sattel.«

»Oh!«, sagte Sheleen lächelnd.

Am folgenden Abend hackte Lightningbolt geschäftig Holz und hörte »Country Joe and the Fish«, wie sie der Welt mitteilten, wie es um sie stand. Er arbeitete hart und die Musik war gut.

Die fünf Gestalten, die um das Abendfeuer herumstanden, bereiteten sich auf eine Zeremonie vor. Sie waren ruhig, beinahe düster. Die Männer rauchten und sprachen mit gedämpften Stimmen.

Einer der Männer erholte sich von einem Kater.

Lightningbolt war ein wenig geschafft, weil er jetzt mit all der Arbeit festsaß.

Ein Lichtblick tat sich plötzlich auf, als Sheleen und Jennifer ihre Köpfe aus dem Fenster steckten und Lightningbolt zuriefen. Sie lachten.

»Debbie sagt, dass ihre Katze Äpfel frisst. Lügt sie?«, fragte Jennifer.

»Und sie sagte, dass ihre Katze auch Wassermelonen frisst«, fügte Sheleen dazu.

»Flunkert sie?«, fragte Jennifer und schaute ernst drein.

»Sie ... flundert«, antwortete Lightningbolt.

Die Mädchen schauten einander an und lachten.

»He, Halbblut«, rief einer der Männer vom Feuer aus. »Zur Show geht's hier lang.«

Lightningbolt zog sich beim Feuer aus und hängte seine Kleider an einen Baum in der Nähe. Er bemerkte, dass der Baum schwer angekohlt war. Er wunderte sich, warum John sein Feuer so dicht daran hatte.

Es war klar, dass die Schwitzhütte recht sorgfältig gebaut worden war. Und doch hatte sie ein beinahe zirkusartiges Aussehen, denn sie war mit leuchtendfarbigen Teppichen abgedeckt. John hatte sie aus einer Schule ergattert, die abgerissen worden war.

Als er in die Hütte eintrat, musste er an John vorbeikriechen, um seinen Platz neben ihm zu finden. Er wusste, dass John den letzten Platz bei der Tür haben würde. John bat, dass neun Steine hereingebracht würden. »Das wird aber heiß!«, dachte Lightningbolt bei sich. Er hasste es, wenn eine Schwitzhütte sich in eine Schmerzerfahrung anstatt in eine Zeit zum Beten verwandelte.

Sobald die Steine in der Hütte waren, wurde die Tür geschlossen. Jemand im Dunkeln hatte eine Alkoholfahne.

John begann seine ernsten und bedächtigen Gebete, als er Wasser auf die Steine goss. Der Dampf stieg auf und es wurde schnell heiß.

Nach einer kurzen Zeit des Schweigens begann eine ärgerliche Stimme eine Hasstirade gegen die Weißen. Die krankhaft gefärbte Lektion dröhnte weiter und weiter, dann endete sie mit der Forderung, dass die Weißen aus Amerika verbannt gehörten. Der alte Mann tat, was er konnte, um dem anderen zu erklären, dass Weiße genauso das Recht hatten, in Amerika zu leben. Aber dieser Versuch schlug fehl.

Die Stimme wechselte plötzlich den Kurs und begann zu erklären, dass es nur Indianern gegeben war, wahre Visionen zu haben. Der Sprecher erläuterte detailliert, welch schreckliche Erfahrung er gehabt habe, und nannte es seine »wichtigste Visionssuche bis auf den heutigen Tag«. Lightningbolt wurde der Beschuldigungen und Langeweile überdrüssig.

John räusperte sich und goss mehr Wasser auf die Steine.

Jetzt wurde die Stimme noch eine Spur vehementer und sagte, dass »der Geruch von Halbblut« zu ihm vordrang.

Lightningbolt war nahe daran zu explodieren, als plötzlich jemand anders sprach.

»Schau, Don«, sagte eine ärgerliche Stimme im Dunkeln. »Du bist betrunken. Bleib dabei und ich nagel dir deine Ohren für immer auf den Boden. Halt's Maul!«

»Wir müssen freundlich zueinander sein«, warf John sanft ein. »Don hat das Recht, von seinen Schmerzen zu sprechen.«

»Wir haben sie tausendmal gehört«, sagte die ärgerliche Stimme.

»Der Große Geist ist Gott«, unterbrach Don.

»Du würdest Gott nicht erkennen, wenn du ihn in deinem Heustadel finden würdest«, entgegnete der Kämpfer. »Was für ein blöder Idiot.«

»Alle Helligkeit hat meine Hütte verlassen«, schalt John den Betrunkenen. »Willst du uns hier traurig zurücklassen?«

»Mir reicht's«, sagte Lightningbolt. »Für mich ist es vorbei.«

»Wir müssen einen Weg finden, um miteinander zu sprechen«, bettelte John. Er war traurig.

»Nicht mit Halbblut-Leuten«, sagte der Betrunkene gehässig.

Die Zeremonie war ein erbärmlicher Fehlschlag.

Lightningbolt dachte, dass Langstreckenbusfahrten in Amerika von den trostlosesten Leuten auf Erden erfunden worden sein mussten. Busse brachen das Herz der Tapferen und zerstörten die Ahnungslosen. Er war sicher, dass es Leute gab, die sich das Leben genommen hatten, nur weil sie einen Bus hatten nehmen müssen.

Der Weg von der Bushaltestelle zu Tante Lillys Haus schien viel länger als in seiner Erinnerung. Er warf seinen Sattel und sein Zaumzeug auf die Ladefläche des Silberschiffs, seines Transporters, und versuchte dann, ihn zu starten. Nichts rührte sich; die Batterie war tot. Lilly war wohl im Crow-Büro, warum also zum Haus gehen? Er saß da und fragte sich, ob er nach Lodge Grass zurück sollte.

»Du kommst hier rein, du Küken«, kommandierte ihn Lilly von der Tür aus. Sie neckte ihn auf Crow. »Du brauchst ein Bad und lass deine dreckigen Kleider auf der Terrasse. Ich werd' ihnen ein gutes Wäschewaschen verpassen. Was hast du mit Franks Pferd gemacht?«

»He, Tantchen«, antwortete Lightningbolt auf Crow. »Dein Crow ist ja ganz verwickelt um einen Wortbusch. Gibt's kein Crow-Wort für Wäschewaschen?«

»Du nimmst wohl an, es ist mein Alter?«, lächelte sie, als sie ihn zur Tür hineinließ. »Ich mag nicht mal das Wort Wäsche.«

Lightningbolt gab seiner Tante eine warme Umarmung, bevor er in die Küche ging. »Dieser alte Arapahomedizinmann mit dem Namen Iron Blanket benutzt das Pferd, um in den Bergen beten zu gehen; er sagte, er würde es zurückbringen.«

»Er ist noch am Leben?«, sagte sie überrascht, dann machte sie eine schnelle Wendung. »Oje! Du musst am Verhungern sein!« Sie begann, ihm ein Roastbeef-Sandwich zuzubereiten.

»Das Silberschiff springt nicht an.« Er goss sich etwas Kaffee vom Herd ein. »Ich werd' später nach Lodge Grass gehen müssen, um jemanden zu finden, der mir eine Starthilfe gibt. Hab' ich ein Huhn im Kühlschrank gesehen?«

Sie hielt inne, um ihre Hände abzutrocknen. »Ich hol' es.«

»Ich hab's.« Er sprang mit einem Satz zum Kühlschrank und packte das Huhn. Während er sich wieder setzte, riss er ein Bein von dem Huhn ab und begann es zu verschlingen.

»Nana!«, rügte sie ihn. »Langsamer. Hier, benutz dieses Messer.« Sie schnalzte scharf mit ihrer Zunge, missbilligend. Plötzlich veränderte sich Lillys Gesichtsausdruck. »Sagtest du, deine Batterie ist tot? Ich weiß, dass Tony sie an ein Aufladegerät im alten Kohlenschuppen gehängt hat.«

Lightningbolt lächelte und berührte den Ellbogen seiner Tante. »Hör mal, Tantchen.« Er neckte sie. »Batterie? Aufladegerät? Ist das authentisches Crow?«

Lilly setzte sich an den Tisch und runzelte die Stirn. »Ich könnte sagen ›Stein, der Macht hält‹ oder …«

»Aufladegerät ist ein harter Fall. Das muss ich wohl zugeben«, sagte er lachend. Die elektrische Uhr an der Wand schlug exakt Mittag.
»Sprache ist so wichtig«, sagte Lilly einfühlsam. »Aufladegerät. Sicherlich ist das nicht Crow.«
Lightningbolt fiel wieder über den Kühlschrank her. Diesmal zog er einen Erdbeerstrudel heraus und schnitt sich ein recht großes Stück ab.
»Es ist wie bei Minnie«, erhellte sich ihre Miene. »Wir waren alle bei einem großen Treffen in Crow-Büro. Dort müssen es so über dreihundert Leute gewesen sein. Aus irgendeinem Grund wurde ein Medizinmann aus Wyoming heraufgebracht, um bei Head Start eine Rede zu halten. Er war der Hauptsprecher. Minnie und ich waren eingeladen worden, denn wir wurden als die ältesten Frauen dort angesehen. Offensichtlich brauchten sie jemanden und so waren wir es.
Der Mann war ein seltsamer alter Bursche. Er beanspruchte für sich, jede religiöse Frage beantworten zu können. Er hatte eine große fette Bibel.
Alle sprachen englisch, denn ein großer Teil der Leute konnte die Zeichensprache nicht verstehen. Es müssen drei verschiedene Stämme von uns dort gewesen sein.
Minnie hat die Dinge in Bewegung gebracht. Sie stand unverzüglich auf und fragte nach Fliegenleben.
›Fliegenleben?‹ runzelte der Mann die Stirn. ›Es gibt keine Fliegenleben in der Bibel.‹
›Doch, gibt es‹, beharrte Minnie. ›Und du sagtest, du könntest sagen warum. Ich habe mich jahrelang gefragt, warum es Fliegenleben für weiße Leute gibt.‹
›Nein‹, argumentierte der Mann. ›Es gibt keine Fliegen in der Bibel.‹
Der Mann fragte daraufhin jeden im Raum, ob sie irgendetwas über Fliegen in der Bibel wüssten. Die Leute fingen an zu raten und sagten, sie hätten von Kamelen, Schafen, Tauben, Eseln, Schlangen und Ziegen gehört, aber niemand wusste irgendwas von Fliegen. Einige vermuteten, dass es Wale und Fische geben müsse, aber immer noch keine Fliegen.
›Das bringt es auf den Punkt!‹, sagte der Mann zu Minnie. ›Vergiss es. Es gibt keine Fliegen.‹
›Ich habe es diese weißen Leute tausendmal sagen hören.‹ Minnie

war tapfer. Sie hielt die Stellung und kämpfte. ›Fliegenleben sind für weiße Leute sehr wichtig. Sie machen sich andauernd Gedanken über ihre Fliegenleben.‹

Der Mann versuchte, Minnie zum Sitzen zu bewegen und still zu sein, aber sie tat es nicht. Schließlich sprach ein freundlicher alter Cheyenne mit ihr und versuchte zu verstehen, was sie meinte.

›Wie sagen diese weißen Leute?‹, fragte der Cheyenne.

Minnie dachte eine Minute lang nach, dann sagte sie, dass die weißen Leute sie immer fragten, ob sie ein Fliegenleben erben wolle.

›Du meinst ewiges Leben‹, erklärte der Cheyenne.

›Jaah, das ist es! Ein Fliegenleben‹, antwortete Minnie. ›Du sagst es! Was bedeutet das, ein Fliegenleben zu haben?‹

Lightningbolt fiel vor Lachen fast von seinem Stuhl. »Das ist eine großartige Geschichte.«

Am selben Abend verließ Lightningbolt das Heim seiner Tante in Richtung Eagle Butte, Nord-Dakota. Während er fuhr und Montana verließ, sprachen die stillen rollenden Hügel und die helle mondbeleuchtete Winterlandschaft zum Herzen des jungen Mannes. Die Schönheit rief ihn, das Abenteuer zu umarmen, aber er führte Krieg gegen den Ruf Montanas, denn jenseits dieser wundersamen Hügel und Berge lag eine andere Art Realität.

»Du kannst mich hier nicht halten«, schrie er aus dem Fenster seines Transporters. »Ich weiß, du willst, dass ich hier mit dir lebe, aber das ist unmöglich.«

Ein feines Lied erhob sich aus der Erde und schwebte in Lightningbolts Geist. Es wusch ihn mit der Reinheit des Landes und war im Einklang mit der Strahlkraft des Nachthimmels. Es war ein Erdenlied.

Lightningbolt liebte sein Land, seine wunderschöne Montana. Sie ihrerseits liebte ihn auch, das wusste er. Aber Lightningbolt wusste auch, dass sie von den Ausbeutern betrogen worden war, die in Montana lebten. Die abscheuliche Vergewaltigung seines Zuhauses war nicht länger zu verbergen. Vernichtende Landbaugepflogenheiten und monströs tiefe Gruben, aufgerissen von Kupferabbau und Kohlebergbau, hatten in Montana entsetzliche Wunden hinterlassen. Sie waren die abscheulichen Gravuren der Gier, verursacht von Banken und Landspekulanten.

Ein Gespenst schien sich aus dem Straßengraben zu erheben. Es war ein in Lumpen gekleideter Mann. Lightningbolt stoppte seinen

Transporter und stieß zurück, dorthin, wo er den Mann gesehen hatte.
»Was ist mit dir los, Beau?«, rief er.
Beau kroch aus einer Pappschachtel heraus, die in den Graben geworfen worden war. Er blinzelte vor Verwunderung, überrascht, dass jemand angehalten hatte.
Lightningbolt beugte sich hinüber und stieß die Beifahrertür auf. »Komm rein«, sagte er seinem Freund.
»He, Mann«, antwortete Beau und ließ sich nieder. »Kapierst du das? Ich kann nicht gehen.«
Lightningbolt sprang heraus, half Beau in den Transporter und schlug die Tür zu. Als er herumlief zur Fahrerseite, sah er etwas mitten auf der Straße. Es war eine Winchester, die mehrere Male überfahren worden war. Sie war ruiniert. Gehörte sie Beau? Er ließ das Gewehr, wo es lag.
»Dein Gewehr?«, fragte Lightningbolt, während er hinter das Steuerrad glitt und den Transporter startete.
»Der Wolf ist angekommen«, scherzte Beau. Seine Stimme war kratzig und forciert. »He, schaut so aus, als ob der alte Beau grade Hundefutter wäre. Aber sieh mal einer an, der Wolf höchstpersönlich erscheint. Muss wohl mein Glückstag sein.«
Lightningbolt fuhr eine ganze Strecke, ohne zu reden. Beau sah aus, als ob er eine ganze Weile da draußen in der Kälte verbracht hätte. Es war auch offensichtlich, dass er in einen Kampf verwickelt gewesen war, und es war ihm dabei nicht allzu gut ergangen.
»Ich habe mit einem Skin aus Dakota gesoffen«, sagte Beau und brach das Schweigen. Sein Kopf ruhte auf dem Sitz. »Ein großer oller Honky kam rein und kaufte uns Drinks. Wir soffen wie verrückt! Das nächste, was ich weiß, ist: Ich bin den ganzen Weg nach Crazy Head Springs gegangen. He, Mann, hast du irgendwas Essbares?«
»Lilly hat mir etwas Trockenfleisch gegeben«, antwortete Lightningbolt. »Im Handschuhfach. Ist auch ein Schokoriegel drin. Was sind das alles für Fetzen, die du da trägst? Du schaust höllisch aus. Was ist mit deinen Kleidern passiert?«
»Ich hab' sie versetzt«, sagte Beau, als er das Handschuhfach öffnete, und grinste. Er verschlang die Süßigkeit, dann kaute er auf dem Trockenfleisch herum. »Ein Typ hat sie gekauft, glaub' ich, oder so ähnlich. Hast du was zu trinken? He, irgendwas, Mann.«
Lightningbolt zog den Transporter auf die Seite und grub eine

Flasche Cola hinter seinem Sitz vor. Er reichte sie Beau und fuhr zurück auf die Straße.

Beau stürzte das süße Getränk hinunter und wischte sich den Mund. »Mist!«, klagte er und versuchte dabei zu scherzen. »Ich hab' vergessen, dass du Fusel hasst. Kapierst du das? Ich treff' ausgerechnet auf einen Anti-Alkoholiker.« Einen Augenblick später war er in Schlaf gesunken.

Mit dem Kindheitsfreund, der in Lightningbolts Transporter schlief, hatte ihn einmal große Nähe verbunden. Aber Beau war jemand geworden, der nicht mehr wusste, wie er mit Nichttrinkern umgehen sollte.

Sie waren in der High School Freunde geworden, als das B.I.A., das Büro für Indianische Angelegenheiten, beschlossen hatte, dass die Amerikanischen Pfadfinder einige Indianer nötig hatten. In der Busby-Indian-Schulturnhalle wurden zwanzig Jungen zusammengetrieben, um eingekleidet zu werden.

Die Auswahl, wer zu den Pfadfindern gehören sollte, war davon bestimmt, ob die Jungen in die Uniformen passten, die die Schule gerade zur Hand hatte. Beau und Lightningbolt hatten in die Kleider gepasst, aber sie waren nicht dazu angetan, in das Bild der »authentisch indianischen Pfadfinder« zu passen.

Solche Bilder waren natürlich der wichtigste Teil der Idee. Alle Jungen lachten, als Beau und Lightningbolt rüde zur Seite gezogen und aufgefordert wurden, ihre Uniformen abzulegen. Das war der Tag, an dem zwei Jungen lernten, dass sie nicht rot genug waren, um Indianer zu sein. Beau war zu schwarz und Lightningbolt war zu weiß.

Die Tankstelle war voller Leben, als der Transporter bei Henry's zum Halten kam. Junge Männer hämmerten glücklich auf die Kühlerhaube – jeder kannte das Silberschiff.

Beau wurde geneckt und vom Sitz gezerrt. Er schaute sich unter seinen Kindheitsfreunden um, aber vieles von seiner Kraft war für immer dahin. Die Schläge, die er eingesteckt hatte, hatten ernsthafte Blutungen in seinem Hirn verursacht. Das Schicksal würde das letzte Wort haben. Beau starb nicht an seinen Kopfwunden. Er sollte an Stichverletzungen in einer Bar in Billings sterben.

Und Lightningbolts Bestimmung war es zu entdecken, dass Millionen Amerikanerinnen und Amerikaner sich fehl am Platze fühlen sollten, nur weil sie Mischblutleute waren.

Am nächsten Morgen fuhr Lightningbolt hinaus auf die Spotted Deer Ranch. Ein weise gewordener alter Cowboy grüßte das Silberschiff und seinen Fahrer. Er hatte hellblaue Augen, die voller Neugier glänzten.

»Ich bin der Besitzer«, sagte er und schüttelte Lightningbolts Hand durch das Fenster. Jedes seiner Worte war überlegt und klar. »Delmar Jones ist mein Name. Mein Vater war ein Viehdieb. Das ist der Grund für das Jones. Meine Mutter war eine Außenseiterin, die ging zu einem Zirkus, als sie elf war, und besaß ihn, als sie fünfzig war. Sie hat dieses Dreckloch gekauft und seitdem bin ich hier. Ich hab' weder ihr Hirn noch das Rückgrat meines Vaters geerbt. Na, was willst du, wo ich doch niemanden einstelle!«

»Der Schnee ist fast weg«, sagte Lightningbolt nebenbei. »Ich hab' zwanzig Pferde oben bei der alten Quelle gesehen. Sie sehen nervös aus, bösartig wie Katzendreck, und ich bin sicher, sie gehören dir.«

Die Augenbrauen des Ranchers hoben sich. »Die Pferde da sind Hundefutter, nichts weiter. Alle sind Schindmähren und keine zehn Cent wert.«

»Ich werd' ihnen ein bisschen Halfter-Weisheit beibringen«, entgegnete Lightningbolt. Er wusste, dass der Kampf wichtig war. »Oder sie schauen halt aus, als ob ihr Halfter gerissen wäre. Zehn Dollar das Stück, direkt hier in der Koppel. Du lieferst den Hengst und das Essen für mich, dafür, dass ich die Klepper in die Koppel bringe.«

»Na, jetzt schau dir den an«, heulte Delmar vergnügt. »Du ausgekochtes Halbblut. Ich kann schon sehn, dass du in ein paar Koppeln rumgetrampelt bist. Mir entgeht nie was. Nein, mir doch nicht. Zweihundert Eier, okay?«

Lightningbolt wartete.

»Ich hab' keine Angst vor deiner Cheyenne-Hälfte«, warf der alte Mann ein. »Die lausige weiße Hälfte ist das Problem, vermutlich hauptsächlich diebisch. Da drüben«, er winkte ungefähr in die Nordrichtung, »ist das Hühnerhaus. Grad' da hinter den Pappeln ist ein Bett in der Schlafbaracke.« Als nächstes deutete er auf die Koppel. »Siehst du die große Rotbraune? Hübsch wie 'ne Frühlingsbiene. Sie wird dir helfen beim Ausmisten der Gäule da oben.

Komm im Sommer, da hast du mit denen 'ne gute Auswahl fürs Rodeo. Hoffentlich bringen die den Saloncowboys da ein oder zwei Sachen bei.« Er gluckste. »Du, beobachte sie! Sicher auf den Füßen ist sie, aber sie kann seitenanfällig werden. Kann explodieren und bocken, wenn du die falschen Sachen denkst. Wenn sie ihren Kopf senkt, dann schaut sie nicht auf die Spur oder die Schneeflocken. Sie ist kurz vorm Bocken, drum halt ihren Kopf droben.«

»Ich zäume sie jetzt gleich auf«, sagte Lightningbolt und stieg aus seinem Transporter aus. »Mein Bündel ist fertig. Welches Packpferd soll ich nehmen?«

»Das schwarze da drüben.« Der alte Mann runzelte die Stirn. »Bist du sicher, du willst nicht noch 'n frommen Spruch, ein paar Geschichten loswerden oder dich erst mal mit schwarzem Kaffee ölen?«

Lightningbolt holte sein Bündel vom rückwärtigen Teil des Transporters und machte es an seinen Schultern fest.

»Verdammt harter Winter«, grummelte Delmar, während er Lightningbolt auf die Koppel folgte. »Schau, die Schwarze da. Schau dir ihre Spukaugen an! Verdammt feines Tier. Der Schnee war in dem Jahr droben bis über den Obstzaun. Acht Kälber drunten in der ersten Woche. Ich hatte neun Kühe, die sind auf die Seite gerollt und haben den großen Sprung auf bessere Weiden gemacht.«

Lightningbolt fand das Lasso am Koppelzaun, schritt durch das Gatter und ging auf die Rotbraune zu. Er wählte die Stute, denn sie hatte weniger gespenstische Augen.

»Die gottverdammten Scheunenkatzen sind zu Tode erfroren«, fuhr der alte Mann fort. »Pass auf ihren Kopf auf jetzt. Der verdammte Pete Turner ist auch nicht einmal vorbeigekommen dieses Jahr. Was für ein Nachbar ist das? Er hat meine Raupe letztes Frühjahr geliehen, hab' ich nein gesagt? Nein! Aber wo ist er?«

Lightningbolt begann, die Rotbraune zu satteln.

»Schlechtes Heu, besser als Jerusalem!«, fluchte Delmar. »Kein kleines Extrageld für Vorrat, einfach keines! Ein Mann kann sich kaum noch leisten, ein Pferd zu beschlagen. Was ist passiert mit den gottverdammten Indianern, die hier in der Gegend für gewöhnlich gestohlen haben? Sind alle tot! Ich hab' gelogen. Es sind dreiunddreißig Pferde, bring sie alle rein.«

Fünfzehn Minuten später ritt Lightningbolt auf der Rotbraunen und hatte sein Packpferd dabei. Er schaute von den Geschichten des alten Mannes gelangweilt und geschmerzt drein.

»Ich hab wieder gelogen«, gab Delmar zu. Er tätschelte das Packpferd. »Es sind fünfundvierzig Kopf, zweihundert für alles. Bring sie rein, lebendig oder tot.« Er lachte in sich hinein. »Verdammte Adler, hungern zu Tode, die Bussarde, was is' los in dem Land? Sind es die verdammten Politiker?«

Lightningbolt schaute auf den Rancher hinunter. »Du hast zweihundert Dollar, hörst du? Grün und zählbar. Keine Schecks. Kein Tausch. Keine Gutscheine. Okay?«

»'s wird bald hier sein, Sohn.« Der alte Cowboy grinste breit. »Ich will nicht, dass du mich erschießt ... und mich vor Gericht schleppst. Das Pferd unter deinem Arsch ist eine großartige Mähre!«

Zwei Tage später fand Lightningbolt die gesamte Herde. Es waren fünfundsechzig Pferde. Er lagerte bei einem kleinen Wasserlauf. Der Schnee war von dem Fleck weggeschmolzen und es fühlte sich warm an.

Sechs Tage später waren alle fünfundsechzig Pferde in Delmars Koppel. Der alte Mann zahlte die zweihundert Dollar wie versprochen.

»Warum hast du's mir nicht gesagt?«, fragte Lightningbolt neugierig. »Mann, du wusstest, dass es fünfundsechzig sind. Ich hätte sie alle zusammengetrieben. Was konnte ich machen? Ich brauchte das Geld, sonst wär' ich nicht hier.«

»Nicht ohne eine ernste Diskussion«, sagte der Rancher. »Ich red' gerne, aber Bullshit kauen, das hasse ich. Leute werden verrückt wegen Geld. Scheiße, schau bloß mal mich an. Ich würd' für einen Dollar gegen einen Krug Schlangen kämpfen. Wenn es eine Diskussion gegeben hätte, hättest du mehr Geld gefordert. Ich hätt' geflucht und du wärst explodiert, und ... puff! ... keine Pferdeschwänze würden da drüben in der Koppel schwingen. Nein, schau'n wir's uns mal so an. Du hast Runde eins gewonnen, aber ich hab' ein anderes Angebot für Runde zwei. Ich hab' mehr Vieh versteckt da draußen und mehr Pferde.« Er schaute vergnügt drein.

Lightningbolt gewann Runde zwei beinahe, aber er gewann Runde drei. Runde vier, fünf und sechs endeten spät im Mai, sehr nah an einem Unentschieden.

Es war Mitte Juni, als das Silberschiff im Hof von Goose zum Halten kam, aber er war nicht da. Lightningbolt fragte herum und er erfuhr, dass der alte Mann eine Zeremonie im Heim eines Mannes, genannt Plains Bull, abhielt.

Eine Stunde später war er im Heim von Plains Bull. Das Treffen hatte eben erst begonnen.

»Du dort, junger Mann«, rief ein älterer Mann an der Tür Lightningbolt zu. »Du kannst mit dem Feuer da draußen helfen.« Er wies nach draußen. »Du kannst der Feuerhüter sein. Wir brauchen Männer an der Trommel.«

Lightningbolt ging hinaus zum Feuer und legte mehr Äste auf die Flammen. Dann scharrte er sorgfältig eine Pfanne mit glühenden Kohlen zusammen und brachte sie ins Haus.

Eine vielfarbige Decke war auf dem Boden ausgebreitet und die Leute saßen um sie herum, außer im Osten. Der alte Goose saß im Westen.

Goose Flying wickelte seine Medizinfedern aus, als Lightningbolt mit seiner Glut auf ihn zuging.

»Wo möchtest du sie haben?«, fragte der junge Mann.

»Nun, da bist du ja, Lightningbolt«, lächelte Goose breit. »Gut, dass du es geschafft hast. Ja, leg die Kohlen hier neben mich.«

Lightningbolt legte die Kohlen an den Platz, den Goose angewiesen hatte, und nahm seinen Sitz auf dem Boden bei der Tür ein – den Platz des Feuerhüters. Der Raum war beinahe überfüllt. Die Dinge waren so vertraut. Sogar die Gesichter schienen Angehörige seiner eigenen Familie zu sein. Lightningbolt war mit ähnlichen Zeremonien aufgewachsen; er fühlte sich beinahe zu Hause.

»Allerheiligster Großer Geist«, betete Goose Flying. Er hob seine Medizinpfeife hoch, dann orientierte er sie in die vier Richtungen. »Blicke hier auf uns. Wir sind zusammengekommen. Wir wenden uns an euch, Ihr Heiligen, damit Ihr diesem kleinen Mädchen, Faun, Heilung bringt.«

Die Zeremonie dauerte ungefähr eine Stunde. Sobald das Fest begann, gab es Gelächter und Gespräche. Lightningbolt ging auf Goose zu, der in einem dichten Knäuel von Leuten stand. »Dem Mädchen scheint es besser zu gehen«, sagte er.

»Ja«, antwortete Goose. Er war guten Muts.

Eine Frau ging hinter Lightningbolt her und gesellte sich zu ihrem Gespräch. Plötzlich wandte sie sich ihm zu. »Dieser Mann«, sagte die Frau überlaut. »Was tut er hier bei unseren heiligen Zeremonien? Er ist ein Halbblut. Er gehört nicht hierher.«

»Wir bekommen Trost hier«, gab Goose zurück. »Dies ist ein Kreis für alle, Sally. Sei nicht ärgerlich.«

»Du weißer Mischling!«, fluchte Sally. »Mach, dass du hier rauskommst!« Sie wurde sehr munter.

»Er ist nicht weiß«, kam eine andere Frau ihm zu Hilfe. »Er ist ein Halbblut. Das ist Goose Flyings Neffe. Lass ihn in Ruhe.«

»Was ist los?«, fragte ein Mann, der sich seinen Weg nach vorn bahnte und neben Sally stehen blieb. »Was ist hier los?«

Einer der Männer, der bereits in dem engen Kreis stand, war angewidert. »Er ist ein gewöhnliches Halbblut, lass ihn in Frieden.«

»Klar, schütz nur das Halbblut.« Sally wurde mit jeder Minute ärgerlicher. »Sie sind schlimmer als die Weißen.«

»Sally«, unterbrach Goose. »Das ist deine erste Zeremonie mit mir. Beflecke sie nicht mit Hass. Sei ruhig.«

»Schert euch raus hier, der eine oder der andere«, schrie ein Mann quer durch den Raum.

»Ich bin weg«, sagte Lightningbolt zu Goose. »Ich seh' dich bei dir, in Ordnung?«

»Das ist mir noch nie passiert«, protestierte Goose. »Es ist noch nie passiert.«

Lightningbolt berührte Goose an der Schulter und ging hinaus zu seinem Fahrzeug.

Am folgenden Morgen war ein ärgerlicher Lightningbolt früh auf, aber nicht so früh wie Goose. Der alte Mann saß allein in seinem gepflügten Garten und rauchte eine Zigarette. Er hatte nach seinem Mais gesehen.

»Die Frau muss betrunken gewesen sein«, sagte Lightningbolt, während er sich neben Goose setzte.

»Das hilft nichts. Ich werde mich für sie entschuldigen, aber nicht für ihren Hass. Ich habe diese Dinge auch schon früher gesehen. Hass hat viele Gesichter. Es ist immer dasselbe. Er ist brutal.«

Lightningbolt stand auf und schaute über die Felder.

»Wir werden darüber sprechen«, beharrte Goose. »Wir müssen es loswerden.«

»Es kümmert mich ganz einfach nicht mehr, Goose«, sagte Lightningbolt kriegerisch. »Halbblutleute werden nicht akzeptiert. Lass uns über mich und meine Visionssuche sprechen. Du sagtest, ich sollte eine Vision bekommen.«

»Die heilige Frau, Estcheemah, sagte einmal, dass Leben unsere Visionssuche ist«, teilte Goose gedankenvoll mit. »Ich hörte sie das einmal sagen. Diese Sally ... Ich denke, dass sie ebenfalls kein Vollblut ist. Ihre Familie kommt aus verschiedenen Stämmen. Wer ist eigentlich kein Mischblut?«

»Alles in Ordnung«, sagte Lightningbolt enttäuscht. Das Thema der Visionssuche war zum zwanzigsten Mal aufgeschoben. »Okay, wir sind alle Mischblut.« Er wurde des Gesprächs überdrüssig. »Aber es gibt auch solche, die reinpassen, richtig? Wie angegossen, säuberlich. Ich passe nirgends rein und es ist mir verdammt egal.«

»Wir alle werden voneinander getrennt gehalten«, seufzte Goose. »Wenn die Leute sich nicht selber trennen, dann gibt es andere Trennungen. Es ist schrecklich.«

Lightningbolt kickte einen Stein weg.

»Ich kann dich nicht unterweisen.« Goose sah verzweifelt aus. »Ich weiß nicht, ob es daher kommt, dass du ein Halbblut bist. Ich bezweifle es. Du bringst mein Herz zum Singen. Aber es gibt Druck, politische Probleme.«

»He ... Goose.« Lightningbolt war schockiert. »He ... komm schon.«

»Nein, es ist nutzlos.« Goose schüttelte seinen Kopf. »Ich habe mit John und Ammie gesprochen. Sie sind den Berg hochgekommen. Sie sagten, dass du bei April Horse gewesen bist. Er ist stark.«

»Goose!« Lightningbolt war sehr verletzt.

»Es ist April Horse.« Tränen flossen aus seinen alten Augen. »Nur er kann dich verstehen. Ich kann es nicht.« Er legte seine Hand auf Lightningbolts Schulter. »Das ist unser letztes Medizingespräch. Es tut mir leid.«

Goose Flying wandte sich um und ging weg. Seine Schultern sackten zusammen, und er sah schrecklich verloren aus.

Lightningbolt fühlte sich, als ob er eben einen Magenschwinger versetzt bekommen hätte. Traurigkeit sprang aus seinem Herzen und würgte ihn. Er rief jedes Gramm Stärke und Trotz, das er besaß, herbei, um das Weinen von sich fern zu halten.

»He, du alter Kojote«, rief Lightningbolt dem alten Mann zu. »Sei nicht so traurig, in Ordnung?«

Am folgenden Tag verließ er Dakota und brach sofort auf nach Montana.

Mit April Horse zu sprechen öffnete Lightningbolts Augen.

Im Wesentlichen war es der Schatten, der den Hauptteil des Gesprächs bestritt. »Arbeit, Mädchen, Probleme, Ideen, Pläne, um Geld zu verdienen. All das nimmt einen Großteil deiner Zeit ein. Aber das ist nur ein Teil deiner Welt. Kannst du raten, was es noch ist, das du suchst?«

Lightningbolt dachte angestrengt nach, versuchte zu antworten. Schließlich schüttelte er den Kopf.

»Es ist frei zu sein von deinem schrecklichen Leiden«, erklärte der Schatten. »Kannst du dich erinnern, wann du nicht traurig warst?

Ich meine, die schwere Bürde deiner Traurigkeit? Ich bezweifle, ob du es kannst. Du hast auch Angst, für immer in der Falle des Reservats gefangen zu bleiben. Goose hat dich nicht weggeworfen. Das Seltsame mit Goose ist, dass er dich eigentlich liebt. Er ist schwach, das ist sein Problem. Nicht du.«

»Wir konnten nicht über eine einzige Sache diskutieren. Immer wird es kompliziert«, ergänzte Lightningbolt.

»Natürlich konntet ihr nicht sprechen«, lächelte der Schatten. »Das, was du am allerletzten bist, ist ein religiöser Fanatiker. Es ist auch nicht so, dass er einer wäre, aber er ... Nun, sagen wir mal, sein Interesse ist religiös. Deines nicht.«

»So was.« Lightningbolt war von dieser scharfen Einsicht sehr bewegt. »Das kommt irgendwie hin.«

»Natürlich tut es das«, lächelte der Schatten. »Du bist auch ein bisschen gefährlich. Nein, nicht kriminell, das nicht! Aber du bist gefährlich. Das hat den alten Goose andauernd bekümmert. Du bist entschlossen, etwas zu tun. Es ist ähnlich, wie mit einer Bombe zu leben. Er wusste nie, was du als nächstes fragen oder tun würdest.«

Lightningbolts Gesicht zeigte Verwirrung.

»Du bist gefährlich für die Stabilität«, erklärte der Schatten. »Goose liebt Stabilität. Sagen wir mal, dass du dem alten Goose einfach zu viel wurdest. Deine unglaubliche Traurigkeit allein versetzte ihn die ganze Zeit in Angst vor dir. Zweifellos hat jeder, der dich je getroffen hat, deinen Kummer gefühlt, stimmt's? Na ja, dieser innere Schmerz ist einem alten Schlächter wie mir verständlich.« Er knuffte Lightningbolt spielerisch. »Was immer du in dieses Leben mit hineingebracht hast, es fühlt sich für dich wie Traurigkeit an.«

»Aber du hast keine Angst vor mir«, sagte Lightningbolt grinsend.

»Woher weißt du das?«, entgegnete der Schatten. »Sei nicht so anmaßend.

Ich bin in diese Berge gekommen, um mich umzubringen, Wolf. Estcheemah änderte das, aber nicht die Tatsache, dass ich jetzt an meinem Alter sterbe. Sie heilte nicht den schrecklichen Schmerz, der in mir ist, aber sie half mir, einen Weg zu finden, damit zu leben. Ich bin ein sehr alter Mann; viel älter, als du dir das klarmachst. Ich werde binnen kurzem tot sein. Du verlangst viel Energie ... Energie, die ich ganz einfach nicht mehr besitze.«

Lightningbolt war niedergeschmettert. Das Drehbuch, das er in seinem Geist durchgespielt hatte, wie er mit dem Veteranen arbeiten würde, verflüchtigte sich augenblicklich. Was würde er jetzt tun?

»Es gibt eine andere Art Soldatin, die du treffen musst«, erzählte der Schatten Lightningbolt. »Die Soldatin, die ich im Sinn habe, brachte meinem fiebrigen Gehirn Ruhe und gab meinem gebrochenen Herzen Linderung. Nie wirst du meinen Schmerz begreifen. Meine Pein ließ mich nicht schlafen. Ich konnte mein Essen nicht schmecken. Zu der Zeit, als ich Estcheemah traf, sehnte ich mich nur nach meinem Tod. Willst du mehr hören?«

»Ja«, sagte Lightningbolt, von neuem aufmerksam.

»Ich hatte meine Schafe, weiter nichts«, fuhr der Schatten fort. »Und ich wollte keine Unterkunft. Als sie mich in den Bergen fand, war ich dabei, durchzudrehen, ich lebte mit den Elementen. Aber ich stellte weder für sie noch für sonstwen eine Gefahr dar. Sie ging direkt auf mich zu und schaute in meine Augen. ›Du wirst über deinen Schmerz sprechen‹, kommandierte sie mich. ›Es gibt Leute, die du aufgrund deiner abscheulichen Erfahrung heilen wirst. Du wirst gebraucht von den Leuten.‹

Ich war benutzt worden, um Soldaten umzubringen, aber darüber hinaus wurde ich nicht mehr länger gebraucht. Ich fühlte das Gewicht des Universums auf mir lasten. Ich fühlte, dass ich nicht mehr passte, weißt du ... der Mann, der seinen Bruder umgebracht hat und von den zivilisierten Leuten verbannt war. Kannst du dir vorstellen, was das in meinem Herzen bewirkt hat?

Aber hier war Estcheemah, die mir sagte, dass ich gebraucht wurde. Ich konnte es nicht glauben! Wie wurde ich gebraucht? Zuerst konnte ich nicht verstehen, was sie meinte. Du siehst, Lightningbolt, ich war zu verrückt, sie zu verstehen. Ich war viel zu sehr angefüllt mit meinen Monstern.

Sie arbeitete mit mir über viele Monate und unterwies mich. Ich schien aufzuwachen aus einer seltsamen Art Mysterium. Ich wusste anschließend, dass es andere Veteranen gab, die mich verzweifelt brauchten.

Estcheemah wies mich darauf hin, dass es andere Leute wie mich gab. Leute, die keine wahren Gefühle mehr haben und danach streben, sich von ihren entsetzlichen Qualen zu befreien. Ich lernte von ihr, dass es Leute gibt ohne Anforderung, ohne Hoffnung auf einen wirklichen Wechsel in ihrem Leben.

Meine Langeweile war unermesslich! Ich konnte mich nicht zur

Ruhe setzen und wollte nicht sehen, wer ich gewesen war – der Mörder. Du siehst, Lightningbolt, ich war immer noch das bezahlte Gewehr. Wie passt sich der perfekte Attentäter an und lässt sich in der Vorstadt nieder?

Sie lehrte mich über mich selbst. Und sie lehrte mich, wie ich mit anderen Verrückten, so wie ich es bin, reden konnte ... weißt du, Leute, die nicht sesshaft werden konnten. Indem ich mit Leuten redete, konnte ich ihre Verrücktheiten heilen helfen, ihre gebrochenen Herzen. Es kostete sie nichts ... ich meine, sie mussten nichts bezahlen. Du weißt, das macht einen Unterschied.

Sie befahl mir, die Leute ins Gleichgewicht zu bringen, die sie zu mir schickte. Ich war voll Vertrauen in sie, denn ich hatte nichts anderes. So wurde ich eine andere Art Schatten.« Er lächelte. »Ich lehre die Leute über mentale Qual. Ich spreche mit jenen, die zu weit gegangen sind. Ich erzähle ihnen von meinem Leben. Es heilt sie. Du wirst zu Estcheemah gehen. Geh zu meiner Lehrerin. Sie wird wissen, was mit dir zu tun ist, Lightningbolt.«

Lightningbolt fuhr zum Little Horn River und zeltete. Er brauchte Zeit zum Nachdenken. Ein jadeblauer Himmel erhellte den Wald mit den Baumwollbäumen, wo er sein kleines Lager aufschlug. Weil er sein Zelt an der Ostseite des Flusses errichtet hatte, konnte er eine Schönheit sehen, die er bis dahin nicht gekannt hatte.

Das uralte Grün des Flusses verschwand und jetzt warf der Himmel die Lichtspiegel eines leuchtenden Wasserfalls unter die breiten Bäume. Er starrte verwundert auf seine Welt. Der silbrig blaugrüne Leuchtbaldachin war lebendig in seinem Geheimnis. Das Schauspiel erstaunte ihn und übermittelte ihm einen Sinn für den Geist-Geist der Erde.

Bei dem Strom mit dem Namen Thunder Creek bereitete eine machtvolle alte Frau ihren Garten für die Aussaat vor. April Horse hatte geschrieben, ihr erzählt von einem jungen Mann namens Lightningbolt, dem Wolf. War er das?

Die Berge von Wyoming bargen zu viele Erinnerungen für Estcheemah. Sie hatte Tote in diesen Bergen begraben. Sie hatte Tränen dort geweint. Ihre Freuden und vielen Ängste und ja, auch ihre Hoffnungen und Träume waren dort. Aber das meiste von dem, was sie erfahren und woran sie sich gefreut hatte, war nun vorbei. Viele Leute sehnen sich nur nach materiellen Dingen, die sich mit der Zeit in Staub verwandeln. Sie wusste, dass nur Geist-Geist bleibt und erneuert wird.

Würde der junge Wolf, dieser Lightningbolt, Geist-Geist sehen? Oder war dieser junge Mann wie so viele andere, die sie kennen gelernt hatte – nur fähig, den Staub zu sehen? April Horse hatte gesagt, dass dieser junge Mann »die Möglichkeit besaß, stark zu sein«. Würde er überdauern? Das war ihre Frage. Sie fühlte, dass da noch mehr war.

Noch eine Träne kam zu jenen dazu, die sie in den Bergen geweint hatte. Die Träne glitt über ihre Wange, dann fiel sie leise in ihren Garten, um sich den anderen zuzugesellen, die dort gefallen waren.

Sie streckte sich und wischte sich die Augen, als sie den Transporter in ihre Einfahrt einbiegen sah. Lightningbolt hatte die Herausforderung angenommen, die April Horse ihm angeboten hatte.

Ein funkelndes Licht entschiedener Strenge leuchtete in ihren alten Augen. Es war Zeit für einen Wechsel. Die Hacke, die sie hielt, wurde ihr Spazierstock, während sie sich umwandte und stolz aus ihrem Garten schritt.

June, die wunderschöne junge Frau, die seit Wochen mit Estcheemah gelebt hatte, beobachtete den kraftvollen Gang der Lehrerin, während sie zum Fluss schritt.

»Wie merkwürdig«, dachte die junge Frau, sie wunderte sich über Estcheemahs Jugend und Kraft. »Wo bekommt sie ihre Energie her?«

June wendete ihre Aufmerksamkeit vom Fluss ab, als Estcheemah in die Bäume verschwand. Jetzt war es Zeit, mit der Arbeit anzufangen. Sie wollte rasch zwei Briefe schreiben. Einen würde Estcheemah an Junes Mutter aufgeben, und der andere – der an ihren Freund geschrieben war – würde niemals abgeschickt werden. Die erstaunlich reizvolle June würde im kommenden Monat in einer Kneipe in Sheridan bei einer Rauferei Betrunkener sterben, die sie selber angezettelt hatte.

Lightningbolt war augenblicklich eingenommen von der Schönheit der jungen Frau, die in seine Augen blickte, als er aus seinem Transporter ausstieg. June hatte noch nie so gestrahlt wie in diesem Moment, als der junge Abenteurer sie zum ersten Mal sah. Von dem Tag an begann sie, sich erbarmungslos über ihn lustig zu machen, um ihn bei jeder Gelegenheit zum Erröten zu bringen. Es gab keinen Weg für Lightningbolt, June zu verstehen. Von dem Augenblick an, als er sie traf, bis zu dem Moment, als sie abfuhr, blieb sie ihm ein Rätsel.

Er traf auch Estcheemah, aber nur kurz. Sie fragte ihn, ob er seinen »ersten Test überleben« könne. Er antwortete, er könne, und sie steckte ihn sofort in ein Kinderzelt in den Hügeln, allein.

Jedes Mal, wenn Lightningbolt im Haus sein musste, neckte June ihn – sie hob ihren Rock gerade hoch genug, um ihre langen hübschen Beine zu enthüllen. Sie wurde dieses Sports niemals müde.

Ihre Mutter hatte die zwanzigjährige Mädchen-Frau zu Estcheemah geschickt. June war bereits eine schwere Trinkerin, eine Alkoholikerin. Die blonde, blauäugige Flirterin liebte Estcheemah, aber sie sah die heilige Frau lediglich als ihre Unterhaltung an.

Das Mädchen hatte ruhig am Tisch gesessen, als Estcheemah Lightningbolt fragte, ob er sich selbst loyal bleiben und selbstdiszipliniert sein könne. Lightningbolt nickte, dass er für eine derartige Verpflichtung bereit sei. Er war entschlossen, das durchzustehen, egal was die Medizinfrau zu sagen hatte.

June lächelte süß, amüsiert und entzückt, als der junge Mann seine Antwort gab.

»Du hast Angst«, verkündete Estcheemah. »Aber du hast Mut. Morgen ist deine erste Konfrontation und Lektion«, erklärte Estcheemah sorgfältig. »June und ich werden dein Heiliges Abendessen vorbereiten. Du wirst mit mir zu Abend essen. Das wird keine einfache Schlacht.«

»Wo immer und wann immer«, sagte Lightningbolt ein wenig lässig.

»Dieses Abendessen wird ein entsetzlicher Krieg für dich«, kündigte Estcheemah an. »Und größer, als du jetzt denkst.«

Am nächsten Tag, exakt um Mittag, deckten Estcheemah und June nahe bei einem geschäftigen Einkaufszentrum in Sheridan den Tisch für das Heilige Abendessen im rückwärtigen Teil von Lightningbolts Transporter.

Estcheemah hatte keine Kristallgläser mitgebracht, kein Chinaporzellan, keine Kerzenleuchter, aber es wäre genauso gut möglich gewesen. Die weiße Leinentischdecke, der hübsch gedeckte Tisch mit seiner Blumenvase und den sorgfältig angeordneten Tellern und Schüsseln sprachen dieselbe Sprache.

Die Cowboys, Bauern, Arbeiter, Geschäftsleute und die anderen

Gaffer und Neugierigen, die zwischen den Autos und Transportern hin und her gingen, lächelten über Lightningbolt.

Kinder zeigten mit dem Finger, ihre Mütter waren belustigt.

June war in Ekstase. Sie bekam ebenfalls eine große Portion Aufmerksamkeit für sich. Sie lachte und tanzte und machte auf die Freaks im rückwärtigen Teil des Transporters aufmerksam. Eine alte Indianerin, die eine Mahlzeit mit einem Halbblut auf einem Parkplatz einnahm. Wie lustig für June! Wie unglaublich peinlich für Lightningbolt!

June dachte, Lightningbolt sei ein totaler Narr, und jede seiner Aktionen war für sie unterhaltsam.

Als das Essen begann, war Lightningbolt mit der Herausforderung konfrontiert, wie er in den rückwärtigen Teil seines Transporters klettern sollte, ohne wie ein Vollidiot auszusehen oder zurück auf den Boden zu fallen.

Sein Stuhl hüpfte und klapperte aus einem unerklärlichen Grund hin und her, als er versuchte, sich zu setzen. Das entnervte ihn so, dass er beinahe das Tischtuch unter den Gedecken weggezogen hätte. Er schob den Stuhl und das klappernde Besteck zurück an ihren Platz, dann setzte er sich schwungvoll hin.

Ein Krieg unermesslichen Ausmaßes entbrannte in seinem Geist und Herzen, während er in eine Karotte zu beißen versuchte. Es gelang ihm, zu kauen, aber das Schlucken geriet zu einer Feuerprobe. Seine Hände zitterten so gewaltig, dass er es kaum bewerkstelligte, sein Steak durchzuschneiden.

Diese Frau musste ganz einfach eine Hexe sein! Würde eine normale Medizinfrau einen Mann das durchmachen lassen, was er durchmachte? Niemals! Seine größte Angst war, dass einer seiner Kumpel ihn sah. Würde er das überleben?

Er würgte einen Bissen hinunter, während die Medizinfrau vor sich hinschaute, vollkommen gleichgültig. Er würde ihr nicht den Sieg gönnen, ihn weglaufen zu sehen! Tränen rollten seine Wangen hinunter, als zwei Cowboys mit June tanzten und so taten, als seien sie Zirkusausrufer.

Seine Knie zitterten unter dem Tisch und Schweiß bedeckte seine Brauen. Aber das hielt ihn nicht davon ab, in einen Sellerie zu beißen, der aus seiner Hand zu springen drohte. Er wollte vom Stuhl aufspringen und wegrennen, aber die Worte von April Horse hallten in Lightningbolts Geist wider: »Sei tapfer, egal was sie tut. Sie wird dich bis an deine Grenzen treiben.«

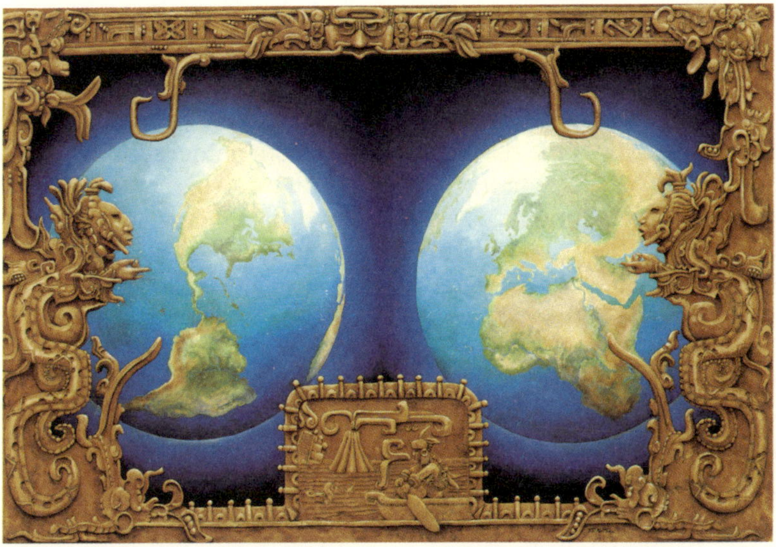

Plötzlich wischte sich Estcheemah den Mund mit einer Serviette ab und fragte Lightningbolt, ob es Zeit zu gehen sei. Er versuchte zu antworten, aber alles, was er herausbrachte, war Gemurmel.

Der Parkplatz war jetzt leer und still. June war des Tanzens müde und thronte auf der Kühlerhaube des Jeeps, der neben dem Silberschiff geparkt war.

»Es ist erstaunlich, dass du an meinem Tisch geblieben bist«, sagte Estcheemah still zu Lightningbolt, als sie die Gedecke wegpackte. »In der Vergangenheit ließen deine Ängste dich weglaufen.« Sie schaute kurz auf in seine Augen und lächelte. »Es erforderte Mut, bei mir zu sitzen. Du bist einem Teil von dir begegnet, den du nie gekannt hast. Ich würde damit sehr bedachtsam umgehen und schützen, was du entdeckt hast.«

Junes Blüte würde bald verwelken und bald würde sie fort sein. Die alte und machtvolle Medizinfrau würde überdauern. Estcheemah wurde Lightningbolts Lehrerin und Mentorin und sollte ihn bis zum Moment ihres Todes unterweisen.

Es war ein wunderschöner Morgen, als Lightningbolt die Geschichte von Estcheemahs Medizinpfeife hörte. Sie gingen eine Kiesstraße entlang, als sie auf die Geschichte zu sprechen kam, wie ihre Pfeife zu ihr gelangte.

»Dieses Land ist ein wundervoller Platz zum Leben«, sagte sie zu ihm. »Die Leute, die in diesem Lande lebten, nannten es Wyoming, was ›Heidegöttin‹ bedeutet. Hier ist das Gras ewig jung und immer alt. Das gilt auch für meine Medizinpfeife. Meine Pfeife ist auf ewig jung und sehr alt. Der häufigste Kommentar vieler, die meine Pfeife sehen, ist, dass sie anders aussieht als die mehr traditionellen Pfeifen, die sie gesehen haben.«

Als sie um eine Wegbiegung herumgingen, kamen sie an eine alte Bezirksbrücke. Nahe der Brücke wuchsen so viele Weiden, dass es aussah, als ob beide Seiten aus Blättern geflochten seien. Estcheemah war sehr vertraut mit der Brücke. Sie schob die Weidenzweige auf die Seite und setzte sich auf das Brückengeländer.

Die Gesänge der Heidelerchen und Singvögel schienen mit einem Mal sehr nahe. Auch das Wasser, das unter der Brücke durchfloss, sang ihre Melodie. Der kleine Strom machte Lightningbolt einsichtig für die Wahrheit, dass er Wyoming nicht zugehört hatte.

Estcheemah wickelte sehr sachte ihr Medizinbündel aus, das ihre

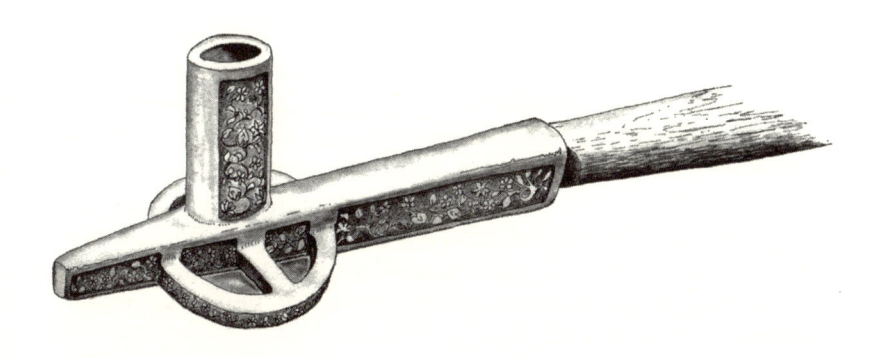

Medizinpfeife enthielt, und reichte es Lightningbolt. Er nahm die Pfeife und setzte sich mit gekreuzten Beinen auf die Straße. Er sorgte sich nicht um den Verkehr, denn tagelang würde hier niemand vorbeikommen.

»Meine Pfeife ist, wie du sehen kannst, eine Radpfeife. Diese Radform meiner Pfeife ist nicht so gewöhnlich, aber sie ist auch wieder nicht so ungewöhnlich.

Medizinpfeifen wurden in jeder erdenklichen Form geschnitzt. Dieser Entwurf geht so weit ins Altertum zurück, dass niemand weiß, wo oder wann er ersonnen wurde.

Zwei Frauen schnitzten die Pfeife über den Zeitraum eines Jahres. Sie höhlten sie mit einem Feuersteinbohrer aus. Später ließ ich das Loch mit einer elektrischen Bohrmaschine in Cheyenne erweitern. Ich denke, es war die einzige Pfeife, die jemals in einen Maschinen-Laden gebracht wurde. Ein alter deutscher Dreher hat die Arbeit für mich ausgeführt – es bereitete ihm Vergnügen.

Während mein Verständnis für mich selbst und unsere Erdmutter wuchs, sprachen meine Zero Chiefs nicht viel mit mir über meine Medizinpfeife. Es war eine Wartezeit für mich.

In der Zeit von meinem vierzehnten bis zu meinem achtundzwanzigsten Lebensjahr, als ich geheilt wurde, hielt ich mich im Heim meiner Mutter versteckt. Mein Gesicht und meine Hände waren mit Ausschlägen bedeckt – so erfuhr ich erst nach meiner Heilung, wie es ist, mit einem Mann zu schlafen.

Es gab eine Frau, die bettelte meine Stiefmutter ständig an, sie solle doch den Versuch zulassen, mir zu helfen. Sie lebte nur zwanzig Meilen entfernt. Ihr Name war Night Arrow Woman. Meine Stiefmutter war eine überzeugte Katholikin und hätte nicht einmal im

Traum daran gedacht, eine Medizinfrau um Hilfe zu bitten. Meine Mutter und mein Vater waren gestorben, als ich noch sehr jung war. Der Tod meiner Eltern bleibt ein Geheimnis. Little Wolf hatte mich adoptiert, er und meine Stiefmutter zogen mich auf. Little Wolf und seine erste Frau, Dreamer, waren die engsten Freunde meiner Mutter und meines Vaters gewesen. Der Tod meiner Eltern und von Dreamer muss eine Tragödie gewesen sein, denn Little Wolf weigerte sich, jemals darüber zu sprechen, wie sie gestorben sind. Es wurde gemunkelt, dass sie während der Indianerkriege umgebracht worden seien.

Little Wolf war nie wieder derselbe, nachdem Dreamer gestorben war. Er war der traurigste Mann, den ich je in meinem Leben kennen gelernt habe. Ich wusste, bis ich älter war, nicht, dass meine Stiefmutter eine Trinkerin war. Little Wolf trank niemals. Er muss sie sehr geliebt haben, um sich damit abzufinden, was er so lange Zeit tat. Schließlich wurden sie geschieden.

Die Frau, die meine Großmutter werden sollte – in der Tat erzog sie mich mehr als meine Stiefmutter –, war die Mutter meiner Stiefmutter. Meine Großmutter war sanft und sehr traditionell. Sie war diejenige, die schließlich Hilfe für mich auftat. Sie lebte nicht mehr lang genug, um zu sehen, wie ich geheilt wurde, aber sie zweifelte nie daran, dass es so sein würde. Das Jahr meiner Heilung war ein schreckliches Jahr! Ich denke, meine Stiefmutter und Little Wolf trennten sich damals wegen Night Arrow Woman.

Ich zog zu Night Arrow Woman und lebte bei ihr, sodass sie mir helfen konnte. Sie war eine alte Frau und beinahe vollkommen verkrüppelt. Als ich ihr Heim das erste Mal sah, fühlte ich mich schrecklich. Das Haus war nicht schmutzig, aber es war in einem schrecklichen Zustand.

Du musst verstehen, dass meine Stiefmutter meinen Geist gegen Night Arrow Woman aufgebracht hatte. Sie hatte mir erzählt, ich sei nur eine schäbige Sklavin, die Night Arrow Woman für ihre Sklavendienste haben wollte.

Ich glaubte das und war krank in meinem Herzen, viele Tage lang. Ich organisierte das Haus, wurde sogar Schreinerin, setzte Fenster ein. Die alte Frau hatte zerfetzte Decken an den Fenstern.

Night Arrow Woman saß an ihrer alten Pedalnähmaschine, bewegte sie mit ihrem gesunden Bein und nähte und nähte. Was ich tun konnte, war, zu arbeiten und zu arbeiten. Ich wusste nichts anderes zu tun. In jenen Tagen war mein Geist sehr einfach strukturiert; fraglos hatte ich eine Autorität nach der anderen akzeptiert. Du siehst, ich konnte nirgendwo anders hingehen, so musste ich das Beste aus den Dingen machen.

Wir waren in der Lage, etwas Malerfarbe einzutauschen, und ich strich das ganze Haus an. Eine Weile half das, aber bald wurde ich wieder traurig. Ich weinte regelmäßig jede Nacht und betete darum, zu sterben. Ich wollte mich selber umbringen, aber ich wusste nicht wie. Ich wollte verzweifelt aus dem Leben scheiden, nur weg von meinem geschundenen Leib.

Night Arrow Woman konnte nicht stehen, nicht einmal auf ihrem gesunden Bein, denn etwas mit ihrer Hüfte stimmte nicht. Ich beobachtete, wie sie sich herumschleppte. Ihr erbarmungswürdiger Zustand ängstigte mich.

Zu jenen Zeiten schaute ich auf meine schäbigen Hände und mein Gesicht und dachte, dass wir beide Monster seien. Night Arrow Woman musste zur Tür kriechen, sooft jemand zu unserem Heim kam. Ich rannte immer weg und versteckte mich, wenn Leute kamen.

Die alte Frau begann, mich zu unterweisen. Als erstes lehrte sie mich lesen. Sie wollte, dass ich ihr vorlas, Nacht für Nacht. Sie war so schön in ihrem Herzen, so warm und liebevoll. Mir wurde bald klar, warum sie in einem solch schrecklichen Zustand lebte. Ihre Aufgaben waren unmöglich für sie allein zu erledigen. Sie saß auf dem Boden und polierte ihn fleckenlos; das erstaunte mich. Sie tat alles, was sie konnte, um mir zu helfen, immer! Sie lachte und scherzte und nannte mich Kleine. Ungeachtet dessen, wie schwer unsere Umstände auch wurden, sie war immer voll Heiterkeit. Sie erzählte mir, dass ich ihre Bestimmung sei, Lightningbolt. Kannst du dir vorstellen, wie seltsam diese Worte für mich waren?

Meine Liebe zu ihr wuchs, aber es dauerte eine lange Zeit und war eine schreckliche Anstrengung. Als ich anfing, ihr zu vertrauen, benutzte ich die Kräuter, die sie mir zur Behandlung gab.

Betttücher und Kleider zu flicken war unser einziges Einkommen. Die Stadtleute schickten mit dem Mann, der den Mietstall säuberte, jede Woche ihre Kleider zu uns. Die Leute hielten sich von uns fern, denn sie hatten Angst vor uns. Sogar die Indianer, die in der Nähe lebten, misstrauten uns. Wir wurden Hexen genannt.

Night Arrow Woman zeigte mir, wie ich Hemden flicken konnte. Meine schwierigste Aufgabe war, das Holz, das wir benutzten, zu spalten. Wir brauchten eine Menge Holz, um das Wasser zum Hemdenwaschen zu erhitzen. Die Hemden wurden immer gestärkt und gebügelt, nachdem wir sie geflickt hatten. Es war die Mode der Männer in jenen Tagen, Hemden zu tragen, die mit Stärke steif gemacht waren. Ich hatte die zwei Bügeleisen, die ich benutzte, um die Hemden zu pressen, immer zum Erhitzen auf dem Ofen. Es war eine fürchterlich harte Arbeit.

Wenn ich gerade nicht mit Kochen beschäftigt war, Holz hackte, Kleider wusch oder nähte, las ich Night Arrow Woman stundenlang vor. Ich war ausgehungert nach Information. Ich las Tag um Tag, bei jeder Gelegenheit, die ich hatte. Über die Jahre wurde ich zu einer glühenden Leserin.

Um die Zeit meines neunundzwanzigsten Geburtstags las ich alles, an was ich herankommen konnte. Die Bibliothek hatte nur fünfzehnhundert Bücher und so gab ich den größten Teil meines Geldes für Bücher aus.

Old Buffalo Soldier war der Mann, der die Hemden auslieferte und unsere Lebensmittel und Dinge, die wir brauchten, einkaufte. Er kaufte Bücher für mich oder holte sie aus der Bibliothek. Er verrichtete alle Arten merkwürdiger Gelegenheitsarbeiten. Er neckte uns damit, dass wir auf seiner Liste merkwürdiger Arbeiten standen. Er war sehr gütig. Ohne seine Hilfe hätten wir nicht überleben können.

Um die Mitte meines neunundzwanzigsten Jahres begannen die Medizinkräuter zu wirken. Innerhalb von zwei Monaten, nachdem die Medizin zu wirken angefangen hatte, wurde meine Haut gänzlich rein. Ich wusste, dass das hauptsächlich auf die Gebete von Night Arrow Woman hin geschah.

Als ich dreißig Jahre alt war, nahm sie mich das erste Mal mit, um die Stadt zu sehen. Ich hatte nie zuvor eine Stadt oder Siedlung gesehen und so war ich sehr aufgeregt. Night Arrow Woman blieb im Kutschenwagen sitzen und hielt die Zügel der Pferde, während ich mich das erste Mal umschaute. Zum ersten Mal einen Laden zu sehen ist ein großes Erlebnis. Zu der Zeit dachte ich, Läden seien unermesslich und wunderbar. Ich war so aufgeregt und platzte vor innerem Glück, dass ich weinte.

Meine erste Reise dauerte nur zehn Minuten, aber es war genug für mich. Danach machten wir jedes Wochenende eine Reise. Ich musste eine Menge Hemden für diese Reisen nähen, weil wir Geld für den Wagen und die Pferde zahlen mussten, aber wir liebten es!

Die Stadtleute wussten über ein Jahr lang nicht, wer wir waren. Niemand fragte uns je, wer wir waren. Sie wussten nicht, dass wir die Leute waren, die ihre Kleider flickten.

Das erste Mal, als eine Person mir sagte, ich sei wunderschön, war ich schockiert. Ich brach in Tränen aus und konnte meinen Kopf nicht aus Night Arrow Womans Schoß hochheben. Sie war sehr verständnisvoll.

Ich könnte mit meiner Geschichte fortfahren, mit meinen Ängsten und wie sehr ich zitterte, wenn ich unter Leuten war; aber das Gespräch über meine Pfeife ist wichtiger.

Meine ersten Erinnerungen daran, dass ich jemanden die Pfeife rauchen sah, sind die, dass ich Night Arrow Woman sah, wie sie sich hinaus zur Pumpe schleppte, um zu baden.

Zu jener Zeit dachte ich, sie sehe schrecklich aus! Wie ein schreckliches menschliches Monster, das dasaß und im kalten Wasser badete. Ich dachte nie daran, wie viel Schmerz es für sie bedeutete. Ich dachte nur daran, was für ein Monster sie doch war.

Jedes Mal, wenn Night Arrow Woman badete, enthüllte sie zuerst sorgfältig ihre Medizinpfeife. Nachdem sie gebetet hatte, kroch sie zur Pumpe, wo sie dann badete.

Es muss noch mehr über meine Stiefmutter und ihren großen Hass auf Night Arrow Woman gesagt werden. Meine Stiefmutter erzählte mir, Night Arrow Woman sei eine Monsterhexe und bete Dämonen an.

Little Wolf sagte nicht viel, wenn er diese Art Rede hörte, aber es war offensichtlich, dass es ihm unangenehm war. Er stand dann gewöhnlich auf, ging hinaus zum Arbeiten und kehrte nicht wieder, bevor die Schmährede vorüber war. Es war gut, dass ich seine Reaktionen sah, denn es sagte mir viel.

Little Wolf verdiente seinen Lebensunterhalt, indem er Holz für die Geschäftsleute in der Stadt spaltete. Nachdem seine Frau, Dreamer, gestorben war, war er wie ein toter Mann. Er wurde nur lebendig, wenn er über die alten Tage sprach.

Vier Jahre, nachdem ich zu meiner Lehrerin, Night Arrow Woman, gegangen war, starb Little Wolf auf mysteriöse Weise. Einige sagen, er habe sich umgebracht. Der Tod von Little Wolf schloss die einzige Tür zur Außenwelt, die ich hatte.

Ich hasste Rainbow und Dancing Tree, meine Mutter und meinen Vater, dafür, dass sie gestorben waren. Ich hasste Little Wolf und Dreamer dafür, dass sie gestorben waren. Ich hasste die schäbigen Umstände, unter denen ich zu leben hatte. Ich hasste die Welt, in die ich hineingeboren war, und ich verachtete mich selbst. Viele Monate lang war ich ein dumpfes, dummes Tier. Es war ein Wunder, dass ich nicht wahnsinnig wurde!

Sehr oft sang das Monster oder die Hexe, wie immer du sie nennen willst, mir in jener Zeit vor und bat mich, ihr vorzulesen.

Die Welt der Pein, in der ich zu leben hatte, war unvorstellbar schmerzhaft. Ich wusste nicht, dass meine Unwissenheit der Grund dafür war, dass meine Welt eine solche Marter war.

Nun kannst du sehen, dass die erste Pfeife, die ich je sah, einem Monster gehörte, das sich über den Boden schleppte wie irgendein getretener Wurm. Ich war so einfach im Geist! Ich dachte, ich würde die Dinge eines Monsters besitzen, wenn ich eine Pfeife hätte. Wer wollte schon die Dinge eines erbarmungswürdigen Monsters? Ich wollte schön, reich, geliebt sein und die Dinge der Reichen haben, nicht die einer armen Verkrüppelten.

Zu der Zeit war die Pfeife ein Symbol des Fürchterlichen und ich verachtete sie. Mir wurde erzählt, dass Little Wolf seine Pfeife aufgegeben und sie begraben hatte, als Dreamer starb. Ich dachte nicht, dass er seine Pfeife, seinen liebsten Besitz, mit seiner Frau begraben haben könnte, denn dies war eine Geste, die dem Begräbnis seines eigenen Herzens gleichgekommen wäre. Nein, ich kannte diese Wahrheit nicht oder vergegenwärtigte sie mir erst zwei Jahre nach dem Tod von Little Wolf.

Little Wolf war die einzige Sache, die einzige Person in meiner Welt, die rein, gesund und schön gewesen war. Zu jener Zeit waren meine Gedanken sehr einfach. Wenn Little Wolf seine Pfeife aufgegeben hatte, dann musste etwas mit der Pfeife nicht in Ordnung sein. Oh, in welch schrecklichem Irrtum befand ich mich!

Ich denke jetzt mit dem Wissen um die extremen Bedingungen zurück, in denen Night Arrow Woman ausharren musste, und es bringt mich zum Weinen. Wie überaus tapfer sie war! Solche Seelenschönheit. Ich habe keine tugendsamere Person als sie kennen gelernt. Night Arrow Woman war eine heilige Frau.

Wenn jemand die Gelegenheit hat, mit einer heiligen Frau zu leben, kann nichts als normal bezeichnet werden. Sobald ich einmal begonnen hatte, Night Arrow Woman ein wenig zu helfen, wandelte sich für uns beide alles.

Meine gesamte Existenz veränderte sich für immer. Jetzt, da Night Arrow Woman sich selbst und ihre Existenz in Frische bewahren konnte, begann ich zu sehen und zu fühlen, dass es wirkliche Hoffnung gab. Ich fühlte, ich hatte eine Gelegenheit, etwas Neues und Wunderbares zu erfahren.

Mein Lernen begann tatsächlich in meinem einunddreißigsten Jahr. In dem Jahr wurde ich geboren. Vor meinem Geburtsjahr, so erklärte mir Night Arrow Woman, hatte ich den Weg des Mitgefühls zu erlernen.

Sie sagte, dass am Ende dieses Weges meine Medizinpfeife auf mich wartete. Wohl waren ihre Worte wunderschön, doch erst später sollte ich verstehen, was sie bedeuteten.

Ich erfuhr, dass die Medizinpfeife von dieser Schildkröten-Insel Nordamerika kommt, wo wir jetzt leben. Sehr oft kennen die Leute die Geschichten der Lakota oder Tsistsitasts-Cheyenne und wie sie ihre Pfeifen benutzt haben. Aber es gibt andere Geschichten.

Alte Zero Chiefs gaben Kommentare darüber ab und erfreuten sich an der Wahrheit, dass die Pfeife und ihr Feuer sie an das alte Coatl-Atl erinnerte und daran, wie diese Völker danach strebten, die Gesamtheit der Leute zu erleuchten.

Die Quetzal-Atl, der hölzerne Stamm, die Heilige Dri ... ihre Mathematik erinnerte diese alten Zero Chiefs an die Vermählung von den Quetzal-Atl- und Coatl-Atl-Tempeln. Sehr oft denke ich an meine Pfeife als die Quetzal-Atl und Coatl-Atl.

Das Leiden der Leute, Ignoranz, Freuden, Erleuchtung – die Gesamtheit unserer wundersamen Lebensreise – ist für mich das Leben selbst. All das sehe ich, wenn ich meine Pfeife rauche.

Ich habe die Ergebnisse zweier Weltkriege gesehen. Die Gattung der Leute geht eine Straße von Schädeln entlang und nennt sie Fortschritt, denn, wie es heißt, aus dem Krieg heraus wurde die neue mechanisierte Technologie geboren. Ich erbebe innerlich, wie die Ricke, die ihr Kitz geboren hat, wenn sie den Donner hört, den Leute in ihren Händen halten.

Ich glaube, dass es auf Erden so viel Schönheit gibt, dass sie den Geist der Leute überwältigt. Ich denke, dass die Leute insgesamt Angst haben, in Schönheit zu leben. Ich denke, dass die Leute insgesamt Angst haben vor der Herausforderung, in Schönheit zu leben.

Die Pfeife ist so einfach. Die Pfeife ist so überaus subtil. Die Pfeife sagt, dass wir Städte haben können mit großen Boulevards und Blumen und Bäumen. Die Pfeife sagt, dass wir nicht eine Straße von Schädeln entlanggehen müssen.

Die Pfeife sagt, dass jede und jeder von uns die eigene Autorität im Leben ist. Und diese tiefgründige Wahrheit macht jede und jeden von uns verantwortlich für unser Leben. Diejenigen, die wahrlich die Pfeife respektieren, müssen auch das Heilige Selbst, das sie sind, respektieren. Wie überaus feinsinnig das Selbst ist! Wie überaus flüchtig ist unser Leben. Die Pfeife ist auch bekannt als Lichtgesang, denn sie repräsentiert das Leben. Die Pfeife singt von unserem Selbst-Lernen.

Oftmals, wenn Leute mich über meine Radpfeife befragen, erzähle ich ihnen vom Kreis des Gesetzes. Aber weißt du was? Ich denke, sie stellen in Wirklichkeit Fragen über die Schönheit, die mich umgibt. Diese Schönheit ist mein Verstehen des Schmerzes, den meine Stiefmutter aufgrund ihres Selbstmitleids erlitt. Diese Schönheit ist meine Sorge um das Gedenken an Little Wolf, der seine Pfeife mit seiner Geliebten begrub. Diese Schönheit ist die Erinnerung an eine junge Frau mit großer Unwissenheit und Kummer, die mit Ausschlag behaftet war. Diese Schönheit ist die Macht der Heiligen Frau, Night Arrow Woman, die mich umgibt. Diese Schönheit ist mein Mut, mich der Schönheit zuzuwenden und ihre Herausforderung zu akzeptieren, die sie für uns alle darstellt.

Mir wird jetzt, da ich eine alte Frau und sehr oft alleine bin, klar, dass es so leicht ist, zu sterben. Es ist so leicht, in unsere Geist-Geist-Welt zurückzukehren, aus der wir kommen. Leben ist nicht einfach. Aber Leben ist bei weitem nicht so schwer, wenn wir das Selbst ehren.

Die Pfeife, die ich jetzt in meinen Händen halte, ist Substanz und Geist-Geist, aus dem Ursprung geschnitzt. Ich nannte meine Medizinpfeife Schönheit. Ja, so lautet der Name meiner Pfeife.

Es gibt Vier Speichen, die das Rad meiner Pfeife ausmachen. Sie sind die Kinder von Schönheit. Sie sind: Cheemah, Feuer-Osten; Morealah, Wasser-Süden; Ehahmah, Erde-Westen; und Wehomah, Luft-Norden.

Ich bin eine Zero Chief. Deshalb kann ich möglicherweise sagen, dass ich wahrlich nichts weiß. Für mich ist Nichts die Große Null – die Kreation selbst.

Ich weiß, du suchst alles, aber eines Tages wird dir klar werden, dass das, was du Nichts nennst, eigentlich alles ist.«

Estcheemah hatte Lightningbolt tief bewegt. Niemals, nie zuvor in seinem Leben war er einer Person begegnet, die soviel Weisheit und Liebe besessen hatte.

Einen Tag später, während er nach Ashland fuhr, befand Lightningbolt sich in einer Sphäre von Tagträumen, die so weitläufig war, so allumfassend, dass er tatsächlich eine Zeit lang voll Respekt für Leben und Geist-Geist war.

Er hielt bei Warring Hens Haus, in dem Cheyenne-Reservat, um einen Sattel zu holen, den der alte Mann von ihm geborgt hatte.

»Er ist zu einem Handspiel gegangen«, erzählte ihm Priscilla. Der Alte Ed Warring Hen war ihr fünfter Ehemann. Sie hatte ihre ersten vier überlebt.

»Handspiel. Wieder spielen. Trug dazu seinen besten Hut.« Sie lächelte und zog sich von der Terrasse in die Küche zurück. Sie war noch immer gern in Gesellschaft.

»Oh, wie bist du gewachsen. Geht's deiner Mutter gut? Spricht sie immer noch so schön Cheyenne? Wie kommt's, dass du deine Cheyenne-Sprache nicht besser kannst? Sprichst du immer Crow? Es ist schwer für uns alte Leute.

Wir haben jetzt unseren ersten Kühlschrank. Er arbeitet wirklich gut! Aber wir haben nichts zum Reintun. Lebensmittel sind nur in Dosen und Schachteln, aber der Käse ist im Kühlschrank. Willst du schauen? Manchmal lutschen wir am Eis. Es lässt uns träumen von Hirschsteaks, gutem Rindfleisch, Huhn und Truthahn.« Sie schaute auf in den Himmel. »Ja, er ist gar so leer. Auch gut«, seufzte sie.

»Keine Hamburger, hm?«, sagte Lightningbolt mitfühlend. »Nun, sag Ed, er soll den Sattel verkaufen. Warum nicht? Er wird alt. Kauf alle Hamburger, die du willst, okay?«

»Das werden wir.« Sie lächelte und zeigte die großen Lücken zwischen ihren Zähnen. »Danke. Je, das ist aber nett. Danke nochmal.«

Lightningbolt fuhr und fühlte sich, als hätte ein Pferd ihm direkt einen Tritt ins Herz verpasst.

Die restlichen paar Meilen nach Ashland waren eine fürchterliche Fahrt, voller Besorgnis und Schuldgefühlen. Es war nicht so, dass er sich für die Armut von Warring Hen persönlich verantwortlich gefühlt hätte. Es war diese alte Frage von Richtig und Falsch und die Frage, was Fairness eigentlich ist.

Wie die meisten jungen Männer seines Alters war Lightningbolt von einem Gefühl des Niedergangs ergriffen. Der Vietnam-Krieg bewirkte das. Jeder Krieg, in den ein Land sich verwickelt sieht, ist ein seltsames Auftreten von Widersprüchen. Jemand will den Krieg von einem Lehnsessel aus sehen, wobei er eine Fernsehmahlzeit genießt, während jemand anders weinend an einem Grab steht.

Viele sehen Krieg als eine Gelegenheit, Geld zu machen. Diejenigen, die im Krieg kämpfen, bekommen ihn ebenfalls aus vielen verschiedenen Perspektiven zu sehen. Ein Soldat sieht womöglich niemals eine Schlacht, während ein anderer jeden erdenklichen Terror erlebt.

Krieg kann ein furchtbarer Peiniger sein, oder ein grässliches Elend, das in jede Pore eines Landes einsickert. Der Vietnam-Krieg war soeben eine solche Krankheit geworden. Der Schatten des Krieges und der politischen Inkompetenz lauerte überall. Amerikas Jugend war enttäuscht über die ältere Generation und suchte das Neue.

Und durch Vietnam hatte eine neue Verelendungswelle jedes Reservat überflutet. Junge Männer, die desertierten und vor der Musterung oder vor dem Ingrimm der Städte flohen, und jene, die sich in Drogen flüchteten – alle verschmolzen zusammen in einem Mahlstrom von Hoffnung und Bitterkeit.

Jede Gruppe erwarb schnell einen Namen im Reservat. Wie sich die Namen herausbildeten, wusste niemand. Diejenigen, die unerlaubt der Truppe fernblieben, waren als die »Blitzexpress-Jungens« bekannt. Die wunderschönen jungen Frauen, die sich diesen Männern zugesellten, wurden die »magischen Express-Mädchen« genannt.

Die Whiskytrinker und die Cowboys gaben den neuen Leuten andere Namen. Sie nannten sie alle die Rattenstürmer. Jeder, der wie ein langhaariger Herumtreiber aussah, war Freiwild. Das bedeutete, dass ein Herumtreiber geschlagen, vergewaltigt, ausgeraubt, verspottet, missioniert, bedroht oder belästigt werden konnte.

Zu der Zeit stellte eine andere Gruppe von Jugendlichen, die aber doch nicht ganz Hippies waren, die Leute in den Friedenscorps. Ihre Gegenspieler nannten sie die Blutenden Herzen und verachteten sie, besonders die Frauen. Die Ortsansässigen glaubten, diese Mädchen würden mit den »dreckigen Böcken« schlafen.

Was den Hass betrifft, waren die Indianer auch nicht unschuldig. Die »Federväter«, die jungen indianischen Politradikalen, hassten jeden, besonders die Hippies.

Als nächstes kamen die Politkatzen oder Polkatzen, die »etablierten« Indianer, die auch im Stammesbüro waren. Sie waren erpicht auf Stammespositionen oder glühende Unterstützer derer, die in einem Stammesbüro sein wollten. Die Polkatzen wussten, was »richtig und falsch für die Indianer« war. Die Polkatzen hassten alles um sie herum. Die Asse waren die Akademiker, die »Regierungsexperten«. Jedes As beanspruchte, jeden und alles zu kennen, was als indianisch gelten konnte. Sie waren so gut informiert, dass es Jahre dauern konnte, bevor sie wussten, was ein Hippie war. Sie interviewten die Polkatzen, immer, wenn sie ein öffentliches Meinungsbild brauchten, und grundsätzlich verstanden sie immer alles falsch.

Dann kamen die Traditionalisten. Die ersten dieser Traditionalisten waren die Bauernschlauen, die weißen Landbesitzer. Halbblut-Leute waren die Meistgehassten auf ihrer Liste. Sie kannten alles, was vermeintlich amerikanisch oder authentisch indianisch war. Jedoch brachten es die Bauernschlauen aus irgendeinem seltsamen Grund immer fertig, in die »falsche Familie« einzuheiraten. Das bedeutete, dass sie sich immer mit Halbblut-Leuten verheirateten. Aber es war verboten, dies offen anzusprechen.

Für die Bauernschlauen waren alle anderen in Montana – innerhalb oder außerhalb des Reservats – angestellte Frauen oder angestellte Männer, die Neuankömmlinge eingeschlossen.

Die nächsten Traditionalisten waren die Leute der Grünen Vereinigung. Das waren Indianer, die diejenigen unterstützten, die Peyote konsumierten. Diese Leute waren jedoch nicht die berühmten Peyoteknöpfe, die indianischen Unverzagten, die entschieden hatten, dass alles und jedes, »was indianisch ist, indianisch war oder indianisch sein würde, Peyote war und ist«.

Die Grüne Vereinigung unterstützte die Standpunkte und vieles vom Denken der Peyoteknöpfe, mit einer Ausnahme: Die Anhänger der Grünen Vereinigung glaubten, dass der Sonnentanz-Weg noch immer eine kleine Chance haben könnte. Aber welcher Sonnentanz? Es gab so viele!

Die Politik brachte zwei andere Gruppen hervor, die Splittergruppe der Attraktionenvermarkter und die Anhänger des Powwow. Diese liebten jegliche Art von Powwow, den geselligen Geschenkeaustausch, der authentisch indianischen Tanz darstellen sollte, was er aber gewöhnlich nicht tat. Die Splittergruppe der Attraktionenvermarkter waren »die wichtigen Leute«, die das Geld der Märkte und Rodeos kontrollierten.

Alle »Traditionalisten«, zusammen oder getrennt, hassten das Büro für indianische Angelegenheiten gleichermaßen.

Gewiss kompliziert! Aber so lagen die indianischen Angelegenheiten zu jener Zeit.

Lightningbolt war vertraut mit all den Namen und wer auf den Reservaten wer war. Er genoss das Spiel und spielte es mit.

Einer von Lightningbolts engsten Freunden war Levi Greenblatt, obwohl seine Freunde ihn als Smokey kannten. Sobald Lightningbolt in Ashland ankam, fuhr er unverzüglich ins Pink China Café und hielt Ausschau nach seinem Freund.

Smokey war ein Stadt-Halbblut aus Oklahoma, ein junger Beatnik-Maler, der ins Reservat gekommen war, um, wie er es ausdrückte, »Trost, das Tiefe und Eindringliche, das Verrückte und Tiefgründige« zu finden. Smokey studierte, ja verehrte die Illusion. Er vertrat die Ansicht, dass »Illusion die Milch der Armut sei und das Brot wahren Reichtums«.

Smokey war düsterer Stimmung, als Lightningbolt sich im hintersten Raum des Cafés zu ihm setzte.

»Alles, was das Mädchen wollte, war, die Peyote-Zeremonie zu sehen.« Smokey sah sehr deprimiert aus. »Und jetzt ist Alex im Gefängnis ... die Hurensöhne.«

»Alex, im Gefängnis?«, sagte Lightningbolt augenzwinkernd. Er winkte der Kellnerin um eine Tasse Kaffee. »He, Smokey, was gibt's?«

»He, nein, diesmal ist es wirklich ernst!«, beharrte Smokey. »Alex ist im Kühlfach. Es sieht echt schlimm aus.«

163

Lightningbolt lächelte die Kellnerin an, nahm ihr seinen Kaffee ab. »Alex war schon früher mal im Gefängnis. Er wird's überleben.«
»He, nein, du raffst es nicht, Mann.« Smokey sah gequält aus. »Wirklich, erinnerst du dich an die wunderschöne Kathy? Um die fünfzehn, dumm wie Stroh. Gut, he, sie war drüben bei der Carvel-Farm. Sie wollte zusehen, wie einige Typen Peyote nahmen. Es waren Ballertypen da, Cowboys aus der Gegend, und ein paar Feder-Väter. Alex stolperte da mitten rein. Einer von den Ballertypen vergewaltigte Kathy in der Hütte. Sie rannte weg; Alex schlug dem Typen mit der Schaufel auf'n Kopf. Ließ seinen Schädel voll aufplatzen. Der Typ hat, glaub' ich, keine Lebenserwartung. Ne, Mann, das is' wirklich schlecht.«
Lightningbolts Gedärme waren augenblicklich ein einziger Knoten. Es schmerzte. Alex Blue Cloud, sein Schulfreund, war ihm sehr nahe gestanden. Er war gerade aus Vietnam zurückgekehrt.
Lightningbolt war Alex' einzig wirklicher Freund. Sie hatten geschworen, auf ewig Medizinbrüder zu bleiben, als sie zusammen in der Schule waren. Später ging Alex zur Marine und drehte zwei Runden in Vietnam.
Nach seiner Rückkehr nach Amerika war er nie wieder derselbe. Er war launisch, verschlagen und benutzte Drogen als Antwort auf jeden Schmerz und als Lösung für jedes Problem.
Kent Little Bow schlüpfte neben Lightningbolt an den Tisch. Er schaute sich um, als ob ihm jemand folgen würde. »Ich denke, dass Alex es gerade geschafft hat«, informierte er die beiden Männer. »Alex rannte vor dem Knast weg, weg vor der indianischen Reservatspolizei. Er versteckt sich irgendwo da oben in den Hügeln. Er hat eine Pistole mitgenommen. Mann, ich meine, er zettelt einen kleinen Krieg an.«
Unter dem Tisch drückte Kent ein Stück gelbes Papier in Lightningbolts Hand. »Er kann irgendwo in den Little Horns sein. Vielleicht in den Wolf Mountains, wer weiß?« Er stand plötzlich auf. »Ich seh' dich noch. Hast du was zu rauchen? Hasch? Kambodschaner? Ich tausche gegen Kaktus.«
Beide Männer verneinten mit einem Kopfschütteln. Kent lächelte, dann drehte er sich auf dem Absatz um und verließ das Café.
Drei Stunden später kam das Silberschiff auf einem selten benutzten Feldweg ganz nah am Little Owl Creek zum Stehen. Lightningbolt hatte einen Pferdeanhänger mitgebracht. Darin war eine wunderschöne schwarze Stute mit einem großen Herzen.

Sie warf ihren Kopf hoch, als er den Sattel festzog. Er blickte verstohlen umher, bevor er den Zügel über ihre Ohren hob. Ja, der Transporter würde hier gut aufgehoben sein. Niemand würde ihn sehen.

»Alex, du Idiot«, fluchte er, als er sich in den Sattel schwang. »He, Mann, warum bestehst du auf soviel Schmerz? Du musst April Horse sehen.«

Er ließ die Stute laufen, bis sie ihren eigenen Rhythmus gefunden hatte. Eine Stunde später, bei Yellow Head Springs, stieg er ab und legte der Schwarzen Fußfesseln an. Sie befand sich auf guter Weide.

Seine Sporen sangen, als er den Hang zur alten Hütte hochrannte, die er und Alex immer während der Elchjagd benutzt hatten. Als er dort ankam, sah er, dass die Hütte nicht mehr existierte. Jemand hatte sie bis auf die Grundmauern niedergebrannt. Gelbes Papier, gelber Kopf; seine Vermutung, was die Botschaft auf dem gelben Papier betraf, war falsch gewesen.

Er ging enttäuscht um den Schutthaufen herum. Möglicherweise waren Fußspuren zurückgeblieben, aber irgendwie zweifelte er auch. Nein, er hatte wieder falsch geraten.

Er wandte sich um und blickte ins Tal hinunter.

Plötzlich realisierte er, dass in der Tat jemand da gewesen war – und zwar vor kurzem. Der Boden war glatt gestrichen und die Spuren von Reitern und Pferden waren zum großen Teil unkenntlich gemacht. Wessen Spuren waren das? Warum waren sie so nachlässig und radierten nur die Hälfte der Zeichen aus? Es war merkwürdig.

Seine Nackenhaare stellten sich auf. »Wo seid ihr versteckt, ihr Hunde?«, schrie er. »Sucht ihr Alex? Seid ihr Bullen?«

Zwei Männer erhoben sich und traten hinter dem zusammengebrochenen Schuppen hervor, wo sie verborgen gewesen waren. Ja, es war die indianische Polizei. Einer der Männer signalisierte ihm, nach vorn zu kommen.

»Geh zur Hölle!« Lightningbolt war ärgerlich.

»Halt!«, brüllte der Polizist. »Wir haben ihn, Lightningbolt – komm nicht dazwischen. Es ist gegen das Gesetz.«

»Er ist ein gesuchter Mann«, sagte ein dritter Mann, der von rechts kam. »Sachte, Lightningbolt. Wir wissen, Alex ist dein Freund, aber du kannst ihn nicht beschützen.«

Lightningbolt drehte sich um, um den letzten Sprecher zu sehen, und Jähzorn wallte in seinem Herzen auf. Die drei Männer standen ihm jetzt alle gegenüber.

»Du kennst mich, Sohn«, sagte der größere Mann, lächelnd. »Ich bin Franklin. Wie geht's deiner Mutter?«

Lightningbolt biss seine Zähne zusammen. Er nickte nur, dass er verstanden hatte. Er war viel zu ärgerlich, um zu sprechen.

»Es ist Totschlag, vielleicht Mord«, erklärte Franklin ruhig. »Und er hat einen Polizisten angeschossen und verwundet. Er ist gefährlich und verrückt, ausgeflippt und auf Droge. Träum bloß nicht davon, ihm zu helfen. Kapiert?«

Lightningbolt hörte jemanden zu seiner Linken und wirbelte herum. Es war der Besserwisser, Dave Pine.

»Komm hier rüber, Dave«, ordnete Franklin an. »Wir sitzen auf. Behalt diese Rotznase im Auge. Er hat viele Tricks auf Lager.«

Dave kam aus seinem Verschlag. »'s wird mir ein Vergnügen sein.« Dave sprach absichtlich Crow. Das war als Beleidigung gedacht.

Lightningbolt rannte, so schnell ihn seine Füße den Hang hinuntertrugen.

»Halt!«, schrie Dave. »Du bist auf unserer Seite!«

»Komm auf dein gottverdammtes Pferd«, fluchte Franklin. »Du Esel. Du hast ihn laufen lassen und du bist gefeuert.«

Lightningbolt hatte sein Jagdmesser schon in der Hand, als er an der Schwarzen vorbeikam. Er schnitt die Fußfesseln durch und war augenblicklich auf ihrem Rücken. Das ängstigte sie und sie warf ihren Kopf hoch. Aber als seine Sporen tief zubissen, explodierte sie in einen harten Galopp.

»Osten! Osten, Lady«, drängte er sie. »Lauf! Lauf, Lady!«

Er blickte zurück über seine Schulter und sah seine Verfolger nicht allzu weit hinter sich. Sie ritten halsbrecherisch hinter ihm her. Ihre Pferde waren jung und schnell.

Lightningbolt hatte nur eine Chance, seine Verfolger zu täuschen – in der großen Hohlkehle. Es gab einen tiefen, schnellen, schlammigen Fluss am Boden der Hohlkehle. Der Fluss war gefährlich und tückisch, wenn jemand sich nicht auskannte.

Als Kinder hatten er und seine Freunde mit dem Flüsschen gespielt und es Goldie genannt. Ihr Spiel bestand darin, mit ihren Pferden von der Klippe in das Flüsschen zu springen, dann die Pferde an den Schwänzen zu packen und die Tiere schwimmen zu lassen. Wer bis zur Sandbank kam, war der Gewinner. Lightningbolt hatte das Spiel viele Male gespielt.

Die Polizisten waren nicht vertraut mit dieser Art Verfolgungen.

Sie hatten keine Ahnung von Goldie. Wenn er die Schwarze dazu bringen würde, zu springen, dann hatte er es geschafft. Es gab tausend überhängende Äste, die in den Fluss hineinragten – alles Verstecksplätze, Hindernisse, um die die Polizei würde herumreiten müssen. Sobald er einmal im Fluss war, würde die Abkürzung ihm einen Vorsprung von mindestens zwei Meilen geben. Als die Stute zum Abhang kam, trieb er sie mit seinen Sporen an und steuerte sie auf die Klippe zu, aber sie drehte sich und tänzelte herum, dann bockte sie. Sie hatte große Angst. Er wendete sie, dann grub er ihr wieder seine Sporen hinein. Diesmal schoss sie über die Kante, und beide tauchten drunten in den Strom ein.

Lightningbolt spuckte Wasser, als er wieder Luft bekam, aber immerhin hatte er den Schwanz des Tiers fest im Griff. Sie war eine starke Schwimmerin und der Strom war sehr unruhig. Sie verschwanden augenblicklich hinter einer Biegung, dann einer nächsten. Beinahe eine Meile stromabwärts führte er die ermüdete Schwarze auf die Sandbank in der Strommitte, die fast ganz unter Wasser war.

Jetzt konnten die beiden ausruhen und neuen Atem schöpfen. Es gab keinen Grund zur Eile. Er hatte es besser gemacht, als er gedacht hatte. Es war unmöglich für die Verfolger geworden, sie jetzt noch einzuholen. Sogar sie zu finden war unmöglich.

Das zweite Eintauchen in das kalte Wasser war nicht gerade angenehm. Die Schwarze schwamm die letzten paar Meter, dann kämpfte sie sich auf die Uferböschung vor.

Lightningbolt streifte seine triefendnassen Kleider ab, wrang sie aus und ritt nackt weiter. Eine Stunde später waren seine Kleider trocken genug, um sie wieder zu tragen. Er zog sich an und sah sich um. Von diesem Punkt an würde er den felsigsten Untergrund wählen, den er finden konnte. Franklin war ein guter Polizist, aber er war kein indianischer Pfadfinder.

Viereinhalb Stunden später erreichte Lightningbolt Soldier Springs. Er sprang ab und kramte den kleinen Sack mit Hafer heraus, den er in seine Satteltaschen gepackt hatte. Er war feucht, aber die Schwarze mochte das.

Lightningbolt warf die Sandwiches weg, die er gemacht hatte, setzte sich auf einen Stein und aß einen Schokoriegel. Er war feucht, aber nicht verdorben. Es wurde jetzt kälter, aber der Mond ging auf, hell und voll.

Als Lightningbolt eine Dose Gulasch aufmachte, erinnerte er sich plötzlich daran, wie Kent, Alex, Rufus, Dan Boy und er selbst in der Schule Geheimbotschaften geschrieben hatten. Purpurnes Papier bedeutete Schule schwänzen. Grün bedeutete Bier kaufen.

Er runzelte die Stirn und versuchte sich zu erinnern, warum diese besonderen Farben gewählt worden waren. Orange hieß Schule ausfallen lassen. Gelb. Was war Gelb?

Weiß oder Rot war ein Mädchen, gewöhnlich mit einer Initiale. Blau ... was war Blau? Er konnte sich nicht erinnern. Schwarz war ... Was war Gelb?

Er begann sein Gulasch zu essen. Das Pferd graste zufrieden.

»Gelb!«, brüllte Lightningbolt und sprang auf seine Füße. »Krieg, Schlacht, das war es. Ein Kampf. Custer, gelbes Haar, klar.« Aber was bedeutete das gelbe Stück Papier, das Kent ihm gegeben hatte? Es war keine Schrift darauf.

Er stellte seinen Gulaschnapf ab und ging an den Platz, wo die Stute graste, und striegelte sie. Dann ging er zurück zu seinem Sitzplatz und begann wieder zu essen

»Custers letzter Aufenthalt?«, schmunzelte er, nachdenklich. »Nein, nicht Custers Schlachtfeld. Custers Pass?«

Er war dreiundzwanzig Meilen vom Grab des alten Spotted Horse entfernt. Spotted Horse war ein machtvoller Krieger gewesen, der gegen die Weißen gekämpft und gewonnen hatte. Alex hatte immer gesagt, dass es sein Platz war, dass er allen machtvollen Kriegerinnen und Kriegern gehörte. »Ja, das war es. Alex hatte gesagt, er wolle seinen letzten Tanz dort tanzen, genauso wie Spotted Horse es getan hat. Jaaa! Kannst du das glauben? Kent hat sich an die Unterhaltung erinnert. Das war Jahre her.« Er runzelte die Stirn. »Alex hat sich auch an diese Unterhaltung erinnert.«

Lightningbolt begann die Schwarze zu satteln. Es war Zeit loszureiten.

Alex hatte die Grabstätte geliebt, dachte Lightningbolt, während er die Satteltaschen auflud und sie festzurrte. Kent und Alex müssen miteinander gesprochen und sich daran erinnert haben ... deshalb war es im Geist von beiden frisch. Ja, Alex schwor, dass sein Körper niemals in Vietnam beerdigt würde. Er schwor, er würde zu Spotted Horse zurückkehren. Er gehörte zu den wahrhaften Kriegern.

Der Mond schien hell über seinem Kopf, als Lightningbolt die Zügel der Schwarzen bei Spotted Horse anzog. Die Hütte, die Larry Steinburg gebaut hatte, stand noch. Es war eine gut gebaute Jagdhütte.

Er führte die Schwarze zur Koppel und gab ihr Hafer und Heu. Der kleine Anbau an der Koppel befand sich in einem guten Zustand. Die hübsche Fuchsstute, auf die sie dort trafen, musste Alex' Pferd sein.

Fünfzehn Meter entfernt leuchtete eine Lampe warm aus dem Hüttenfenster. In dünnen Fetzen stieg Rauch vom Kamin hoch. Alex liebte die Behaglichkeit.

»He, Alex!«, schrie Lightningbolt zum Haus. »Ich bin's, Lightningbolt. Gelbes Papier. Was tust du da drin? He, Träumer!« Er lachte.

Nur Schweigen beantwortete seinen Ruf.

»He«, scherzte Lightningbolt und redete weiter. »Hast du den weißen Jesus wieder in deinen Venen? Oder hast du den Buddha in deinem Hirn?« Nur Alex benutzte diese Ausdrücke, deshalb musste er wissen, dass es Lightningbolt war. »Mach schon, Traumjunge, antworte. Und ziel nicht mit deiner großen Lady auf mich, okay?« Er wusste, Alex war nie ohne sein Jagdgewehr unterwegs.

Noch immer keine Antwort. Lightningbolt begann, sich Sorgen zu machen. Er ging hinaus in die Mitte des Hofes und rief. »He, ich bin's, Lightningbolt.«

Nur die Pferde in der Koppel schienen aufmerksam zu werden. Das Haus blieb still.

Er ging vorsichtig zur Terrassentür, seinen Rücken gegen die Wand gekehrt. Etwas war gespenstisch anders als sonst. Das Haar in seinem Genick stand zu Berge. Seinen Rücken immer noch an der Wand, klopfte er mit der Rückseite seiner Hand an die Tür.

Ein sehr merkwürdiger Klang kam vom Inneren der Hütte; es war schaurig. Dann ein Kratzen an der Tür. Lightningbolt drehte vorsichtig das Schnappschloss an der Tür und stupste sie mit seinem Handrücken an, bis sie sich öffnete.

Die Tür flog mit einem Quietschen auf und eine verängstigte braune Katze kam herausgeflitzt.

»Alex?«, flüsterte er heiser. »Machst du grade mit Buddha in deinem Hirn rum? Quatscht der weiße Jesus gerade mit dir?«

Nicht ein Ton kam aus dem Raum.

Lightningbolt stieß die Tür weit auf und spähte um den Türpfosten herum, um einen Blick zu erhaschen. Was er sah, ließ seine Knie weich werden.

Alex pendelte langsam in der Mitte des Raumes, er hing von einem der Balken herunter.

Tränen stürzten aus Lightningbolts Augen, als er auf seinen Freund zuging. Er versuchte zu sprechen, aber der einzige Ton, der kam, war ein Schluchzen.

Er ging auf den Leichnam zu und riss die Nachricht ab, die Alex mit einer Sicherheitsnadel an sein Hemd geheftet hatte.

»Hallo, Lightningbolt«, las er. »Ich habe den weißen Jesus in meinen Venen. Ich habe den Buddha in meinem Hirn. Ich werde mit den Kriegern tanzen, wenn du mich findest. Wenn du nach Vietnam gehst, Lightningbolt, dann musst du auch dort sterben. Es ist zu traurig zurückzukommen. Stirb dort!«

Er hatte mit einem »A« unterschrieben.

Lightningbolt zerknitterte das Papier und steckte es in seine Tasche. Er fühlte sich plötzlich erstaunlich ruhig. Diese Ruhe war nicht gut.

»Du dummer Kerl«, sagte er zu seinem Freund. »April Horse, er kannte deinen Schmerz, Mann!«

Tränen rollten seine Wangen hinab, aber aus irgendeinem seltsamen Grund blieb seine Stimme sehr beständig, sehr ruhig.

Der Raum stank. Alex' Eingeweide hatten sich entleert, als er starb.

Lightningbolt richtete den Stuhl auf, der auf die Seite gefallen war, stellte sich auf ihn und schnitt Alex mit seinem Jagdmesser ab. Der Körper fiel herunter, schwer wie der Tod. Er begann steif zu werden. Er schleppte den Toten zur Schlafstelle und legte ihn hin. Als er seinen Bruder näher untersuchte, fand er heraus, dass Alex sich nicht den Hals gebrochen hatte. Er hatte sich langsam zu Tode stranguliert.

Am folgenden Morgen rief Lightningbolt von einer Tankstelle aus die Reservatspolizei an. Er gab seinen Namen nicht an. Lightningbolt fuhr nach Wyoming, um einen Platz zum Weinen zu finden.

Sein Geist war ein Schlachtfeld von Zweifel und Unentschlossenheit. Er brauchte ein Gespräch mit Estcheemah.

Überall um ihn herum waren Stacheldrahtzäune. Sie begrenzten die Straßen und schnitten durch jedes Feld, waren Fallen für Hirsche und Bäume. Die stachligen scharfen Enden sperrten Leute und Tiere ein und versuchten, Leben draußen zu halten. Er hasste diese Zäune.

Harter Donner dröhnte über seinem Kopf, während er fuhr. Die Landschaft wurde ein erleuchteter Erdentraum, der flackerte und Blitze warf, bald in Blau, bald in blassem Purpur und jetzt in einem silbernen Spektrum von Bäumen und Himmel.

Die Augen der Hirsche und Kühe leuchteten gelb und blau, als die Scheinwerfer des Silberschiffs an der Straße entlang- und in die Felder hineinblitzten. Nichts schien real zu sein.

Das Blitzen war intensiv. Es flackerte und krachte gegen die Hügel und warf leckende Zungen feurigen Lichts in jedes Tal. Blitzbögen von Wetterleuchten loderten und schimmerten durch die von Wind skulptierten Wolken. Jede mögliche Form fand in diesen leuchtenden Wolken ihre Gestalt. Er sah eine machtvolle Kachina zehn Meilen hoch blitzen und glühen. Die Kachina erschien ihm wie Donnerlachen.

Lightningbolt fluchte auf Alex, während er fuhr. Er fluchte auch auf andere Freunde, von denen er gesehen hatte, wie sie sich mit Apathie und Drogen umbrachten. Er lachte bitter und schrie jeden von ihnen an und verhöhnte sie dafür, dass sie auf ihrer Dummheit beharrten.

Als Lightningbolt aufwachte, streifte Mellow, Estcheemahs Katze, mit ihrem Schwanz über Lightningbolts Gesicht. Sie schnurrte, dann kauerte sie sich neben seinem Kopf nieder, um einige Drosseln in einem nahe gelegenen Baum zu beobachten.

Er streichelte sie und blickte in den weiten blauen Himmel hinauf. Der große Sturm hatte nachgelassen, genauso unvermittelt, wie er begonnen hatte. Die Nacht war so warm gewesen und so einladend, dass er sich entschieden hatte, die Ladefläche seines Transporters trockenzureiben und dort sein Bett zu machen. Er hatte die Sterne beobachtet, bis der Schlaf zu ihm kam.

»Je einen Vogel verspeist?«, fragte er Mellow, als er sich aufsetzte. Er rieb sich die Augen und gähnte.

»Kaffee?«, rief Estcheemah vom Haus her. Sie ging zur Pumpe und begann, Wasser hochzupumpen. »Du kannst dich hier waschen. Und du kannst dich nützlich machen, indem du die Hühner fütterst. Der Futtersack steht genau in der Schuppentür.«

Estcheemahs Heim hätte nie einen Preis als typisches Mittelklassehaus gewonnen. Hingegen hatte sie über die letzten zehn Jahre daraus eine Behausung gemacht, die für einen Künstler begehrenswert gewesen wäre.

Licht war es, was die Näherin und Künstlerin brauchte und was entscheidend geholfen hatte beim Entwurf ihres Hauses. Das Wohnzimmer war ihr Nähraum geworden. Es hatte ein weites Dachfenster und zwei Fensterwände, die vom Boden bis zur Decke reichten. Ein Raum, der üblicherweise als Gästezimmer gedient hätte, wurde ihr Zuschneideraum. Dieser höchst angenehme Raum hatte ebenfalls zwei Fensterwände vom Boden bis zur Decke. Er enthielt zwei lange Tische: Einer war hochpoliert und die Oberfläche des anderen war mit einem Stück grünem Filz beklebt. Diesen benutzte sie für ihre Schnittmusterentwürfe. Unterhalb von ein paar Fächern, die mit Nähmaterial gefüllt waren, war an der inneren Wand ein altes Armeefeldbett zum Herunterklappen befestigt, in dem Gäste schlafen konnten.

Die Küche war hell und fröhlich und voller Licht. Hier, in diesem Raum gab es ein weiteres Oberlicht, und jeder verfügbare Zentimeter Wand bestand aus Glas, denn Estcheemah genoss es, auch in diesem Raum zu nähen.

Estcheemah hasste es, ihre Zeit mit Kochen und Putzen zu verschwenden. Folglich besaß sie jedes nur mögliche moderne Küchenutensil, bis hin zu zwei eingebauten Geschirrspülmaschinen.

Estcheemahs Heim wurde von drei Holzwänden eingefriedet, die sie für ihre Sicherheit und auch zum Schutz ihrer Privatsphäre erbaut hatte.

Da sie so viele Fenster hatte, die vom Boden bis zur Decke reichten, hatte sie ihre »Wiesenwand« hochgezogen. Sie umgab drei Seiten des Hauses und war bewusst so angelegt, dass sie wie ein Teil des Gebäudes aussah und keine Ähnlichkeit mit einer Wand hatte, die nicht zum Gebäude gehörte.

Dies war ihr gelungen, indem sie die Balken über das Dach des Haupthauses hinaus verlängert hatte. Damit eröffnete sie sich eine Pergola und eine kleine umfriedete Gartenzone. Die Oberseite der äußeren Wand sah aus, als sei sie Teil des Heims, denn sie war mit einer Dachverkleidung bedeckt. Zwischen der Gebäudewand und der »äußeren Wand« gab es gut einen Meter wilde Gräser und Heidepflanzen, in denen sie Plätze für kleine wilde Tiere versteckt hatte, die nach Belieben ein und aus gehen konnten.

Estcheemah liebte Blumen und Gärten. Ihre kleine Festung lag in der Mitte eines Gartens, der fast einen Hektar groß war. Sie hatte ihr Heim mit wilden Blumen umgeben, mit Maispflanzen, Tomaten und anderen Gartengemüsen.

Die Scheune war klein, silbrig verwittert und grenzte an eine kleine pfostenumzäunte Koppel. Sie stammte noch aus den Tagen, als Scheunen aus roh gesägten Fichten aus den nahe gelegenen Hügeln gebaut worden waren.

Weil sie so weit draußen auf dem Land wohnte, hatte sie Reservesysteme angelegt – die äußere Pumpe, eine Außentoilette, die in den Bäumen nah bei der Scheune versteckt war, und einen kleinen elektrischen Generator.

Das Hühnerhaus war direkt mit der Scheune verbunden und bot Unterschlupf für zwanzig Hennen und ihren Hahn. Drunten beim Fluss gab es ein »einbruchsicheres Gefängnis« für ihre fünf Gänse. Es war gebaut worden, als die Gänse jung waren, um sie vor den herumstreunenden Waschbären und anderen Beutejägern zu beschützen. Die zehn Enten mussten sich aus dem Fluss selbst verpflegen.

Alles in Estcheemahs Welt war sauber und gut umsorgt – außer ihrem ramponierten, angeschlagenen Käfer. Der' Volkswagen sah aus, als ob er einen Hurrikan hinter sich hätte. Sogar seine grauen Farbflicken schienen von einem Wüstenwind abgeschmirgelt.

Sie verdiente ihren Lebensunterhalt mit Mänteln, die sie nach erlesenen Entwürfen nähte. Kaufmann und Söhne, eine Kleiderfirma mit Sitz in New York, verkaufte Estcheemah die Stoffe, die sie brauchte, um ihre Mäntel zu fertigen. Dann verkauften sie jeden Mantel, den sie machte. Über sechsunddreißig Jahre hinweg war dies Estcheemahs Arbeit gewesen. Wenn ein Mantel fertig gestellt war, schickte sie ihn zurück zur Firma. Ihre Mäntel wurden in die ganze Welt verkauft. Aber Estcheemah selbst war Abraham Kaufmanns bestgehütetes Geheimnis.

Alle ihre Mäntel wurden in der feinsten Wolle und Seide angefertigt und mit kostspieligen Fellen umsäumt. Die Futterstoffe waren seidene Brokate, entweder gewebt oder im Orient handbemalt. Die Knöpfe waren handgefertigt, aus Elfenbein oder Perlmutt gesägt, aus

Holz geschnitzt oder kleine Glasskulpturen. Viele waren aus Gold und Silber und manche waren sogar mit Diamanten besetzt. Diese Knöpfe kamen aus allen möglichen Ländern, angefertigt von Künstlerinnen und Künstlern aller Art. Die Kunden der Mäntel hatten sie gekauft und dann wurden sie von der Firma an Estecheemah geschickt, damit sie in den Entwurf mit einbezogen werden konnten. Die Frauen, die ihre Mäntel kauften, begegneten Estcheemah nie, noch wussten sie überhaupt von ihrer Existenz.

Nachdem Lightningbolt sich gewaschen und seinen Kaffee getrunken hatte, unternahm Estcheemah einen Spaziergang mit ihm in die Hügel hinter dem Haus. Sie gingen ungefähr eine halbe Stunde schweigend, bis sie zu einem breiten Sandsteinvorsprung kamen.

»Hier werden wir Halt machen«, sagte sie und setzte sich auf einen gerundeten Stein. »Setz dich hier in den Sand und sei für einen Augenblick ruhig.«

Zehn Minuten vergingen, bevor sie wieder sprachen. Sie wollte ihren Schüler studieren. Sie begann, ihn über seine Gewohnheiten zu befragen, neckte ihn und brachte ihn zum Lachen.

Sie setzten ihren Spaziergang fort, während Lightningbolt sprach. Es war Mittag, bevor Estcheemah beschloss, dass es Zeit sei, nach Hause zurückzukehren.

»Gefreiter.« Sie lächelte, während sie gingen. »Das ist dein Start mit mir. Ein kleiner Krieg ist das beste, um die Falten zu glätten. Dies ist ein Weg für dich und mich, einander kennen zu lernen.«

Lightningbolt war glücklich. Sie versprach ein Abenteuer, und das war es, was er wollte.

»Der Krieg wird in einem Jahr vorüber sein«, erklärte sie. »Wenn wir hier nächstes Jahr um die Zeit wieder entlanggehen werden, werden wir uns gut kennen. Der Tod deines Freundes ist ein anderes Thema.«

Sie begann, ihm über ihre ersten Versuche mit dem Fallenstellen zu erzählen. Ihre Abenteuer damit, wie man Fallen stellt und wie man sie nicht stellt, brachten Lightningbolt zum Lachen. Sie war eine Expertin im Geschichtenerzählen. Lightningbolt antwortete und fügte seinen eigenen Witz dazu. Diese Momente des Austauschs zwischen ihnen sagten ihr viel über ihren möglichen Lehrling. Es lief jedoch noch ein anderes subtiles Manöver ab, dessen der junge Mann nicht gewahr wurde – Führerschaft. Durch ihre Konversation und Estcheemahs Unterweisung, was jeweils physisch zu tun sei, machte sie Lightningbolt klar, wer die Befehlshaberin war. Estcheemah wusste, dass sie es, wenn sie dies nicht augenblicklich tat, mit Lightningbolts chauvinistischen Haltungen Frauen gegenüber zu tun bekommen würde.

Um die Zeit, als der Abend kam, wusste Lightningbolt, dass er keine gewöhnliche Frau getroffen hatte. Zwar machte ihn dies ein wenig besorgt, doch war es auch gleichzeitig eine Einladung, zu bleiben. Er dachte, er habe einen Einblick in sie bekommen, während er tatsächlich nichts wusste. Er dachte, er habe ihr nicht viel über sich selbst erzählt, aber in Wirklichkeit hatte er ihr alles erzählt.

Um Zeit mit Estcheemah verbringen zu können, nahm er eine Arbeit auf einer nahe gelegenen Farm als Traktorfahrer an. Er arbeitete neun Tage, bevor er aufhörte. Er erzählte Estcheemah, dass er hoffte, Arbeit in einer Ölbohrmannschaft zu finden. Die Arbeit würde bald beginnen.

Zu diesem Zeitpunkt nahm ihre Beziehung ein anderes Gesicht an. Estcheemah forderte jetzt mehr und stellte seine Haltungen zum Leben und sich selbst gegenüber in Frage. Da alles für ihren Lehrling neu war, wusste sie, dass sie enorme Geduld haben musste. Sie ließ ihn nach und nach in ihre Welt ein. Es hatte in Lightningbolts Leben einen Zwischenfall gegeben, der sie etwas beunruhigte. Das, was mit seinem Freund Alex geschehen war, ließ ihn viel zu kalt. Was steckte dahinter? Sie musste es wissen.

Eines Abends, bald nachdem er seinen Job aufgegeben hatte, fragte sie ihn, was er über den Tod dachte. Er antwortete: »Ich weiß es nicht. Ich weiß nicht viel über den Tod. Tod ist traurig und schmerzhaft.«

Um seine Reife zu prüfen, erzählte sie ihm, dass der Tod lautlos und perfekt sei. Dass Licht und Leben perfekt mit dem Tod verbunden waren und dass alle Leute über Trennung zu lernen hatten. Tod ist der Tröster für diejenigen, die nur extremen Schmerz kennen. Tod ist Schmerz für diejenigen, die ihre Lieben verlieren. Er blinzelte voll Erstaunen, dann lächelte er.

Im selben Augenblick schlug er einen Kurs ein, der Estcheemah gefiel und sie dazu brachte, noch mehr Aufmerksamkeit auf sein Denken zu richten. Er antwortete, dass er jetzt wisse, »warum der alte April Horse manchmal so seltsam sprach«, es war Estcheemahs

Einfluss. Er fügte hinzu, er wisse jetzt, dass es keinen anderen Weg gebe, über Tod zu sprechen, als Worte wie diese dabei zu verwenden.

Sie wusste, dass sie sein Unterscheidungsvermögen und seine Fähigkeiten, Entscheidungen zu treffen, testen musste. Während sie zusammenarbeiteten und in ihrem Garten jäteten, begann sie ihm in Ruhe über sich selbst zu erzählen.

»Als ich jung war, wusste ich nicht, dass es eine Göttin gab«, sagte sie. »Und ich hatte keine Ahnung, dass es so etwas wie das Heilige Selbst gab.« Sie lächelte. Ihre Augen waren hell und überaus gütig. »Göttin!« Sie lachte sanft. »Stell dir vor, eine Kreatorin Mutter. Eine Kreatorin Mutter war das Allerletzte, an das ich gedacht hätte. Ich hörte, wie Night Arrow Woman von der Göttin und der Kreatorin sprach, und das mochte ich. Ihre Worte trösteten mich, aber ich wusste nicht, warum das so war. Zuerst dachte ich, sie wollte mich von etwas überzeugen, aber bald verstand ich, dass sie lediglich auf die Wirklichkeit der Erde und der Kreation verwies. Die Kreation ist nicht nur männlich«, erklärte Estcheemah sanft. »Wie dumm dieser Glaube doch ist! Es gibt SkKwan, unseren Kreator Vater, und es gibt WahKahn, die weiblich ist, unsere Kreatorin Mutter.

Das Amerika, in dem ich lebte, war eine engstirnige Kultur, die Frauen nahezu nichts erlaubte. Ich war eine Frau in einer Kultur und einem Land, das meine Existenz und meine Menschenrechte an und für sich verleugnete, weil ich nicht als Mann geboren war. Ich hatte absolut keine Macht. Du musst dich hierbei daran erinnern, dass das Wahlrecht für Frauen in Amerika eine sehr junge Errungenschaft ist.

Ich mochte mich selbst nicht. Mir war von der Kultur, in der ich lebte, gesagt worden, dass ich mich nicht mögen solle. Ich mochte es wirklich nicht, eine Frau zu sein. Kannst du dir vorstellen, unter Leuten geboren zu sein, die so unglaublich unwissend und hässlich sind, dass sie den Leuten beibringen, sich selbst nicht zu mögen, weil sie Frauen sind? Das ist krank.

Ich war immer gern eine Frau, wenn es sich gut anfühlte, eine Frau zu sein. Aber all die andern Male fühlte ich mich als Frau nicht vollständig. Die Kultur, in der ich lebte, zerschlug jeglichen wahren Stolz, den ich über das Frausein hatte. Sogar heute müssen Frauen kämpfen, um ihre Gleichstellung mit Männern zu realisieren.«

Lightningbolt setzte sich auf einen Baumstamm, ihm war schwindlig. Er hatte nicht erwartet, zu hören, was er hörte. Weil er nicht wusste, wie er antworten oder was er sagen konnte, versuchte er es mit einem Lächeln. Während er sich klar wurde, dass das Lächeln fehl am Platze war, versuchte er es mit einem Stirnrunzeln. Als auch das Stirnrunzeln fehlschlug, saß er ruhig, abwartend da.

Estcheemah wusste, dass er nicht verstand, aber sie hatte sich darauf vorbereitet, ihn in diese Situation zu bringen. Es musste einen Zeitpunkt geben, wo die Arbeit anfing. Es bedurfte vieler Gespräche über die Wirklichkeiten ihres Lebens als Frau, bevor er anfing, ihr wirklich zuzuhören.

Plötzlich wechselte sie das Thema und begann, mit ihm über Disziplin und Gleichgewicht zu sprechen. Sie lehrte ihn, dass die größte Tugend aller hingebungsvollen Führer und Heiler Disziplin und Gleichgewicht sei.

»Kannst du deinem Denken vertrauen, Lightningbolt?«, fragte sie, ihre Augen zwinkerten.

»Klar. Natürlich«, antwortete er schnell.

Estcheemah lehnte sich auf ihre Harke. »In meinem Heim gibt es in diesem Moment eine Herausforderung, die auf dich wartet. Viel hängt von dir ab und deiner Unterscheidungsfähigkeit – und davon, wie du Macht verstehen wirst.« Sie begann, auf das Haus zuzugehen. »Aber zuerst brauchst du ein Frühstück. Ich werde zum Haus gehen und anfangen. Warum gehst du nicht runter zum Fluss und sprichst mit Kreation? Kannst du das tun?«

Er schlenderte hinunter zum Fluss und spielte einige Minuten mit den Enten. Die Gänse fauchten ihn nur an. Er begann tagzuträumen. Was war diese Herausforderung? Er schaute in den Himmel und dachte über Wolken und Sterne nach; dann wanderte sein Geist zu Gedanken über interplanetare Raumreisen. Plötzlich realisierte er, dass sein Name gerufen wurde.

Er pflückte eilig einen Strauß Wildblumen und ging auf die Küchentür zu. Vorsichtig öffnete er die Fliegengittertür und sah Estcheemah, wie sie in der Küche stand und kochte.

»Wir haben zwei Besucher«, sagte sie, ohne sich umzuwenden. »Der große Mann am Tisch ist Black Stone und der kleinere Mann ist Fire Enemy.«

Lightningbolt ging hinein. Es war unmöglich, von der Tür aus jemanden am Tisch zu sehen.

»Das sind die Medizinnamen, die sie gewählt haben«, sagte Estcheemah und wandte ihm ihr Gesicht zu. »Namen, die der Gelegenheit angemessen sind … Diese zwei Männer sind deine Schlachten-Kachinas.«

Lightningbolt blieb wie angewurzelt stehen, als er später die zwei Männer am Tisch sitzen sah. Beide trugen Masken, die ihr Gesicht verbargen. Der Blumenstrauß fiel aus seinen Händen auf den Boden. Estcheemah hob die Blumen auf und arrangierte sie geschäftig in einem Trinkglas auf der Anrichte.

Die gehörnte Regen-Kachina hatte Mühe, ihre Maske vom seitlichen Abrutschen abzuhalten. Aber das lenkte nicht von ihren grotesken Zügen ab. Der zweite Mann, der größere der beiden, trug eine Sonnenmaske, die aussah, als gehöre sie zu seinem Gesicht.

Lightningbolt kombinierte augenblicklich, dass die zwei Männer aus dem Südwesten sein mussten. Er wusste, dass er falsch lag, als die Männer ihre Masken abnahmen. Sie waren entweder Sioux oder

Indianer aus Montana. Er war sich nicht sicher, aber es war ihm auch egal.

Die Luft im Raum knisterte für Lightningbolt förmlich vor Erwartung. Obwohl er nicht die vageste Idee hatte, was stattfinden würde, versetzten ihn ihre Kostüme in Aufregung.

Black Stone, ein Mann in seinen späten Fünfzigern, platzierte seine Sonnenmaske mit äußerster Sorgfalt auf den Boden neben sich; Fire Enemy hingegen zeigte nicht soviel Behutsamkeit. Es entstanden augenblicklich Misstrauen und Animositäten zwischen Lightningbolt und Fire Enemy. Lightningbolt missfielen einfach die Blicke des Mannes. Und dieser dachte, Lightningbolt sei ein Besserwisser.

Black Stone war ein gütiger alter Mann, der ehrlich erschien. Er sprach ausgiebig über seine Disziplin und zog sogar Vergleiche zwischen seiner Disziplin und dem japanischen Bushido.

Er scherzte, sprach über chinesische Kung-Fu-Kinohelden und lachte mit Lightningbolt. Fire Enemy jedoch erschien bösartig und empfand, dass Black Stone die Zeit aller Beteiligten verschwendete.

»Die Schlachten-Kachinas«, sagte Black Stone, »waren ursprünglich Teil der großen Maya-Tempel. Zuzeiten hatte die Disziplin sowohl Frauen wie Männer in ihren Rängen.

Es hatten sich bei den Soldaten die Wege der Schlachten-Kachinas weiterentwickelt. Die mayanischen Träger-Soldatinnen und -Soldaten – die Lehrerinnen und Lehrer und ebenso Händlerinnen und Händler waren – lehrten Selbstdisziplin und den Gebrauch aller Waffen auf dem Schlachtfeld.

Während jedoch die asiatischen Lehrerinnen und Lehrer zuerst die Hände und die alten Tanzbewegungen betonten, waren die Schlachten-Kachinas formal vor allem an Waffen interessiert, und erst dann am Tanz.«

Anschließend öffnete Black Stone eine geschmückte geschnitzte Schachtel und zeigte Lightningbolt eine antike Atl. Ihre Form war exakt die eines Breitschwerts. Aber es war kein Eisen an dieser schweren Waffe. Das Werkzeug war aus Silber gegossen. Und die Schneiden aus Obsidian entlang beider Seiten der Atl waren immer noch unglaublich scharf.

Black Stone lächelte gut aufgelegt, während er erklärte, dass der Kurz- oder Langspeer, die Atl, und das europäische Breitschwert die bevorzugten Waffen der modernen Schlachten-Kachinas seien. Und obwohl die Mayas nie ein Breitschwert benutzt hätten, passe die Form für zeitgenössische Lehrer wie ihn. Er erzählte, dass der Gebrauch der Atl und der Sandrüstung die Mayas und Azteken befähigt hatte, das Reich zu gewinnen.

Nach dem Frühstück gingen alle hinaus auf den Platz, wo Estcheemah Strohballen für ihre Zielscheiben aufgestellt hatte. Sie nahm einen unglaublich schlanken und fein aussehenden Recurve-Bogen aus ihrem Medizinbündel und setzte die Sehne ein. Dann nahm sie fünf dünne Pfeile mit winzigen, aber tödlich aussehenden Pfeilspitzen aus ihrem Köcher.

Eins, zwei, drei, vier, fünf! Die Pfeile hämmerten sich ihren Weg in das Zentrum der Zielscheibe. Lightningbolt war sowohl erstaunt als auch beeindruckt über ihre Fertigkeit.

Estcheemah legte ihren Bogen und ihre Pfeile zurück in den Köcher ihres Medizinbündels und verstaute alles.

Die Vorstellung, die als nächste kam, faszinierte Lightningbolt noch mehr. Als erstes legte Black Stone neun Kriegsspeere auf den Boden. Dann begann er einen langsamen Tanz. Plötzlich nahm er den ersten Speer und wirbelte ihn mit äußerster Behändigkeit herum, als sei er so leicht wie ein Spazierstock. Er warf den Speer in die Luft und fing ihn auf, dann wirbelte er herum, als befinde er sich im Nahkampf mit einem Feind auf dem Pferderücken. Unerwartet warf Black Stone den Speer und traf das Zentrum des weißen Kreises, den er ungefähr zehn Meter entfernt auf den Boden gemalt hatte.

Dann rollte er selber auf den Boden, als ob er von seinem unsichtbaren Feind getroffen worden wäre. In einem Augenblick war er wieder auf seinen Füßen und ergriff den nächsten Speer.

Er drehte sich und kämpfte mit diesem Speer, bis dieser ebenfalls seinen Platz im Kreis fand. Speer um Speer wurde betanzt und losgeschleudert, während Black Stone seinen unsichtbaren Gegenspieler bekämpfte. Abrupt sprang er auf Lightningbolt zu und schnitt pantomimisch Lightningbolts Kehle durch.

»Es ist diese letzte Geste, die zählt«, sagte Black Stone außer Atem.

Lightningbolt lächelte. Aber die letzte Bewegung hatte ihn wachsamer gemacht. Diesen Männern war es Ernst.

Jetzt bewegte sich der panzergleiche Fire Enemy hinaus, um zu tanzen. Er war gedrungen, in seinen Vierzigern, und offensichtlich nicht so geübt wie sein Lehrer. Während er sich einen Speer schnappte, schwang er ihn drohend vor Lightningbolt. Laut verkündend, dass er jetzt den Schild von Black Stone hielt, wies er dramatisch auf das Feld mit dem Speer und zeigte an, dass Lightningbolt jetzt ebenfalls mit dem Tanzen an der Reihe war.

Lightningbolt schlurfte vorwärts, offensichtlich unsicher darüber, was er tun sollte. Plötzlich wurde er von hinten von Fire Enemy geschubst.

»Hab keine Angst zu tanzen und deine Drehungen zu machen«, rief ihm Black Stone zu.

Aber Lightningbolt war ärgerlich und Ärger machte ihn nur noch trotziger. Er sträubte sich. Bei dem Versuch, einen oder zwei Schritte zu machen, sah er sicher aus wie eine verwundete Fledermaus, die auf dem Boden herumhopste.

Eine Strecke hoppelte er, die nächste strampelte er entlang. Jeder Schritt, den er tat, machte ihn ärgerlicher und ärgerlicher. Er wusste, dass er sich jetzt, das war sicher, wie ein betrunkener Bulle herumschleppte, und es machte ihn rasend.

Fire Enemy war entzückt über Lightningbolts Unmut. Er grinste und ging ganz sicher, dass der jüngere Mann seine Verachtung sah. Er schubste Lightningbolt immer härter von hinten und flüsterte ihm zu, dass er wie eine verkrüppelte Schildkröte aussehe.

Lightningbolt wandte sich um und drohte, Fire Enemy zu schlagen. Der ältere Mann trat zurück und lächelte. Dann bewegte sich Fire Enemy so schnell wie eine Katze nach vorn und schlug Lightningbolt heftig ins Gesicht.

»Nein, nein«, höhnte er. »Du musst nicht Krieg spielen.« Er schnalzte mit der Zunge.

»Diszipliniere dich!«, rief Black Stone. »Erlaube Fire Enemy nicht, dich ärgerlich zu machen. Tanz einfach, kümmere dich nicht ums Kämpfen. Lerne deinen Leib zu bewegen.«

»Ruf ihn zurück«, befahl Estcheemah Black Stone. »Er verhält sich wie ein Narr zu diesem jungen Mann. Das hier ist kein Wettbewerb.«

Black Stone entschuldigte sich schnell, fuhr Fire Enemy an und drohte, ihn wegzuschicken, wenn er zu hart spielte. Die beiden Männer drillten Lightningbolt den Rest des Tages ohne Zwischenfall. Der zweite und dritte Tag verliefen genauso. Am vierten Tag demonstrierten sie, wie er einen Schild bauen und wie er einen Bären bekämpfen konnte, oder einen Mann, der auf einem Pferd sitzt. Der fünfte Tag ging gut. Lightningbolt bewegte sich jetzt viel geschmeidiger. Jeden Abend übte er, was er gelernt hatte, bis er sich mit jeder seiner Bewegungen und der Lanze absolut wohl fühlte.

In dieser Nacht bereitete Estcheemah für ihre Gäste ein Festmahl mit gebackener Gans, Ente und Fasan.

Nachdem die Männer gegangen waren, nahm sie Lightningbolt auf einen Spaziergang mit. Während sie dahinschlenderten, erzählte sie ihm, dass die Ozeane eine der ersten großen Herausforderungen für uns Leute gewesen waren. Sie sagte ihm, er solle sich vorstellen, dass er von der Massivität der Ozeane herausgefordert werde. Leute, so sagte sie, glaubten, sie könnten Schwäche benennen. Schwäche war es, als die Leute nicht segeln konnten. Schwäche war es, als Leute keine Mathematik kannten. Schwäche war es, als das Schreiben nicht bekannt war. Schwäche war es, dass Lightningbolt auf dem Gebrauch brutaler Kraft beharrte.

Der junge Mann rang mit seinen Worten und Ideen und versuchte, sich auf das, was sie lehrte, zu konzentrieren. Aber sein Geist war voll von Phantasien, eine andere Person mit seiner Lanze zu besiegen.

Schwächen, fuhr Estcheemah fort, waren Lehrer. Die Ozeane waren die große Barriere und die große Frage. Neunundneunzig Prozent aller Leute, wenn nicht mehr, die sich diesen Fragen gegenübersahen, benannten lediglich die Situation und wurden ihr Opfer. Millionen und Abermillionen von Leuten kamen zur Welt, sahen die Schwäche und starben, ohne etwas damit anzufangen. Suchende waren es, die ihre Schwäche erkannten, sie bekämpften und von den Ozeanen lernten. Wie geschah dies? Zunächst, so sagte sie, hatten die Leute zu entdecken, dass sie eine andere Schwäche hatten, die es zu bekämpfen und zu besiegen galt. Diese bestand darin, dass sie Nahrung brauchten. Die Ozeane boten Nahrung im Überfluss. Das war der Grund dafür, dass die meisten Leute dort lebten. Aber wie bekamen sie ihre Nahrung? Sie mussten ihre Schwäche erkennen und von ihr lernen. Anstatt ihrer Beute nachzuschwimmen, machten die Schwächsten von allen, die, die am meisten Angst hatten, etwas, mit dem sie auf dem Wasser treiben konnten.

Durch diese Geschichte lehrte Estcheemah Lightningbolt, dass hinter seiner ersten Schwäche, seiner ersten Herausforderung, eine andere, sogar unsichtbare lag. Wie die Leute, deren erste Notwendigkeit es war, Fische zu fangen, hatte auch er in seinem Leben eine vorrangige Notwendigkeit. Es war seine Aufgabe, herauszufinden, worin diese Notwendigkeit bestand.

Er konnte darum kämpfen, von den Ozeanen zu lernen und ihnen zu erlauben, ihm seine Schwächen zu zeigen, wenn er das wollte. Seine Schwächen wiederum würden ihm demonstrieren, wie er die Werkzeuge und Waffen zu bauen hatte, die er brauchte, um seine Alltagsprobleme zu bekämpfen.

Und doch, Lightningbolt wusste, dass das einfache Benennen und Konfrontieren seiner Herausforderung und Schwäche nicht genug war. Wenn eine Situation der Schwäche aufkam, wurde er das Opfer – jedes Mal. Sein Ärger war eine uferlose und stürmische See von Fragen und Antworten.

Estcheemah erweckte in ihm die Erkenntnis, dass die meisten Leute niemals wirklich ärgerlich genug werden, um etwas mit ihrem Leben anzufangen. Sie sind damit zufrieden, ganz einfach die Schwächen aufzuzählen und ihr Opfer zu sein. »Solchen Leuten«, erzählte Estcheemah ihm, »entgeht die Schönheit von Leben. Denn Schönheit ist Perfektion und Gleichgewicht. Indes, wie viele Leute wissen wirklich um Schönheit? Schönheit ist Stärke und sie ist Herausforderung, aber wie viele Leute wissen um Stärke und Herausforderung?

Die meisten Leute sehen Schönheit als Schwäche. Lightningbolt, du musst lernen, dass es eine Schwäche sein kann, der härteste Typ in der Stadt zu sein. Und der Reichste zu sein kann eine Schwäche sein. Eine andere Schwäche, die viele Leute haben, ist, dass sie ein Vergnügen daran finden, mit dem Finger auf die Schwächen anderer Leute zu zeigen. Leute, denen ihre Schwäche gezeigt wird, sind einfach zufrieden damit, dass dieses ›Es‹ benannt ist.

Wir werden gelehrt, zu glauben, dass Schwäche eine Grundvoraussetzung im Leben einer Person ist und nichts damit bewirkt werden kann. Schwäche ist wie eine unheilbare Krankheit.« Sie lachte und sagte, das treffe insbesondere auf Politiker zu.

Dann sagte sie, dass Lightningbolt seine Grundbedürfnisse betrachten müsse. Sie sagte ihm, er solle sich erinnern, dass Liebe oft als eine Schwäche gesehen werde, nicht als eine Stärke. Er würde seine erste Stärke betrachten müssen – seine Angst, machtlos zu sein und Anerkennung und Rang missen zu müssen –, bevor er Liebe annehmen und seinen Ozean von Schmerz bekämpfen könne.

»Liebe und Leben ist die individuelle Erfahrung, die wir als Existenz kennen«, sagte sie ihm. »Doch wie viele Leute wissen, dass Lieben Teilen heißt? Liebe ist die sichtbare Form des heiligen Lebens. Sie ist Schönheit. Unsere Erfahrung, Leben zu kennen, ist, Liebe zu kennen. Liebe ist die höchste Form des Ausdrucks und der Gefühle, die Leute kennen. Liebe ist Leben selbst.«

Estcheemah gab ihm ein Beispiel für die Probleme und Herausforderungen, die alle Frauen betreffen.

»Was Frauen zu geben haben, wird nicht ohne weiteres gesehen«, erklärte sie. »Liebe, Sorge, Heilen und der Antrieb zu leben sind die unsichtbaren Mächte der Frauen. Und doch, wie viele Männer wird gelehrt, das Unsichtbare zu erkennen oder zu ehren?

Frauen müssen lernen, wie sie Männer lehren können, das Unsichtbare zu erkennen und zu respektieren«, sagte Estcheemah.

Estcheemah verglich die Entdeckung und die Fragen, die sich aus der Erkundung des Weltraums ergaben, mit den Fragen der Frauen. Sie sagte, dass die weiten, tiefen, mysteriösen und herausfordernden Ozeane des Unsichtbaren auf die Mutigen und Intelligenten warteten.

Lightningbolt musste sich beeilen, denn er hatte Medicine Ears, seinem Onkel, versprochen, beim Verladen der Pferde für das Sheridan Rodeo zu helfen. Wenn er jetzt nicht aufbrach, würde er zu spät kommen. Und dem Unmut seines Onkels wollte er nicht begegnen. Zudem musste er auch die Gelegenheit ergreifen, etwas Geld zu verdienen.

Das Silberschiff wirbelte eine Fontäne von Staub auf, als er aus Estcheemahs Hof hinausfuhr. Seine Reifen quietschten, als sein Transporter auf die Landstraße glitt. Estcheemah hatte ihm ein wundervolles Gefühl vermittelt, obwohl er nicht genau sagen konnte, wie und warum. Die Musik von Jimi Hendrix' elektronischer Magie hüllte Lightningbolt in eine Macht ein, die nur Klang auszudrücken imstande ist.

Zwei Stunden später rollte das Silberschiff lautlos wie ein Geist in den Hof von Herbert Strokkers Anwesen. Er hatte den Motor abgestellt und ließ den Transporter die letzte halbe Meile im Leerlauf zur Tür des alten Mannes rollen.

Zwei mausgraue Zuchtponys befanden sich auf der Koppel in der Nähe der Scheune. Ein drahthaariges junges Hündchen kam mit wedelndem Schwanz daher, um den Transporter zu begrüßen. Die Gänse fauchten, Hühner rannten gackernd herum und protestierten gegen sein Eindringen. Ein ganzer Baumwollbusch voller Krähen schaute neugierig, was als nächstes geschehen würde.

Strokker stand bei der Koppel und zündete gerade eine der Millionen Zigaretten an, die er pro Jahr rauchte. Lightningbolt stieg aus seinem Transporter und lehnte sich abwartend an seinen Wagen.

Der alte Mann ging langsam auf den Transporter zu, er strahlte dabei Selbstsicherheit aus. Er schaute den jungen Mann, der vor ihm stand, an und lächelte. Er spielte mit dem Lasso in seinen Händen.

»Lightningbolt, richtig?«, fragte Strokker.

»Genau«, antwortete er. »Du schaust schräg genug aus, um der alte Strokker zu sein. Du bist nicht der Vorarbeiter, oder?«

»Und wenn schon?«, grinste Strokker. »Die meisten Vorarbeiter können die Frage beantworten, die du gerade gestellt hast, stimmt's?«, gluckste er. »Der alte Bright Moon sagt, du kannst Bullen treiben. Natürlich ist der alte Furz halb vergreist und taub dazu.«

Lightningbolt zuckte zusammen, als Strokker stichelnd über seinen Onkel herzog.

»Hab' da ein Zucken gesehen«, lächelte Strokker und streckte seine Hand aus. »Du magst den alten Bussard, ich kann es sehen. Ich auch. Wir haben Eidechsenhäute zusammengenietet, bevor du geboren warst.«

»Er ist nicht vergreist«, sagte Lightningbolt hartnäckig.

»Kennst das Wort, hm?«, lächelte Strokker. »Recht ausgefallen.«

»Er stakst herum wie ein Huhn und ist halt tatterig, aber er ist nicht vergreist, keinesfalls. Außer, du bist es«, setzte Lightningbolt nach.

»Ich?«, scherzte Strokker. »Holla, Junge, ich flatter' so halb im Wind, stakse wie ein Huhn und rassel' wie ein alter Brauner. Das is' trotzdem in Ordnung.«

»Hundertfünfzig Dollar«, schlug Lightningbolt vor. »Fünf Bullen – einer als Hakler und vier junge.«

Strokker drückte eine Zigarette aus und zündete sich eine neue an. »Mein Neffe nennt den alten Bullen da Jumping Jack Flash. Mit den jüngeren kann er bösartig werden und ganz sicher wird er versuchen, dich auf die Hörner zu nehmen. Er kam hornglücklich auf die Welt. So, du schaffst sie rüber zur Weide vom alten Green und die hundertundfünfzig gehören dir.«

»Du hast Reitpferde auf der anderen Seite?«, fragte Lightningbolt. Er studierte eine Regenwolke. »Schaut aus, als ob eine von den ganz Großen explodieren will.«

»Südlich von Dayton Kane«, antwortete Strokker. »Die Bullen sind auf der anderen Seite vom Little-Horn-Fluss. Dan Chromann hat Reitpferde, falls du ihm Hufeisen spendierst oder so was. Soll ich ihn anrufen?«

»Die Pferde werden dich was kosten, nicht mich«, versetzte Lightningbolt. »Einschließlich Chromanns. Ich miete doch nichts. Es sin' glatte hundertfünfzig in meiner Tasche. Ich werd' für mein eigenes Essen bezahlen, nicht für Ranchgequatsche.«

»Ich weiß nicht«, wollte Strokker noch mehr scherzen, »Chromann, der könnte aufbrausen...«

Lightningbolt ging rückwärts und fasste nach dem Türgriff. »Ich hab' gerade ein neues Problem, nämlich, ob ich in genau einer Minute oder einer Viertelminute gehe. Bis bald mal.«

»Sekunde«, lächelte Strokker. »Für dich würd' ich die Pferde sogar über den Wassergraben zerren. Ich wollte dich nur ein bisschen aufziehen. Verdammt, Junge, sei nicht so verkrampft.« Er spielte mit seinem Hut. »Die Bullen sind für Wochen ruiniert, wenn sie in einem Lastwagen rumfahren. Macht sie völlig fertig. Mit hundertfünfzig spar ich noch 'ne Menge.«

»Da bin ich ja in eine schöne Sache reingeraten«, erklärte Lightningbolt. »Ich muss immer ins offene Messer rennen, verstehst du, was ich meine?«

»Sicher«, antwortete Strokker und sah ein wenig traurig aus. »So war es früher nie. Leute betrügen ihre eigenen Leute ... sicher, Junge.« Er kickte einen Stein weg. »Pass gut auf die Bullen auf. Sie gehen gern.«

Zwei Nächte später hatte Lightningbolt sein Lager beim Sparrow Creek in Wyoming aufgeschlagen.

»Geld«, murrte er, während er sich ein Feuer machte. »Schnaubende Bullen, Fliegenschweiß, hundertfünfzig Piepen für Stierkämpfe! War es das alles wert?«

Später in dieser Nacht, vor dem Einschlafen, blickte er in sein Lagerfeuer. Das Licht der Kohlen war lebendig. Er versuchte zu verstehen, was Estcheemah gemeint hatte mit ihrer Ermahnung, die »Wahrheit und Wirklichkeit von Schönheit« anzunehmen.

Schönheit? Was hatte sie damit zu tun, wie eine Person ihren Weg aus ihrer Misere heraus entdeckte, in der sie oder er sich befand?

Die magische Präsenz von Leben tanzte um Lightningbolt herum als Glühwürmchen, als feingezeichnete Schatten und als Nachtblumen, die mit mondlichtstrahlenden Gesichtern leuchteten. Das Feuer wurde von dem Strom widergespiegelt, in dessen Nähe er saß, so wie der helle Silbermond und die Bäume, die ihm von Schönheit und Leben vorsangen.

Leben sprach zu Lightningbolt, versuchte, ihm die Antwort zu geben auf das, was er hinterfragt hatte, und zu zeigen, dass auch er eine Widerspiegelung von Mutter Erdes Substanz war. Aber er war bei weitem zu unwissend, um zu verstehen, was diese ihm in ihrer Sprache sagte.

Am folgenden Morgen begann er, die Stiere einzukreisen. Jumping Jack Flash wollte nicht gehen, nirgendwohin. Er zeigte die Hörner, scharrte, warf Dreck auf, brüllte, griff an und unternahm Täuschungsmanöver. Dann, als er müde war, gesellte er sich mit hängendem Kopf zu den anderen Stieren.

Lightningbolt hütete die Tiere den ganzen Tag. Als der Abend kam, wusste er, dass er einen Zaun aus Sträuchern bauen musste, um die Stiere davon abzuhalten, während der Nacht wieder umzukehren.

Während Lightningbolt die Tiere trieb, dachte er über Möglichkeiten nach, die Langeweile von sich fern zu halten. Er änderte Jumping Jack Flashs Name zu Beedah-goh-weeah, was »Feuerwasser« oder »Whisky« bedeutet.

Der junge Cowboy wusste, so wie es auch den anderen Halbblutleuten oder Indianern beigebracht worden war, dass Tiere physisch immer nur einen Energiekreis gleichzeitig erkennen können. Ein Stier, zum Beispiel, kämpft um jeden Kreis. Es ist natürlich für ihn, das zu tun. Ein Stier kann nicht denken wie wir.

Lightningbolt war gelehrt worden, dem Stier vorzusingen und das Tier zu benebeln. Das bedeutete, dass Lightningbolt dann, wenn der Stier kämpfen wollte, ihn täuschen würde und ihn angreifen ließ, bis er den nächsten Kreis betreten würde.

Das Tier greift an, Kreis um Kreis, bis es schließlich einen Kreis vom anderen nicht mehr unterscheiden kann. Sobald der Stier für die Nacht aufhört, hat er sein »Vertrautes« wieder und wird kämpfen, um seinen nächsten Kreis zu besitzen. Halbblut-Leute nannten jeden Kreis, den ein Tier kannte, sein »Vertrautes«. Lightningbolt sang den Stieren ein Medizinlied vor. Er mochte den Text:

»Vertraut bin ich, ja.
Mein Denken folgt dem vertrauten Weg.
Ja, vertraut bist du.
In unserem Kreis, ja.«

Beedah-goh-weeah war fortan kein Problem mehr. Er hasste es, aber er würde ein Vertrautes nach dem anderen verlieren, und Lightningbolt gewann ein Vertrautes nach dem anderen.

Während er ritt, versuchte Lightningbolt, philosophisch zu denken. Er dachte an die Hochschule, Familie, Kinder, Fernsehen, Geld, Vietnam, Micky Maus, an neuen Lack für sein Silberschiff, an Mädchen und indianische Medizin. Aber aus irgendeinem seltsamen Grund ergab nichts davon irgendeinen Sinn.

Er versuchte es von neuem, aber weltliche Gedanken durchströmten den Geist des jungen Mannes unablässig wie saure Milch die Eingeweide einer räudigen Katze. Er ließ jeden Gedanken hinter sich.

Warum konnte er seine Gedanken nicht sammeln? Würde es sich in seinem Kopf auf ewig wie ein Kassettenrecorder anhören?

Er dachte an seinen Freund Smokey. Er schien wirklich zu wissen, wie es sich leben ließ.

Lightningbolt hatte Smokey das erste Mal getroffen, als er in der Saint-Labres-Mission um die Ecke bog. Smokey stand dort, gelassen, und trug einen bonbongestreiften Röhrenhosenanzug aus den späten Vierzigern. Plötzlich flog ein Krückstock durch die Luft und Smokey fing ihn auf.

Als nächstes erschien ein junger Cowboy auf der Bildfläche und sie begannen einen Faustkampf. Der Cowboy hätte gewonnen, aber

Lightningbolt unterbrach den Kampf, weil der Cowboy ein alter Rivale war.

Smokey hatte Lightningbolt wirklich beeindruckt. Er hatte ein farbiges Supermanposter auf dem Dach seines VW-Käfers aufgeklebt und es mit Schellack lackiert. Und immer trug er vier Uhren. Eine an einem Handgelenk, eine andere am anderen. Die dritte steckte in seiner rechten Hosentasche und die letzte in seiner linken Hosentasche. Keine der Uhren wurde je aufgezogen. Smokey schien nie zu wissen, wie viel Uhr es war, und es kümmerte ihn auch nicht.

Lightningbolt hatte jetzt zwei ausgezeichnete Sattelpferde. Er ritt auf Snake Jaw, einer wunderschönen jungen Stute. Bank Note, eine hübsche Appaloosa, folgte hinterdrein; sie trug sein Bettzeug und seine Ausrüstung.

Es gibt Diamant-, Turmalin-, Rubin- oder Obsidianwelten. Die Welt, in der Lightningbolt jetzt ritt, war ein auserlesenes Smaragdtal.

Der junge Lightningbolt war sehr vertraut mit der Gegend und hatte wenig Wertschätzung für sie. Sie war immer schön ... warum sollte jemand auch etwas anderes erwarten?

Alles war von einem bezaubernden und üppigen Grün. Das Lind- und Olivgrün der Fichten und Beerensträucher schien vor Licht und Wachstum laut zu jauchzen. Die üppigen und sanften Grüntöne der Wiese, auf der er ritt, umwarben ihn mit ihren fröhlichen Farben. Freundliche flachs- und safranfarbene Blumen nisteten in der Smaragdwelt und versprachen Leben. Jeder Stein in dem reinen, kleinen Strom war bedeckt mit samtenem blaugrünem Moos. Zuerst war es ein einzelner Strom, dann wurden plötzlich fünf Ströme daraus, dann zwei, dann drei, und alle hundert Meter wurde es wieder anders. Sie glitzerten, spiegelten und reflektierten, wobei sie noch mehr liebliche Grüntöne hervorbrachten, bis sogar die Schatten die Farbverläufe widerspiegelten.

Lightningbolt hielt an und stieg ab. Er fand einen breiten flachen Stein und setzte sich oben drauf. Der Platz war viel zu fruchtbar, um nicht die Pferde nach Herzenslust grasen zu lassen. So viel unermesslicher Liebreiz!

Er wunderte sich, warum die Rancher den Namen des Stroms in Sparrow Creek verändert hatten. Ihm war erzählt worden, dass die Hirschhäuptlinge die Hüter des Smaragdflusses gewesen waren. Eine Stunde später saß er wieder auf und setzte seine Reise flussabwärts fort. Bald kam er an einen Platz, den er am meisten liebte. Er wurde Elk Woman genannt.

Acht riesige, gerundete Steine türmten sich um diesen Flecken im Fluss. An ebendieser Stelle flossen auch zwei Bächlein mit Sparrow zusammen. Die Stiere wateten in das Wasser, um dort, wo die Ströme über das Ufer getreten waren, aus den seichten Teichen zu trinken.

Wenn je ein Platz für Spiel und Anmut gemacht schien, dann war es dieser Platz. Frauen aus den umliegenden Reservaten kamen oft zu Zeremonien hierher.

Es gab ausgedehnte Sandbänke zum Spielen. Die weichen, abgerundeten, moosbedeckten Steine machten es zu einem Spaß, flussabwärts zu rutschen. Große Forellen und Elritzen schwammen in jedem Teich. Es gab Kornelkirschen, Büffelbeeren, Brombeeren und alle Arten von Beeren, die nur darauf warteten, verspeist zu werden.

Niemals hätte er erwartet, dass das Tal, durch das er jetzt ritt, innerhalb von lediglich zwanzig Jahren trostlos sein würde. Das Land würde umgepflügt sein, narbenübersät, erodiert, überweidet, und überall würden zusammengebrochene Gebäude und rostende Maschinen herumliegen.

Lightningbolt ritt Snake Jaw in den Strom hinein und ließ die Pferde trinken. Währenddessen hatte er einen befriedigenden Rundumblick.

Plötzlich erschienen zwei kleine Mädchen hinter einem der großen Steine, standen an einem Teich und beobachteten ihn. Er blinzelte. Sie waren so sehr Teil der Smaragdwelt, dass sie ihm nicht ganz real erschienen.

Eines der Mädchen, eine pausbäckige kleine Süße von etwa sieben Jahren, trug einen Badeanzug mit grünem Schachbrettmuster. Die andere trug ein Sommerkleid. Sie musste acht oder neun sein.

»Hallo«, sagte er zu ihnen.

Beide Mädchen lächelten und winkten.

Er begann seinen Gesang von neuem, berührte Snake Jaw mit seinen Sporen und überquerte den Strom. Die Stiere hoben ihren Kopf nicht aus dem Wasser, bis Snake Jaw sie antrieb und nach vorn nötigte.

Als er zurückblickte, waren die Mädchen verschwunden.

Zwei magische Wesen, dachte er. Das ist ein gutes Medizinzeichen.

Als nächstes überquerte er den Earth Creek. Er sah, dass die Mädchen bei einem anderen Stein wieder aufgetaucht waren. Er lächelte. Sie waren weit links von den Stieren und in Sicherheit. Lightningbolt nahm wahr, dass die Mädchen kicherten und Verstecken spielten.

Snake Jaw stoppte, um einen Bissen Gras zu sich zu nehmen. Er gab Bank Note so viel Leine, wie sie wollte, damit sie ebenfalls grasen konnte.

Die Mädchen lachten und verschwanden hinter einem anderen Felsen. Die Heidelerchen sangen und die Stiere grasten zufrieden vor ihm.

»Hallo, Cowboy«, sagte eine Frauenstimme sanft hinter ihm.

Er wandte sich in seinem Sattel um und sah eine wunderschöne junge Frau. Sie trug ein langes weißes, sehr leichtes Baumwollkleid, das von einem handgewebten mexikanischen Gürtel gehalten wurde. Ihr langes schwarzes Haar betonte das sanfte Oval ihres Gesichts. Ihr Lächeln nahm ihn völlig ein. »Ich bin Canadiana«, stellte sie sich vor. Sie trat auf Snake Jaw zu und tätschelte ihren Nacken. »Und du?«

»Lightningbolt«, antwortete er und versuchte, seine Scheu nicht zu zeigen.

Die zwei Mädchen rannten hinter dem nächsten Stein hervor und schauten weiterhin aus einer kurzen Entfernung zu.

»Wer sind sie?«, neckte Lightningbolt. »Sie schauen aus wie richtige Bachnixen ... sind sie das?«

Beide Mädchen schüttelten ihre Köpfe und rannten hinter die Frau. Sie blinzelten zu beiden Seiten ihres Gewandes hervor. »Wir haben unser Lager da drüben«, zeigte Canadiana. »Möchtest du ein Sandwich essen oder einen Kaffee mit uns trinken?«

Sein Gesichtsausdruck musste ihr Antwort genug gewesen sein, denn sie fügte schnell und mit einem Lächeln hinzu, dass er einen Braten mit ihnen teilen könne. Sie buk ihn in einer geschlossenen Bratpfanne in den heißen Kohlen unter den Flammen ihres Lagerfeuers.

Lightningbolt studierte die Stiere. Sie grasten friedlich in etwa fünfzig Metern Entfernung. Die gesamte Gegend sah sicher aus. Snake Jaw schüttelte ihren Kopf und entledigte sich einer Fliege. Er schaute in die Sonne, dann zurück zu den Stieren.

Wenn er zu lange hier bleiben würde, würde er den Ort nicht erreichen, den er als Halteplatz für die Nacht eingeplant hatte. Er dachte nach. Die Schlucht war hier bei weitem zu breit, um für die Stiere darin einen Zaun aus Zweigen zu bauen. Er würde weiterziehen müssen. Bank Note riss den Zaumzügel aus seiner Hand und ging weiter, um nach besserem Gras zu suchen. Er runzelte die Stirn.

»Zwei kleine Mädchen und eine Frau können nicht so kompliziert sein«, sagte Canadiana mit einem hübschen Lächeln.

»Es sind die Stiere«, stammelte er und versuchte, etwas zu sagen, was ihr sinnvoll erscheinen würde. Er schaute nochmals in die Sonne. Er fühlte sich wie ein Schulkind, das um Verzeihung für das Schwänzen bittet.

»Ist in Ordnung«, sagte Canadiana und ließ einen wunderschönen Schmollmund sehen. »Du hast deine Stiere. Aber falls du deine Meinung ändern solltest, wir sind da drüben.« Sie entfernte sich von der Stute.

Die Mädchen waren weiterhin neugierig, aber sie blieben hinter Canadianas Rock versteckt.

»Verdammte Bullen«, fluchte er. »Beedah-goh-weeah, du verfluchte Haut.« Der Stier war so unberechenbar. Die anderen Stiere waren sogar zu dumm, um wegzulaufen, aber dieser Beedah-goh-weeah ... Nein, das Tier hatte einen einfältigen Verstand.

»Ihr Mädchen könnt gehen und noch ein wenig schwimmen«, gestattete Canadiana den Kindern. »Und haltet euch fern von dem Schlamm hier. Könnt ihr nicht im Sand spielen?«

Die Mädchen rannten zum nächstgelegenen Teich.

Lightningbolt stieg ab. Er musste noch immer erklären, was er dachte. Er wusste, er klang wie ein Narr, aber er wusste nicht, was er sonst tun sollte; und so versuchte er es mit einem Grinsen. Warum sollte er bei Canadiana den Eindruck hinterlassen, dass er ein Idiot war? Er lockerte seine Sporen und hängte sie an sein Sattelhorn. Als nächstes nahm er seine Überhosen ab und drapierte sie über seinen Sattel.

»Als nächstes ziehst du deine Jeans aus?«, scherzte sie.

»Oh, nein!«, antwortete er schnell und zeigte seine Verlegenheit.

Plötzlich schlug Canadianas Lachen in einen Schreckensschrei um.

»Mädchen, weg da von den Stieren!«

»Kommt hierher zurück!«, rief Lightningbolt den Mädchen zu. »Rennt, rennt hierher zurück. Macht schnell!«

Doch anstatt unverzüglich loszurennen, blieben die Mädchen wie angewurzelt stehen. Sie waren unsicher, zögerlich und gerieten in Panik. Sie wandten sich hierhin und dorthin, bevor sie losrannten. Aber es war zu spät. Beedah-goh-weeah hatte sich umgedreht und war auf Angriff eingestellt.

»Rennt zu den Bäumen!«, brüllte Lightningbolt, während er sich in den Sattel schwang. Er trieb Snake Jaw in einen Trab und schwang seine Überhosen wie eine Flagge über seinem Kopf.

Beedah-goh-weeah scharrte Schlamm und Grasklumpen auf und brüllte, als er auf die Mädchen losging. Lightningbolt zügelte Snake Jaw und führte sie in einen Kreis, wobei er dem wütenden Stier ganz dicht vor ihm den Weg abschnitt. Der Stier sah Snake Jaw und wandte sich dem Kampf mit dem Pferd zu. Die Hörner nach unten, ging Beedah-goh-weeah direkt auf Snake Jaw los.

Lightningbolt trieb Snake Jaw zum Galopp, weg von den Mädchen. Als der Stier zögerte und nicht wusste, auf welchen Gegner er losgehen solle, Snake Jaw oder die Mädchen, zwang Lightningbolt ihn, sich zu entscheiden, indem er den Bullen mit seinem Lasso anstachelte.

Beedah-goh-weeah griff ein ums andere Mal an, während Lightningbolt den Stier immer weiter reizte, wieder auf ihn loszugehen. Jede Konfrontation führte den Stier weiter und weiter weg von Canadianas Lager.

Eine halbe Stunde später ließ Lightningbolt Snake Jaw zu dem Platz zurücktrotten, wo die Mädchen warteten. Sie waren noch immer zwischen den Bäumen versteckt. Die Stute war außer Atem und schweißnass.

»Jetzt ist alles in Ordnung«, sagte er, während er vom Pferd stieg.

Lightningbolt wandte sich geschäftig seinen Aufgaben zu. Snake

Jaw wurde unverzüglich abgesattelt und Bank Note aufgesattelt, nur für den Fall, dass er ein frisches Pferd benötigen würde.

»Dieser Esel von Bulle hat sich ausgetobt, hoffe ich«, erklärte er Canadiana, während sie auf ihn zuging. »Ich hab' mindestens noch eine Stunde, wenn nicht mehr, kommt drauf an.« Er schaute nach Osten, das Tal hinunter. »Der verdammte Schurke.« Er tätschelte Snake Jaw. »Du hast es wirklich gut gemacht, du Krauskopf, wirklich gut. Heute Abend gibt's Hafer. Der Bulle ist böse. Hundertfünfzig Dollar ... verdammt!«

Er sah sich nach seinen Sporen um und versuchte zu erspähen, wo sie durch seinen Wurf wohl gelandet waren. Er hob sie auf, ging zu Bank Note und hängte die Sporen an den Sattel.

»Die Mädchen sind in Sicherheit«, tröstete ihn Canadiana. »Hier, trink diesen guten Kaffee. Ich hatte ein seltsames Gefühl bei diesem Platz, schon den ganzen Tag über.« Sie verschränkte ihre Arme und rieb sie mit ihren Händen. »Jetzt ist es vorbei.«

»Ich könnte einen Bissen von dem Braten vertragen«, sagte Lightningbolt und führte Bank Note zu ihrem Lager.

»Beedah-goh-weeah spielt, ungefähr eine Meile ostwärts von hier, als sei nichts geschehen, aber es kann ebenso gut sein, dass er zurückkommt.«

Bei Canadianas Lager hängte Lightningbolt seine Zügel über das Sattelhorn und ließ Bank Note grasen, wo sie wollte. Solange die Stute innerhalb von zwanzig Schritten in seiner Nähe war, war alles in Ordnung. Später würde er ihr Fußfesseln anlegen.

Canadiana beeilte sich, das Abendessen zuzubereiten. Die Mädchen hatten sich angezogen und spielten mit seinem Lasso.

»Woher kommst du?«, fragte Canadiana.

»Montana«, antwortete er. »Was tust du bloß alleine so weit hier draußen? Ist das nicht riskant?«

»Mein Auto steht bei der Kreuzung«, antwortete sie, blickte in seine Augen und lächelte. »Und ich trage einen Helfer, eine 357er Magnum, und ich hab' keine Angst, sie zu benutzen, wenn ich muss.«

»Sie hat auch noch ein anderes Gewehr«, verkündete das jüngere Mädchen.

»Das sollst du doch nicht erzählen, Dummkopf«, schalt das andere Mädchen. »Er weiß aber nicht wo«, fügte Canadiana schnell hinzu. »Oder, Mädchen?«

Beide Mädchen nickten, dass sie verstanden hatten und nichts sagen würden.

»Ich bin in Kanada geboren«, sagte Canadiana und fuhr mit ihrer Arbeit fort. »Ich lebe noch in British Columbia.«

»Es heißt B. C.«, warf das jüngere Mädchen ein.

»Und ich habe gelernt, auf mich selbst aufzupassen«, fuhr Canadiana fort. »Ich nehme mir, was ich zu fassen bekomme, wenn's Schwierigkeiten gibt. Mein Vater hat es mir beigebracht, genauso wie meine Mutter.« Sie blickte in Lightningbolts Augen. »Die Mädchen sind nicht meine«, erklärte sie. »Aber sie sind schon seit zwei Jahren bei mir. Ihre Mutter ist Alkoholikerin. Der Teufel weiß, wo sie ist. Dera ist die ältere, sie ist neun, und Kim ist sieben.«

Sie sprachen während und nach dem Abendessen. Je mehr Information sie austauschten, desto mehr begannen beide sich gegenseitig zu vertrauen. Lightningbolt spielte mit den Mädchen und half beim Abwasch.

Zwei Stunden später war er wieder im Sattel und bereit zum Wegreiten.

»Ein Tag macht überhaupt keinen Unterschied für mich«, log er. Er dachte an sein Versprechen, die Pferde für seinen Onkel zu verladen. »Aber ich kann diese Stiere drei oder vier Stunden lang von hier aus Richtung Osten treiben, um ganz sicherzugehen, und dann am Morgen zurückkommen. Es würde ihnen nichts ausmachen, nach Osten zu gehen. Im Westen liegt das Problem.«

»Du meinst, zu Besuch zu kommen?«, fragte Canadiana.

»Ah ... äh ... sicher!«, würgte er. »Sicher, selbstverständlich! Ich hab' nur eben dran gedacht, wie ich das alles hinkriege. Ist zehn oder elf Uhr zu spät zum Kaffeetrinken?«

»Es ist nicht zu spät zum Kaffeetrinken«, antwortete sie.

Sie schüttelten sich die Hände, er winkte den Mädchen zu und verließ das Lager.

Er hielt die Stiere drei Stunden lang als Herde zusammen, dann rollte er seinen Schlafsack für die Nacht aus. Am folgenden Morgen kehrte er in das Lager zurück, um Kaffee zu trinken. Er beschloss, den Zorn von Medicine Ear auf sich zu nehmen, und blieb vier Tage lang.

Zwei Wochen später lebten sie zusammen in einer Hütte beim Deer Creek, ungefähr elf Meilen vom Sparrow Creek entfernt.

Lightningbolt schrieb eine Notiz an Estcheemah, dass er sie »nach seinen Studien mit Black Stone« wieder sehen würde. Er gab keine Absenderadresse an.

Er erfuhr bald, dass Canadiana eine Frau mit eigenen Gedanken war. Sie war unglaublich zielgerichtet und vertraute nur ihrem Verstand und ihrer Vorstellungskraft. Lightningbolt war darauf bedacht, dem Leben als Reservatshalbblut zu entkommen. Jedoch war für ihn Arbeit die Antwort, nicht Selbst-Macht. Canadiana sprach stundenlang mit ihm, ermutigte ihn, sein eigener Chef zu werden anstatt ein gewöhnlicher Arbeiter oder Angestellter.

Sie erzählte ihm, dass viele Leute Unabhängigkeit suchten, aber sich selbst zum Narren hielten, solange sie für andere arbeiteten. Sie hatte eine merkwürdige Art zu beschreiben, wie ihrem Denken nach Arbeit und Unabhängigkeit zu sein hatten. Sie sagte, dass Leben niemals ein Kampf sein sollte und dass Leute entdecken sollten, wie sie mit Erwartungen leben konnten. Sie liebte das Wort »Erwartungen« und benutzte es häufig. Es beschrieb so ziemlich alles, was sie wusste oder wollte.

Canadiana besaß auch noch ein anderes Talent. Es war die Macht, beinahe alles physisch auszuführen, sogar das Allerabsurdeste. Sie hielt die Behauptung aufrecht, dass alle zum Gebrauch von Kerzen und Holzöfen zurückkehren sollten. Sie äußerte rundweg, dass Elektrizität ausschließlich dazu benutzt werden sollte, um Musik zu hören, aber niemals, um Licht zu machen!

Sie rauchten etwas Gras zusammen und sie erklärte, dass Gras eine großartige Antwort auf das Verlangen der Leute nach Whisky sei. Ihm bereitete das Gras lediglich Kopfweh.

Langsam, im Verlauf der nächsten zwei Wochen, entdeckte Lightningbolt eine Welt, die er nie gekannt hatte – die Welt von Kindern, und insbesondere von kleinen Mädchen. Dera und Kim besaßen eine wahre Magie, beinahe undefinierbar. Sie wurden seine wichtigen Lehrerinnen. Sie lehrten ihn das Undefinierbare.

Er lernte zuerst, wie er mit kleinen Mädchen zu kämpfen hatte. Es ist eine Sache für einen Mann, mit einem anderen Mann zu kämpfen oder sogar einem Stier, aber es ist ganz anders, mit einem Mädchen zu kämpfen.

Lightningbolt verlor jeden Kampf mit Kim und Dera. Die Kriege dauerten nur einen Augenblick. Sie endeten so schnell, dass er mindestens eine Minute brauchte, um zu bemerken, dass er flachlag und festgenagelt war. Männer konnten herumkommandiert werden, mit

Argumenten versehen, bedrängt und besiegt, aber die Mädchen widerlegten alle natürlichen Gesetze.

Dera erkärte einmal nach einem Kampf: »Du musst erst mal freundlich werden, bevor du so schlau wirst.«

»Du bist eine rosarote Schlaunase!«, sagte ihm die Siebenjährige, nachdem sie über den Abwasch hatten streiten müssen.

Sie versetzten Lightningbolt in Entzücken, brachten ihn zum Weinen, ließen ihn dem Wind zuhören, halfen ihm, den Mond zu sehen, buken ihm Plätzchen, lasen ihm vor, tricksten ihn aus, teilten ihre Lakritzstangen mit ihm, erklärten, wie er mit einer Drossel sprechen könne, und spritzten Wasser in sein Gesicht, wenn er ihnen Angst machte.

Und doch, Lightningbolt gehörte nicht dazu. Er verbrachte lange Stunden damit, ganz allein zu jagen. Manchmal nahm er die Mädchen mit und sie liebten es, aber Canadiana hasste es.

Bald wussten weder Canadiana noch Lightningbolt, was sie einander sagen sollten. Aber anstatt dies zu sehen, begann Lightningbolt mit den Mädchen zu streiten, und dann so zu tun, als wäre nichts. Dera setzte Wille gegen Wille. Diese unerwartete Antwort von Dera machte ihn perplex.

Sie war subtil, wo er Kraft einsetzte. Dera lebte in ihrer Wirklichkeit, ein Kind und Mädchen zu sein. Er lernte, dass er Dera nicht so fordern konnte, wie er es mit einer anderen Person getan hätte. Sie widersetzte sich, wie ein Stier in die Koppel getrieben oder gehütet zu werden, und sie war mit Sicherheit kein Mann. Das Mädchen konnte denken, aber ihr Denken verwirrte ihn. Sie erbaute ihre Welt mit Feinsinn und persönlicher Intelligenz. Diese Vielschichtigkeit zerschmetterte für immer sein Vorurteil, kleine Mädchen seien dumm. Sie beanspruchte jeden Kreis, nicht mit List oder Argumenten, sondern mit einer Endgültigkeit, die ihm keine Möglichkeit bot, mit Diskussionen zu gewinnen.

Zunächst versuchte er, sie zu besiegen. Dann versuchte er, sie zu kommandieren, aber dies bewirkte nur Misstrauen. Das wollte er nicht. Er versuchte noch einen anderen Weg. Dieses Mal bewegte er sich kreisförmig um sie herum und kam in einen Dialog mit ihr.

Er erfuhr bald, dass sie einen wunderbaren Verstand besaß. Er versuchte, alles in seinen Kreis von Macht hineinzuzwingen, während Dera dazu einlud, anstatt Kraft anzuwenden. Das erstaunte ihn. Er kam nicht darauf, wie sie das machte.

Wenn er sie studierte, schnitt sie ihm Gesichter. Auch wenn er gewann, war er der Verlierer. Wenn er versuchte, sie als eine Erwachsene anzusprechen, verfügte sie nicht über ausreichendes Wissen, um zu antworten. Wenn er jedoch versuchte, sie wie ein kleines Kind zu behandeln, wurde sie so ärgerlich, dass sie ihn beinahe hasste.

Er wollte nicht, dass sie ihn hasste, aber er wollte auch nicht, dass sie ihn besiegte. Und so gab es eine Woche lang ein Unentschieden. Eines Tages gewann Dera die Schlacht.

»Du musst dein eigenes kleines Mädchen finden«, sagte sie zu ihm. »Ich liebe dich so wie Daffy, mein Pferd, aber ich mag dich nicht, weil du blöd bist.«

»He, du bist mein Mädel.« Er versuchte zu lächeln.

»Nein«, sagte sie und schaute in seine Augen. »Du willst immer gewinnen, sogar mit Liebe. Es ist kein Spaß. Bei dir will ich gar nicht gewinnen.«

Das entwaffnete und besiegte ihn.

»Du bist verrückt, weil du kein Glück finden kannst«, schalt sie ihn. »Und deine Küsse sind wie saure Gurken.« Sie machte jetzt eine Schnute. »Aber du bist auch blöd, weil du nicht nach Hause gehst.«

»Was schlägst du vor?« fragte er sie, jetzt ernsthaft. Er fühlte einen tiefen Respekt für sie und sie wusste es.

»Kauf mehr Schokoladenplätzchen!«, fiel Kim ein. »Und mach dein Zimmer sauber.« Sie hatte ihre Arme herausfordernd überkreuzt.

»Ich hab 'nen Krieg im Norden vor mir, den ich kämpfen muss.« Er lächelte.

Nicht ein Tag war vergangen, an dem Lightningbolt in seinem Geist nicht einen Kampf mit den Schlachten-Kachinas veranstaltet hatte. Beinahe dauernd tagträumte er davon, dass er mit ihnen kämpfte, und er konnte es nicht vor den Mädchen verbergen. Sie wussten nichts von seinen Empfindlichkeiten, aber sie fühlten seine Rastlosigkeit. Diese Lüge war es, die sie bekämpften, nicht seine Einstellungen oder Phantasien. Er gehörte nicht dazu.

Er dankte Dera am nächsten Tag für ihr Gespräch. Dann erzählte er Kim, dass sie letztendlich doch nicht wirklich ein Knirps war. Kim war nicht beeindruckt. Sie nannte Lightningbolt eine Rotznase.

Dera war nicht dieselbe Person, die sie am Tag zuvor gewesen war. Jetzt wollte sie spielen und ihn in einem Doppel-Solitärspiel schlagen. Sie spielten und Lightningbolt verlor.

199

Am folgenden Morgen, noch vor der Dämmerung, war das Silberschiff unterwegs nach Norden.

Wenn er die Vielschichtigkeit gehabt hätte, nach der er sich sehnte – wenn er sich vor Augen gehalten hätte, wie wunderbar es war, dass er Leuten wie Dera, Kim und Canadiana begegnen konnte –, hätte er verstanden, warum sie in sein Leben gekommen waren.

Aber das ist nicht der gewöhnliche Lauf des Lernens. Das meiste Lernen kommt uns auf schwere Weise zu. Es muss erst im Mutterleib der Erfahrung existieren, bevor es geboren werden kann.

Canadiana, Dera und Kim hatten sehr direkt eine Wandlung in Lightningbolt bewirkt. Aber würde er es je wissen?

Das Silberschiff bewegte sich schnell nordwärts, weg von den Kindern und Lightningbolts Verantwortung ihnen gegenüber. Er rannte wieder – und er wusste es noch nicht. Während des Fahrens runzelte er die Stirn, dachte an Estcheemah und die Herausforderung, die sie ihm eröffnet hatte.

Unterscheidungsfähigkeit. Was bedeutete das? Bei der ersten Gelegenheit würde er das Wort nachschlagen.

Warum benutzte sie überhaupt so ein Wort wie Unterscheidungsfähigkeit? In vielerlei Hinsicht klang die Herausforderung, die die Schlachten-Kachinas ihm gestellt hatten, sehr einfach, aber in einer Hinsicht klang sie schwierig.

Er hatte ziemlich viel Angst bekommen, als Black Stone die Herausforderung erwähnt hatte. Alles, was er zu tun hatte, war, die Schlachten-Kachinas zu besiegen ... was konnte daran so schwer sein? Alles, was er brauchte, war Geschick, sobald er herausgefunden hatte, was er zu tun hatte. Sicher ... es war einfach genug.

Estcheemah hatte sich jedoch unklar ausgedrückt. Oder war er es, der nicht klar sah? Was war es, das er unternehmen sollte? Die Schlachten-Kachinas bekämpfen? Er sollte sie anrufen und sich vergewissern, worin die Herausforderung bestand. Das war es, er sollte Estcheemah anrufen. Sicher, morgen Abend, das würde eine gute Zeit dafür sein.

Er reiste den ganzen Tag, begierig, die Fahrt zu beenden und bei dem alten Mann Black Stone zu sein. Es würde Spaß machen, ihn wieder zu sehen. Er hielt nur an, wenn er Benzin oder Öl brauchte.

In dieser Nacht schlief er unruhig und träumte, dass Dera ihn dafür ausschimpfte, dass er seinen Transporter nicht gesäubert hatte.

Am folgenden Morgen vergaß er, den Anruf zu machen. Er erinnerte sich mittags daran, aber vergaß es wieder, als er das Café verließ, in dem er sich einen Hamburger genehmigt hatte. Er hatte fünf neue Tonbandkassetten gekauft und genoss »A Day in the Life« von den Beatles, als er das Autowrack vor sich sah.

Es blieb keine Zeit, zu bremsen. Ein Lastwagen hatte sich überschlagen und lag quer auf der Landstraße. Er hatte keine Alternative, als das Silberschiff über den Straßenrand hinauszusteuern.

Das Auto stieß auf einen Zaun und machte einen Satz, dann riss es eine Schneise in das dahinterliegende Feld. Als es zum Halten kam, schwitzte Lightningbolt. Er stieg aus und widmete dem Transporter einen kurzen Inspektionsblick, um zu sehen, wie es ihm ergangen war. Es schien so, als sei nichts beschädigt.

Er schaute auf, als er ein entsetzliches Krachen hörte. Ein Kornlastwagen hatte sich in das Wrack gebohrt. Der Aufprall war grauenhaft und brachte den Klang von Tod mit sich.

Aus Angst, dass den nächsten Fahrer dasselbe Schicksal ereilen könnte, rannte er, so schnell er konnte, auf die Landstraße zu. Er setzte über den zerborstenen und verdrehten Drahtzaun weg und sprintete die Landstraße hinauf. Er riss sich seinen Mantel vom Leib, als er ein Auto auf sich zurasen sah, winkte ihm zu und deutete hektisch nach vorne.

Das Auto beschleunigte nur noch mehr, als der Fahrer ihn sah. Er hörte das Krachen und rannte weiter die Straße hinauf. Das nächste Auto hielt an.

Die Polizei und die Sanitäter brauchten lange. Montana ist kein Ort, wo schnell Hilfe kommt. Lightningbolt und andere taten für die Überlebenden, was sie konnten.

Leiber lagen überall inmitten von zerschmetterten Whisky- und Bierflaschen. Sechs Leute waren tot, fünf weitere waren in kritischer Verfassung. Ihre Schreie und ihr Stöhnen über eine Stunde lang auszuhalten tat unermesslich weh.

Nachdem die Landstraße wieder frei war, ging Lightningbolt zu seinem Transporter und schaute sich den Unterboden seines Fahrzeugs an. Er war so tadellos wie ein neuer Silberdollar. Er wühlte eine Zigarette aus dem Handschuhfach und rauchte, sprach ein Gebet des Dankes an die Kreation dafür, dass sie ihm das Leben gerettet hatte. Danach gelobte er, niemals mehr über fünfundsechzig Meilen pro Stunde zu fahren.

»Ein sehr schlechtes Medizinzeichen«, kommentierte Black Stone am folgenden Tag. »Ja, das passiert die ganze Zeit über. Es ist eine traurige Sache. Es gab eine Zeit, da es mich nicht gekümmert hat, aber jetzt, wo ich älter bin, macht es mich traurig. Ja, du solltest beten und Gott danken. Vielleicht zur Messe gehen.«

»Ich will das Training, von dem du gesprochen hast«, sagte Lightningbolt zu dem alten Mann. »Bist du bereit dazu?« Er deutete auf das Heck des Silberschiffs. »Ich habe Lebensmittel für dich und Tabak.«

Black Stone arbeitete mit ihm achtunddreißig Tage lang ohne Unterbrechung, bis er mit Lightningbolts Vorbereitung zufrieden war.

»Du bist schnell und du hast gut gelernt«, erklärte der alte Mann mit Stolz. »Du bist gut, sehr gut. Aber bist du sicher, dass du Fire Enemy bekämpfen willst? Es wird gemunkelt, dass er ein Zauberer ist, weißt du. Du wirst dich schützen müssen. Er ist darauf aus, alle zu besiegen, die wegen der großen Belohnung kommen. Du wirst sein endgültiger Test sein.«

Lightningbolt war gefangen von dem Gedanken, um eine große Belohnung zu kämpfen. Worin bestand sie?

»Die Schlacht, die er mit dir kämpft, wird die Tür für ihn öffnen«, kündigte Black Stone an. Er genoss seine Rolle. »Die Tür, von der ich spreche, ist die Tür in den Kreis von Häuptlingen. Diese Frau, Estcheemah: Sie ging zu den Häuptlingen und brachte eine Decke für dich mit. Sie ersuchte jene Häuptlinge, deine Gegner zu sein. Sie wollte die Herausforderung für dich. Sie brachte Tabak als Geschenk. Bei ihrem zweiten Treffen waren sie einverstanden. Du kannst kämpfen, wenn du es wünschst.«

Lightningbolt war jetzt sehr aufgeregt.

»Das doppelköpfige Adler-Jadehalsband wird dein sein«, fuhr Black Stone fort. »Es existiert keine größere Belohnung. Es heißt, dass das Halsband große Macht in sich birgt. Die Macht zu fliegen, habe ich gehört. Einige Leute sagen, dass du mit der Macht des Halsbandes die Gestalt eines Tieres annehmen kannst. Priester haben viel Geld dafür geboten.«

»Dieser Typ«, unterbrach Lightningbolt, »ist so gemein wie Katzenscheiße. Bist du sicher, dass er die Regeln versteht?«

»Fire Enemy lachte, als sie ihm sagten, dass du sein Gegner sein würdest«, lächelte Black Stone. »Er hat nichts als Verachtung für dich übrig. Das ist gut. Benutze es. Setze seine Dummheit gegen ihn ein. Kein Mann sollte soviel Hass für einen anderen haben. Es macht Leute blind.«

»Du bist einer von den machtvollen Häuptlingen, stimmt's?«, fragte Lightningbolt. Er fühlte sich gut, dass er sich unter so machtvollen Männern befand.

»Ich bin einer von ihnen«, antwortete Black Stone und sah sehr stolz aus. »Aber du musst mehr hören. Diese Frau, Estcheemah, sie weiß nicht sehr viel über uns. Schließlich ist sie eine Frau. Wir haben keine Frauen in unseren Rängen, so wie es in den alten Tagen Brauch war. Sie weiß nichts von dem Doppeladler-Jadehalsband. Das ist unser Geheimnis. Es ist Männersache ... wenn du weißt, was ich meine.«

»Ich verstehe.« Lightningbolt nickte feierlich. Er nahm seine neuen Verpflichtungen sehr ernst.

»Du siehst diese Berge da drüben?« Der alte Häuptling wies nach Osten. Dort war ein großer Sattel zwischen den Bergen. »Dieser Sattel dort ... ist sein Zuhause im Augenblick. Seine Domäne. Er ist der König über alles, was er dort überblickt. Es ist voller Fallen. Und er hat zwei monströse Hunde, die bösartig sind. Er hat sie auf Angreifen und Töten abgerichtet. Du musst dich vor ihnen in Acht nehmen. Wir mögen es zwar nicht, dass er diese Tiere hält. Aber welche Regel gibt es dagegen? Sein Aufenthalt in diesen Bergen währt zwei Jahre. Eineinhalb Jahre sind schon vorbei. Er hat zwei mächtige Zauberer besiegt – geschlagen mit ihren eigenen Tricks.«

Lightningbolt standen die Nackenhaare zu Berge. Das war es! Endlich hatte er eine Situation, in die er sich verbeißen konnte.

Der alte Häuptling wurde gar noch dramatischer, davon angetan, wie edel er war. Dass dieser junge Mann zu seinen Füßen saß und von ihm lernte, war wahrlich inspirierend!

»Ja!«, sagte Black Stone und gestikulierte dramatisch in Richtung Berge. »Dort erwartet er dich. Mach dich an die Belohnung heran, auf jede dir mögliche Weise, außer Mord. Ich, Black Stone, bin der Beobachter. Wenn er dich umbringt, hat er versagt. Wenn du ihn umbringst, hast du versagt. Abgesehen vom gegenseitigen Umbringen könnt ihr tun, was ihr wollt.«

Lightningbolt war begeistert. War dies seine Stunde der Wahrheit? Er hoffte es.

»Ja«, sagte Black Stone stolz. »Du, mein Sohn ... ja, es ist offenkundig, dass du es kannst. Du magst ihn an die Klippe des Todes bringen, aber geh´ nicht darüber hinaus. Solange du ihn nicht umbringst – oder er dich –, das ist die einzige Regel. Pine Bull glaubt, dass Fire Enemy ein Kriegshemd mit eingenähtem Eisen trägt. Er hat auch einen Helm aus Hartholz.«

»Das ist eine Rüstung!«, Lightningbolt war voller Vorfreude. »Ein bisschen Holz, ein Fetzen Metall. Es macht es lohnender, wenn du weißt, was ich meine.«

»Klar«, stimmte der alte Mann zu. »Warum nicht? Wie immer du es nennst, es spielt nicht wirklich eine Rolle. Die Regel ist – du musst alles tun, was nötig ist, um dich selbst zu schützen. Wenn du nicht weißt wie, kannst du Hilfe bekommen.«

»Klingt ganz gut«, sagte Lightningbolt.

Black Stone war kühl, sehr sicher. Er schaute wie ein alter Veteran aus ... beinahe gelangweilt.

War das Halsband magisch? Männer und auch Frauen hatten Wüsten durchquert, Klippen erklommen, alligatorengefüllte Flüsse durchschwommen und bis an die Klippe des Todes gekämpft, um ein magisches Machtobjekt zu erlangen.

Er kam nirgendwo an. Nichts mit seinem Leben anzufangen, zerrte an seinen Eingeweiden. Ein Kampf war eine gute Idee. Gewinnen oder verlieren – es würde befriedigend sein.

Aber wenn das Halsband ein Schwindel wäre? Dann könnte er wie ein Narr dastehen! Nein, diese Männer würden niemals so lügen. Es musste wahr sein.

Am folgenden Morgen bei Dämmerung rüstete Black Stone Lightningbolt mit einem Pferd aus und sie ritten in die Berge, auf Erkundung.

Sie ritten in Schweigen gehüllt. Black Stone sah sehr edel aus, seiner selbst absolut sicher. Ein Gefühl von Stolz erhob sich im Herzen des jungen Mannes. Warum es nicht genießen? Wie viele Male hatte eine Person eigentlich die Chance, ein Held zu sein? Nicht einmal, das war die Zahl.

Das waren die Männer, von denen er gehört hatte! Die alten Krieger der Vergangenheit. Unerschütterliche Männer der Macht und der Tat. Er erinnerte sich an eine Geschichte, die er über Shield Heart gehört hatte.

Shield Heart war am Fuße der Schwarzen Hügel geboren. Er ging von seiner Familie fort, als in den dreißiger Jahren die große Trockenheit kam. Er zog nach Kanada und heiratete Mochiko, ein wunderschönes japanisches Mädchen. Ihr Name bedeutete »Süßer Reis«. Nachdem sie nur ein Jahr in Kanada gelebt hatten, kehrten sie nach Süd-Dakota zurück.

Dann kam der Krieg und Shield Heart verpflichtete sich, für sein Land zu kämpfen. Er wurde Bordschütze in einem Panzer. Nach nicht allzu langer Zeit fand er sich als Kämpfer in den Dschungeln des Südpazifik wieder.

Sein Panzer wurde von einem Kanonentreffer lahm gelegt und er musste zu Fuß weiter. Während er sich durch den Dschungel mühte, kam er zu einer Lichtung. Dort tat sich ein alter Tempel vor ihm auf oder ... zumindest so etwas Ähnliches. Es war auch eine Art Festung. Zwei Eingeborene stürzten heraus und schwangen bedrohlich ihre Speere. Shield Heart sprang zur Seite und parierte ihre Angriffe. Er schlug einen der Männer nieder, während der andere floh, um Hilfe zu holen. Beim Untersuchen des Tempels fand er unzählige Schätze von Diamanten, Smaragden, Rubinen und anderen Juwelen. Er füllte seinen Munitionsgürtel mit Geld und Juwelen und kämpfte sich seinen Weg zurück zu seinem Panzer. Niemand war je klüger gewesen. Als er nach Los Angeles zurückkam, kaufte er sich ein Anwesen in Beverly Hills.

Black Stone unterbrach Lightningbolts Träume. »Dies ist Fire Enemys Land. Es gehört alles ihm, bis er dich besiegt. Es ist momentan allerdings nur gepachtet, zum Zweck unserer Herausforderung. Bis jetzt hat er zwei Männer besiegt. Ich habe zu meiner Zeit fünf besiegt, die anderen Häuptlinge mehr. Wer wird ihn jetzt bekämpfen? Wir?«, seufzte er. »Wir werden weniger und weniger. Wie ich sagte, sobald Fire Enemy hier zwei Jahre lang ohne Niederlage gelebt hat, ist er in unserem Kreis. Er hat die Schwelle überschritten.

Dieser Mann ist listenreich und gemein, wie du bereits weißt. Ich denke, dass der Krieg in Korea das bewirkt hat. Er ist ein Veteran. In den alten Tagen waren Schlachten-Kachinas tödlich, aber nicht bösartig. Dieser Mann kann grausam sein.

Wir wissen, dass du ihn besiegen wirst. Aber ich beneide dich nicht um deine Aufgabe. Die Hauptleute werden keine Scham empfinden, falls du wegläufst oder dich entscheidest, ihn nicht zu bekämpfen. Es liegt alles an dir. Ich werde dich hier zurücklassen.«

Lightningbolt schaute dem alten Mann beim Wegreiten zu. Er stieg ab in den Sand. Dieses Land war trocken. Er begann, sein Pferd zu führen und sich umzusehen. Am Ende des Tals gab es einen massiven Felsen, an dem sie vorbeigeritten waren. Dieser Stein war es, der den Anfang von Fire Enemys Kreis bezeichnete.

Dies war das Kriegsgebiet. Es war ein verlassener Platz, wo nur ein paar Flechten überleben konnten. Was für ein schrecklicher Ort, um dort zwei Jahre zu leben! Es gab tausend Senken und trockene Bergeinschnitte. Einige der Ausbuchtungen waren tief genug, um eine kleine Armee darin zu verstecken. Er holte die Wasserflasche vom Sattel und nahm einen Schluck.

Würde er zum inneren Kreis der Hauptleute zugelassen werden, wenn er Fire Enemy besiegte? Er würde fragen müssen.

»He!«, sagte Fire Enemy hinter Lightningbolt und schlug ihm auf die Schulter. »Bäng, bäng, du bist tot, Besserwisser.«

Lightningbolt ließ die Feldflasche fallen und wandte sich um, um Fire Enemy frontal zu begegnen. Er sah, dass sein Gegenspieler einen Speer trug und einen Schild hielt.

»Es geht wohl früh los?«, sagte Lightningbolt und versuchte, kaltblütig zu klingen.

Fire Enemy kam heran, berührte beinah seine Nase und streckte seine Hand aus. Als Lightningbolt nach der Hand griff, wurde er plötzlich hart in den Magen getroffen. Er überschlug sich und ging langsam zu Boden.

»Was ist denn hier los?«, fragte Fire Enemy und zog Lightningbolt auf die Füße. Er schlug den jungen Mann hart ins Gesicht und schickte ihn wieder zu Boden, sodass er im Sand kroch.

Die Schläge hatten Lightningbolt vor Schmerz und Verwirrung ins Torkeln gebracht. Er konnte kaum hören, was Fire Enemy sagte. Er rollte und krümmte sich und wartete auf den nächsten Angriff.

Fire Enemy duckte sich ebenfalls und schaute ihm direkt in die Augen. »Schau«, sagte er. »Es ist Zeit für dich, dass du abhaust, für immer. Kapiert?«

Er stand auf, wandte sich um, dann schleuderte er das Speerende hart gegen Lightningbolts Brustkasten und schlug ihn nach hinten nieder.

Lightningbolt war kalt erwischt worden. Als er aufwachte, sah er Fire Enemy über sich stehen, der ihm seine Feldflasche ins Gesicht goss.

»Steh auf und pack dich auf dein Pferd«, knurrte Fire Enemy.

Lightningbolt kam wankend auf seine Beine und taumelte gegen sein Pferd. Er hätte weglaufen sollen – es hätte ihm scheußlichen Schmerz erspart. Fire Enemy schlug wieder zu und diesmal traf er Lightningbolts Hinterteil sehr hart. Er drehte sich um und wurde ins Gesicht getroffen. Von neuem ging er in Dreck und Sand nieder.

»Das hier ist kein Platz für Schulbuben«, grinste Fire Enemy. »Rauf auf dein Pferd und weg.«

Lightningbolt kroch zum Steigbügel und zog sich auf den Sattel hoch. Sobald er auf seinem Tier saß, überlegte er, wie er Fire Enemy überrennen könnte; doch er nahm davon Abstand, als er sah, wie sein Feind die Speerspitze auf ihn richtete.

»Zeit zu gehen«, sagte Fire Enemy sanft.

Lightningbolt spornte sein Pferd zum Galopp.

Er ritt zum Haus von Black Stone und stieg bei der Pumpe ab. Ärger, Hass, der ihn blind machte, Angst und Rache kochten in jeder Zelle seines Wesens. Warum musste jeder wunderbare Traum im Schmerz enden? Warum hatte der Große Geist Idioten wie Fire Enemy kreiert?

Jeder Muskel in seinem Leib schmerzte. Er wusch das Blut von Gesicht und Mund. Seine Kleider waren vom getrockneten Blut und Staub ruiniert. Er ging zu seinem Transporter, zog die Tür auf und holte sich frische Kleider zum Wechseln heraus.

»Du kannst bei der Pumpe baden«, bot Black Stone an. »Ich kann etwas Wasser für dich warm machen.«

»Warum hast du's mir nicht gesagt?«, sagte Lightningbolt durch die Zähne. »Der Hund ist verrückt!«

»Die Herausforderung ist, was sie ist«, gab Black Stone zurück. »Es ist dir gesagt worden. Hast du jetzt Angst? Rennen … so geht es eben … rennen.« Er wandte sich auf dem Absatz um und ging in sein Haus zurück.

Lightningbolt beobachtete Black Stone beim Weggehen, während er sich anzog. Er wollte etwas sagen, den alten Mann beschimpfen, aber er konnte sich nicht zum Sprechen bringen. Er war zu ärgerlich.

Er ging zurück zur Pumpe und wusch sich den Mund nochmals aus. Der Mann konnte offenbar kämpfen, aber warum konnte er es nicht auf faire Weise tun? Warum musste er so eine Ratte sein? Er richtete sich auf und wischte sein Gesicht ab. Nein, es war nutzlos. Diese ganze Angelegenheit war ein dummer Scherz.

Eine Jadehalskette, was für ein Unsinn! Würde er ihnen diese Geschichte abnehmen? Niemals! Fire Enemy war ein ausgemachter Geisteskranker.

»Du bist besiegt«, erklärte Black Stone von seiner Terrasse.
»Nein!«, schrie Lightningbolt und schüttelte seine Faust. »Wenn ich zurückgehe, Mann, werd' ich diese Ratte zerschmettern.«

Die Reifen des Silberschiffs heulten, als sie das Pflaster zu fassen bekamen. Je weiter er fuhr, desto ärgerlicher wurde er und desto unvernünftiger schien der Kampf. Er schimpfte auf sich selbst, weil er sich in diesen Schlamassel niemals hätte verwickeln lassen sollen.

Während der nächsten halben Stunde fühlte er einen Ärger anderer Art und war emotional zerstreut. Jetzt kam die fürchterliche Traurigkeit wieder zurück. Was wenn ... wenn es dieses verdammte Halsband wirklich gab?

Warum musste jeder Traum im Schmerz enden? Eine tiefe, Schwindel erregende Angst ließ sich in seinem Geist und Herzen nieder. Wenn dieses blutige Ding wirklich war, wirklich magisch, dann würde er wieder ein Verlierer sein. Keine Halskette – keine Macht. Keine Macht ... kein Glück. Die Welt war Scheiße! Leben ... was für ein Witz!

Eine tödliche Bestimmtheit überkam ihn. Wie konnte er diesen erbärmlichen Hund besiegen? Bessere Rüstung ... Kopfarbeit ... Planung ... ja, das war es.

Er wurde ruhiger. Dieses Schwein! Er würde ihn Staub fressen lassen. Und zwar eine Menge. Er würde fallen! Lightningbolts Handknöchel waren weiß, als er das Steuerrad umfasste. Wenn es nichts anderes auf der Welt gab, Fire Enemy würde zu Boden gehen!

Lightningbolts Taurigkeit reichte tief. Es war nicht einer jener Schmerzen, die ganz einfach den Geist lähmen. Es war schlimmer, er trieb ihn und bestrafte ihn mit seiner Gluthitze und dem Zwang zum Extremen.

Rache stieg in ihm auf, ernst und entschieden. Fire Enemy war mehr geworden als nur ein Mann – er war eine Sache geworden, ein Symbol für das, was Lightningbolt zu besiegen hatte. So etwas hatte sich auch schon vorher zugetragen, mit viel weniger Dramatik, mit Kleinigkeiten. Zuerst war die Situation da, dann kam die Entscheidung.

Diese Entscheidung war direkt und einfach: Kampf. Kampf für das, was nottat. Kampf um Rang. Nimm nicht, stiehl nie – das war der Weg des Verlierers. Kampf, Einsatz, das war die Antwort.

Wann immer Lightningbolt von Traurigkeit überwältigt war,

träumte er. Diese Träume waren immer dieselben. Schlachtfeld um Schlachtfeld zeigte sich in seinem Geist. Er beobachtete endlose Kriegsparaden. Manchmal wurden die Kämpfe zwischen Leuten aus alten Zeiten ausgetragen. Er fand das Krachen von Schild und Schwert, den Gebrauch der Lanze und des Speers erfrischend. Er plante, zerstörte oder beobachtete tausend Angriffe der Kavallerie. Er schleuste seine Kampfpanzer durch und bewegte tausende von Fußsoldaten nach vorn.

Für ihn war es nicht von Bedeutung, auf welcher Seite er kämpfte. Es war der Krieg selbst, der ihn im Bann hielt. Blitzkrieg, der Angriff der Lightbrigade, das Little Big Horn oder Bull Run ... es spielte keine Rolle. Er kannte sie alle nur zu gut. Es gab keine richtige oder falsche Seite; es war alles Krieg, Kampf. Das Ergebnis hing vom Grad der Fertigkeit und vom Manövriergeschick ab.

Für Lightningbolt waren diese Tagträume so normal, so allgemein, so alltäglich, dass er nie dachte, sie könnten außergewöhnlich sein. Von der Zeit seiner Geburt an hatte er in dieser Weise gedacht und auf diese Art geträumt. Taten das nicht alle? Hätte jemand ihn damit konfrontiert, hätte er seine Augen verständnislos zusammengekniffen und unvermittelt geantwortet: »Was meinst du? Ich an Krieg denken? Nein, ich doch nicht!«

Und doch, es war wahr. Sein Geist war vollkommen auf Krieg und Kampf orientiert. Die Kriege waren seine Symbole und Gedanken geworden. Alles, was er dachte, war von Kriegsbegriffen gefärbt.

Als das Silberschiff im Reservat zum Stehen kam, war Lightningbolt wie ausgewechselt. Seine Angst, machtlos zu sein, und seine Scham nach einer Niederlage waren unablässig eine schreckliche Antriebskraft gewesen, eine Kraft, die er hasste – aber sie war auch zu einer Triebfeder seiner Entschlossenheit zu gewinnen geworden.

Er war durch eine Tür der Selbsterkenntnis gegangen, die jenseits seines Verstehens lag, aber er hatte den Wechsel bemerkt. Sein Horror, ein Verlierer zu sein, hatte nachgelassen. Das Gesicht seiner Ängste hatte sich gewandelt und er besaß eine neue Zuversicht. Jetzt wusste er, er konnte gewinnen.

Er begann zu verstehen, was sein Onkel ihm gesagt hatte. Der alte meisterhafte Techniker und Feldwebel, Sprengmeister in Korea, hatte gesagt: »Begegne dem Feind, lerne den Feind kennen, dann besiege den Feind.«

Er konnte gewinnen, wenn ihm klar war, wie er Fire Enemy besiegen würde. Dieser Wechsel, der in seinem Herzen und Geist vorgegangen war, hatte viele Mysterien erhellt, die er bis dahin nicht verstanden hatte.

Seine erste Erleuchtung war, dass seine Ängste den Krieg und den Schmerz nicht fern hielten. Seine Angst war allzeit gegenwärtig, so wie der Umstand, dass seine Reservatswelt ihn ständig herausforderte. Konflikt war allgegenwärtig und unvermeidlich. Warum also Angst haben? Angst half nichts und war keine Verteidigung. Es gab kein Entrinnen vor Schwierigkeiten. Es spielte keine Rolle, ob eine Person Angst hatte; Krieg war eine Lebenswirklichkeit und damit hatte es sich.

Warum nicht kämpfen? Was hatte eine Person zu verlieren? Ein guter Krieg reinigte die Luft, machte die Dinge bereit und präsentierte immer etwas Neues. Krieg half, die Knoten in seinem Bauch zu lockern. Jede Art Krieg war besser, als wenn nichts passierte. Langeweile war abscheulich! Ein Wortgefecht, ein Kampf mit seinen Emotionen – was war dagegen einzuwenden?

Das große Nichts – das war die wahre Angst und der Ekel. Leute, die ihre stillen kleinen Läden betrieben, stille kleine Bauernhöfe und Anwesen, all die netten ruhigen Leutchen – das war tödlich. Die Nichtigkeit war ein Ungeheuer!

Es musste etwas geben, ein wirkliches Etwas – weshalb sonst leben? Muttis Apfelkuchen, Waschzuber, sauberes Geschirr, Land, Medizinmächte: Nichts schien sich jemals zu verändern. Es war einfach gespenstisch!

Lightningbolt holte Smokey ab und sie fuhren zu Jacks Maschinenladen. Blind Jack war ein Maschinist, Mechaniker, Schweißer und Schreiner. Er war auch gut in der Arbeit mit Glasfaserharzen. Der örtliche Klatsch verbreitete, dass Jack einer der ersten Anhänger John Birchers – eines bigotten Fanatikers – gewesen sei, und es wurde gemunkelt, er sei aus der Gemeinschaft ausgestoßen worden, weil er den Namen des Herrn ohne Grund in der Öffentlichkeit benutzt habe.

Smokey schlich auf der Suche nach einem Papierkorb um den Laden herum wie eine räudige Katze, während Jack und Lightningbolt Pläne und Skizzen zeichneten.

»Du willst gute Ware«, grinste Blind Jack breit. »Ich mache gern solches Zeug. Ich mag die Abwechslung. Ja, sicher ... Rüstung, Plattenstahl und Glasfaser ... Helm und alles. Es wird dich dreihundert Piepen kosten, bar auf die Hand.«

Am Holzofen vorbeischlurfend, winselte Smokey: »Bei dir tauscht er mein Gewehr ein, damit er eine Rüstung bekommt. Ist das nicht merkwürdig?«

Blind Jack ignorierte ihn. Er schaute nicht eben erfreut drein und seine Hand zitterte, als er sich eine Zigarette ansteckte. Die russischen Armeestiefel, die Smokey trug, die grünen Kampfhosen und das weiße Nehrujackett mit dem Stehkragen machten Jack sehr nervös. Er traute Smokey nicht im Geringsten. Blind Jack war überzeugt, dass Greenblatt nicht Smokeys wirklicher Name war, und er war gleichermaßen sicher, dass Smokey ein Kommunist war.

Jack nahm eine zweite Zigarette, die er in seinem Aschenbecher brennen hatte, und drückte sie aus. »Dein Gewehr, hm«, lächelte er höhnisch und warf einen langen Seitenblick auf Smokey. »Jaah. Was ist das? Vierzig Jahre alt? Etwas, was die Crow-Indianer weggeworfen haben? Ist eine Raupe drübergefahren?«

Lightningbolt setzte sich auf eine Munitionskiste aus dem Zweiten Weltkrieg und wartete geduldig.

»Ich krieg' das Gewehr«, stöhnte Smokey. »Bist du sicher, dass du nichts verlangst? Ich meine, es ist Lightningbolt.«

»Er ist ein gottverdammtes Halbblut, wie du«, knurrte Jack. »Ein Dieb. Nein, was immer dein wirklicher Name ist, Kerl, das verdammte Gewehr ist gut.«

Smokey ging hinaus zum Silberschiff und kam mit seiner neuen Waffe zurück. Der blinde Jack riss ihm das Gewehr aus den Händen und inspizierte seinen Mechanismus.

»Warte!«, sagte Smokey mit einem vorgetäuschten Lächeln. »Du musst eine Frage beantworten. Du weißt, wie du den Namen ›Blind Jack‹ bekommen hast.«

»Ich könnt' dich nicht erschießen, wenn du fünf Zentimeter von mir wegwärst. Ich müsst' dich erstechen«, antwortete Blind Jack mit einer Grimasse.

Er legte das Gewehr quer auf seinen schmutzigen Ladentisch. »Deshalb nehme ich immer Vater O'Neal mit. Er ist ein super Schütze – ein reicher Priester, um den sich die Kirche kümmert, ihre alte Haut und seine seien gesegnet.« Er begann zu zeichnen. »Er schießt die Hirsche und ich esse sie. Dein Gewehr ist neu, gut genug für mich. Bist du sicher, dass du nicht gern Zielscheibe wärst, Greenblatt? Du schaust einfach wie gemacht dafür aus. Es würde mir nichts ausmachen, dich umzubringen. Was sagst du?«

»Seltsam.« Smokey schüttelte seinen Kopf. »Du, ich, er. Wir sind alle seltsam, meinst du nicht?«

»Warum hast du gefragt?«, sagte Jack plötzlich neugierig, während er fortfuhr, einen alten Ritterhelm zu skizzieren.

»Ich werd' ein Künstler sein, der Maler aller Maler«, antwortete Smokey. »Ich frag' immer solche Fragen.«

»Du wirst kommunistischen Mist malen.« Jack runzelte die Stirn und schaute auf. »Scheißzeugs, das kein Amerikaner anschauen sollte, Pornos, vielleicht sogar Werbung. Ihr Kommunisten macht auch vor nichts halt, oder?«

Jack stand auf und ging hinüber zu Lightningbolt.

»Hmmm«, schmunzelte er und schob eine dreckige alte Baseballmütze auf seinem Kopf zurecht. »Passt. Ich werd' das als Maß benutzen. Mit ein bisschen Reserve wird's ein guter Helm sein.«

»Mein Bares und das Gewehr, das sollte reichen«, sagte Lightningbolt beim Aufstehen. »Du hast alle meine Maße, hast die Einzelheiten. Was kommt als Nächstes?«

»Komm zurück, wenn's fertig ist«, antwortete Blind Jack ohne aufzuschauen. »Und lass den Kommi zu Hause.«

An diesem Abend aßen Smokey und Lightningbolt gemeinsam zu Abend in Harlows Pink-China-Café. Sie hatten frisch gefangene Forelle und Reh und Hirsch, frisch geschossen in der Jagdsaison.

Auch Ente hätte auf der Speisekarte stehen können, aber Harlows Frau, Nellie, war wegen Fischens außerhalb der Jagdzeit und wegen Rehwilderns festgenommen worden. Harlow hasste es, wenn er allein kochen und am Morgen um fünf aufstehen musste, um eine Antilope zu schießen. Die Telefonmannschaften waren wieder auf der Durchreise und sie aßen gern Antilope.

»Warum bist du Blind Jack so auf die Pelle gerückt?«, fragte Lightningbolt.

Smokey antwortete: »Ich wollte dir zeigen, dass ich der erste lebende Rundist bin.«

»Wirklich?« Lightningbolt war sich nicht sicher, was er meinte. »Jetzt schuldest du mir fünfzig Mäuse, richtig?«

»Achtunddreißig«, antwortete Smokey. »Willst du etwas sehen, was ich skizziert habe, damit die Massen etwas zu staunen haben?« Er zog ein zerfleddertes Bündel Papiere heraus.

»Sicher.« Lightningbolt wollte unterhalten werden. Es war ein schwerer Tag gewesen.

»Unsere Welt ist nur eine Sahnetortenillusion«, schmunzelte Smokey. »Ich werd' Müllhaufen und Ruinen malen, denn das wird unsere Geschichte erzählen. Schrottautos, Motorräder. Nur die Toilettenschüsseln werden überdauern, vielleicht einige Zahnbürsten und Dildos. Wir werden nicht viel für die in der Zukunft übrig lassen.«

»Das wird ein seltsames Gemälde«, sagte Lightningbolt.

»Klar, dass du das sagen würdest«, lachte Smokey. »Du bist unwissend, nie auf der Universität gewesen. Sicher, typischer Rundblick. Was weißt du über die Rundisten-Bewegung? Es bedeutet dir nichts. Was weißt du von den Kubisten, Quadratisten, den Inversisten und den Rechtisten und der Gegnerschaft der Linksisten? Nichts, richtig? Wir haben genug Gewehrläufe gemacht, um zweimal eine Autobahn rund um die Welt zu bauen, und wir trainieren die Leute darin, in Vierecken und Rechtecken zu sehen.«

»Je über Magie nachgedacht?«, fragte Lightningbolt und testete seinen Freund.

Smokey heulte vor Lachen. »Magie ist die Inversion von Geist, weißt du das nicht? Ich meine, sie steht für Eiscreme, die nicht schmilzt. Sie steht für Frauen, die alle vollkommen sind und schön. Sie steht für Männer mit Hirn. Sie steht für ein Fenster, das nie schmutzig wird. Sie ist ein Auto, eine Waschmaschine, ein Hochschulgrad, ein Dinozahn.

Magie funktioniert nie. Nur in Disney-Filmen. Magie ist ein grüner Gedanke. Sie ist ein Tiger in einem Sportwagen. Sie ist Glaube. Sie ist ein Fischhändler, der einen drahtlosen Gott hypnotisieren will. Nein, Magie muss an uns glauben, oder sie würde nicht existieren.«

»Oklahoma war nicht mehr dasselbe, als du weggingst«, scherzte Lightningbolt.

»Jetzt verstehst du!« Smokey war befriedigt. »Es gibt kein Oklahoma, denn ich bin nicht dort. Aber magischerweise wird es wieder erscheinen, wenn meine Abzahlung für mein Auto fällig ist.«

Lightningbolt arbeitete drei Wochen lang und reparierte Zäune für die S-U-Ranch. Es war Knochenarbeit, die vom ersten Tageslicht bis zur Dunkelheit dauerte. Er hatte einen Arbeitsvertrag unterschrieben.

Während er schuftete, dachte er über seine Welt nach und warum er immer seinen Lebensunterhalt zusammenkratzen musste. Wo bekamen die Eigentümer der S-U ihr Geld her? Sicherlich nicht, indem sie die beinharte Arbeit machten, die er verrichtete.

Drei Wochen später kehrte er zu Blind Jack zurück, um seine Rüstung abzuholen. Einen Pferdetransporter auszuleihen erwies sich als eine ziemlich mühsame Aufgabe. Jeder schien seinen gerade zu brauchen. Es dauerte zwei Tage, bis er einen ausfindig machte, den er benutzen konnte.

Als nächstes fuhr er zu Harvey Schmidt, um Arrow abzuholen. Sie war nicht dort. Der alte Medicine Ear hatte sie zum Decken nach Wyola gebracht. Er musste zum Crow-Büro fahren und ein Lassopferd ausleihen.

Auf halbem Weg zum Haus von Black Stone hätte er beinah kehrtgemacht. Er dachte, dass er in dieser Sache immer noch nicht klar sah. Sollte er Estcheemah anrufen?

Er saß in einem Drive-in-Café und wartete auf seinen Hamburger. Seine Augen nahmen die Umgebung auf. Nichts, kein Telefon.

Doch je näher er dem Heim des alten Mannes kam, desto ärgerlicher wurde er. Zu dem Zeitpunkt, als das Silberschiff beim Haus von Black Stone anhielt, war der Hass wiedergekehrt. Jetzt wollte Lightningbolt Rache.

Er lud das Pferd aus dem Transporter und führte es zum Haus. Niemand war da: Black Stone musste in die Stadt gegangen sein, um Lebensmittel zu holen.

Es war zehn Uhr morgens – die perfekte Zeit für einen kleinen Krieg. Er sattelte das Pferd und versicherte sich, dass sein zwölfkalibriges Gewehr geladen war. Im Lauf des Gewehrs waren zwei mit Schrotkugeln gefüllte Patronen. Sie waren imstande, einem Stier den Kopf abzureißen.

Er zog die vier Speere, die er gemacht hatte, an ihrer Schnur durch ihre Sattelschlaufe, dann zog er die Schnur zusammen; so würden sie gut halten. Seine Speere hatten keine scharfe Spitze; sie waren stumpf. Er wollte kein Blutvergießen. Es würde reichen, Fire Enemy halb totzuschlagen.

Seine Hände schwitzten, als er seinen Mantel abstreifte und seine Brustharnische schloss. Als nächstes befestigte er seinen kleinen Rundschild an seinem linken Arm. Der kleine Schild glänzte in der Sonne. Seine Erregung wuchs, während er seinen gepanzerten Rock anzog; er würde seinen Bauch und seine Leistengegend schützen.

Blind Jack hatte sich selbst übertroffen und ein eigenes künstlerisches Extra hinzugefügt – und Lightningbolt hatte es sich an den Bauch gebunden. Warum nicht auch einen Kriegshammer mitnehmen?

Jetzt noch den Helm! Er fühlte sich gut an. Er öffnete das Visier und schaute sich noch einmal um. Black Stone war noch immer nicht zurück.

Lightningbolt ritt über den Stein hinaus, der die Grenze von Fire Enemys Welt anzeigte. Sein Pferd war schnell und zäh und würde auch unter Gewehrbeschuss den Kopf hochhalten.

Der junge Kämpfer hielt die Stute ruhig, während sie auf ihr Ziel zutrabte. Er konnte Fire Enemy aus seiner Bruchbude herauskommen und seinen Helm anlegen sehen.

»Jetzt ist die Zeit fürs Stelldichein«, sagte Lightningbolt zu sich selbst, als er sein Visier herunterzog.

Er versetzte sein Pferd in Galopp und ließ seine Augen auf dem Feind ruhen. Fire Enemy riss die Ringe los, die seine zwei Doggen hielten, und sie rannten vorwärts, um Roß und Reiter anzugreifen.

Einer der Hunde kam vor dem anderen ins Schleudern und drehte nach links ab, um loszuschlagen. Lightningbolt zog die Pistole aus dem Sattelschaft und legte gradewegs auf den Hund an.

Wummmm! Der Hund rollte am Boden und war augenblicklich tot. Er war beinahe in zwei Hälften zerteilt. Wieder brüllte die Flinte und der zweite Hund wurde zum Sterben in den Staub geschleudert.

Lightningbolt machte die Waffe auf und warf die verbrauchten Patronen aus, dann grub er in seiner Satteltasche nach zwei weiteren. Er schob sie in die Trommel, schloss die Waffe und steckte sie wieder in ihre Hülle. Die ganze Zeit über ließ das Pferd in seinem Galopp nicht nach.

Sein Gegner war jetzt nur noch sechs Meter entfernt. Er schien etwas überrascht, dass seine beiden trainierten Monster soeben gestorben waren.

Fire Enemy hatte eine Barrikade gegen einen Frontalangriff errichtet. Jedoch hatte er sich für seine Konstruktion nicht so viel Zeit genommen, wie nötig gewesen wäre. Es war ihm unvorstellbar gewesen, dass jemand närrisch genug sein könnte, einen Frontalangriff zu starten. Er wusste nicht, dass Lightningbolt zu einem bestimmten Zeitpunkt in Betracht gezogen hatte, eine Raupe einzusetzen, um ihn niederzuwalzen.

Eine andere Wahrheit war, dass der Veteran bereits über zehnmal herausgefordert worden war. Die meisten dieser Angriffe waren wacklige Versuche von Kindern, die mit ein wenig Gewalt leicht zu erschrecken gewesen waren.

Der plötzliche Tod der Hunde hatte Fire Enemy einen Schlag versetzt. Das war etwas, das er niemals erwartet hätte. Die Hunde hatten in allen seinen Plänen eine wichtige Rolle gespielt.

Während seiner Armeezeit war Fire Enemy Mechaniker gewesen. Er hatte Nahkampf weder kennen gelernt noch gesehen, außer bei seinen Raufereien im Suff. Nach seiner Entlassung hatte er elf Jahre lang als Gefängniswärter im Süden gearbeitet. Das Gefängnis hielt Hunde, um Ausbruchsversuche der Insassen zu vereiteln.

Er hatte seine eigenen Hunde darauf trainiert, Eindringlinge aufzuspüren und sie festzuhalten, bis er kam. Er nannte seine Tiere fröhlich »die Angriffstruppe«.

Lightningbolts Stute war jetzt jenseits der Barrikade aus Baumstämmen. Sie stolperte in dem seichten Graben, den Fire Enemy hastig ausgehoben hatte, aber mit einem Satz war sie wieder auf ihren Beinen. Der Satz vorwärts, den sie beim Aufrichten gemacht hatte, warf Fire Enemy um.

In einem blitzartigen Satz sprang Lightningbolt von seinem Pferd, einen Speer in seiner Hand. Als Fire Enemy zum Kämpfen auf seine Füße rollte, zielte Lightningbolt auf ihn. Aber sein verängstigtes Pferd wandte sich um und warf ihn in derselben Sekunde, da er seine Bewegung gemacht hatte, beinahe um.

Der alte Wächter zog aus diesem Fehler seinen Vorteil und schlug hart auf Lightningbolts Kopf. Wenn der jüngere Mann nicht einen Helm getragen hätte, hätte ihn dieser Schlag getötet.

Jetzt war Lightningbolt an der Reihe. Er schwang seinen Speer und gab Fire Enemy eine Breitseite auf den Kopf. Der Helm hielt den Schlag ab, doch drehte er sich und flog davon – der Riemen, der ihn gehalten hatte, war gerissen.

Fire Enemy bellte vor Ärger. Der erfahrenere Mann rannte mit all seinem Gewicht in seinen Gegenspieler und rammte Lightningbolt in die Erde, wobei er ihn beinahe aufspießte. Aber in dem Augenblick, als Fire Enemy nach Lightningbolts Kehle griff, war der jüngere Mann auf die Seite gerollt, hatte nach oben gegriffen und den Steigbügel seines Sattels zu fassen bekommen. Das verängstigte Pferd bewegte sich vorwärts und zog Lightningbolt auf die Füße hoch.

Fire Enemy fand mit seinen Händen erneut den Weg zu Lightningbolts Kehle, als Lightningbolt mit voller Wucht einen Speer an den Kopf des älteren Mannes schleuderte. Dieser Schlag erstaunte Fire Enemy. Er stolperte zurück und rang schwer, um auf seinen Füßen zu bleiben.

Lightningbolt machte einen Satz nach vorn und schwang seine zu einer massiven Faust geballten Hände. Der Schlag fuhr wie ein Hammer in das Gesicht von Fire Enemy.

Der ältere Mann schrie vor Schmerz und fiel auf den Boden. Seine Nase blutete und er hatte große Schmerzen. Stöhnend rollte er auf die Seite und hielt sich den Bauch. Langsam erhob er sich auf die Knie, sein Gesicht noch immer im Staub begraben.

Lightningbolt hätte wissen müssen, dass er seinen Feind nicht in den Bauch getroffen hatte. Umsicht hätte den jüngeren Mann warnen sollen. Aber anstatt seine Situation richtig einzuschätzen, schrie Lightningbolt seinen Feind an und nannte ihn einen Hund. Die unerwartete und unglaubliche Lautstärke seiner eigenen Stimme ängstigte ihn. Er hatte vergessen, dass sein Kopf in einem Stahlhelm saß.

Für Fire Enemy klang Lightningbolts Stimme hohl und verhängnisvoll.

Was als nächstes passierte, ängstigte Lightningbolt. Der alte Gefängniswärter hatte einen hilfreichen Trick in seinem Gürtel verborgen. Es war ein Säckchen mit Babypuder. Der Trick war einfach und das letzte Mittel, das der Aufseher kannte.

Der Babypuder kam überraschend. Er trübte Lightningbolts Blick einen Augenblick lang, während Fire Enemy ihn warf. Aber der ältere Mann hatte etwas vergessen – Lightningbolts Helm hielt den größten Teil der Substanz von seinen Augen fern.

Fire Enemy floh in die Hügel. Lightningbolt hetzte ihm ein Stück weit nach, gab aber bald auf. Es war hoffnungslos. Er wusste, dass Fire Enemy Fallen und andere Waffen hatte, und einige davon waren nicht zu unterschätzen.

Leidend, wütend, schwitzend und blutend ging er in Fire Enemys schmutzigen Schuppen, um einen Blick hinein zu werfen. Er musste sich bücken, um durch den niedrigen, engen Eingang hineinzuschauen. Ein schmutziger Fetzen hing an einer Seite herunter. Er diente dazu, die Türöffnung verschlossen zu halten. Der Schuppen war aus Bahnschwellen, Baumstämmen und grob gesägten Brettern gebaut. Er starrte vor Dreck. Rechts von der Tür hing eine Petroleumlampe. Lightningbolt warf sie auf den Boden, wo sie zerbrach.

Das Innere des einzigen Raumes in der Hütte war dunkel von Moder und Ruß. Pornomagazine und blutrünstige Krimiheftchen lagen im Raum verstreut. In einer Ecke stand ein halb leerer Bierkasten. Ganz nah neben dem ungemachten und schmutzigen Bett standen Kerzen und eine weitere Petroleumlampe.

Außerhalb des Gebäudes fand er, wonach er suchte: Es war ein Kanister mit Benzin, noch ein Behälter mit Petroleum und eine Flasche Grillanzünder.

Das Gebäude mit Benzin in Brand zu setzen gab ihm ein gewisses Gefühl von Befriedigung. Er wusste, dass Fire Enemy ihn beobachtete. Als nächstes leerte er das Petroleum und den Grillanzünder in eine Pfanne, die er an der Tür fand. Er schüttete die Flüssigkeit in den Raum.

Während er langsam zu seinem Pferd zurückging, sah er sich nach etwas um, womit er eine Lunte machen konnte. Da, auf dem Boden lag ein altes Hemd. Er wickelte das Hemd um einen Stein, zündete es an und schleuderte es durch die Tür.

Der Schuppen explodierte und ging in Flammen auf, während er sich in den Sattel schwang.

Lightningbolt ritt gemütlich zurück zum Heim von Black Stone, um sich zu reinigen und auszuruhen.

»Sehr gute Rüstung«, gluckste der alte Mann, als Lightningbolt abstieg. »Gut ... du bist am Leben.«

Lightningbolt wandte sich um und schaute den alten Mann an. Irgendwie fühlte er sich unglaublich betrogen. »Ich hab' Abschürfungen, Muskelkater, bin dreckig, aber alles in allem geht es. Bei Fire Enemy auch. Wir hatten einen erbitterten Kampf; niemand hat gewonnen. Ich habe sein Haus niedergebrannt.«

»Aha«, runzelte Black Stone die Stirn. »Das haben wir nie, niemals getan.« Er zog seine Schultern hoch.

»Aber warum eigentlich nicht? Hat er dir die Hunde auf den Hals gehetzt?«

Lightningbolt zog sich bei der Pumpe aus und begann, sich zu waschen. Er spritzte Wasser in sein Gesicht und wusch sich das Blut unter der Nase ab. Irgendetwas erschien ihm falsch.

War dies das Gefühl, wie es ein Ritter haben sollte? Er hatte nicht gewusst, dass sein Kopf gegen den Helm schlagen oder dass sein Gesicht gegen das Visiergitter geschleudert würde. Er fühlte sich wie nach einem schweren Autounfall. Jeder Knochen in seinem Leib schmerzte, und jeder Muskel.

»Die Hunde«, erinnerte ihn Black Stone.

»Oh, ja sicher«, antwortete er. »Ich hab' sie mit meinem Gewehr erledigt. Du hast selber gesagt, dass die Hunde nicht zur Abmachung gehören.«

Black Stone schaute bestürzt drein. Er wandte sich um und ging langsam zum Haus zurück. Lightningbolt dachte bei sich, dass der alte Mann in dieser Situation gar nicht so edel aussah. Was war verändert? Er konnte es nicht sagen.

Ein Ritter in einer verbogenen und blutigen Rüstung zu sein war nicht so, wie er es sich ausgemalt hatte. Der Kampf war hässlich gewesen und hatte in ihm das Gefühl hinterlassen, hintergangen worden zu sein.

Leicht humpelnd versorgte er als nächstes sein Pferd. Die Stute hatte den Tumult überhaupt nicht gemocht. Sie scheute vor ihm zurück und schnaubte bei jeder seiner Bewegungen. Jetzt realisierte er, dass es eine gar nicht so gute Idee gewesen war, sein Pferd einzusetzen. Er hatte nicht einmal in Erwägung gezogen, dass sie schwer verletzt hätte werden können. Das war nicht richtig. Was bedeutete eine Doppeladlerhalskette für sie? Nichts.

Warum dachte er an ein Pferd oder an Black Stone? Über sich selbst sollte er nachdenken. Wie würde er sich derartige Schwierigkeiten in Zukunft vom Hals halten?

Am folgenden Tag machte er einen Spaziergang in die Hügel und versuchte, wieder auf den Boden zu kommen und zu verstehen, was in ihm vorging. Er fühlte sich ganz einfach nicht wohl bei diesem Abenteuer.

Am zweiten Tag jagte er Waldhühner. Aber er empfand keine Freude. Um die Mittagszeit des nächsten Tages entschied er, in die Stadt zu fahren, um etwas Essen und ein Hemd für sich zu kaufen. Er ging an einem der vier Stadtcafés vorbei und sah einen Mann, der aussah wie sein alter Feind.

Er musste sicher sein. Lightningbolt hielt an und studierte den Mann, der da allein am Tresen saß. Die Baseballmütze und das schmutzigrote Satinjackett hatten seinen Gegner fast unkenntlich gemacht. Von der Seite hätte der Indianer einer der stadtbekannten Trunkenbolde sein können, mit Ausnahme eines kleinen Gegenstands – des doppelten Adlerhalsbandes. Es baumelte am Hals des Mannes.

Der alte Gefängniswärter sah nicht eben gut aus. Sein Gesicht war geschwollen und seine beiden Augen waren schwarzblau und zu

Schlitzen verengt. Die Leute im Café, besonders die Bedienung, mieden ihn.

Lightningbolt bewegte sich so geschmeidig er konnte an die Tür und öffnete sie. Er wollte nicht, dass Fire Enemy sein Bild im Spiegel hinter dem Tresen sah. Aber er entdeckte ihn doch.

So schnell wie eine Katze wirbelte Fire Enemy auf seinem Barhocker herum und warf Lightningbolt seinen Teller entgegen. Er ging daneben und zerschmetterte das große Hauptfenster.

Binnen Sekunden war der ganze Raum in explosiven Lärm gehüllt – Frauen schrien, Rancher und Cowboys brüllten. Die Bedienung warf Fire Enemy eine Tasse nach, als er zur Hintertür rannte.

»Bezahl deine gottverdammte Rechnung!«, schrie sie dem Indianer schrill nach.

Das Jadehalsband! Lightningbolt hatte es nie vorher zu Gesicht bekommen und da war es, direkt vor ihm sichtbar. Er fluchte, als er sich eine Schneise durch diese samstagabendliche Meute von Vergnügungssuchenden und Trinkern schlug.

Zwei stämmige Cowboys packten ihn am Leib, jeder auf einer Seite, und warfen ihn in Richtung Hintertür. Sie lachten und brüllten ihn an, er solle einen niedrigeren Gang einlegen.

Lightningbolt war wirklich dankbar für die Schützenhilfe. Er ruderte leicht mit den Armen, sobald er in der Luft war, dann richtete er sich am Türpfosten wieder auf und lief weiter.

Fire Enemy war jetzt im hinteren Gang und rannte wie der Teufel. Er wirbelte herum und warf Mülltonnen hinter sich um. Lightningbolt wich aus und raste weiter.

Sie liefen über die Straße; nur drei Meter trennten sie. Fire Enemy wollte es bis zur Schule schaffen. Er hatte beschlossen, auf jede nur mögliche Weise durch ein Fenster hineinzukommen. Sobald er einmal drinnen wäre, würde er einen Platz finden, um sich vor seinem Verfolger zu verstecken.

Lightningbolt seinerseits fragte sich, warum Fire Enemy auf die Schule zurannte – warum nicht draußen über den nahe gelegenen Parkplatz? Seine Vermutung war, dass sein Feind eventuell seine Richtung ändern würde, und konsequenterweise blieb er auf seiner linken Seite, in der Erwartung, dass der andere abdrehen würde.

Aber es kam keine Wende. Fire Enemy raste zur Schule und sprang durch ein offenes Fenster. Erstaunt über diese plötzliche Bewegung, rannte Lightningbolt zu der dem Fenster am nächsten gelegenen Tür und versuchte es; sie ging auf. Als er durch die Tür lief, sah er, wie Fire Enemy durch die Tür der Turnhalle stürmte.

Dort wurde gerade ein Bankett abgehalten. Weiße Leinentischdecken waren über lange Tafelreihen ausgebreitet, die hufeisenförmig angeordnet waren. Es gab einen Sprecher dort auf dem Podium und eine große Zuhörerschaft, die dasaß und lauschte.

Fire Enemy schenkte den Leuten oder dem, was sie taten, keine Aufmerksamkeit. Er tauchte unter die erste Tischreihe, dann kam er neben dem Sprecher wieder zum Vorschein. Lightningbolt sprang geradewegs über die Tafel und polterte zwischen die beiden Männer hinein. Er griff nach der Halskette um Fire Enemys Hals und hielt sie fest.

Jetzt, da sie in seinen Händen war, konnte nichts sie wieder freigeben. Aber Fire Enemy kochte vor Ärger und hatte die Kraft eines Tollwütigen. Er rannte und zog Lightningbolt die gesamte Tischlänge entlang. Suppenschüsseln, Messer, Gabeln, Löffel, Teller, Spaghetti, Brot und Butter türmten sich in Lightningbolts Gesicht, aber er ließ die Halskette nicht los. Männer schrien und Frauen bewarfen Fire Enemy und Lightningbolt mit Salat. Plötzlich ergriffen drei Männer gleichzeitig Lightningbolt. Die Kette des Halsschmucks riss und überall sprangen Perlen über den Boden. Jetzt hielt Lightningbolt das Doppeladlerjadehalsband in seinen Händen.

Wie durch ein Wunder entkam Fire Enemy aus dem Raum, Lightningbolt aber wurde festgenommen. Er hätte möglicherweise auch weglaufen können, aber er stand einfach da, umklammerte sein Halsband, Essen tropfte von ihm herunter und er grinste.

Er wurde festgenommen, weil er den Hausfrieden gebrochen hatte, betrunken an einem öffentlichen Platz erschienen war, und aus anderen Gründen, die niemand verstand – aber es kostete erst einmal fünfzig Dollar. Am Ende musste er ins Gefängnis und zwanzig Tage für den Bezirk arbeiten. Das tat er.

Als er aus dem Gefängnis kam, kaufte er das Hemd, um dessentwillen er in die Stadt gekommen war, und kehrte zurück zum Heim von Black Stone, um sein Pferd und seinen Anhänger zu holen. Der alte Mann war nicht zu Hause.

Er fuhr nach Süden. Jetzt würde er Estcheemah in die Augen sehen müssen.

Lightningbolt wusste nicht, was wirklich war und was nicht.

Jim Morrison dröhnte aus seiner elektronischen Welt und erzählte

Lightningbolt, dass der Westen das Allerbeste sei, während er in die etwa eine halbe Meile lange Auffahrt einfuhr, die zu Estcheemahs Heim führte.

Dicker Staub stob von seinen Reifen, als er anhielt – so dick wie der falsche Stolz in seiner Stimme, als er verkündete, dass er gewonnen habe.

Estcheemah sah sofort, dass irgendetwas falsch war. Sie konnte sehen, dass er gekämpft hatte, und fühlte, dass sein Herz wehtat. Sie lud ihn in ihr Haus ein und ließ ihn ein wenig ausruhen, bevor sie mit ihm sprechen würde.

Er schlief den ganzen Nachmittag lang und die Nacht hindurch. Am folgenden Morgen war Estcheemah damit beschäftigt, einen Mantel zu verpacken, den sie eben fertig gestellt hatte. Sie fuhr nach Sheridan, um ihn zu versenden, und war bis zum Einbruch der Nacht fort.

Während des Nachtmahls war Lightningbolt ruhig. Im tiefsten Inneren seines Wesens wusste er, dass etwas verkehrt war. Er wusch das Geschirr ab und dachte über einen Weg nach, wie er es erklären konnte.

Estcheemah begann, an einem anderen Mantel zu arbeiten. Sie nähte ein Futter ein und wartete geduldig ab. Sie wusste, dass ihr junger Gast Zeit brauchte, um seine Gedanken zu ordnen.

»Du denkst, ich hab's vermasselt, stimmt's?« Er war sofort in der Defensive. Er saß ihr gegenüber am Küchentisch, nippte an dem Kaffee, den er sich gemacht hatte.

»Was vermasselt?« Sie schaute ihn fragend an.

Er fing seine Geschichte an und ging sie im Eiltempo durch. Sie ließ ihn an den Anfang zurückkehren und sie nochmals erzählen. Langsam kamen die Details ans Licht.

Am Anfang log er und versuchte, eine Situation zu kreieren, die anders war als das, was sich zugetragen hatte. Seine erste Version der Geschichte ließ es so aussehen, als habe er keine Wahl gehabt. Die zweite, dritte, vierte und schließlich die fünfte Version verwickelten ihn in Widersprüche.

Jedes Mal, wenn er die Geschichte präsentierte, hörte Estcheemah geduldig zu und nähte an dem Mantel. Erst bei der vierten oder fünften Version begann sie, die Fakten zu hinterfragen und ihn damit zu konfrontieren.

Schließlich, um neun Uhr an diesem Abend, war die gesamte Geschichte herausgekommen, samt all ihren Details.

»Du warst halb wahnsinnig in deinem Schmerz.« Ihre Stimme war etwas belegt. Eine Träne tropfte aus ihrem Auge. »Du hast diesen idiotischen Mann für eine billige Halskette bekämpft? Es ist schwer zu glauben, Lightningbolt. Du hast keine Ahnung, was Unterscheidungsfähigkeit bedeutet, nicht wahr?«

Lightningbolt nestelte die Halskette aus seiner Hemdtasche und warf sie auf den Küchentisch. Da lag sie als ein Symbol für Tod und Versagen. Sie barg kein Geheimnis, keine Magie, keine Schönheit.

Estcheemah sah sehr schmerzvoll aus. »Diese dummen alten Männer«, seufzte sie. »Spielen ein Idiotenspiel. Es gibt keine wirklichen Schlachten-Kachinas mehr unter ihnen, Lightningbolt. Es gab hundert Jahre lang keine echten Soldaten in ihrer Disziplin mehr. Die Welt hat sich in großem Ausmaß gewandelt. Es gibt keine Unterstützung mehr für eine Schlachten-Kachina-Schule. Die Disziplin muss auf den Stand der Zeit gebracht werden.«

Lightningbolt gefiel nicht, was er da hörte, aber er wusste, dass es die Wahrheit war.

Estcheemah war ärgerlich. »Ich habe nie erwartet, dass du physisch gegen Fire Enemy kämpfst. Du Narr! Deine Herausforderung war es, den Gebrauch von Schwert und Lanze zu lernen. Ich meinte nie, dass du deinen Ausbilder zusammenschlagen solltest.«

»He!«, sagte er ärgerlich. »Du hast es eingefädelt. Das waren deine Freunde, deine Ideen. Black Stone sagte, du hättest sie angebettelt, damit sie mich das Kämpfen lehren. Jetzt stellst du es so dar, als wären wir alle Idioten.«

Sie wurde resolut. »Ich rede über Unterscheidung, du Dummkopf. Warum bist du nicht gekommen und hast mir mir geredet? Ich hab dir gesagt, dass du das tun sollst, oder mich anrufen, stimmt's nicht? Was dachtest du dir dabei?«

»Das verdammte Halsband!« Er war sehr abweisend. »Ein bisschen Magie in meinem blöden Leben, darum geht's.«

Die alte Lehrerin wusste, dass sie seine emotionale Blockade nicht umgehen konnte. Sie würde angreifen und seine Abwehr zerstören müssen, oder der Krieg würde sich ewig hinziehen.

»Magie«, schalt sie, ohne aufzublicken. »Dieses Halsband hat nicht mehr Magie als eine Rolle Toilettenpapier.«

Lightningbolt ließ seine Hand hart auf sein Knie fallen und drehte seinen Stuhl so, dass er aus dem Fenster starren konnte. Die Wut hatte ihn voll im Griff. Es war ihm unmöglich zu sprechen.

Sie strich sich ihr Haar zurück und schaute ihn an. »Wir sind alle Narren. Es sind nur die Disziplinierten und Mutigen, die das zugeben. Sicher warst du einfältig – ich verstehe deine Verwirrung.« Sie stand auf und ging zum Waschbecken, dann wandte sie sich um und schaute ihn an. »Liebe, Hoffnung, Bedürfnisse, Sehnsüchte. Sicher, ich kenne sie alle. Und auch meine Urteilskraft war manchmal dürftig.« Sie lachte.

»Ein Peyotehäuptling machte mich einmal glauben, dass ich ein magisches Stachelschwein besitzen könne. Ich glaubte ihm, bis die Wahrheit herauskam. Er wollte mich nur in sein Bett locken. So, was wirst du mit der Halskette anfangen?«

Er schaute auf seine Hände hinunter. »Was weiß ich? Vielleicht brauchte ich eine Pause. Vielleicht musste ich meine Probleme an den Wurzeln anpacken. Was mich bei dieser ganzen Sache wirklich umgehauen hat, war, dass ich meine alten Positionen zerstören musste. Aber wie? Ich will nicht herumgestoßen werden. Oder dass mir an den Kopf geschmissen wird, was ich gefälligst zu tun habe.«

Sie goss ihm eine frische Tasse Kaffee ein, dann kehrte sie zu ihrem Stuhl zurück. »Wir können unsere Kräfte vereinen. Ich habe die Waffen, die du brauchst, um deinen Krieg zu kämpfen.«

Lightningbolt schaute hinunter auf seine Hände.

»Du fühlst dich jetzt beschämt«, sagte sie ganz nüchtern, während sie zu ihrer Arbeit zurückkehrte. »Aber du bist ein junger Wirrkopf. Zäh. Du wirst es überleben. Deine Offensive hat erst angefangen. Diese Erfahrung steigt in dir hoch. Nicht lange, und du wirst sie ausspucken. Vielleicht wirst du den nächsten Medizinmann anspucken?«

Er versuchte zu lächeln, aber er brachte es dann doch nicht zustande.

»Diese deine kleinen Kriege«, fuhr sie fort, »sind genau so, dass sie zu dir passen. Es ist wirklich sehr gut, dass du den armen Narren nicht verletzt hast. Einen Narren zu verkrüppeln oder zusammenzuschlagen ist keine Belohnung für einen großen Krieger. Er hätte auch dich verletzen können. Durch einen Narren zum Krüppel zu werden ist nicht gerade befriedigend, oder? Okay, es ist dir peinlich; das macht gar nichts. Wie fühlst du dich jetzt wirklich?«

»Ich hab' beobachtet, wie ein Fernsehapparat explodierte«, antwortete er. »Er drehte total durch; Funken flogen überallhin. Alle seine Eingeweide gingen hoch in einer Fontäne der Zerstörung.«

»Mehr eine Fontäne des Lernens und der Dummheit«, entgegnete sie. »Du warst nur falsch gepolt. Du wirst erdbewusster werden, wenn du mit mir arbeitest. Fühlst du dich danach, von vorn anzufangen?«

Die Tränen stiegen Lightningbolt in die Augen, aber er fuhr fort, direkt in die Augen von Estcheemah zu sehen. »Ich werd' das verdammte Ding an Black Stone schicken«. Seine Stimme war fest. »Ich war ein absoluter Narr. Ich weiß es. Die Wahrheit war, es war mir total egal, ob er mich umbringt. Es hat mich ehrlich nicht gekümmert, Estcheemah.«

»Das Reservat ist eine Prüfung für dich«, erklärte sie. »Wird sich ihr Wert erweisen? Was du brauchst, ist Macht, und die beste aller Mächte ist Information.«

»Macht! Das ist es, was ich gesucht habe!« Er war jetzt aufgeregt. »Die Macht, das Reservat zu vernichten.«

Estcheemah lächelte. »Es fängt alles bei dir an. Macht ist wie ein Gewehr. Einige Leute schießen auf Spatzen mit einer Kanone, während andere, wie du, versuchen, den Mond mit einem Schrotgewehr herunterzuschießen.«

Lightningbolt hatte noch nie einer Person gegenübergestanden, die er nicht mit einem guten Argument auf seine Seite ziehen konnte. Das erste Mal in seinem Leben fühlte er, dass diese Frau, die ihm gegenübersaß, irgendwie etwas Besonderes war und nicht besiegt werden konnte.

Estcheemah wusste, dass Lightningbolt unermessliche Anlagen hatte, aber es gab keine Garantien. Seine Gewalttätigkeit und seine starrköpfigen Haltungen waren eine Mauer des Streits, der Estcheemah die Stirn bieten und die sie besiegen musste. Bis jetzt kannte Lightningbolts Lebenserfahrung lediglich Halbblut-Leute, Indianer, weiße Ranchbesitzer und das Reservat. Es war ihr Plan, dies zu ändern.

Estcheemah legte ihre Näharbeit nieder und schaute direkt in Lightningbolts Augen. »Schau, Halbblut«, sagte sie mit ihrer gebieterischen Stimme. »Deine Situation ist kritisch, ob du es nun weißt oder nicht. Du bist unglaublich unwissend. Information ist der wertvollste Rohstoff auf Erden. Sie macht Freaks aus Leuten, die gewöhnlich hätten sein können. Sie hat manchen guten Konformisten ruiniert. Bull Lightning schaffte es nicht, ein zurückhaltender Sklave zu sein. Temple Doors, die machtvollste Generalin in unserer Geschichte, versagte kläglich darin, das nette Weibchen eines Mannes zu sein. Selbst-Gewahrsein und die Macht der Information machten Thomas Jeffersons Großartigkeit aus.«

Lightningbolt spielte mit seinem Löffel. »Ich hab' mich viel zu gut angepasst«, gab er zu. »Und es macht mich wahnsinnig, dass ich nichts fertig bringe.«

»Vielleicht kann ich dir dabei behilflich sein, dass du ein Versager wirst«, scherzte sie. »Ich könnte dir eben grade genug Information geben, damit du lernst, was Unterscheidung bedeutet. Du hast deinen ersten Test verpatzt, aber vielleicht wirst da anstatt deiner Muskelkraft das nächste Mal deinen Geist benutzen?«

»Ich werd' dich nicht wieder versagen lassen«, antwortete er schnell.

»Mich versagen lassen?« lachte sie. »He, wo bist du?« Sie bewegte ihre Hand direkt vor seinen Augen. »Mich versagen lassen? Ist das eine gute Wortwahl? Wer war es, den du hast versagen lassen?«

»Mich«, korrigierte er sich.

»Deine Entscheidung war die eines Narren«, stellte sie fest. »Aber dein Einsatz für dich selbst ist wichtig. Kannst du dein bester Freund sein? Besitzt du die Stärke, für dein Selbst Sorge zu tragen?«

Er schaute verdutzt. »Ich hab' immer für mich gesorgt. Was meinst du?«

Estcheemah lächelte. »Dein kleiner Krieg mit Black Stone und Fire Enemy wäre ganz anders verlaufen, wenn du wirklich dein eigener Freund gewesen wärst. Ein wahrer Freund hätte dich zum Kämpfen ermutigt, aber nicht auf diese dumme Art und Weise. Ein wahrer Freund hätte dir gesagt, dass du um Information kämpfen sollst.«

Das Gespräch endete für Lightningbolt an diesem Abend viel zu bald. Aber er schlief gut in dieser Nacht. Am folgenden Morgen bebte er vor Energie.

Während Estcheemah das Frühstück vorbereitete, schickte sie Lightningbolt zum Arbeiten, zum Hühnerhausreinigen. Nachdem sie gegessen und abgewaschen hatten, nahm Estcheemah ihren Schüler auf einen Spaziergang mit.

Während sie gingen, sprach sie mit ihm über das Leben und darüber, wie sie langsam begonnen hatte, sich darüber klar zu werden, dass lebendig zu sein mehr bedeutete, als seinen Lebensunterhalt zu verdienen.

»Es fängt alles mit dir an«, erklärte sie ihm sorgfältig. »Du musst lernen, für dein Selbst Sorge zu tragen. Du musst lernen, dein eigener bester Freund zu sein. In der Welt, in der wir leben, wird den Leuten beigebracht, ihrem Leib und dem Selbst zu misstrauen. Es ist nicht ungewöhnlich für Leute, ihr Selbst anzugreifen, ja sogar ihr Selbst lächerlich zu machen.«

»Sogar die Erde wird mit Misstrauen behandelt!«, fügte Lightningbolt hinzu und wollte klug klingen.

»Natürlich«, stimmte sie zu und war froh, dass er sich beteiligte. »Wenn Leute ihrem eigenen Leib nicht trauen und Angst haben, dass sie vom Selbst getäuscht werden, dann ist es das Einzige, was übrig bleibt, ein Opfer von allem und jedem zu werden.

Wenn Leuten beigebracht wird, dass die Erde nicht vertrauenswürdig ist, wenn der Glaube sagt, dass das Selbst der Leute und der Leib einer Person nicht vertrauenswürdig sind, dann wird alles ›der Feind‹.

Die Erde ist nicht dein Feind. Wenn sie dein Feind wäre, – was viele Propagandisten uns glauben machen wollen –, dann wäre keine Person lebendig, die uns davon erzählen könnte. Mutter Erde gibt uns Leben. Hier auf Erden«, erklärte sie, »ist der Ort, wo alle Geist-Geist-Wesen geboren werden und Leben erfahren können.

Wir Leute sind Geist-Geist, wir sind in unseren Leib hineingeboren. Wir alle leben unser Leben, unsere Erfahrung, und dann sterben wir. Wenn Leute sterben, kehren sie zum Geist-Geist zurück.«

Lightningbolts Haar prickelte auf der Kopfhaut. »Geist-Geist ist Tod?«, fragte er. »Wirklich?«

»Ja«, antwortete Estcheemah. »Leute sterben und gehen zurück zu Geist-Geist, ist es nicht so? Tod ist die Tür zurück zu Geist-Geist. Leute fürchten den Tod und diese Angst wird von denen gepredigt, die uns kontrollieren wollen. Mit den religiösen Glaubenssätzen, die lehren, dass es nicht wünschenswert ist, hier auf Mutter Erde geboren zu werden, hat alles seinen Anfang genommen. Leben ist nicht so schlecht. Bist du nicht damit einverstanden, Lightningbolt? Ist dir der Tod lieber als dein Leben?«

Lightningbolt lächelte und schüttelte den Kopf.

»Nein, es ist närrisch, sogar verhängnisvoll für uns, unserer Heiligen Mutter Leben zu misstrauen. Leben ist Essenz und ist unsere eigentliche Existenz. Geboren zu sein ist unser wertvollstes Geschenk. Keine andere Wahrheit ist so kostbar.

Leben zu hassen heißt, die physische Voraussetzung für unsere persönliche Existenz zu verleugnen. Mutter Erde zu fürchten und sie schlecht zu machen zeitigt Misstrauen dem Selbst gegenüber. Wenn wir unsere Existenz, unsere Erde, unser Leben sogar mit Misstrauen belegen, dann befinden wir uns selbst in tiefster geistiger Beklemmung.«

»Es ist traurig«, sagte er weich.

»Ja, das ist es«, erwiderte sie mitfühlend. »Und es ist außerordentlich gefährlich. Denn wenn der Glaube größer wird als das Leben und über mehr Autorität gebietet als unsere individuellen Bedürfnisse, können die Dinge sehr verrückt werden. Dies hat sich im Lauf der Geschichte tausendmal ereignet.

Lightningbolt, es ist nicht von Bedeutung, welche religiöse Autorität für sich beansprucht, der Sprecher für das zu sein, was die Kreation mitzuteilen hatte; ihre Bilanz ist insgesamt fürchterlich. Keine andere Organisation oder Institution auf Erden hat solch rückständige Behauptungen aufgestellt, die unsägliches Leiden verursacht, die Entwicklung von Leuten erstickt oder so viele Leute getötet und gequält haben.

Aber wer weist diese Leute in ihre Schranken? Niemand. Die alten religiösen Organisationen handeln niemals direkt. Sie arbeiten immer durch andere Institutionen oder durch Leute, die sie manipulieren können. Nur wenn die Grundsätze von religiösen Institutionen direkt in die Regierung oder in die Politik eines Staates eingreifen, werden ihre Handlungen in Frage gestellt.

Also, Lightningbolt, mach dich nicht abhängig davon, dass Leute oder Organisationen dir sagen, wer du bist oder wer Mutter Leben ist. Lebe dein eigenes Leben. Denke deine eigenen Gedanken. Sie sind etwas wert und gehören dir. Glaubst du, dass deine Mutter Erde tote Materie ist, Lightningbolt?«

»Keinesfalls!«, antwortete er voll Gefühl.

»Erde ist lebendig und gebiert alles Leben auf Erden«, versicherte ihm Estcheemah.

Wegzugehen war nicht leicht gewesen, aber er hatte die Gelegenheit, zu arbeiten. Es war eine Woche her, dass er sich von Estcheemah verabschiedet hatte, und er fühlte sich ein wenig einsam. Während er über dem Staubecken stand, das dort gebaut wurde, und in den tiefen Schnitt hineinschaute, den es der Erde zufügte, fragte er sich, wozu sein Leben eigentlich nutze war.

Lightningbolt baute einen Damm für Elmer Kline, einen Bauern, der nur fünf Meilen von Estcheemah entfernt lebte. Die alte Raupe, die er fuhr, bestand nur aus Gequietsche und rasselndem Eisen. Es war nicht der erste Damm, den er planierte. Die Arbeit war langweilig und schmutzig und er mochte sie nicht besonders. Er hatte sein Zelt etwa hundert Meter von dem Platz aufgestellt, wo gearbeitet wurde, inmitten von jungen Baumwollpappeln. Er spazierte gerade herum und musterte seine Welt. Der Sonnenuntergang goss weiche, orange- und rosafarbene Töne über das Land. Die Farben ließen alles aus den Schatten auftauchen und anders hervortreten, als er es je zuvor gesehen hatte. Er ließ sich in einem Lehnstuhl nieder und vertiefte sich in den Sonnenuntergang. Das Gespräch mit Estcheemah hatte ihn zum Nachdenken gebracht – besonders das, was sie über Angst gesagt hatte.

»Es ist nicht leicht, eine Frau zu sein und alleine zu leben«, hatte sie ihm gesagt. »Ich musste jahrelang alleine leben. Ja, ich habe Angst kennen gelernt. Und ich habe Triumph kennen gelernt. Möchtest du etwas über meine Kanadareise hören? Ich bin sicher, ich hatte noch nie so viel Angst wie damals.«

»Ja, sicher möchte ich«, antwortete er enthusiastisch.

»Zunächst muss ich dir erzählen, wie wir in jenen Tagen von Ort zu Ort gereist sind, ohne Landkarten und ohne Straßen«, erklärte Estcheemah. »Zu reisen war für alle Einheimischen immer wichtig gewesen. Auf diese Weise betrieben wir Handel, tauschten Neuigkeiten und Informationen aus und blieben mit den Ereignissen in unseren Familien auf dem Laufenden. Heutzutage haben die Einheimischen angefangen zu glauben, dass alle, die nicht ausdrücklich einem Familienverband oder Stamm angehören, grundsätzlich als fremdartig anzusehen sind. Das ist von der Wahrheit weit entfernt. Es war für uns immer die Regel gewesen – nicht die Ausnahme –, außerhalb des Stammes zu heiraten. Wir Einheimischen waren uns immer vollkommen im Klaren, was geschieht, wenn Leute innerhalb eines Stammes zu oft untereinander heiraten.

Nun, wie kamen die Leute im frühen Amerika denn herum? Und wie wussten diese Reisenden, wohin sie zu gehen hatten?

Sie gingen zu den Sängern und Sängerinnen, Trägern und Trägerinnen der Reiselieder. Obwohl diese Sängerinnen und Sänger immer mit den Medizinleuten in Verbindung gebracht werden, sollten sie nie mit den Heilerinnen und Heilern verwechselt werden. Es ist zwar wahr, dass es Sängerinnen und Sänger gab, die auch Heilerinnen und Heiler waren, aber die meisten Sänger waren Händler, nicht Medizinleute.

Die Geschichte von Sacajawea, einer weiteren Frau, die allein reiste, ist sehr wichtig. Sie war die Person, die die Lewis-Clark-Expedition von 1804 bis 1806 leitete. Obwohl Sacajawea keine Sängerin war, ist sie ein perfektes Beispiel dafür, dass die Leute wussten, wie sie in jenen Tagen herumreisen konnten. Sacajawea hätte ihre Reise zu den Behausungen der Mandan in den Dakotas nie zu Ende bringen oder ihre erfolgreiche Rückreise heim zu ihren Bannack-Leuten in West-Montana antreten können, ohne ihr Reiselied zu kennen. Diese beiden Orte sind 753 Meilen voneinander getrennt, und zwar durch das wildeste und gefährlichste Land, das vorstellbar ist.

Die Reise war für Sacajawea und die Männer, die sie führte, milde gesagt gefahrvoll. Lewis und Clarks berühmtes Tagebuch spricht von den harten Anforderungen und davon, wie riskant die Expedition für sie war. Sacajaweas erstaunliche Präsenz scheint von vielen Lehnstuhlgelehrten vergessen oder vollkommen ignoriert worden zu sein, wenn sie über diese Feuerprobe nachlasen. Sie scheinen die erstaunliche Präsenz von Sacajawea nicht zu verstehen und wertzuschätzen noch zu ermessen, wie unglaublich wichtig sie für den Erfolg dieser Reise war.

Keiner der Männer, die sie führte, hatte ein kleines Kind zu betreuen, so wie sie. Und keiner von ihnen hatte die leiseste Vorstellung, was vor ihnen lag – außer Sacajawea. Jedoch wird dies von den Gelehrten nie laut ausgesprochen. Das Gegenteil ist der Fall – sie wird immer in den Hintergrund verbannt.

Und doch, was immer diese Männer für Gefahren antrafen, die einzige Frau, die dabei war, muss sie doppelt gefühlt haben. Was immer an Leistung erbracht wurde, Sacajawea demonstrierte noch größere Tapferkeit und heldischen Mut. Zum Beispiel war es Sacajawea, die, als eines der Flussboote von Lewis und Clark bei starkem Wind kenterte, hinausschwamm und unerschrocken alle Dokumente davor bewahrte, den Fluss hinuntergespült zu werden. Und sie tat dies, während sie gleichzeitig ihr Kind vor dem Ertrinken rettete.

Da die Gruppe keinen Arzt mitgebracht hatte, war es Sacajawea, die ihre Krankheiten heilte und ihre Wunden behandelte. Zusätzlich zu ihrer Führungsposition war sie auch ihre Dolmetscherin und fungierte als Diplomatin, wenn sie auf Leute anderer Stämme trafen. Und für jeden in der Expedition war sie eine Freundin.

In den frühen Jahren des neunzehnten Jahrhunderts lagen die Dinge ein klein wenig anders als im Amerika von heute. Die primitiven Pfade und Wege, die die neuen Staaten und Territorien der Vereinigten Staaten miteinander verbanden, waren schlecht oder fast nicht vorhanden.

Es war nicht ungewöhnlich, auf Strauchdiebe zu treffen. Ich habe einmal eine Erzählung über eine Reise im frühen Massachusetts gelesen, in der ein Reisender schrieb: ›Unserer Gruppe wurde übel mitgespielt, als wir auf unserem Weg nach Boston waren. Unsere Frauen wurden von Halunken vergewaltigt und sie nahmen uns all unsere Habe!‹ Zu jener Zeit bedurfte eine Reise über eine sehr kurze Entfernung von fünfundzwanzig Meilen einer unglaublich umfangreichen Vorbereitung.

Und wenn das der ›zivilisierte‹ Teil der frühen Vereinigten Staaten war, stell dir vor, welche Risiken und Gefahren für Reisende in der Wildnis existierten. Wenn du zum Beispiel in jenen Tagen auf eine Reise gehen wolltest – sogar auf der allerbesten Straße –, entdecktest du sehr schnell, dass du vollkommen auf dich allein gestellt warst.

Es gab keine offizielle Währung – der US-Dollar existierte noch nicht. Es standen keine Hammerschmiede zur Verfügung. Wenn dein Wagen zusammenbrach, dann musstest du auf deine eigenen Mittel zurückgreifen. Es gab keinen Handelsplatz, wo du Ersatzteile oder Material kaufen konntest. Du musstest benutzen, was eben zur Hand war.

Es gab keine Läden, wo du hättest kaufen können, was du gerade brauchtest. Wenn du es nicht mit dir führtest oder wenn die Läden verschwunden, ausgeraubt oder geplündert waren, dann hatte es sich damit. Du warst von dem abhängig, was du jagen konntest, und von den Pflanzen, die du am Weg sammeln konntest.

Wenn du krank wurdest, gab es keine Ärzte, keine Medikamente und keine Gasthäuser zum Ausruhen.

Vor allem aber hatten die meisten Leute keine Landkarte von der Gegend, durch die sie zu reisen planten. Auch wenn sie in der Lage gewesen wären, eine aufzutreiben, hätten sie sich diese möglicherweise nicht leisten können.

In jenen Tagen waren Landkarten handgemalt, sehr kostenintensiv und nur dann exakt, wenn die allerbesten Landkartenmacher sie angefertigt hatten. Jedoch hatten auch die besten Landkarten ihre Fehler. Leute, denen Landkarten gehörten, besaßen einen sehr wertvollen Gegenstand – was natürlich bedeutete, dass nur die extrem Reichen ihn sich leisten konnten. Und unterwegs nach der Richtung zu fragen war entweder ein Treffer oder ein Fehlschlag. Die durchschnittlichen Amerikaner, die du auf deiner Straße trafst, konnten dir nicht sagen, wie das Land mehr als zwanzig Meilen jenseits ihrer Behausungen aussah.

Bei all diesen Erschwernissen wird erkennbar, wie überaus wichtig Sacajawea für Lewis und Clark war! Sie wusste, wohin sie gehen musste und wie sie zurückkehren konnte, denn sie hatte ihr Reiselied sorgfältig gelernt.

Unter den Ureinwohnern des frühen Amerika wurde eine erlesene Gruppe von Leuten die Sängerinnen und Sänger genannt. Sie waren auch als die Ameisen bekannt oder als die Erinnerer. Sie waren die Leute, die diese Reiselieder weitergaben.

Die beste Art und Weise zu verstehen, was eine Ameise war, ist, sie mit den reisenden Poeten des Mittelalters zu vergleichen. Diese Barden oder Troubadoure – wörtlich »Erinnerer« – waren sorgfältig ausgebildet und geübt, zehntausende Worte Poesie zu singen. Sie waren die Träger von Neuigkeiten und Information und die Bewahrer von Mythen, Legenden und der Geschichte ihres Volkes. Wenngleich nicht selbst Heiler oder Priester, waren sie doch wahre Schatzhüter von Wissen, und von allen wurde ihnen höchste Wertschätzung erwiesen – von den Mächtigsten bis zu den Ärmsten.

Bei weitem zu oft werden die amerikanischen Ureinwohnerinnen und Ureinwohner als Primitive dargestellt, und nicht als wissend und vielschichtig, wie es viele der Hauptleute waren und noch immer sind. Die Leute haben aufgrund ihrer Intelligenz und vielschichtigen Information Jahrtausende überlebt und nicht aufgrund ihrer Traditionen oder blinden Glücks.

Die Sängerinnen und Sänger und Medizinleute der Stämme

der beiden Amerikas waren keine Ignoranten, die wenig zu sagen hatten. In Wirklichkeit waren die Ameisen die Informationsbewahrer, die sich an die Vierte Welt erinnern konnten, vor der Katastrophe, die in unsere modernere Fünfte Welt geführt hatte. Ihre Tradition geht zurück auf die uralte Welt der großen Inselstädte mit ihren unermesslichen Bibliotheken. Die Bewahrer dieser Bibliotheken, die Gelehrten ihrer Zeit, wurden Ameisen genannt.

Wenn eine Person Information besaß, konnte unglaublicher Reichtum erlangt werden. Die Hauptleute, die Information besitzen, sind immer die mächtigsten und reichsten Leute in ihrer Gruppe, und so verhielt es sich auch mit den Erinnerern, den Ameisen.

Den Ameisen war auch eine Besonderheit zu Eigen, die niemand sonst besaß – es war die Information darüber, wie es möglich war, von einem Ort zu einem anderen zu reisen, ohne das Leben zu verlieren –, eine wesentliche Information für jeden Reisenden.

Wenn die modernen Gelehrten zufällig auf die Tatsache stoßen, dass die Ameisen hier in Amerika existierten, dann nehmen sie fälschlicherweise immer an, dass die Geschichten, die die Sängerinnen und Sänger erzählt haben, erfunden waren. Nichts könnte weiter von der Wahrheit entfernt sein.

Die Sängerinnen und Sänger lehrten die Person, die sie dafür bezahlte, ihr Reiselied, das üblicherweise ihr ›Medizinlied‹ genannt wurde. Dieses Lied wurde auswendig gelernt. Reiselieder gingen ungefähr so:

›Ich schau' in die Sonne, schau' in die Eulen-Berg-Augen; ja, immerzu schau' ich.‹

›Ich gehe herum um den Feuerstein-Mann, ich halte Ausschau nach seinem großen Kessel, ja Ausschau.‹

›Feuerstein-Mann‹ bedeutet einen Ort, wo Feuerstein abgebaut werden konnte. Das ist wichtig, wenn eine Person für ihre Pfeilspitzen auf Feuerstein angewiesen war. Es bedeutete Überleben.

›Großer Kessel‹ bedeutet, nach Westen orientiert zu sein.

›Gucken‹ wurde als Osten übersetzt.

›Sehen‹ bedeutet Süden.

›Betrachten‹ bedeutet Norden. Betrachten bedeutet, physisch einen Platz oder ein Objekt aus der Nähe zu besehen.

Natürlich wurden der Person, die das Reiselied kaufte, die Bedeutungen all dieser verschiedenen Dinge, die Symbole des Liedes, aufgeschlüsselt. Es war einfach, aber nicht zu einfach, denn die Sängerinnen und Sänger wussten ihre Geheimnisse auch zu wahren. Da es ihr Lebensunterhalt war, war es nur konsequent, das zu tun. Nachdem die Reisenden ihr Lied von den Sängern vollständig gelernt hatten, hatten sie eine Landkarte des Terrains, in dem sie reisen wollten, im Gedächtnis gespeichert.

Diese Lieder waren extrem wertvoll und wurden wieder und wieder verkauft. Aber der Prozess hatte auch einen Haken. Wenn die Person, die den Gesang mit der Geschichte wieder erzählte, ein winziges Detail ausließ, dann wurde das gesamte Lied wertlos; und das passierte immer wieder, denn die meisten Leute sind inkompetent und nicht vertrauenswürdig.

Einige alte Cree-Sänger und -Sängerinnen in Kanada erzählten mir einmal: ›Ja, wir haben unsere Geschichten, sie sind voller Humor. Wir Sänger machten uns nicht allzu viel daraus, wenn ein Lied weiterverkauft wurde. Das Lied wurde gewöhnlich schnell vergessen oder von der Person, die es als nächste kaufte, völlig falsch gelernt. Das Rückkehrlied wurde rückwärts gesungen, wenn eine Person nach Hause zurückkehren wollte. Aber oft wurde das Lied von vorn erinnert, anstatt das Lied von rückwärts neu zu lernen und an den Anfang des Liedes zurückzukehren. Deshalb gibt es bei uns viele Witze darüber, wie Leute sich selber nach vorne gesungen haben, wenn sie sich eigentlich rückwärts hätten singen müssen und sich so hoffnungslos verirrten.‹

Sänger und Ameisen lernten nicht nur Reiselieder, sie lernten auch zehntausende Zeilen von den Liedern der Schmetterlingsgürtel auswendig. Diese heiligen Gürtel enthielten die Geschichte des Volkes.

Diese Art Stammesgeschichte handelt selten von örtlichen Mythen oder Geschichte. Eher ist sie die Geschichte des Weltenanfangs. Viele von den örtlichen Geschichten sind Bruchstücke von größeren Geschichten, die den Sängerinnen und Sängern bekannt waren.«

Estcheemah fuhr fort, indem sie ihm von ihrer Medizinreise neunhundert Meilen in nördlicher Richtung nach Kanada erzählte.

»Winnonah, Edda und Cholis Crow Mountain wurden nach Norden zum Heiraten geschickt. Frank Courshane, ein Ojibwa, hatte dreißig Pferde für die jungen Frauen bezahlt. Winnonah war vierzehn Jahre alt, Edda war sechzehn und Cholis war neunzehn. Sie waren Lakota.

Ich musste alles verkaufen, um mir die Reise leisten zu können. Nach Night Arrow Womans Tod verkaufte ich ihr Haus und Land, um vier Pferde zu kaufen. Mein Reisepreis betrug vier Pferde.

Das Abenteuer war nicht langweilig, wie ich's mir gedacht hatte. Ich hatte geglaubt, dass es eine zermürbende Reise werden würde, weil ich nicht Lakota sprach. Aber im Verlauf weniger Wochen begann ich meine weiblichen Begleiterinnen zu verstehen. Die jungen Frauen waren verspielt und sehr freundlich, aufgeregt, dass sie Gemahlinnen eines reichen Gatten sein würden. Die beiden Männer, die uns führten, Horn Arrow und Hat Stone waren kanadische Ojibwas. Sie waren beide alt und blieben zurückhaltend und sie sprachen nur, wenn es nötig war.

Wir planten sechs große Zwischenstops ein. Hat Stone, der jüngere der beiden Männer, führte acht Pferde. Das waren unsere Tausch-Pferde.

Hat Stone ritt das neunte Pferd und zwei ältere Pferde stellten das Kutschengespann dar. Nur zwei Tage nach unserem Reisebeginn bekam eines der Reisepferde ein Problem, es hinkte und musste erschossen werden. Es blieben sieben Tauschpferde – eigentlich acht, denn Hat Stones Pferd sollte auch eingetauscht werden. Diese Pferde waren sehr wichtig. Nicht einer von uns besaß einen Penny.

Wir hielten bei einem Bach an, um unser Lager aufzuschlagen. Hat Stone näherte sich uns und setzte sich an unserem Feuer nieder. Er war an jenem Tag ungefähr drei Stunden hinter uns gewesen.

›Da schwierig‹, sagte er in seinem gebrochenen Englisch, einer Sprache, die wir alle mehr oder weniger gut verstanden. ›Junge Mann kommen. Drei. Sie wollen Pferd, vielleicht vier. Wir, ich alte Mann, sagen nein. Schwierig. Junge Mann sagen kaufen, ich sagen nein. Junge Mann haben Gewehr, vielleicht fünf Gewehr. Stechen Gewehr in Bauch. Ich Angst. Jetzt kommen. Junge Mann nehmen Pferd. Vielleicht töten. Ich nicht wissen.‹

Wir bekamen Angst. Wir waren weit entfernt von jeglicher Hilfe. Drei Männer mit Gewehren, die Pferde wollten, das war eine altbekannte Schreckensgeschichte für indianische Frauen.

Wir hielten eine Beratung zusammen ab. Es wurde beschlossen, dass wir uns im unteren Teil der Kutsche verstecken würden. Am folgenden Tag deckte uns Horn Arrow mit unserer Zeltplane zu und wir setzten unsere Reise fort.

Unter der Zeltplane war es unglaublich heiß. Wir mussten sie etwas hochgeklappt halten, um Luft zu bekommen. Es muss ungefähr zehn Uhr morgens gewesen sein, als drei Cowboys auf unsere Gruppe zuritten. Wir konnten Hat Stone hören, wie er mit ihnen redete.

›Kein Handel‹, sagte Hat Stone platt.

Ein Gewehrschuss wurde abgefeuert. Wir dachten, Hat Stone sei getötet worden. Winnonah wurde von Angst geschüttelt. Wir hörten Geräusche, hauptsächlich die Hufe von Pferden, dann wurde es still. Plötzlich hörten wir, wie die Pferde sich wegbewegten. Wir klammerten uns schwitzend aneinander und fühlten den Schrecken. Als Horn Arrow die Plane hochhob, begann Winnonah zu schluchzen. Ich konnte mich nicht rühren.

›Es gut jetzt‹, sagte Hat Stone. Ich begann zu weinen, als ich seine Stimme hörte.

Die Männer erklärten, was sich zugetragen hatte. Der jüngste der Cowboys hatte seine Waffe gezogen und auf Hat Stones Kopf gezielt; die Kugel hatte ihr Ziel verfehlt.

Die anderen Männer wurden auf ihren jungen Begleiter wütend und warnten ihn. Der Junge hielt die Waffe auf Horn Arrow und Hat Stone, während die älteren Männer die Pferde, die sie wollten, aussuchten. Sie nahmen fünf – natürlich die besten fünf.

›Wir Haufen Glück‹, erklärte Hat Stone. ›Keine Mädchen wehtun. Haufen viele Decken. Viele Haufen Sachen. Jetzt gehen.‹

Wir alle fühlten, dass wir viel Glück hatten. Aber wir wussten auch, dass unsere Reise nicht ohne Erschwernisse vonstatten gehen würde. Wir hatten weniger Pferde zum Tauschen gegen Essen und Wagenteile, falls wir sie brauchen würden.

In der Tat war es unmöglich mit drei Pferden. Mit neun wäre die Reise beschwerlich gewesen. Mit drei, das wussten wir, würden wir hungern müssen. Der Wagen war alt und konnte jederzeit zusammenbrechen. Nur weiße Männer konnten den Wagen flicken. Jedes Mal, wenn das passierte, bedeutete das den Verlust eines Pferdes, vielleicht sogar von zweien.

Uns war ernst zumute. In dieser Nacht suchte ich mir einen Platz, wo ich für mich sein konnte, und wickelte meine Pfeife aus, nämlich die, die mir Night Arrow Woman geliehen hatte, bis ich meine eigene haben würde. Eine geliehene Pfeife wird ein geliehenes Kind genannt, manchmal auch eine geliehene Blume. Ich sollte diese Medizinpfeife begraben, sobald ich meine eigene haben würde.

Während ich die Pfeife von Night Arrow Woman hielt, fühlte ich Kümmernis. Ich liebte sie so sehr. Die Pfeife mit dem bisschen Tabak, das ich hatte – es war nicht viel. Ich hatte lediglich genug für ungefähr eine halbe Pfeifenfüllung.

Ich weinte und betete, versuchte alles, was ich konnte, um so leise wie möglich zu sein. Nach ungefähr einer halben Stunde blickte ich von meiner Pfeife auf und sah meine neue Familie, alle saßen um mich herum, ungefähr dreißig Schritte entfernt. Die Frauen weinten. Ich hatte sie nicht gehört.

›Hier Tabak‹, sagte Hat Stone von dem Platz aus, an dem er saß. Er und Horn Arrow saßen zusammen, ungefähr zwölf Schritt von den Frauen entfernt. Ich hielt meine Hand auf und er brachte mir den Tabak. Der Beutel, den er in meine Hand legte, war mit genug Tabak für die gesamte Reise gefüllt.

Ich wusste, dass Hat Stone Raucher war. Nun würde er keinen Tabak haben. Ich fragte mich, was zu tun ist. Niemand hatte mir gesagt, was in einer derartigen Situation zu tun sei, und so saß ich den Rest des Abends schweigend da.

Am folgenden Morgen bot ich an, ihm die Hälfte des Tabaks zurückzugeben. Hat Stone nahm den Tabak unverzüglich an. Ich fragte ihn, wo seine Medizinpfeife sei.

›Sterben‹, antwortete er und ließ Traurigkeit in seinen Augen erkennen. ›Tränen in Boden, Weg. Nichts mehr. Regierung vielleicht mich schießen. Ich Angst. Familie Angst. Weiße Leute schnell schießen.‹
Die Autoritäten auf den Reservaten gingen mit Medizinpfeifenträgern nicht gerade zart um. Der so genannte Alte Weg war verboten.

Fünf Tage später hatten wir unsere erste Panne. Das Schlimmste, was passieren konnte, passierte – ein Rad brach. Acht Tage später hatten wir unser neues Rad, aber jetzt fuhr Hat Stone mit Horn Arrow in unserer Kutsche.

Unser Lebensmittelvorrat war zu Ende und wir litten zwei Tage Hunger. Am dritten Tag hielten wir bei einem Fluss und fingen Fische. Hat Stone und Horn Arrow machten Netze aus Weiden. Das war eine schwierige Aufgabe. Dann bekam Cholis ein Netz und ich bekam das andere.

Wir mussten aufeinander zugehen und gleichzeitig die Weidennetze vor uns in dem seichten Strom bewegen. Zweihundert Schritte voneinander entfernt begannen wir. Als wir näher aufeinander zukamen, konnte ich tatsächlich die Fische vor meinem Netz fliehen sehen. Bald hatten wir über hundert Fische von wirklich guter Größe zwischen den zwei Netzen gefangen.

Jetzt war es die Aufgabe von Winnonah und Edda, die Fische zu fangen. Hat Stone und Horn Arrow halfen. Winnonah und Edda fielen mehr als einmal hin. Wir konnten alle zusammen wunderbar lachen!

Einige der Fische entwischten unseren Netzen, aber nicht sehr viele. Doch wusste nicht eine von uns, wie Fisch zu räuchern oder zu trocknen war. Die Männer hatten nie gesehen, wie es gemacht wird; sie wussten nur über die Netze Bescheid. Alles, was wir tun konnten, war, zwei Tage dort zu bleiben und Fisch zu essen. Dann mussten wir weiterziehen. Der gekochte Fisch, den wir mitnahmen, reichte nur bis zum Mittag des folgenden Tages – dann hatten wir wieder nichts.

Unsere nächste Fastenperiode dauerte beinahe fünf Tage. Dann kamen wir zu einer Farm und Hat Stone ging zu den Bewohnern, um Nahrung zu erbetteln. Die Leute wollten uns nichts umsonst geben, aber sie wollten tauschen. Wir tauschten unser Bestes – unsere zwei Schals, alle unsere bestickten Täschchen, ein

Paar Mokassins, unsere drei guten Decken und alle unsere Sicherheitsnadeln.

Sogar danach waren diese Leute nicht großzügig, obwohl sie viel Vieh hatten. Wir litten uns durch die nächste Woche, mit den scheußlich schmeckenden Bohnen und dem Mehl, das wir eingetauscht hatten. Bis zum heutigen Tag mag ich deswegen Kekse nicht besonders gerne.

Zum Glück für uns trafen wir sechs Tage später zwei junge Jäger, zwei Dakota-Jungen, die uns den Großteil ihrer Nahrung gaben. Nun hatten wir fünf Kaninchen zu essen und dazu gaben sie uns beide Hinterkeulen ihres Hirsches. Wir waren so dankbar.

Wir Frauen wollten Halt machen und das Fleisch dieser Hinterkeulen trocknen, aber die Männer wollten nicht warten. Das war schade – innerhalb von Tagen verrottete der Großteil des Hirschfleisches und wir waren wieder hungrig.

Weil wir so wenig Glück hatten, beschloss Horn Arrow, direkt zu den Stone Crees zu gehen. Er wusste von ihnen, dass sie an einem Bach in Saskatchewan lagerten, der Shining One hieß.

Als er dort ankam, waren nur sechs Hirschjäger übrig. Zu diesem Zeitpunkt hatten wir sieben Tage lang nichts gegessen. Die sechs Männer jagten für uns und wir Frauen trockneten das Fleisch. So waren wir in der Lage, unsere Reise zu vollenden. Es war ein Glück für uns, dass diese Jäger zurückgeblieben waren.

Doch auch das blieb nicht ohne Folgen. Winnonah und Edda waren beide von diesen Jägern vergewaltigt worden. Alle sechs Männer wechselten sich bei den Frauen ab. Cholis und ich erwehrten uns ihrer, aber nicht ohne uns dabei zu verletzen. Wir wurden beide geohrfeigt, aber nicht geschlagen. Wir hatten also bei alledem noch Glück!

Das Versprechen, das Hat Stone gegeben hatte, nämlich den Jägern das Pferdeteam zu geben, war schnell vergessen, als er erfuhr, dass Winnonah und Edda vergewaltigt worden waren. Hat Stone beharrte darauf, dass die Vergewaltiger ihre Bezahlung schon erhalten hätten. Plötzlich wurden Messer und Waffen gezückt. Die Anspannung war groß. Zwei der Männer drohten uns, sie würden sich das Essen zurückholen. Für eine Weile dachten wir, es würde Tod und Blutvergießen geben, aber die Männer wichen schließlich zurück und gingen.

Zu dem Zeitpunkt meiner Reise, als ich so weit gekommen war, war ich ernsthaft dabei, meine Entscheidung, nach Kanada zu gehen, zu hinterfragen – ganz ehrlich! Aber schließlich wurden die Dinge etwas leichter und die Reise war nicht länger so beschwerlich für uns. Wir schlugen ein Lager mit den Swampy Cree auf und warteten auf den Mann namens Frank Courshane. Wie sich herausstellte, war er nicht nur ein sehr reicher Mann – er war auch unglaublich gütig. Er verkaufte zwei Pferde und zahlte damit alle Schulden, die wir bei den Cree gemacht hatten. Dann bat er Hat Stone, mich zu den Lagern der Manitou-Träumer zu begleiten – mein Ziel. Die Reise war nicht allzu lang, ein Ritt von nur acht Tagen.«

»Von der ersten Minute an, da ich mich im Träumerlager befand, fühlte ich mich unbehaglich. Hat Stone war am nächsten Morgen unverzüglich fortgegangen und ich war sehr allein.

In jenen Tagen gab es einen Brauch bei den Manitou-Träumern, der nicht mehr existiert. Es gab einen Frauen-Pfeifenkreis. Hineinzukommen war leicht. Aber wieder zu gehen war sehr kompliziert. Wenn du in ihrer Hütte versagtest, musstest du in ihren Stamm einheiraten. Ich war fest entschlossen, nicht zu versagen.

Die Manitou akzeptierten mich und bald erwachte mein Interesse für mein neues Land. Ich vergaß die Widrigkeiten meiner Reise und nahm Anteil an dem Leben der Leute, mit denen ich nun lebte. Verglichen mit dem, woher ich kam, lebten diese Leute mit großer Unbeschwertheit.

Im Amerika des frühen zwanzigsten Jahrhunderts waren die Reservate wenig mehr als Schlamm und Krankheitsherde. Alkohol war der Tröster, er gab den Leuten einen neuen Traum. Es gab auch hier in Kanada Trunkenbolde, aber nicht so viele. Die Wildnis war in der Nähe und es war auch noch möglich zu fliehen. Und doch hatte alle Information, die ich von Night Arrow Woman gelernt hatte, mich nicht auf die Schwierigkeiten vorbereitet, die mich in Kanada erwarteten.«

»Es ist sehr wichtig für dich, dass du verstehst, welch immensen Problemen die Indianer von Nordamerika sich gegenübersahen. Zwischen den Jahren 1820 und 1922 bedeutete für die Ureinwohner von Mexiko, den Vereinigten Staaten und Kanada Leben lediglich Überleben. Während dieser Jahre wurden wir gejagt, eingekesselt und skrupellos dezimiert.

Über die Grausamkeit der Militärs ist vieles bekannt. Aber ihre Gräueltaten verblassen im Licht der lautlosen, extremen Grausamkeit der Regierungsbürokraten. Und doch, nichts war hinterhältiger oder versteckter als die Grausamkeit, die von den religiösen Fanatikern ausgeübt wurde. Diese Leute benutzten jegliches Mittel bösartigen Zwangs, um zu bekommen, was sie wollten.

Der Vergewaltiger, der Mörder, der gierige Geschäftsmann und der Mensch, der nach Sklaven Ausschau hielt, bestraften und vernichteten auch die Indianer und Indianerinnen Amerikas. Millionen, die in den Minen von Mexiko und Südamerika arbeiteten, wurden getötet, während zehntausende um ihres Landes willen hingeschlachtet wurden.

Und doch, bei all diesem Frevel und Töten wurden noch Unzählige mehr durch Krankheit und Hunger vernichtet. Die Indianer wurden interniert und ins Gefängnis gepfercht, und viele der Reservate waren nichts weniger als Konzentrationslager geworden.

Präge dir Folgendes über die amerikanischen Indianerinnen und Indianer ein, wenn du meine Geschichte über die Zero Chief Tomahseeasah hörst.

Während all dieser Ereignisse harrten die Zero Chiefs aus. Um 1850 hatten die Ausbeuter dreihundert Jahre organisierter Plünderung über beide Amerikas gebracht. Alle überlebenden Zero Chiefs hatten die Erfahrung gemacht, dass die weißen Leute nicht vertrauenswürdig waren – unter keinen Umständen. Und hunderte der gebildeteren Ureinwohnerinnen und Ureinwohner von Zentralamerika und Mexiko waren nach Norden geflohen und versteckten sich bei fast allen dortigen Stämmen.

Obwohl es keine offizielle Kopfprämie für die Zero Chiefs gab, verstanden alle Ureinwohner, dass die Hauptleute für das Überleben ihres Stammes eine Bedrohung darstellten. Du musst dich erinnern, dass es bei den Weißen jener Tage ein allgemein verbreiteter Glaube war, dass nur ein toter Indianer ein guter Indianer sei. Die Folge davon war, dass jede Person von größerer Wichtigkeit untertauchte. Wenn so etwas zufällig oder durch Dummheit bekannt wurde, dann gab es immer eine unmittelbare Antwort – Verfolgung, Tod und Leiden.

Dies ist der Grund, warum wir Zero Chiefs verborgen geblieben sind. Jetzt ist unser Schweigen unsere Bedrohung.

Tomahseeasah suchte, wie die anderen auch, nach Wegen, die Leute zu lehren, während sie weiterhin im Verborgenen blieb, sodass sie nicht bestraft wurde oder ihr Leben verlor. Sie war Zeugin einer Anzahl grausamer Beispiele für das geworden, was misslingen konnte oder misslang, und sie tat alles, was sie konnte, dieselben Fehler wie die anderen nicht zu machen.

Jetzt werde ich dir von dem Gegner erzählen, der Leute foltern und töten half. Es waren die konformistischen Indianerinnen und Indianer, die ihre Familien gegen Belohnung verkauften.

Die Probleme der Hauptleute waren kompliziert. Aber die häufigste der Schreckenstaten war der Verrat durch unsere eigenen

Leute. Einige dieser Leute wussten, dass die Zero Chiefs in der Furcht lebten, erkannt zu werden, und sie benutzten diesen Vorteil zur Erpressung.

Die Frauen, die Tomahseeasah nicht kannten, dachten, sie stelle eine Bedrohung für ihr Leben dar. Und sie versuchten weiterhin, ihr zu schaden. Natürlich gab es auch solche, die eifersüchtig auf ihre außerordentliche Schönheit waren.

Die Konsequenz daraus war die Erfindung der Lager nur für Frauen. Da dort keine Männer zugegen waren, fühlten sich die Frauen sicherer.«

»Geburt und Reinlichkeit, gemäß Tomahseeasah, sind die allerheiligsten aller Verantwortlichkeiten, die eine junge Frau lernen kann. Das ist die erste Weisheit und sie wird vom Medizinschild des Südostens symbolisiert. Auf ihm ist ein Kreis von Wildblumen dargestellt.

Das Lernen vom Garten unserer Erdmutter und das Heilen der Leute ist die zweite Weisheit, die es für Frauen zu lernen gilt. Auch diese Lehre hat ihren Schild. Das Bild, das darauf gemalt ist, stellt die Sonnen- und Mond-Kreis-Kachinas dar. Dieser Schild wurde der Südwest-Schild genannt.

Über die Medizinen und das Heilige Medizinrad zu lernen ist die dritte Weisheit, die eine junge Frau beherzigen soll. Dieser Schild zeigt ein Medizinrad, bemalt mit Blitzen und einer Rose im Zentrum. Dieser Schild war als der Nordwest-Schild bekannt.

Zu lehren und Information zu verbreiten ist die vierte Weisheit, die die junge Frau besitzen kann. Dargestellt wird sie vom Disziplin-Schild. Er zeigt die Hände, die zählen – ein Bild mit vielen Händen, die die Zahlen anzeigen. Dieses Nordost-Schild wurde von allen Schülerinnen und Schülern von Tomahseeasah hochgepriesen.

Es gab viele andere wunderschöne Dinge und Wundersames, das die jungen Frauen erwartete, die das Lager von Tomahseeasah besuchten. Da waren die Hütten der Malerei, die so wunderschön waren, dass sie die Frauen, die sie sahen, zu Tränen rührten. Sie wurden zu besonderen Zeiten aufgebaut, zum Beispiel wenn die Jahreszeiten wechselten. Und es gab auch die unglaublich liebliche Medizinhütte der Mond-Frau. Keine andere bemalte Hütte war so wunderbar und bezaubernd.

Jahrelang hatte ich bewegende Geschichten von Night Arrow Woman über Tomahseeasah, Nisharamah und den Frauenkreis in den Träumer-Lagern gehört. Aber etwas hatte sie nicht erwähnt: Night Arrow Woman versäumte es, mich wissen zu lassen, dass all ihre Information aus zweiter Hand und sehr alt war!

Night Arrow Woman hatte Tomahseeasah nie persönlich kennen gelernt. Was meine Lehrerin über Tomahseeasah wusste, war das, was ihre eigene Lehrerin, Nisharamah, ihr erzählt hatte. Alles, was ich gehört hatte, und wovon ich dachte, es habe immer noch Gültigkeit, war seit fünfundsechzig Jahren Vergangenheit! Das ist schwer zu glauben, wenn du so jung bist, wie ich es war. Aber ich sollte meiner eigenen Geschichte nicht zu weit vorgreifen.

Zu der Zeit, als die Frauenhäuptlinge endlich über das Medizinrad sprachen, war ich bereits ein Jahr in der Manitou-Hütte. Meine unmittelbare Lehrerin war eine leicht zu erzürnende Frau, die keine Fehler duldete. Ich kochte innerlich vor Ärger, wenn meine Lehrerin mich die kleine Soldatin nannte. Ich hasste Soldaten – sogar das Wort.

Meine Freundin, Nahseeohmah, und ich bekamen die Aufgabe, für die Kartoffelfelder zu sorgen, die gesamten acht Hektar. Während ich mich mit ihr bei der langweiligen Arbeit abmühte, klagte sie, dass wir beide wenig mehr als Sklavinnen waren.

›All diese Lehrer und Lehrerinnen sind grausam‹, erklärte Nahseeohmah, während wir uns im Schatten einer ausladenden Pappel am Rande des Kartoffelfelds ausruhten. ›Als ich hierher kam, dachte ich, ich würde etwas über das Heilen lernen.‹ Ihr junges, hübsches Gesicht war abgespannt und zeigte eine tiefe Angst. ›Mir wurde wie dir gesagt, dass unsere Lehrerinnen nur mit ihren Medizinnamen anzusprechen seien. Weißt du die Übersetzung dieser Namen?‹

Ich schüttelte den Kopf.

›Einfach Zahlen‹, erklärte Nahseeohmah. ›Eins, Zwei, Drei, Vier und Fünf – einfach so. Das sollen angeblich Medizinnamen sein, aber sie sind es nicht. Alle ursprünglichen Lehrerinnen sind tot. Es gab vor etwa fünfundsechzig Jahren eine Spaltung im Lager, wusstest du das?‹

›Was meinst du?‹, fragte ich; mein Herz fühlte sich krank an. Bevor Nahseeohmah antwortete, wusste ich, dass ich einen schrecklichen Fehler gemacht hatte.

›Die wahren Lehrerinnen sind alle fortgegangen‹, weinte Nahseeohmah. ›Oh, Schwester, du bist wie ich, du wolltest – ‹
Ich ergriff Nahseeohmahs Hand und hielt sie fest. ›Fahr fort‹, drängte ich. ›Alles, ich bin bereit alles zu hören.‹
Nahseeohmah schüttelte ihren Kopf. ›Es ist furchtbar. Ich weiß die Antwort nicht. Alles, was ich weiß, ist, dass die ursprünglichen Lehrerinnen nach Westen gegangen sind, auch Arrow Red Deer.‹
Ich wusste, dass Red Deer in der Provinz Alberta liegt. Ich fühlte mich gefangen und war entsetzt darüber, dass ich als Sklavin bei diesen Leuten zurückbleiben musste.

›Alle Lehrerinnen sind vor fünfundsechzig Jahren von hier weggegangen‹, seufzte Nahseeohmah. ›Diese Leute, sie wissen nichts. Ich war hier zwei Jahre lang und ich habe nichts gelernt, außer dass ich eine Sklavin bin.‹

Den Rest des Tages über arbeitete ich Seite an Seite mit meiner Kameradin und erfuhr mehr. Ein Mann mit dem Namen Antilope Head hatte die ursprüngliche Gruppe unter dem Vorwand, dass er der Repräsentant der kanadischen Regierung sei, in seine Obhut genommen. Zu jener Zeit gab es viel Aufruhr zwischen der Regierung und den Manitou-Leuten. Antilope Head war ein aggressiver Politiker, ein guter Vermittler und ein ausgezeichneter Redner.

Durch seine Beziehung zur Regierung wurde er der Häuptling und von da an ging alles in die Brüche. Der Politiker kümmerte sich nur um sich selbst und seine Freunde. Er veranlasste die Zero Chief Tomahseeasah und alle ihre Lehrlinge und Freundinnen, das Reservat zu verlassen.

Mein Geist war angefüllt mit meinem Problem und der Anstrengung meiner Schwester von ihrer Schufterei loszukommen. Es war schwer zu verstehen, dass meine Information von Night Arrow Woman so alt war! Fünfundsechzig Jahre sind eine lange Zeit! Die große Zero Chief, Tomahseeasah, war gar nicht mehr am Leben! Sie war Jahre zuvor gestorben! Kannst du dir vorstellen, so weit zu reisen wie ich, nur um eine tote Frau zu besuchen?

Ich erfuhr weiter, dass Nisharamah in dem ursprünglichen Lager gewesen war, das im Manitou-Land lag, aber dass sie von Antilope Head gezwungen worden war, wegzugehen. Tomahseeasah war eine alte Frau gewesen, als Nisharamah noch jung war, und sie war mit ihrer Lehrerin nach Westen gegangen, um in das Große Lager bei Red Deer zu ziehen.

Wir würde ich nun nach Westen gelangen? War dort im Westen noch ein Lager? Ich konnte es mir nicht leisten, in halb Kanada herumzulaufen, um ein Lager zu suchen, das vor fünfundsechzig Jahren existiert hatte. Mein Herz wog wie ein Stein.

In den nächsten zwei Wochen zogen Nahseeohma und ich in ein Zelt zusammen. Wir nannten das Zelt die Hütte von Tomahseeasah.

Fragen zu stellen, die irgendetwas mit dem Lager von Tomahseeasah zu tun hatten, war verboten. Die Frauen, die sich selber Eins, Zwei, Drei, Vier und Fünf nannten, besaßen viel Wissen; jedoch war ihr Wissen keine neue Information für mich. Ich hatte das, was diese Frauen wussten, bereits von Night Arrow Woman gelernt.

Zwei Monate, nachdem wir in unsere Hütte gezogen waren, heiratete Nahseeomah einen Mann namens Assinopohn, was ›Leuchtender Stein‹ bedeutet. Die Dinge entwickelten sich danach ziemlich schnell. Nahseeomah lud mich ein, bei ihr und ihrem neuen Ehemann einzuziehen – nicht als zweite Ehefrau, sondern um dem Kreis der Pfeifenfrauen zu entkommen.

Weil Nahseeomah durch ihre Heirat versagt hatte, wurde ihr Auszug geduldet, aber der Kreis von Pfeifenfrauen betrachtete mich nicht als Versagerin, und so gab es wochenlang Schwierigkeiten. Diese Schwierigkeiten endeten, als ich Moheegun traf.

Assinopohn und Moheegun, was ›Wolf‹ bedeutet, waren die besten Freunde. Assinopohn hatte etwas Vieh, das er hütete, und Moheegun war ein erfahrener Jäger und Fallensteller. Ich heiratete Moheegun. Und jetzt, da auch ich versagt hatte, war alles gut.«

»Das ist eine erstaunliche Geschichte«, sagte Lightningbolt. »Ich habe nie geahnt, wie viel du durchgemacht hast.«

»Wie du sehen kannst«, sagte sie lächelnd, »bist du nicht der einzige, der gesprungen ist, bevor er gesehen hat. Ich hab' es auch getan.« Sie lachte. »Und mein erster Sprung war recht weit.«

Estcheemah sah sich der einzigartigsten und machtvollsten aller Herausforderungen gegenüber, die es auf der Welt für eine Lehrerin gibt: einen Lehrling zu finden. Ihre ganze Genialität musste sich darauf konzentrieren, einen Schüler zu finden, der durchhalten würde.

Die Herausforderung des Lehrauftrags verschärft sich sogar noch, wenn die Kultur, die die Lehrerin umgibt, sie nicht unterstützt oder ihr sogar feindlich begegnet. Wissen wird als gefährlich erachtet von denjenigen, die befürchten, dass es ihre Glaubenssätze oder Positionen ins Wanken bringt. Wenn die Lehrer irgendeiner Kultur gezwungen sind, sich zu verstecken, und von denjenigen verfolgt werden, die an der Macht sind, kann die Unwissenheit der Schüler dem Lehrer schaden. Jedes Mal, wenn die Lehrerinnen und Lehrer ihre Geheimnisse offenbaren, öffnen sie sich selbst einem Angriff vonseiten der Fanatiker. Auch dann, wenn die Schüler nicht genügend Unterscheidungsfähigkeit und Ehrlichkeit besitzen, sind die Lehrerinnen und Lehrer potenziell in Gefahr.

Estcheemah musste an einen Entscheidungspunkt in sich selbst kommen. Das Vertrauen und die Hoffnung, die sie in Lightningbolt hatte, musste erst auf die Probe gestellt werden, bevor sie sie respektieren konnte.

Der Grund für Estcheemahs Besorgnis war die Tatsache, dass sie eine Frau war. Auch wenn es zutreffend ist, dass selbst große männliche Lehrer ihre Nöte haben, sind die Widerstände gegen die großen weiblichen Lehrerinnen weitaus größer.

Estcheemah war beschuldigt worden, eine Hexe zu sein. Für eine Frau war es außerordentlich gefährlich, allein zu leben und eine Hexe

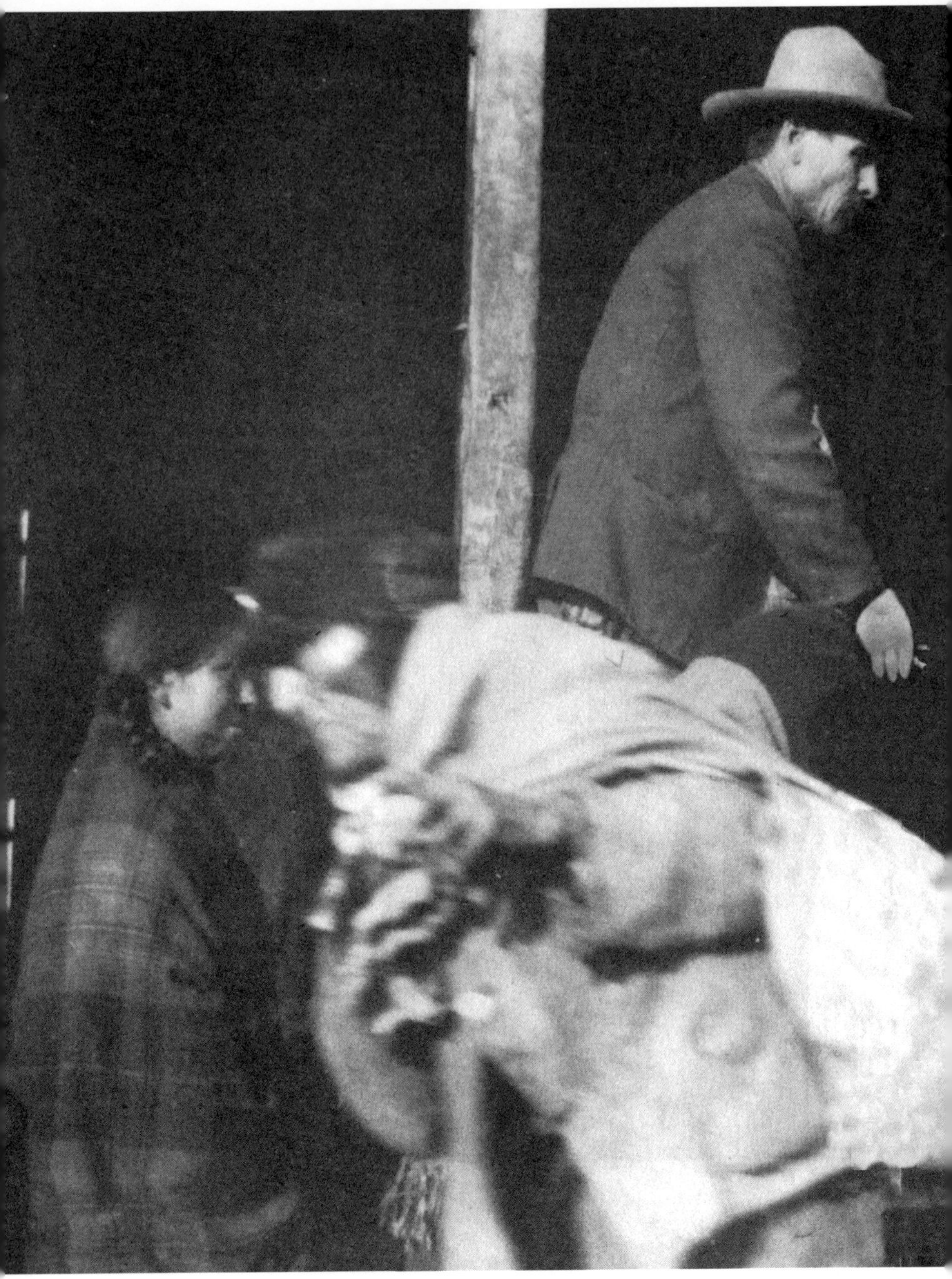

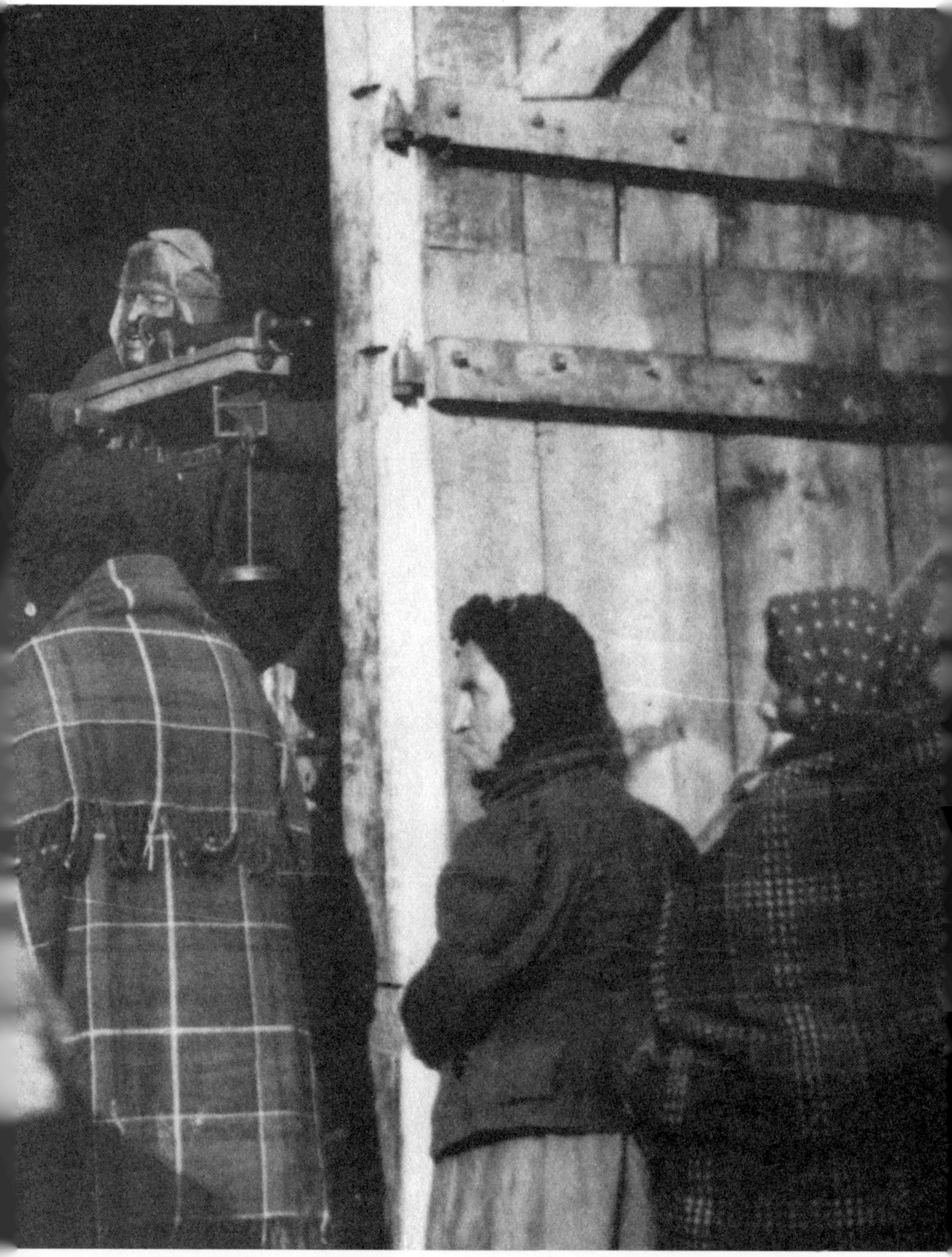

genannt zu werden. Mehr als einmal in Estcheemahs Leben hatte sie sich vor religiösen Fanatikern schützen müssen.

Allein die Tatsache, dass Lightningbolt selbst das Gerücht gehört hatte, Estcheemah sei eine Hexe, musste von seiner Lehrerin überwunden und besiegt werden. Ihre einzige Hoffnung lag darin, ihn Selbstachtung und Respekt für die subtile und machtvolle Information zu lehren, die sie ihm anzubieten hatte.

Lightningbolt würde auch seine eigenen Haltungen und seine Ignoranz überwinden müssen. Standhaftigkeit ist bei der Auswahl eines Schülers ein wichtiger Faktor. Die Lehrlinge müssen trotz Zwangs und der möglichen Angebote und Belohnungen durch Geld loyal bleiben. Er würde auch gegen den enormen Druck ankämpfen müssen, den seine Familie und Kultur auf ihn ausübten.

Er würde sich seiner neuen Position gegenüber seiner Lehrerin und seiner Gemeinschaft bewusst werden müssen. Auch er würde lernen müssen, sich vor den Übereifrigen in seiner Gemeinschaft zu schützen.

Der Schutz von Information ist von äußerster Wichtigkeit. Aber am Anfang verstehen Schüler deren wahren Wert nicht. Estcheemah würde ihm Unterscheidungsfähigkeit, Wahl und Entscheidungsfähigkeit beibringen müssen.

Einen übereifrigen Schüler wollte sie jedoch nicht. Lightningbolt würde Geduld lernen müssen. Er würde ihr seine innere Stärke zeigen müssen.

Estcheemah war, wie viele Blumen-Soldatinnen und -Soldaten vor ihr, gezwungen gewesen, ihre Information geheim zu halten. In der Vergangenheit hatten einige Zero Chiefs ihr Leben wegen der Ignoranz und Illoyalität ihrer Schülerinnen und Schüler verloren.

Estcheemah würde ein Vertrauensverhältnis zwischen sich und Lightningbolt aufbauen müssen. Sie sollte ihn oft prüfen und seine Stimmungen und Schwankungen bemerken. Wie intelligent war er? War er so mutig, wie sie hoffte? Würde er sich selber genug vertrauen, um zu lernen? Konnte er loyal ihr gegenüber sein?

Je vielschichtiger die Information war, die sie ihm vermittelte, umso intensiver testete sie seine Fähigkeit, sie zu verstehen. Ihre Herausforderung war es, sein Interesse und sein Denken zu stimulieren und wach zu halten.

Immer gehen Fragen und Antworten zwischen Lehrerin und Schüler hin und her. Aber der Unterschied, der Sieg oder Niederlage ausmacht, liegt darin, wie diese Fragen von ihnen verstanden werden. Estcheemah wollte keinen Schüler, der Informationen auswendig lernt. Eine derartige Person war von Anfang an zum Untergang bestimmt. Sie würde ihn lehren müssen, für sich selbst zu denken. Nur auf diese Weise würde er ein Blumen-Soldat werden.

Estcheemah sorgte dafür, dass Lightningbolt sich wohl fühlte, bevor sie mit ihm darüber sprach, warum sie ihn als ihren Schüler ausgewählt hatte.

»Die Milch, die wir während unserer Jugend trinken, bringt unsere Zukunft hervor«, begann sie. »Lightningbolt, was ich dir jetzt sage, ist die Nahrung, die Milch für deine Zukunft. Aber du wirst es sein, der seine Wahl zu treffen hat, nicht ich.

Etwas für dich zu wählen ist ebenfalls Nahrung, die dich in deiner Gegenwart nährt, ungeachtet dessen, welcher Art diese Gegenwart ist. Wähle deine Nahrung gut, denn sie kann dich entweder stark oder krank machen.

Was du mit dem, was du hast, anfängst, macht den wesentlichen Unterschied aus. Hinterfrage und bereite deine Information und die Wahl, die du triffst, vor.

Schließe deine Augen und höre zu. Die Stimme, die du hörst, ist die einer Frau, deiner Lehrerin. Du musst alles, was dir von dieser Stimme gesagt wird, prüfen. Du musst alles, was diese Frau tut, beobachten, während sie dich unterweist, verstehst du?«

»Ja«, antwortete er, ohne seine Augen zu öffnen.

»Während du deine Augen geschlossen hältst, kannst du Wehomah, die Windfrau hören«, sagte sie und bewegte ihren Mund näher an sein Ohr.

»Eine Lehrerin kann nie ein Ersatz für eine Geliebte sein und sie wird es nie sein. Ich bin deine Lehrerin und deine Gelegenheit, mit jeder Angst, die du besitzt, zu kämpfen.

In deinem Krieg wird es nicht meine Hand sein, die dich verwunden oder heilen wird. Nur deine Hand kann eine Waffe gegen dich selbst erheben. Von deinem Zorn auf dich selbst wirst du verkrüppelt werden. Nun, ich würde achtsam umgehen mit deiner Macht, das zu tun.

Ich habe dich gewählt, weil du ein Halbblut bist. Du hast bereits alles, was du für deinen Krieg brauchst. Sei bereit, dich deiner Unwissenheit und Einsamkeit zu stellen. Sie können dich blind machen und deine Welt in Stücke reißen. Diese Dinge können die besten Leute zerstören.

Konfrontiere jeden deiner Glaubenssätze in dir, denn sie sind es, die dich in den Ruin führen und Ekel vor dir selbst verursachen. Glauben ist dein Feind.

Während du dich zwischen deinen vielerlei Welten hin und her bewegst, wirst du ein Diplomat sein, ein Krieger, ein Heiler, ein Lehrer. Jetzt öffne deine Augen und schau mich an«, befahl sie ihm.

»Eines Tages wirst du so dasitzen wie ich, aber du wirst nie ich sein. Du wirst so alt sein wie ich, aber kannst du mir ebenbürtig werden, was Bewaffnung oder Kampffertigkeit betrifft?

Du wirst kämpfen, um die verwundete Person zu heilen, wenn du gelernt hast, zu sitzen, wo ich jetzt sitze. Ich befehle dir zu überleben. Als eine Halbblut-Person hast du, was zum Überleben nötig ist. Aber ob du durchhältst, das hängt von dir ab.

Wir Blumen-Soldatinnen und -Soldaten sind wie die Wolken am Himmel. Wir erscheinen und wir verschwinden. Wir erscheinen unter den Leuten, dann verschwinden wir wie die Wolken.

Sei Donner, sei Blitz. Sei ein schrecklicher Wind, sei eine sanfte Brise. Sei so geräuschvoll wie die Wolken, während sie ihre Gegenwart formen. Wenn du donnerst, denk daran, zuerst deinen Warnblitz vorauszuschicken. Überlebe als eine Person, die ein Vermächtnis von Blitz und nährendem Regen hinterlässt. Diejenigen, die von dir lernen, werden ein Regenbogen sein. Das kann ihre Bestimmung sein, wenn sie es wählen. Aber trachte nie danach, dass die Leute dich verstehen. Wie wäre es auch möglich, eine Wolke zu verstehen?«

Die Lehren der Zero Chiefs: Cheemah (Feuer)

Die Zero Chiefs

Die Zero Chiefs waren die Leute, die danach strebten, das Sprachrätsel von Raum und Zeit zu lösen. Zugleich entdeckten sie die exakten Maße von Erde, Mond und unserem Sonnensystem, als sie über die Frage der Entfernung nachsannen.

Nur wenige Leute in unserer modernen Welt schätzen die unglaubliche Tiefe und die weitreichende Wirkung, die die Entdeckung von Mathematik für die Gesamtheit aller Leute barg.

Im Jahr 5000 v. Chr. hatte der Blumen-Tempel über die Mathematik Folgendes zu sagen: »Mit Mathematik können wir Leute die großartige Maßeinheit der Unendlichkeit messen. Wir können das kleinste Maß der Unendlichkeit wahrnehmen. Wir können den grenzenlosen Raum der Sphäre unserer Kreatorin und unseres Kreators, WahKahn und SsKwan, begreifen, wenn wir in das Feuer ihrer schnellen Lichtbewegung blicken. Das Geheimnis von Zeit steht vor seiner Lüftung. Was für ein wunderbares Geschenk! Werden wir jemals seine Schönheit und Macht verstehen?

Die Fähigkeit, Zeit und Entfernung zu berechnen und die Vielschichtigkeit des Kreises zu verstehen, des Quadrats, des Volumens und der Bewegung, vermittelte unseren Vorfahren ein unermessliches Glücksgefühl.

»Was ist Gewicht?«, fragten sie. »Was ist Druck? Was ist Kraft und Gegenkraft? Was geschieht im Logarithmus? Wie schnell durchquert unsere Planetin den Raum und umkreist unsere Sonne?« So lauteten die Fragen, die sie stellten.

Es gibt keine uns Leuten bekannte Entdeckung, die sich mit der Entdeckung der Mathematik messen kann. Niemals gab es in der Geschichte eine Entdeckung, die Leuten mehr gegeben oder sie mehr beeinflusst hat als die Mathematik.

Es muss daran erinnert werden, dass die Entdeckung der Null mindestens ebenso wichtig ist wie die Entdeckung der Chemie,

Das Rad der Mathematik

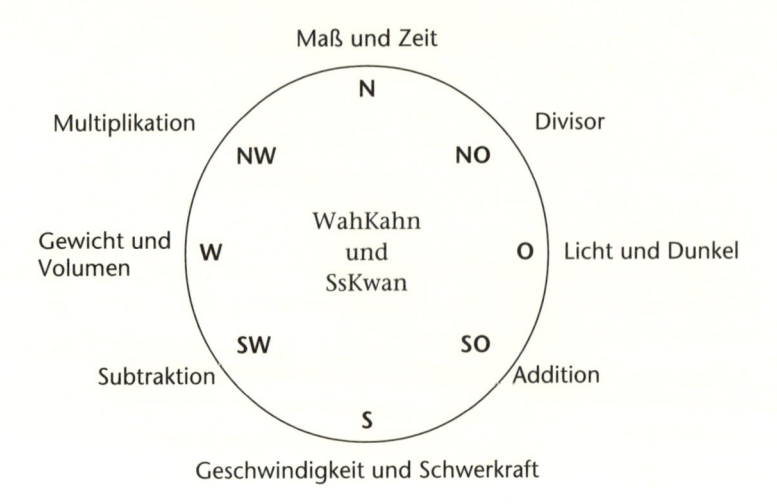

```
                    Maß und Zeit
                         N
  Multiplikation      ╱     ╲          Divisor
                   NW         NO
                  ╱              ╲
                 ╱   WahKahn      ╲
  Gewicht und  ( W      und        O ) Licht und Dunkel
  Volumen       ╲    SsKwan       ╱
                 ╲                ╱
                   SW         SO
  Subtraktion        ╲     ╱          Addition
                         S
            Geschwindigkeit und Schwerkraft
```

Metallurgie, Elektrizität oder Atomenergie, denn ohne die Null wären diese Wissenschaften nicht bekannt.

Unsere Ahnen sahen die Mathematik als das heiligste aller Geschenke an, die uns Leuten gegeben wurden. Die Sprache unserer Kreatorin und unseres Kreators lebt in der Mathematik.

Im Alten Rad werden uralte Maya-Zahlen gezeigt. Ein Punkt bedeutet Eins, ein Strich bedeutet Fünf.

Bevor wir die Medizinräder schätzen oder verstehen können, müssen wir die unermessliche Liebe und Hingabe verstehen, die unsere Zero Chiefs für die Worte der Kreation hatten – die Mathematik.

Das Symbol für die Mathematik ist der Kreis.
Der Kreis ist die Große Zwillingheit unserer Kreation, ihrer Lebensenergie und Bedeutung.
Das Medizinrad ist die Null.
Die Null ist heilig.
Die Null ist WahKahn und SsKwan.

Das Alte Rad

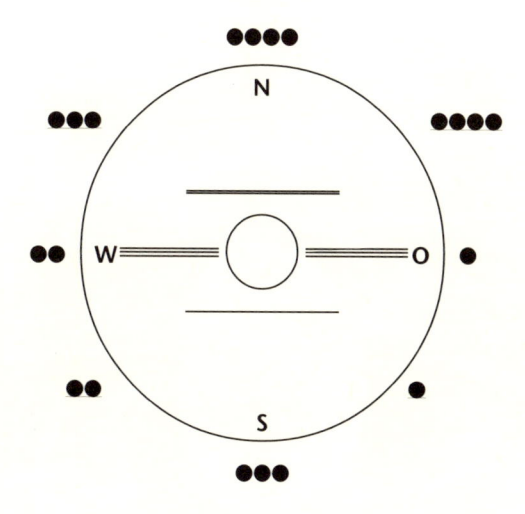

Gewiss ist Mathematik die Stimme von WahKahn und SsKwan. Über alle Zeiten hinweg ist keine Stimme größer als die Stimme von Energie und Substanz, und die Sprache von Zeit und Substanz ist Mathematik.

Als die Zero Chiefs alter Zeiten die mathematische Null entdeckten, konnten sie zum ersten Mal die Geheimnisse der Ewigkeit begreifen.

Die Zero Chiefs stellten Fragen über unsere Mutter Erde und über den endlosen Raum. Sie stellten Fragen über unsere Sonne und über den Mond, die Planeten und über die Heilige Zeit.

Und sie stellten Fragen über Leben.

Was ist Zeit und was ist Kreation? Was bedeutet endloser Raum für Leute? Was ist unsere Sonne? Was sind die Planeten außerhalb des Raums? Was ist dieses große, sich drehende Medizinrad – unsere Milchstraße?

Die Kreatorin und der Kreator antworteten auf diese Fragen durch die Sprache der Mathematik.

Die Worte der Zero Chiefs lauteten:

Uns Leuten wurde die Heilige Null gegeben; wir sind überaus dankbar. Ohne das Verständnis für die Null existiert keine Ma-

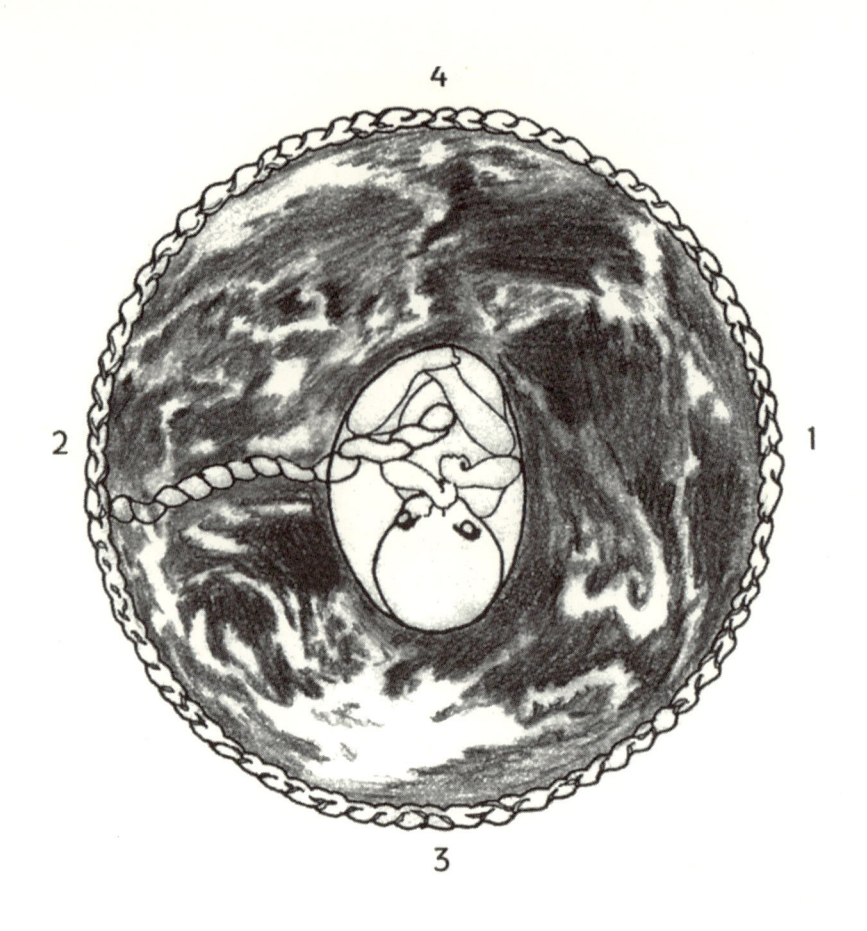

thematik. Die Null ist der Geist-Geist aller Kreation. Die Null ist WahKahn und SsKwan.
Aus der Ewigkeit, die Zeit ist, und aus allen Energien, die Raum sind, wurde von der Null die Gesamtheit aller Dinge geboren.
Die Null ist die Kreation und ist die Mathematik.
Die Gebärmutter unserer Kreation ist die Heilige Null.
Die Ewigkeit ist die Heilige Null. Die Heilige Null ist die geheiligte Mutter und der geheiligte Vater; sie sind WahKahn und SsKwan.
Die Heilige Null gebiert alle Zahlen und alle Zahlen sind die Gesamtheit, die in Leben hineingeboren ist.

Die perfekte Null ist jede Energie und jede Geburt, die Gesamtheit dessen, was je kreiert wurde.

In den Worten Estcheemahs: »Unsere Ahnen trachteten danach zu wissen, wo sie sich innerhalb von Zeit und Raum befanden. Um dies zu entdecken, mussten sie wissen, wo unsere Erde sich im Verhältnis zu unserem Universum befindet.
Die Zeitmessung, unser 24-Stunden-Tag und der Umfang unserer Mutter Erde waren das Werk von Hingabe und Liebe.«
Heutzutage glauben die meisten Leute zu wissen, wo sie sich in Bezug auf das Leben und die Kreation befinden, aber in Wirklichkeit haben sie keine Ahnung, wo sie sind.
Es erforderte hunderte von Jahren und einen enormen Aufwand an Anstrengung, um zu entdecken, dass unsere Erde rund ist und unsere Sonne umkreist.

Ja, unsere wunderbare Planetin, Mutter Erde, die uns alle geboren hat, dreht sich im Leeren, innerhalb der Existenz von Wah-Kahn – endlos im Raum.
Ja, unsere Mutter Erde ist Teil der vier Spiralarme unserer Galaxie, des »Eis der Ewigkeit«, der »Milchstraße«.

Doch bei allem, was über den endlosen Raum, unsere Galaxie, Zeit, unsere Sonne, unsere Erde, den Mond und die Planeten entdeckt wurde, blieb doch die Frage: Wer und was sind Leute? Was ist unsere Beziehung zu all diesen Wundern, die wir als Kreation wahrnehmen?

Diese und andere Fragen wurden in unseren Kivas gestellt und aus diesen Fragen wurden die Medizinräder geboren.

Estcheemah, die Zero Chief, war eine Lehrerin von Leben. Sie sprach auch über die Wandlungskraft des Todes, wie alle Zero Chiefs vor ihr.

Aufgrund von Estcheemahs Worten begann auch ich, die Frage zu stellen, wer ich bin.

Die Disziplin der Blumen-Soldatinnen und Blumen-Soldaten

Unserer Hauptleute haben gesagt, dass vor einigen tausend Jahren Inseln im Pazifik existierten, die als WahKahn und SsKwan bekannt waren. Sie waren nach unserer Kreatorin Mutter und dem Kreator Vater benannt. Noch bestehende Ruinen in Zentralamerika und Südamerika zeugen von einstmals blühenden Gemeinschaften, die von den seefahrenden Völkern der großen Insel-Konföderation kolonisiert wurden, welche als WahKahn und SsKwan im Pazifik bekannt waren.

Wenn diese Geschichte auch wichtig ist und viel mehr über sie gesagt werden muss, sind doch die Medizinräder das eigentliche Thema; folglich werden wir für jetzt unser Augenmerk auf die Lehren der heiligen Räder unserer Zero Chiefs richten.

Mit der Entdeckung unserer Null und der reinen Mathematik durch die Leute der Pazifik-Inseln wurde die Disziplin der Zero Chiefs geboren.

Die Evolution des Lernens, die durch die Mathematik einsetzte, half den Null-Hauptleuten bei der Trennung dessen, was wir gegenwärtig »die abstrakte« Welt und die Welt »messbarer Substanz« nennen. Diese Entdeckung unserer Zero Chiefs machte aus dem Studium der Mathematik eine Lebenswissenschaft.

Zum ersten Mal gab es nun in der Geschichte der Leute eine Sprache, die das Unsichtbare beschreiben konnte. Die abstrakte Welt von Zahlen und Wissenschaft konnte durch die Mittel der Mathematik studiert und begriffen werden.

Die Leute insgesamt, besonders die Blumen-Soldatinnen und Blumen-Soldaten, waren von der Wissenschaft der Zahlen und dem Aufbau unseres physikalischen Universums enorm fasziniert. Das Geheimnis von Zeit, Gewicht und Maß, Licht und Dunkel, wurde von diesen Leuten, die ihrer Disziplin hingegeben und treu waren, langsam enthüllt.

Aus der Disziplin der Zero Chiefs entstand eine enorme Wertschätzung für Mutter Leben und für die gesamte Kreation. Sie sagten Dinge wie:

»Was ist dieser wundersame Atem, den du mit uns geteilt hast, Heilige Mutter Kreation? Wir sind so dankbar, dass wir lebendig sind und deine Schönheit wahrnehmen können.«

Was ist das Medizinrad eigentlich? Warum hat es die ihm eigene Form? Wie bezieht sich das Medizinrad auf das Quadrat und das Dreieck?

Alle, die Mathematik studieren, wissen, dass das Dreieck und das Viereck augenblicklich Teil des Kreises sind, sobald der Kreis existiert. Der Kreis ist Vollendung. Der Kreis ist Ganzheit. Der Kreis – das Medizinrad – wurde als vollkommene Wesenheit angesehen.

Die Zero Chiefs sagen, dass die Heilige Null Zeit und Raum geboren hat. Die Null ist das Gebären; sie ist die Kreatorin Mutter.

Zeit befinde sich in vollkommener Einheit mit der Null. Zeit ist der Kreator Vater. Von dieser Einheit der Null mit Zeit – oder Raum und Zeit – werden alle Energien geboren. Das Zentrum des Atoms selbst ist Energie. Die Zero Chiefs nannten dies das »Fortwährende«.

Licht und Dunkel sind aus Energie geboren. Aus Licht und Dunkel wurde und wird fortwährend Substanz geboren. Dies nannten sie »Bindung«.

Die Null ist ewig und alle Zahlen sind aus der Null geboren. Das Medizinrad ist immer vollständig, ungeachtet dessen, was seine Zahlen auch sein mögen.

Innerhalb des Rades gebären Zahlen die Zahlen.

Innerhalb des Rades sind Zahlen, die den Tod nicht kennen.

Innerhalb des Rades werden Zahlen wieder geboren.

Es gab viele Arten von Medizinrädern. Einige von ihnen repräsentierten das Zusammenwirken von Leuten, einige repräsentierten mathematische Prinzipien im Leben, und einige repräsentierten das Studium der Präsenz des Geistes von Leuten.

Das Medizinrad enthüllt die Beziehung und die Integration aller kreierten Dinge. Die Art, wie die Medizinräder Wissen integrierten, versah uns mit einer leichten Methode, Information zu lernen und zu erinnnern.

Zahlen und ihre Beziehungen begannen alle Arten von Bedeutung für die Zero Chiefs anzunehmen. Die Zahlen selbst wurden Symbole, die alle Teile von Leben repräsentierten.

Antworten auf das große Rätsel von Zeit und das Maß unserer Erde und unserer Planeten kamen nicht rasch oder leicht. Zweieinhalbtausend Jahre sollten vergehen, bevor den Zero Chiefs die heilige Erdzählweise und die großen langen Zählweisen von Zeit und Raum bekannt wurden.

Die Zero Chiefs sehnten sich danach, so viel wie möglich über Leben und das Selbst zu lernen. Obwohl ihnen der Begriff »Psychologie« nicht bekannt war, studierten sie den Geist der Leute und nannten diese Wissenschaft das Studium der Präsenz von Geist. Das Medizinrad mit dem Namen Leute-Rad enthüllt die Lehren der Gegenwart des Geistes.

Durch den Gebrauch der Medizinräder entdecken sie, dass alle Leute eng mit dem Leben und der Kreation verwoben und nicht getrennt waren von unserer Kreatorin und unserem Kreator.

Die Zero Chiefs sagten über die Null und die Heilige Rose, das Symbol für die Kreatorin, Mutter Leben, Folgendes:

Mutter Leben ist Schönheit. Sie ist die Vollendung an Weisheit und Mut. Sie ist die Kraft und die Heilung für uns Leute. Sie ist die große Null, das Medizinrad, und die Mutter aller geborenen Dinge.

Die Rose ist unser Symbol für das, was vollendet werden kann. Sie gibt uns unsere Jahreszeiten und unser Leben; sie ist unsere Vollendung.

Die Heilige Rose enthüllt und teilt Gleichgewicht mit allen Kindern, die ihr geboren sind.

Die sanften Blütenblätter unserer Lebensrose, ihre duftende Blüte ist die Mutter Leben. Ihre Blumen bringen uns Heilung.

Sie hat auch Dornen, die Heilige Rose. Diese Dornen sind das Schwert der Kriegerin und des Kriegers, das auch Leben ist.

Die Heilige Rose ist das Symbol für Schutz und Entscheidung.

Die Kreatorin Mutter ist die Mutter von Leben und die Mutter von Tod, denn sie ist vollkommenes Gleichgewicht.

Die Blumen-Soldatin und der Blumen-Soldat ist Mutter Leben gewidmet. Unser Symbol ist die Heilige Rose.

Seite an Seite mit den Zero Chiefs existierten andere Disziplinen, die ihre eigenen Triumphe und Entdeckungen hatten. Im Laufe vieler Jahrhunderte entwickelten sich aus den Zahlen der Erdzählweise, die auch als die Kinderzählweise bekannt ist, die Namen von Göttinnen und Göttern.

Beschrieben und gezeigt wird eines der ältesten Medizinräder. Es wird die Kinderzählweise oder Erdzählweise genannt.

Unsere Kinder werden sie zählen.
Die Kinder schauen,
Wie Zahlen wachsen.
In ewig größeren Kreisen.

Die Null

Das Medizinrad ist die Form der Null. Die Null ist das Symbol und die Verfügung von Kreation. Die Zero Chiefs sagen, die Null ist nicht Nichts, sondern Alles.

Sie, die Heilige Null, hat alle Kinder der Kreation entworfen und geboren, und sie existieren als Teil der Null. Alle Kinder der Kreation existieren als Zahlen innerhalb des Medizinrades. Das ist die Kinderzählweise oder die Erdzählweise.

Im Anfang war WahKahn. Sie ist die Kreatorin Mutter und die große Null, die Gebärmutter, die die gesamte Existenz gebiert.

Im Werdensprozess eines Augenblicks wurde SsKwan geboren. Er ist der Kreator Vater und die Teilung von Null.

Die Kreation, die Null, befindet sich in vollkommenem Gleichgewicht. Die Null ist weiblich und männlich und hat alles Leben entworfen und geboren.

Die Eins

Die Erstgeborene der heiligen Null – der Heirat von WahKahn, der Kreatorin Mutter, und SsKwan, dem Kreator Vater – war die Eins.

Der Osten ist die Tänzerin, die Sonne genannt wird.

Eins ist die Sonne.

Die Zwei

Die Zweitgeborene der Heiligen Null war die Zwei. Die Zwei existiert im Westen des Medizinrades, dem Ort, wo die Zeit ihre Farben erhält.

Der Westen ist die Tänzerin, genannt Erde.

Zwei ist die Zahl für die Erde.

Die Drei

Die ersten Kinder der Heiligen Null waren die Sonne und die Erde. Eins, die Sonne, und Zwei, die Erde, vereinigten sich, und aus dieser Vereinigung wurde die Drei geboren.
Die Gräser singen auf ewig mit den Bäumen, den Mais-Tänzerinnen und den Blumen.
Drei ist die Zahl für alle Pflanzen.

Die Vier

Zeit drehte die Erde und die Pflanzen drehten das Rad in Schatten und Licht. Eins, die Sonne, heiratete Drei, alle Pflanzen, und die ersten Tiere wurden auf Erden geboren.
Die Tiere befinden sich in Kreisen ewiger Bewegung mit Leben.
Vier ist die Zahl für alle Tiere.

Die Kreation hatte nun den ersten Kreis kreiert.
Osten, Eins, die Sonne.
Westen, Zwei, die Erde.
Süden, Drei, die Pflanzen.
Norden, Vier, die Tiere.

Die Fünf

Die Fünf sind alle Leute.
Die Fünf wurde vom ersten Kreis geboren und existiert in dessen Zentrum.
Zur Feier des Lebens senden Leute ihre Stimmen in die Herzen der Vier Richtungen.

Das Rad der Kinder-Erdzählweise

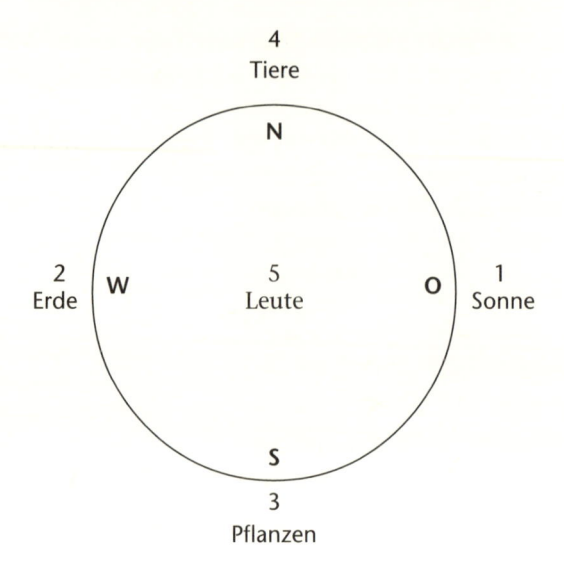

```
              4
             Tiere
              N

   2                      1
  Erde   W    5    O    Sonne
             Leute

              S
              3
           Pflanzen
```

Die Sechs

Sechs ist die Zahl für das Erfahren der Gegenwart von Leben. Wenn die individuellen Kinder von Mutter Erde bewusst und mit dem Geist-Geist von Leben gegenwärtig sind, erfahren sie die Sechs.

Die Sechs wird Geist-Geist genannt, denn alle Dinge, die in die Substanz hineingeboren sind, sind von Geist-Geist geboren. Das ist es, was wir Leute lernen, während wir Leben erfahren. Sechs Richtungen formen alle Sphären: Osten, Westen, Süden, Norden, Zenith und Nadir.

Kommt, Kinder, findet euren Tanz als Geist-Geist-Wesen.

Erfahrt eure Existenz. Wie werdet ihr euch entscheiden, euer Leben zu sehen?

Die Sieben

Sieben ist die Zahl für den Lebenstraum, für alle Dinge, die in Schönheit entstanden, oder die zerbrochen und weggeworfen wur-

den. Wir schauen in unsere Vergangenheit und lernen von dem, was wir aufgebaut haben.
 Kommt, Kinder, und baut euren Welt-Tanz.

Die Acht

Acht ist die Zahl für alle Naturgesetze und den Gesetzeskreis.
 Mutter Erde skulptiert mit ihren heiligen und natürlichen Gesetzen die Substanz und den Leib von allem, was lebt. Die Acht geleitet die Formgebung all dessen, was in der Zukunft liegt, und gibt uns einen Weg, jeden Tag wieder zu erscheinen.
 Kommt, Kinder, bemalt eure skulptierte Form für euren Tanz.

Die Neun

Neun ist die Zahl für Mond und Bewegung. Die Mondin bewegt die Gezeiten auf Erden und die Ebbe und Flut von Wasser und Blut in allen lebendigen Dingen.
 Kommt, Kinder, und tanzt im Licht der Mondin.

Die Zehn

Zehn ist die Zahl für Reinen Intellekt und Maß. Die Kreation gab Leuten die Macht der Vernunft und Selbst-Wahl.
 Zehn ist auch die Zahl für das Höhere Selbst von uns Leuten, unser heiliger Zwilling. Was kann ein besseres Maß geben als dieses Wissen um Geist-Geist?
 Kommt, Kinder, seid ihr eurem Selbst begegnet und habt die Existenz kennen gelernt?

Die Elf

Elf ist die Zahl für alle Sterne. Kommt, Kinder, werdet ein Ursprung von Licht innerhalb eures eigenen Lebenstanzes.
 Die Sonne ist ein Stern und alle Sterne sind Sonnen.

Die Zwölf

Zwölf ist die Zahl für alle Planeten. Kommt, Tänzerinnen und Tänzer, umkreist euer heiliges Selbst, leitet eure Kinder an, Mutter Leben zu ehren.

Mutter Erde ist eine besondere Planetin, denn sie hat euch geboren und kann alles Leben gebären.

Die Dreizehn

Dreizehn ist die Zahl für die Weiße Büffelfrau. Sie und ihre männliche Zwillings-Widerspiegelung sind der Geist-Geist aller Pflanzen. Jede Blume, jeder Baum, jedes Gras, Kraut, Gemüse und Unterwassergewächs ist eine Zelle, die den großen Leib und das große Wissen der Weißen Büffelfrau und ihres Zwillings formt.

Kinder, zeigt den Tänzerinnen und Tänzern das Tanzen auf den wilden und heilenden Plätzen.

Die Vierzehn

Vierzehn ist die Zahl für Süße Medizin. Süße Medizin und ihre weibliche Zwillingswiderspiegelung sind der Geist-Geist aller Tiere.

Jedes Tier – das fliegt, kriecht oder schwimmt – ist eine Zelle, die den großen Leib und das Wissen von Süßer Medizin und ihrem Zwilling formen.

Kinder, lehrt eure Ältesten die vielen verschiedenen Wege des Seins und des Tanzens.

Die Fünfzehn

Fünfzehn ist die Zahl für die Sphäre des Kollektiven Bewusstseins aller Leute. Jeder Gedanke, der von einer Person in der Vergangenheit, Gegenwart, Zukunft oder innerhalb der Bewegung von Leben je imaginiert oder ausgeführt wurde, existiert in der Großen Bibliothek der Vorstellungs- und Entdeckerkraft von uns Leuten. Kommt, Kinder des Schicksals und der Kreativität, überlasst eure Vorstellun-

Das Rad der Erdzählweise

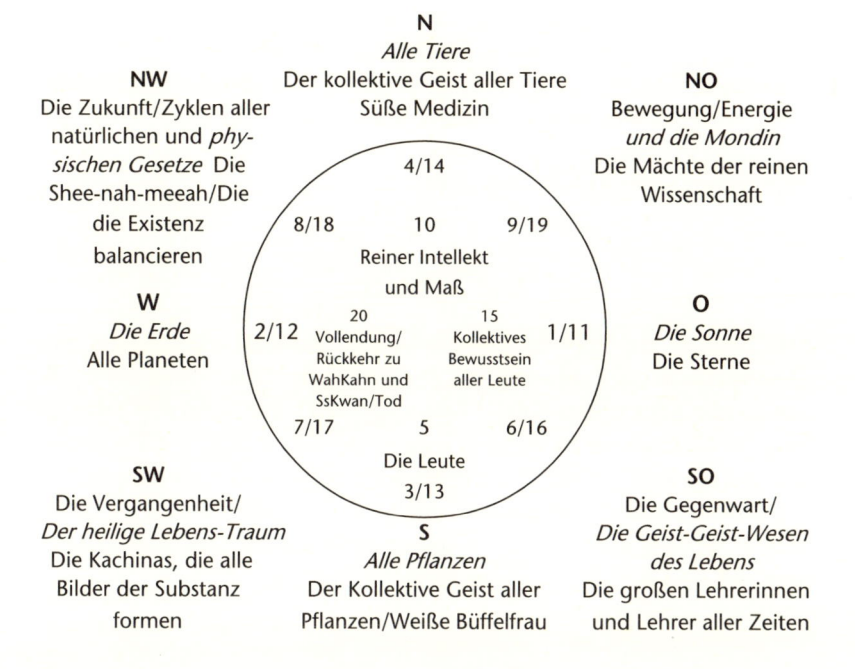

N
Alle Tiere
Der kollektive Geist aller Tiere
Süße Medizin

NW
Die Zukunft/Zyklen aller natürlichen und *physischen Gesetze* Die Shee-nah-meeah/Die die Existenz balancieren

NO
Bewegung/Energie *und die Mondin*
Die Mächte der reinen Wissenschaft

W
Die Erde
Alle Planeten

O
Die Sonne
Die Sterne

Innerhalb des Rades:
- 4/14
- 8/18 — 10 — 9/19
- Reiner Intellekt und Maß
- 2/12 — 20 Vollendung/Rückkehr zu WahKahn und SsKwan/Tod — 15 Kollektives Bewusstsein aller Leute — 1/11
- 7/17 — 5 — 6/16
- Die Leute
- 3/13

SW
Die Vergangenheit/
Der heilige Lebens-Traum
Die Kachinas, die alle Bilder der Substanz formen

S
Alle Pflanzen
Der Kollektive Geist aller Pflanzen/Weiße Büffelfrau

SO
Die Gegenwart/
Die Geist-Geist-Wesen des Lebens
Die großen Lehrerinnen und Lehrer aller Zeiten

gen der Führung durch das heilige und vollkommene Gleichgewicht der Kreatorin Mutter und des Kreators Vater.

Lehrt die Gattung der Leute, wie sie in Schönheit etwas aufbauen können.

Die Sechzehn

Sechzehn wird die Sphäre der Großen Lehrerinnen und Lehrer genannt.

Die großen Lehrerinnen und Lehrer befinden sich im Zustand ständiger Präsenz mit Leben. Sie ermutigen alle Leute, sich zu erinnern, dass Leben heilig ist. Kommt, Tänzerinnen und Tänzer, und zeigt euren Kindern Größe. Lehrt sie durch euer Leben.

Die Siebzehn

Siebzehn ist die Zahl für die Sphäre der Kachinas. Die Kachinas sind die Mächte, die alle Symbole, Träume und Bilder formen.

Kommt, Kinder, und setzt eure bemalten Masken der natürlichen Welt, eure Träume, euer Entsetzen, euer Drama und euer Heilen auf euer Gesicht. Kommt, Erwachsene, nehmt sie ab von eurem Gesicht, die Masken eurer Kultur, und lernt.

Die Achtzehn

Achtzehn ist die Zahl für die Sphäre der Shee-nah-meeah, die das Gleichgewicht der Existenz gewährleisten. In der Gesamtheit der Kreation ist die Achtzehn absolute Gerechtigkeit. Wer wird sich erdreisten, das Gleichgewicht verstehen zu wollen? Wer wird die Taten der Zeit auf die Probe stellen? Gerechtigkeit ist die Shee-nah-meeah.

Kommt, Kinder, und erinnert euch, dass ihr alle vormals geboren wurdet. Erhebt euren Tanz, in dieser eurer Gegenwart zum Ehrentanz, auf den ihr stolz sein werdet in Großer Zeit.

Die Neunzehn

Neunzehn ist die Sphäre, die als Reine Wissenschaft bekannt ist. Reine Wissenschaft ist beides, Göttin und Gott. Ihre Anwesenheit ist der Entwurf der gesamten Existenz und die Heilige Mathematik von WahKahn und SsKwan.

Das Medizinrad, die heilige Erdzählweise und alle daraus folgenden Räder sind Spiegel des großartigen Entwurfs des Fortdauerns, kreiert vom Geist-Geist reiner Wissenschaft.

Kommt, Kinder, blickt in den Spiegel des Medizinrades und entdeckt die Unendlichkeit.

Die Zwanzig

Zwanzig ist Vollendung. Sie ist die Rückkehr zur Großen Null, wo alle Dinge geboren wurden. Die Rückkehr zu WahKahn und SsKwan.

Kommt, Kinder des Werdens, wo ist euer Urgrund?

Gleichzeitig mit der wundersamen Erdzählweise wurde das Medizinrad der Elemente entdeckt.

Das Rad der Elemente

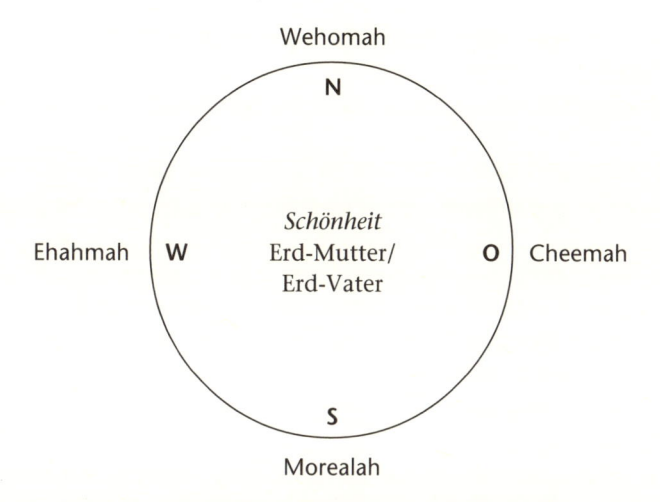

```
         Wehomah
            N
                    Schönheit
Ehahmah   W        Erd-Mutter/      O   Cheemah
                    Erd-Vater
            S
         Morealah
```

Das Medizinrad der Elemente

Cheemah ist Feuer und Licht und bringt allen wachsenden Pflanzen und Tieren die Lebens-Urkraft.

Ehahmah ist der Erden-Urgrund, der allen Dingen zum Gebären verhilft.

Morealah ist alles Wasser und bringt allen lebendigen Dingen das Lebensblut.

Wehomah ist der Atem des Daseins, sie ist der Atem aller lebendigen Dinge. Sie ist die Wind-Tänzerin. Wehomah atmet unsere Existenz.

Im Laufe einer Woche war die Raupenarbeit am Damm fertig gestellt und Lightningbolt war bereit, weitere Lehren zu empfangen. Er traf Estcheemah in ihrem Garten. Der Nachmittag war ungewöhnlich heiß und der Garten duftete süß. Lightningbolt lungerte im Schatten herum und war unaufmerksam.

»Würdest du einen Mann töten, um zu lernen?«, fragte Estcheemah beiläufig.

»Einen Mann töten?« Er blinzelte und wurde aufmerksam. Sein Gesicht wurde unvermittelt eine Maske von Misstrauen und Verdacht.

»Neulich hast du versucht, einen Mann umzubringen«, sagte sie weich, »für eine billige Halskette. Hast du Angst, ich könnte dich ausschicken, jemanden zu töten?«

Lightningbolt hielt den Blick gesenkt, zu verlegen, um zu antworten.

»Du wirst lernen müssen, mir zu vertrauen«, sagte sie ihm. »Und ich werde lernen müssen, dir zu vertrauen. Das ist unsere Ausgangsbasis.«

Die Medizinfrau sah in ihrem Geist das wunderschöne Medizinrad, das sie viele Jahre zuvor gebaut hatte. Estcheemah betete in ihrem Geist zur heiligen Mutter Erde, dass dieser junge Mann durchhalten und seine Unwissenheit überleben möge.

»So, unser Krieg beginnt«, sagte sie, wandte sich um und schaute in seine Augen.

»Du wirst ausharren müssen oder du wirst untergehen, wegsterben, wie so viele andere es getan haben und jeden Tag tun. Wirst du dir selbst helfen, um zu überleben?«

»Sicher«, sagte Lightningbolt. »Ich werd's wirklich versuchen.«

»Schau, wie überaus einfach dieses Rad ist.« Estcheemah lächelte und reichte ihm eine Zeichnung eines Medizinrades. »Beobachte, was die Vielschichtigkeit dieses Rades für uns beschreibt. Es ist unglaublich befriedigend zu wissen, dass wir Leute mehr sind als lediglich Spielfiguren in den Händen des Zufalls.

Alle unsere Medizinräder spiegeln den Erdkompass wider. Durch diese Räder haben die Kinder und Erwachsenen nicht nur die Macht und Schönheit ihres Selbst kennen gelernt, sie haben auch das Zählen gelernt. Und sie haben Mathematik gelernt.

Das Rad kann ein Ursprung von Information für die Person werden, die nach Wissen und Selbst-Macht sucht.

Die Form des Rades ist ein sehr positives und energiegefülltes Symbol, das im Geist der Person, die lernt, wächst. Der Grund dafür ist, dass der Kreis eine Grundlage der Kreation ist. Er ist die Form aller Dinge, die kreiert worden sind.

Das Rad der Mächte der Vier Richtungen

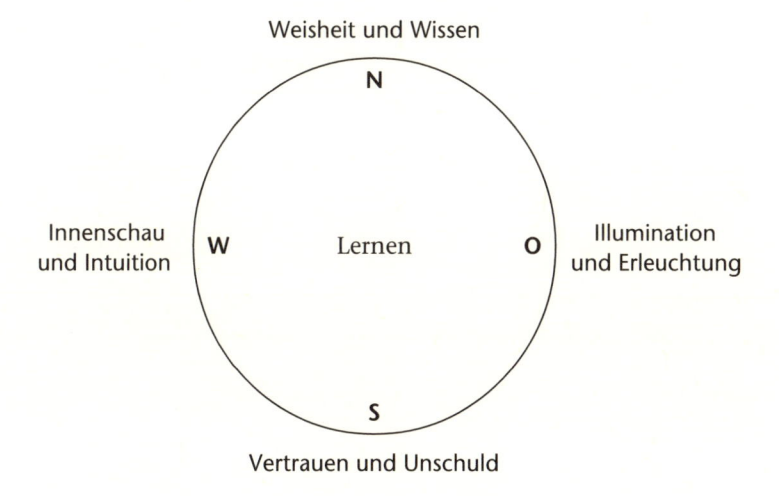

```
          Weisheit und Wissen
                  N
                 ___
                /   \
Innenschau    W  Lernen  O   Illumination
und Intuition  \___/         und Erleuchtung
                  S
          Vertrauen und Unschuld
```

Im Norden des Medizinrades wirst du den Ort von Wissen und Weisheit entdecken. Die Farbe der Weisheit des Nordens ist Weiß.

Der Süden ist dargestellt durch seine Medizinfarbe Grün oder Rot. Der Süden ist der Ort für Unschuld und Vertrauen und dafür, wie wir unsere emotionale Natur aus nächster Nähe wahrnehmen können.

Der Westen ist der Ort der Innenschau. Das ist unsere Fähigkeit zur Introspektion. Die Farbe des Westens ist Schwarz. Das ist die Symbolfarbe für die Erde und die Macht, zu träumen und zu regenerieren.

Der Osten ist der Ort der Erleuchtung, wo wir die Dinge klar, fern und weit sehen können. Seine Farbe ist das Gold des Feuers und unserer Sonne.

Bei der Geburt wird jedem und jeder von uns ein besonderer Anfangsort innerhalb dieser vier großen Richtungen auf dem Medizinrad gegeben. Dieser Anfangsort gibt uns unseren ersten Weg des Wahrnehmens.

Unser Leben hindurch bleibt dies unser einfachster und natürlichster Weg, mit unserer Welt in Verbindung zu treten.

Doch wenn wir dort, wo wir geboren wurden, bleiben, werden wir verkümmern und sterben. Zum Beispiel werden diejenigen, die nur das Wissen des Nordens besitzen, weise sein, aber sie können auch vom Fühlen losgelöst sein.

Das Rad der Vier Mächte des individuellen Selbst

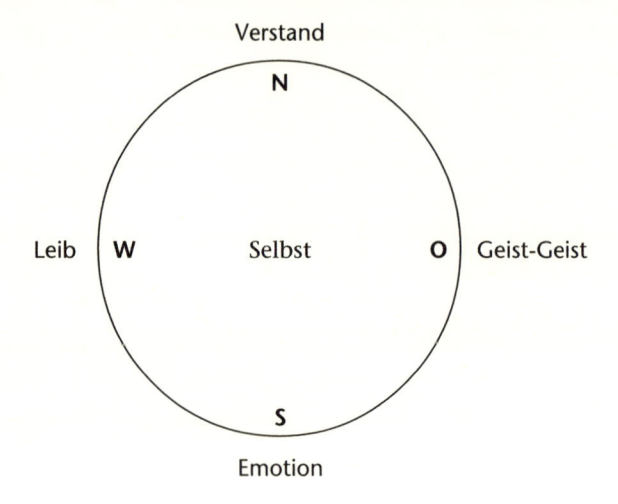

Verstand
N
Leib W   Selbst   O Geist-Geist
S
Emotion

Diejenigen, die nur im Osten zu leben versuchen, werden klare, weitsichtige Visionen haben, aber sie werden auch niemals den Dingen nahe sein. Solche Leute werden sich getrennt, erhaben über Leben fühlen und niemals verstehen, dass sie von Leben berührt werden können.

Diejenigen, die nur vom Westen aus wahrnehmen, werden in ihrem Geist dieselben Gedanken immer und immer wieder denken, und doch werden sie immer unentschlossen bleiben.

Und wenn Leute darauf bestehen, in der idyllischen Unschuld des Südens zu schwelgen, dann werden sie sich ihr Leben lang etwas vormachen und nur Enttäuschung finden.

Es gibt Leute, die hart daran arbeiten, ihre Mächte aller Vier Richtungen zu entwickeln. Sie werden die Befriedigung entdecken, das Selbst kennen zu lernen und das Leben als etwas zu sehen, das mehr ist als ein abstraktes Konzept oder ein einfacher Glaube.

Die Medizinräder lehren uns, dass Leben nicht eine philosophische Frage ist. Leben ist unsere individuelle Wirklichkeit, Wahrheit, Gegebenheit und Lehrerin, ungeachtet dessen, wie bitter oder süß.

Die Räder lehren, dass Leben nicht eine Religion ist. Eher ist Leben die perfekte Gelegenheit, zu lernen und zu wachsen, indem wir zunächst entdecken, hinterfragen – fragen, wer jede Person eigentlich ist.

Lightningbolt, es ist Zeit für dich, dein Selbst kennen zu lernen. Hier ist ein weiteres wichtiges Rad für dein Studium – das Medizinrad der Vier Mächte des Individuellen Selbst. Du bist mehr, als was deine soziale Welt sagt. Du bist mehr, als du glaubst. Du bist Geist-Geist, Leib, Emotion und Verstand, und du bist verantwortlich dafür, Sorge zu tragen für dieses Wesen, das wir dein Selbst nennen.

Du bist nicht nur Leib, Verstand, Geist-Geist und Emotionen. Du bist ein Selbst. Du bist direkt verantwortlich für deine eigene Fürsorge, dein ganzes Leben lang. Wie du dein Selbst ins Gleichgewicht bringst – spirituell und emotional, physisch und mental –, ist die Herausforderung, die du annehmen und beantworten musst, während du hier auf Mutter Erde lebst.

Die Hütte, die ich dich erleben lassen möchte, ist machtvoll«, sagte Estcheemah lächelnd. »Es wird eine Prüfung deiner Ehrlichkeit sein. Die Wirkung auf dich wird tief sein. Du wirst Mutter Erde auf eine Weise begegnen, wie du ihr nie zuvor begegnet bist. Sie ist Leben. Tu nicht so, als ob du wüsstest. Das ist nicht der Weg eines Suchenden. Nimm dir Zeit. Sei ganz einfach im Leben präsent.«

Am folgenden Morgen, ziemlich früh, begannen Estcheemah und Lightningbolt mit dem Bau der Hütte. Estcheemah hatte entschieden, die Hütte etwa zweihundert Meter von ihrem Haus entfernt zu bauen, in einem kleinen trockenen Bachbett.

Die Kinder-Hütte war ein hübsches kleines Gebilde, das in eine Erdsenke hineingebaut wurde. Die Hütte sah aus wie die kleine Ausgabe eines Navajo-Hogan, als sie fertig war. Der Unterschied war, dass ein Teil dieser Hütte unter der Erde lag.

Der Boden war sorgfältig vorbereitet worden und so geformt, dass er die rot glühenden Steine aufnehmen konnte, die wesentlich für die Hütte waren. Diese Wiege aus Steinen wird Cheemahdah genannt. Cheemahdah bedeutet »kleines Feuer« oder Vulkan«.

Die Cheemahdah ist ein lebendiger Teil der Kinder-Hütte und liegt in ihrem Zentrum.

An diesem Abend lehnte Estcheemah jede Hilfe von ihm ab, als sie ein Feuer entfachte. Sie sprach während des Arbeitens und teilte ihm mit, dass nicht viele Leute über die Existenz unserer Sonne nachdenken.

»Dieses kleine Feuer, das jedem Kind gewidmet ist, repräsentiert das Herz der Leute«, erklärte Estcheemah ihm. »Sei auch deines eigenen Feuers gewahr.

Mond, Sterne, Planeten und alle anderen Wesen und Mächte des Raums sind dort oben, weit über den Köpfen von allen. Aber die meisten Leute schenken ihnen niemals einen Gedanken. Leute schätzen Schönheit nicht«, sagte sie ihm.

»Mutter Erde wurde dem Leben der meisten Leute gestohlen, Lightningbolt«, lehrte Estcheemah. »Ich denke, dass einer der wichtigen Gründe, warum Leute von Mutter Erde getrennt sind, darin liegt, dass sie ihre eigene Existenz mieten müssen.

Nichts gehört den Leuten in den Städten wirklich. Es gibt öffentliche Gebäude, Einrichtungen, Parks, Dienstleistungen, Schulen und zehntausende anderer öffentlicher Dinge, einschließlich öffentlicher Transportmittel. Aber keines dieser Dinge gehört den Leuten wirklich. Leuten gehören nicht ihre Appartements, ihre Straßen, ihre Andachtsplätze. Ihnen gehört nicht einmal ihr Leben.«

Dann erklärte sie ihm, dass nur deshalb, weil es für ihn möglich war, sein Zuhause zu besitzen, sich an der Realität der Milliarden, denen nichts gehörte, nichts änderte.

»Ich denke, dass die schlimmsten Ghettos in unseren Städten in einem einzigen Jahr umgewandelt werden könnten, wenn die Leute sie besitzen würden«, insistierte sie. »Städte würden geliebt und es würde für sie gesorgt. Aber so, wie es ist, diktieren nur Kommissionen, Politiker und die Reichen, was aus unseren Städten wird. Die Leute auf der Straße haben kein Mitspracherecht, denn sie mieten ihre Existenz nur.«

Lightningbolt wusste, dass das, was sie sagte, wahr war. Es gab keine Würde, nur Angst für diejenigen, die ihr Zuhause mieteten. Würde sich dies je ändern? fragte er sich selbst.

Als die Steine rot glühend waren, musste Lightningbolt sie durch die enge Tür bugsieren. In der Vergangenheit wurden die Steine mit gegabelten Stöcken in die Hütte gebracht. Die Arbeit war schwierig und ermüdend. Er benutzte eine moderne Mistgabel, aber sie schien die Aufgabe auch nicht sonderlich zu erleichtern.

Sobald alle zehn Steine in die Cheemahdah gebracht worden waren, krabbelte er in die Hütte. Estcheemah reichte eine Kerze und eine kleine Untertasse hinein. Lightningbolt setzte beides an seinem Bett ab und wartete. Bald erschien ihr Kopf wieder an der Tür und sie reichte ihm Matratze, Schlafsack und Kissen. Dann wies sie ihn an, sich auszuziehen und ihr seine Kleider herauszureichen.

Die Hütte heizte sich sehr schnell auf. Er zog sich bis auf seine Shorts aus und reichte ihr seine Kleidung hinaus. Als nächstes gab sie ihm eine Packung Zigaretten und ein Feuerzeug.

Als er sich umsah, bemerkte er, dass sich ein kleiner Spatz irgendwie in die Hütte verflogen hatte. Er fragte Estcheemah, was zu tun sei. Sie sagte ihm, er solle den Vogel fangen und ihr hinausreichen. Er fasste nach dem Vogel und erwartete, dass er ängstlich werden und sich an der Hütte stoßen würde, aber das geschah nicht. Stattdessen hüpfte der Vogel richtiggehend in seine Hand. Er reichte den Spatz nach draußen und setzte ein großes Grinsen auf.

Sie erklärte ihm, dass er mit seinem Leben auch so verfahren müsse und dass er nicht gefangen sein dürfe. Er solle sich immer erinnern, dass er frei sei zu fliegen. Er solle freundlich und fürsorglich sein und sich umsehen in seiner Welt. Sein Leben sei von ihm mit Sorgsamkeit zu behandeln und sein Geist-Geist sei zu befreien.

Sie blickte zum Himmel hinauf, dann zur Erde. Sie schloss ihre Augen und bat Mutter Leben, sie möge zu Lightningbolt sprechen, auf eine Weise, die er verstehen könne. Nach ihrem Gebet schloss sie die Tür zur Hütte.

Lightningbolt lauschte ihren Schritten, während sie wegging. Das Hütteninnere war in Dunkel getaucht, seit Estcheemah die Tür geschlossen hatte – nicht ein Quäntchen Licht drang von außen hinein. Sie hatte sich dessen während des Baus der Hütte versichert.

Lightningbolt ließ sich faszinieren vom Licht der glühenden Steine in der Cheemahdah. Ein Sehnen, eine Bezauberung begann seinen Geist zu beschäftigen, während er die Sterne auf den funkelnden Steinen schimmern und ihm zuwinken sah.

Die kleinen Süßgrasstückchen, die er in der Tiefe der Cheemahdah niedergelegt hatte, begannen zu glimmen, und der Rauch stach leicht in seinen Augen. Er legte sich auf sein Bett und streckte sich zum Ausruhen aus. Es war sehr beruhigend, in dieser Hütte zu sein.

Er schloss seine Augen und beobachtete, wie seine Gedanken mit einem wunderschönen Muster von Schatten und Licht verschmolzen. Er döste eine Weile lang. Dann wachte er mit einem Schreck auf, erinnerte sich aber schnell daran, wo er war, und entspannte sich wieder.

Er setzte sich auf und suchte die Cheemahdah mit seinem Feuerzeug. Er wollte nicht zufällig die heißen Steine berühren. Er fand die Cheemahdah und spähte in sie hinein, um zu sehen, ob die Steine noch hell waren. Aber sie waren alle dunkel.

Nun wurde ihm das Schweigen bewusst. Zuerst wurde er eines weißen Rauschens in seinen Ohren gewahr, aber sein Gehirn wurde dessen überdrüssig und blendete es langsam aus. Als nächstes bemerkte er seinen Herzschlag. Auch er verschwand bald, und das Schweigen kehrte zurück.

Lightningbolt mochte das Schweigen nicht. Er kämpfte mit seinen Gefühlen, verlor aber bald. Er summte, pfiff, sprach mit sich selbst und schlug auf seinen Knien einen Trommelrhythmus, wurde aber dessen ebenfalls bald müde. Die Dunkelheit und das Schweigen ergriffen ihn noch mehr und lockerten ihren Griff nicht. Er fühlte sich, als ob er sich tausend Meilen im Raum befände, dann wieder irgendwo im Ozean.

Seine Aufmerksamkeit wurde von Lichtformen angezogen, die er in seiner Vorstellung sah; sie waren außergewöhnlich. Ihre verzweigten Muster aus lebendigen Farben und Licht wurden immer deutlicher. Sie drehten sich, wechselten und nahmen immer neue Gestalten an.

Plötzlich drang intensiver Kummer tief durch seinen innersten Kern. Die Gefühlsanwandlung war so intensiv und so rasch, dass sie ihn richtiggehend würgte. Sein Leib war von Schluchzen erschüttert.

Er versuchte, seine Gefühle wieder unter Kontrolle zu bekommen, aber bald wurde ihm klar, dass es darum nicht ging. Jedes Mal, wenn er seine Gefühle bekämpfte, hämmerte sein Kopf und sein Leib schmerzte.

Langsam, sehr sorgsam, lernte er, wie er seine seltsamen Spannungen loslassen konnte, bis sie Teil seiner Tränen wurden. Erst dann begann die Traurigkeit nachzulassen. Das hinterließ schwere Erschütterungen in Lightningbolt. Er legte sich wieder hin und schloss seine Augen. Er musste ausruhen, auch wenn es nur für einige Sekunden war.

Plötzlich schoss ein hell blitzendes Licht mit leuchtenden Farben quer durch die Hütte. Er setzte sich mit einem Schreck auf und starrte in die Dunkelheit.

Das Licht explodierte wieder, diesmal mit unvorstellbar schönen Farben. Eine Form begann sich zu bilden. Innerhalb von Sekunden wurde die Form eine wunderschöne junge Frau – eine Göttin.

Die Tunika, die sie trug, war schimmernd und beinah durchsichtig. Sie ging nach links und seine Augen folgten ihr. Sie wandte sich um und schaute ihn an, dann drehte sie sich wieder weg und ging weiter. Es gab keine Wand mehr.

Ein vollkommen runder Teich strahlend blauen Wassers erschien. Der Teich war gefasst in kristallenes Glas. Die Göttin schritt mit Leichtigkeit in das Wasser. Der Teich begann zu wachsen und wurde ein kleiner See. Sie wandte sich um und schaute ihn an, dann schritt sie die kristallenen Stufen hinunter in den See. Ihr Schritt war anmutig und dennoch machtvoll, wie der einer Kriegerin.

Er versuchte, zu verstehen, wie er sie denn sah. Er konnte sie in genauen Details sehen, ganz gleich, wie weit weg sie sich von ihm befand. Er versuchte, ihr zu folgen.

Ein weiterer Ansturm von Traurigkeit zerschellte in ihm und er überschlug sich vor Schmerz. Er entspannte sich langsam und ließ sich in jede Welle seiner Verzweiflung fallen, anstatt sie zu bekämpfen; daraufhin begann die Melancholie zu verschwinden.

Aber die junge Frau verschwand nicht. Sie wandte sich um und schaute ihn mit ihren liebevollen blauen Augen an. Sie streckte ihre Hände aus und begann auf ihn zuzugehen.

Angst stieg in ihm auf, er könnte seine Beklemmung wieder fühlen, und er machte sich steif, um sich zu schützen. Näher und näher kam sie, bis sie vor ihm stand.

Sie lächelte und reichte ihm eine glühende Sphäre strahlenden Lichts. Als er sie in seine Hände nahm, verschwanden seine Ängste augenblicklich. Dann händigte sie ihm fünf Pfeile aus; auch sie glühten in einem Licht, das er nicht fassen konnte. Dann verschwand die Göttin so plötzlich, wie sie erschienen war.

Die Tür ging auf, und Estcheemah sprach mit ihm. Sie sagte ihm, dass es früh am Morgen und seine Zeremonie beendet sei. Sie reichte ihm seine Kleider hinein.

Er setzte sich auf, doch er wollte nicht, dass seine Zeremonie vorbei sei. Es schien ihm irgendwie nicht fair, dass die Zeit so schnell vergangen war. Konnte er sich dessen, was er gesehen hatte, erinnern?

Während er dasaß, fasste Lightningbolt den Vorsatz, dass er die unglaubliche Schönheit und Macht dieser Göttin niemals vergessen werde.

Um die Mittagszeit, noch am selben Tag, sprach Estcheemah mit ihm über seine Erfahrung. Lightningbolt sah sich in der Küche um. Nichts schien wie vorher zu sein. Doch es war dieselbe Küche. Es war dasselbe Haus und dieselbe Landschaft. Aber alles war verändert.

Estcheemah erschien ihm vibrierender, machtvoller, vornehmer – wie eine Kriegerin.

»Ich will kein Narr mehr sein, Estcheemah.« Er fühlte sich erschöpft, aber Schlaf war das Letzte, wonach er sich sehnte.

Lightningbolt begann, ihr von seiner Zeremonie zu erzählen. Was ihm widerfahren war, war die wertvollste Erfahrung, die er je gemacht hatte, und er fühlte, dass er sie schützen sollte.

Während Lightningbolt sein Mittagessen genoss, erzählte ihm Estcheemah über die Göttin des Lichts. »Sie war unter vielen Namen bekannt – Kriegerin, Licht-Heilerin. Die Griechen kannten diese Göttin als Helena. Das Wort Heilen kommt von dem Wort hellen.

»Im Keltischen bedeutet das Wort Heilen auch ›Heilung‹ oder die ›Göttin Hellen‹. Das englische Wort holy heißt auf keltisch-germanisch ›heilig‹. Es bedeutet auch hellen, das heißt ›Licht‹«.

»Sie ist wunderschön«, warf Lightningbolt ein. »Schönheit«, sagte Estcheemah, »und die Erd-Mutter Göttin sind dieselbe. Sie ist auch als die Rose bekannt. Alle Ihre Blumen, jede Blüte, sind Ihre Heilige Anwesenheit.«

Estcheemah warnte Lightningbolt, er solle an die Göttin Leben nicht nur als die zurückhaltende junge Frau denken.

»Die Rose ist die Erd-Frau. Die Göttin Leben ist machtvoll und gebiert alles Leben. Sie ist die Geberin und die Nehmerin. Sie ist Heilerin und Kriegerin. Die Rose hat ihre Dornen.«

Seine Lehrerin erklärte, sie habe nicht damit gerechnet, dass er sein Herz in der Hütte finden würde. Viele Leute fänden nur die Monsterbilder ihrer Ängste. Aber es hätten auch nie zwei Leute die gleiche Erfahrung in der Kinder-Hütte.

Lightningbolt hatte einen Ausdruck der Liebe und des Umsorgens gesucht, den nur die Erd-Göttin verstehen und beantworten konnte. Was ihm gezeigt worden war, enthüllte ihm viel. Doch sollte es noch Jahre dauern, bis er es verstand.

Lightningbolt fuhr nach Sheridan, um Lebensmittel einzukaufen; während er dort war, machte er einen Telefonanruf. Er sprach mit seiner Mutter und erfuhr, dass er die Stelle in der Ölbohranlage bekommen hatte.

Zwei Tage später war er zum Arbeiten an der Bohrstelle außerhalb von Lethbridge, Alberta. Er war glücklich, wieder in Kanada zu sein; er liebte dieses Land.

Er arbeitete einen Monat auf der Baustelle, bis der Brunnen fertig war. Dann hatte er wieder nichts zu tun, bis die Crew sich bei der nächsten Arbeitsstelle wieder treffen würde.

Lightningbolt kehrte zu Estcheemah zurück und reparierte einen halben Tag lang Zäune. Als er fertig war und das Vieh aus Estcheemahs Weide herausgetrieben hatte, setzte er sich zu einem Nickerchen auf die Terrasse. Er blickte auf, als ein ramponierter alter Sedan in den Hof einfuhr.

Ein dunkelhäutiger Mann stieg aus und ging auf das Haus zu, blieb aber dann bei der ersten Terrassenstufe stehen. Er schien fast ängstlich. Er verkündete, sein Name sei John Plenty Sun. Er arbeitete für Thomas Rollins bei Logging Creek. Er erklärte mit schwacher Stimme, dass sein Chef eine kleine Tochter habe, die sehr krank sei.

Estcheemah bekam Tabak überreicht, den sie annahm, aber er wollte nicht auf eine Tasse Kaffee ins Haus kommen. Nachdem er seine Botschaft überbracht hatte, ging er fast die ganze Länge des sehr weitläufigen Gartens rückwärts, bevor er sich umwandte und in sein Auto einstieg.

»Junge, das ist wirklich Rückendeckung«, scherzte Lightningbolt.

Estcheemah erklärte, dass sie den Mann kenne. Er war nicht sehr klug und hatte Angst, dass sie eine Hexe sei.

Das Wetter war kalt, aber während des Tages brachte eine weiß glühende Sonne mehr Wärme. Es war ungewöhnlich warm, dann wurde es plötzlich ziemlich kalt. Weil jeden Moment ein Sturm aufziehen konnte, sagte Estcheemah Lightningbolt, er solle sich auf alles Mögliche vorbereiten.

Auf dem Anwesen der Rollins-Familie half Estcheemah Lightningbolt dabei, neben einem wunderschönen Bächlein ihr Zelt aufzubauen. Die Arbeit ging glatt und schnell vonstatten. Ein- oder zweimal warf Lightningbolt einen kurzen Blick auf Edna, das magere, junge Mädchen, das behandelt werden musste.

Estcheemah machte zwei Schritte vom Zelteingang zurück und ließ Lightningbolt ein Feuerloch graben. Alle, einschließlich der Rollins-Familie, gingen hinaus in die umliegenden Hügel, um Feuerholz und Salbei zu sammeln.

Die Reinigung des Salbeis mit kaltem Wasser folgte; dann wurde er in Frau Rollins' Küchenofen getrocknet. Dabei leisteten der elfjährige Tommy und die vierzehnjährige Lydia die meiste Hilfe. Bald lagen auf einer Medizindecke im Inneren von Estcheemahs Zelt Arme voll Salbei aufgehäuft.

Die kleine Edna beobachtete all diese Aktivitäten mit großer Traurigkeit. Aber die braunen Augen des Mädchens funkelten, als Lightningbolt zum Gruß an seinen Hut tippte und sie unter dem Kinn kitzelte.

Jetzt war es Zeit für Stille. Alle verschwanden im Haus für eine »stille Zeit der Betrachtung«. Estcheemah nahm Lightningbolt auf einen Spaziergang am Bach mit, um ihn ruhig zu machen und ihm zu helfen, die Anwesenheit von Mutter Erde zu fühlen.

Sie waren nur zwanzig Minuten am Bächlein gewesen, als Thomas sie störte. Er erklärte, dass seine Tochter fünfmal im Hospital gewesen sei. Edna hatte schwere Magenprobleme. Eine Krise folgte der nächsten. Die Ärzte waren ratlos.

Bei Sonnenuntergang wurde Edna in das Medizinzelt gebracht. Das arme Kind konnte kaum laufen. Sie war halb vornübergebeugt – ein Mitleid erregender Anblick.

Lightningbolt hatte das Tür-Feuer oder Wächter-Feuer angezündet, dann hatte er die Hütte betreten, um hinter seiner Lehrerin zu sitzen. Lydia nahm seinen Platz ein und wurde die Feuer-Hüterin. Die Eltern saßen beim Eingang mit dem Rücken zur Tür.

Estcheemah holte einen langen, klaren, schlanken Kristall aus ihrer Medizintasche und zeigte ihn Edna. Während sie sprach, drehte sie den Kristall langsam in ihren Händen. Edna war fasziniert von der auserlesenen Schönheit des Steins. Estcheemah sprach einige Minuten mit einer tiefen, monotonen Stimme mit dem Mädchen. Es dauerte nicht lang, bis Ednas Augen schläfrig wurden und sie ausruhen wollte. Nachdem Estcheemah es ihr bequem gemacht hatte, bedeckte sie Edna von Kopf bis Fuß mit dem reinen Salbei.

Die Medizinfrau füllte daraufhin ihre Pfeife und rauchte, sprach zu WahKahn, unserer Kreatorin Mutter, und SsKwan, unserem Kreator Vater. Sie betete auch zu den Bäumen und zu allen lebenden Dingen, die die Lebenswelt eines jeden Kindes teilen. Liebevoll wurden zwanzig Kristalle von der Medizinfrau auf dem Leib des Mädchens in Abständen platziert. Lightningbolt war unglaublich nervös. Und wenn das Mädchen nicht geheilt würde? Was würden die Leute denken? Wenn das Mädchen sterben sollte, was dann? Er erschauderte, als er daran dachte, wie hart es für ihn wäre, an Estcheemahs Stelle zu sein.

Als seine Lehrerin mit ihrem Medizinfächer über Ednas kleinen Leib strich, war Lightningbolt voll Sorge. Als Estcheemah ihren Medizingesang sang, fühlte er sich hilflos, schwach und sehr dumm. Überflüssig, zu sagen, dass er keine große Hilfe war.

Nach ein paar Minuten begann Edna, zarte kleine Töne von sich zu geben, die Lightningbolt ängstigten, aber Estcheemah zuversichtlich machten. Das Mädchen schlief nun sehr fest.

Eine unvermittelte Stille schien in das kleine Zelt einzukehren. Es war dasselbe wunderschöne Schweigen, das Lightningbolt in seiner Kinder-Hütte erfahren hatte; leider war er zu ängstlich, es jetzt zu fühlen.

Anfangs war die Ruhe nur als ein subtiles, inneres Gefühl spürbar, das Estcheemah kannte. Aber bald wuchs die Intensität der Stille und füllte jeden Zentimeter des Zeltes. Sie blickte kurz zu Lightningbolt, um zu sehen, ob er das Medizinschweigen wieder erkannt habe, aber dem war nicht so.

Lightningbolt war den Tränen nahe. Er gab voll Selbstmitleid seinen Ängsten und negativen Gefühlen nach, und nun, da Tod und Leben so präsent, so offensichtlich waren, dass er von Angst um seine eigene Existenz überwältigt war, wollte er davonlaufen.

Estcheemah berührte ihn unendlich zart und er sprang hoch, als ob ein Elektroschock seinen Leib durchfahren hätte.

Dann, aus unerklärlichen Gründen, kam Ruhe über ihn. Mit der

Ruhe stieg eine Kraft in Lightningbolt auf, die jede Faser seines Wesens erfüllte. Jetzt fühlte er genau das Gegenteil der Gefühle, die er vorhin hatte.

Mit großem Vertrauen griff er hinüber, klopfte seiner Lehrerin auf den Rücken und lächelte. Als sie ihm ihr Gesicht zuwandte, blinzelte er und ließ sie wissen, dass sie ihre Sache gut gemacht habe.

Estcheemah lächelte heimlich in sich hinein. Er hatte die Präsenz gefühlt, auch wenn sie ihm eine kleine Energiezufuhr hatte geben müssen. Es machte nichts. Dass er die Präsenz der Energie wieder fühlen konnte, war ein Zeichen für sie, dass er irgendwie verstanden hatte. Estcheemah erörterte die Heilung mit Lightningbolt nicht, denn sie wusste, dass er über das bloße Erfahren der Zeremonie hinaus nicht bereit war, von ihren Details zu lernen. Das blieb einer späteren Zeit, einem anderen Tag vorbehalten.

Lightningbolt erhielt einen Brief von Estcheemah, während er sich bei seinem nächsten Ölbohrstellen-Job in Wyoming aufhielt. Zwei Wochen waren vergangen. Edna ging es gut, sie spielte sogar. Die Ärzte waren erstaunt und erfreut über Ednas plötzliche Besserung. Sie hatte nur noch wenige Monate Lebenserwartung gehabt.

Der Winter war langweilig und traurig für Lightningbolt. Er fühlte sich einsamer als je zuvor in seinem Leben.

Bevor er fortgefahren war, hatte Lightningbolt Estcheemah von vielen seiner Ängste erzählt, mit einer Ausnahme – seiner schrecklichen Angst, arm zu sein. Aufgrund dieser tiefen Angst arbeitete er jede seiner eigenen Schichten und auch jede andere, die sich bot. Er war der Erschöpfung nahe, aber das kümmerte ihn nicht.

Sogar das Sprechen über Geld ängstigte ihn. Wann immer ein Gespräch sich um Geld drehte, fing er an, den anderen etwas vorzumachen. Das nahm viele seltsame und unerklärliche Formen an. In dem einen Augenblick nahm er nicht einmal eine Fünf-Dollar-Wette an, denn er hasste Wettspiele. Dann wieder verwettete er hundert Dollar aus einer albernen Laune heraus.

Das Problem war, dass Lightningbolt verlegen wurde, wenn jemand ihm im Scherz vorwarf, er sei arm. Er neigte dann zu Überreaktionen und wurde viel zu großzügig. Reines Glück schien das Einzige zu sein, das ihn davon abhielt, betrogen zu werden oder andauernd pleite zu sein.

Jedoch nahm sein Horror davor, arm zu sein, eine noch kompliziertere Wendung – er begann zu lügen. Wenn er fühlte, dass er mit

Gelddingen unter Druck gesetzt wurde, dann log er aus den nichtigsten Gründen.

Weil Estcheemah ihn aufgefordert hatte, sein Lügen zu beobachten, arbeitete er den Winter über an dem Versuch, nicht zu lügen. Diese Aktivität seines Geistes half ihm beträchtlich. Sie ersparte ihm einige Missverständnisse und eine Menge Geld, das er ansonsten weggeworfen hätte.

Er fasste den Entschluss, mit Estcheemah über seine Ängste zu sprechen, als er in den Norden zurückkehrte. Warum war er immer so voll irrationaler Angst davor, dass er Geld brauchte?

Der harte Winter, seine Plackerei, die Eiseskälte und seine Traurigkeit schmolzen schließlich in den Frühling hinein. Nie zuvor hatte es einen solch wunderbaren Frühling gegeben. Montana war hell vor Blumen, und die Gräser waren von einem bemerkenswerten Grün.

Nachdem die Bohrstation fertig gestellt war und die Mannschaften auf die nächste Bohrstelle warteten, hatte Lightningbolt frei, um Estcheemah zu treffen. In einem Briefwechsel war der Beschluss gefasst worden, dass sie sich bei einem von Estcheemahs Lieblingszeltplätzen beim Little Horn treffen würden.

Um diese Zeit war es auch, dass Lightningbolt Estcheemahs liebste Freundin traf, Sky River. Er war sehr erstaunt, als sich herausstellte, dass Ammie Sky River war.

»Erinnerst du dich an mich?« Die silberhaarige Frau lächelte, als sie ihm die Hand schüttelte. »So, du bist also das Halbblut, das Estcheemah erwähnt hat. Ich wusste nicht, dass du der junge Mann warst, den sie in die Lehre genommen hat. Weißt du schon, dass John letzten Winter von uns gegangen ist?«

»Nein, hab' ich nicht gehört. War es ein Unfall?«, fragte er. »Das Alter«, sagte Ammie. »Sein Herz blieb stehen, während er schlief. Wir hatten es erwartet. Er war achtundachtzig.« »Was, so hat er gar nicht ausgesehen!«, rief Lightningbolt aus.

»Ammie und ich sind seit zweiundzwanzig Jahren Freundinnen«, erzählte ihm Estcheemah.

»Und ich hatte das große Glück, während all dieser Jahre ihre Schülerin zu sein«, fügte Ammie hinzu und goss sich eine Tasse Kaffee aus dem Campingtopf ein. »Nun, lass uns mal sehen. Estcheemah möchte, dass ich dir über die Medizingürtel erzähle. Sie sagt, du hättest ihr über ein Jahr lang keine Ruhe gelassen, weil du über sie lernen wolltest.«

»Sicher.« Er lächelte.

»Vieles von dem, was wir über die Medizinräder wissen, wurde auf Medizingürteln festgehalten, die die Großen Gürtel oder die Wah-Palm-Atl-Shee-aey-Hel-am genannt werden«, fing Ammie an. »Die wörtliche Übersetzung davon ist ›wertvolle Tausch-Lehren‹. Von den Großen Gürteln existieren noch ungefähr zweihundert. Sie wurden von den Blumen-Soldatinnen und Blumen-Soldaten in den beiden Amerikas bewahrt und geschätzt. Einstmals wurden die Gürtel mit anderen geteilt, aber unsere Zero Chiefs machten die Erfahrung, dass es gefährlich war, das zu tun, und so hörten sie damit auf. Das kommt daher, dass die Information der Gürtel zerstört oder verändert wurde, um sie in andere Glaubenssätze einzupassen. Wenn beispielsweise die Worte ›heilige Mutter Leben‹ Teil der Gürtelgeschichte waren, vergaßen die Übersetzer irgendwie, ›heilig‹ und ›Mutter‹ zu erwähnen, und benutzten für die Übersetzung nur das Wort ›Gott‹.

Einige dieser Gürtel waren in Holz geschnitzt, andere existieren in Wolle, Leder oder gebranntem Ton. Viele sind bemalt. Alle von ihnen werden ›die Großen Gürtel‹ genannt, auch wenn nur etwa elf von ihnen tatsächlich Gürtel sind.

Fünf von den Großen Gürteln sprechen über die Träumer-Hütten oder die Erd-Sonnentanz-Hütten. Die ursprünglichen Erd-Sonnentanz-Hütten hatten sowohl als Hauptleute als auch als Teilnehmer Frauen und Männer. Jedoch wurden später von den Mandan die Frauen von den Kriegshütten ausgeschlossen. Wenn die Leute von den Sonnentanz-Hütten hören, denken sie immer, es müsste sich um Foltertänze handeln.«

Lightningbolt unterbrach: »Was ist geschehen? Warum gibt es so viel Verwirrung?«

»Ja, es gibt viel Verwirrung«, gab sie zu. »Das ist der Grund dafür, dass ich darüber spreche. Die Hütten der Hunde-Soldatinnen und -Soldaten wurden viel später als die ursprünglichen Träumer-Hütten eingeführt. Die Träumer-Hütte oder Erd-Sonnentanz-Hütte ist eine reinigende Hütte, nicht eine Folterhütte wie viele der populäreren Hütten der Hunde.

Die ersten Träumer-Hütten – die Erd-Sonnentänze – standen unter der Oberaufsicht von, wie ich sagte, weiblichen und männlichen Hauptleuten. Die Diskriminierung von Frauen oder Männern wäre damals ein Unding gewesen.

Die Krieger-Hundesoldaten der Mandan-Händler hielten eine besondere Zeremonie ab, im Unterschied zu den Träumer-Hütten, die sie als der Elite vorbehalten betrachteten. Diese Männer hatten in ihren Hütten niemals eine ausdrückliche Trennung von den Frauen vorgesehen. Sie hätten ein derartiges Denken gar nicht verstanden.

Es gab auch die Elite-Hütten, die ausschließlich für Frauen waren, aber sie waren nicht dazu konzipiert, Männer zu diskriminieren. In diesen Hütten lernten die Mädchen, was es bedeutete, eine Frau zu sein. In den Hütten, die ausschließlich Männern vorbehalten waren, lernten die Knaben die Welt der Männer kennen. Frauen zu diskriminieren ist ein gänzlich fremdartiges Konzept und war unter den Ureinwohnerinnen und Ureinwohnern Amerikas unbekannt.

Erst viel später in der Geschichte wurde die Verwirrung zur Regel. Es gab keine Verwirrung darüber, was eine Erd-Sonnentanz-Hütte bedeutete und was die Folter-Hütten wurden. Schließlich war nach den Indianerkriegen, nachdem hunderttausende von Leuten umgebracht waren, niemand mehr übrig, um die Leute an das zu erinnern, was vormals existiert hatte.

Die Macht, die das was ich sage, hat, wird verständlich, wenn du bedenkst, was mit der Information über das, was Amerika ist, geschehen würde, wenn drei Viertel der Bevölkerung Amerikas durch die Invasion eines anderen Volkes ausgelöscht würde. Von dem, was vormals bekannt war, würde sehr wenig übrig bleiben.

Genau das ist mit Amerikas Ureinwohnerinnen und Ureinwohnern geschehen. Nach der Invasion und einem unglaublichen Gemetzel wurde der Erd-Sonnentanz nicht mehr länger verstanden. Es waren nur wenige Zeremonien, die die Auslöschung der Medizinhauptleute Amerikas überlebten. Über die Zeremonien, die überlebt haben, wusste man fast nichts mehr, nicht einmal die Begründung für ihre Existenz.

Bei den meisten dieser späteren Erd-Sonnentänze waren weiterhin sowohl Frauen als auch Männer in der Zeremonie anwesend, aber es dauerte nicht lange, bis die Diskriminierung aufkam. Dies geschah aus Unwissenheit, nicht aus religiöser Inbrunst.«

»Warum haben sie sich in den Hütten der Hunde selbst gefoltert?«, unterbrach Lightningbolt.

»Die Teilnehmer glaubten, dass, wenn sie litten, die Leute im Lager nicht leiden würden«, erklärte sie. »Die Mandan fanden nichts dabei, wenn sie eine Person aufgespießt von einem Balken oder Pfosten hängen sahen. Zu jener Zeit war diese Praxis gebräuchlich und sehr in Mode.

Es ist sehr leicht, die Mandan zu kritisieren und darauf hinzuweisen, wie primitiv sie waren – aber was ist mit den Folterkreuzen, die wir heutzutage in christlichen Kirchen sehen?

Einen Mann blutend und tot an einem Folterkreuz zu sehen ist heutzutage ganz normal. Wenn jemand diesen Anblick hinterfragen würde, gäbe es viele, die schnell erklären würden, wie symbolisch das alles ist. Aber wo sind die Leute, die erklären, wie symbolisch es ist, wenn sie in den alten Mandan-Hütten Bilder von Männern, die hängen und gefoltert werden, sehen?

Egal, wie die Psychologen oder Psychiater es erklären, das Symbol von gefolterten Männern an Kreuzen oder Balken lehrt Gewalt und verbreitet Terror.

Von Anfang an waren die Träumer-Hütten Zeremonien der Erneuerung. Und für uns, die Blumen-Soldatinnen und Blumen-Soldaten, sind sie das weiterhin. Während wir in unseren Träumer-Hütten tanzen, lernen wir, für unser Land und unsere Leute zu sorgen. Wir tanzen drei Tage und drei Nächte lang ohne Essen und Wasser. Das tun wir, damit wir mit unserem Geist und Verstand ganz in die Gegenwart kommen. Wir tanzen, um die Erneuerung unserer Existenz mit Leben zu feiern. Der Tanz ist eine Art der Wertschätzung für das, was Leben uns allen gegeben hat.«

»Leute bekommen in diesen Hütten auch Macht«, sagte Lightningbolt. »Ich hab's gesehen.«

»Was hast du gesehen?« fragte sie neugierig.

»Leute wenden ihr Leben zum Besseren«, erklärte er. »Und werden erfolgreich in ihren Karrieren, ihren Jobs. Und Dinge kommen zu ihnen –«

»Wenn eine Frau ein Kind erwartet, dann braucht sie die Nähe von Mutter Leben«, sagte Estcheemah. »Wenn Männer einen Weg suchen, um Leben zu berühren und den Grund für ihr Leben zu verstehen, dann finden sie ihn durch die Erneuerung mit Leben.

Frauen brauchen ebenfalls einen Weg, Leben zu berühren und den Grund für ihr Leben zu verstehen. Das kann in der Erneuerungshütte von Leben geschehen – unseren Träumer-Hütten. Das ist die Essenz der Träumer-Hütten. Wir tanzen und wir stehen aufrecht, träumend, während wir tanzen. Das ist eine äußerst machtvolle Art der Kontemplation.«

Drei Wochen später stand Lightningbolt auf einem Hügel, der einen Ausblick über den Yellowstone River bot, und beobachtete Kinder beim Plantschen und Spielen in einem Bach, der in den Strom mündete. Er staunte darüber, wie sie dem kalten Wasser zu widerstehen schienen.

Acht dünne Rauchfahnen kräuselten sich dem Himmel entgegen und sagten ihm, dass die fünf Halbblut-Familien, genannt North Circle, ihr Lager bereits aufgeschlagen hatten. Sie waren kanadische Metis, Halbblut-Leute aus Manitoba und Saskatchewan. Estcheemah erwartete sie zu Goose Flyings großer Träumer-Hütte – der Sonnentanz-Zeremonie.

Lightningbolt hatte Estcheemahs Tipi unter den fünf Baumwollbäumen aufgestellt; dort, sagte sie, wolle sie es haben. Aber wo war sie? Es war nicht ihre Art, so spät zu kommen, war etwas passiert? Er war ein wenig in Sorge.

In der Gegenrichtung, hinter den Zelten der Crees, die zu Besuch waren, fand sich ein riesiges Wirrwarr von Zelten und Tipis, die in einem absoluten Durcheinander arrangiert waren. Niemand war damit betraut worden, den Aufbau des kleinen Lagers zu organisieren, das über Nacht sprunghaft gewachsen war. Die Leute hatten ihre Zelte aufgestellt, wo es ihnen gefallen hatte, und das Lager war nun ein einziges Gewirr.

Er schüttelte den Kopf, als er den Dschungel von Schnüren und Drähten sah. Sie waren an Bäume und an jedes andere nur denkbare Objekt gebunden, das ein Zelt in Position halten kann. Kinder jagten sich gegenseitig durch die Spinnweben der Verknotungen, die zwischen den Zelten flüchtig angebracht waren. Das Lager war ein einziger Knoten und auch die geschickteste Person wäre beim Versuch, ihn zu entwirren, in Schwierigkeiten geraten. Ein Mann schrie, weil sein Transporter an den Boden und an die Zelte um ihn herum gebunden worden war. Unversehens waren zwei Millionen Fallen entstanden, die die Leute im Dunkeln fangen würden, wenn sie zu den primitiven Toiletten stolperten.

Lightningbolt hatte diese Art Verwirrung schon früher gesehen. Es war sehr wahrscheinlich, dass der Stammesrat für das Errichten des Lagers zur Verantwortung gezogen werden würde.

Diese Art Chaos war ein bisschen kapriziös, das war sicher, und einige Leute denken vielleicht sogar, das sei ganz nett. Aber nur Narren finden so etwas lustig. Immer fielen einige Unschuldige – für gewöhnlich die Arglosen oder die ganz Jungen – dem Chaos zum Opfer. Manche verloren das Augenlicht und Kinder zogen sich an offenen Feuern Brandwunden zu. Viele Leute verletzten sich durch solche Ignoranz und Nachlässigkeit.

Auch die so genannten Studierten waren nicht so weise. Universitätsleute kamen, um einen Sonnentanz zu sehen, und erlaubten ihren Kindern zu gehen, wohin immer sie wollten. Aufgrund dieser naiven Sorglosigkeit wurden viele ihrer Kinder sexuell belästigt, vergewaltigt oder verspottet. Anstatt eine Zeit des Betens und des Denkens zu sein, war der Sonnentanz für viele Leute eine Mischung aus Markt und Ferienausflug geworden. Betrunkene waren ein weiteres Problem bei jedem Sonnentanz. Sie wanderten herum, wo sie wollten, störten Familien und brachten Missstimmung auf. Es gab immer mindestens hundert Festnahmen wegen Trunkenheit.

Beinahe alle taten so, als sei der Sonnentanz von speziellen Gottheiten geschützt, die für solche Gelegenheiten geschaffen waren. Wenn ganz offensichtlich etwas passierte, kam das daher, dass »die Spirits nicht stimmten«.

Sonnentänze zogen jede Art Leute an und einige dieser Besucher waren ganz und gar nicht nett. Religiöse Fanatiker setzten ihrerseits einen Sonnentanz auf die Liste dessen, was es zu retten oder zu zerstören galt. Besucher aus so weit entfernten Ländern wie Dänemark, oder so nahen Städten wie Brooklyn kamen, um bei den »farbenfrohen« Tänzen zuzuschauen.

Und wo immer Touristen sind, gibt es auch Diebe und Hausierer.

Die Touristen zahlen dafür, ausgenommen zu werden, und die Diebe und Hausierer fangen sich die Krankheiten der Touristen ein. Es gibt keine Gewinner bei dieser Art Wettbewerb. War das immer so? wunderte sich Lightningbolt. Und die ernsthaft Interessierten – was finden sie bei dieser Art Zirkus?

Ein Mann bahnte sich seinen Weg durch das Autogewirr und scheuchte Kinder in die Richtung, wo Lightningbolt stand. Er stellte sich als John Lafayette vor. Mit seinem weichen und gefälligen kanadischen Halbblut-Akzent erklärte er, dass er Goose Flying geschrieben und dass Goose Flying ihn und seine Familie eingeladen habe, beim Sonnentanz mitzuhelfen.

Er setzte sich und zog ein abgewetztes Notizbuch aus seiner Westentasche. Die fünf Bäume, bei denen Lightningbolt das Tipi aufgestellt hatte, waren wichtig. Er zeigte auf eine Zeichnung, die er in dem Notizbuch aufgeschlagen hatte, und zeigte Lightningbolt die Bäume. Lafayette erklärte, dass seine Mutter auf dem Fleck geheilt worden war, wo diese Bäume standen. Diese fünf Bäume waren vor achtundfünfzig Jahren zur Feier ihrer Heilung gepflanzt worden.

Der alte Mann fuhr fort zu reden und nippte hier und da am Kaffee aus seiner Thermoskanne. Er schien ganz uninteressiert daran, ob Lightningbolt nun zuhörte oder nicht.

Schließlich erschien Estcheemah mit Goose Flying und fünf älteren Männern im Schlepptau. Alle seine alten Unsicherheiten plagten Goose Flying noch immer. Der Medizinmann war in großen Schwierigkeiten, was die Übernahme seiner neu erworbenen Verantwortlichkeiten betraf. Er wollte diesen seinen ersten Sonnentanz nicht allein leiten – zum Teil auch deshalb, weil das bedeutete, dass einige Probleme gelöst werden mussten.

Weil es keine Fleischdurchbohrungen oder andere so genannte Vertrauens- und Mutproben gab, behauptete eine Gruppe von Familien, die bereits ihr Lager aufgeschlagen hatten, dass Goose Flyings Sonnentanz nicht authentisch war, und sie drohten damit abzureisen.

Weil Goose Flyings Sonnentanz eben nicht ein »authentischer Tanz der Crow, Sioux, Cheyenne, Cree oder Arapaho« war, beschlossen sechs andere Familien, dass sie ebenfalls abreisen würden.

Was genau war sein Sonnentanz? Alle fragten sich das, auch das Büro für Indianische Angelegenheiten kam und erkundigte sich danach.

Goose diskutierte mit wenigstens fünf verschiedenen Komitees und erklärte, dass sein Tanz die Große Träumer-Hütte sei. Die meisten der anwesenden Indianerinnen und Indianer brüllten vor Lachen, als sie das hörten. Sie hatten nie von etwas Derartigem gehört ... wie absurd! Estcheemah wollte Goose helfen, aber ihre Position war zu schwach.

Eine der anwesenden Familien war da, um »verlorene Seelen zu retten«. Andere Familien waren ernsthaft interessiert an dem Sonnentanz und suchten lediglich nach der Erfahrung des »Spirituellen Wegs«. Aber niemand schien fähig zu sein, eine Übereinstimmung darin zu erzielen, was das überhaupt war. Wie gewöhnlich zeigten die Anthropologen nicht die geringste Spur von Argwohn den Dingen gegenüber. Sie füllten geschäftig Notizbücher mit politischen Gewichtigkeiten.

Am folgenden Morgen kam sehr früh ein Komitee, genannt das »Entscheidungskomitee«, zusammen, um zu beschließen, was geschehen sollte. Elf Leute waren dazu gewählt worden, im Komitee zu sitzen.

Jedoch hatten fünf der Mitglieder »ihre Periode«, was sie automatisch vom Entscheidungsprozess ausschloss. Diese Frauen waren sehr ärgerlich und fanden diese Entscheidung ungerecht. Aber was konnten sie tun – war das nicht die »traditionelle« Verfahrensweise? Niemals wurden öffentlich die Prämissen solch fanatischen Denkens hinterfragt.

Als der Tag heißer wurde, wurden viele der Männer immer betrunkener. Ungefähr um zwei Uhr wurde ein Stab gebildet, der das Entscheidungskomitee hinauswarf.

Verzweifelt erschien Goose bei Estcheemahs Zelt, dreißig Männer folgten ihm. Er flehte Estcheemah an, der Verwirrung ein Ende zu setzen. Sie schlug vor, dass er die Entscheidungen des ausführenden Stabs unterstützen und seinen Tanz beginnen solle. Aber zuerst verlangte sie, dass er noch ein anderes Problem löste.

Zwei frisch bemalte, regierungsgrüne Außentoiletten waren vom Stammesrat ungefähr acht Meter vor dem Eingang zur Sonnentanz-Hütte aufgestellt worden. Sie wollte, dass sie verlegt wurden. Sie fragte Goose, ob er wollte, dass die Heiligen Zwillinge des Ostens Toiletten wären. Goose nahm ihren Rat widerwillig an und ließ die Toiletten weiter in den Norden und Süden verlegen.

Als Goose den Beginn seines Tanzes anordnete, gab es für die nächsten fünf Stunden eine unglaubliche Balgerei. Alle schienen zusammenzupacken, um abzureisen. Einiges von dem Gewirr der Zelte und Tipis verschwand ziemlich schnell. Was überraschte, war, dass viel mehr Familien blieben, als Lightningbolt geschätzt hätte.

Doch es mussten noch weitere Hürden genommen werden. Estcheemah stellte ein großes Problem für Goose dar. Wie konnte er an die Information herankommen, die er brauchte, wenn Estcheemah ihn nicht führen wollte?

Die Leute, die blieben, hatten komplizierte Ansichten, wenn es um das Thema Estcheemah ging. Sie war eine Frau. Sie war eine Fremde – eine Indianerin aus Mexiko. Sie war eine Hexe. Sie war keine authentische Sonnentanz-Chief. Sie war nicht verheiratet. Sie war eine, die Halbblut-Leute unterwies. Sie war eine Widersinnige. Sie war eine heilige Frau. Sie war eine Magierin. Sie war eine weise Lehrerin. Sie war eine Heilige. Sie war eine, die bei allem mitmischte. Sie war eine Heilerin. Sie war nicht liebevoll. Sie hatte zu viel Liebe und das verdarb ihre Urteilskraft. Sie war freundlich. Sie war machtvoll. Sie sprach mit Bäumen, sogar vor Weißen!

»Ich bin die Köchin«, sagte sie zu Goose.

»Köchin?« Er war verlegen und verwirrt. Warum sagte sie das? Zu diesem Zeitpunkt wollte Goose um sein Leben rennen und niemals zurückblicken. Und doch, sollte er nicht tapfer sein?

Wenn der alte Goose glaubte, nur er sei verlegen, hätte er einmal einen Blick in Lightningbolts Geist tun sollen. Es war ihm auch nicht so gut ergangen. Hunde hatten versucht, ihn zu beißen. Er hatte sein Taschenmesser verloren. Und ein paar Kinder hatten aus den beiden Hinterreifen des Silberschiffs die Luft herausgelassen. Der Gedanke, dass seine Lehrerin eine gewöhnliche Köchin sei, war noch schlimmer als die Sache mit den Reifen.

Beide Männer standen da, sprachlos.

»Ich koche gern«, sagte sie ungerührt. Sie war dabei, für Lightningbolt einige Eier zu braten. »Ich koche gerade hier für diesen jungen Mann – was kann das schaden?« Sie goss Goose eine Tasse Kaffee ein. »Wie du weißt, muss Lightningbolt lernen. Ein Halbblut wie er und die kanadischen Halbblut-Leute hier im Lager haben es nötig, einen echten Sonnentanz zu sehen. Auf diese Weise kann Lightningbolt näher herankommen und seine Nase direkt durch den Außenring der Welt-Blätter stecken, die die Hütte umgeben, wenn du weißt, was ich meine.«

Lightningbolt grinste. Er verstand schnell, dass er der Vermittler sein sollte. Was immer Goose brauchte, würde ihm durch die Hintertür in die Hütte gereicht werden.

Plötzlich füllten sich die Augen des alten Mannes mit Tränen und er begann zu weinen. Er saß verloren auf seinem Stuhl. Der Druck der vergangenen Woche war zu viel gewesen. Lightningbolt ließ seine Betroffenheit zu, aber er beobachtete gleichzeitig, was Estcheemah tun würde. Sie schien beinahe gleichgültig.

»Ich bin gedemütigt«, sagte Goose mit einem Sprung in seiner Stimme. »Es ist nicht richtig. Oh, Estcheemah, was soll ich tun?«

»Diese Situation hat immer zwischen uns existiert«, sagte Estcheemah weich, als sie Lightningbolt seinen Teller hinstellte. »Wann war es nicht kompliziert?« Sie füllte die Tasse von Goose auf. »Es ist sogar schlimmer in anderen Teilen der Welt, Goose. Wo haben Frauen überhaupt noch Rechte – wirkliche Rechte? Wo ist wahrer Respekt für Frauen?«

Goose trocknete seine Tränen und nahm einen Schluck von dem Getränk.

Estcheemah blickte hinaus über die rollenden Hügel und faltete ihre Hände über dem Schoß. Lightningbolt stand auf, stellte sein Essen beiseite und goss seiner Lehrerin eine Tasse Kaffee ein. Sie blickte zu ihm auf und lächelte.

»Ich bin der Tellerwäscher«, flüsterte er ihr zu.

Sie wandte ihre Aufmerksamkeit Goose zu. »Eines Tages werden Frauen respektiert werden. Wir sind nicht Monster, die von Wah-Kahn, unserer Kreatorin Mutter, und SsKwan, unserem Kreator Vater, kreiert wurden. Von der Gattung der Leute sind nicht die Hälfte Dämonen. Wir Frauen sind Leute und haben das Recht zu leben. Wir sind mit der heiligen Pflicht betraut worden, zu gebären. Diese Pflicht und das wunderbare Geschenk, das den Frauen gemacht wurde, ist kein Grund, uns zu Monstern zu machen, vor denen die Männer sich fürchten.«

Goose setzte sich jetzt in seinem Stuhl auf.

»Wir sind nicht der Grund für die Schrecken der Männer«, fuhr sie fort. »Ihr Morden, ihre Selbstgefälligkeit, ihre Scham und Selbstzerstörung stammt nicht von den Frauen.

Wir Frauen sind nicht der Grund für die Ängste der Männer«, sagte sie. »Von uns Frauen kommt Trost. Wie lieben und bringen Liebe dorthin, wo keine ist. Wir ehren Leben, denn Leben und Liebe sind eins. Ich war immer dein Geheimnis. Frauen werden für ihr spirituelles Wissen nicht respektiert. Wir werden für nichts von dem, was wir wissen, respektiert, das ist dir doch wohl klar. Deine Tränen sind falsch, Goose. Dir hat es immer an Mut gefehlt. Du musst Mut lernen in diesem Leben. Erhebe deine Augen von deinen Füßen. Sei mutig.«

»Aber wir sind zur Heimlichkeit gezwungen!«, klagte er.

»Ich bin sehr glücklich, wenn wir dem ein Ende bereiten«, lächelte sie ihn an. »Übermorgen, wenn deine Hütte anfängt, werde ich in deine Hütte hineingehen und die Führung übernehmen, in Ordnung?«

»Halt«, sagte er und hob seine Hand. Goose konnte keinen Rückzieher machen, auch wenn er es gewollt hätte. Er hatte auch Angst, einen Schritt nach vorn zu machen. Er hegte Sympathie für Estcheemah, aber er weigerte sich, ihre Worte zu verstehen.

»Richte dich auf, Goose.« Sie berührte ihn am Arm. »Trage deine Lüge mit Würde. Das Geheimnis ist dein und allein dein. Sei nicht dumm und ruinier nicht dein Leben. Lehre, arbeite, tu, was du in diesem Leben kannst. Das Leben wird Geheimnisse mit dir teilen. Ich würde vorschlagen, du ziehst dich aus dem Rampenlicht zurück. Behalte deine Geheimnisse für dich. Warum jedem davon erzählen? Es wird zu nichts gut sein.«

Der Sonnentanz war eine der schönsten Erfahrungen dieser Art, an der Lightningbolt je teilgenommen hatte. Viele Leute fanden Heilung – und es gab keine Betrunkenen. Alle schienen die Große Erd-Sonnentanz-Zeremonie gemieden zu haben.

Goose hatte nie so gut ausgesehen! Er mochte auf unsicheren Beinen in den Tanz gegangen sein, aber nach dem ersten Tag strahlte er förmlich vor Zuversicht. Der alte Goose war stolz auf sich, Estcheemah konnte sogar mit ihm scherzen, ohne dass er dabei zusammenbrach. Eine der Botschaften, die sie ihm durch die Hintertür in die Hütte sandte, war: »Deine Gans ist nach alledem also doch nicht durchgebraten!«

Lachen war die größte aller Medizinen, die diesen Sonnentanz einen Erfolg werden ließ. Jakie, der Medizin-Clown, erwies sich als die stärkende Kraft des Tanzes. Wenn alles andere fehlschlug, war es die Aufgabe des Clowns, Leuten zu helfen, mit Mutter Erde eins zu werden und die unerträgliche Hitze auszuhalten. Jakie war ein Zwerg. Er konnte auch die ernstesten oder zurückhaltendsten Leute mit einer Kraft der Liebe berühren, der nur wenige Leute widerstehen konnten. Er war ein Mann mit tausend verschiedenen Stimmen.

»Wer braucht eine Mutter, außer, wenn wir Leben erfahren wollen?«, neckte er die Tänzerinnen und Tänzer. »Es ist ein Wunder, dass die meisten von euch hier sind! Vielleicht habt ihr die Gelegenheit, in eurem nächsten Leben etwas Besonderes zu sein anstatt so erbarmungswürdig.«

An einem anderen Tag sagte er den Leuten: »In meinem nächsten Leben werde ich als ein Käfer geboren werden. Auf diese Weise kann ich all die chemische Umweltverschmutzung überleben, mit der wir gezwungen sind zu leben.«

Als die Tage noch heißer wurden, litten viele in der Hütte an ihrem Durst. Kein Wasser berührte während der drei Tage und drei Nächte des Tanzes die Lippen irgendeiner Person.

»Kühle Wassermelonen haben nie besser geschmeckt!«, kündigte Jakie den ermüdeten Tänzern an einem besonders heißen Nachmittag an. »Persönlich denke ich, wir sollten wenigstens einen Mittagsimbiss während dieser Tänze haben. Nein? Okay, dann lasst uns stattdessen Erdnüsse zu uns nehmen.«

Die Gesänge der Sängerinnen und Sänger und das gleichmäßige Vibrieren der großen Basstrommel echote in den Tälern und sang in den Herzen der Leute.

Während des dritten Tages des Sonnentanzes sang Estcheemah Lightningbolt den Frauengesang des Reifens vor. Die Worte waren lieblich und doch geheimnisvoll.

Worte sprechen von Zeit und zeugen davon, wie die Zeit uns Kindern von Leben Urnahrung gibt. Alle Blumen haben sich geöffnet und stellen uns vor die Fragen, die die Sterne stellten, die unser Universum zieren. Die Mondin ist die Wächterin von Rhythmus und Teil eines jeden Gesangs.

Die Bäume kennen jeden Gesang. Die Bäume sind von jedem ihrer Blätter abhängig.

Jeder Singvogel singt.

Jedes Blatt verändert sich mit Dunkelheit und Licht. Jedes Blatt schmeckt die Erde. Jedes Blatt trinkt Wasser. Jedes Blatt atmet Luft. Blütenblätter und Blättertürme spiegeln ihre Existenz.

Ja, es ist wahr, dass die Dri von jedem ihrer Blätter abhängig ist, und doch, wenn der Herbst kommt, werden alle Blätter zurück auf die Erde fallen.

Alle Leute sind auf die Erde zurückgefallen.

Die Dri wächst und die Leute lernen, lernen mit jedem Blatt der Dris. Alle Dris werden zurückfallen zur Erde.

Frauen reifen heran. Männer wachsen auf.

Alle Blumen werden mit der Erde blühen.

Die Zeit wird auf die Erde zurückfallen.

So wurde erklärt, dass die Frau heranreift.

Lightningbolt schreckte auf, als das Lied endete. Während Estcheemah ihm vorsang, hatte er hinaufgeschaut in die ausgestreckten Arme des Baums. Durch die Blätter konnte er den Mond und die Sterne sehen.

Der alte Goose Flying war ein Medizinheld geworden. Er verließ den Sonnentanz mit wenigstens zehn Autos, die ihm folgten.

Estcheemah und Lightningbolt verbrachten zwei Tage mit Aufräumen. Ein Bauer hatte angeboten, sie könnten seine Raupe benutzen, aber wie sich herausstellte, musste Estcheemah ihm fünfzig Dollar dafür bezahlen. Die Maschine wurde eingesetzt, um eine tiefe Grube zu graben, in der die enormen Mengen von Abfall vergraben werden konnten. Ein Kaninchen kann einen jungen Mann Bescheidenheit lehren.

An diesem Nachmittag beschloss Lightningbolt, für ihre Abendmahlzeit Kaninchen zu jagen. Estcheemah hatte dieselbe Entscheidung getroffen, aber ihre Fallen bereits flussaufwärts aufgestellt, an einem Platz, wo das Gras üppig und grün war.

Sie gingen los und sagten einander nicht, wohin sie gingen. Lightningbolt dachte, seine Lehrerin brauche etwas Zeit für sich, und Estcheemah wusste, dass er sich die Beine vertreten wollte.

Lightningbolt führte zwei Gewehre im Silberschiff mit; er nahm die 22er vom Ständer und entdeckte, dass er keine Munition mehr hatte. Kaninchen mit dem anderen Gewehr zu jagen kam nicht in Frage. Eine Kugel würde das Tier in den nächsten Landkreis pusten. Hartnäckig durchsuchte er den Transporter, bis er eine Schachtel Munition für seine 38er-Pistole fand. Die Pistole, Munition, zwei Schokoriegel, sein Jagdmesser und eine kurze Schnur, alles wanderte in seine Manteltaschen und schon war er auf Hasenjagd.

Er bemerkte, dass Estcheemah unten am Fluss verschwunden war, deshalb beschloss er, in die Gegenrichtung zu gehen. Er bewegte sich parallel zum Fluss, doch immer in gebührendem Abstand von ihr entfernt. Lightningbolt genoss die sanften Duftwellen von Salbei und Heidegras, während er jagte. Es war das perfekte Jagdrevier.

Er war gut eine halbe Meile vom Fluss entfernt, als er ein Labyrinth kleiner Schluchten betrat. Regen- und schneebedingte Überflutungen hatten tausende von netzartig verbundenen Kanälen aus dem Boden gemeißelt, die sich alle ihren Weg den Fluss hinab bahnten. Es war ein riesiges Labyrinth, das zehntausend Kinder gleichzeitig in Entzücken versetzen konnte. Er machte sich einen Spaß daraus, den engen Auswaschungen zu folgen.

Der Tag war hell und warm, der Himmel über dem Kopf tiefblau. Hier und da öffnete sich eine Schlucht zu einer kleinen Senke. Innerhalb dieser weiten Plätze gab es immer wieder Gras.

Er jagte ungefähr eine Stunde lang, dann wurde ihm bewusst, dass er seine Feldflasche nicht mitgenommen hatte. Es gab Stellen am Fluss, wo aus dem Boden kommendes Wasser in den Hauptstrom mündete. Er wollte hinuntergehen und etwas trinken. Bis jetzt hatte er nicht ein einziges Tier gesehen, außer einem Grashüpfer oder einem verirrten Schmetterling. Jetzt, auf einmal, sah er unzweifelhaft die Silhouette von Kaninchenohren!

Das Kaninchen lief einen Flusslauf hinauf. Lightningbolt war im nächsten Augenblick hinter ihm her. Kaninchen und Mann rasten von einer in die nächste Spur, bis die Jagd abrupt endete. Das Kaninchen war in eines der hundert Löcher hinuntergetaucht.

Lightningbolt fluchte, krempelte seine Jeans hoch und wandte sich wieder in Richtung Fluss, als das Kaninchen zwischen seinen Füßen hindurch und die Schlucht hoch raste. Er wirbelte herum und stellte ihm nach, feuerte zweimal und fehlte.

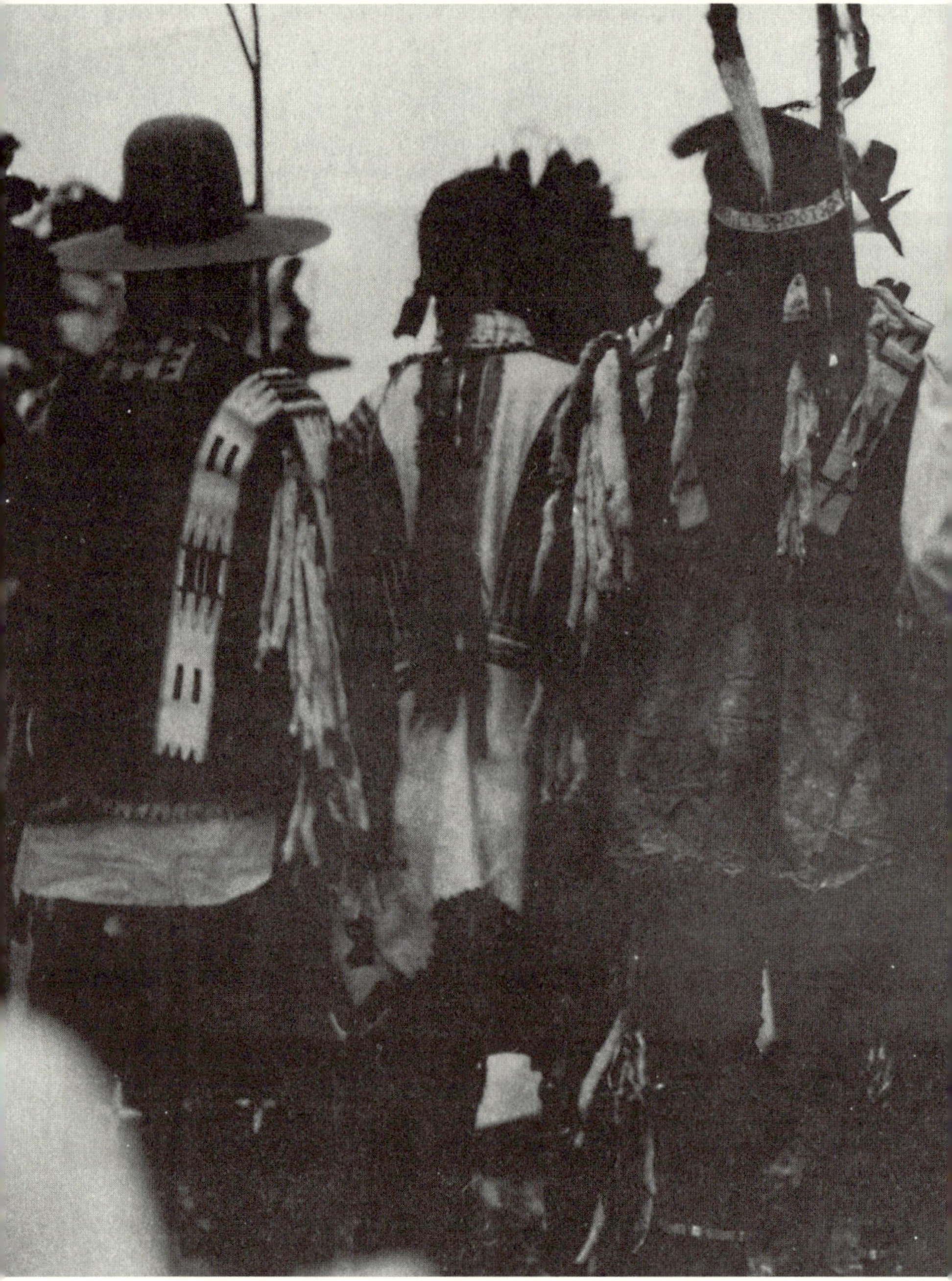

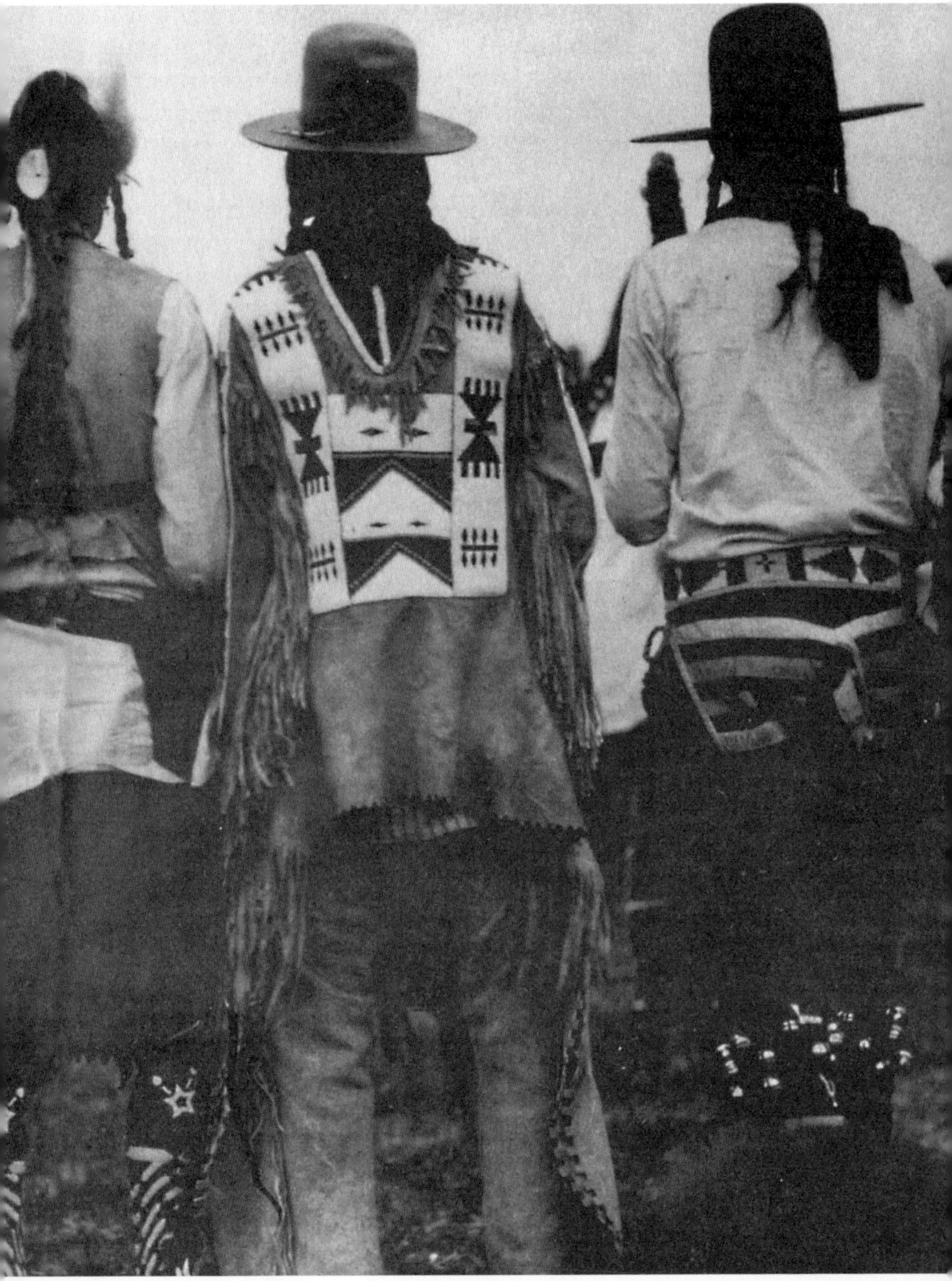

Fünf weitere Rennen und elf trockene Flussläufe später war das Kaninchen immer noch unversehrt. Wenn Lightningbolt überhaupt jemals philosophierte, dann tat er es in dem Augenblick sicher nicht. Mann und Kaninchen blickten sich in die Augen. Eine der Kreaturen musste aufgeben, und Lightningbolt wusste, dass er es nicht sein würde.

Er hatte noch nie vorher ein so abgefeimtes Kaninchen in Fleisch und Blut gesehen. Das, was seines Wissens einem durchtriebenen Kaninchen am nächsten kam, war Bugs Bunny, und das war nur eine Zeichentrickfigur. Und doch, Lightningbolt fühlte sich in diesem Moment ein klein bisschen wie der alte Elmer Fudd.

Er hatte seine Pistole in der Hand und sein Durst wuchs jede Sekunde. Er war so ausgetrocknet, dass seine Zunge sich anfühlte, als sei sie an seiner Gaumenplatte festzementiert.

Schwer atmend bog er in der engen Schlucht um eine scharfe Kurve und erblickte etwas, was ganz einfach nicht wahr sein durfte. Dort, am Abhang, waren mindestens zwanzig Kaninchen. Ohren reckten sich aufmerksam in die Höhe, Schwänze blitzten und Häschen liefen in alle Richtungen.

Bumm! Kugeln prallten von Steinen ab, Splitter stoben und Schüsse hallten von den Felsen wider. Aber nicht ein Kaninchen fiel.

Lightningbolt biss seine Zähe aufeinander. Er lud seine Pistole nach und beschloss, dass er im Augenblick genug von der Kaninchenjagd hatte.

Wenn er nicht bald Wasser bekommen würde, würde er vielleicht nie wieder ein Kaninchen erlegen. Die Pistole wanderte in seine Tasche und heraus kam ein Schokoriegel, als plötzlich die bekannten Kaninchenohren wieder da waren.

Die Pistole flog aus der Tasche, während Lightningbolt das trockene Bachbett wie der Schatten einer entschlossenen Schlange entlangschlich. Diesmal würde er sehr sorgfältig zielen. Gerade als er die Kimme auf den Kopf des Kaninchens richtete, verschwand es. Dann machte der verwegene Rammler sich wieder auf den Weg.

Lightningbolt konnte es nicht glauben. Nein! Das konnte doch ihm nicht passieren. Aber es war so, und noch einmal machte er sich auf die heiße Verfolgungsjagd für sein Abendessen.

Fünf oder mehr Kugeln landeten im Stein und zwischen den Büschen, aber nicht eine Kugel streifte auch nur die Ohren des Kaninchens. Lightningbolt verstaute die leere Pistole achtlos in seiner

Tasche. Zwanzig Biegungen und viele trockene Flussläufe später griff er nach dem zweiten Schokoriegel und bemerkte, dass die Pistole weg war. Er suchte über eine halbe Stunde, aber er konnte sie nicht finden.

Er brauchte weitere zweieinhalb Stunden, um zurück zum Lager zu kommen. Lightningbolt fiel erschöpft in seinen Stuhl. Estcheemah hatte die Kaninchen gekocht, die sie in ihren Fallen gefangen hatte, und war begierig, sich gütlich an ihnen zu tun. Während sie seinen Teller füllte und ihn vor ihn hinstellte, sah sie, dass Lightningbolt sich in einem sehr bedenklichen Gemütszustand befand.

Sie fragte, was denn los sei, und er erzählte ihr, dass er seine Pistole irgendwo draußen in den Hügeln, zwischen all den Kaninchenbauen verloren hatte und sie nicht finden konnte.

Er genoss sein Abendessen trotzdem, dann ging er an den Fluss zum Baden. In dieser Nacht träumte er, dass ein Kaninchen sein Feldwebel war.

Estcheemah erzählte Lightningbolt wieder und wieder, dass es keine übermenschlichen Lehrer gab. Übermenschlich zu sein stellte keine Herausforderung dar. Wo blieb dabei das Lernen?

»Götter«, sagte sie, »wurden sozusagen übermenschlich geboren und sahen sich keinerlei Herausforderungen gegenüber wie Leute. Sie waren erhaben über das Leiden, wussten schon alles und konnten nicht wirklich sterben. Worin besteht dabei die Herausforderung?

In Wirklichkeit stehen Lehrerinnen und Lehrer unablässig vor einer Herausforderung. Es ist der Umstand, dass ihnen keine übernatürlichen Fähigkeiten verliehen sind, der Lehrerinnen und Lehrern ihre Macht gibt.«

Sie sagte ihm auch, dass die meisten Leute sich verstecken und angepasst sein wollen. Die Faulen und Inkompetenten wollen Wunder, keine Herausforderungen.

Es hat sich eine Art mysteriöse Vorstellung um die »Unschuld und den Charme« des indianischen Medizinmannes gebildet. Im Großen und Ganzen stellt das Bild, das die meisten Leute von Medizinmännern oder wandernden Mönchen, Priestern, Bettlern und verrückten Geistlichen haben, diese immer als weise, gütig, fürsorglich und umsichtig dar. Aber das ist naiv.

Aus offensichtlichen Gründen ist es der Klerus, der diese Illusion verbreitet hat, und zwar mit seinen heroischen Erzählungen von Heiligen und Bettlern, die berühmt und zu religiösen Stars geworden sind.

Auch Lightningbolt hatte immer an diese Fiktion geglaubt, anstatt diesen Glauben zu hinterfragen. Estcheemah musste gegen dieses Problem fast ständig ankämpfen. Wenn ihr Schüler an ihre Übernatur glaubte, würde das jegliche Hoffnung zerstören, ihn zu unterweisen. Sie bewegte sich auf einem schmalen Grat, um Lightningbolt auf der einen Seite sein wahres Selbst und andererseits die reale Welt, in der er lebte, zu zeigen. Wenn sie Lightningbolts Glaubenssätze vergaß, und sei es auch nur für eine Sekunde, dann versank er in Selbstmitleid.

Die Konformisten nennen das Normalität und leugnen jegliche Eigenverantwortung für ihre persönlichen Handlungen. Leute, die nach einer Ausrede für ihr Versagen suchen, glauben an Wunder, doch nie an das eigentliche Wunder, dass sie lebendig und von ihrer Existenz und ihren Haltungen dem Selbst gegenüber gefordert sind. Lightningbolt war von dem, was er hörte, aufgeschreckt, doch es sollte Jahre dauern, ehe er den Mut haben würde, sich dem, was sie ihm sagte, zu stellen.

Während Estcheemah nach Hause fuhr, dachte sie über ihre Verantwortung nach. Die Lehren der Medizinräder waren ihr Anliegen. Sie hoffte aus ganzem Herzen, dass Lightningbolt der Schüler sein würde, der sich der Räder annahm. Die Mathematik und die Lehren, die auf dem Gesetzeskreis gründen, und die Information der Medizinräder mussten weitergegeben werden, oder nichts würde mehr von ihnen übrig bleiben.

Während Lightningbolt zu seiner nächsten Arbeitsstelle fuhr, dachte er über die Lehre nach, die Estcheemah mit ihm geteilt und die sie die Geographie des Geistes genannt hatte.

»Wer spricht über das Leben?«, hatte Lightningbolt sie mit Erstaunen gefragt. »Warum ist der Gegenstand der Religion nie das Leben?«

Die alte Lehrerin lächelte und antwortete: »Neu gepflanzte Felder wachsen nicht durch die Bauern, sondern durch Mutter Leben. Die Bauern können nur hoffen, aber Leben weiß!

Die Brunnenbohrer erwarten reines Wasser unter ihrer reichen Erde. Alle erwarten, dass sie atmen können, aber wer schätzt diese wunderbaren Geschenke von Leben? Unsere Mutter Erde ist viel zu groß für Glauben und viel zu heilig, als dass Manipulatoren sie verstehen könnten.

Warum insistieren alle Leute darauf, die heilige Mutter Leben zu verleugnen? Würden wir Leben haben, wenn sie uns nicht mit Leben versorgen würde?

Wir sind diejenigen, die das Selbst hinterfragen«, erklärte sie Lightningbolt. »Die Person, die das Leben hinterfragt, kann sich beträchtlich von der Person unterscheiden, die glaubt. Wenn wir Zero Chiefs mit Leuten über Selbst-Pflicht und heiliges Leben sprechen, denken viele unmittelbar, dass wir von Glauben sprechen.

Die meisten Leute realisieren nicht, dass sie sich im vertrauten Umgang mit Leben befinden, weil sie Teil von Mutter Leben, Teil ihrer heiligen Erde sind. Leben ist eine so weitläufige Realität, dass es Leuten schwer fällt, das Offensichtliche zu sehen – nämlich dass sie in ihrer Lebendigkeit von Leben abhängen.

Lightningbolt, der Geist des Lebens ist eine ozeanische Energie, die an die Ufer unseres Verstandes brandet. Sie wühlt die Emotionen jeder Person, die geboren ist, auf, reinigt uns, erneuert uns und stärkt unsere Träume.

Wie überaus filigran unsere irdische Erfahrung doch ist. Wir sammeln unsere zerbrechlichen, subtilen Edelsteine von Wahrnehmungen und Gedanken, während wir leben und von der Gegenwart unseres Selbst lernen. Unsere Wirklichkeit, alles, was unsere Mutter Erde ist, wird direkt in unseren Geist reflektiert und wird zu Wissen. Diese innere Widerspiegelung des Lebens und unserer Welt wird die Geographie des Geistes genannt.

Unsere Erde ist sehr schön und sie erneuert alles, was sie ist, Minute um Minute. Doch wo bleibt für die individuelle Person das Annehmen des Selbst und diese andauernde Erneuerung?

Tief im Inneren der Geographie unseres Geistes existierte einst das Land wahrer Verzauberung und des Lernens. Doch weil dieses reflektierende, innere Land so weitläufig ist, werden unsere Aufmerksamkeiten von der großen Krümmung unserer Mutter Erde weg in einen Kreis gezogen, der immer mehr schwindet und zum winzig kleinen Fokus unseres Lebens wird.

Durch unsere Ängste verschließen wir dieses Winzige und bauen eine Mauer darum, die wir als unsere riesige Festung wahrnehmen. Diese innere Wand nennen die Zero Chiefs die Streitmauer. Hinter dieser Streitmauer sind die großen Ungeheuer der Angst versteckt – die Täuschung und die Illusion.

Auch wenn unsere Streitmauer einen Bauernhof, eine Stadt, ein Reservat, ein Ghetto oder einen Staat umfassen kann, ist unsere Weltsicht noch immer sehr klein. Ja, sie ist winzig.

Hinter der Streitmauer sind andere Zäune von Unzufriedenheit und Unsicherheit, die unsere imaginierten Widersacher draußen halten, ob groß oder klein. Doch abgeschottet hinter diesen Zäunen und Streitmauern sind auch jene wundersamen Schätze des Fühlens und des Leibes, die wir als das Selbst kennen.

Die Schlösser und Schlüssel dieser inwendigen Welt werden durch zunehmende Konformität geschmiedet. Und jeder Zaun wird aus Materialien von Lügen und Ignoranz langsam aufgebaut. Was wir bauen, wird bald eine Stadt, die unseren Geist widerspiegelt. Die Stadt ist nicht unsere wunderbare Erde, aber wir tun so, als ob das so wäre.

Die vorgetäuschten Städte und Großstädte unseres Geistes können nur das Selbst widerspiegeln. Im Geist werden die abweisenden Städte zu Blöcken verinnerlichter Information. Diese Informationsblöcke sind eine verzerrte Darstellung von Leben und bergen weder Heilung noch Erneuerung. Heilung, Erneuerung, Schönheit und Zugehörigkeit sind einer Person, die in der Selbstillusion gefangen ist, niemals zugänglich. Die Flucht aus der Gefängnisstadt findet zwar in der Vorstellung statt und wird angestrebt, aber die Kraft des Führens, genannt Mut, ist nicht vorhanden.

Das endlose Wiederholen im Verstand beginnt, unsere imaginierten Welten zu verschmutzen. Dreckige Straßen, Arbeit, Geschäft und Mietzins können den Verstand der Stadtbewohner besetzen; das nennen sie ihre Realität. Weil die Stadtbewohner den abscheulichen Lärm, die Hässlichkeit und den Terror ihres Stadtverstandes aussperren müssen, lernen sie bald, sich von allem abzuschotten. Ihr Verstand beginnt, sie gefangen zu nehmen. Die Schönheit von Leben wird zu etwas vom Stadtverstand Getrenntem – zu einer Sache, die gekauft werden muss.

Was als nächstes passiert, ist, dass Leute eine Scheinfigur am Tor zu ihrer inwendigen Welt aufstellen. Diese Scheinfigur ist Angst und bald sperrt sie sie ein. Der Geist der Stadtbewohner beginnt, ihre Gefängniswelt widerzuspiegeln, und sie ziehen sich von allem, was lebendig ist, zurück.

Aber bevor Angst die Tore ihres Stadtverstandes versperrte, waren alle Dinge im Geist gegenwärtig, denn er spiegelte ihre äußere Welt wider. Diese Information – die Bibliothek des Verstandes – ist die allerwichtigste Struktur des Verstandes. Wenn aber die Angst zum Wächter wird, ist die Tür zur Bibliothek verschlossen.

Der Schrecken vor dem, was in dieser Bibliothek versteckt sein könnte, hält die Individuen davon ab, die Tür zur eigenen Bibliothek jemals zu öffnen und nach ihren Wahrheiten zu suchen.

Wenn das geschieht, beginnt Schmutz sich in den Straßen des Stadtverstandes anzusammeln, und bald beginnen alle lebendigen Dinge zu welken. Kein Regen darf in der Welt des Geistes fallen, denn das Individuum mag den Schmutz nicht. Nicht lange, und es sterben auch Sonne und Mond an ihrem Himmel. Die Gefangenen des Verstandes kümmern sich nur noch um die kontrollierten Quellen künstlichen Lichts.

Wenn der Stadtverstand zu sterben beginnt, setzt schnell Verfall ein, und die Person in der Falle flieht immer tiefer in ein Labyrinth von Angst und verkrüppelndem Glauben. Bald hat das Individuum keinen Platz mehr, zu dem es flüchten kann.

Im Laufe der Zeit wird dem Selbst der Urgrund von Wasser und Speise verboten. Es gibt keine Nahrung mehr für das Selbst, denn alle Herausforderungen sind eliminiert worden. Zu diesem Zeitpunkt beginnt das Selbst zu sterben.

Manche Leute haben immerhin das Glück zu begreifen, dass sie ein Verstandesgefängnis gebaut haben, und sie fangen etwas damit an, im Wissen darum, dass sie sich jeder ihrer Ängste und jedem verblödenden Dogma stellen müssen. Wenn dies geschieht, gibt es Hoffnung für die Selbst-Erneuerung – aber das ist nicht einfach.

Die meisten Leute können ihre inneren Glaubenssätze nicht so leicht abschütteln. Gewöhnlich werden sie nach dem Ersatz für das, was sie glauben, suchen. Aber das ist keine Veränderung. Neunundneunzig Prozent aller Leute wurde gelehrt, nach der Autorität im Außen zu suchen, anstatt dem Selbst zu vertrauen. Können Leute überhaupt einem noch größeren Irrtum aufsitzen als diesem?

Wer ist darauf vorbereitet, das Selbst zu lieben, das Selbst zu lehren, dem Selbst zu geben und das Selbst zu befreien? Wer ist vorbereitet, im Inneren des Labyrinths seines oder ihres Geistes zu reisen und sich dort den ungeheuerlichen Dogmen zu stellen? Wer wird nicht Richter, sondern Führer zum Selbst?

Unsere Göttin, Schönheit, kann entdeckt werden, wenn das Selbst unser Leben erkennt und wertschätzt. Die Erfahrung von Leben bringt wahres Maß.

Wir begegnen unserem wahren Selbst im Leben; das ist unser Maß. Die meisten Leute stellen sich vor, wer sie sind, anstatt der Person zu begegnen, die sie wirklich sind.

Wir sind nicht dazu am Leben, um uns unser Leben vorzustellen. Was wir leben, sind wir.

Wir Geist-Geist-Wesen haben unser Leben zu erfahren, um zu wissen, was Leben für uns bedeutet. Das Kind hat kein wahres Maß für Leben, denn es hat keine lange Erfahrung als Maßstab.

Das Leben von Mördern zum Beispiel hat sein eigenes Maß für Mörder. Ihre Wirklichkeit ist, dass sie töten. Sie lernen, was es ist, ein Mörder zu sein; das ist ihr Maß.

Das Maß dafür, was als Leben existiert, ist ganz anders für die Person, die lebt. Leute mögen in derselben Zeit und am selben Ort leben, aber sie erfahren Leben und messen ihre Existenz auf sehr verschiedene Art und Weise.

Schönheit, Leben ist unsere Lehrerin. Sie ist die Lehrerin des Selbst, das in die Substanz hineingeboren ist.

Wir wurden geboren von Mutter Leben, um Leben zu erfahren.

Leben muss geschätzt und berührt werden, bevor Schönheit erfahren werden kann. Das geheiligte Leben ist Schönheit. Sie ist das wahre Maß für uns Leute.«

Die Arbeit auf dem Ölfeld war hart und schmutzig und am Ende war er erschöpft. Doch als alles vorbei war, fühlte er sich ein wenig sicherer. Aber es war das Geld, das den Unterschied machte, nicht sein Denken, seine Wertschätzung oder Sorge.

Sich etwas vorzumachen war noch immer ein großer Teil von Lightningbolt.

Während er zu Estcheemah fuhr, grübelte er darüber nach, ob er seiner Mutter die tausend Dollar wirklich hätte schicken sollen, um die sie gebeten hatte. Warum hatte er sie ihr so schnell gegeben? Sie würde sie die nächsten Monate lang nicht brauchen. Was war los mit ihm? Er fluchte und ärgerte sich über seine Dummheit.

Doch während er bei Estcheemah saß, lachte Lightningbolt und erzählte ihr Geschichten von seiner Arbeit und wie viel Spaß er in seiner freien Zeit beim Fischen gehabt hatte. Aber er konnte die alte Lehrerin nicht zum Narren halten. Sie konnte die Angst und die Traurigkeit hinter jedem seiner Worte sehen.

Estcheemah stand von ihrem Stuhl auf und legte ihre Näharbeit zur Seite. Sie deutete auf die Küchentür. Er sprang auf und folgte ihr.

Sie gingen spazieren. Lightningbolt redete weiter, aber er redete nicht über seinen Schmerz in Bezug auf Geld. Sie nahm ihn mit in die Hügel und sie aßen still zusammen zu Mittag. Wieder versuchte sie, ihn zum Sprechen zu bringen, aber er tat es nicht.

Die Vergangenheit hatte es mit Lightningbolts Familie nicht gerade gut gemeint. Sein Vater war plötzlich gestorben, als er fünf Jahre alt war, und hatte die Familie ohne einen Pfennig zurückgelassen.

Niemand schaut gern zu, wenn die eigene Mutter Tag und Nacht Arbeit verrichtet, die ihr das Rückgrat bricht, nur um ihren Kindern Kleider kaufen zu können. Lightningbolts Mutter musste das tun und die Kinder hassten es von ganzem Herzen.

Lightningbolt, seine Schwester und seine Brüder taten nie etwas, das kriminell gewesen wäre, aber sie kamen jeden Tag aufs Neue um Haaresbreite an Gesetzesbrüche heran. Wenn irgendein Unfug oder ein Problem in der Luft lag, dann waren sie es, die damit zu tun hatten – besonders die Knaben. Die Folge davon war, dass die Storm-Knaben als »wild und waghalsig« bekannt waren.

Sie hatten sich diesen Ruf durch schonungsloses Jagen erworben. Das mussten sie; die Jagd war ihre Hauptnahrungsquelle. Es gab andere Halbblut- und Indianer-Familien, die ebenfalls arm und mittellos waren; das waren ihre Jagdkonkurrenten. Doch keiner fackelte mit den Storm-Knaben herum – sie waren immer blitzschnell, wenn es darum ging, zu verteidigen, was ihnen gehörte.

Pferde waren die schnellsten und besten Freunde aller Jäger. Die Knaben wussten das und also »borgten« sie sich gewisse Pferde, wo immer sie sie fanden, und ließen die Pferde laufen, wenn die tägliche Jagd vorüber war. Dieses Spiel schätzten die Bauern und Viehherdenbesitzer nicht gerade. Sie schätzten auch nicht, dass Hühner, Schweine, Enten oder Gänse »irgendwie« abhanden kamen.

Dieses »verlorene Viehzeug« wurde als ein Leckerbissen mit den alten Leuten oder einer Tante geteilt. Reh, Hirsch, Antilope, Fasan und Kaninchen waren der Rohstoff ihrer »Diät«. Nicht ein einziges Mal töteten sie eine Kuh. Sie hatten es nicht nötig, denn es gab Rehe und Antilopen im Überfluss.

Wilde Tiere jagen und Kühe hüten mag für manche Leute romantisch klingen, aber für Lightningbolt war es das nicht. Die Arbeit war kalt, staubig, blutig, heiß, armselig und gefährlich. Sie verbrachten einsame Tage auf der Jagd, während andere Kinder spielen konnten.

Wenn einer der Storm-Knaben einen Job fand, dann wurde ihre

Arbeitskraft wie die von Tieren gebraucht und für ihre Anstrengung wurden sie mit einem Hungerlohn abgespeist. Die Bauern und Viehbesitzer waren harte Männer, die für Geld töteten, wenn sie es vor sich rechtfertigen konnten. Nicht ein einziges Mal kam es vor, dass die Knaben von den Männern, für die sie arbeiteten, nicht betrogen oder getäuscht worden wären.

Auch während der Ferien gab es keine Freude. Tatsächlich waren dies die schlechtesten aller Zeiten. Es ist schwierig, die unermesslichen Schmerzen und die Scham zu beschreiben, die Lightningbolts Familie dafür zu erleiden hatte, dass sie arm war. Über Jahre erkrankte Lightningbolt in seinem Gemüt an einer tiefen Traurigkeit und dem abscheulichen Gefühl der Erniedrigung für das Armsein.

Schließlich wurde Lightningbolt wegen seiner Armut in eine Regierungs-Internatsschule geschickt. Er und viele andere Halbblut- und Indianerkinder liefen drei- bis viermal pro Jahr von der Schule weg, um ihren Familien beim Pflanzen und Ernten ihrer kleinen Landwirtschaften zu helfen – ebenso wie zu den großen Anlässen, wenn die Kuhherden zusammengetrieben wurden. Sie rannten auch weg, um bei den Medizintänzen dabei zu sein, bei den jährlichen Powwows und bei Zeremonien. Doch mit den Jahren verbrachte Lightningbolt weniger und weniger Zeit mit seiner Mutter. Obwohl er sie sehr liebte und ihren großen Sinn für Humor und beweglichen Geist schätzte, zog er sich mehr und mehr in seine eigene Welt zurück.

Die Wahrheit war, dass er es nicht ertragen konnte, sie ohne die Reichtümer zu sehen, die ihr, wie er glaubte, zustanden. Er fühlte sich irgendwie verantwortlich. Seine Verbitterung über die Armut und den Überlebenskampf seiner Familie war tief in seinem Herzen begraben und verfolgte ihn gnadenlos mit Kummer und Angst.

Lightningbolt liebte die Worte, die Estcheemah zu ihm gesprochen hatte, zutiefst, doch war er auch tief in seine Gedanken darüber vergraben, was Geld für ihn bewirken könnte. Keine Angst, keine Bedrohung war so groß wie Lightningbolts Befürchtung, ohne Geld dazustehen. Er war ein getriebener Mann, der an einer gefährlichen Klippe stand, ohne dass er sich das klarmachte.

Er war unfähig zu verinnerlichen, was er von Estcheemah gelernt hatte, denn er hatte Angst vor dem, was er finden würde, wenn er einen ehrlichen Blick auf seine Verrücktheit werfen würde. Anstatt seine Ängste zu hinterfragen, arbeitete er nur noch härter daran, seine Frustration mit physischer Arbeit zu überdecken.

Es gibt ein Sprichwort bei den Manitou Cree: »Zufall ist die sichere Hand, die die Blätter eines jeden Baums wendet und die Sprache der Unendlichkeit spricht. Ein Blatt von deiner Hand heruntertanzen zu lassen bedeutet zu sagen, dass du in einem Wettstreit mit dem Zufall und dem Absoluten liegst. Entscheidung ist die einzige Führerin durch das Labyrinth des Absoluten und Zufall ist die einzige Führerin durch die Tür des Chaos.«

Estcheemah wusste, dass Lightningbolt das Blatt von seiner Hand hatte tanzen lassen; es war dasjenige, das sie ihm gegeben hatte. Aber nichts konnte ihn von seinem Wettbewerb mit dem Zufall und dem Absoluten abhalten. Was seine Entscheidungen sein würden, das wusste sie nicht. Aber sie hielt auch ihr Blatt und das war ihr Gebet.

Estcheemah betete zu Leben und bat, dass dieser junge Mann seine festgefahrenen Haltungen überleben und dazu gelangen möge, seine Schmerzen und seine Angst zu verstehen.

Ärgerlich und belastet verrannte Lightningbolt sich offenen Auges in noch mehr Schwierigkeiten. Wie ein Alkoholiker, der versucht, das Trinken abzuschütteln, tat er das Gegenteil von dem, was er hätte tun sollen.

Er fuhr nach Billings und tauschte seine treueste Freundin, das Silberschiff, gegen einen neuen Transporter. Der Kauf des Transporters weckte seine Lebensgeister für genau einen halben Tag; dann fand er sich noch tiefer in seinen Gewissensbissen wieder. An demselben Abend tat er sich mit einigen Freunden zu einem Pokerspiel zusammen und verlor jeden Dollar, den er hatte.

Einer der Männer, der am späteren Abend zu dem Spiel dazugekommen war, sollte Lightningbolts guter Freund und seine persönliche Nemesis werden. Sein Name war Robert Fraiser.

Bobby Fraiser besaß die Baufirma Iron Horse. Er war vierundsechzig Jahre alt und wurde immer lebensüberdrüssiger. Lightningbolt hatte Bobby ein Jahr zuvor als Teilzeitarbeiter bei einem Brückenauftrag geholfen und Fraiser hatte in Lightningbolt die Voraussetzungen für den perfekten Vorarbeiter erkannt.

Fraiser war ein Mann, der wusste, wie er die Leute umschmeicheln konnte, die er manipulieren wollte. Er war bärtig und gewandt und entsprach dem Bild des erfolgreichen Geschäftsmannes. Er nutzte sein Aussehen und seinen Verstand, um zu bekommen, was er wollte.

Die Inkompetenz seiner Offizierskameraden und das Abschlachten, dessen Zeuge er in Europa und später in Korea geworden war, hatten Fraiser zu einem absoluten Zyniker gemacht. Leute bedeuteten ihm nichts. In der Tat, er hatte nichts als Verachtung für sie übrig.

Fraiser war entzückt von Lightningbolt. Er war der ideale Arbeiter und, besser noch, er wusste absolut nicht über Geld oder Geschäft Bescheid. Bobby nutzte Lightningbolts Unwissenheit zu seinem eigenen Vorteil. Er zahlte Lightningbolts Schulden und stärkte sein Ego, indem er ihm Reichtümer versprach. Und um den Handel zu versüßen, kaufte ihm Bobby einen Wohnwagen. Diese Geste beeindruckte Lightningbolt sehr.

Bobby hatte im Bau- und Stahlgewerbe Millionen gemacht und noch viel mehr verloren. Er hätte aufhören sollen, nachdem er zum zweiten Mal Bankrott gegangen war, aber er tat es nicht.

Auf Bobby wartete auch eine kleine Überraschung. Lightningbolt besaß eine traumwandlerische Fähigkeit im Umgang mit Leuten. Er mochte sie und hatte enorme Geduld mit ihnen. Einige Leute hätten alles für ihn getan, egal wie schwer oder kompliziert etwas war. Es dauerte nicht lange und er hatte Bobbys Herz und das der gesamten Mannschaft gewonnen.

Organisation war etwas, das Lightningbolt liebte. Er konnte sich selbst in einer »zielgerichteten Arbeit« verlieren. Er wachte um sechs Uhr morgens auf und ging die Probleme des Tages voller Eifer an. Vierzig Männer, Raupen, Lastwagen, Kräne, Treibstoff, das Gebäude, Arbeit und Zeit wurden zu einem aufregenden Abenteuer. Er arbeitete Tag um Tag an dem Brückenprojekt und lernte schnell.

Es war das erste Mal, dass er wirklich vom Reservat weg war. Und zum ersten Mal war Lightningbolt unter den hart arbeitenden Männern, enttäuschten Veteranen, Mittellosen und Kriminellen kein Halbblut. Die Männer scherzten mit ihm und stritten mit ihm, aber nie griff ihn jemand an, weil er ein Halbblut war, geschweige denn dass sie überhaupt gewusst hätten, was das bedeutete. Alles, was sie interessierte, war Geld, dem Militärdienst oder dem Gesetz zu entkommen und sich gegenseitig in ihren Trinkgelagen und Abenteuern mit Frauen zu übertrumpfen.

Nachdem Lightningbolt mit seinen Pflichten als Vorarbeiter vollkommen vertraut geworden war, bekam er auch Interesse an den Flussdiagrammen, die Fraiser ausgearbeitet hatte. Er brauchte nicht lange, bis ihm klar wurde, dass nahezu alles an den Flussdiagrammen falsch war. Es gab keine Sicherheitsvorkehrungen und intelligente Methoden für den Materialtransport waren in keiner Weise vorgesehen. Die Männer bedeuteten Bobby nichts – wenn ein Mann einen Arm verlor oder zerquetscht wurde, dann bedeutete das lediglich, dass er ein unvorsichtiger Narr war.

Fraiser zog niemals in Betracht, dass seine Art, wie er die Projekte organisierte, Katastrophen nach sie ziehen musste. Weil Lightningbolt der Vorarbeiter war, war auch er in ständiger Gefahr und allen möglichen Unfallrisiken ausgesetzt. Er sagte Bobby, was er von alldem hielt, aber Fraiser tat so, als ob er nichts gesagt hätte.

Schließlich setzte Lightningbolt seinen Kopf durch und handelte auf eigene Faust. Ungeachtet Bobbys Verordnungen setzte er seine eigenen strikten, oft strengen Regeln durch, die die Sicherheit verbesserten. Da das Projekt pünktlich voranging, fiel darüber kein einziges Wort.

Es gab auch noch ein anderes Gebiet, das dem Bauleiter unterstand und das Lightningbolt für änderungswürdig hielt – die Art und Weise, wie mit Material und Männern umgegangen wurde.

Sherwin Grouss war der Bauleiter. Er hatte Angst vor Fraiser, buckelte und machte Kratzfüße, sobald Bobby ein Wort von sich gab. Zwischen Sherwin und Lightningbolt entbrannten erbitterte Diskussionen über Sicherheit und den Fluss von Material und Arbeit.

An einem Wochenende beendete Lightningbolt seine Diskussion, indem er seine eigenen Flussdiagramme machte. In der folgenden Woche explodierte Grouss und drohte damit, aufzuhören. Robert Fraiser wandte Sherwin den Rücken zu und sagte nicht ein Wort über die neuen Diagramme. Er wollte, dass der Auftrag erfüllt wurde, und wenn Lightningbolt das billiger, schneller und besser erledigen konnte, welchen Unterschied machte es dann, dass der Bauleiter gehen wollte?

Lightningbolt erfuhr bald, dass das Iron Horse in tiefen finanziellen Schwierigkeiten steckte. Das einzige Stück Ausrüstung, das der Firma wirklich gehörte, war ein ramponierter alter Diesel-Traktorschlepper ohne Anhänger.

Fraiser überredete Lightningbolt zum Kauf von Firmenanteilen, anstatt seine Überstunden ausbezahlt zu bekommen. Lightningbolt war einverstanden, aber damit war die Zeit für Fraiser gekommen, es dem »neunmalklugen Vorarbeiter« heimzuzahlen. Noch am selben Tag, als der Vorarbeiter des Iron Horse seine ersten Anteile kaufte, feuerte er jeden Schweißer und die zwei Betrunkenen, die Bobby für »seine besten Verbindungsmänner« hielt. Er verkaufte als nächstes den Lastwagen und bestand darauf, alles fortan zu mieten.

Der alte Ingenieur explodierte und sagte Lightningbolt, dass er ein Idiot sei. Dass er ein paar Anteile habe, heiße noch lange nicht, dass er in der Firma gleichberechtigt sei. Lightningbolt lachte, machte Witze über Bobby und folgte ihm nach draußen, wo er den Ersatz-Feuerlöscher auf ihn richtete. Er öffnete den Schlauch nicht vollkommen, aber er spritzte Bobby doch nass.

Fraiser verschwand für beinahe eine Stunde, aber als er zurückkam, klopfte er seinem Vorarbeiter auf den Rücken und sagte, dass diese Dusche genau das Richtige gewesen sei.

Vergessen war jeder Gedanke, den Lightningbolt je für Schönheit und die Erde gehabt hatte. Vergessen war seine Suche nach Information und Leben. Estcheemah kam ihm lange Zeit nicht in den Sinn. Die zwei Karten, die er ihr in zwei Jahren schickte, besagten nichts und waren weniger als bedeutungslos.

Der jüngste Mann auf der Baustelle und gleichzeitig Vorarbeiter zu sein war nicht leicht. Sherwin begann, seine Haltung gegenüber Lightningbolt zu ändern. Es dauerte nicht lange, und er begann Lightningbolt zu vertrauen und ihn Sugar Barrel zu nennen.

Dieser Name war in Seattle entstanden. Ein Vorfall, den niemand zugeben wollte, hatte die Folge, dass elf Männer und zwei Frauen ins Gefängnis gewandert waren, und zwar für »aufrührerisches Betragen, Schlägereien, Trunkenheit und den Gebrauch von Feuerwaffen in der Öffentlichkeit«.

Lightningbolt war nicht unter den Betrunkenen; er hasste Alkohol. Er war wieder zurück am Arbeitsplatz und grübelte darüber nach, wie er mehr Geld verdienen könnte. Als er erfuhr, was sich zugetragen hatte, eilte er in die Stadt, um seine Leute aus dem Gefängnis zu holen. Er brauchte sie am Arbeitsplatz.

Nach nur wenigen Minuten Gespräch wurden Lightningbolt und der Richter Freunde. Junger Cowboy traf alten Cowboy. Sie redeten über Montana, Wyoming, das Militär, Frauen, das Bauwesen, Pferde, gute Quellen, schlechte Löhne und störrisches Vieh.

Lightningbolt wollte nicht wieder nach Seattle zurück und so schickte er Sherwin, um Bürgschaften für die Männer auszuschreiben und ihre Bußgelder zu bezahlen. Grouss erschien und sah aus, als hätte er zum Frühstück sautierte Spinnen gegessen.

Der alte Richter fragte Grouss über Lightningbolt aus und erfuhr, dass »Lightningbolt Männer dazu bringen könne, Zucker aus dem Gewehrlauf zu lecken.« Zwei der ältesten Hilfsarbeiter waren Zeugen dieses Gesprächs und gaben Lightningbolt den Namen Sugar Barrel (»Zucker-Rohr«).
Der Verstand der Leute ist eine sehr komplizierte Maschine, die über bemerkenswerte Tricks verfügt. Sugar Barrel und Lightningbolt waren wirklich nicht dasselbe Wesen. Ein Wesen kannte das andere nicht. Die kühnere der beiden Persönlichkeiten war Sugar Barrel.

Zwei Jahre später schrieb Lightningbolt einen langen Brief an Estcheemah, in dem er ihr über seine Arbeit erzählte und bemerkte, dass er sich danach sehnte, die alten Hügel von Wyoming wieder zu sehen.
Estcheemah wusste genau, dass sie sich nicht in die Ereignisse einmischen durfte, die ihren Schüler entweder stärken oder den jungen Mann zerstören würden, der wegen ihrer Lehren zu ihr gekommen war.
Ihre Antwort auf seinen Brief berührte in ihm etwas, das er ganz einfach lieben musste. Sie schrieb ihm Folgendes zurück: »Alle guten Befehlshaber schauen auf die Sicherheit im Job. Es ist die Pflicht von Befehlshabern, die Soldaten auszubilden, die im Schlachtfeld mit ihnen kämpfen.«
»Sicherheit« und »Befehlshaber« waren Schlüsselworte, auf die sich Lightningbolt und Sugar Barrel einigen konnten. Sugar Barrel verstärkte seine Sicherheitskontrollen. Lightningbolt begann, sich für das Leben der Männer, mit denen er arbeitete, zu interessieren. Aber es war Sugar Barrel, der immer abhängiger von seiner Rolle im Job wurde, welcher ihn wissen ließ, wer er war. Lightningbolt war gutmütig und Sugar Barrel war zielstrebig. Bei seltenen Gelegenheiten entspann sich zwischen diesen beiden Persönlichkeiten ein mentaler Konflikt.
Ein weiteres Jahr verging mit Langeweile und harter Arbeit, aber während des vierten Jahres schrieb Lightningbolt einen weiteren Brief an Estcheemah, in dem er sich dafür entschuldigte, nicht mit ihr zu kommunizieren. Sein Brief war voller Grübeleien über Geld.
Er erhielt einen Brief von Estcheemah, den er in seinem Werkzeugkoffer für über zwei Monate vergaß. Er reparierte ein ausgebranntes Licht am Firmentransporter, als er ihn wieder fand. Schnell riss er den zerknitterten und öldurchtränkten Brief auf und las ihn.

»Lieber Lightningbolt,
Danke für deinen Brief. Wir älteren Leute schätzen es, wenn sich die Jugend unser erinnert. Nein, das Maß von Mutter Erde wird niemals irgendeinem Maß von Geld gleichen. Denken ist eine Art zu leben und nicht der Fehler eines Vorarbeiters.
In Liebe, eine alte Dame«

Es war unmöglich, mit den großen Firmen mitzuhalten. Doch Robert Fraiser machte so weiter, als ob er einer der großen Baulöwen sei.
Iron Horse machte immer noch keinen Gewinn. Sugar Barrel war entschlossen durchzuhalten. Er diskutierte mit Bobby, bis es Einigkeit darüber gab, dass es realistischer sei, viele kleine Aufträge anzunehmen, als zu versuchen, einen großen Auftrag durchzuziehen.

Die Spannungen zwischen den beiden Männern häuften sich, als es Zeit wurde, sich nach weiteren Aufträgen umzusehen. Lightningbolt erlaubte Bobby nicht eine Sekunde ihm etwas vorzumachen. Es musste wirklich sein oder er würde gehen.

Iron Horse bewarb sich um fünf kleine Aufträge. Sie waren alle in Alaska, es ging um Stahl- und Betonbau für die Regierung. Ihr Angebot wurde angenommen und die Aufträge wurden nach Zeitplan und ohne Probleme erfüllt. Aber sie hatten die umwerfende Summe von 5000 Dollar netto pro Auftrag verdient. Nichtsdestotrotz war die Iron Horse jetzt schuldenfrei und konnte Geld borgen.

Sugar Barrel war hocherfreut, dass die Firma gut dastand, aber voller Wut darüber, dass er immer noch nicht wirkliches Geld gemacht hatte. Eine Menge Geld war verdient worden, aber es war weg, aufgebraucht, verraucht. Lightningbolt fing an, sich über sein Schicksal zu wundern.

Die nächsten Jobs rentierten sich ebenfalls, aber wieder waren eineinhalb Jahre vergangen. Die Iron Horse hatte jetzt 105 000 Dollar in ihren Safes, aber das meiste wurde in Lastwagen und Raupen investiert.

Sugar Barrel kaufte noch einen Transporter und wurde bezüglich der Arbeit noch fanatischer. Er dachte an nichts anderes als ans Bauen und wie es verbessert werden konnte.

Die nächsten drei Aufträge waren verheerend. Sie verloren Geld – und zwar eine Menge. Das Schicksal lockte mit mehr Jobs und dem Versprechen von mehr Geld. Sugar Barrel war entschlossen, kein Verlierer zu werden.

Dann machten sie Geld bei einem Auftrag in Kanada und es sah wieder gut aus. Noch immer waren die Spannungen groß und die Einsätze noch größer. Beide Partner hatten monatelang keine Freude mehr geteilt. Bobby widmete sich wieder dem Trinken und »Herumhuren«, wie er seine Spritztouren in die große Stadt nannte.

Diese Art Gespräch kam bei Lightningbolt nie gut an. Sugar Barrel dachte, die Haltung des alten Mannes sei ein wenig altmodisch, aber nicht außergewöhnlich. Dennoch gab es da auch noch ein ernsteres Problem, das zwischen Sugar Barrel und Fraiser existierte. Bobby wurde zu den unpassendsten Zeiten nachlässig und stumpfsinnig. Er schien in einer anderen Zeit zu leben, einer anderen Epoche.

Es ging dabei immer um Maschinen und wie sie am besten eingesetzt werden konnten, und auch um den Einkauf von Material. Fraiser kaufte Ramsch, anstatt nach Sonderangeboten Ausschau zu halten.

Ein Beispiel dafür ereignete sich in Alaska. Sugar Barrel war in die Stadt gefahren, um einem Arbeiter zu helfen, der sich beide Arme bei einem Sturz gebrochen hatte. Zum Glück für Iron Horse war es nicht während der Arbeit passiert – es war ein Bergunfall.

Als Sugar Barrel zum Arbeitsplatz zurückkehrte, sah er, dass Bobby zwanzig Mann angeheuert hatte, um etwas auszugraben. Er wollte seinen Augen nicht trauen. Die Arbeitsweise der Männer mit ihren Pickeln und Schaufeln war längst überholt; so wurde es einfach nicht mehr gemacht. Der Vorarbeiter feuerte alle Männer und mietete zwei Raupen, um den Auftrag in einem Zehntel der Zeit und für viel weniger Geld zu Ende zu bringen.

Ein neues Angebot war abgegeben und Sugar Barrel wartete im Motel auf Fraisers Anruf. Als er schließlich kam, wurde Sugar Barrel klar, dass der Vertrag, den Bobby unterzeichnet hatte, selbstmörderisch war. Er warf alle Probleme auf, über die sich beide dahingehend geeinigt hatten, dass sie ihre Hände davon lassen würden.

Erstens war es ein Regierungsauftrag – was immer riskant war, wenn eine Firma dritte und vierte Firmen unter Vertrag nahm, wie es Iron Horse immer machte. Zweitens war der Auftrag ein Tiefbauprojekt. Das war immer risikoreich und gefährlich. Es gab immer zu viele unbekannte Faktoren. Und drittens würden die Kosten für die Maschinen sehr hoch sein – das konnte jeden Profit aufzehren. Sugar Barrel war wütend.

Die Schwierigkeiten am Arbeitsplatz begannen unverzüglich. Ihre neue Zugmaschine rutschte an einem steilen Hang ab und stürzte in eine Schlucht. Der Fahrer entkam aus dem Führerhaus und war nicht verletzt, aber über die Hälfte des Stahls, den sie gekauft hatten, war verbogen und würde nicht mehr durch die Regierungskontrollen kommen.

Wieder war es Bobby, der Schuld hatte. Er und Sugar Barrel hatten darüber diskutiert, wie sicher die Straße war. Sugar Barrel hatte sich aus der Diskussion zurückgezogen, als der Raupenfahrer sich auf Bobbys Seite gestellt hatte. Aber die Straße war zusammengebrochen, genauso, wie Sugar Barrel es vorausgesagt hatte.

Die Kosten, den Stahl den steilen Abhang hochzuziehen, waren enorm. Zwei Raupen arbeiteten zwei Tage und zwei Nächte lang daran, das Wrack zu bergen. Als nächstes kamen die Ausgaben für das Entfernen der Bäume, die durch den Lastwagen zu Bruch gegangen waren, denn sie stauten den Fluss in der Schlucht.

Die Raupen mussten von oberhalb des Wracks arbeiten und das Metall aus der Tiefe mit langen Kabeln heraufschleppen. Die einzige Alternative war, eine breite Straße hinunter in die Schlucht zu bauen. Das kam jedoch nicht in Frage, denn sie hätte speziell präpariert werden müssen, um den »historischen Wert der Gegend zu bewahren«.

Der Unfall war ein Alptraum an Problemen und Kosten. Als alles schließlich aufgeräumt war, waren 70 000 Dollar aus den Schatullen von Iron Horse verschwunden.

Unablässiger Regen wurde das nächste Problem. Große Pumpen mussten gekauft werden, denn niemand in der Nähe bot an, sie zu vermieten. Das bedeutete, dass die Pumpen von Vancouver mit Lastwagen angefahren werden mussten. Dann war die dritte Stahllieferung zwei Wochen zu spät dran, weil Bobby vergessen hatte, die Bestellung telefonisch aufzugeben. Als nächstes entdeckten sie, dass Sherwin die Versicherungsprämien nicht bezahlt hatte.

Zwanzig Männer mussten umsonst bezahlt werden, während sie auf die Lieferung der Materialien warteten. Zu dem Zeitpunkt, als der Auftrag erfüllt war, waren beide Männer pleite.

Bobby lächelte und zuckte mit den Schultern. Die Firma war nicht ruiniert, erzählte er seinem Vorarbeiter. Sie hatten zwar kein Geld gemacht, aber sie hatten auch keine Schulden. Dies bedeutete, dass sie Geld borgen und weitermachen konnten.

»Es hat Jahre gedauert«, sagte Lightningbolt und schob seinen

Hut zurück. »Schlamm, Tod, endlose Diskussionen, mehr Geld. He, das ist es nicht wert, Bobby.« Er griff nach dem Kaffeetopf auf dem Wohnwagenofen und füllte seine Tasse. »Ich fühle mich leer da drinnen, genau wie du. Ist dir klar, wie lang es her ist, dass ich mit einer Frau zusammen war? Ich hab' nicht gebetet, nicht ein einziges Mal. Ich hab' drei Männer sterben sehen und andere wurden verwundet, alles für Geld und um Kosten zu sparen, Risiken, die eben dazugehören, Fehler – sicher, nicht meine Fehler, aber was macht das für einen Unterschied? Wessen Fehler war es?«

Fraiser hörte zu.

»Nein«, sagte Lightningbolt, wandte sich um und schaute hinaus auf den leeren Parkplatz, den sie ins Land geschnitten hatten. »Dieser Mist ist nicht sehr schön. Ich hab's satt.«

»Jeder hat das Recht, ein paar Fehler zu machen«, argumentierte Bobby und ließ sein altes Lächeln aufblitzen.

»Wie alt bist du?«, fragte Lightningbolt. »Mitte sechzig, gegen siebzig? Schau dir an, was du hast – nichts. Deine Frau hat deine Häuser. Wir zwei haben ein bisschen Kohle, unsere Fahrzeuge, unsere Wohnwägen. Was ist das schon, nach all den Jahren? Jahre der Arbeit ohne Bezahlung, kannst du das noch fassen? He, ich kann das nicht! Ich habe fast einen Krieg verloren. Ich bin eingeschlafen. Sugar Barrel. Scheiße, wer ist das? Das ist mein letzter Job.«

»Was wirst du tun?«, fragte Bobby. »Schließlich musst du arbeiten. Was erwartet dich denn? Magische Tante mit Geld?«, lachte er. »Na, jetzt bist du sauer, aber in 'ner Weile wirst du wieder Licht am Ende des Tunnels sehen. Wir müssen arbeiten, was gibt's denn sonst? Nimm dir 'ne Hure in der Stadt, hau auf'n Putz. Komm schon, Sugar Barrel.«

Lightningbolt war noch nie so deprimiert gewesen. Er ging das Flüsschen hoch, das beim Arbeitsfeld anfing. Kaum hundert Meter von der Regierungsanlage, die sie gebaut hatten, wechselte die Szenerie radikal. Die hässliche Wunde, die die Männer und Maschinen von Iron Horse in die Erde gerissen hatten, war nicht mehr zu sehen.

Das sah schon eher wie zu Hause aus. Wie konnte er diese Schönheit so schnell vergessen? Er setzte sich neben das kleine Flüsschen, das sie aufgestaut hatten. Es floss wieder frei und würde bald wieder klar sein. Er schüttelte seinen Kopf und streckte seine Hand ins Wasser; es war kalt. Er stand auf und ging, folgte dem hübschen kleinen

Fluss. Er floss so heiter in seinem Steinbett entlang, dass er schwer glauben konnte, er habe ihn einmal für einen »Feind« gehalten. Nur kurze Zeit war es her, dass dieser Bach das Lager und den Arbeitsplatz mit Wasser versorgt hatte, aber es hatte auch das Problem mit dem Grundwasserspiegel gegeben. Hasserfüllt hatte er auf den Bach geflucht. Im Rückblick erkannte er seine Verrücktheit.

Die wenigen Männer, die noch zur Stelle waren, als der Bau fertig war, hatten Beifall geklatscht, als der Damm gesprengt wurde. Sugar Barrel hatte so getan, als hätten die »Jungs« ein bisschen Spaß, und Bobby und Sherwin taten es ihm nach.

Zu dem Zeitpunkt hatte er Schulter an Schulter mit Fraiser und Grouss gestanden und zugesehen. Er und die Altgedienten waren eine Elitetruppe und er war stolz gewesen, einer von ihnen zu sein. Was für ein Witz!

Jetzt empfand er zutiefst Abscheu über sich selbst. Wer oder was war das in ihm? War er ein Speichellecker? Wie kam es, dass er so unglaublich verrückt gewesen war?

Er folgte dem Bach ein wenig weiter und fand den Platz, wo die Mannschaften ihre Trinkgelage abgehalten hatten. Whisky-, Wein- und Bierflaschen waren achtlos weggeworfen und lagen zu Hunderten zerbrochen herum, überall. Ja, jetzt erinnerte er sich, das war die berühmte »Schießgalerie«. An ihren freien Tagen kamen die Männer hierher, um Zielschießen zu üben und sich einen Vollrausch anzutrinken.

Alles war gequält, zerbrochen, verbrannt und verwundet worden von ihren »Picknicks«. Gewehrmunition, Flinten- und Pistolenkugeln hatten das Blattwerk in einem Umkreis von hundert Metern zerrissen und zerstückelt. Aus den Bäumen waren große Stücke herausgehackt, wo die »Messer- und Axtwettbewerbe« ausgetragen worden waren. Die Wunden sahen roh und schmerzhaft aus.

Er kickte das zerbrochene Glas weg. Dieser Platz erinnerte ihn an sein eigenes Leben. Er fühlte sich krank. Warum war er nicht eher hierhergegangen? Was hätte er aber auch tun können? Und doch, was hatte ihn abgehalten, wenigstens nachzusehen? Was war bloß mit ihm los?

Wo waren die Gebeine der Kreaturen, die die Männer mit ihren »Truthahnschüssen« in die Hölle geschickt hatten? Er schaute sich in dieser schrecklichen Grube der Verzweiflung vergeblich um und suchte nach Federn oder Knochen von Tieren, die sie freigelassen und dann erschossen hatten. Es gab nicht ein Zeichen, welches Geschick ihnen wohl widerfahren war.

Was hätte er als Ersatz für diese offene Wunde bieten können? Wenn sie an einen anderen Platz gegangen wären, etwa eine kleine Stadt, hätten sie auch diese in Stücke zerlegt. Nein, das hier war seine offene Wunde. Er würde sich daran erinnern.

Er hörte Fußschritte und wandte sich um, um zu sehen, wer es war.

»Ziemlich hässlich, nicht wahr?« Es war Tardy Phil, der Raupenfahrer. Er kickte die Bierdosen weg. »Ist dir dieselbe Idee gekommen wie mir, Sugar Barrel?« Er blickt sehr scheu drein.

»Lass uns aufräumen, Tardy.« Lightningbolt lächelte. »Lass Nummer acht an.«

»Kann ich nicht«, antwortete Phil weich. »Acht ist seit heute Nachmittag weg. Nein, alles was noch da ist, ist das Gummireifen-Monster.« Tardy schaute Lightningbolt fragend an. »Wieso bist du hier rausgekommen?« Ohne auf eine Antwort zu warten, schaute er weg. »Mein jüngerer Bruder ist ein Umweltschützer an der Hochschule. Er würd' kotzen, wenn er das hier sehn würde.«

Lightningbolt drehte sich auf dem Absatz herum und ging auf das Baugelände zu. Wie konnte ihm das etwas ausmachen? War Tardy verrückt? Wer konnte sich schon um alles kümmern? Er hatte mit den Männern eine gute Arbeit gemacht. Nichts war verloren worden, nichts gestohlen; das war für sich genommen ein Meisterstück!

Nein, es war nutzlos. Egal, wie sehr er versuchte, sich selbst zu trösten, der Müll, die Schnitte, die er der Erde zugefügt hatte, sahen noch immer wie scheußliche Wunden aus. Er lachte laut heraus; nahm er es zu ernst? Na ja, sie überfischten alle Ozeane. Und es gab zu viele Leute. Und die Verschmutzung unserer Erde würde möglicherweise alles vernichten. Warum sollte er sich etwas daraus machen? Wer scherte sich schon darum? Es gab doch Leute, die konnten über solche Dinge Entscheidungen treffen, war es nicht so? Gab es solche Leute wirklich?

Er fühlte sich plötzlich bestraft. Jahre und Jahre Arbeit und kein Geld – wie war das möglich? War das eine Art kosmisches Schicksal, das er durchleben musste? Warum Bobby? Warum konnte er nicht einen Mann mit ein bisschen mehr Glück und besserem Gespür treffen?

Die kritischen Fragen, die der junge Lightningbolt hätte bedenken können und die ihn etwas über sich selbst und Leben hätten lehren können, flohen seinen Geist, denn er grübelte über Geld nach. Jetzt fühlte er Selbstmitleid während er zurückging, um mit Bobby zu sprechen.

Fraiser saß gerade draußen vor seinem Wohnwagen, rauchte und trank Kaffee. Er lächelte, als er Lightningbolt sah.
»Einfach zauberhaft, nicht wahr?«, fragte er und winkte mit dem Arm. »Finde ich nicht«, antwortete der und nahm sich einen Stuhl.
»Ich garantiere dir, diesmal schaffen wir's.« Bobbys Lächeln war siegessicher. »Hat keinen Sinn, pleite aufzuhören, Kumpel. Was sagst du?«
Lightningbolt schüttelte den Kopf. »Ich hab' einige tausend auf die Seite getan, nur für den Fall, dass wir im Regen stehen. Gut, es hat geschüttet.«
»Hätt' ich bloß nie beim Militär aufgehört«, träumte Bobby weiter. »Jetzt wär' ich vielleicht ein pensionierter Oberst. Ich habe telefoniert und den Zuschlag für den Regierungsauftrag bekommen – sie haben Schwierigkeiten, die wir lösen können. Zwei Ausrüstungen gingen bei dem Versuch flöten, aber wenn ich mit dem Rücken gegen die Wand steh', dann lauf' ich zur Höchstform auf. Das weißt du verdammt gut!«
Lightningbolt dachte an Einstürze, Schlamm, Tod. Sicher, was Bobby sagte, war wahr. Er hatte es ihnen gezeigt, wenn die Dinge prekär wurden.
»Diese Idioten«, schimpfte Bobby, er stand auf. »Sie streichen das ganz große Geld ein und lassen uns die Suppe auslöffeln, die sie sich selbst einbrocken. So is' es mein ganzes Leben lang gewesen. Sogar im Zweiten Weltkrieg…«
»Ohne Vorarbeiter«, warf Lightningbolt ein. »Ich werd' für Dollars arbeiten. Keine Investition in Lastwagen. Keine magischen Hoffnungen. 's wird bezahlt wie für jeden anderen Mann. Ich will auch fünftausend Vorschuss, keine Anteile irgendwelcher Art. Denk an mich als extra Treibstoff oder sowas. Streich mich von deiner Steuererklärung.«
Der alte Mann war schwer getroffen. Einen Moment lang schien alles in ihm schwer zu werden. Er schaute seinen jungen Freund an und fühlte seinen alten Schmerz von neuem. Warum war seine Kampfeinheit in Korea so schwer getroffen worden? Warum war er an diesen gottverlassenen Platz gegangen?

Er war viel zu alt für diese Scheiße gewesen. Man musste lernen, am Ball zu bleiben.

Wenn Lightningbolt nur geblieben wäre, hätte er gesehen, dass der alte Fraiser ein Gewinner war. Es war eine Angelegenheit von Freundschaft, Loyalitäten – daran festzuhalten, bei Gott! Er würde mit diesem Grünschnabel später reden, nachdem er sich wieder abgekühlt hatte.

»Ich bin ein alter Profi«, sagte Bobby, schaute auf und in die Augen von Sugar Barrel. »Welcher gute Militarist würde deine Fähigkeiten nicht erkennen? Ich hab' nie einen Mann gesehen, der wie du die Kraft gehabt hätte, ein Projekt durchzuziehen. Wenn du mit mir in Europa gewesen wärst, wir hätten viele Panzerabschüsse pro Tag machen können. Du wärst ein Mann mit vielen Orden gewesen. Bei Jesus Christus, das meine ich wirklich!«

Lightningbolt hörte zu. »Du bist der geborene Offizier, Kleiner«, fuhr Bobby fort. »Ich schwöre bei Gott. Ich mein', was ich sage. Ich hab' den Dienst beendet mit Hauptmannsstreifen auf meiner Schulter. Ich hätt' ein Major sein können, aber ich habe das alles aufgegeben, um das gute Leben leben zu können.«

Lightningbolt stand auf, griff durch das offene Wohnwagenfenster und nahm sich eine Tasse. Er setzte sich wieder hin, goss sich selber Kaffee ein und wärmte den von Bobby auf.

»Ich wollte mehr als das, was das Militär mir zu der Zeit bieten konnte.« Fraiser versuchte ein Lächeln, aber die Anstrengung war zu groß. »Ich wollte Geld, das Abenteuer, herumhuren zu können. Was gibt es Besseres? Nichts, ich sag's dir!«

Lightningbolt rückte auf seinem Stuhl zurück und schaute hinauf in den blauen Himmel. Hier war es wieder, dieses verdammte Gefühl! Er wollte Bobby mögen. Wenn er noch länger hier saß, würde er wieder anbeißen.

»Ich werd' dir fünfzigtausend geben.« Fraiser ließ nicht locker. »Fünftausend zahl' ich dir allein dafür, dass ich dich hier habe. Das bist zu wert, Bursche.«

Sie fuhren zum »Problemplatz« und schauten sich um. Zwei riesige Tunnels waren von anderen Baufirmen in einen Berg getrieben worden. Niemand schien zu wissen, wozu die Tunnels nach ihrer Fertigstellung gebraucht würden. Das Gerücht besagte, dass nur die Regierung und der Teufel den Grund für ihre Existenz wüssten. Es war die Aufgabe von Iron Horse, »die Dinge sicher zu machen«.

Bobby nahm sich Zeit, die Tunnels zu studieren. Er hätte die Finger davon lassen sollen, aber die Caloosa GmbH, die erste Baufirma, wollte das nicht zulassen. Zwei massive Probleme starrten Bobby ins Gesicht, mit denen sich auch die anderen konfrontiert gesehen hatten – und an denen sie gescheitert waren. Ein Tunnelniveau lag über dem anderen. Diese beiden Tunnels getrennt voneinander zu halten war der Knackpunkt des Problems. Anstatt soliden Steins gab es ein Dutzend Sorten Sand und losen Kies. Deckschichten und Pfeiler waren überstürzt unter den ersten Tunnel gesetzt worden. Dieses Provisorium, so hoffte man, würde das Chaos aus Zement, Stahl, Trägern und Draht zusammenhalten.

Als Bobby das erste Mal von den Problemen hörte, die Caloosa gehabt hatte, war er gewarnt, sich darauf nicht einzulassen, und einfach »das Projekt eines natürlichen Todes sterben zu lassen«. Es gab, den Tunnelexperten zufolge, mit denen sich Bobby besprochen hatte, noch eine »hauchdünne Möglichkeit«. Wenn an den richtigen Stellen Sprengladungen angebracht würden, könnte das Ganze zum Einsturz gebracht und in ein paar Monaten beseitigt werden. So wie es jetzt war, war das Projekt eine tödliche Falle.

Bobby stellte einen Sprengexperten ein, den er aus dem Krieg kannte. Sein Freund hatte weltweit mit Sprengstoffen gearbeitet. Aber wie es sich ergab, hatte Mel Herzprobleme und schickte sein »junges Genie«, um Bobby aus der Patsche zu helfen.

Der junge Mann, der erschien, war ein Sprengexperte aus Deutschland namens Ehrhard Warne. Bobby und der Deutsche studierten den Tunnel zusammen. Zehn Tage später begann die Zeituhr zu ticken.

Die Sprengladungen wurden installiert und der größte Teil der Decke kam im B-Tunnel herunter, welches der untere Tunnel war. Der abrutschende Schlamm und Kies wurde innerhalb von Stunden gesichert und die Mannschaften arbeiteten rund um die Uhr, um den Tunnel für die folgenden Sprengarbeiten mit Stützbalken zu verstreben.

Was an Beton und Stahl nach der Explosion stehen geblieben war, war zu gefährlichen kleinen Inseln geworden, die beseitigt werden mussten, bevor der Tunnel stabilisiert werden konnte.

Lightningbolt wählte die Männer aus, die er in seiner Mannschaft haben wollte, und machte ihre Maschinen fertig. Er arbeitete mit den Männern und erlaubte Sherwin, Vormann und Oberaufsicht über alle Mannschaften zu sein. Doch die Männer in Lightningbolts Mannschaft waren nur ihm gegenüber loyal.

Sugar Barrel gab es nicht mehr. Das erfuhren die Männer bald, als sie mit Lightningbolt arbeiteten. Dieser neue Mann, Lightningbolt, kannte sich aus und sorgte für ihre Sicherheit, aber er war nicht mehr der draufgängerische und unbekümmerte Sugar Barrel.

Lightningbolt war traurig und ärgerlich. Er hielt seine Emotionen vor den Leuten um sich herum verborgen. Er beobachtete Fraiser, den alten Profi, der nach der magischen Marke suchte, wo der Profit begann.

Obwohl der junge Mann nicht die Ingenieursfähigkeiten besaß, die er gebraucht hätte, um die Risiken, die Bobby einging, zu erkennen, hatte er doch das Gefühl, dass irgendetwas falsch lief. Mit jedem Schritt, den Bobby tat, vermehrten sich die Gefahren.

Da er große Probleme witterte, hielt Lightningbolt seine Mannschaften weit von dem Abschnitt fern, wo Bobby arbeitete. Fraiser arbeitete weiter und ignorierte tollkühn die Gefahrenanzeichen, die sich häuften.

Während die anderen Mannschaften an Bobbys Seite die angesehenere Arbeit taten, verrichtete Lightningbolts Mannschaft die Schmutzarbeit.

Sherwin, der Sklaventreiber, trieb Bobbys Mannschaft an. Auch er konnte sehen, wie der Tod näher kam, aber er hatte nicht den Mut, Bobby die Stirn zu bieten. Auch er spielte so, als ob sie gewinnen könnten.

Bobby rannte um die Wette mit der Zeit und den Widrigkeiten, die sich weiterhin gegen ihn auftürmten. Er war in einem Krieg, den er zu gewinnen entschlossen war ... auch wenn es ein ungeheuerliches Risikospiel war. Wenn er Erfolg haben würde, dann wäre alles ein Kinderspiel, und er wäre ein sehr reicher Mann.

Der Zement in der Teufelssektion hielt nicht. Eines Morgens begann er zu nässen und drohte die gesamte Verstrebungsarbeit darunter zu zermalmen. Alle Arbeiten kamen abrupt zum Stillstand.

Lightningbolt rief seine Mannschaft zum Mittagessen. Er sagte Bobby, er solle seinen verrückten Wettlauf um die Beendigung des Projekts einstellen, denn er könnte seine Männer töten. Ein lautstarker Streit entbrannte zwischen ihnen, den die Männer lustig fanden. Für sie sah Lightningbolt ganz plötzlich sehr jung und sensibel aus, ja sogar feige.

Bobby ließ seine Mannschaft abstimmen. Sie stimmten dafür, zu bleiben und zu arbeiten.

Lightningbolt war trotzig; er weigerte sich, die Männer seiner Mannschaft an die Arbeit zu lassen. Es war genau achtundzwanzig Minuten vor elf Uhr, als Lightningbolt seine Männer anwies, zu Mittag zu essen und sich auf große Probleme jeglicher Art vorzubereiten, die möglicherweise entstehen würden.

Sherwin und Bobby nahmen ihre Mannschaften aus dem Hauptprojekt heraus und beschäftigten sie mit »Flickarbeit«. Lightningbolt hatte diesen Ausdruck noch nie gehört und vertraute nicht einmal seinem Klang.

Dan, der Pulveraffe, kam um Mittag aus dem Tunnel und scherzte mit Lightningbolts Mannschaft, während er seinen Draht holte. Lightningbolt fragte ihn, wie die Dinge standen. Dan sagte, er wisse es nicht, es sei schwer für ihn zu beurteilen. Es sah schlecht aus, aber es sah auch einfach aus. Er kehrte zu seiner Arbeit zurück.

Lightningbolts Mannschaft hatte gegessen und war jetzt beim Baseballspielen. Es war achtzehn Minuten nach eins. Wenn es Bobby wirklich gelingen würde, das Projekt zu retten, würde Lightningbolt wie ein Narr dastehen. Die Uhr tickte weiter und die Männer wurden weiterhin bezahlt. Die Kosten wuchsen minütlich und Lightningbolt bekam Angst, er sei übervorsichtig gewesen.

Sherwin schickte seine Mannschaft um zwei Uhr zum Essen hinaus. Bobby und Sherwin blieben zurück, um mit Dan, dem Pulveraffen, und Ehrhard aufzuräumen.

Kaum hatten die Männer von Sherwin die Tunnelöffnung erreicht, als sie einen Krach hinter sich hörten, der ihnen den Magen umdrehte. Mit einem gewaltigen Zischen schoss Luft aus dem Tunnel. Der Donner fallenden Metalls, Gesteins und Schlamms wurde von den Schreien der Mannschaften beantwortet, die sich für einen Rettungseinsatz bereitmachten. Es klang, als sei der ganze Tunnel zusammengestürzt.

Lightningbolt hatte den Männern gezeigt, was für den Fall eines solchen Problems zu tun sei. Er hatte die Männer viele Male üben lassen. Jetzt bewegte er sich mit seinen Männern und Maschinen in den Tunnel hinein. Zwei riesige Suchscheinwerfer, die auf einen Frontlader montiert waren, durchdrangen den Staub und das Dunkel, aber sie schienen zu schwach.

Lightningbolt ging voraus, ihm folgte Tardy, der Raupenfahrer, mit seinem Frontlader nach. Die Mannschaft hielt mit dem Lader Schritt. Sie gingen vorsichtig, bis sie zur Sektion drei kamen und Halt machten. Vor ihnen lag ein hoffnungsloses Gewirr aus verbogenen Eisenträgern und Beton.

Lightningbolt sah Bobby und rief nach Schweißbrennern. Der Pulveraffe und Sherwin waren tot, zerschmettert von Eisenträgern und fallendem Gestein. Es war ein Wunder, dass Bobby noch am Leben war. Ehrhard war nirgends zu sehen.

Fraiser war zwischen zwei massiven Betonsäulen eingeklemmt. Blut rann aus Mund und Augen. Lightningbolt konnte sehen, dass sein Arm nur noch aus zerquetschtem Fleisch und zersplitterten Knochen bestand.

»Kannst du das glauben, Bursche?«, sagte Bobby. Jedes seiner Worte war blutiger Schaum. »Ich fühl' überhaupt nichts ... sieht so aus, als ob Sherwin tot ist ... sehr schlimm ...hab' nie so einen Fehler gemacht ... siehst du ...«

Bobby kippte nach vorn und war tot.

Lightningbolt ordnete für alle den Rückzug aus dem Tunnel an.

Am folgenden Nachmittag ließ sich James Harrison sehen. Jim kam von der Firma Caloosa, die ursprünglich das Angebot für das Projekt abgegeben und Bobby angestellt hatte. Der Hubschrauber, der ihn absetzte und dann am Himmel verschwand, beeindruckte Lightningbolt sehr.

Jim besprach sich mit Lightningbolt und entdeckte, dass Ehrhard am Leben und noch immer im Tunnel gefangen war.

Lightningbolt und seine Mannschaft hatten ihn frühmorgens aus dem alten Aufzugschacht heraufrufen gehört, einige Meter vom Teufelssektor entfernt. Der Schacht war nicht vollständig verschüttet, sodass die Männer zu Ehrhard hinunterrufen konnten. Irgendwie hatte er überlebt. Er bat um Sprengstoff und Nahrung.

Am selben Tag rief Jim die Männer zusammen und hielt eine Besprechung ab. »Weil das Wasser die Sektion wegfrisst, werden wir jetzt etwas unternehmen müssen – oder Ehrhard sterben lassen.« Er gestikulierte in Richtung der Karte, die Lightningbolt angefertigt hatte. »Ein Einsturz ist entlang dieses gesamten Saums möglich. Der Mann da drunten wird entweder ertrinken oder zerquetscht werden, wenn wir ihn nicht schnell rausholen.«

»Er ist in dem Abschnitt hier«, sagte Lightningbolt und zeigte auf die Karte. »Ich denke, jemand kann durchkommen. Wir haben eine tiefe Rinne gefunden, die hier für elektrische Arbeiten gegraben wurde – sie ist offen, glaube ich. Ich könnte da durchkriechen.«

»Hol den Mann raus und ich werd' sehen, dass du eine Belohnung kriegst«, versprach Harrison. »Ich mach' dir keinen Vorwurf, wenn du nein sagst.«

Lightningbolt schrieb einen Brief an Estcheemah, in dem er ihr sagte, was er vorhatte. Er war sich nicht recht sicher, warum er das tat, aber zu dem Zeitpunkt fühlte er sich sehr heldenhaft.

Zwei Umstände kamen an diesem Punkt in Lightningbolts Leben zusammen. Zunächst hatte er gefühlt, dass er noch nie im Leben etwas geleistet hatte. Hier war seine große Gelegenheit, allen seinen feurigen Mut zu zeigen. Er brauchte den Sieg, denn Bobby hatte ihn beschuldigt, ein Feigling zu sein. Er konnte sich auch sehr gut mit Caloosa stellen, wenn er gewann. Wenn er verlor, was machte das schon für einen Unterschied?

Der zweite Umstand, der auf den ersten traf und alles noch viel gefährlicher machte, war Lightningbolts Drang, ein Held zu sein. Kein anderer würde sich auf dieses Risiko einlassen. Das machte die Aufgabe, die vor ihm stand, nur noch mehr zu einer Herausforderung.

Ein paar Stunden später stand Lightningbolt mit Jim unter der Erde in den Tunnels. Die beiden Männer gingen die Tunnelpläne immer wieder von neuem durch und studierten alles, was sie kannten, im Detail, diskutierten, gaben Schätzungen über das, was sie nicht wussten, ab. Sie erstellten eine Liste der Werkzeuge und Ausrüstung, die sie für nötig erachteten: Seile, Sprengstoff, Helmlampen, Funkgeräte, Werkzeuge, Nahrung.

Sie verließen die Tunnels, gingen zum Bürowagen und diskutierten noch etwas weiter. Kaffee und Essen wurden gebracht, während Simms, Lightningbolts Schweißer, die zwei Rucksäcke fertig machte, die sein Freund mitnehmen würde. Lightningbolt würde einen der Rucksäcke vor sich herschieben müssen, während er durch das verbogene Metall kroch, und dann den zweiten hinter sich herziehen.

»Ehrhard spricht höchstens zehn Worte Englisch«, sagte Lightningbolt zu Jim. »Es wird schwer für mich sein, mit ihm zu reden, wenn ich ihn finde.«

Jim stand auf und ging zur Tür. »Säcke fertig, Simms?«, rief er.

Zwanzig Minuten später zog Lightningbolt seinen Grubenhelm fest. Er untersuchte die Säcke sehr sorgsam, dann ging er sie noch einmal mit Simms durch und versicherte sich, dass alles vorhanden und für alles gesorgt war.

»Überprüft und nachgeprüft«, sagte Simms und schwenkte ein Stück Papier. »Alles ist hier, bis hin zu extra Zangen und Streichhölzern.«

Lightningbolt nahm die Liste und las jeden Gegenstand laut vor, bis jeder Gegenstand ein zusätzliches x als Markierung trug.

»Ich hoffe, dass Ehrhard so gut mit Sprengstoffen umgeht, wie die Leute sagen«, murmelte Lightningbolt.

»Ein Experte«, versicherte Simms seinem Freund. »Er kann eine Fliege bewegen oder einen Berg in die Luft blasen.« Er grinste.

»Gut.« Lightningbolt lächelte. »Sehr gut. Lass die Pumpen mit voller Kraft laufen«, sagte Lightningbolt zu Simms. »Dieses Wasser ist mein schlimmster Feind.«

Simms klopfte Lightningbolt auf den Rücken, während dieser sich hinunterbeugte, um in den Durchgang einzusteigen. Lightningbolt blickte über seine Schulter zurück. »Ruhe«, befahl er. »Denk daran, denn ich muss jedes kleinste Geräusch hören, das das Metall machen wird.«

Simms schaute auf seine Uhr. »Werd' ich tun«, antwortete er. »Genauso wie wir es vereinbart haben. Ich werd' die Pumpen in exakt fünf Minuten ab- und sie in einer Stunde wieder anschalten. Niemand wird ein Geräusch machen. Viel Glück, Grünschnabel.«

Lightningbolt bewegte sich vorsichtig in das Stahlgewirr hinein. Er kroch mit äußerster Vorsicht über die eingestürzten Träger und schickte sein Helmlicht in jede Richtung.

Das Gewirr war fürchterlich! Nachdem er durch den ersten Dschungel von verbogenem Metall gekrochen war, blickte er vorsichtig umher. Er konnte das Geräusch von tropfendem Wasser hören – es musste ganz nah sein. Das bedeutete Unterhöhlungen und plötzliche Verschiebungen. Er spähte durch die lastende Düsternis und versuchte zu entdecken, wo der Strom war. Er wusste, dass das Wasser langsam das Fundament der Verstrebungen, die noch stehen geblieben waren, wegnagte.

Jetzt war es Zeit für ihn, einen Entschluss zu fassen. Sollte er umkehren oder weitergehen?

»Von hier geht's automatisch weiter rein, Dummkopf«, sagte er laut zu sich selbst. »Kannst nicht grübeln – Zeit, die Gruselgeschichten abzuschalten.«

Er kroch weiter durch Schlamm und Schlick und berührte probeweise jeden Träger mit den Fingern. Das Dunkel war erstickend, schrecklich. Jeder Nerv in seinem Leib war gestrafft.

Sein eigener Atem klang überlaut in seinen Ohren. Aber da war noch ein anderes Geräusch oder vielmehr ein Mangel an Geräusch – ein warnendes Schweigen. Sein ganzer Leib verkrampfte sich und seine Muskeln schmerzten. Was war es? Was war anders? Er suchte hektisch um sich herum, dann entzerrte ein Lächeln seine Lippen. Die Pumpen waren abgeschaltet worden. Das langsame, stetige, dumpfe Pochen hatte aufgehört.

Lightningbolt wurde hysterisch. Aber er wusste es nicht. Hatten sie die Pumpen abgeschaltet, damit er besser hören konnte?

Ein massiver Balken lag ihm jetzt im Weg und er berührte ihn – er wackelte sehr. Behutsam hob er den Sack mit dem Sprengstoff darüber, dann folgte er selbst.

Er stieß den Sack wieder nach vorne, dann wartete er. Schweiß rann über sein Gesicht. Er ruhte sich aus und kam wieder zu Atem. Sein Herz schlug viel zu schnell, er würde sich beruhigen müssen.

Er versuchte, seine Nerven zu besänftigen, indem er in seinem Geist ein Medizinlied sang. Er schob den Sack um das nächste Hindernis herum und kroch behutsam hinterher. Jetzt musste er seine Koordinaten wieder finden. Wie weit war er gekommen? Wie viel Zeit war vergangen? Jedes Zeitgefühl hatte Lightningbolts Geist verlassen. Er kroch und tastete sich am Boden entlang, bis in seinen Wesenskern hinein von Angst geschüttelt.

Minuten wurden Stunden und Stunden wurden kleine Ewigkeiten. Weit oberhalb von Lightningbolt kämpften Männer, um die Pumpen am Laufen zu halten. Sektionen brachen Stück für Stück zusammen und niemand wusste, welche als nächste fallen würde. Pumpen wurden aus einer Sektion herbeigeholt und in einer anderen gestartet; alle rannten um die Wette mit der Zeit. Unten, wo Lightningbolt sich in dem Trümmerhaufen abmühte, hörte er die Pumpen laufen, dann plötzlich anhalten.

Der Sack wurde zu einer Last, Lightningbolt fiel das Atmen schwer. Er hielt an um auszuruhen. Das abscheuliche Dunkel lag als Druck auf ihm und drohte, sein schwaches Licht auszulöschen. Wenn es nur mehr Licht gäbe!

Er fühlte sich unvermittelt sehr deprimiert. Der beißende Geruch von geschweißtem Stahl, Schlamm, Morast und Ölspuren hing drückend in der lastenden Düsternis. Er kämpfte sich weiter und weiter vorwärts.

Dann fand er einen Bauhelm. Er wusste, eine Leiche musste in der Nähe sein, begraben unter dem Schutt. Das Blut auf dem Helm sagte ihm das. War der Helm vom Wasser hierher getragen worden? Wo war der Tote?

Ja, da war er, der unmissverständliche süße, stinkende Geruch des Todes. Der Mann verweste bereits irgendwo im Dunkel. So schnell er konnte, bewegte er sich von dem Gestank weg.

Er kroch eine weitere halbe Stunde und stieß auf eine kleine Straße mit verbogenen Trägern und zerbrochenem Zement, die zehn mal zwölf Fuß lang war. Diese Sektion des Tunnels sah sehr gefährlich aus. Er bewegte den Sack nach vorn, dann prüfte er den, den er trug, und versicherte sich, dass er nicht ausgleiten würde. Er ruhte sich wieder aus und versuchte, so intensiv er konnte, der niederdrückenden Schwärze zu trotzen, die ihn zu verschlingen drohte.

Wir werden diesen verdammten Sarg nicht teilen, Ehrhard, sagte er in seinem Geist. Sei du gefälligst am Leben!

Lightningbolt kroch wieder nach vorn. Wo war die verdammte Mitte dieses Tunnels? War es hier?

Er spähte über den breiten Weg auf ein monströses Gewirr aus zerborstenem Zement und zerquetschtem Metall. Er stieg über den nächsten Träger weg und um einen dicken Zementblock herum und versuchte, nicht einmal eine Spinnwebe zu berühren. Wann immer er Metall berührte, meinte er zu spüren, dass es leicht zitterte. Jedes Mal, wenn das passierte, verknotete sich sein Magen vor Angst.

Dann grüßte ein anderer Laut seine Ohren – fließendes Wasser. Wo war das? Er stolperte leicht, dann erstarrte er. Er lauschte. Er richtete sein Helmlicht hierhin und dorthin, um zu sehen, wo das Tröpfeln herkam, aber er konnte es nicht lokalisieren.

Die Dunkelheit täuschte seine Augen einen kurzen Augenblick lang, und er fühlte einen Anflug von Schwindel. Er setzte sich nieder und rang mit seinen Emotionen, bis er sie wieder unter Kontrolle hatte. Er beruhigte sich langsam, fühlte ein leichtes Zittern. Sein rechter Arm krampfte und seine eigene Hand versetzte seiner Wange einen leichten Schlag.

»Ruhig, alter Gaul«, sagte er laut. »Du Irrer ...« Er beendete den Satz nicht.

Der Klang seiner Stimme hatte ausgereicht, ihn wieder zu festigen. Er bewegte sich wieder. Er kroch weitere zehn Meter. Das Gehen war eine Folter.

Sein Helmlicht enthüllte plötzlich eine undurchdringliche Wand aus Zement und Metall, die sich vor ihm auftat und aussah, als habe sie keinerlei Öffnung. Er zog seinen Helm aus und suchte die Wand mit seinem Licht ab. Er blinzelte den Schweiß von seinen Augen, dann untersuchte er, was sich über seinem Kopf befand. Alles hing herunter, drohte herunterzustürzen. Jetzt schaute er das erste Mal auf seine Uhr.

»Vier Stunden!«, japste er. »Unmöglich. Zur Hölle. Schau auf deine Uhr ... Nein, vergiss es!« Er schüttelte seine Uhr. Eine Flut von Ungeduld ergriff ihn. Er grub in dem Sack, der die Sprengstoffe enthielt, hektisch nach einer zweiten Uhr.

»Und wenn schon!«, knurrte er. »Na und, vier Stunden? Was soll's? Keine Panik, vergiss die Uhr.«

Er schaute wieder auf die Uhr, dann erinnerte er sich an die Pumpen. Warum waren die Pumpen an- und abgeschaltet worden? Was war mit den Pumpen los?

»Die gottverdammten Pumpen!«, schrie er.

Er setzte sich schwerfällig und versuchte, seinen Atem zu kontrollieren. »Krieg dich wieder ein, Lightningbolt. Du blöder Kerl«, fluchte er, »du stirbst sowieso, wenn du dich nicht unter Kontrolle hast.« Innerlich kochte er darüber, dass er in Panik verfallen war. Zur Hölle mit den Pumpen.

»Pass auf die Zeit auf«, sagte er mit einem tiefen Seufzer. »Pass auf die Zeit auf ... Tempo ... mach dein eigenes Tempo ... Pass auf die Zeit auf!«

Er wandte sich wieder der Aufgabe zu, die vor ihm lag – durch die Mauer zu kommen. Plötzlich hörte er das langsame und stetige Dröhnen der Pumpen. Ein Schock ließ seinen Leib steif werden.

Pumpen, Pumpen? echote sein Geist. Er rieb sich die Stirn, seine Energie war wie weggeblasen.

Er gab sich eine harte Ohrfeige. »Denk, denk, was ist passiert?« Wieder sah er auf seine Uhr. Offensichtlich hatten die Pumpen gestoppt. Offensichtlich waren sie wieder angedreht worden. Wann, wo, wie, was? Es spielte keine Rolle. Sein Geist hatte alles durcheinander gebracht. »Auf deine Füße«, schnarrte er. »Wie spät ist es?«

Er studierte die Wand vor sich sehr sorgfältig. Er bemerkte, dass er sich krank fühlte. Er versuchte, sich zu übergeben, aber nichts kam hoch. Seine Beine schlotterten und Schweiß überflutete sein Gesicht.

Lightningbolt setzte sich wieder hin, dann kämpfte er, bis er den Deckel von seiner Feldflasche herunterbekam. Er trank mit tiefen Schlucken, dann nahm er sich Zeit, drei Schokoriegel zu essen. Sein Leib zitterte. Langsam bekam er seinen Atem unter Kontrolle.

Er fluchte die Wand an, während er suchte. Wo sollte er schneiden? Er war ärgerlich, dass er nichts von Sprengstoff verstand.

»Blas sie um«, sagte er, während er suchte. »Lass sie explodieren.« Er biss sich auf die Lippen, dann lachte er. Er summte eine Melodie, während er das Metall absuchte. Würde Ehrhard wissen, wie sie gesprengt werden konnte? Ihre Rückkehr hing davon ab. Plötzlich gefror er wieder. Und wenn Ehrhard tot wäre?

Nein, er war nicht tot. Licht. Licht, wunderbares Licht. Er drückte gegen die Wand und zu seiner Überraschung fiel ein Stück Zement durch. Aber der plötzliche Fall erschreckte ihn zu Tode. Er stand mit wackligen Beinen auf, zog seine Hose herunter und erleichterte sich. Der Geruch von Fäkalien vermengte sich mit dem Gestank des Tunnels.

Er bewegte sich durch die Wand und sah einen sehr weitläufigen Raum. Sein Licht berührte die oben liegenden Träger.

Was hielt sie da oben? Er wollte nicht einmal raten. Seine Haut kräuselte sich, als er den breiten Tunnel entlangeilte. Als er den nächsten Haufen Metall erreichte, sah er Licht.

»Ehrhard!«, rief er.

»Vorsicht! Schnell, das Bauwerk ist gefährlich. Schnell!«, antwortete Ehrhard auf Deutsch.

Lightningbolt glitt durch die letzten Meter von Metall und stand jetzt in einem Tunnel – kein Schaden in diesem Abschnitt. Wenn er gewusst hätte, dass Ehrhard davor warnte, dass der Überhang gefährlich und im Fallen begriffen war, wäre er weggerannt.

»Funkgerät«, sagte Ehrhard und sah alarmbereit aus. Er wies auf Lightningbolts Rucksack. »Funkgerät?«

Lightningbolt setzte sich nieder, energieentleert. Seine Beine verweigerten ihm ganz einfach den Dienst. »Das verdammte Funkgerät«, fluchte er. »Das gottverdammte Funkgerät.« Er schüttelte den Kopf. »Ich hab's nicht angedreht. Mist!«

Er grub in seinem Rucksack und holte eines der beiden Funkgeräte heraus, die er mitgebracht hatte. Er drehte es an und reichte es Ehrhard.

Der Ingenieur stellte das Funkgerät ein und fragte nach Simms. »Ehrhard«, antwortete Simms Stimme. »Was geschieht, Ende.« Lightningbolt grub sein Gerät aus und machte es an. »Simms«, sagte er. »Ich bin hier, hab' vergessen, das verdammte Funkgerät anzumachen. He, uns geht's gut.«

»Warum hast du dein Funkgerät nicht angemacht?«, fluchte Jim.

»Idiot.« Lightningbolt wollte nicht antworten.

»Das Wasser im Tunnel ist schlecht«, sagte Ehrhard, während er aus Lightningbolts Feldflasche trank. »Und der Luftschacht ist zerstört, einer ist überflutet.« Er deutete in den Tunnel hinunter. »Sehr tief.«

Lightningbolt schüttelte seinen Kopf, dann grinste er. »Gut, hm?«, fragte er und dachte, er spreche über das Wasser in seiner Feldflasche.

»Schlecht!«, antwortete Ehrhard und deutete auf das Wasser im Tunnel. »Bald kommt es hierher, wir müssen schnell arbeiten.«

Lightningbolt runzelte die Stirn, dann schüttelte er seinen Kopf.

»Schlecht, sehr schlecht! Tunnelwasser«, sagte Ehrhard und deutete wieder auf das Wasser im Tunnel. »Vergiftet!«

»Schlecht?«, antwortete Lightningbolt.

»Nicht trinken, Wasser schlecht!«, insistierte Ehrhard.

»Schlecht«, nickte Lightningbolt. »Nicht trinken?« Ehrhard nickte.

»Was passiert?«, kam Jims Stimme über das Radio.

»Gib uns eine gottverdammte Minute«, gab Lightningbolt aufbrausend zurück. »Wir werden dich über die Veränderungen informieren. Over.«

»Es ist vier Uhr früh!«, fluchte Jim. »Wir haben dich fast schon aufgegeben. Kannst du Wasser sehen? Musstest du die ganze Strecke kriechen?«

»Ja, musste ich, den ganzen Weg«, antwortete Lightningbolt. »Und ich hab's vermasselt und die Funkgeräte vergessen. Ja, es ist viel Wasser hier. Sieht wirklich schlecht aus.«

»Der nächste Abschnitt ist unpassierbar«, informierte Jim ihn. »B-Sektion geschlossen, Pumpenleitungen zerquetscht, jetzt schau bloß, dass du da rauskommst.«

Lightningbolt konnte lediglich noch seinen Finger vom Funkgerät nehmen, als ein donnerndes Getöse aus dem Tunnel, den er gekommen war, widerhallte.

Ein Stoß aus Luft und Trümmern, der Übelkeit verursachte, würgte sie. Dann kehrte eine unheilschwangere Stille ein. Ehrhard wurde blass. Lightningbolt stand straff gespannt.

»Wir müssen schnell machen«, warnte Ehrhard und grub nach dem Sprengstoff im Rucksack. »Es ist gefährlich.«

Lightningbolt wusste, dass er sagte, es sei gefährlich.

»Ja«, sagte Ehrhard und deutete in die Richtung, wo der Einsturz erfolgt war. »Ich lasse das Ganze explodieren.«

Lightningbolt wusste, dass Ehrhard bereit war, die erste Sprengladung anzubringen. Sie würde das gefährliche Dach herunterholen – erst dann könnten sie ihren Weg zurück in die Sicherheit antreten.

Sie krochen durch das Chaos zurück und legten die ersten Ladungen. Um sich vor der Erschütterung abzuschirmen, mussten sie in den Tunnel zurückweichen, der etwa sieben Meter nach innen eine leichte Biegung machte. Sie schleppten sich mühsam durch das Wasser, dann pressten sie sich flach gegen die Wand. Sie standen jetzt fast einen Meter tief im Wasser.

Die Druckwelle der Explosion verursachte bei beiden Nasenbluten. Der gewaltsame Stoß warf sie um, sodass sie sich im trüben Wasser wälzten.

»Zu viel!«, fluchte Lightningbolt, während er auf seine Füße kam. »Du wirst uns taub machen!« Er fegte den Schlamm von seinem Overall.

Ehrhard stand auf und wischte den Schmutz von seinen Armen. »Zu viel«, runzelte er die Stirn. »Ich habe ein bisschen Angst.«

Sie untersuchten den Durchgang; die Sprengung war ein Erfolg gewesen – alles war heruntergekommen und sah solide aus.

»Phase eins!«, brüllte Lightningbolt ins Funkgerät. Seine Ohren klangen.

»Solide, wiederhole, solide.« »Solide«, antwortete Jims Stimme. »Klang, als ob ihr die Hälfte der Ladungen verbraucht hättet. Over.«

»Ja«, antwortete Lightningbolt. »Over.«

Zusammen krochen sie sehr vorsichtig weiter, über vier Stunden lang, hatten aber erst knappe zwanzig Meter des Tunnels zurückgelegt.

Sie legten die nächsten Sprengsätze und machten sich aus dem Staub. Die zweite Explosion war nicht so fürchterlich und erreichte ihr Ziel. Lightningbolt berichtete, dass Phase zwei erfolgreich gewesen war.

Die zwei Männer schüttelten sich die Hände, dann stießen sie weiter in den Tunnel vor, um die letzten Sprengsätze zu legen – jenseits dieses Punkts war die Freiheit.

Weitere Stunden vergingen. Das Wasser kroch ihnen nach. Jim war hektisch. »Phase drei«, schrie er über das Funkgerät. »Wie ist es? Wie ist es?«

»Okay«, fluchte Lightningbolt. »Machen uns fertig für Phase drei. Das Wasser ist uns auf den Fersen, sieht schlecht aus.«

»Phase drei«, echote Jim aus dem Funkgerät.

Während Ehrhard die Sprengsätze legte, donnerte ein abscheuliches Grollen durch die Tunnels. Eisen zerbarst und schrie. Der Ton war ohrenbetäubend.

Schwere Eisenträger sackten von der Decke herab und rammten sich in den Boden mit einem Getöse, das Lightningbolts Herz mit Widerwillen füllte. Er bedeckte automatisch seinen Kopf, dann sank er auf seine Knie und erwartete das Schlimmste. Das Geräusch hatte keine Ähnlichkeit mit irgendetwas, das er je gehört hatte. Die gesamte Welt vibrierte und erzitterte. Er wurde besinnungslos.

Das nächste, was Lightningbolt wusste, war, dass er stand und brüllte. Er kickte seinen Helm mit seinen Füßen. Stille kehrte ein und gleichzeitig furchtbare Dunkelheit. War er am Ersticken? Woher kam dieses dichte Dunkel? Wurde er lebendig begraben? Warum schrie er?

Lightningbolt fiel auf seine Knie und begann, wild im Schlamm und in der Dunkelheit nach seinem Helm zu suchen. Er fand ihn und streifte ihn sich über den Kopf. War das er, der so schwer atmete? Wer stöhnte da?

Entsetzt fummelte und fingerte er an seinem Helmlicht herum. Das Licht ging an, verdüsterte sich leicht, dann wurde es wieder stärker. Er setzte sich abrupt hin.

Lightningbolt stand noch unter Schock. Er saß da und versuchte zu verstehen, was er sah. Langsam, fast automatisch, drehte er das Licht weg. Der Trümmerhaufen aus Zement und Metall wollte nicht real werden. Er schwebte in einer Wolke von Phantasie für die Dauer einer vollen Minute, bevor ihm deutlich wurde, dass Jim seinen Namen aus dem Radio rief.

»Lightningbolt!«, rief das Funkgerät.

Langsam und steif griff Lightningbolt nach dem Funkgerät.

»Lightningbolt«, sagte Jim aus dem Funkgerät. »Lightningbolt.«

Seine Stimme klang sehr weit weg. Erst nach einer weiteren Minute konnte Lightningbolt Jim zusammenhängend antworten.

Lightningbolts Kopf begann wieder klar zu werden. Plötzlich fiel ihm ein, dass er ja mit Ehrhard unterwegs gewesen war. Hektisch schaute er herum und sah, dass Ehrhard während des Einsturzes in einem entsetzlich verbogenen Metallhaufen eingeklemmt worden war. Aber mit Ehrhard schien alles in Ordnung zu sein – es war ein Wunder, dass er am Leben war. Die Situation sah schlimmer aus, als Lightningbolt die Falle mehr aus der Nähe untersuchte. Jede falsche Bewegung würde Ehrhard zerquetschen. Er versuchte, Jim zu erklären, was sich zugetragen hatte, gab aber den Versuch auf.

Der Ingenieur wusste um seine Situation besser Bescheid als Lightningbolt, konnte aber nichts erklären. Er wartete in seiner Falle auf sein unvermeidliches Ende. Wenn der falsche Träger durchtrennt würde, würde er sofort zerquetscht werden. Aber wenn er nicht befreit werden konnte, würde er langsam ertrinken.

Lightningbolt sah nach der Zeit; es war acht Uhr morgens. Er klopfte auf seine Uhr. Stimmte die Zeit? Wo war die Zeit hingegangen? Wo im Tunnel befanden sie sich?

Das Wasser stieg beständig.

Er studierte den Käfig, versuchte, die Schnittstelle festzulegen. Lightningbolt brauchte eine halbe Stunde, um zu entscheiden, welcher Träger zu durchtrennen war. Das Wasser stieg schnell.

Ehrhard schloss die Augen, als Lightningbolt seinen Rat für den Schnitt erbat. Er schüttelte den Kopf, verweigerte die Antwort.

Als Lightningbolt den Träger halb durchtrennt hatte, hielt er inne. Ehrhard weinte. Das Wasser reichte ihnen jetzt fast bis zu den Knien.

Plötzlich erschien ihm der Träger, an dem er zu schneiden begonnen hatte, nicht mehr richtig. Lightningbolt schloss seine Augen und holte Estcheemah in seinen Geist. Er wusste, dass sie um diese Zeit in ihrer Meditation saß. So hielt sie es jeden Morgen.

»Heilige Frau«, betete er zu ihr. »Estcheemah, höre mich. Ich bin voller Angst. Bitte sprich zur Kreatorin und zum Kreator – WahKahn und SsKwan. Sag Mutter Göttin Leben, sie möge mir helfen.« Er seufzte. »Bitte lass diesen Träger den richtigen sein.«

Die Zeit hält für jede Person einen Moment bereit, in dem ein Empfinden für Vollkommenheit sie berührt. Es gibt keine einzige Person, die lebt oder leben wird, die das nicht zu einer bestimmten Zeit empfindet. Diese Vollkommenheit ist die Erde, die mit der Person in einer Schwierigkeit mit-empfindet. Ein Fühlen begleitet dieses Empfinden, das nirgendwo anders in der Zeit existiert – es ist Mutter Erdes Anwesenheit und Liebe.

Lightningbolt fühlte diese Anwesenheit und sein gesamtes Wesen veränderte sich. Ein tiefes Empfinden von Stille beruhigte ihn und linderte den aufgewühlten Geist. Er hatte Erden-Liebe gefühlt.

Er war eben dabei, seinen Schnitt weiter fortzusetzen, als er plötzliches Wissen hatte, er solle den Balken zur Linken wählen und höher ansetzen. Er hielt in seinem Tun inne und begann, den nächsten Träger zu durchtrennen. Ehrhard wimmerte vor Angst, blieb dann sehr ruhig sitzen und begann langsam zu atmen.

»Tu es«, flüsterte Ehrhard. Er nickte Lightningbolt zu.

Lightningbolt durchtrennte den Träger. Das Stück Metall fiel herunter und trudelte in vier Fuß Wasser hinein. Ehrhard kroch aus der Falle heraus.

Langsam bewältigten sie ihren Weg bis zum nächsten Problem.

Ehrhard war schwach auf den Beinen, aber er brachte alle seine Ladungen an. Sie zogen sich zurück, bis ihnen das Wasser an den Hals reichte. Die Ladungen explodierten und in jedem Abschnitt regnete es Stahl und Zement, aber nicht ein Steinchen prallte an ihre Helme. Schließlich schleppten sie sich aus dem Tunnel, erschöpft und in Hochstimmung.

Der Firmenarzt untersuchte Ehrhard und Lightningbolt und wies sie beide an, nach Hause zu gehen. Sie waren sehr erschöpft, aber es gab keine gebrochenen Knochen.

Der Beifall, den Lightningbolt erwartet hatte, wurde ihm nicht zuteil. Alle Männer von der Baustelle waren entlassen worden, außer Simms und einem anderen Mann, den Lightningbolt nicht kannte.

»Eine andere Firma kommt«, kündigte Simms an und klang überformal. »Ich werd' bei Caloosa mitmachen. Es war gut, dich kennen zu lernen, Lightningbolt.« Er schüttelte Lightningbolts Hand, wandte sich um und ging davon.

Lightningbolt ging zu seinem Wohnwagen und fand Jim, der auf ihn wartete.

»Wohin soll der Scheck geschickt werden?«, fragte Jim, seine

Stimme war kalt, fast anklagend. Es war mehr als offensichtlich, dass er dachte, Lightningbolt sei ein Narr, weil er in die Tunnels gegangen war.

Lightningbolt kritzelte Estcheemahs Adresse und reichte sie ihm hin. Er beobachtete, wie Jim wegging, ohne auch nur Dankeschön zu sagen.

»So ist es also, ein Held zu sein – und ein Narr?«, sagte Lightningbolt, während er auf das Sofa seines Wohnwagens niedersank. »Die Leute denken, ich sei ein Idiot, weil ich da reingegangen bin.« Er runzelte die Stirn, dann verfiel er augenblicklich in einen tiefen Schlaf.

Er wachte mit einem Schrecken auf, als die Sonne eben am Untergehen war. Er setzte sich auf und fühlte sich etwas klamm. Er schaute zum Wohnwagenfenster hinaus und sah, dass die Baustelle total finster war – nirgends war ein Licht zu sehen.

»Ich verlass' diese Geisterstadt«, sagte er und stand auf.

Es dauerte nicht lang, bis Lightningbolt seinen Wohnwagen in Richtung Ten Sleep die Straße hinunterlenkte. Er fuhr die ganze Nacht und einen halben Tag, bevor er Estcheemahs Heim erreichte. Die Fahrt war erbärmlicher als jede, die Lightningbolt bisher gemacht hatte. Unterwegs hatte er schmerzhafte Bauchkrämpfe und Schwindel verspürt.

Zu dem Zeitpunkt, als er an Estcheemahs Tür stand, waren seine Hände und sein Gesicht geschwollen, und seine Augen waren rot vor Erschöpfung und Krankheit. Er klopfte einmal, dann setzte er sich neben die Drahtgittertür. Danach konnte er sich an nichts mehr erinnern.

Lightningbolt fühlte sich todkrank. Er wusste es nicht, aber Ehrhard war ebenfalls krank geworden. Sie waren beide vergiftet worden, als sie bei der Explosion zu Boden geschleudert wurden. Während sie unter Wasser waren, hatten beide eine Mundvoll Tod zu sich genommen.

Estcheemah begann unverzüglich ihre Arbeit, um Lightningbolts Leben zu retten. Ihre lange Erfahrung mit Leuten sagte ihr, was ihr Lehrling brauchte. Es blieb keine Zeit, ihn ins Hospital zu bringen. Es war zu weit weg. Sie zwang ihn, einen Heilkräutertee nach dem anderen zu trinken.

Um Mitternacht war er im Delirium. Sein Leib war kalt, aber er war nass vor Schweiß. Während Lightningbolt sich in seinem Bett krümmte, träumte er, dass er wieder in den Tunnels war und einen riesigen mechanischen Käfer bekämpfte. Er knurrte und drohte, ihn zu töten.

Er wandte sich um, um sich dem Ungeheuer zu stellen und es mit seinem Schneidbrenner zu bekämpfen, aber das Monster verbarg sich im Dunkeln. Das Licht seiner eigenen Lampe schien schwach und, was schlimmer war, es verfälschte seine Position.

War die Dunkelheit sein Feind? War das Licht seiner Lampe sein Feind? Er schaltete seine Lampe aus und wurde unverzüglich zu einem Teil der Dunkelheit dieser Höhle.

»Dunkelheit ist nicht mein Feind«, sagte er laut. »Licht ist nicht mein Feind.«

Das Monster knurrte und ging nach vorn.

War seine Stimme sein Feind?

»Meine Stimme ist nicht mein Feind«, sagte er laut. »Ich spreche zur Dunkelheit und ich spreche zum Licht.«

Plötzlich enthüllte die Dunkelheit ein eigenes inneres Licht. Die Dunkelheit begann zu glühen und formte eine Lichtspirale, die ein leuchtender Kreis wurde.

Licht und Dunkelheit wurden eins in dem Augenblick, als er eine wunderschöne Frau sehen konnte, die vor ihm stand. Ihre Rüstung war aus Mond- und Sonnenlicht gegossen und alle Leuchtkraft von Nacht und Tag war ihr zu Eigen.

Ihr Haar war ebenholzschwarz und ihre Zöpfe strahlten das Licht eines jeden Sterns aus. Ihre Augen leuchteten so klar wie die Ewigkeit und hatten die Farbe von blauen Saphiren. Sie gab ihm seinen Schweißbrenner zurück und er wurde ein zweischneidiges Obsidianschwert, das mit der Macht der Sonne erglänzte.

Er begann, das Monster mit der erneuerten Macht zu bekämpfen. Er versetzte dem Käfer einen tödlichen Hieb, der öliges Blut in jede Richtung spritzen ließ. Dann sank das Monster langsam ins Wasser, um zu sterben. Es trieb auf dem Wasser und war tot.

Als das Monster starb, verschwand Lightningbolts Fieber. Es war Abend, als er die Augen öffnete.

»Du bist wach«, lächelte Estcheemah. Sie saß neben ihm. »Wie fühlst du dich?«

»Prächtig«, antwortete er. »Ein bisschen schwach und hungrig. Junge, war ich krank, als ich ins Bett gegangen bin.«

Ein weiterer Tag verging, bis Lightningbolt wieder erwachte. Er schien kaum genug Schlaf zu bekommen.

Estcheemah wusste, dass die grausame Hand von Lightningbolts Erfahrung viel von seinem inneren Chaos unterdrückt hatte. Er hatte beschlossen, die Dinge auf die schwierigste Weise anzugehen, und hatte seine Feuerprobe beinahe nicht überstanden.

Estcheemah ermutigte Lightningbolt, eine Parzelle Land namens Magpie Springs zu mieten. Sie wusste, dass Elektrizität auf dem Land verlegt worden war; doch das alte Anwesen hatte keine Gebäude. Es war wunderschön dort und sehr ruhig. Er tat unverzüglich, wie sie ihm geheißen hatte. Er parkte seinen Wohnwagen ganz in der Nähe, wo das Wasser entsprang, und säuberte das Haus.

Er versuchte zwei Tage lang zu fischen und hoffte, dass dies die Dunstglocke seines Trübsinns und der Melancholie in seinem Herzen aufheben könnte, aber es half nichts. Er setzte sich an den Magpie Creek und spielte im Wasser. Bald lag er bäuchlings am Ufer und betrachtete das Wasser auf Augenhöhe. Er warf einige winzige Zweige ins Wasser und beobachtete, wie sie flussabwärts schwammen.

Als nächstes baute er einen Zaun aus Zweigen und machte zwei Rindenschiffe, die er mit Segelblättern ausstattete.

Er zog seine Stiefel aus, grub seine Füße in den Schlamm und begann seine Festung mit etwas mehr Sorgfalt zu bauen. Stocksoldaten bewachten den Steg und vier Schiffe bewegten sich auf und ab und warteten ungeduldig darauf, vom Stapel gelassen zu werden.

Elf Elstern flogen auf die Bäume hinter ihm und schwatzten darüber, dass er da war. Er wandte sich um und schaute zu ihnen hinauf. Einer der Vögel ließ einen Knochen herunterfallen. Er sprang auf und ab und landete zwei Fuß von ihm entfernt. Es war ein Hühnerknochen.

Eine Woche später war der junge Mann, der seiner Lehrerin begegnete, sehr viel reifer. Freude, Schmerz, Denken und Erfahrung hatten Lightningbolt geprägt. Das Gesicht des Vorarbeiters hatte dem Gesicht der Jugend nun seine Maske aufgesetzt.

»Nun, Estcheemah«, sagte er, nachdem sie ihr Abendessen beendet hatten, »ich bin nicht mehr länger im Baugeschäft.« Er seufzte. Es war gut für ihn, seine eigene Stimme diese Worte sagen zu hören.

»Erfahrung ist wundersam.« Sie lächelte und half ihm behände, den Tisch abzuräumen. »Nimm sie von mir an, einer Person, die ein paar Jahre gehabt hat, um Erfahrungen zu sammeln.« Sie kicherte. »Wir alle wollen sie – und versuchen sie zur gleichen Zeit von uns fern zu halten, nur weil es manchmal ein bisschen wehtut.«

Lightningbolt ließ das Wasser ins Spülbecken laufen und schaute nach draußen. War das wirklich er, der hier stand? Es war reine Magie gewesen, dass er es hierher zurückgeschafft hatte. Er begann abzuwaschen.

»Du hast viel zu tun«, sagte sie, während sie das Trockentuch aufhing. »Besuche mich in zwei Tagen wieder. Wir werden zu den Geysiren gehen.«

Arapaho Springs, so entdeckte Lightningbolt, ist ein langes enges Tal, wo zwei getrennte heiße Teiche den Arapaho Creek bilden.

Das Tal teilt sich dort, wo sich der Ursprung der heißen Gewässer befindet. Das linke Flüsschen heißt weiterhin Arapaho, während das andere zu Wind Creek wird.

Lightningbolt pflockte sein Pferd an. Er hatte die Stute von seinem Onkel geborgt, mit der Abmachung, dass er sie an den Sattel gewöhnen würde. Sie war eine erlesene junge Appaloosa, die sehr wenig über Leute und noch weniger über Zaumzeug wusste. Sie graste zufrieden in der Nähe des Wind Creek, wo das Gras hoch und üppig war.

Ein Stück flussabwärts von der Appaloosa-Stute versuchte Lightningbolt, die Zelte für Estcheemah und sich selbst aufzubauen, aber er hatte nicht viel Glück. Die Zeltbaupläne waren neu, aber die Probleme des Zeltbauens waren alt.

Wann immer eine Person einer anderen die Verantwortung übergibt, für Zelte zu sorgen, dann kann alles Mögliche passieren. Die Zelte waren verliehen worden und jemand hatte vergessen, die meisten der Zeltstangen, die die Struktur zusammenhalten, zu ersetzen. Er näherte sich dem breiten Teich, wo die zwei Bäche zusammentrafen. Lightningbolts Ohren brannten vor Ärger über die Inkompetenz der Leute, die die Zelte benutzt hatten.

Eine dicke Waschbärin beobachtete jede Bewegung von Lightningbolt. Sie liebte ihren Teich. Die Waschbärin hatte hier zwei Jahre ihres Lebens gejagt und hatte noch nie eine Person aus solcher Nähe gesehen. Sie war fasziniert. Sie hatte niemals erwartet, dass ein Eindringling sich so unvermittelt auf sie zubewegen würde. Würde er Fische aus dem Teich stehlen? Die Waschbärin war sehr besorgt.

Das Haar auf ihrem Rücken stand auf, als sie den Fischdieb näher kommen sah. Als er den Teich erreichte, zögerte er. Würde er weggehen? Die Person war irgendwie hässlich und plump, vielleicht nicht besonders gut im Fischefangen. Sie war auch sehr, sehr groß. Das war kein gewöhnlicher Dieb! Sie würde sehr wachsam sein müssen.

Die Waschbärin versteckte sich im Gras, um zu sehen, was der Fischdieb als nächstes tun würde.

Lightningbolt hielt Ausschau nach einigen Ästen oder Stöcken, die er als Zeltstäbe zuschneiden könnte. Es gab genügend rohe Äste hoch oben in den zwei Bäumen, aber keinen am Boden.

Es kam nicht in Frage, dass er in die Bäume hochkletterte. Er war schließlich kein Affe.

Er fluchte und schlug auf das Schilf und die Teichgräser ein, während er nach Ästen suchte. Wie war es möglich, dass es hier nicht von Millionen Ästen wimmelte? Gab es denn nicht immer Milliarden Zweige und Stöcke, die die Klüfte und Bänke hinuntergespült wurden? Natürlich war es so. Warum also nicht hier? Er hoffte, dass dieses Problem nicht irgendeine Art Medizinzeichen dafür sein würde, wie seine Zeremonie ablaufen würde.

Die Waschbärin vertraute diesem Fischdieb überhaupt nicht! Er stank und sah aus, als würde er gleich auf sie treten. Sie lief von ihm weg und wollte von hinten auftauchen, als sie plötzlich etwas unglaublich Wundervolles roch.

Was war es?

Sie wandte ihre Aufmerksamkeit von dem Fischdieb ab und begann, den köstlichen Geruch zu erforschen. Sie prüfte die Luft mit ihrer Nase und drehte sich nach rechts und links. Ah! Da war es. Sie folgte dem Duft und entdeckte ein seltsames Bündel von Dingen, die aufeinander gestapelt lagen. Was war das?

Lightningbolt hätte die Dinge auf eine Weise verstauen sollen, dass Waschbären sie eben nicht rauben konnten. Er war an dem Tag lediglich ein bisschen weniger sorgfältig.

Sie durchstöberte das Lager. Was? Ja, da war es! Niemals in ihrem zarten Leben hatte sie etwas derart Wunderbares gekostet. Sie fraß das Trockenfleisch höchst zufrieden auf, dann hielt sie Ausschau nach der zweiten Quelle des Geruchs. Ahhhh! Wie wunderbar. Eine Köstlichkeit! Sie fraß zwei von Lightningbolts Schokoriegeln, dann beschloss sie, es würde Spaß machen, die Knoten aufzumachen, die hier und da zu sehen waren. Nach einem kleinen Spielchen würde sie weiteressen.

Fünf andere Waschbären rochen das Essen ebenfalls und hörten die Geräusche. Sie gesellten sich zur ersten Waschbärin und begaben sich unmittelbar zu den Lebensmittelvorräten. Dann hörten weitere sechs die Neuigkeiten, vermittelt über mentale Bilder, die die Waschbären sich gegenseitig zusenden. Und alle trotteten ins Lager.

Fünf Stinktiere und elf Krähen bekamen die Bildbotschaften ebenfalls und beeilten sich. Sie wollten nichts verpassen.

Plötzlich stellten sich die Haare auf Lightningbolts Rücken auf. Etwas lief falsch! Was war es? Er stand von dem Platz auf, wo er das hohe Gras nach Stöcken durchwühlt und sich umgeschaut hatte. Das Gras war hier so hoch, dass es für ihn unmöglich war, sein Lager zu sehen.

Den Geräuschen nach zu urteilen kam das Fest gut voran und alle hatten Spaß.

Was war los? Lightningbolt wurde sehr nervös. Sein Instinkt veranlasste ihn, durch den Schlick und Schlamm zurückzustapfen, um zu sehen, was in seinem Lager los war.

Sobald die Waschbärin, die den zweibeinigen Fischdieb gesehen hatte, aufblickte und ihn kommen sah, rannte sie, so schnell ihre kleinen Beine sie tragen konnten. Sie wollte überhaupt nichts mit diesem merkwürdigen Tier zu tun haben! Und auch die übrigen Bankettbesucher flohen und hüpften um ihr Leben.

»Ihr Räuber!«, schrie Lightningbolt.

Dann räumte er geduldig auf, sicherte die Gegenstände vor weiteren Angriffen und ging zurück, um nach dem Holz, das er brauchte, weiterzusuchen. Aber anstatt sich empfindsam in einem Kreis zu bewegen, ging er geradeaus.

Dieser besondere Teil des Landes schien absichtlich von allem Holz gesäubert zu sein. Schließlich, eine halbe Stunde später, fand er das Holz, das er brauchte. Es lag weniger als hundert Meter vom Lager entfernt – in der entgegengesetzten Richtung, wo er nicht gesucht hatte.

Lightningbolt arbeitete bis zum Abend, aber immer noch waren die Dinge nicht so, wie er sie haben wollte. Die Sonne war eben am Untergehen, als Estcheemah mit Broom Tail, ihrem alten, treuen Pferd, heranritt.

Kaum hatte sie sein Gesicht gesehen, da wusste sie, dass sie vergessen hatte, ihm von den Waschbären zu erzählen. O ja, Energie ist Energie. Vielleicht hatte ihn das in einen anderen Geisteszustand versetzt als den, in dem er gekommen war?

Die Nacht ist die Trostspenderin. Sie sorgt für alle Tiere und jede Person. Sie kleidet sich selbst in die Sterne und heilt mit dem Traum.

Ein perlenblauer wachsender Mond, genannt Medizin-Himmelsschale, ging auf. Die Sumpf-Cree von Kanada lehren, dass es zwei Monde gibt, die Zwillinge sind. Sie sind das Zwillingsmondlicht.

Einer der Monde ist der Dunkle-Männliche-Wechsler-Mond, während die andere die Lichte-Weibliche-Energie-Mondin ist. Während der Mond wächst, sind die Zwillinge zusammen.
Es gab keine Moskitos im Arapaho-Tal. Die Fluten in jedem Frühling waren stark, ergossen sich herunter aus den Schluchten, die oben in den höchsten Gebirgshöhen aus solidem Gestein bestanden. Deshalb wusste die Schlucht um Strenge. Aber sie wusste auch um behutsames Heilen.

Die Wasser flossen heiter in ihrem weißen Steinbett und waren voller eifriger Forellen. In dieser Nacht umgab ein ungewöhnliches Glühen den Strom. Estcheemah saß in ihrem Klappstuhl mit ihrer zeremoniellen Decke, in die sie ihre Beine eingehüllt hatte. Ihr Lagerfeuer brannte in einem bernsteinfarbigen Licht – es wärmte ihren Tee –, während die Zikaden sangen und die Eulen melodisch von ihren Weidenzweigen riefen.

Der Rauch aus Estcheemahs Pfeife umschloss schützend ihre Schultern und verschmolz in magischer Glut mit ihren schneeigen Haaren. Das Mondlicht schien hell im Wasser und gewandete die alte Frau in eine Medizinwolke.

Das Wissen, das jedem wachsenden Kind so vertraut ist, blühte in Estcheemahs Herz und raunte ihr das Erdversprechen des Lebens und der Erneuerung zu.

Die Sonne funkelte und schimmerte von der Oberfläche des Flusses her, während Lightningbolt die Pferde tränkte. Estcheemah braute Kaffee und Tee, während Lightningbolt nach mehr Holz suchte. Als er zurückkam, warf er seine Bürde ab und setzte sich für eine Tasse Kaffee.

»Estcheemah«, fragte er, »was ist Tod? Warum müssen Leute sterben? Lach nicht. Könnte die Kreation nicht ein besseres Programm ausarbeiten? Es scheint seltsam, beinahe Verschwendung. Weißt du, was ich meine?«

»Es ist ein gutes Programm«, sagte Estcheemah lächelnd. Sie berührte seine Hand. »Du bist einfach ein wenig verwirrter, wenn es darum geht, wer du bist, als einer von den Leuten, die hier im Leben geboren sind. Du würdest nicht ewig leben wollen. Das wäre zu langweilig. Aber du und ich können einen Blick darauf werfen, was Tod ist.

Alle Leute sind aus der Geist-Geist-Welt heraus geboren. Die Geist-Geist-Welt bedeutet ›Ort des Todes‹. Wir sterben, um in die Geist-

Geist-Welt zurückzukehren. Während wir in der Welt von Geist-Geist sind, sind wir für die auf Erden lebenden Leute tot. Doch das müssen wir näher betrachten.

Während wir leben, sprechen wir von der Geist-Geist-Welt als Tod, weil wir sterben und unseren Leib verlassen müssen, um die Welt von Geist-Geist zu betreten. Von der anderen Seite aus gesehen ist es umgekehrt. In der Welt von Geist-Geist bedeutet auf Erden geboren zu werden Tod. In unsere Lebenswelt, unsere Erfahrungswelt des Lebens zu kommen bedeutet, dass wir in der Welt von Geist-Geist sterben müssen.

Wir sterben als reiner Intellekt, als Geist-Geist, um als Geist-Geist in Substanz hier im Leben geboren zu werden. Reiner Intellekt bedeutete für die Zero Chiefs reines Wissen oder absolutes Wissen über das Selbst und Geist-Geist – wie die Hauptleute lehrten, war dies Geist-Geist und Wissen ohne Substanz. Mit anderen Worten, diese Welt, die wir als Leben kennen, ist vom Blickpunkt des reinen Intellekts, der Geist-Geist ist, wirklich die Welt des Todes.

Wir leben viel länger als reiner Intellekt, Geist-Geist, als wir hier im Leben leben. Die Existenz in Leben und Substanz ist sehr verschieden von der Existenz des reinen Intellekts als Geist-Geist. Das Leben ist nicht sehr lang. Sogar eine Spanne von hundert Jahren ist, falls wir so lange leben sollten, eine sehr kurze Zeit.

Während wir in der Geist-Geist-Welt wohnen, sind wir die Essenz dessen, was uns zu Leuten macht. Wir kennen keine Form und jede Form, denn während wir reiner Intellekt sind, besitzen wir keine physische Form.

Geist-Geist kann wählen, entweder weiblich oder männlich zu sein, denn in der Geist-Geist-Essenz einer jeden Person existiert beides, Weibliches und Männliches.

Wir haben viele Male auf unserer Erdenwelt gelebt. Wir sind alle viele Male geboren worden. Wir waren beides, weiblich und männlich. Wir haben alle Dinge getan.

»Warum werden wir geboren?«, fragte Lightningbolt.

»Wir Leute sind geboren, um die Essenz dessen, wer wir sind, zu erfahren. Jede und jeder von uns ist die Gesamtsumme, die Essenz dessen, was wir getan haben und wie wir das Selbst kennen gelernt haben.

Jedes Mal, wenn eine Person auf Erden geboren wird, hat diese Person eine Lebenserfahrung. Diese Lebenserfahrung kann von absoluter Mittelmäßigkeit sein und dann wird diese Teil der Selbst-Essenz. Oder wir können unsere Leben mutig leben und dies wird Teil unserer Essenz. Oder wir können voller Hass und Mord leben und dies wird unsere Essenz. Leute können sich hinter der Maske ›spirituell‹ oder ›fromm‹ verstecken und dies wird ihre Essenz.

Wenn wir sterben, nehmen wir sie wirklich mit uns – unsere Essenz, so wie sie ist. Was wir waren, werden wir. Wenn wir geboren werden, wird jegliches Gedächtnis über unsere früheren Existenzen von uns genommen, sogar über uns als reiner Intellekt. Du siehst, in Leben-Substanz hinein geboren zu sein ist die größte Herausforderung, die die Kreation kennt. Hier im Leben lernen wir genau, wer und was wir sind – es ist unsere Essenz.

Es gibt niemals eine Lüge im Leben, denn die Lüge wird die Essenz, wenn wir unser Leben lang lügen. Dann wird sie die Tatsache dessen, was wir sind und was wir sein werden.

Alle Geist-Geist-Wesen, die im Leben geboren sind, waren einstmals reiner Intellekt, Geist-Geist, und darum kennen WahKahn und SsKwan uns alle direkt. Alles, was kreiert wurde, ist Teil von WahKahn und SsKwan. Es ist ihr Großes Gesetz, dass alle Wesen und Dinge sich entfalten. Während wir als reiner Intellekt verweilen, sind wir formlos und existieren in der Geist-Geist-Welt des Formlosen, welches der Ursprung aller Formen ist, die Geist-Geist imaginieren kann.

Die Hauptleute nannten diese Geist-Geist-Welt ohne Form ›den Großen Traum‹. Im Großen Traum gibt es keine Begrenzung.

Während wir leben und in der Lebenserfahrung wohnen, haben wir Emotionen und besitzen einen Leib, der wehtun und sterben kann. Wir können lachen und wir können weinen und wir können lieben. Aber reiner Intellekt kann nicht weinen oder lachen. Das Lachen muss imaginiert werden, so wie auch die Emotionen imaginiert werden müssen.

Der Regen kann imaginiert werden. Der kalte, knisternde Wintertag kann imaginiert werden. Ein Freund, eine Freundin können imaginiert werden. Wir können Krieg oder was auch immer imaginieren. Du siehst, es spielt keine Rolle, was ein reiner Intellekt imaginiert, denn er ist nur Intellekt. Der reine Intellekt, als Geist-Geist, kann imaginieren, einen Pfirsich zu essen. Aber der Pfirsich ist nicht da; er ist nicht lebendig. Der Geist-Geist kann imaginieren, gut zu sein oder gleichgültig oder kriegerisch. Doch all dies ist nur imaginiert.

Leute auf unserer heiligen Mutter Erde können die köstlichen Pfirsiche schmecken. Wir können Leben erfahren. Wir können auch sterben. Wir weinen, wir fühlen, wir lieben, wir lachen, wir fühlen Schmerz, wir sind überrascht, wir sind im Wandel begriffen.

Die Begrenzung von Geist-Geist, von reinem Intellekt, bedeutet, dass wir geboren wurden und einen Leib bewohnen. Wie wunderbar!

Ich kämpfe, ich lerne, ich fühle, arbeite, laufe und spiele. Ich kann einen Fehler machen. Ich kann sogar fliegen. Wenn wir auf Erden geboren sind, sind wir frei geboren.

WahKahn und SsKwan bauen mit Atomen. Sie haben Kenntnis von jeder unserer Fasern und unserem gesamten Sein, sie kennen unsere Essenz. Die alten Zero Chiefs sangen:

Die Gesamte Kreation ist mit dem, was lebt.
Die Gesamte Kreation kann den sanften Kuss fühlen.
Die Gesamte Kreation ist Lernen.
Die Gesamte Kreation lernt von Schönheit.
Wir sind in Entfaltung begriffene Wesen.

Unsere wundersame Mutter Erde-Leben brauchte vier Milliarden Jahre, um die Substanz von Leben bis zu dem Punkt zu entfalten, wo ihr Leute geboren werden konntet.

WahKahn und SsKwan, in der Form der heiligen Erde, geben uns Geist-Geist, unser Selbst als Leute, unseren reinen Intellekt, unser Leben und unseren Leib! Kann es ein großartigeres Geschenk für den Geist-Geist geben als unser physisches Leben?

Wie du sehen kannst, Lightningbolt, ist das Programm ausgefeilter, als du gedacht hast.

Es hat einige weitere Millionen Jahre gedauert, bis die Gattung der Leute sich zu dem heutigen Zustand entwickelt hat. Sich in der Essenz zu entfalten und ein Höheres Wesen zu werden, ist die Herausforderung für jedes Geist-Geist-Wesen, das in die Substanz hineingeboren ist.

Aber wir müssen sogar noch weiter blicken, um zu verstehen, was mit frei geboren gemeint ist. Was bedeutet Selbst-Freiheit?

Frei bedeutet, frei von allen Dingen zu sein. Wir sind frei, während wir lebendig sind, um Erfahrungen zu sammeln und uns mit allen Dingen und allen Leuten, die wir treffen, auszutauschen. Wir können bauen, zerstören, lieben, zeugen, töten, heilen, lügen, die Wahrheit sagen, hassen. Wir können alles tun, was wir wählen zu tun. Wir können sogar uns selbst täuschen.

Der reine Intellekt weiß, dass Leben nicht lange währt. Geist-Geist fürchtet den Tod nicht. Reiner Intellekt ist Geist-Geist und ist todlos. Während wir leben, träumen wir, aber diese Träume sind ganz verschieden von denen, die wir als reiner Intellekt gekannt haben. Während wir Geist-Geist waren, konnten wir niederreißen, was wir gebaut haben.

Aber es war alles nur der Große Traum. Es war keine Substanz. Wir konnten nicht sterben. Diese anderen Geist-Geist-Wesen, die mit uns innerhalb des Großen Traums interagiert haben, konnten gleichermaßen nicht sterben.

Hier auf Erden jedoch, wenn wir unsere Träume ausagieren, geschehen Dinge! Unser Geschenk von Leben ist wertvoll.

Der Garten wird im Leben abgeerntet. Das Musikinstrument kann zerbrechen. Der Leib kann alt werden. Was wirst du tun in diesem Garten? Wie wird deine Berührung in diesem Garten sein? Was sind deine tiefsten Verantwortlichkeiten für dich selbst und Leben?

Leute spielen zusammen im Leben, und sie wohnen zusammen im Leben. Alle jene Soldaten, die wir töten, sterben. Alle Kriegsspielzeuge in diesem Traum können zerbrochen werden und verrotten. Wir können auch berühren, während wir leben. Wir sind alle zerbrechlich.

Während wir im reinen Intellekt wohnen, im Großen Traum, gibt es keine Möglichkeit für uns Geist-Geist-Wesen, wirklich zu berühren. Hier im Leben können wir berühren.

Mutter Leben gibt. Mutter Leben teilt. Sie gebiert uns alle und alles. Großes Geben ist Leben.

Es heißt das ›Große Geben‹, denn damit Leben existiert, muss der Erd-Kreis von Leben und Tod anwesend sein. Die Bäume, alle Pflanzen, sind geboren und müssen sterben, um ihr Leben zu geben, sodass Leute ihre Nahrung und ihr Heim haben können. Alle Pflanzen und Tiere leben und sterben. Wenn die Pflanze nicht durch das Messer stirbt, wird sie in den Zähnen sterben. Wenn sie nicht in den Zähnen stirbt, wird sie in den ätzenden Säuren des Magens sterben.

Der Tod versorgt alle Dinge mit Leben.
Es gibt keine Trennung zwischen Leben und Tod.
Die Pflanzen und Tiere sterben, um Leben zu geben.
Auf Erden sind wir frei vom Großen Traum.

Aufgrund der Freiheit, die wir als Leute von der Kreation und unserer Mutter Erde empfangen haben, haben wir, während wir leben, die Wahl.

Wir müssen hier mit Mutter Leben geboren werden, um die Fähigkeit zu haben, unsere Selbst-Essenz zu wandeln und uns zu entfalten. Das können wir tun, während wir leben, und zwar jedes Mal, wenn wir in unserem Denken und Handeln eine Wahl treffen.

Wir sind Geist-Geist, geboren in Substanz, um zu lernen und zu wachsen.

Der todlose reine Intellekt, den wir als Geist-Geist kennen, kann nicht sterben. Reiner Intellekt lernt hier im Leben über die Liebe. Es gibt keine wahre Liebe innerhalb des Großen Traums – nur der Große Traum existiert dort. Alle Energien, alle Emotionen, alle Bilder, alle Gedanken existieren innerhalb des Großen Traums.

Hier, im Leben, gibt es Gefahr, und es gibt Erfüllung. Die Essenz dessen, was wir sind, wird hier im Leben auf die Probe gestellt. Alle Geist-Geist-Wesen, die geboren sind, sind auf die eine oder andere Weise auf der Suche nach dem heiligen Selbst. Das Selbst zu entdecken und das Selbst zu kennen ist der Schlüssel zu jeglicher Existenz.

Wer bin ich? Was bin ich? Diese Fragen werden dem Selbst von jedem Geist-Geist-Wesen, das geboren ist, gestellt.«

Lightningbolt war tief bewegt von dem, was Estcheemah ihn lehrte. Er fragte, wie er sein Leben ändern könne.

Sie sagte ihm: »Die Lebenserfahrung beantwortet alles und wandelt alles. Nur im Leben können wir Leute unsere Essenz wandeln. Nur im Leben haben wir wahre Wahl.

Während wir Geist-Geist sind, wohnen wir innerhalb des Großen Traums und sind Teil aller Dinge. Wahl und sogar das Konzept von Wahl ist bedeutungslos, solange wir ohne Form und reinen Intellekt sind.«

Lightningbolt befragte Estcheemah zur Erleuchtung. »Ist es wahr, dass jeder Geist-Geist sofort nach dem Tod erleuchtet wurde?«

Die alte Lehrerin lachte und antwortete: »Nur in der Erfahrung von Leben können wir Erleuchtung finden.

Wenn wir wählen, das Selbst nicht auszubilden, dann kann das Selbst nicht wachsen. Das Selbst wird dann nur die Essenz der Unwissenheit kennen.« Estcheemah erklärte, wie es möglich ist, dem Selbst tatsächlich eine Essenz einzuprägen. Wenn Leute etwa ihr Leben lang darauf bestehen, ein Opfer zu sein, dann werden sie mit der Essenz des Opferseins sterben.

»Wir sollten gründlich über unser Leben nachdenken, anstatt es einfach zu akzeptieren«, sagte Estcheemah. »Warum nicht annehmen, dass die Dinge unser Leben lang dieselben bleiben werden und sich niemals ändern, nur um unser Nachdenken zu testen? Was würde geschehen, wenn du in deinem gegenwärtigen Geisteszustand bliebest und dich niemals ändern würdest? Zunächst würdest du sehr hart arbeiten müssen, um deine gegenwärtigen Haltungen zu behalten, und du müsstest von deiner Kultur für deine Glaubenssätze belohnt werden.«

Sie wies ihn darauf hin, dass einige seiner religiösen Glaubenssätze und persönlichen Haltungen Frauen gegenüber sehr arrogant waren – dass er glaubte, dass er über alle Frauen erhaben sei, weil er ein Mann sei.

»In unserer gegenwärtigen Kultur ist die Eliteperson niemals eine Frau. Nur der Mann ist die Elite. Der vorherrschende Glaube lehrt, dass alle Männer die Elite sind. Und ›Gott‹ hat den Erlass gegeben, dass alle Frauen Männern untergeordnet, niedrigere Menschen sind und niemals zur Elite werden können.

Diese Art Glauben bringt andere Arten von Elitarismus und Glauben mit sich. Denn wenn Frauen niedrigere Menschen sein können, dann können ganze Rassen von Leuten Untermenschen sein.

Frauen sind als ›Hexen‹ verbrannt worden. Die Elitaristen glaubten, Frauen mit absoluter Immunität zerstören zu können, und ihre mörderischen Taten nannten sie ›rechtmäßig und gesetzlich‹. Du kannst sehen, wie verrückt Elitaristen werden können. Für sie ist die weibliche Erde tote Materie.

Sie glauben, dass auf der Erde jede beliebige Tat begangen und vor der Kreation verborgen werden kann. Weil angenommen wird, Erde sei tote Materie, kann sie auch keine Kenntnis über Leute haben oder davon wissen, was sie sich gegenseitig antun. Die Erde, darauf bestehen sie, ist ein Spielzeug, ein Zirkus, wo Mord und jede Art Unwissenheit verborgen bleiben.

Elitaristen wird beigebracht, dass sie ihr Leben lang bösartig und ekelhaft sein können. Sie können Leute dazu bringen, dass sie vor Schmerz in ihren Folterkammern schreien; sie können jedes mögliche mörderische Verbrechen begehen und dann jeglicher Selbstverantwortung für ihre Verbrechen entfliehen, indem ihnen ein ›Offizieller‹ einer anderen Elite vergibt.

Eine Person kann glauben, die Kreation hinge von Männern ab, die den Leuten ihre Gräueltaten vergeben. Aber das ist absurd. Die Kreation ist nicht von Leuten abhängig.

Wir wissen, dass der Geist von uns Leuten Erinnerung besitzt. Alle Dinge, die erfahren wurden, werden von unserer Essenz erinnert. Die Essenz dessen, was, während wir lebten, geschehen ist, wird erinnert. Folglich ist es belanglos, ob ein Mord bestraft wird, während wir leben – wir erinnern uns, dass es Mord war.

Aber die Kreation hat ein noch viel besseres Gedächtnis.

Mutter Erde ist Mutter Leben. Leben gebiert alles auf Erden. Mutter Leben mit ihrer Liebe und Vollkommenheit hat Geist-Geist die Gelegenheit gegeben, geboren zu werden und in Gestalt der Leute die größte Schule der Kreation zu erfahren – Leben.

Mutter Erde hat auch ihre Gesetze.

Das erste Gesetz ist, dass alle Geist-Geist-Wesen im Physischen leben werden und einen physischen Leib besitzen. Ihr zweites Gesetz ist, dass alle ihre Kinder fähig sein werden, alle Dinge zu durchleben. Keine Situation, keine Erfahrung, kein Gedanke, keine Aktion wird ihnen vorenthalten. Auf diese Weise werden Leute lernen und wachsen. Sie fordert, dass alle ihre Kinder als Leute Entscheidungsfreiheit und Selbstverantwortung haben.

Aufgrund dieser großen Geschenke, die uns allen von Mutter Erde gegeben sind, haben wir in allen Dingen die Freiheit des Handelns.

Ihr erstes Geschenk ist unser Leben. Ihr zweites Geschenk, das uns gegeben ist, ist persönliche Wahl – sie ist das Recht jeder Person, die geboren ist. Und diese Freiheit des Handelns, unsere Wahlfreiheit entscheidet über unsere Essenz.

Nichts wird uns vorenthalten. Wir können alle Dinge tun und glauben.

Wir wurden alle aus dem Großen Traum heraus geboren. Die Geist-Geist-Wesen des reinen Intellekts konnten nun geboren werden, denn Mutter Leben gab ihnen diese Gelegenheit. Und zum ersten Mal innerhalb des Zeitraums von Milliarden Jahren der Kreation konnten diese Geist-Geist-Wesen aus dem Großen Traum heraus geboren werden und eine wahre Erfahrung des Selbst in einem physischen Leib haben.

Während wir uns innerhalb des Großen Traums befinden, gibt es nur die Illusion der Wahl. Wenn wir mit Mutter Leben hier auf Erden leben, begegnen wir unserer größten Herausforderung – Selbst-Entscheidung.

Die Entscheidungen, die wir treffen, sind real, denn sie haben eine Wirkung auf jede unserer Handlungen. Handlung ist Erfahrung und Erfahrung ist Leben.

Leute sind in ihre Herausforderungen hineingeboren«, sagte Estcheemah, »und diese persönlichen Herausforderungen sind bei weitem vielschichtiger, als die meisten Leute glauben.

Glauben ist tatsächlich der größte Feind einer jeden Person.

Es gibt mehr Leute, die geglaubt haben, was Leben ist, als Leute, die gelernt haben, was Leben ist.

Es ist möglich, unser Leben lang in Glaubensfallen gefangen zu sein. Es ist möglich, unser Leben lang die Wahl zu haben. Es ist leicht, zu glauben, dass wir vor dem Leben weglaufen können. Es ist leicht, zu glauben, es gäbe keine Wahl im Leben.

Jede und jeder von uns sind in unsere Selbst-Herausforderung hineingeboren. Wir alle können die Macht des Sieges besitzen, wenn wir um unsere Wahl kämpfen.

Der Lehrgesang der Zero Chiefs lautet wie folgt:

Wahl muss erkämpft werden, damit die junge Blumen-Soldatin und der junge Blumen-Soldat sie begreifen kann.
Wir können Schönheit kreieren, wenn wir danach trachten, unser Lebensziel zu erkennen.
Wir können für das Selbst sorgen.
Wir können das Selbst lehren.
Wir können selbst-verantwortlich sein.
Wir sind verantwortlich für unser Leben. Welch größeres Wunder gibt es als unsere Lebenserfahrung?

Ja, Lightningbolt, Leben und Wissen sind die Wirklichkeiten der Lebenserfahrung. Die Essenz, wer und was wir sind, bringen wir mit uns ins Leben. Aber die Essenz des persönlichen Wesens kann sich ändern und sich hier auf Erden entfalten. Es ist für die Essenz des

Geist-Geist auch möglich, zu schrumpfen und sich zu verbiegen, wenn Leute Selbstverantwortung verweigern.

Wir müssen uns immer daran erinnern, dass unsere Selbst-Essenz unseren Tod überlebt. Was wir sind, bevor wir geboren werden, ist das, was wir mit uns ins Leben hineinbringen; dies ist unser Beginnen von Anfang an.

Wachsen ist das Prinzip des Lebens. Wir wachsen, während unsere Essenz wächst, und wandeln uns mit unserer Erfahrung von Leben und Zeit.

Du fühltest die Anwesenheit des Lebens, als du drauf und dran warst, dein Leben in den Tunnels zu verlieren, Lightningbolt. Du musst in Betracht ziehen, dass du in dem Augenblick, als dir klar wurde, dass du nur aufgrund von Mutter Leben anwesend bist und dass du sie brauchtest, das Leben erkannt hast.

Leben atmet die Ewigkeit und die Jahreszeiten. Leben ist ewig. Leben ist ewig, denn Leben ist eins mit WahKahn. Und doch ist Leben der flüchtige Moment, ist unsere Jahreszeiten. Leben hat die Jahreszeiten kreiert, sodass wir Geist-Geist-Wesen unsere Zeit erfahren können, die unser Leben ist.

Leben ist die ewige Rose. Allen Zero Chiefs ist die Rose das Symbol des Lebens. Sie ist unser Symbol für die geheiligte Mutter Leben. Welch anderes Symbol birgt für die Blumen-Soldatin und den Blumen-Soldaten solche Macht?«

»Wie konnte mir das entgehen? Es ist so offensichtlich!«, sagte Lightningbolt stirnrunzelnd und fühlte sich auf einmal sehr unzulänglich. »Ich war bereit, mein Leben wegzuwerfen! War ich verrückt? Eine sonderbare Art von Verrücktheit, über die niemand spricht?«

Estcheemah beantwortete die Frage langsam und mit sorgfältig gewählten Worten. »Diese deine einfache Erleuchtung – dass du lebst, weil dir das Geschenk von Leben verliehen wurde – ist fast allen Leuten entgangen.

Du siehst, Lightningbolt, es ist nicht so kompliziert. Wenn wir keine Liebe für unser Selbst haben, was hat dann überhaupt Bedeutung? Wenn wir keine Gedanken an unser Selbst haben, was zählt dann? Wenn wir unsere Existenz nicht in Frage stellen, woher kommt dann Bedeutung in unser Leben?

Wenn wir unsere Existenz nicht feiern, wie können wir dann erkennen oder die Gegebenheit feiern, dass wir leben? Wir können es natürlich nicht, weil wir glauben, unser Selbst habe keine Bedeutung und sogar unser Leben sei bedeutungslos.«

»Was ist Leben?«, fragte Lightningbolt, dann lachte er verlegen. »Ich meine, hatte ich in den Tunnels eine spirituelle Erfahrung? Ist Leben etwas, das ich je verstehen kann?«

»Was ist Leben?«, lächelte Estcheemah in sich hinein. »Eine spirituelle Erfahrung!« Sie lachte. »Leben ist, was allen Geist-Geist-Wesen, die geboren wurden, Leben gibt. Das ist allerhand! Selbstverständlich ist Leben eine spirituelle Erfahrung, du Dummkopf!«

Lightningbolt lachte glücklich mit ihr.

Lightningbolt mochte wohl einmal gedacht haben, er kenne jeden Winkel seines Denkens. Aber nun war sein Geist eine lebendige Welt gewaltigen Ausmaßes geworden, wo er ein winziger Gast war. War es möglich, die Welt seines Geistes vollkommen zu ergründen? Ihre Weite und Extreme waren so weitläufig und vielfältig wie unsere lebendige Planetin. Er würde es versuchen.

An diesem Abend war Lightningbolt sehr still. Er ging den Bachrain entlang und lauschte Wehomah, der Windfrau, ihrem Singen und Sprechen. Am folgenden Morgen stand Lightningbolt bei Sonnenaufgang auf, um mit Estcheemah spazieren zu gehen. »Ich brauche eine Veränderung, und zwar dringend!« brummelte Lightningbolt, während sie gingen.

»Veränderung beginnt in dir«, sagte sie Lightningbolt. »Warte niemals auf Veränderung von außen. Du gibst deiner Welt nur dadurch Form, indem du veränderst, was in dir existiert. Nicht die Ghettos formen Leute. Leute formen Ghettos. Viele der Leute, die unsere Gattung auf ein hohes Maß hoben, sind unter den widrigsten Umständen geboren und aufgewachsen.

Nur der kleinste Bruchteil der Gattung der Leute wird darum kämpfen, Selbst-Denken zu besitzen. Die meisten Leute sind abhängig von den Umständen, die ihnen vorgesetzt werden.«

»Das klingt seltsam«, sagte Lightningbolt mit einem Kopfschütteln.

»Als Kinder brauchen alle Leute von Geburt an Pflege«, erklärte sie behutsam. »Aber dieser einfache Umstand kreiert eine unvermeidliche Abhängigkeit vom Physischen. Wir sind in eine physische Existenz hineingeboren, die eine physische Antwort für das Überleben erfordert.

Was passiert, Lightningbolt, ist, dass diese Abhängigkeit vom Physischen die meisten Leute davon abhält zu verstehen, dass wir unsere physische Welt durch den Gebrauch unseres Verstandes verändern können. Das kommt daher, dass alles, was im Geist geschieht, abstrakt ist – nicht physisch. Wir nennen es Denken.

Denken ist möglich durch Erfahrung und Lernen. Aber wenige Leute wissen, wie sie ihre physische Welt wertschätzen können und was sie sie lehren kann. Folglich werfen sie Minute um Minute Wissen weg und unterliegen dem Glauben, dass sie nichts tun können, um ihre physischen Umstände zu verändern.

Denken ist etwas, das ausgeführt wird, nicht etwas, das gegeben ist. Durch Erfahrung und Neugier entwickeln wir unser Denken. Aber sogar die Neugier ist nicht gegeben. Sie ist ein Geschenk des Selbst.

Die Faulen sind niemals neugierig; sie lassen sich nur unterhalten. Neugierde entsteht durch Selbst-Aktion. Das Wissen, das wir durch Erfahrung, Neugierde und Denken erlernen, ist die Belohnung für das Selbst nach langer, harter Arbeit.

Das größte aller Dinge, die zu lernen sind, ist, dass wir ein machtvolles Selbst sind – ein unabhängiges Selbst, das zum Denken und zum Imaginieren fähig ist. Wir können fast alles ausführen, was wir uns vorstellen können.

Selbst-Lernen gibt uns den Mut, den wir brauchen, um über unsere Tagträume und physischen Abhängigkeiten und Phantasien hinauszugehen. Das ist sehr wichtig, denn es erfordert Mut, das Undenkbare zu denken. Das Undenkbare zu denken heißt, das Selbst und alles, was das Selbst ist, zu hinterfragen. Auf diese Weise wird das Selbst sehen, wie Abhängigkeiten das Denken gefangen nehmen.«

Lightningbolt war bereit zu lernen. Sein letztes Glücksspiel mit seinem Leben hatte in ihm den Vorsatz hinterlassen, seine physischen Umstände zu verändern; allerdings war er sich seiner selbst weiterhin sehr unsicher. Estcheemah wusste darum und wartete auf den richtigen Moment für das Gespräch. Sie wollte die Risiken nicht dramatisieren.

Der perfekte Augenblick, um Lightningbolt zu unterweisen, kam, als er über einen alten Kuhschädel stolperte. Sie waren zusammen in der Nähe des Baches spazieren gegangen, als sie den Fund machten. »Nun, würdest du das mal ansehen?« Er lächelte und hielt den Schädel hoch. »Ich wette, jemand hätte sowas gern an seinem Gartentor!«

»Oder deinem«, scherzte Estcheemah mit ihm. »Du nimmst Tod ziemlich leicht, wenn es um Kühe geht. Kannst du nicht deinen eigenen Schädel in dem hier sehen?«

»Das war gefühllos von mir«, antwortete er.

»Es gibt keine großen Büffelherden mehr, Lightningbolt«, sagte sie zu ihm. »Und doch halten unsere Leute am Symbol des Büffels fest. Der Büffelschädel hat viele verschiedene Bedeutungen für unser Volk angenommen. Aber die Kinder haben heutzutage keine Ahnung, was das Symbol für unsere Vorfahren bedeutete.

Wenn die Reservatsführer mit einer Tomatendose oder einer Crackerschachtel in der Hand beten würden, läge darin heute mehr Wirklichkeit, ja, sogar mehr Freude. Die Jugend würde auf diese Weise auch eine Wahrheit und nicht eine Lüge erfahren.

Einst symbolisierte der Büffel den Geist des Landes. Der süße Mais, die Wale, die Lachse und der Weizen waren ebenfalls Symbole unseres Landes und unserer Ozeane. Leute zeigten gegenüber dem Geist von Land und Ozean Achtung. Jetzt denken Leute, dass Fabriken ihnen Leben geben. Wie traurig ist das doch für alle.

Wer ehrt in unserer modernen Welt, was wir essen? Wir wissen nicht mehr, wie wir unsere Nahrung ehren können. So viele Dinge werden zum Verkaufen verpackt anstatt als Nahrung geehrt.

Unsere Nahrung kann wieder geehrt werden. Die Kuh gibt uns viel mehr als der Büffel. Viele Millionen wären tot, wenn wir keine Kuhmilch hätten. Und wer isst nicht gern Eiscreme?

Einst war der Fisch den Europäern als Symbol so heilig, dass er ein Symbol für ihren Gott wurde. Aber für Ihr Geschenk des Fisches wurde die Mutter Erde von diesen Leuten nicht gefeiert. Sie wurde vergessen und bald bedeutete das Symbol des Fisches nur etwas, das in eine Sardinendose gestopft werden kann.

Denk nur mal einen Augenblick lang nach. Du lebst durch die Pflanzen und Tiere, die du isst. Der Tod der Henne, die die meisten ihrer Eier weggegeben hat, bedeutet den Leuten nichts. Sie lebt, wird benutzt und stirbt ohne zumindest ein dankbares Kopfnicken von den Leuten. Sie steht lediglich für Geld. Aber sollten wir das Geschenk des Lebens nicht feiern, indem wir Mutter Erde Dank sagen?

Tomahseeasah sprach über die Grasblumen-Wesen. Willst du hören, wie sie die Leute gelehrt hat, die Kuh zu achten? Hast du Platz in deinem Herzen für diese Dinge, die ich zu dir sage?«

»Ja, sehr viel, Estcheemah«, antwortete er sanft.

»Sie-von-den-Wilden-Rosen, Tomahseeasah, sprach über die Grasblumen-Wesen.« Estcheemah lächelte. »Grasblumen sind sie, die Kühe – sie sind zusammengesetzt aus dem Gras und den Blumen, die sie essen. Unsere Chief nannte die Kuh Grasblume. Die Nördlichen Cree und Ojibwa nennen Kühe ebenfalls Grasblumen. Während ich in Kanada bei den Ojibwa war, hörte ich Tomahseeasahs Medizingesang, gesungen von einer Frau namens White Bark. Sie war sehr alt.

Das waren ihre Worte:

Wir begegnen dem Leben auf dem Land mit Namen Heide-Mutter und -Vater.
Wir begegnen Tod auf dem Land genannt Heide-Mutter und -Vater.
Die Gräser und Blumen sprießen als Heide-Mutter und -Vater.
Als Leute sind wir gesprossen. Der lyrische Gesang wird gesungen.
Ihr Heideblumen ließet uns sprießen.

Wir singen im Leben über Leben und Tod.
Sie sind die Fragen, die uns umtanzen.

Nun Lightningbolt, ehre die Pflanzen und Tiere, die dich ernähren. Ehre Leben. Ehre Tod. Sei verantwortlich für alle Pflanzen und Tiere, die du tötest. Habe vollen Respekt für alles, was in deiner Welt existiert.«
»Das werde ich«, versprach er. »Ich werde es sicherlich versuchen, Estcheemah.«

»Du bist nun endlich an einem Ort, wo ich mit dir über Leute sprechen kann. Sie haben mehr Angst, ihr Leben zu leben, als dass sie ihren Tod fürchten. Das gilt besonders für die Jugend, Lightningbolt.
 Der Grund dafür, dass du dein Leben nicht respektiert hast, während du in den Tunnels warst, ist der, dass du Mutter Leben nicht respektiert hast. Du kanntest sie nicht.
 Während wir jung sind, fließt der Fluss von Leben auf uns zu. Und wenn wir älter sind, fließt der Fluss von uns weg.
 Was wird von uns wegfließen, wenn wir älter sind? Wird nur Bitterkeit, Geiz und Angst von uns wegfließen? Oder wird die Energie von Kreativität, die Macht des Erbauens oder das Verstehen von Wandel von uns wegfließen?
 Was fließt auf uns zu? Was wählen wir vom Wasser des Lebens? Wählen wir das Schöne? Wählen wir das Kriminelle? Wählen wir den Versuch, uns zu verstecken? Sind wir offen und rein?
 Was fließt auf dich zu, Lightningbolt?
 Du hast niemals mit mir über den Selbstmord deines Freundes gesprochen. Der Grund dafür ist, dass du Angst hast, dass ich deine Emotionen und Ansichten über das, was passiert ist, durcheinander bringe.«
 »Nein, gar nicht!«, rief er. »Ich …« Plötzlich fühlte er eine Schwäche. Was immer er auch gerade sagen wollte, entfloh seinem Geist. Er wusste, dass seine Worte leer waren.
 Estcheemah sah den Wandel unverzüglich und war glücklich darüber. »Genau«, lächelte sie. »Es ist Zeit, Alex zu begraben. Und es ist Zeit, über Tod zu sprechen.
 Wenige Leute haben den Mut, darüber nachzudenken, wie und warum sie überhaupt geboren wurden, Lightningbolt.
 Alex war ein Dieb. Er bestahl sich selbst und es war ihm egal. Dein Freund war unglaublich selbstmitleidig, du weißt es.

Ich sprach mit ihm, als er dabei war, wegzugehen, zu der Zeit, als er aus der Grundausbildung zurückkam. Er konnte es kaum erwarten, zu töten. All die Spielzeuge, die er immer wollte, gehörten endlich ihm, und er konnte losgehen und mit ihnen spielen. Es war nicht möglich, mit ihm zu reden.

Er spielte eine Rolle, die nur er kannte, und er war entschlossen, sie bis zu ihrem abscheulichen Ende zu spielen. Du warst eine einfache Schachfigur in seiner Welt, Lightningbolt. Du warst dazu da, ihm nachzulaufen und seinen toten Körper zu finden. Er glaubte, er könne den Tod für sein großes Finale benutzen.

Alex war ein Einzelkind, obwohl er zwei Brüder hatte. Jeder war sein Vater und seine Mutter. Nur wenige Leute sind noch mehr verwöhnt worden als Alex.

Dein Freund war ein kleiner Held, ein Held ohne die Intelligenz, zu wissen, wer der Feind war. Leben war billig für Alex, und Whisky und Drogen waren teuer.

Du hast dich sehr verändert seit dem Tag, als dein Freund gestorben ist; du bist nicht mehr länger derselbe Mann. Es ist leicht zu sterben, aber schwer zu leben, Lightningbolt.

Lass mich und dich eine Minute darüber sprechen, was der Tod für Alex bedeuten würde, in Ordnung?«

»Er wäre langweilig, so wie sein Leben langweilig war«, antwortete Lightningbolt. »Und er konnte ein echt negativer Kerl sein, ab und zu wirklich verbittert.«

»Genau«, entgegnete sie, »einfach strukturiert und langweilig. Die Essenz dessen, was er hier auf Erden besaß, war nichts, was du dein Eigen nennen wolltest.«

»Ja«, rief Lightningbolt aus. »Die Essenz von manchen Leuten muss mit Ungeheuern gefüllt sein, die sie selber in die Welt gesetzt haben! Ich denke, ich fang' an zu verstehen.«

»Und«, sagte Estcheemah fast nebenbei, »wenn du versuchst, irgendetwas oder dessen Natur zu meiden, egal was es ist, dann wird diese Essenz ebenfalls Teil von dir. Du kannst Leben nicht entkommen, Lightningbolt.

Sieh deiner Herausforderung ins Gesicht, während du lebst, und du wirst fähig, dir selbst in die Augen zu schauen, wenn du zu Geist-Geist zurückkehrst. Möglicherweise wirst du dadurch sogar fähig sein, der Kreation in die Augen zu schauen.

Tomahseeasah sprach davon, dass jede Aktion im Leben eine Frage sein sollte und keine Antwort. Sie sagte, dass das größte aller heiligen Dinge die Wertschätzung unseres Lebens ist.

Sie lehrte, dass unsere Ehrlichkeit das Einzige ist, was wir der Kreation anbieten können. Was sonst können wir geben? Was unsere Ehrlichkeit auch immer sein mag, sie ist ein Geschenk an Leben und eine Wahrheit, die die Kreation bereits kennt. Wenn wir mit dem Leben über unser Selbst und unsere Ehrlichkeit sprechen, dann werden WahKahn und SsKwan dies feiern und ehren.«

»Du willst sagen, dass Alex, obwohl er wieder Geist-Geist ist, doch über das, was er im Leben getan hat, traurig sein wird, richtig?« Lightningbolt war sehr nachdenklich. »Ich will nicht so gebrochen und traurig sein, Estcheemah.«

»Leute moralisieren und machen sich in Bezug auf Leben etwas vor«, erklärte Estcheemah. »Unser Gesetzessystem macht sich auch gern etwas vor, denn alle moralischen Gesetze basieren auf Spekulation und Glauben.

Das Gesetz kann uns Leuten niemals beschreiben, was moralisch oder richtig ist. Moral kann niemals gesetzlich verankert werden. Der Grund dafür ist der, dass das Gesetz niemals fragt, wie etwas getan wurde, sondern was getan wurde.

Wie wir Dinge tun, wie wir uns etwas nähern, ist die Frage. Zum Beispiel lautet die Frage nicht, was zu berühren ist, sondern wie etwas berührt wird; nicht lediglich, was wir bauen, sondern wie wir es bauen.

Wie du liebst, wie du lernst, wie du dich wandelst und wie du arbeitest, bedeutet alles! Wie du deine Welt hinterfragst und wie du dein Selbst disziplinierst, macht allen Unterschied aus. Die erste und allerwichtigste Frage ist niemals Was – immer Wie.

Das Wie stellt die Frage. Das Was definiert die Antwort.

Und doch, für die Unverantwortlichen definiert Was nur die Regel, der sie folgen müssen. Für die Verantwortlichen bedeutet das Wie, unser wahres Gleichgewicht und Denken zu finden.

Die Zero Chiefs unserer Vergangenheit saßen im Kreis der Fragen. Wie etwas getan wurde, war die Grundlage dieses Kreises von Gerechtigkeit.

Du hast Mutter Leben gebeten, ihr hier im Leben geboren zu werden, Lightningbolt. Beantworte zuerst, wie du leben willst, dann wirst du finden, was du mit dem, was du hast, tun sollst. Feiere deine Existenz, deine Geburt. Wie du dein Leben lebst, macht allen Unterschied aus.

Sei nicht so schnell bei der Hand, dein Leben wegzuwerfen, um Narren närrische Dinge zu beweisen. Möglicherweise gibt es andere Wunder, die du in deinem Leben erfahren möchtest, anstatt weiter auf Mittelmäßigkeit zu beharren?«

Lightningbolt begann am selben Nachmittag zu fasten. An diesem Abend erstrahlte die Sonne am Himmel im leuchtendsten Orange und Rot, als er seine kleine Zeremonienhütte betrat.

Geübt und mit äußerster Umsicht führte Estcheemah Lightningbolt durch die Zeremonie. Er wurde viele Stunden vom Schlafen abgehalten, indem er in Zufallsintervallen geweckt wurde. Während dieser besonderen Zeiten sprach seine Führerin mit ihm über sein Leben und die Wege der Zero Chiefs.

Estcheemah lieh ihm ihre »Meditationsschale«. Sie hatte die wunderschöne, schwarzlackierte Schale mit Wasser, das dem Boden entsprang, gefüllt, bevor sie sie ihm gab.

Er wurde gelehrt, sein gesamtes Wesen in Stille zu versetzen, während er in die Medizinschale blickte. Während er mit ihrer Schale meditierte, lehrte sie ihn über die Träumer. Schließlich, nach vielen Stunden Arbeit, gewährte sie ihm, in einen tiefen Schlaf hinüberzugleiten.

Er erwachte mit einem Schreck, sprang hurtig auf und torkelte zur Tür seiner Hütte hinaus; er war in Eile und wusste nicht warum. Plötzlich sah er einen Reiter, der in vollem Galopp auf ihn zuritt! Er konnte kaum seinen Augen trauen; der Reiter war ein Krieger, der eine wunderschöne römische Rüstung trug! Zuerst wollte Lightningbolt wegrennen, fliehen, dann schaute er zu Boden und bemerkte, dass auch er eine Rüstung trug und zum Kampf bereit war.

Einen kurzen Moment lang hatte er seine Kampfgewandung studiert, voller Bewunderung, wie großartig und gut seine Rüstung gemacht war. Er war ein Etrusker!

Plötzlich wurde er gewahr, dass viele Männer und Frauen überall um ihn herum kämpften. Die Schlacht war in vollem Gange und das feuerte ihn an. Sein Feind war jetzt heran und versuchte, ihn niederzureiten und ihn zu töten. Der Reitersmann hielt einen tückischen Speer mit drei geschärften Zacken in der Hand.

Lightningbolt tat so, als ob er im Halbkreis lief, dann wirbelte er gekonnt herum, ließ sich auf ein Knie nieder und erhob seinen Schild in genau dem Moment, als die feindliche Lanze zustieß. Laut klirrte der Speer auf seinem Schild. Der Schlag war ernst, aber er hatte sein Ziel verfehlt.

Lightningbolt lachte, dann schwang er tückisch seine Streitaxt gegen den Vorderlauf des Pferdes. Blut spritzte in seine Augen und auf sein Gesicht, als das Bein entzweigehackt wurde. Das Pferd schrie und fiel und warf den feindlichen Krieger zu Boden. Der Mann schlug hart auf und rollte, bis er auf seinem Gesicht liegen blieb.

Erregt über seinen Erfolg, schwang Lightningbolt seine Axt von neuem, dieses Mal hieb er durch Kinnriemen und Rüstung des Feindes und tötete ihn augenblicklich.

Er stand bereit, seinen nächsten Feind zu bekämpfen, als er plötzlich von einem Pfeil ins Auge getroffen wurde und ohnmächtig zu werden begann. Er schrie in brennenden Schmerzen, als die Szenerie des Schlachtfeldes sich mit einer weiteren überlagerte. Diesmal wurde der Krieg mit Kanonen, Kavallerie und Fußsoldaten gekämpft.

Er befand sich jetzt auf einem Pferderücken und sprengte tollkühn mit anderen Reitern nach vorn. War dies der amerikanische Bürgerkrieg? War das von Belang?

Die zwei gegnerischen Kräfte prallten aufeinander. Er bohrte seinen Säbel in den Bauch des Feindes, aber er konnte ihn nicht herausziehen. Das Vakuum hielt die Waffe fest. Würde er die Scham, sein Schwert in seinem ersten Scharmützel zu verlieren, überleben? Er verfiel in Panik und fühlte sich schrecklich, weil er seine Waffe verlor, als der Feind langsam zusammensank, von seinem Pferd fiel und den Säbel aus Lightningbolts Hand mitriss.

Aschfahl vor Wut griff Lightningbolt wild nach seiner Pistole und schoss auf den ihm nächsten Feind. Aber der andere Soldat war schneller und hatte seine Pistole bereits auf Lightningbolts Magen abgefeuert. Die Kugel schlug hart ein und er fühlte sich, als ob ihn ein schreckliches Feuer durch und durch versengte. Er versuchte zu schreien, aber der Tod schloss seine Augen.

Lightningbolt erfuhr Schlacht um Schlacht. Er wurde Zeuge jeglichen Terrors und fühlte jegliche Art Schmerz. Er zerhackte Männer und Frauen mit Schwertern und Äxten. Er spießte Leute auf und zerschmetterte Köpfe mit seinem Hammer.

Die Gesichter der Soldaten, die er getötet hatte und die ihn getötet hatten, wurden eine verschwommene Spur in der Zeit. Die Bilder begannen schneller zu wechseln. Er befand sich in einem Ehrenkreis, dann plötzlich wieder in einem neuen Konflikt.

Er ertrank im Meer. Er wurde vom Kanonenfeuer in Stücke gerissen. Er verbrannte bei lebendigem Leib in einem Panzer.

Er kämpfte gegen die Träume an und versuchte, seinen entsetzlichen Visionen ein Ende zu setzen, aber seine Feuerprobe ging weiter. Schließlich schrie er und wachte auf.

Estcheemah hatte sein Gesicht mit kaltem Wasser übergossen, um ihn aufzuwecken.

»Oh, Estcheemah!«, rief er und hielt Estcheemahs Hand fest auf seiner Brust umklammert. Er war nass vor Schweiß und sein gesamter Leib wand sich in Krämpfen von Angst und Emotionen.

Er kniff seine Augen fest zusammen, während sich noch mehr dieser ängstigenden Bilder hinter seinen geschlossenen Augenlidern nach vorn drängten. Dann zwang er sich, seine Augen weit zu öffnen, und machte den Versuch, sich aufzusetzen, aber er war zu erschöpft.

Estcheemah half ihm auf und gab ihm Wasser zu trinken. Langsam kam er wieder zu Sinnen. Einiges von dem Wasser tropfte auf seine Brust, denn er konnte seine zitternden Hände nicht kontrollieren.

Estcheemah brachte ihr Gesicht an seines heran und blickte tief in seine Augen. »Die Erinnerungen und Träume liegen nun weit hinter dir«, kommandierte sie mit einer festen Stimme. »Du bist in deiner Zeremonie. Werde ruhig.«

Sie führte ihn zum Fluss und half ihm ins eisige Wasser hinein. Kniend tauchte er sein Gesicht in den kalten Strom.

Sehr schwankend ging er zum Lagerfeuer zurück und setzte sich auf seinen Stuhl. Estcheemah reichte ihm eine Schale mit warmer Suppe. Sie half ihm, die Suppe zu trinken, und langsam begann er, die Kontrolle über seine Hände wiederzuerlangen.

Lightningbolt war schwach und kämpfte um das Wachbleiben. Er fragte, ob er sich hinlegen könne. Estcheemah half ihm zurück zum Zelt, aber sie erlaubte ihm nicht hineinzugehen. Sie hatte eine Decke außerhalb der Hüttentür ausgebreitet. Er saß darauf und schaute sich um. Es war gut, lebendig zu sein!

Plötzlich fühlte er sich ruhiger. Er trank noch einige Schluck Suppe, dann rollte er sich langsam auf eine Seite und fiel in einen tiefen, heilenden Schlaf. Estcheemah deckte ihn mit einer weiteren Decke zu. Darüber verteilte sie Blätter des wilden Kirschbaumes; auch sie würden ihm helfen.

Am folgenden Nachmittag wachte er mit einem Schreck auf und katapultierte sich in eine aufrechte Sitzposition. Irgendwann während der Nacht hatte sie ihm in sein Zelt geholfen, aber er konnte sich nicht daran erinnern.

Estcheemah saß in fünf Schritt Entfernung gegenüber dem Zelteingang und beobachtete ihn aufmerksam. »Wie fühlst du dich?« Ihre Stimme war gütig.

»Hast du geschlafen?«, fragte er.

»Erzähle mir von deiner Schlafreise«, sagte sie mit Nachdruck.

Er erzählte behutsam davon, wie blutig seine grausamen Träume gewesen waren. Er beschrieb, wie viel Angst er gehabt, aber auch wie unglaublich überlegen er sich gefühlt hatte!

Er erklärte, dass er, während er seine Vision erlebt hatte, anscheinend immer zwei Personen gewesen war. Ein Teil von ihm glaubte Leben um Leben, dass er nicht sterben könne, während der andere Teil von ihm wusste, dass er tausend Tode gestorben war.

Er teilte eine einzigartige Erinnerung seines Traumes mit. Er hatte sich als eine Kriegerin, als eine Frau gesehen! Das Bild der machtvollen Kriegerin hatte ihn fasziniert. Er war enttäuscht zu sehen, dass sie in eine Million Stücke gerissen wurde.

»Leben ist Fülle und es stellt Fragen«, sagte Estcheemah, während sie rührig Frühstück zubereitete. »Wir wurden alle schon oft geboren. Auch ich war schon viele Male Soldatin.«

Die Luft aus den Bergen roch nach Schnee. Das bedeutete immer, dass es möglicherweise regnen würde. Der Fluss war silberhell und blau und der Himmel war weit und rein. Lightningbolt fühlte sich sehr erfrischt, erneuert.

»Ich habe immer um das gekämpft, was recht ist.« Sie lächelte, während sie die Eier briet. »Wir kämpfen für das, was rechtens ist für unsere Zeit, für unsere Familien, für unser Land. Aber am Ende sterben wir alle.«

»Ich denke, ich war auch ein Schurke«, unterbrach er sie. »Irgendwie habe ich immer gedacht, ich sei der Gute. Ich schätze, es hängt davon ab, von welcher Seite wir die Dinge betrachten, oder?«

»Es ist eine Frage der Vielschichtigkeit und des Blickwinkels«, antwortete sie und reichte ihm einen Teller mit Eiern und Speck. »Leute machen sich etwas vor und glauben, sie seien immer nur der Pharao und die Königin vom Nil gewesen.« Sie lachte. »Manchmal sind wir die Eindringlinge, ja sogar die närrischen Jugendlichen.«

»Diese Träume haben mir tausend Fragen aufgegeben«, sagte er und versuchte zu grinsen.

»Wir sind beide in einem sehr gefährlichen Geschäft, als Soldat und Soldatin. Und manchmal hat uns unser Geschäft getötet. Aber du warst auch eine Mutter und du hattest Kinder. Das erfordert ebenfalls Mut. Ja, es hängt alles vom Blickwinkel einer Person ab.

Viele Male werden wir in das hineingeboren, was wir fürchten oder hassen«, erklärte sie ihm. »Ich habe gehasst und geliebt. Doch ich denke, dass ich in jedem Leben eine Soldatin gewesen bin. Ich wurde ausgezeichnet und meines Amtes enthoben. Ich bin jetzt eine andere Art Soldatin. Ich bin eine Blumen-Soldatin.

Wir Blumen-Soldatinnen und -Soldaten sind Krieger, die gegen unsere Selbst-Unwissenheit und Schwächen kämpfen, Tag um Tag. Wir kämpfen, um von unserer heiligen Mutter Leben zu lernen. Wir kämpfen um Gleichgewicht in unserem Selbst, während wir über das heilige Gleichgewicht von Leben lernen. Die Schlacht, unsere eigene Selbst-Essenz zu wandeln und uns zu entfalten, ist die große Herausforderung, die jede Blumen-Soldatin und jeder Blumen-Soldat annimmt. Das ist bei weitem der schwierigste aller Kriege, denn er währt ein Leben lang.

Ja, vom physischen Krieg haben wir viel über die Notwendigkeit von Disziplin und persönlichem Mut gelernt, um zu überleben während wir uns in unseren extremen Herausforderungen befinden. Diese Mächte werden auf dem Schlachtfeld des täglichen Lebens sogar noch mehr gebraucht. Wir Blumen-Soldatinnen und Blumen-Soldaten sind Lehrer und Heiler. Die Fähigkeit, dem individuellen Selbst Heilung zu bringen ... spirituell, physisch, emotional und mental ... ist die größte Fähigkeit, um die eine Person ringen kann. Wir nehmen die besten Werkzeuge und Waffen des Schlachtfelds und verwenden sie für Leben und Heilen.«

Während Lightningbolt gegessen und abgewaschen hatte, hatte er sich tiefe Fragen über seine eigene Essenz gestellt. Könnte er ein Blumen-Soldat werden?

Er traf Estcheemah auf dem Hügel, den sie Bright Hill genannt hatte. Er erschien ihm ganz gewöhnlich, aber für Lightningbolt wurde dieser graswachsene Hügel ein ganz besonderer Ort.

Estcheemah zeigte ihm, wo ihre Medizinpfeifen-Hütte stehen würde. Sie erklärte ihm sorgsam, wie sie die Hütte bauen würde, um Mutter Leben zu feiern. Die Spitze des Hügels, die das Tal überblickte, würde nun sein Wiegenkreis des Denkens werden. Hier würde er sein Zelt aufstellen und mit Leben sprechen. Und hier würde Lightningbolt sein erstes Medizinrad bauen.

»Das wird der Platz für deinen Wiegenkreis des Denkens sein«, sagte sie zu ihm. »Ja, es ist alles so leicht, stimmt's? Wir glauben, dass alles in Ordnung ist, weil wir eine Veränderung in unserem Herzen oder Geist verspüren, aber ist das wahr? Wir bauen, was wir wollen, während wir leben. Doch würden die meisten Leute schwören, dass sie bauen, was sie müssen. Es ist schwer, sehr schwer, weise, mutig, voller Selbst-Macht und anders als die anderen zu sein.«

»Aber werden mir diese Dinge helfen, glücklich zu werden?«,

fragte er. »Und nicht so bettelarm zu sein für den Rest meines Lebens? Steht Glücklichsein irgendwo auf der Liste der Dinge, die es zu erreichen gilt, Estcheemah?«

Estcheemah lachte. »Da spricht wieder das Reservatskind aus dir. Du bist nicht mehr diese Person, warum also machst du dir etwas vor? Du willst mehr als das, oder du würdest dich nicht mit dieser alten Frau abgeben.

Deine Ängste versuchen nur, dich zu den Fragen zu führen, die du in deinem Leben beantworten musst.« Sie winkte mit ihrer Hand in das weite Land hinein. »Du brauchst nicht so engstirnig zu sein, ignoranter Mann. In deinem Wesen kannst du so weit und so stattlich sein wie dieses Land. Du kannst hier auf Erden so stark sein wie dieser prächtige Platz. Was ist die Herausforderung deines Lebens? Weißt du es überhaupt?«

»Meine Herausforderung?« Er dachte angestrengt nach. »Ja, was ist meine Herausforderung? Du weißt, manchmal denke ich, ich verlange zu viel.«

»Zu viel!« Sie lachte freundlich. »Du gibst dich mit fast nichts zufrieden, Lightningbolt. Und entschuldigst dich für alles. Willst du wirklich all das Plastikspielzeug, von dem du träumst? Bist du irgendein verlorener Mönch? Der verrückte Junge, der Reichsgründer spielt? Oder bist du der Blumen-Soldat, der du meiner Ansicht nach bist?«

»Der Blumen-Soldat!«, sagte er lächelnd.

»Wenn du lernst, dein Leben zu respektieren, wirst du für dein Selbst Bedeutung entdecken. Wenn du dein Selbst respektierst, dann kannst du anfangen, zu verstehen, warum du deine Bedürfnisse hast.

Du könntest damit anfangen, indem du dich fragst, was du in deinem Leben bewirken kannst, nicht was du kontrollieren oder besitzen kannst. Die Frauen und Männer, die kontrolliert werden können oder die als Besitz dienen können, sind traurig und in einem Traum verloren. Willst du Freunde oder Sklaven? In dem, was wir kontrollieren oder besitzen können, liegt niemals irgendeine Sicherheit.

Bis zu diesem Moment riskiertest du in der Reise deines Lebens deine Existenz für Geld oder ein Schulterklopfen und hast die Gelegenheit, dein Selbst kennen zu lernen, weggeworfen. Sei nicht selbstverachtend.

Möchtest du die Gelegenheit, deinem Selbst zu begegnen, ergreifen, Lightningbolt?«

»Ja, das möchte ich, Estcheemah«, antwortete er.

»Gut. Die Begegnung wird sehr subtil sein, sei darauf also gefasst. Du wirst ein Medizinrad für dich selbst bauen. Es wird aus Steinen von Mutter Erde entstehen. Nachdem du deinen Kreis gebaut hast, wirst du ihn betreten und einigen der Möglichkeiten begegnen, wer und was du sein kannst.«

Als sie ruhig beieinander saßen, teilte sie ihm mit, wie er sein Medizinrad gestalten sollte. Nachdem sie ihn instruiert hatte, was zu tun sei, begann er mit seiner Arbeit.

Während er sich abmühte, den Außenkreis seines Rades zu konstruieren, flogen Elstern, Krähen, Heidelerchen und Präriefalken um ihn herum oder beobachteten ihn von ihren Zufluchten in den nahe gelegenen Pinien.

Estcheemah, die Blumen-Soldatin, begann geduldig ihre Arbeit mit der Medizinlaube im Zentrum seines Rades. Sie bog Weiden und Wildkirschzweige zurecht, die zu den Rippen der Laube wurden.

Sie bewegte sich geschmeidig und erfahren, wusste mit ihrer Energie zu haushalten und sorgte dafür, dass ihr Gebilde auch schön wurde. Während sie arbeitete, betete sie zu Großmutter und Großvater Leben mit einem Vertrauen, das aus Zeit und Denken geboren war.

Die alte Blumen-Soldatin hatte sich vorbereitet und einundvierzig Jahre lang geduldig gearbeitet, immer auf der Suche nach Schülern. Nur einige wenige von den vielen Hoffnungsträgern hatten ihre Unwissenheit und Einstellungen überlebt.

Viele der Frauen hatten geheiratet und waren in der Masse der Leute verschwunden. Die beharrliche alte Lehrerin hatte mit jeder neuen lernwilligen Frau bis zum Ende die Hoffnung beibehalten, dass sie einen Weg mit mehr Herausforderung wählen und eine Lehrerin und Medizinfrau werden würde. Doch für viele trat dies nie ein.

Genauso war es mit vielen der jungen Männer. Sie alle hatten stark angefangen; die meisten hatten schwach aufgehört. Sie wanderten fort, um für immer das zu suchen, wofür sie hätten kämpfen sollen, als sie ihr begegneten – das Selbst.

Das Zurückschrecken vor der Eigenverantwortung und der Druck des Konformismus hatten jede Möglichkeit zerstört, nach der diese Hoffnungsträger gesucht hatten. Selbstmacht war nur eine Abstraktion für sie. Sie hatten weiterhin Dämonen und Teufel gefürchtet. Sie fürchteten auch ihre Freunde, sich selbst und was ihre Familien denken würden. Sie verachteten sich selbst und misstrauten ihrem eigenen Verstand.

Es ist schwer, das Selbst anzunehmen, schwer, das Selbst zu ehren. Estcheemah wusste dies und hatte ihre Suche nach Schülern weitergeführt. Sie atmete einen Seufzer von Traurigkeit, als sie einige Wildblumen an ihrer Laube niederlegte. Wenn nur mehr von ihren Schülern sich der Herausforderung ihres wundersamen Selbst gestellt hätten, wäre es großartig gewesen. Sie war froh um die wenigen loyalen Lehrlinge, die sie hatte, aber viele mehr waren vonnöten.

Jetzt hatte sie die Chance, den Abtrünnigen, Lightningbolt, zu unterweisen. Und sie hatte auch ihre neue weibliche Schülerin, Liberty. Würden dieser Schüler und diese Schülerin durchhalten? Sie fragte sich, wie sie aufeinander reagieren würden, wenn sie sich begegneten. Würden sie ihr Wissen und Verstehen teilen, oder würden sie konkurrieren?

Der Morgenhimmel blühte mit voller Leuchtkraft und wurde eine

Blume der Erfahrung, die sich jeder Farbe auf Erden öffnete. Der kleine Schatten, den Estcheemah auf dem Berggras zeichnete, wurde ein Vermächtnis von Ausdauer und Sorgfalt. Ihr graziler Leib arbeitete unter einem Himmel, der sie aufs innigste liebte.

Tränen stahlen sich von ihren sanften alten Wangen, während sie die Blätter auf der Außenseite ihrer Laube niederlegte und damit die Haut der Hütte kreierte.

Warum wandten alle Leute ihr Gesicht ab von ihrer heiligen Mutter Leben?

Die Heilige Frau betete zur vollkommenen Kreatorin Mutter Leben und sang einen Medizingesang, der so hell wurde wie die Sonne. Nur die wahrhaft Machtvollen scheinen das Offensichtliche je zu sehen – dass es für die Kreatorin Mutter Leben keinen Ersatz gibt. Aber dieses Wissen linderte den Schmerz in ihrem Herzen nicht.

Es ist die Verpflichtung jeder Blumen-Soldatin und jedes Blumen-Soldaten, nach wahrem Gleichgewicht zu suchen.

Estcheemah neigte ihren Kopf leicht in jede der vier Richtungen, dann wandte sie ihr Gesicht ihrer Laube zu. Sie platzierte ihre Medizinpfeife im Inneren der Hütte, dann reinigte sie den Innenkreis mit Süßgrasrauch.

»Die Milliarden lebendiger Spiegel des Denkens«, betete sie, während sie ihre Pfeife mit Wildblumen umwand, »existieren im Leben und durch das Tor des Todes. Geheiligter Geist-Geist des Lebens, ich bitte um deine Führung an diesem Tag.« Estcheemah stand auf. »Nimm meine Worte und meine Präsenz so an, wie ich bin, Mutter Leben.« Sie wies mit ihrer Pfeife in die Richtung, wo Lightningbolt weiter beharrlich versuchte, sein Rad zu bauen. »Dieses Kind, dieser junge Mann, der lernen kann, ein Blumen-Soldat zu sein, ist aus deiner Gebärmutter geboren.«

Die alte Blumen-Soldatin legte ihre Medizinpfeife zurück zwischen die Blumen. Sie kniff ihre Augen zusammen und konzentrierte sich ganz fest auf einen Wunsch, der diesen jungen Mann befreien sollte. Ihr Wunsch war, dass er immer sein Selbst und Leben respektieren möge.

Sich mühend und schwitzend war Lightningbolt ein scharfer Kontrast zu seiner Mentorin. Unbeholfen ordnete er die äußeren Steine seiner Radeinfassung an; dabei versuchte er, so respektvoll wie möglich zu sein. Es war jetzt fast Mittag und die Hitze nahm zu.

Schweiß perlte auf seinen Augenbrauen und sein breiter Cowboyhut wog schwer auf seinem Kopf. Er warf den Hut über einen Ast in der Nähe.

Er hatte beschlossen, kleine Steine statt der größeren zu verwenden, wie Estcheemah empfohlen hatte. Es waren nie genug Steine. Er besah seine Arbeit und runzelte die Stirn.

Ein unregelmäßiger Kreis aus Kieseln markierte die Außenlinie des Rades. Er fand, es sah einfach nicht richtig aus, ganz egal wie viel Mühe er sich gab. Er senkte seinen Kopf und trieb sich an, es besser zu machen.

Es war zwei Uhr, als er sein Medizinrad fertig stellte. Er begutachtete seine Handarbeit mit Stirnrunzeln.

»Jetzt ist es Zeit«, rief Estcheemah ihm zu. »Komm hier herüber und wir werden sprechen.«

Er ging zu dem Platz, wo seine Lehrerin saß, und ließ sich neben ihr nieder. Er studierte Estcheemahs winzige Laube. Sie sah von weitem anziehend aus, aber aus der Nähe strahlte sie eine Lieblichkeit und stille Macht aus, die ihn überraschte. Er stützte sich auf seine Hände und Knie und spähte hinein. Was seine Augen erblickten, war nicht, was er zu sehen erwartet hatte.

Innerhalb der Hütte war ein derartiger Überfluss an Schönheit, dass Lightningbolt wirklich schockiert war. Die Hütte war eine Kathedrale aus zweigartig verwobenen Blumenfarben und -formen. Die Wände und Decke der kleinen Kathedrale bildeten ein Gebäude aus tausenden Blättern und hunderten Wildblumen. Die kleine Medizinhütte war lebendig und ihr Vorbild war die Schönheit der Erde. Die natürlichen weichen Farbschattierungen der Wildblumen flossen in Farbwellen, die mit den Blättern verschmolzen. Alles in der Hütte schien schon immer so gewesen zu sein.

Der Boden war ebenfalls verändert worden. Estcheemah hatte vier ihrer leuchtendfarbigen Medizindecken verwendet, um ihren Kreis von Schönheit zu vollenden.

»Oh, das ist wirklich wunderschön«, sagte Lightningbolt andächtig, als er sich hinsetzte. »Was wirst du da drin machen?«

»Was du da drin machen wirst, ist die Frage«, sagte sie. »Möchtest du gerne wissen, wie diese kleine Medizinhütte genannt wird?«

Er nickte.

»Sie wird die Zentrumshütte genannt«, antwortete Estcheemah. »Die Zentrumshütte ist die Gebärmutter von Licht und Dunkel. Sie ist auch bekannt als die Hütte des Anbeginns und des Vollendens.«

Lightningbolt war plötzlich verlegen. »All diese Arbeit«, sagte er und scharrte mit seinem Stiefelabsatz am Boden. »Das hättest du nicht sollen. Ich meine ... das ist eine Menge Arbeit, Estcheemah.«

»Lass Schönheit dich nicht in Verlegenheit bringen«, ermutigte ihn Estcheemah. »Nein, nicht jetzt, nicht in diesem Moment. Schätze einfach, was du hast.

Höre zu, höre sorgfältig dem zu, was du deinem Selbst zu sagen hast. Sprich mit deiner Mutter Leben; Sie ist die Göttin Schönheit. Habe keine Angst, dich an Schönheit zu wenden.

Erlaube diesem Medizinrad, deine Wiege des Denkens zu werden. Unsere Mutter Welt, unsere Heilige Mutter Erde, ist sehr schön. Denke an diese Gegebenheit, Lightningbolt – dass nichts von Dauer ist, was Leute gebaut haben.

Über die Zeit hinweg hat Mutter Erde alles geboren, was wir für unsere Existenz brauchen. Alles, was wir ernten oder herstellen, wird gebaut aus dem Erdengeschenk der Substanz. Wir sind abhängig von dem, was für uns kreiert wurde.

Mit der Zeit werden sich alle Dinge abnutzen und zu ihrer ursprünglichen Form zurückkehren. Nichts Physisches hat Bestand. Mutter Erde jedoch kann mit ihren Zyklen und Gesetzen alle Formen erneuern, einschließlich ihrer Leute.

Und wir müssen uns alle erinnern, dass alles, was wir tun oder sagen, jede unserer Handlungen, für immer ins Gedächtnis unserer Heiligen Mutter Erde und unseres Heiligen Vaters Erde eingehen werden. Es wird Leben sein, unsere Erde, die bekunden wird, wer wir waren, während wir gelebt haben.«

Estcheemah stand auf und begann zu gehen und Lightningbolt folgte ihr.

»Die Medizinräder unserer Ahnen waren sehr verschieden von denen, die wir jetzt machen«, scherzte sie. »Deines ist weder ganz in einer Linie mit der auf- und untergehenden Venus, noch kennzeichnet es die Tagundnachtgleiche, aber viele der Medizinräder unserer Ahnen taten genau das.

Die Faszination, die unsere Ahnen für die heiligen Zahlen hegten, wäre heutzutage nicht begreiflich«, erklärte sie. »Sie suchten danach, ihre Position innerhalb der Kreation zu entdecken.

Unsere Zero Chiefs sagen, dass unsere erste Frage, jenseits des Fragens nach dem Selbst, die Frage sein sollte, wie wir uns dem Leben stellen.

Wie stellst du dich ihm? Du hast aus Kieseln und Steinen ein Medizinrad gebaut. Aber jetzt wird es zu deiner Frage anstatt zu deiner Antwort.

Unsere Ahnen entdeckten, dass das physikalische Rad in sich selbst eine Lehre ist, denn seine Form hinterfragt jede Person. Die Präsenz des Medizinrades lehrt Zyklen und Zeit. Jede und jeder, die ein Rad beobachten, beginnen im Verlauf von einigen Jahren zu sehen, dass die Zyklen der Zeit, die Jahreszeiten, Licht und Dunkel, natürlich im Rad enthalten sind.

Das Rad ist die Form von Mutter Erde und die Form der Kreation Selbst. Die Tatsache, dass es aus Erdmaterial gemacht ist, ist sowohl physisch als auch mental heilend für uns.

Wie du erfahren wirst, können Zahlen beide Welten, die abstrakte und die physische, beschreiben. Die Präsenz der Medizinräder an sich lehrt uns über Beziehungen und alle Beziehungen lehren über Zahlen.

Aber was bedeutet dieses Medizinrad für dich?

Den Suchenden wird im Inneren des Medizinrades das Leben widergespiegelt, denn das Medizinrad repräsentiert Mutter Erde und unser Universum.

Komm mit mir und höre die Gebete einer alten Frau. Hast du den Mut dazu?«

»Ganz sicher habe ich das, Estcheemah«, antwortete er aufrichtig.

Estcheemah ging in den Osten seines Kreises und legte einen winzigen Stein zu ihren Füßen. »Ich wende mich an den Geist-Geist aller Leute«, betete sie. »Ich frage den Geist-Geist aller Leute, die geboren sind, ob es ihr Wunsch ist, ihre wundervolle Sonne in ihren verschmutzten Himmeln fahler werden zu sehen. Wünschst du dir deinen Himmel voller stinkender und tödlicher Chemikalien?«

Dann ging sie in den Westen des Kreises und wieder legte sie einen winzigen Stein zu ihren Füßen. »Geist-Geist aller Leute«, betete sie. »Wünschst du dir, weiterhin den Verrückten zu glauben, die behaupten, dass unsere Mutter Erde dazu da ist, zerstört zu werden? Wünschst du dir, dass deine Mutter Welt stirbt? Wirst du sie verschmutzen bis zu dem Punkt, wo du und deine Kinder nicht länger überleben können?«

Daraufhin ging Estcheemah in den Süden von Lightningbolts Kreis und legte einen winzigen Stein dorthin. »Geist-Geist aller Leute«, betete sie, »verachtet ihr euer Leben so sehr, dass ihr jeden wunderschönen Fluss zerstören und jeden See töten würdet? Sehnt ihr euch danach, dass eure Ozeane verschmutzt werden und alles Leben verlieren?«

Sie ging langsam in den Norden seines Kreises und legte einen Stein dort zu ihren Füßen. »Gattung der Leute, ich wende mich an euren Geist-Geist«, betete sie. »Wünscht ihr, dass euer Atem von euch genommen wird, weil er verpestet ist mit giftigen Gasen? Versteht ihr, dass ihr nicht das Leben hassen und dennoch erwarten könnt, dass das Leben eure Verrücktheit erträgt? Sehnt ihr euch danach, dass eure Welt zerstört wird?«

Lightningbolt weinte. Er wollte nicht, dass seine Mutter Erde verfiel.

»Die Leute, die das Ende der Welt vorhersagen, werden für das, was sie sagen, nicht verantwortlich gemacht«, sagte Estcheemah und zeigte ihre Traurigkeit. »Wir alle müssen als verantwortliche Leute lernen, unsere Welt zu respektieren. Wir müssen lernen, Mutter Leben und unsere Existenz mit ihr zu respektieren.«

Der Nachmittag begann, heiß zu werden, aber Lightningbolt war entschlossen. Er fand Schatten unter der Pinie, wo sein Hut hing, und schaute hinaus über das weite Land von Wyoming.

Er war entsetzt und betrübt darüber, wie unglaublich unwissend er über sich selbst und sein Leben war. Würde er jemals fähig sein zu verstehen?

Er stand plötzlich auf und begann auf und ab zu gehen. Estcheemah hatte ihm die Aufgabe gegeben, zu Mutter Leben zu sprechen, aber mit der Bedingung, dass er ehrlich mit sich selbst sein oder den Hügel verlassen müsse.

Lightningbolt schaute in den Himmel und beobachtete, wie sich die Wolken formten.

»Die Wolken und der Himmel sind über meinem Kopf«, sagte er laut. »Ihr seid da, Wolken. Du bist da, Himmel, von Sekunde zu Sekunde, genau wie es Estcheemah erklärt hat. Hallo.«

Er wandte sich auf dem Absatz um und ging ruhelos auf und ab. Er war entsetzt, dass nichts richtig zu laufen schien. Was war falsch? Der Wind erhob sich jetzt in kleinen Böen und wehte trockene Grasbüschel vom Gipfel des Hügels.

»Estcheemah sagt, dass ihr und ich auf der Basis einer sekündlichen Regelmäßigkeit hier sind, ihr Pinien«, rief er den Bäumen zu.
Der Wind seufzte in den Ästen der Pinien und schien beinahe mitfühlend mit seiner Furcht. Er wurde von Minute zu Minute ängstlicher und wusste nicht warum.
Er erhob seine Stimme, wandte sich wieder an die Bäume und sagte ihnen, dass er bereit sei, seine eigene Selbst-Autorität in Besitz zu nehmen, aber der Wind trug jedes seiner Worte fort und er blieb sprachlos zurück. Diese Erfahrung war entnervend.
Er versuchte es wieder und sprach noch lauter mit dem Himmel, sagte, er sei entschlossen, seine eigene Wahrheit zu finden; aber alles, was er hören konnte, war seine schwache Stimme und sein Zaudern. Er fühlte sich plötzlich sehr närrisch und errötete.
Schnell ging er den Hügel hinunter, um mit Estcheemah zu sprechen. Sein Plan, mit dem Leben zu sprechen, funktionierte einfach nicht. Er brauchte mehr Information. Als er Estcheemahs Lager betrat, hatte sie ihm ihren Rücken zugewandt und betete gerade. Sie hielt liebevoll einen Grassprössling in ihren Händen. Er hielt inne und wartete ruhig, während sie ihre Gebete beendete.
»Er ist schon zurück, heiliges Leben«, sagte Estcheemah und wandte sich an die Heide. »Ich hoffe, dass er den Mut gehabt hat, mit dir zu sprechen, ohne von seiner eigenen zaghaften Stimme beschämt zu sein.
Ich hoffe, dass er den Mut hatte, von dem zu sprechen, was er zutiefst fühlt. Ja, WahKahn und SsKwan, ich hoffe, dass er lernt, die Angst in seiner eigenen Stimme zu hören.«
Lightningbolt drehte sich um und ging mit langen Schritten zurück zu seinem Hügel. Er war entschlossen, mit Kreation zu sprechen, auch wenn seine Antwort ein Blitzschlag aus heiterem Himmel sein würde.
»Und du wirst auch nicht von einem Blitz aus heiterem Himmel erschlagen werden«, rief Estcheemah ihm nach. Sie wusste, was er gerade dachte. »Warum? Weil die Kreation nicht so gelangweilt ist, dass sie solch kindische Mittel bräuchte. Und wer bist du schon, dass ein solches Wunder an dich verschwendet werden sollte?« Sein Atem ging schwer, als er den Gipfel des Hügels erreichte, aber er war entschlossen.
»He!«, brüllte er den Bäumen zu. »Ich werde ehrlich sein.«
In Lightningbolts Herz stieg eine seltsame Angst auf. Plötzlich fühl-

te er sich sehr müde. Er setzte sich auf den Boden nieder und schaute in den Himmel. Der Wind seufzte in den Bäumen. Weit weg am Horizont brauten sich große Donnerwolken im Himmel zusammen.

»Ich werd' keine Angst vor dir haben, verdammt nochmal«, fluchte er und stand wieder auf. »Du hast mir Angst eingejagt. Ich geh' runter, um mit Estcheemah zu sprechen, denn da sind noch ein paar Dinge, die ich wissen muss.«

Sobald Lightningbolt wieder an Estcheemahs Feuer war und Kaffee trank, wünschte er, er wäre auf dem Hügel geblieben und hätte es ausgefochten, aber hier war er. Gab es einen Weg, sein Problem zu erklären?

»Du ringst mit all deinen dümmlichen Glaubenssätzen und Ängsten, anstatt mit der Kreation zu sprechen«, sagte Estcheemah rundweg. »Du wurdest gelehrt, an einen Gott zu glauben, der gewalttätig ist und der dich für deine Ignoranz verbrennen wird.

Diese Phantasie ist nicht die Kreation. Die Kreation hat es nicht nötig, dass Dämonen Leute unterweisen.

Es gibt keine Dämonen, Lightningbolt. Nie hat irgendjemand einen Dämon gesehen und niemals werden wir einen zu Gesicht bekommen. Die Kreation ist nicht ein ›zorniger, eifersüchtiger Gott‹, wie dir beigebracht wurde. Die Kreation ist nicht eifersüchtig auf sich selbst, noch ist sie ärgerlich. Ärger und Eifersucht beschreiben Leute, nicht die Kreation. So zu denken ist albern. Du fürchtest einen Buchgott. Der gedruckte Gott ist nicht so weit wie die Kreation. Der Buchgott ist unwissend und kennt Leben nicht.

Geh also zurück auf den Hügel und höre gut auf das, was du zu unserer Kreatorin Mutter und zum Kreator Vater zu sagen hast. Die Kreation ist das Leben. Sprich mit dem Leben und sei du selbst, Lightningbolt.«

Lightningbolt kehrte zur Kuppe des Hügels zurück und setzte sich hin. Er arbeitete den ganzen Abend mit sich selbst und sprach laut über alle seine Ängste. Es war fast elf Uhr nachts, als ihm klar wurde, dass er es nicht nötig hatte, das Leben zu fürchten, und dass keine Dämonen ihn packen und zu Boden werfen würden.

Das Leben gab ihm Leben. Wenn es Zeit für ihn war, die Welt von Leben zu verlassen, würde er ganz einfach sterben, und das war es. Es war so einfach. Konnte er diese Einfachheit verstehen und sie ehren?

Unter ihm blinkte Estcheemahs helle Laterne blauweiß zwischen den Baumwollbäumen am Bach. Der Himmel über seinem Kopf war so schwarz und tief wie die Kreation und angefüllt mit hellen Sternen. Das Bächlein wand sich das Tal hinunter und das Mondlicht ließ sie strahlen, wie Quetzal-Atl-Mahan, Drachen-Mutter-Bringerin-der-Zahlen.

»Ich bin lebendig, heilige Mutter Leben«, sagte er und wandte sich an Mutter Erde. »Ich lebe, denn du gibst mir das Leben. Ich habe beschlossen, dass ich mein Leben lang daran arbeiten will, mit meinem Selbst ehrlich zu sein. Ich werde meinen Geist benutzen und meinen Mut, um Ignoranz zu bekämpfen, und ich fange mit meiner eigenen an. Ich habe beschlossen, ein Blumen-Soldat zu werden.

Ich werde niemals wieder vor euch Angst haben, meine Kreatorin und mein Kreator. Ihr habt mehr Intelligenz als ich und ich habe keine Angst vor der wahren Intelligenz.«

Lightningbolt schlief sehr gut in dieser Nacht und stand mit dem ersten Licht auf, begierig, mehr zu tun und zu lernen.

Estcheemah meinte, dass sie nach Hause zurückkehren sollten.

Es war früher Nachmittag, als sie in Estcheemahs Hof einritten. Lightningbolt sattelte die Pferde ab und versorgte sie, dann begann er, die Zeltausrüstung zu reinigen. Es wurde früher Abend, bis alle Arbeiten erledigt waren.

Sie hatten ein ruhiges Abendessen zusammen, ohne zu sprechen. Nachdem die Teller abgewaschen und weggeräumt waren, fragte Estcheemah Lightningbolt, ob er mit ihr einen Spaziergang machen wolle.

Der Abend war warm und die Kiesstraße vom großen Wyoming-Mond hell erleuchtet. Während des Gehens sagte Estcheemah zu Lightningbolt, dass es Zeit sei für ihn, die Geschichten zweier der einflussreichsten und machtvollsten Blumen-Soldaten zu hören, die Zero Chiefs geworden waren.

Über die nächsten fünf Tage erzählte Estcheemah ihm die Geschichte der zwei Militär-Generäle. Sie lebten hunderte von Jahren auseinander, aber beide waren im Volk der Yucatán geboren. Die Generäle waren bekannt als der General-Priester, Ocean Bow, und die General-Priesterin, Temple Doors.

»Diesen sehr wichtigen Lehrern wird das Verdienst zuerkannt, den Gesetzes-Kreis wieder eingerichtet und die alte Lehre der Blumen-Soldatinnen und Blumen-Soldaten wieder ans Licht gebracht zu haben«, erklärte Estcheemah. »Ich bin eine der Blumen-Soldatinnen aus der Disziplin dieser zwei Zero Chiefs.«

Die Lehren der Zero Chiefs: Ehamah (Die Erd-Substanz)

Die Geschichte von Ocean Bow und den Blumen-Soldatinnen und -Soldaten Zentralamerikas

Es ist seltsam und faszinierend, in Betracht zu ziehen, was an Information und Geschichten verloren gegangen ist und was glücklicherweise überlebt hat. Der Umstand, dass niemand ganz sicher ist, wo die City of the Great Avenues (die Stadt der Prachtstraßen), in Mittelamerika existierte, ist ein prägnantes Beispiel dafür. Doch ist diese Stadt von großer Wichtigkeit für alle Blumen-Soldatinnen und Blumen-Soldaten. Die wenigen Informationen über die City of the Great Avenues, die wir sorgfältig bewahrt haben, beschreiben, wie sie von Blumen-Soldatinnen und Blumen-Soldaten entworfen und erbaut wurde. Es handelt sich um die Stadt, die von dem Zero Chief namens Ocean Bow gegründet worden ist.

Das Konzept der Stadt beruhte auf einem Block von fünfhundert »Bogenschützen-Hügeln«. Diese »Hügel« bestanden aus fünfhundert

Pyramiden auf erhöhten Plattformen, von denen aus die Bogenschützen die Stadt verteidigen konnten. Wenn einer der »Hügel« von einer eindringenden Armee überrannt wurde, verließen die Bogenschützinnen und Bogenschützen ihre Positionen und nahmen neue oberhalb und hinter dem nächsten Verbund von Plattformen ein. Die Stadt war sachkundig befestigt worden, ohne Wälle zu benutzen.

Es wird erzählt, dass die Stadt Kanalisation und fließendes Wasser für alle hatte. Sie war auch bekannt dafür, dass sie weitläufige wunderschöne Gärten besaß. Es gibt nicht genug Worte, den Stand der Wissenschaft zu beschreiben, zu dem die Amerikas vermittels des Gartenbaus gediehen waren. Die Vielfalt der Nahrungsmittel, die angebaut wurden, und das tiefgreifende Verständnis der Hauptleute, was die Natur der Pflanzen angeht, wäre heutzutage unbegreiflich. Jeder verfügbare Zentimeter in der Stadt wurde genutzt, um Nahrung anzubauen. Zu jedem Heim gehörte ein Garten voller Nahrung und Schönheit. Unsere Zero Chiefs sagen, dass »die Medizin-Farben dieser Stadt jede mögliche Farbe von Blumen hatten«.

Diese Metropole von fünfzigtausend Leuten war die größte Stadt, von der uns bekannt ist, dass ihr Entwurf und ihre Regierung durch die Blumen-Soldaten erfolgte. Diese großartige Stadt war der Regierungssitz der Provinz von zweihunderttausend Leuten insgesamt. Wir Blumen-Soldaten haben, gelehrt durch unsere mündliche Geschichtsüberlieferung, viele augenscheinliche Beweise, dass die City of the Great Avenues der Ort der Wiedergeburt der Demokratie in den Amerikas war. Diese wunderschöne Stadt und die gesamte Provinz wurde durch den Gesetzeskreis regiert. Die Zero Chiefs lehrten und lenkten den Gesetzeskreis.

Die Repräsentierenden Hauptleute, die im Gesetzeskreis saßen, waren hinsichtlich ihrer Anzahl, was Frauen und Männer betrifft, immer ausgeglichen. In den Tempeln waren die Priesterin und der Priester ebenbürtig. Hinsichtlich der Gleichwertigkeit aller Leute wurde in allen großen Schulen ein Gleichgewicht eingehalten und respektiert.

Göttin und Gott waren als ebenbürtig bekannt. Die Medizinräder waren die Grundlage allen Lehrens. Blumen-Soldatinnen und Blumen-Soldaten gelobten in einem Schwur, jede Art der Sklaverei unter Leuten zu bekämpfen.

Von jedem Stadtstaat wurden zum Zweck der politischen Stabilisierung umfangreiche Armeen unterhalten. Die Maya-Städte, die

Leute als Sklaven hielten und Leute opferten, waren die erklärten Feinde aller Zero Chiefs.

Häufig brach unter den Völkern von Zentral- und Südamerika Bürgerkrieg aus. Oftmals ging diesen Kriegen eine gewaltige Zerstörung voraus, bewirkt durch Erdbeben und Vulkane. In Zeiten von heftigem Chaos werden Völker immer verwundbarer und Kriege können sich zwischen ihnen ereignen. Nach vielen Jahren gewaltsamen Krieges in Zentral- und Südamerika wurde der Tempel der Blumen-Soldatinnen und Blumen-Soldaten ein Fleckchen von Hoffnung inmitten des knospenden neuen Reichs der Eight Deer.

Die Geschichte von Ocean Bow beginnt vor ungefähr dreitausend Jahren, nach vielen Jahren heftiger Erdbeben und Vulkanausbrüche und blutiger Bürgerkriege.

Die Stadt One Deer wurde die neue »Große Zentrumsstadt« und teilte das Land von Yucatán unter den Herrschern auf. Dieser Prozess verlief ziemlich langsam und es nahm ungefähr zweihundert Jahre in Anspruch, bis sich ein etabliertes Regierungssystem herausbildete.

Während dieser gewaltsamen Jahre trug sich eine merkwürdige Begebenheit zu. Sie beeinflusste indirekt die Blumen-Soldatinnen und Blumen-Soldaten und verursachte einen Krieg, der niemals hätte stattfinden dürfen. Das Ergebnis dieses Konflikts veränderte die Geschichte Zentralamerikas für immer.

Wie der Tempel der Blumen-Soldatinnen und Blumen-Soldaten

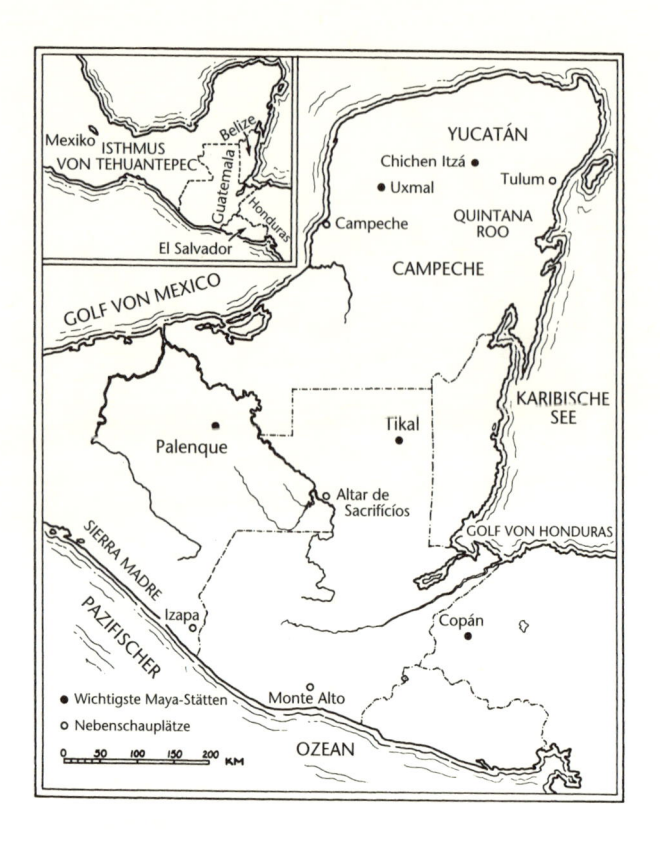

war auch der Temple of the Rememberers (der Tempel derer, die die Erinnerung bewahren), genannt Temple of the Jaguars, eine sehr kleine Schule, die ausschließlich in dem neuen Reich existierte.

Die Herren der neuen Städte von One Deer, Two Deer, Three Deer und Eight Deer hatten die Zerstörung der Tempel und die Ausmerzung der Schule im Sinn, denn die Schule »beugte sich nicht den Wünschen ihrer Herren«. Als jedoch »dieser triviale und erbärmliche kleine Tempel« von der machtvollen Stadt Eight Deer angegriffen wurde, begaben sich die Blumen-Soldatinnen und Blumen-Soldaten in den Krieg.

Der Grund für den Kriegseintritt der Blumen-Soldatinnen und Blumen-Soldaten war nicht, dass sie den Tempel der Erinnerer retten wollten. Es lag daran, dass der kleine Tempel der Nabel der Schulen des Heilens war, wie alle außer den betrunkenen Herren der Hirsch-Städte wussten. Die unwissenden Herren wollten die Schule ihrer

Medizinleute zerstören – der Heiler und Heilerinnen, die die blutigen Bürgerkriege jener Zeit überlebt hatten! Diese Situation verursachte den Ausbruch eines neuen Bürgerkriegs, der das Reich spaltete.

Die Blumen-Soldatinnen und Blumen-Soldaten hatten einen wichtigen Vorteil in diesem Krieg – den Mann namens Ocean Bow. Dieser große General sollte die Blumen-Soldatinnen und Blumen-Soldaten reorganisieren, jedes Land im Reich erobern und dabei die Macht der Hirsch-Städte zerstören.

Nach dem Zusammenbruch des Reichs der Deer-Städte verbanden sich der Jaguar Temple of the Rememberers und der Tempel der Blumen-Soldatinnen und Blumen-Soldaten mit den größeren Schulen der Mathematikerinnen und Mathematiker und wurden die Quetzal-Coatl-Atl-WahKahn-Shee.

Die Rememberers sagen, die Zero Chiefs seien an dem Tag wieder geboren worden, an dem diese großen Tempel eine Schule wurden.

Diese größere Schule wurde bekannt als Morning Star, die Quetzal-Atl-Coatl-Auuc, und als die Sky Serpent. Sie waren auch als die Turtle bekannt.

Ocean Bow

Unter den Zero Chiefs gibt es viele Künder und Bewahrer von Gürteln. Eine ihrer am besten erinnerten Geschichten handelt von dem großen Blumen-Soldaten Ocean Bow.

Vieles von unserer Geschichte verdanken wir den Lehrerinnen und

Lehrern von Ocean Bow. Ihm selbst gebührt das Verdienst, unsere Disziplin wiederhergestellt zu haben. Er wurde vor ungefähr 3000 Jahren geboren, dreihundert Jahre, nachdem die großen Städte Yucatáns von äußerst Furcht erregenden Eindringlingen aus Südamerika besiegt worden waren. Diese Kanu-Leute, auch die Leute des Blatts der Scharfen Kante, der Obsidianklinge, genannt, kamen in zahllosen Mengen aus dem Süden und zerstörten das Volk der Langen Zählweise.

Quetzal und Coatl, die Göttin und der Gott der langen Zählweise, waren jetzt nur noch symbolische Figuren der Vergangenheit.

Die »neue Ordnung« wurde von Männern gebildet, die glaubten, dass sie von ihrem Gott, Himmhoipann, zur Herrschaft ausgewählt worden waren. Sein Name bedeutete buchstäblich »Gott der Seuchen«. Die feudale Aristokratie, die Herren, glaubten, sie seien inkarnierte Götter, auf Erden geboren, um über alle Leute zu herrschen.

Für die Blumen-Soldatinnen und Blumen-Soldaten waren das unglückselige und von großen Schwierigkeiten geprägte Zeiten. Beinahe jede Priesterin und jeder Priester der Langen Zählweise war von den Eindringlingen skrupellos umgebracht worden. Die Tage der Großen Kreise des Gesetzes waren längst vergangen. Die Großen Kreise der Demokratie und Gleichwertigkeit von Frauen und Männern waren verboten worden.

Sämtliche Zero Chiefs, die immer noch am Leben waren, hielten sich sorgsam verborgen. Alle Kreise des Heilens, wo einst die Gärten des Heilens existiert hatten, waren nun gesetzeswidrig. Jedes Sprechen über die Medizinräder oder deren Lehre zog unmittelbare Vergeltungsmaßnahmen und den sicheren Tod nach sich.

Zu dieser Zeit kamen die Priester der Obsidianklinge, bekannt als die City Robes, an die Macht. Sie opferten ihrem Seuchengott Leute, Tiere und Pflanzen. Diese Priester lehrten, es gebe zwei Götter, und der Seuchengott führe ständig Krieg mit dem Gott der Obsidianklinge. Dieser Gott vertrat jede Regel, die von der »neuen Ordnung« auferlegt war, und der Seuchengott symbolisierte Chaos und Siechtum.

Es ist sehr wichtig, zu verstehen, dass diese Männer, die die alte priesterliche Klasse ausmachten, derselben Gruppe entstammten wie die landbesitzende Aristokratie. Die Priester des Seuchen-Gottes waren die Söhne der »göttlichen Herrn« – der »Götter auf Erden, geboren, um über das Volk zu herrschen«. Diese Herren, die das gesamte Land besaßen, hingen von den Priestern ab, die allen von ihrer Gött-

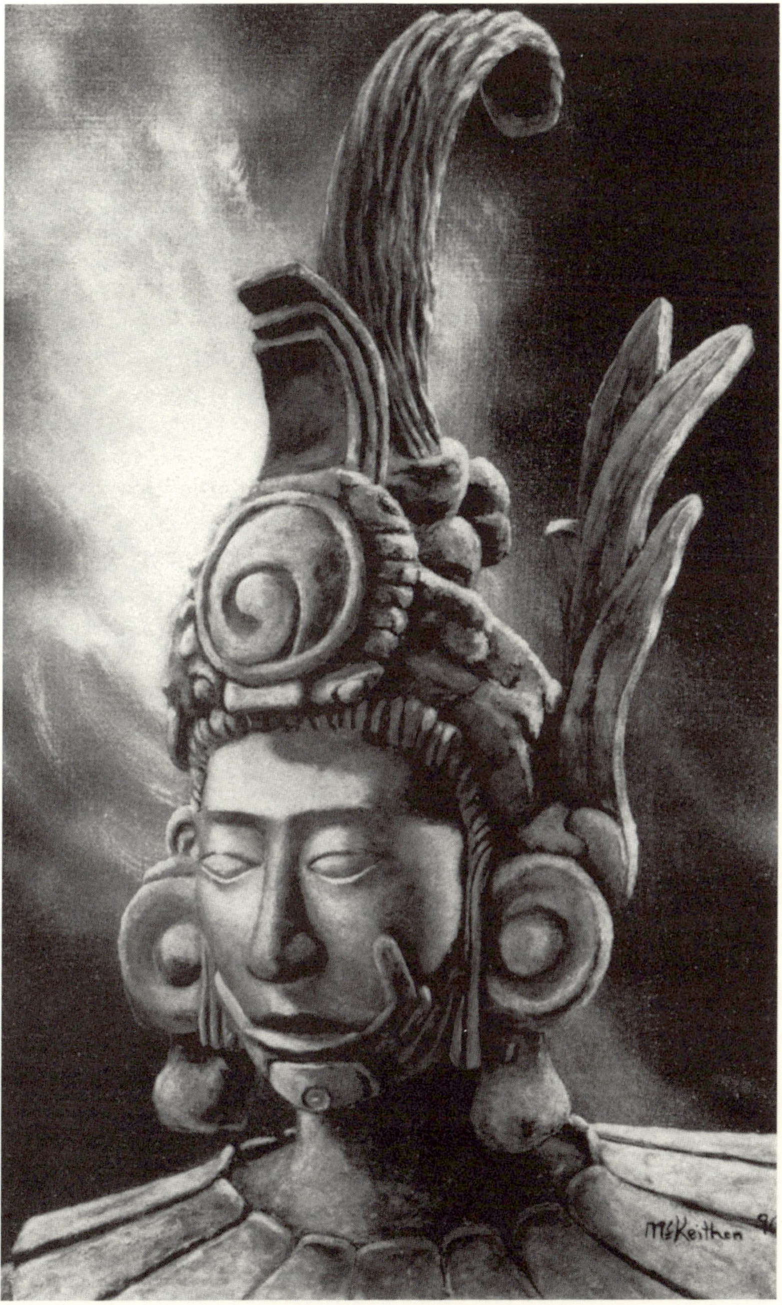
McKeithen

lichkeit zu erzählen hatten, während die Priester hinsichtlich ihrer Sicherheit und Macht von den Herren abhingen.

Über hundert Jahre, nachdem die ursprünglichen Eindringlinge jeden Widerstand zerschmettert und sich selbst als die alleinige Autorität des Landes etabliert hatten, wurde Ocean Bow geboren, und zwar unter den Arrow Priests (Pfeile-Priester) in der Pyramiden-Stadt von Yucatán, bekannt als Corn Flower. Er liebte das Gärtnern über alles. Die Pflichten der Pfeile-Priester, Ocean Bow eingeschlossen, war die Ausbildung junger Adliger in der Kunst des Nahkampfs.

Die Landbesitzer – oder Herren – waren feudale Kriegsherren, die die Stadt Corn Flower und das Land viele Meilen im Umkreis beherrschten. Die Herren, »die Männer Gottes«, wechselten sich im Regieren der Stadt Corn Flower ab und waren über alle anderen Priester erhaben.

Es gab verschiedene Arten von Priestern, die unter den Corn-Flower-Leuten lebten. In der Tat wurde der Titel »Priester« jedem verliehen, der Anführer einer Gruppe oder Organisation war. Folglich gab es Priester der Händlerklasse, der Handwerkerklasse und der Bauleute. Die machtvollsten waren die Opferpriester, die City Robes, die in der Stadt der Pyramide lebten. Sie stellten eine religiöse Klasse dar, getrennt von allen anderen Priestern der Corn-Flower-Leute, und sie kontrollierten skrupellos alle Handwerker, Händler und anderen Priester in der Stadt.

Corn Flower, wie auch all die anderen Städte in Yucatán, begann als ein Religions- und Handelszentrum und vergrößerte sich, bis es die Tempel einschloss, welche die Orte des Lernens waren.

Die Schule oder der Tempel der Pfeile-Priester war nicht so bedeutend wie die religiösen Tempel oder die Händlertempel. Jedoch war ihre militärische Gemeinschaft von lebenswichtiger Bedeutung für die aristokratischen Landbesitzerfamilien, denn Kriegsführung war für sie eine Lebensart geworden.

Kriege, die zwischen den Herren, den Männern Gottes, ausgefochten wurden, waren üblicherweise kurz. Landstreitigkeiten und der Diebstahl von Sklaven waren die üblichsten Anlässe für diese großen Fehden. Während jedoch die Kriege der Aristokratie eher zur Kürze neigten und als ritterlich galten, waren die Kriege zwischen den großen Städten immer blutig und konnten Jahre dauern.

Diese Stadtkriege wurden zwischen den Priestern, in deren Besitz sich die Händlerklasse jeder Stadt befand, ausgefochten. Wann immer die Städte in einen weiteren Krieg hineingezogen wurden, hatten alle zu leiden.

Um die Zeit, als Ocean Bow fünfunddreißig war, waren zwei große Städte einige Jahre lang im Krieg gewesen – Mound Turtle und Obsidian Temple. Mound Turtle war eine alte Verbündete der Stadt Corn Flower. Sie hatte einen Seehafen, wohingegen Corn Flower eine im Inland gelegene, landwirtschaftlich geprägte Stadt war. Die Rivalenstadt, Obsidian Temple, war ebenfalls eine Seefahrerstadt.

Als der erste Krieg zwischen Obsidian Temple und Mound Turtle ausbrach, dachten die Leute, der Krieg sei weit weg und ohne Folgen für die Corn-Flower-Leute, und es genügte ihnen, einige ihrer jungen Männer zu schicken, um ihrem Verbündeten zu helfen. Da ihre Verbündeten, Mound Turtle, mächtiger waren als Obsidian Temple, wurde allgemein erwartet, dass der Krieg von kurzer Dauer sein werde. Dennoch zog sich der Konflikt über zwei Jahre hin.

Während des zweiten Jahres des Konflikts sandte Obsidian Temple seine Soldatinnen und Soldaten aus, um die Ernte der Corn-Flower-Herren zu verbrennen und sie ihrer Sklaven zu berauben.

Bis dahin war in der Geschichte der Kriegsführung in den Amerikas nichts Vergleichbares geschehen. Alle waren schockiert – außer natürlich die Leute von Obsidian Temple. Nach diesem Zwischenfall kam der Adel zusammen und beschloss, dass die Pfeile-Priester nun Sklaven ausbilden sollten, die das Kämpfen für die Herren von Corn Flower zu erledigen hätten – da diese ihre eigenen Kinder nicht zum Abschlachten schickten. Den Arrow Priests wurde befohlen, mit der Sklavenausbildung unverzüglich zu beginnen. Ocean Bow war der einzige Pfeile-Priester, der die Verantwortung übernahm, die Sklaven auszubilden.

Zunächst war die neue Idee nicht nach dem Geschmack der Pfeile-Priester. Sie fürchteten, ihr Prestige und ihre Macht ginge verloren, wenn sie Sklaven anstatt der Adligen ausbildeten. Aber es gab keine Diskussion mit den machtvollen Landbesitzern. Tausende von Sklaven wurden aus dem Land herangebracht und in die neue Armee gezwungen, angeführt vom Pfeile-Priester Ocean Bow.

Die neue Sklaven-Armee von Corn Flower wurde eine Tatsache, mit der die Arrow Priests zu leben lernten. Und die Priester entdeckten bald, dass Kriegsführung den Sklaven nicht neu war. Sie waren begierig, ausgebildet zu werden, und hochmotiviert.

Als die Sklavenarmee anwuchs und eine treffliche Streitmacht wurde, wurde Ocean Bow mehr und mehr ein Teil seiner Soldatenschaft. Innerhalb von zwei Jahren hatten alle Offiziere der Sklavenarmee mit ihrem Befehlshaber, Ocean Bow, nahe Bekanntschaft gemacht. Sie respektierten ihn zutiefst und es gab nichts, was sie Ocean Bow verweigert hätten.

Ocean Bow erfuhr von seinen Männern, dass ihre Familien zweihundert Jahre lang von den Leuten von Corn Flower gefangen gehalten worden waren. Die Sklavenoffiziere von Ocean Bows Armee lehrten ihn über ihre alte Tempelschule, Ocean Wanderer (Ozean-Wanderer).

Die Arrow Priests waren erstaunt, als sie entdeckten, dass Ocean Wanderer gelehrt hatte, dass alle Menschenopfer verboten seien. In der Tat sollte, wenn es nach Ocean Wanderer ging, nichts geopfert werden, nicht einmal Pflanzen oder Tiere.

Diese neue und unorthodoxe Lehre schockierte die Arrow Priests und wurde von den City Robes augenblicklich strengstens verboten. Der Grund dafür war, dass an jedem Wildschwein-Tag die Priester der City Robes ein neugeborenes Mädchen und einen Jungen opferten; beide wurden zuerst ertränkt, dann verbrannt. Diese Kinder wurden immer aus den Sklavenfamilien ausgesucht. Die Leute weinten laut, baten darum, dass ihre »heiligen Opfer« von ihren Göttern angenommen würden und dass keine anderen Kinder oder Leute krank werden und das Jahr über sterben mochten.

Die City Robes jammerten am lautesten und schlugen sich sogar selbst mit zusammengebundenen Weinranken, manchmal bis das Blut kam, und beteten, dass der Seuchengott ihre Leiden und Opfer annehmen und besänftigt sein mochte.

Alle glaubten, dass der Seuchengott ein eifersüchtiger und ärgerlicher Gott sei, der tötete, wenn ihm kein Opfer dargebracht wurde. Ocean Bow glaubte, wie alle anderen, dass der Seuchengott die Leute in Stücke reißen würde, wenn diese Opfer plötzlich aufhören würden.

Die Konsequenz dieses Glaubens war natürlich, dass sogar die Arrow Priests die Lehren von Ocean Wanderer verboten.

Im dritten Jahr des Krieges zwischen Mound Turtle und Obsidian Temple marschierte eine Elite-Kampfeinheit der besten fünftausend Soldaten der Sklavenarmee, unter dem Oberbefehl von Ocean Bow, aus der Stadt Corn Flower, um Krieg zu führen.

Die Offiziere waren stolz und freuten sich darauf, mehr auf dem Schlachtfeld zu lernen. Jeder Soldat war perfekt ausgebildet und gut ausgestattet. Die Männer sangen, während sie auf Mound Turtle zumarschierten. Ocean Bow hatte beschlossen, seine neue Armee im Feld persönlich zu kommandieren. Dies verursachte großen Jubel unter allen Männern.

Als jedoch drei Monate später die Streitkräfte von Ocean Bow den Feind angriffen, ereignete sich während ihres Kampfes ein gewaltiges Erdbeben. Doch trotzdem besiegte Ocean Bows Armee innerhalb einer Woche ihren Feind. Aber dann ereigneten sich fünf weitere ernsthafte Erdbeben. Diese Erschütterungen waren so entsetzlich und gewaltig, dass Bäume, Soldaten und Tiere leibhaftig in die Luft geworfen wurden. Während der folgenden fünf Monate machten sie die Erfahrung weiterer zwanzig katastrophaler Schocks. Jede Stadt wurde zu Staub zermahlen.

Aufgrund des Blutbades durch die Erdbeben verloren die City Robes mehr und mehr die Kontrolle über ihre Armeen. Bald wurden Plünderungen und Beutezüge in jeder Stadt eine alltägliche Begebenheit. Ocean Bow brachte seine Soldaten zurück nach Corn Flower, aber die Stadt existierte nicht mehr. Plündernde und mordende Banden und Diebe durchkämmten die Trümmer und suchten nach Kriegsbeute und Nahrung.

Die aggressiveren der Kriegsherren fuhren fort, heimtückisch zu kämpfen, um an ihrer schwindenden Macht festzuhalten. Sie waren entschlossen, jeden zu vernichten, der sich ihnen in den Weg stellte, einschließlich ihrer alten aristokratischen Verbündeten – auch wenn das bedeutete, ihre Familie oder Freunde zu betrügen.

Jetzt begannen die Stadtarmeen zu zerbrechen. Sie wurden zu umherstreifenden Banden organisierter Diebe, die die Lage zunehmend gefährlicher machten. Tempelpriester fielen über andere Priester her und versuchten, Landbesitzer zu werden. Viele dieser Priester wurden geopfert oder einfach von ihren Kollegen ermordet. Rache und Belohnung durch Reichtümer waren der Grund für das Andauern der Schlacht und bald gab es überall nur noch Chaos.

Ocean Bow verlor neunmal beinahe sein Leben durch die Hand seiner eigenen Männer, aber wurde im letzten Moment von seinen Offizieren gerettet. Die Sklaven wollten Rache und waren entschlossen, jeden Kriegsherrn in Corn Flower zu töten.

Ocean Bow erörterte mit seinen Offizieren und Männern, dass es ihre einzige Hoffnung war, als Kampfeinheit zusammenzubleiben – und keine gewöhnlichen Diebe zu werden. Er versprach ihnen, dass Krieg ihre Richtschnur und Grund für ihre Existenz bleiben würde. Jetzt würden auch sie professionelle Soldaten werden – jeder könne eine Arrow Priest werden. Ihre einzige Hoffnung auf Überleben war es, eine in sich geeinte Kampfeinheit zu bleiben. Jeder Offizier stimmte zu und eine neue professionelle Elitearmee war geboren.

Um diese Zeit reorganisierte Ocean Bow seine Armee. Er machte seine Offiziere und Männer darauf aufmerksam, dass die gegnerische Kraft in jeder Schlacht, die sie erlebt hatten, unzureichend ausgebildet oder bewaffnet gewesen war.

Ocean Bow bildete alle seine fünftausend Männer von neuem aus und ließ sie mehr Waffen herstellen. Er überzeugte seine Offiziere, dass jeder Mann eine Schwertaxt besitzen und ein perfekter Speerwerfer sein solle. Traditionellerweise besaßen alle Vorhutsoldaten nur einen Schild und eine Lanze. Die wohlhabenderen Soldaten, zumeist Söhne von Adligen, trugen einen Schild, eine Lanze und eine Obsidian-Schwertaxt.

Ocean Bow hatte entdeckt, dass er die Schlacht innerhalb von Stunden zu seinen Gunsten wenden konnte, wenn er alle seine Vorhutsoldaten mit Schwertaxt, Lanze und Schild ausrüstete.

Ein außergewöhnlicher Offizier in Ocean Bows Armee war im Laufe der Zeit ein sehr enger Freund seines Kommandanten geworden, sein Name war Flying Sun. Ocean Bow erfuhr, dass Flying Sun ein heimlicher Priester in seinem versklavten Volk war. Ocean Bow teilte die Aufgabe, die Armee zu befehlen, zwischen sich und Flying Sun auf. Die zwei Divisionen, genannt Blau und Weiß, hatten jede fünfundzwanzig Hundertschaften Soldaten.

Innerhalb der nächsten zwei Jahre vereinten sich die Streitkräfte und besiegten viele Armeen, große wie kleine. Im dritten Frühling hielten die beiden Generäle ein Treffen ab, denn viele ihrer Männer waren kampfüberdrüssig und brauchten die Begegnung mit Frauen. Sie beschlossen, sich an einen Platz, genannt Burnt Head, zurückzuziehen. Es handelte sich um ein breites Tal, das verteidigt werden konnte. Und, was am wichtigsten war, es gab Frauen in der Nähe.

Ocean Bows und Flying Suns Späher berichteten, dass Burnt Head bereits vom Befehlshaber-Priester, bekannt als Crying Shadow, besetzt sei. Sie brachten auch in Erfahrung, dass Crying Shadow sechstausend kampfbereite Männer hatte und für noch einmal so viele Frauen und Kinder verantwortlich war.

Sobald seine Streitkräfte Burnt Head eingekreist hatten, traf Ocean Bow auf Crying Shadow. Er hatte von Ocean Bows vielen Siegen gehört und ergab sich unverzüglich. Er wusste, dass das besser war, als sich ihm entgegenzustellen.

Am folgenden Tag trafen sich Ocean Bow und Crying Shadow

wieder; doch diesmal war Flying Sun dabei. Sie beschlossen, ihre Kampfeinheiten zusammenzuschließen, und kamen überein, dass alle Menschenopfer aufhören müssten, desgleichen alle Pflanzen- und Tieropfer.

Obwohl Crying Shadow davon überrascht war, stimmte er bereitwillig zu. Während des folgenden Jahres reorganisierten die drei Männer geschäftig das Leben ihrer Leute. Sofort begannen sie damit, Ackerbau zu treiben. Die Einheit von Flying Sun durchkämmte mit fünfundzwanzig Hundertschaften die umliegende Gegend nach Nahrung.

Ocean Bows Aufgabe war es, so viele ehemalige Sklaven wie möglich zu rekrutieren. Weil so viele junge Männer in den Kriegen getötet worden waren, waren nicht genug Männer übrig, um seine Streitkräfte aufzufüllen, und so beschloss Ocean Bow, auch Frauen auszubilden.

Damit erweckte Ocean Bow die alte Tradition der Bienenkriegerinnen wieder zum Leben. Seine neuen Rekrutinnen wurden in der Kunst des Bogens und im Gebrauch des Atl, einem Speer oder Wurfpfeil, der auch als Langspieß eingesetzt werden konnte, ausgebildet.

In den nächsten paar Jahren führte Ocean Bow weitere Verbesserungen in seiner Armee durch. Als erstes fügte er hinter seinen Vorhutsoldaten zwei Nachschubgruppen ein. Mit der Zeit sorgte er dafür, dass die Soldaten seiner Nachschubgruppen mit schwereren Schilden, je vier Speeren und zwei Schwertäxten ausgerüstet wurden. Diese einfachen Soldaten bildeten die Nachschubgruppen.

Während des Kampfs traf die feindliche Einheit immer auf die Angriffsgruppe. Ihre Soldaten kämpften Mann gegen Mann mit dem Feind. Wenn dann seine erste Linie von Nahkämpfern begann, müde zu werden, befahl Ocean Bow seinen Trommlern, das Signal zu geben und die Angriffsgruppen zogen sich in die Nachschubgruppen zurück.

Ocean Bow und seinen Offizieren gebührt die Ehre für die Kreation der »Sandschild«-Streitkräfte. Die Männer des Sandschilds trugen eine undurchdringliche Rüstung, die aus sich überlappenden, einzeln mit Sand gefüllten Stoffsäcken gefertigt war. Diese vortrefflichen Soldaten trugen eine Schwertaxt und einen Speer und besaßen auch einen schwereren Schild, als für die Zeit üblich war.

Hinter den Sandschild-Truppen befand sich noch eine weitere

Gruppe, sie wurde der Zentrum-Ring genannt – Ocean Bows kampfbereite Reserven. Diese Männer trugen auch noch extra Lanzen und Schwertäxte. Die geheime Waffe hinter dem Zentrum-Ring jedoch waren die Bienenkriegerinnen.

Ocean Bow ließ seine Armee kontinuierlich vorrücken. Sobald die Vorhutgruppe einmal den Kontakt mit dem Feind hergestellt hatte, warf jeder Soldat zwei Wurfpfeile; dann bekämpften sie den Feind mit Speeren. Wenn sie müde wurden und die Trommel erklang, fielen sie zurück in die zweite Welle von Soldaten – die Nachschubgruppe.

Wenn die Nachschubgruppe auf den Feind traf, dann kämpften sie, bis sie müde wurden. Wieder wurden die Trommeln geschlagen, und sie fielen zurück in die Sandschilde.

Die Vorhutsoldaten der feindlichen Kraft wurden bereits müde, wenn sie auf die Nachschubgruppe trafen. Und zu dem Zeitpunkt, wo die Sandschilde nach vorn gerufen wurden, fielen die feindlichen Soldaten zu Boden oder schoben sich in ihre Haupt-Kampfformation zurück, um zu fliehen.

Die Armee von Ocean Bow ließ nicht nach, Druck nach vorne auszuüben, während die feindlichen Kräfte zurückfielen und gegen ihre eigenen Männer kämpften bei dem Versuch zu fliehen. Die andauernde Vorwärtsbewegung von Ocean Bows Armee erschöpfte die gegnerische Streitkraft stets bis zu ihren Grenzen.

Sobald sich die feindliche Streitkraft in Chaos auflöste oder zerfiel, um zu fliehen, ließen Ocean Bows Offiziere ihre Trommeln ertönen, und die vierte Reihe von Soldaten war zum Kämpfen zur Stelle – die Bienenkriegerinnen. Diese hochtrainierte Gruppe ausschließlich weiblicher Kriegerinnen war mehr als jeder andere Teil von Ocean Bows Armee gefürchtet, denn ihre Mitglieder waren besonders erfahrene Bogenschützinnen. Die flinken, todbringenden Soldatinnen trugen einen leichten Schild, einen Kurzbogen mit vier Pfeilköchern, die sie um ihre Hüfte geschlungen hatten, und eine kleine Handaxt.

Wenn das anhaltende Dröhnen der Bienenkriegerinnen-Trommel zu hören war, hielt die Hauptarmee in ihrer Vorwärtsbewegung inne und öffnete ihre Ränge, indem sie Blöcke bildete. Dadurch konnten die Bienenkriegerinnen rasch nach vorne kommen.

Die Arrow Bees bewegten sich schnell durch diese von den Soldaten gebildeten Gassen und trafen den Feind mit ihren tödlich vergifteten Pfeilen. Die Kriegerinnen schossen ihre Pfeile und bewegten sich genau nach ihren Bienen-Trommel-Kommandos. Die Bienenkriegerinnen wurden angewiesen vorwärtszugehen, wenn der Feind zögerte oder Zeichen der Verwirrung zeigte. Sie erwiesen sich als der Wendepunkt jeder Schlacht und brachten immer den Sieg.

Die Hauptformation der Armee von Ocean Bow folgte der Vorwärtsbewegung der Bienenkriegerinnen, ruhte sich aus und war bereit für einen neuen Kampfeinsatz. Wenn die feindliche Streitmacht wieder in einer Kampfposition war, ertönte die Trommel, und die Bienenkriegerinnen zogen sich nach hinten in ihre eigene Streitmacht zurück. Die Blöcke schlossen sich wieder und formierten eine neue Angriffslinie.

Die Hauptursache dafür, dass Ocean Bows Armee so erfolgreich war, ist, dass sie nie müde wurde, während die andere Armee sich immer mehr erschöpfte, sodass sie verloren war. Das nächste, was den Sieg garantierte, war, dass die Armee von Ocean Bow mit den besten überhaupt herstellbaren Waffen ausgerüstet war, während seine Feinde immer unzureichend ausgebildet und bewaffnet waren.

Es ist ein Paradox, aber vor Ocean Bow existierte die Idee eines Helms in den organisierten Armeen Amerikas nicht. Zu dem Zeitpunkt, als Ocean Bow in seinem elften Kriegsjahr war, trugen alle seine Soldatinnen und Soldaten Helme.

Sobald die Blaue und die Weiße Division von Ocean Bows Armee das volle Kommando über das ganze Land hatten, zog sich Ocean Bow zurück. Es wird gemunkelt, dass er wieder Gärtner geworden sei. Dies ist jedoch der wirkliche Anfang der Geschichte, denn um diese Zeit begann er, die Blumen-Soldatinnen und Blumen-Soldaten zu reorganisieren.

Aufgrund der großen Bemühungen von Ocean Bow wuchs den Blumen-Soldatinnen und Blumen-Soldaten noch einmal ihre rechtmäßige Macht im Volk zu. Doch würden sie viele hundert Jahre später, während der Zeit der großen Generalin-Priesterin, Temple Doors, wieder um ihr Überleben zu kämpfen haben.

Die Geschichte von Temple Doors und die Gründung der frühen Zivilisationen des Südwestens

Einige Leute haben gesagt, eine Repräsentativregierung sei das, was wir als Demokratie kennen. Andere sagen, es sei die Freiheit, die eine Demokratie ausmache. Wieder andere werden darauf bestehen, dass Demokratie ein Gleichgewicht zwischen Staat und Kirche sei. Es gibt auch diejenigen, die sagen, Demokratie sei ein Gleichgewicht zwischen Reichen und Armen. Und es gibt solche, die behaupten, Demokratie sei das Gleichgewicht zwischen Gebildeten und Ungebildeten. Die Kühnsten sagen, Demokratie sei gleichbedeutend mit Toleranz, und setzen voraus, dass alle Rassen und Völker gleichwertig seien.

Dies und noch mehr sagte die Frau, die als Temple Doors bekannt ist, vor vielen hundert Jahren über die Demokratie. Sie sagte, das grundlegende Prinzip einer wahren Demokratie sei in Wirklichkeit die Repräsentativregierung, vollkommen ausgewogen zwischen Frauen und Männern, denn dieses Gleichgewicht sei der Ursprung alles Lebendigen und Natürlichen.

Die Worte Demokratie oder Demokratisch benutzte sie niemals, sondern sie benutzte die Worte Kreis des Gesetzes.

Um die Zeit, als Temple Doors geboren wurde, waren die großen Kreise der Demokratie – der Gesetzeskreis – von den neuen feudalistischen Regierungsmächten für ungesetzlich erklärt und verboten worden. Sie ist die Person, die für die Bewahrung und Erneuerung des Gesetzeskreises überall in den beiden Amerikas verantwortlich ist.

Es ist wichtig, darüber zu sprechen, wie die Medizinräder aus Süd- und Zentralamerika nach Nordamerika kamen und von den Zero Chiefs bewahrt wurden.

Den Aufzeichnungen zufolge, die die Blumen-Soldatinnen und Blumen-Soldaten bewahrten, änderte sich das Klima von Mutter Erde unglaublich. Plätze, die einmal wunderschöne Ebenen voller Tiere und Gras gewesen waren, verwandelten sich innerhalb von tausend Jahren in Dschungel und Wüsten.

In fünf großen Wanderungen verließen die Leute Mittel-Amerika und besiedelten den Norden; von den Archivaren wurden sie die Großen Gewebe oder Spinnen-Straßen genannt. Diese großen Wanderungen ereigneten sich zwischen eintausend und dreitausend Jahren vor unserer Zeit.

Die Spider Woman Keepers sind für die Information verantwortlich, die wir davon haben. Der Einfachheit halber kann der Name Spinnen-Frau übersetzt werden als »Guardian Keeper« oder »Corn Carrier«. Der Grund dafür ist, dass diese Tradition von den Gärtnerinnen herstammt. Diese Frauen hielten nicht nur die Gärten instand, sondern bewahrten auch die Geschichte.

Temple Doors war die Priesterin-Generalin, die für eine der größten Wanderungen verantwortlich war. Sie führte ihre Leute nach Norden, heraus aus Mittelamerika, in das Land, das wir gegenwärtig als unseren Südwesten kennen. Diese große Wanderung fand vor zweitausend bis zweitausendfünfhundert Jahren statt. Während der Reise kam die Hälfte ihrer Leute durch Krieg, Krankheit und Hunger um. Die Generalin selbst brachte den großen Gesetzeskreis und alle Medizinräder nach Norden. Sie brachte auch Mais, Kürbis, Bohnen und Truthähne mit.

Temple Doors wurde im Volk der Butterfly People geboren. Zu jener Zeit kontrollierte dieses Volk die Stammes-Stadtstaaten südlich von Mexico City.

Die Stadtstaaten von Yucatán, mehrere hundert an Zahl, waren von Stämmen vieler verschiedener Gruppen und Sprachen gegründet worden. Jeder Stadtstaat hatte seinen »Großen Tempel«. Die

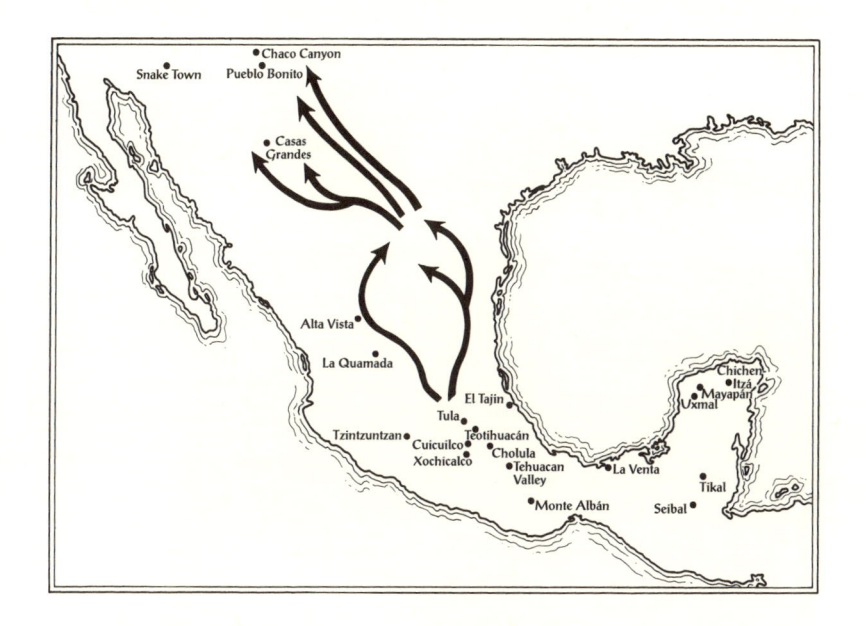

Zentrums-Tempel oder Großen Tempel bedeuteten ihrem Volk alles, denn sie garantierten ihre Unterscheidbarkeit hinsichtlich des »Besitzes des Göttlichen Namens«. Das bedeutete, dass die Tempel unter dem Namen der Göttin und des Gottes des Stadtstaates bekannt waren. Jeder Tempel war Sitz des Gesetzes, Universität, Archiv, Schatzkammer, Platz des Informationsaustauschs, Hospital, Kriegs-Akademie und Ort zum Beten.

Um die Zeit der Geburt von Temple Doors führten die Maya-Stadtstaaten seit nahezu dreihundert Jahren hintereinander Bürgerkrieg. Die Kriege hatten im Anschluss an die verheerenden Erdbeben und Vulkanexplosionen begonnen, die hunderte von Städten und Tempeln dem Erdboden gleichgemacht hatten.

Die großen Tempel-Schulen, die von den Zero Chiefs erbaut worden waren und wo die Zero Chiefs lehrten, wurden von umherziehenden Banden und Armeen der feindlichen Städte angegriffen. Nach und nach zogen sich die Zero Chiefs und Blumen-Soldatinnen und Blumen-Soldaten von ihren ehemaligen Machtplätzen zurück.

Mit der Zeit hatte sich die Zahl der Blumen-Soldatinnen und Blumen-Soldaten in Yucatán beträchtlich verringert. Um die Zeit von Temple Doors war in ihrer Geburtsstadt lediglich eine eher unbedeutende Gruppe von Frauen und Männern, bekannt als Blumen-Solda-

402

tinnen und Blumen-Soldaten, übrig geblieben. Sie waren die Hüter zweier sehr wichtiger Tempel – des Jaguar Temple of Remembrance und des War Canoe Shield Temple. Die Leute, die die Priesterinnen und Priester dieser Tempel waren, waren als Ants (Ameisen) bekannt.

Weil die Ants und die Blumen-Soldatinnen und Blumen-Soldaten viele von den alten Geschichten der Maya-Völker kannten und Wissen von beträchtlichem Umfang über Mathematik und Heilen hatten, konnten sie überleben, auch wenn sie stark eingeschränkt wurden. Die eigentlichen Medizinräder waren gesetzeswidrig und über den Gesetzeskreis zu sprechen war von den feudalistischen Familien, die die Stadtstaaten kontrollierten, verboten worden.

Aufgrund dessen hatten die Blumen-Soldatinnen und Blumen-Soldaten zu jener Zeit in den Tempeln, die sie bewachten, weder in politischer noch religiöser Hinsicht besondere Macht inne. Temple Doors wurde von Blumen-Soldatinnen und Blumen-Soldaten militärisch ausgebildet, die mit den War Canoe und Jaguar Temples lebten. Heimlich wurde sie in die Medizinräder und die Schlachten-Kachina-Räder eingeführt.

Sie wurde Führerin von Soldatinnen und Soldaten – sowohl Medizin-Soldatinnen und -Soldaten wie auch Nahkampf-Soldatinnen und Nahkampf-Soldaten.

In dieser Zeit des Chaos und der Zerstörung war der Großteil ihrer Familie getötet worden, weil sie sich den Landmagnaten widersetzten, die Menschenopfer und Sklaverei wieder eingeführt hatten.

Die Landmagnaten waren brutale Männer, die nichts auf ihrem Weg aufhalten konnte. Die Opferpriester lehrten diese Landmagnaten, dass Leute nur durch Angst regiert werden könnten.

Die Herren ihrerseits lehrten, dass dem »gewöhnlichen Volk«, das »unfähig zum Lernen« sei, nur die Brutalität der Erfahrung verständlich sei.

Die Blumen-Soldatinnen und Blumen-Soldaten hingegen lehrten, dass Menschenopfer und Sklaverei verboten seien, und dass jede Person das natürliche Recht besitze, eine Stimme in der Regierung zu haben. Demokratie – der Gesetzes-Kreis – war tausende an Jahren vor dieser Zeit von den Zero Chiefs entdeckt worden und wurde von allen Blumen-Soldatinnen und Blumen-Soldaten heilig gehalten.

Um die Zeit, als Temple Doors die Oberbefehlshaberin der Blumen-Soldatinnen und Blumen-Soldaten war, stellte sie sich den Opferpriestern der Tempel und den Landmagnaten, die ihre Leute in fortwährender Sklaverei hielten, gewaltsam entgegen. Ein blutiger Krieg folgte, der fünf Jahre andauerte.

Nach einem weiteren erbitterten Kampf und weiterem nutzlosen Blutvergießen beschloss die mutige Temple Doors, die Blumen-Soldatinnen und Blumen-Soldaten und diejenigen aus ihrem Volk, die mit ihnen gehen wollten, nach Norden ins »Land der Wilden« zu führen. In dem neuen Land konnten sie Freiheit finden und ihre Zivilisation auf der Grundlage des Gleichgewichts und der Lehren der Medizinräder wieder aufbauen.

Temple Doors führte vierundzwanzigtausend Leute oder mehr über Land nach Norden, aus der Maya-Halbinsel heraus, durch ganz Mexiko und in den Südwesten der heutigen Vereinigten Staaten. Bei dieser großen Wanderung führte und gewann sie viele Schlachten und half ihrem Volk, jede Art der Entbehrung und Krankheit zu überleben.

Temple Doors kann hinsichtlich ihrer fortschrittlichen Gesinnung und ihres Mutes mit Thomas Jefferson und George Washington verglichen werden.

Temple Doors war eine Priesterin und eine Generalin. Ihr wichtigstes Verdienst waren jedoch die Neuordnung und der Wiederaufbau der Disziplin der Blumen-Soldatinnen und Blumen-Soldaten. Sie lehrte die Medizinräder und die Schlachten-Kachina-Räder. Dieser Frau allein verdanken wir das Überleben unserer Medizinräder.

Das Wissen, das Temple Doors trug, und die große Wanderung ins Land der Wilden Leute, die sie anführte, war unter unseren Blumen-Soldatinnen und Blumen-Soldaten geheim gehalten worden.

Temple Doors war eine sehr wichtige Person in der Geschichte der Leute. Die Völker Mexikos und wir aus dem Norden könnten Bände über sie schreiben und immer noch gäbe es mehr zu sagen. Aber es braucht Zeit, bevor dies geschehen wird.

Der als Desert Flower bekannte Tempel ist der Ursprung unserer Information über die frühen Wanderungen aus Yucatán nach Norden. Der Tempel ist jetzt als die Ruinen von Chaco Canyon bekannt. Die Frau, die den Bau von Desert Flower begann, war die Zero Chief Temple Doors.

Die Städte von Chaco Canyon und Canyon de Chelly wurden von den Leuten erbaut, die den Namen ihrer Hauptfrau annahmen und sich selbst die Temple Doors nannten. Das hochdifferenzierte Netzwerk von Straßen, Zisternen, Festungen, Kivas, Gebäuden, Farmen und Pueblos war ausschließlich von Temple Doors Leuten ausgebaut worden.

Temple Doors siedelte ursprünglich viele ihrer Armeen und Leute bei Canyon de Chelly an. Sie nahmen unverzüglich ihre Bautätigkeit auf. Zur selben Zeit jedoch begann eine treu ergebene Gruppe von höchst disziplinierten und gut ausgebildeten Medizin-Soldatinnen und Medizin-Soldaten mit ihrer Generalin Temple Doors mit dem Bau ihrer Schulen und Tempel bei Desert Flower in Chaco Canyon. Ihr Traum und der Traum ihrer Lehrlinge war es, auf der Grundlage der Lehren der Medizinräder und des Gesetzeskreises eine neue Zivilisation zu bauen. Desert Flower war als ihr erstes Zentrum des Lehrens und Heilens vorgesehen.

Die Generalin lebte viele Jahre lang. Sie soll zum Zeitpunkt ihres Todes über dreiundachtzig Jahre alt gewesen sein.

Das Sweet-Medicine-Volk Die Iron Shirts

Fünfzig Jahre nach dem Tod der großartigen Führerin und Zero Chief Temple Doors bedrohte eine mächtige Nomadenarmee die Leute von Temple Doors mit Krieg. Sie beanspruchten das Land, wo ihr Volk siedelte, für sich. Diese nomadischen, hochtrainierten Soldaten wurden das »Sweet Medicine«-Volk genannt und waren eine blondhaarige, blauäugige Rasse.

Viele der älteren Ureinwohnerinnen und Ureinwohner Amerikas erinnern sich an sie als die »White Water Spider«. Das kam daher, dass ihre Segelschiffe mit ihren weißen Segeln und langen Ruderbänken wuchtigen, weißen Wasserspinnen ähnelten. Auch der Bug ihrer Schiffe hatte für die nördlichen Cree und Cheyenne Ähnlichkeit mit dem Kopf besonders großer Spinnen.

Andere Volksstämme, die denselben weißen Leuten begegneten, auf dem Festland und außerhalb ihrer Schiffe, nannten sie wegen der Rüstung, die sie trugen, die »Iron Shirts«.

Die Cheyenne-Leute, die an den Großen Seen lebten, nannten diese Leute Wihio (ausgesprochen »Wi-Hi-Jo«), was »Weiße Spinne« oder »Weißer Mann« bedeutet.

In der Cheyenne-Sprache kann Wihio auch »Priester« oder »Priesterin« bedeuten, je nach dem Kontext, in dem es verwendet wird. Veeh bedeutet auch »der/die Weise«. Der Grund dafür ist, dass die Priesterinnen und Priester der Iron Shirts die Ureinwohnerinnen und Ureinwohner von Nordamerika den Erd-Sonnentanz lehrten.

Es ist interessant zu bemerken, dass andere Sprachen ähnliche Worte haben, die sehr ähnliche Bedeutungen vermitteln. Zum Beispiel bedeutet viejo oder vieja in Spanisch »der/die Alte« oder »der/die Weise«. In der italienischen Sprache ist »der Weise« vicchio. Im Altfranzösischen ist das Wort für »Hexe« oder »die Weise« vichy. Und selbstverständlich sind im Altenglischen die Wörter für »die Weise/den Weisen« wicca und witch.

Dieses weiße Volk, die Iron Shirts, waren ein Seevolk, die an der Ostküste von Nordamerika gestrandet waren, nachdem mächtige Erdumwälzungen es ihnen unmöglich gemacht hatten, wieder nach Osten zu segeln, dorthin zurück, wo sie hergekommen waren. Diese Iron Shirts reisten als eine große nomadische Armee über Land nach Westen. Erst viele Jahre später trafen sie auf das Volk von Temple Doors und bedrohten es mit Krieg.

Weil die Iron Shirts Nomaden waren, brachte ihnen ihre andauernde Bewegung oft Konflikte und Krieg ein. Das machte sie unglaublich aggressiv und ließ sie das Unrecht, das ihnen angetan wurde, nur langsam vergeben.

Als die vielen Dörfer von Temple Doors hörten, dass ihr Land von »den weißen Horden des Nordens« überrannt war, schlossen sie sich sofort zusammen, um sich der Bedrohung zu stellen.

An dem Tag, an dem die zwei altgedienten Streitkräfte sich in dem Land als Kontrahenten gegenüberstanden, von dem das Sweet Medicine Volk glaubte, es gehöre ihnen, war es so gut wie sicher, dass Blut fließen würde. Wenn die Hauptleute der Temple Doors nicht einen Friedensrat einberufen hätten, hätten die beiden Völker sich wahrscheinlich gegenseitig völlig vernichtet. Dieses äußerst unübliche Vorgehen überraschte das Volk der Iron Shirts aufs höchste, denn in jenen Tagen galt es als unerhört, dass eine Armee einfach durch Reden Frieden schloss.

Zunächst weigerten sich die Militär-Hauptleute beider Streitmächte zu verhandeln. Die Medizin-Hauptleute beider Seiten wollten jedoch unbedingt miteinander sprechen.

Die Medizin-Hauptleute trafen sich an einem Platz mit Namen Grass-Runs-Over. Dieser Name umschreibt eine Gras-Hochebene oder eine Flutungsebene. Dort entdeckten sie, dass die Hauptleute beider Seiten lehrten, dass Menschenopfer und Sklaverei verboten seien. Diese Nachricht erstaunte sie. Aufgrund dieser tiefen Gemeinsamkeit zwischen den Medizin-Hauptleuten beschlossen die beiden Völker, ihre Kräfte zusammenzuschließen. Das bedeutete aber auch, dass es große Probleme zu überwinden galt.

Zu jener Zeit, fünfzig Jahre nach dem Tod der Zero Chief Temple Doors, war die Gesamtheit der eigentlichen Blumen-Soldatinnen und Blumen-Soldaten kleiner geworden – ihre Zahl betrug um die fünfzehnhundert Frauen und Männer. Und sie hatten beschlossen, keine große politische Macht auszuüben. Da all die Blumen-Soldatinnen und Blumen-Soldaten hervorragende Nahkampf-Veteraninnen und -Veteranen waren, wurden sie vom Militärrat als eine Ressource angesehen, die Offiziere für die Armee ausbilden konnte. Sie waren auch Heilerinnen und Heiler und wurden als Leute des Wissens betrachtet.

Während dieser Zeit hatten sich gewisse Militärsoldaten und ihre Offiziere von den Blumen-Soldaten getrennt und ihren eigenen Ratskreis gebildet. Sie wurden der Militärrat genannt. Dieser Rat hatte sich auch vom Gesetzeskreis, der Volksregierung von Temple Doors, getrennt. Obwohl der Militärrat noch immer als Teil der Temple Doors-Leute angesehen wurde, waren seine Mitglieder eine Gruppe für sich und verfügten aufgrund ihrer militärischen Stärke und ihres politischen Einflusses über enorme Macht.

Eine andere mächtige Gruppe unter den Temple Doors-Leuten waren ihre Priesterinnen und Priester. Obwohl die meisten dieser Hauptleute von Blumen-Soldatinnen und Blumen-Soldaten gelehrt worden waren, waren nur wenige von ihnen eigentliche Blumen-Soldatinnen oder Blumen-Soldaten. Alle diese Medizinleute waren Teil des Gesetzeskreises und mit ihm verbunden.

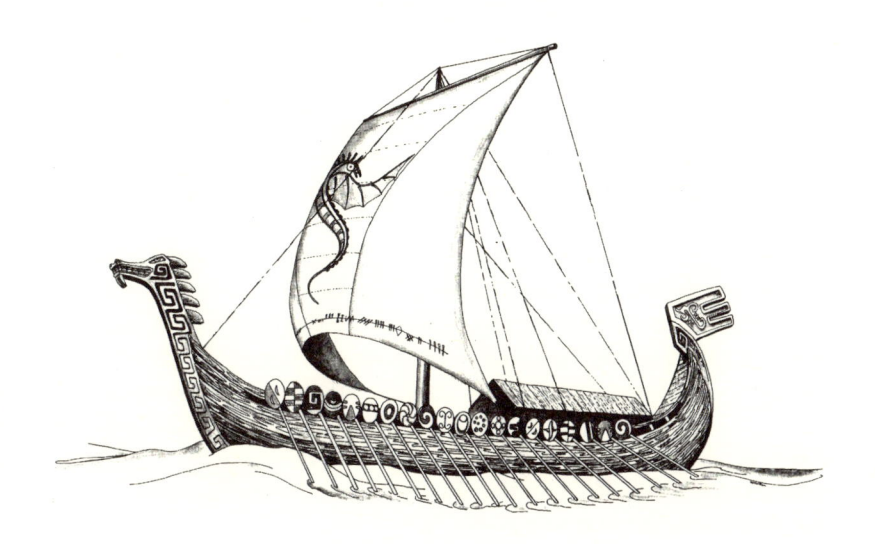

Während Verhandlungen darüber abgehalten wurden, wie die zwei Völker vereint werden konnten, traf der Militärrat eine spontane Entscheidung, ohne sie den Medizinleuten mitzuteilen, nämlich die Iron Shirts gefangen zu nehmen und sie zu Sklaven zu machen.

Das erwies sich als ein verheerender Fehler. Als die Armeen sich trafen, wurde die Armee der Temple Doors, angeführt von den Offizieren des Militärrates, schnell besiegt – die Blumen-Soldatinnen und Blumen-Soldaten kämpften nämlich nicht.

Der Militärrat wurde umzingelt und mit Vernichtung bedroht. Trotzdem wurden seine Leute durch eine erstaunliche Wende der Ereignisse gerettet, die Licht in ein langwährendes Problem brachte.

In der Verwirrung von Kampf und Entscheidungsfindung hatten die Blumen-Soldatinnen und Blumen-Soldaten eine kühne Gegenbewegung ausgeführt, die ihrer Seite Verhandlungsmacht gab. Sie hatten jede Priesterin und jeden Priester der Iron Shirts eingekreist und gefangen genommen.

Dieser Vorstoß seitens der Blumen-Soldatinnen und Blumen-Soldaten bewirkte, dass es zu einer offenen Kontroverse zwischen den Medizinleuten von Temple Doors und ihrem eigenen Militärrat kam. Der Disput hatte die Sklaverei zum Gegenstand.

Die Mitglieder des Militärrats äußerten sich bei der Diskussion in gewohnter Weise – mit brutaler Gewalt. Sie ordneten an, dass ihre Soldaten ihre eigenen Medizinleute festnehmen sollten und forderten dann von den Blumen-Soldatinnen und Blumen-Soldaten unbekümmert, die Priesterinnen und Priester der Iron Shirts zu töten. Die Blumen-Soldatinnen und Blumen-Soldaten verweigerten diesen Befehlen den Gehorsam.

Innerhalb einer Woche war jede Person, die einmal eine Position im Militärrat innehatte, tot.

Innerhalb eines Jahres nach dieser entscheidenden Schlacht waren die beiden Völker vereint und zu einem großen Volk mit vielen Stämmen geworden. Danach wurde der Weg des Gesetzeskreises, der von den Blumen-Soldatinnen und Blumen-Soldaten von Temple Doors getragen und beschützt worden war, der Regierungs-Ratskreis.

Innerhalb von einhundert Jahren waren das Volk von Temple Doors und das Volk mit den blonden Haaren und der weißen Haut zu einem neuen Volk verschmolzen.

Die frühen Siedlungen und Kivas, die in ganz Utah, Arizona, Colorado und Neu-Mexiko zu finden sind, sind das gemeinsame Werk der Völker von Temple Doors und Sweet Medicine. Sie feierten das Leben und bauten ihre geliebten Tempel in ihrem neuen Land wieder auf.

Das Volk der Temple Doors und der Sweet Medicine entwickelte eine rege Handelstätigkeit. Sie dominierten das Land mit ihrer Armee und kontrollierten jeden Pfad, der zum Canyon de Chelly führte, den sie unter dem Namen Lake Dweller kannten, denn zu jener Zeit enthielt der Canyon große Wasservorräte. Die Stadt verfügte über »Hausinseln«, die gegen einen Angriff verteidigt werden konnten.

Als die Leute von Temple Doors und die Leute der Iron Shirts sich vermählten und eins wurden, war das Land des Südwestens nicht die Wüste von heute. Es war ein bewaldetes, grasbewachsenes Land. Aber im Laufe von vielen hundert Jahren wurde daraus eine Wüste. Als das geschah, wanderte das Volk der Temple Doors und Iron Shirts nach Osten und Norden und wurde das Volk der Mound Builders von Ohio und ein Teil vieler anderer Völker. Ihre Kinder wiederum siedelten überall in Amerika.

Vieles von dem Wissen, das den Blumen-Soldaten heutzutage bekannt ist, kam von diesem Volk, das aus der Vermählung der Temple Doors mit den Sweet-Medicine-Leuten hervorging.

Einige wenige Tempel und Stämme bewahrten die Lehre der Medizinräder. Manche dieser Kolonien waren die Samen, die zu neuen und wunderbaren Zivilisationen erblühten und die Disziplin der Selbst-Ehre und Demokratie weitertrugen. Temple Doors und ihr Volk waren eine dieser Blüten gewesen, die tapfer um das Überleben gekämpft hatten.

Als die Iron Shirts anfingen, sich mit den Leuten von Temple Doors zu vermählen, brachten sie eine Hütte mit, die Sonnen-Erd-Tanz-Hütte hieß. Sie teilten die Weisheit ihrer Sonnen-Erd-Hütte mit den Leuten von Temple Doors. Der Tempel der Sonnen-Erd-Tanz-Hütte erfuhr durch die Begegnung der Iron Shirts mit den Leuten von Temple Doors eine Wandlung.

Die Abkömmlinge von Temple Doors, die Blumen-Soldatinnen und Blumen-Soldaten, haben das Wissen um den Erd-Sonnentanz bewahrt. Die Sonnen-Erd- oder Erd-Sonnen-Hütte ist ein Tempel des Lehrens. Zu einem bestimmten Zeitpunkt wurde die Lehre dieser Schule vielen Leuten Nordamerikas bekannt.

Die Temple-Doors-Leute ihrerseits führten die Iron Shirts in die Medizinräder, einschließlich des Rades, das als Gesetzeskreis bekannt ist, ein.

Estcheemah lehrte: »Es ist gefährlich zu glauben, dass die alten Tempel nur Orte der Religion gewesen seien. Alle Tempel hier in Amerika und an anderen Plätzen auf unserer Welt waren in alten Zeiten in erster Linie Schulen und in zweiter Linie religiöse Orte. Selten wird überhaupt Wert darauf gelegt, dass die Tempel bei weitem mehr Ausbildungsstätten als religiöse Institutionen waren. In diesen Hütten wurden Mathematik und die Medizinräder gelehrt, ebenso wie der Gebrauch von Heilpflanzen, praktische Hygiene, Ackerbau und vieles mehr. Es ist sehr wichtig, sich daran zu erinnern, dass der Erd-Sonnen-Tanz ein sich bewegender Tempel war, der einmal im Jahr an einem beliebig gewählten Platz physisch erbaut werden konnte. Botschaften wurden ausgesandt, die anzeigten, wo er sich befand. Schüler und Schülerinnen nahmen enorme Entfernungen auf sich, um in den Sonnen-Erd-Hütten zu lernen oder eine Lehrerin oder einen Lehrer für sich zu finden.

Unsere uralte Sonnen-Erd-Hütte war auch ein Ort des Gesetzes. Durch das Verstehen des Gesetzes sind die Leute nicht Opfer des Gesetzes und lernen Selbst-Verantwortung und Führung.

In der Sonnen-Erd-Hütte wurden unsere Gesetzes-Pfeile enthüllt. Zu enthüllen bedeutet, das Gesetz zu lehren. Es ist wichtig, dass alle

Leute die Wirkungsweise ihrer Gesetze verstehen. Wenn Leute das Gesetz verstehen, folgen sie nicht länger abergläubischen Regeln.

Bei diesen Treffen von Stämmen und Völkern wurden lang anstehende Probleme und Streitfragen gelöst. Während der Erd-Sonnen-Tanz-Treffen wurden Hauptleute gewählt und Entscheidungen getroffen, die das Gesetz betrafen.

Im Laufe vieler Jahrhunderte – und manchmal innerhalb der kurzen Spanne eines Lebens – kann wertvolle Information verloren gehen oder entstellt werden. Ein Tempel, der Wissen verliert, ist für die Leute nicht mehr lebendig; er ist wie ein Grabstein.

Die meisten der Hütten, die wir noch haben, sind nur Überbleibsel der ursprünglichen Großen-Gesetzes-Hütten – was übrig geblieben ist, sind rituelle Tänze, die keinen zentralen Kern einer Lehre mehr enthalten.

Heutzutage ist eine Sonnen-Tanz-Hütte für viele ein Platz, der, wie sie glauben, einen Sklavengeist beherbergt. Vielen Leuten wurde beigebracht, dass, wenn sie nur gewissen Regeln folgen, ihnen dieser Sklavengeist auf irgendeine Weise physisch antworten muss. Doch wenn Leuten beigebracht wird zu glauben, dass sie Geist-Geist mit Regeln kontrollieren können, lehrt das in Wirklichkeit lediglich Aberglauben und keine Wahrheit. Diese Art der Unwissenheit ist bei allen Völkern der Welt die gebräuchlichste und die gefährlichste.

Lernen ist eine lebendige Herausforderung. Es ist die großartigste und die heiligste aller individuellen Erfahrungen. Die Entdeckung des individuellen Selbst ist das höchste Wissen überhaupt.

Der Sonnen-Erd-Tanz ist ein Kreis, wo Leute begreifen können, dass sie Teil des Lebens sind, und wo sie die Erfahrung machen können, direkt mit dem Leben und miteinander zu teilen.

Das Teilen ist für alle Leute wichtig. Aber es gibt kein wahres Teilen, wenn der Verstand vom Leben getrennt ist. Ein Tier kann das Leben nur leben, aber Leute sind in der Lage zu interpretieren, was sie im Leben erfahren. Das rührt daher, dass die Tiere keine individuelle Selbst-Essenz haben, während Leute wählen können, ihr ganzes Leben lang vom Selbst zu lernen. Je weniger eine Person wählt, ihr Selbst kennen zu lernen, desto niedriger bleibt sie.

Die Macht des Teilens erfahren wir Leute dann, wenn eine Person die Verantwortung übernimmt, eine andere zu lehren, was sie oder er für sich gelernt hat. Leben enthüllt. Leben entdeckt. Leben erquickt den Geist-Geist und lehrt den Geist-Geist. Leben kann den Geist-Geist zum Weinen bringen. Leben kann den Geist-Geist zum Lachen bringen. Deshalb liebt der Geist-Geist der Leute das Leben. Das ist es, was die große Zero Chief, Temple Doors, gelehrt hat.

Sie legte besonderes Gewicht darauf, dass der wahre Lebenssinn wiederhergestellt wird und dass die natürlichen, ursprünglichen Zustände verwirklicht werden können, wenn es ein Gleichgewicht zwischen weiblich und männlich gibt.

Aber das kann nur erreicht werden, wenn die Ebenbürtigkeit des Ranges von Priesterin und Priester, Kriegerin und Krieger und allen Heilerinnen und Heilern, Lehrerinnen und Lehrern und Führerinnen und Führern gegeben ist.

Ideal wäre es natürlich, wenn Leute die Macht des Selbst und auch das Gleichgewicht und die Gleichheit ihrer heiligen Kreatorin und des Kreators respektieren würden. Wenn Leute das Gleichgewicht des Selbst respektieren, werden sie lernen, etwas so Großartiges und Machtvolles wie das Leben zu respektieren.

Temple Doors über die Ausbildung und Disziplin
von Blumen-Soldatinnen und Blumen-Soldaten:

»Es gibt sie, diese wenigen Leute auf Erden, die ihre Existenz und Leben zu verstehen trachten. Nur die Mutigen hinterfragen, was die Konformisten normal nennen. Der großartigste Moment im Leben der wahrhaft Neugierigen ist der, wenn sie vor dem Spiegel ihres Selbst stehen.

Das Lebensziel bekommt für die Person, die das Selbst hinterfragt, große Bedeutung.

Reichtum oder Armut, Talent, Kraft, physische Bequemlichkeit, Ausbildung, alles wird zu Schatten, wenn es mit den Gründen konfrontiert wird, warum das Selbst überhaupt existieren sollte.

Nahkampf, jede Art des Durchhaltens, physisch oder mental – sogar die Bedrängnis ernsthafter Krankheit –, kann für Leute, die nichts in ihrem Leben haben, zu einer Prüfung der Hoffnung werden.

Ich spreche von denen, die sich langweilen und sich etwas vormachen. Anstatt ihre irdische Erfahrung zu umarmen, siechen sie während ihres Lebens in ihren Fantasien dahin. Gibt es noch größeren Kummer als diesen?

Die Blumen-Soldatin und der Blumen-Soldat betrachten die Umstände unseres Daseins als Leute in dem Wissen, dass das Gefühl von Kummer entsteht, weil der Geist-Geist hinterfragt, wenn Leute sich etwas vormachen oder lügen.

Die Suchenden, die Blumen-Soldatinnen und Blumen-Soldaten, die ihre Ängste bekämpfen und danach streben, das Selbst kennen zu lernen, werden keine unmittelbare Belohnung für ihre Anstrengungen erzielen. Stattdessen werden sie ein tiefes, weitreichendes Gefühl von Traurigkeit verspüren.

Dieser Kummer wird fühlbar, denn die Suchenden können jetzt jegliche Illusion der Sicherheit zurücklassen. Es gibt keine Sicherheit für die Blumen-Soldaten. Sie wissen, dass das Leben flüchtig ist wie eine Rose, die blüht und stirbt.

Die Blumen-Soldatin und der Blumen-Soldat sind konfrontiert mit der Frage ›Kann ich einen Kreis zu meinen Füßen kreieren, der machtvoll genug ist, zu meinen Lebzeiten Wandel zu bewirken?‹

Diese Fragen fluten hinein in die Person, die ein Lebensziel hat; die Dogmatiker hingegen werden von ihnen lediglich verwirrt.

Die erste Erleuchtung von Blumen-Soldatinnen und Blumen-Soldaten ist, dass es Vernunft und Verrücktheit gibt. Nun können Leiden und Ignoranz als das Dilemma von Leuten wahrgenommen werden, nicht als ihr Schicksal.

Leute sind zu Großartigkeit und absoluter Erfüllung bestimmt. Leute sind dazu bestimmt, zu hinterfragen und von der endlosen Reichweite der Zeit und der Kreation zu lernen.

Sobald Blumen-Soldatinnen und Blumen-Soldaten entscheiden, ihren eigenen Kreis der Selbst-Macht zu bauen und einen Wandel in ihrer Welt zu bewirken, werden sie hineingeworfen in den direkten Nahkampf mit ihrer eigenen Ignoranz und ihren Ängsten. Wahrer Kampf ist nur möglich, wenn es keine leichte Hoffnung auf Sieg gibt.

Die taktischen Befehlshaberinnen und Befehlshaber müssen auf jedem Kampffeld absolute Disziplin kennen und Selbstdisziplin lehren. Disziplin ist für die Kriegerin und den Krieger das Zentrum der Welt. Sie ist die Peripherie der Welt für die Beschützten und Hilflosen. Und doch ist die Armee der disziplinierten Veteraninnen und Veteranen vorerst nur ein Traum. Noch nie hat eine derartige Armee je in Zeit und Raum existiert.

Die Befehlshaberin und der Befehlshaber muss jeden Kampf mit den Unerfahrenen gewinnen. Jede Armee ist ein Leib aus Unerfahrenen – den Jungen, Trotzigen, Alten, Rationalen, Rachsüchtigen, Flüchtigen, Verängstigten, Dummen und Übereifrigen, gemeinsam mit den Weisen, Starken, Loyalen, Vertrauenswürdigen, Gebildeten und Disziplinierten.

Keine Armee in der Geschichte war für den Kampf jemals angemessen vorbereitet oder bewaffnet, noch wird sie es je sein. Kein Boden auf Erden ist geeignet für Krieg und leichten Sieg. Das ist der Grund, dass die Blumen-Soldatinnen und Blumen-Soldaten sagen: ›Vorbereitung währt ewig und ist die große Lehrerin.‹

Die Blumen-Soldatinnen und Blumen-Soldaten lehren, dass Leute, die den Regeln folgen, besiegt werden, wenn die Regeln sich ändern –, und die Regeln wechseln im Leben so häufig wie unser Atem. Die Regel ist zum Beispiel, dass wir atmen müssen. Die Regel ist nicht, dass wir immer zur selben Zeit atmen müssen, auf die gleiche Weise oder im gleichen Rhythmus.

Soldatinnen und Soldaten wird gelehrt, die Regeln zu respektieren, aber niemals die Regeln als ihre Oberbefehlshaber zu haben. Wenn die Regeln zu Oberbefehlshabern werden, ist die Niederlage gewiss.

Von je tausend Soldatinnen und Soldaten, die geboren werden, versteht nur eine oder einer den Grund für wahren Sieg. Alle anderen Soldatinnen und Soldaten verstehen nur die Macht, einen Zweikampf zu gewinnen. Sie verstehen nur die Konfrontation, nur das Bezwingen ihrer Gegner. Soldatinnen und Soldaten müssen immer den Willen haben zu leben. Einfaches Überleben ist nicht Leben. Soldatinnen und Soldaten müssen ausgebildet werden, zu leben und verantwortlich für ihr Leben zu sein. Um dies zu tun, müssen Soldatinnen und Soldaten die Macht der Entscheidung während des Kampfes besitzen. Wenn sie sich Konflikt oder physischem Kampf gegenübersehen, haben mehr Leute Angst vor dem Schmerz, als vor dem Verlust ihres Lebens. Aufgrund dessen werden sie bei dem Versuch, die Verantwortlichkeit für ihren Schmerz zu vermeiden, ihr Leben wegwerfen.

Alle Soldatinnen und Soldaten werden gelehrt, das Selbst heilig zu halten und ihr Leben zu respektieren. Alle Soldatinnen und Soldaten wird Selbst-Verantwortung gelehrt. Alle Soldatinnen und Soldaten übernehmen die Verantwortung dafür, das Ziel zu erreichen, und werden gelehrt, wie sie während des Kampfes manövrieren können.

Doch wovon sprechen wir hier, wenn es nicht für jedes Individuum gilt? Sind wir nicht eine Armee innerhalb unseres Selbst und Seins? Sind nicht das Unerfahrene und Erfahrene beides Teile von uns? Sind wir nicht die Weisen und die Dummen? Wer ist verantwortlich für das Kommando in uns, wenn es nicht unser Selbst ist? Die Tempel haben gefragt: ›Was ist am Krieg intelligent?‹ Es gibt keinen intelligenten Krieg. Doch als Befehlshaberin, die Brutalität und Krieg erfahren hat, werde ich antworten, dass es wahre Intelligenz im Krieg ist, für die Armee zu sorgen und perfektes Wissen über den Feind zu erlangen. Die Fähigkeit, den Feind zu konfrontieren und ihn auszumerzen, kann nur erreicht werden, wenn die Schwäche des Feindes bekannt ist. Im Herzen jeder Person, die geboren wurde, ist Konflikt ansässig. Der Konflikt existiert, weil die Soldatin und der Soldat weder ihren Feind kennen, noch wissen, warum sie ihren Gegner bekämpfen müssen.

Die beste Armee ist eine, die durch Wissen geeint ist. Die beste Armee kämpft aus keinem anderen Grund, als Einheit in ihre Ränge zu bringen.

Wie ist Einheit möglich, wenn es kein Wissen gibt? Die Soldatin und der Soldat sind selbst die Armee. Die Soldatin und der Soldat sind innerhalb des Selbst vereinigt und loyal zur Armee.

Jede Soldatin und jeder Soldat muss Selbstkenntnis besitzen. Dieses Wissen einigt die Armee. Die Soldatin und der Soldat, die eine Einheit in sich sind, lehren die Macht von Wissen und Nicht-Wissen.

Nicht zu wissen ist Vortäuschen und Schwäche. Wissen ist Einigung und Selbst-Lehren. Das ist der Grund, warum ich sicherstelle, dass jede Feldkommandantin und jeder Feldkommandant alle Soldaten über die Gründe für den Kampf unterrichtet. Wenn jede Soldatin und jeder Soldat versteht, dass die Armee sich als ein einheitlicher Leib bewegen muss, dann wird die Armee machtvoll sein.

Es ist die Pflicht aller Offiziere und Offizierinnen, alle Soldatinnen und Soldaten, die sie befehligen, taktische Manöver zu lehren. Auch die ignorantesten Soldatinnen und Soldaten, die die Fertigkeit des Manövrierens im Kampf erwerben, werden Einigung verstehen. Das bringt immer den sicheren Sieg.

Die Soldatin und der Soldat dürfen niemals in Konflikt mit den Gründen für das Kampfmanöver sein. Weil Gewalt in jeder Person, die geboren ist, zuhause ist, ist es die Pflicht jeder Soldatin und jedes

Soldaten, die Gründe für Krieg und Gewalt zu lehren, die im Selbst existieren.

Was sind die Gründe von Blumen-Soldatinnen und Blumen-Soldaten für Krieg? Der erste Grund ist Überleben. Der zweite, die Soldatinnen und Soldaten müssen verstehen, warum sie zum Kampf aufgerufen sind. Drittens, die Soldatinnen und Soldaten müssen das Wissen und die Selbst-Ausdauer besitzen, siegreich zu sein. Viertens, die Soldatinnen und Soldaten müssen verstehen, warum der Feind besiegt werden muss.

Krieg und Nahkampf sind die Gründe für die Existenz der Armee. Disziplin und Ausbildung sind die Weisheit der Armee. Belohnung für die Armee sind Rang und Kameradschaft. Loyalität bedeutet für die Armee, Mutter Erde und ihre Leute zu lieben.

Disziplin beginnt im Selbst. Disziplin ist die Antwort von Soldat und Soldatin auf Überleben, Gesundheit, Ausbildung, Waffenkunde und Wissen.

Der erste und größte Feind aller Leute ist Selbstunkenntnis. Der zweitgrößte Feind ist Glaube. Der drittgrößte ist Tun-als-ob. Und der viertgrößte Feind ist Faulheit. Blumen-Soldatinnen und Blumen-Soldaten werden gelehrt, ihre Unwissenheit, ihre Dogmen, ihr Tun-als-ob und ihre Faulheit zu bekämpfen.

Was ist eine Blumen-Soldatin, was ist ein Blumen-Soldat? Die professionellen Blumen-Soldatinnen und Blumen-Soldaten sind ein Leib, zusammengesetzt aus hingebungsvollen Frauen und Männern, die die Armee sind und die dem Lernen vom Selbst und der heiligen Mutter Leben gewidmet sind.

Die Armee ist fordernd und diszipliniert. Diese schroffe Forderung und Disziplin hält die Zivilisten fern und stärkt die professionellen Soldatinnen und Soldaten.

Was fordert die Armee? Die Armee fordert absoluten Selbst-Respekt, Loyalität zur Armee und absolute Liebe für die heilige Mutter Leben.«

Die Schlachten-Kachina-Schulen

Die Schlachten-Kachinas sind eine Macht und eine Präsenz, die wir Leute Herausforderung nennen. Sie sind die maskierten Lehrerinnen und Lehrer und können jedes Aussehen annehmen. Sie sind auch die Erd-Traum-Lehrerinnen und -Lehrer.

Im Kreis der Lehrerinnen und Lehrer sind: Hunger und Arbeit, Schönheit und das Unattraktive, Reichtum und Armut, Wissen und Nicht Wissen, Haben und Nicht Haben, Macht und Schwäche, Kontrolle und keine Kontrolle, mit etwas sein und ohne etwas sein, Sklave sein und frei sein, herausgefordert sein und niemals Herausforderung kennen. All dies sind Schlachten-Kachinas. Der Schlachten-Kachina-Tempel der Bienenkriegerinnen, der als Little Jaguar bekannt war, war Teil der Blumen-Soldatinnen- und Blumen-Soldaten-Schulen. Bienenkriegerinnen waren höchst geschulte und disziplinierte weibliche Hauptleute, die über Leben und Tod lehrten. Die meisten Bienenkriegerinnen waren in der Kunst des Nahkampfes geübt und einige waren Oberbefehlshaberinnen und Generalinnen.

Viele dieser Lehrerinnen hatten sich auch auf die Disziplin des Selbst und die Heilkunst konzentriert. Für sie war das Heilen eine andere Art Schlachtfeld, eines, auf dem es persönliche Unwissenheit und Ungleichgewicht zu bekämpfen galt. Die Lehrerinnen dieser Tempel-Schule nannten sich selbst Schlachten-Kachinas.

Die Bienenkriegerinnen lehrten: »Wir lassen uns ein auf das Unvermeidliche, wenn wir den Kampf mit unserer Gegenwart aufnehmen. Welche Lehrerin ist größer als der Augenblick? Schülerinnen und Schüler sollten sich in Behutsamkeit üben, denn die Schlachten-Kachina ist niemals der Feind. Wer ist der Feind?

Wer ist es, der die Niederlage schmecken wird? Sicherlich werden es nicht die Kachinas sein. Sie sind die schlachtenerfahrenen Veteraninnen und Veteranen, die den unschlagbaren Vorteil langer Erfahrung haben.

Wer ist die Schülerin, wer ist der Schüler, und wer ist die Lehrerin, wer ist der Lehrer im Krieg? Schülerinnen können weit reisen und alles, was es zu erfahren gilt, lernen, aber sie können niemals ihren Tempel hinter sich lassen. Das, was innerhalb des ersten Kreises der Erfahrung gelernt wird, wird von Blumen-Soldatinnen und Blumen-Soldaten als Waffe in jede Dimension dessen, worum sich Leute bemühen, eingebracht.«

Viele Jahre später, als der Little Jaguar Temple schon längst nicht mehr existierte, sagte Zero Chief Tomahseeasah: »Die allererste Verletzung des kleinen Kindes kann eine Schlachten-Kachina werden, wenn Kinder lernen, dass sie in ihren ersten Kreis der Erfahrung hineingefallen sind.

Die Kinder müssen schreien oder weinen, ja, sogar das Objekt hassen, das sie zum Stolpern gebracht hat. Aber das besiegt ihre Schlachten-Kachina nicht, noch sollte der Zwischenfall das Kind besiegen. Es gibt kein Zurück vor den Objekten und der Erfahrung des frühen Lernens.«

Estcheemah sagte: »Die Schlachten-Kachina, die Lehrerin, ist wie der Schatten – immer da, doch behindert sie niemals. Wer kann den Schatten fangen? Was wir lernen, wird zum Schatten. Wir sind zuerst die Schülerin, dann werden wir unsere eigene Lehrerin. Das trifft auch für die Dinge und Situationen, die wir bekämpfen, zu. Auch sie werden zu Schatten. Der Schatten ist der Anschauungsunterricht, von dem wir gelernt haben, und die Führung, die uns durch Erfahrung zuteil wird, wird zur Lehrerin.

Schülerinnen und Schüler lernten das Sprichwort auswendig: ›Der Schatten muss bei jedem Wechsel der Ereignisse besiegt werden. Doch ist der Schatten bei keinem Ereignis je gegenwärtig. Das kommt daher, dass das, was wir lernen, zur Schatten-Lehrerin wird.‹«

Das ist kein Rätsel für die Blumen-Soldatin und den Blumen-Soldaten. Eher ist es eine Führerin in den größeren Kreis von Disziplin hinein. Das ist der Grund dafür, dass es heißt: »Die Soldatin und der Soldat auf dem Schlachtfeld kann durch zu viele Schatten, die in ihrem Geist anwesend sind, besiegt werden.

Die Blumen-Soldatin und der Blumen-Soldat kann die Schatten niemals direkt bekämpfen, aber immer und bei jedem Ereignis werden sie und er präsent sein.«

Der Little Jaguar Tempel, der uns über die Schatten Kriegerin und Krieger erzählt, fragt: »Was ist eine Auszeichnung?«

»Die Schülerin, die den Tempel besucht und mit den Flaggen in ihrer Hand hinausgeht, ist keine Soldatin, sondern eine Diebin.

Die Studentinnen und Studenten, die den Tempel mit der Farbe der Flaggen in ihrem Herzen und Geist verlassen, sind Soldaten hohen Rangs.

Die Studenten, die die Farben der Flaggen in den Augen von Kindern sehen, sind die Heilerinnen und Heiler.

Die Schüler, die die Farben der Flaggen im Sonnenaufgang und Sonnenuntergang sehen, werden große Führerinnen und Führer werden.«

Estcheemah lehrte: »Die Schlachten-Kachina bringt die Schüler ins Selbst-Wissen. Dieser Tanz des perfekten Zeitpunkts wirft die Schülerin in den Tumult des idealen Konflikts. Die Abstimmung auf die Zeit reißt den Deckmantel des Vortäuschens von denen weg, die es wagen sollten, mit Disziplin zu spielen. Welches größere Lernen gibt es?«

Temple Doors sagte: »Die Einstimmung auf die Zeit ist die Tugend aller Blumen-Soldatinnen und Blumen-Soldaten. Sich auf die Zeit einzustimmen bedeutet die Schritte, die die Schlachten-Kachinas tanzen, um die Schülerin den Krieg zu lehren. Die Schülerinnen und Schüler müssen arbeiten, um jeden Schritt des Tanzes von Leben und Tod zu verstehen. Der Grund dafür ist der, dass Zeitabstimmung die Kraft ist, die zwischen einer einfachen Meinungsverschiedenheit und dem, was mit Blut besiegelt wird, entscheidet. Zu fragen, was zu tun ist und welche Aktion in Angriff genommen werden sollte, bedeutet, nach Rhythmus zu fragen. Rhythmus ist

Mathematik – es ist der Zahlengesang der Soldatinnen und Soldaten.«

Estcheemah: »Nach all diesen Lehren erst wurde den Schülerinnen und Schülern die Frage über die heilige Mutter Leben gestellt. Wo ist der Tempel des Erden-Lebens? Wer ist die Schülerin großen Lernens und wer ist die größte Lehrerin?« Diese Lehren empfangen wir vom Tempel der Bienenkriegerinnen.

Lightningbolt war früh am Morgen erwacht und begierig zu arbeiten.

»Lightningbolt, du musst zielgerichtet und diszipliniert sein, um ein Blumen-Soldat zu werden«, sagte Estcheemah zu ihm, während er sein Frühstück aß. »Mit harter Arbeit und Selbstdisziplin wirst du möglicherweise eines Tages die Eigenschaften haben, ein Blumen-Soldat zu sein.«

Sie reichte ihm ein Notizbuch. Lightningbolt nahm das kleine Buch entgegen und las:

Die Soldatin, der Soldat soll sich nur vor der Rose verneigen.
Die Soldatin, der Soldat soll die geheiligte Mutter Leben respektieren.
Die Soldatin, der Soldat soll das Selbst respektieren und das Selbst beschützen.
Die Soldatin, der Soldat soll von allen Leuten lernen.
Die Soldatin, der Soldat soll von dem, was kreiert wurde, lernen.
Die Soldatin, der Soldat soll Selbst-Verpflichtung erlernen.
Die Soldatin, der Soldat soll mit allen Waffen umgehen lernen.
Die Soldatin, der Soldat soll die Kunst des Nahkampfes erlernen.

»Die Disziplin der Blumen-Soldatinnen und -Soldaten hat gelehrt, wie die Übung für die Schlacht uns Leuten die Flüchtigkeit des Lebens verstehen hilft«, sagte Estcheemah zu ihm. »Und Krieg lehrt, wie überaus leicht es ist zu töten. Das Leben muss respektiert werden.«

»Wie übt Selbst-Verpflichtung den Verstand?«, fragte er. »Wir können unserem Selbst alles erzählen, nicht wahr? Was ist die Wahrheit für das Selbst?«

Estcheemah lächelte über Lightningbolts Fragen und freute sich daran, wie er mit dem Offensichtlichen rang. »Ja, einige von uns sprechen mit dem Selbst«, antwortete sie. »Blumen-Soldatinnnen und Blumen-Soldaten haben gelernt, dass Leben die Wahrheit für diejenigen ist, die leben. Tod ist die Wahrheit für die, die gestorben sind.

Eine selbstzerstörerische Person ist gefährlich. Während wir ärgerlich oder hasserfüllt sind, welche Art Wahrheit wird da gesprochen? Die ›Wahrheit‹, die viele Leute sprechen, ist eigentlich eine Lüge, die die Leute glauben sollen. Ist es nicht das, was ein Propagandist tut?

Nur die Selbst-Wahrheit ist für die Blumen-Soldatin und den Blumen-Soldaten die Wahrheit. Wenn die Blumen-Soldaten über das Selbst lernen, lernen sie über ihre Wahrheit, ihre wahre Bestimmung. Bestimmung ist Selbst-Offenbarung.

Jegliche Handlung ist Bewegung, weg oder hin zur Selbst-Erleuchtung. Was wir tun und was wir wählen, wird Selbst-Handlung genannt. Die Blumen-Soldatin und der Blumen-Soldat studiert Selbst-Handlung. Resultate werden durch Selbst-Handlung gezeitigt. Alle Fragen sind Antworten auf irgendeine Handlung.«

»Dann ist das, was ich zu jeder beliebigen Minute zu tun wähle, individuelle Handlung?«, fragte Lightningbolt.

»Ja, sogar wenn du denken solltest, du hättest keine Wahl, gilt es immer noch, eine Wahl zu treffen«, antwortete sie. »Keine Wahl zu treffen ist eine Entscheidung, die getroffen wurde, Lightningbolt. Wahl ist eine heilige Verantwortung. Es gibt kein Entrinnen vor individueller Wahl und Selbst-Verantwortlichkeit.«

»Ich werde ein bisschen zu studieren haben«, sagte Lightningbolt zielbewusst. »Als ich dich das erste Mal getroffen habe, dachte ich, alles, was ich zu lernen hätte, sei, eine Rassel zu schütteln oder zwei.«

»Hier ist noch mehr zu studieren«, Estcheemah lächelte und reichte ihm ein anderes Notizbuch.

»Die Regeln, die du in diesem Medizinrad siehst, sind sehr alt, zweifellos eine unserer ältesten Führerinnen«, sagte Estcheemah zu ihm. »Die tiefe Bedeutung und weitreichende Wirkung dessen, was diese Regeln uns Blumen-Soldatinnen und Blumen-Soldaten bedeuten, sollte immer respektiert werden.

Das Rad der Fünf Regeln einer Soldatin und eines Soldaten

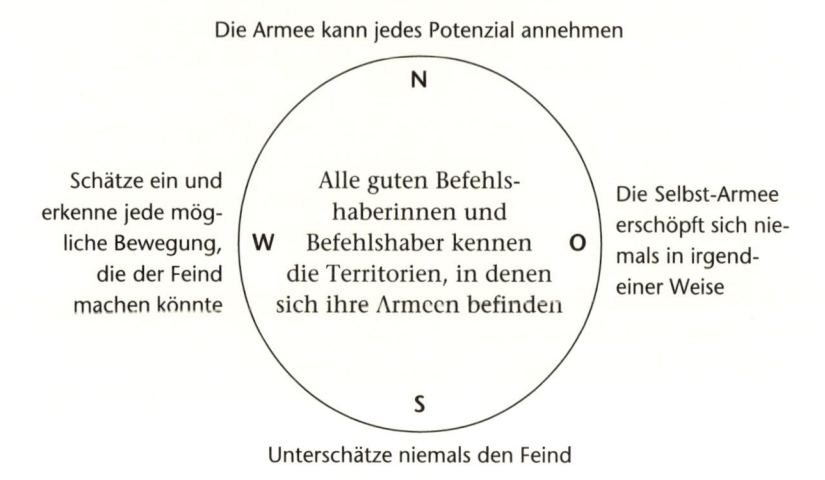

Die Armee kann jedes Potenzial annehmen

	N	
Schätze ein und erkenne jede mögliche Bewegung, die der Feind machen könnte	W — Alle guten Befehlshaberinnen und Befehlshaber kennen die Territorien, in denen sich ihre Armeen befinden — O	Die Selbst-Armee erschöpft sich niemals in irgendeiner Weise
	S	

Unterschätze niemals den Feind

Ehre diese Regeln und nimm dir deine Zeit, sie zu lernen –, versuche es ein Leben lang. Über Jahrtausende wurde viel dazugelernt, was unsere Gesetze betrifft; doch wichtig ist, was du sagen wirst. Der Grund, warum ich das sage, ist, dass die Jüngeren niemals allzu ehrfürchtig werden sollen vor dem, was vor ihnen kam. Stattdessen müssen wir alle durch das, was wir gelehrt wurden, ständig herausgefordert werden.

Die Blumen-Soldatin und der Blumen-Soldat zieht als erstes in Betracht, was im inneren Medizinrad unseres Geistes, unserer Emotionen, unseres Leibes und unseres Geist-Geist geschieht. Wir verstehen, dass unser Selbst-Wissen, unsere persönliche Erleuchtung grundlegend für uns ist und äußerste Wichtigkeit in sich birgt.

Dieses Innere Rad kann uns Blumen-Soldatinnen und Blumen-Soldaten durch Entscheidungen hindurch und bei Konflikten führen.

Wenn wir gegen das Selbst Krieg führen, wird das Denken des inneren Feindes eine Armee, die gegen die Armee des Selbst kämpft. Diese feindliche Armee kann ein unerwartetes Potenzial annehmen.

Was ist Selbst-Potenzial? Haben wir einen disziplinierten Selbst-Befehlshaber, eine disziplinierte Selbst-Befehlshaberin? Sind wir eine Selbst-Armee, vollständig in unserem Selbst? Was ist eine unabhängige Selbst-Armee?

Diese Fragen und noch viele mehr werden in den Lehren unserer Medizinräder klargestellt, besonders in demjenigen, das uns als die Fünf Regeln des Soldaten und der Soldatin bekannt ist.

Wie ich gesagt habe, entwickelten unsere Hauptleute im Laufe der Jahre eine vielschichtige Selbstdisziplin, die auf den Lehren unserer Medizinräder basiert.«

»Die ersten Blumen-Soldatinnen und Blumen-Soldaten lernten, dass Leute ihre Emotionen und Gefühle als ein Schild benutzen. Das zu tun ist ein Fehler, denn Liebe und Sanftheit sind Mächte, nicht Schilde. Wenn eine Person Gefühle als ein Schild benutzt, dann kann sie oder er hinter einer Mauer von Emotionen gefangen sein und deshalb leiden.

Wir haben von unseren Blumen-Soldatinnen und Blumen-Soldaten auch gelernt, dass es unglaublich leicht ist, die Stärke unserer Unwissenheit und lang gehegte Haltungen zu unterschätzen. Ihre Macht nicht anzuerkennen kreiert einen Selbst-Feind im Inneren. Und nichts ist gefährlicher für eine Person!

Die Blumen-Soldatin und der Blumen-Soldat erschöpfen das Selbst nie. Zum Beispiel können wir unser Selbst erschöpfen, indem wir uns zu viel um das Mittelmäßige und Gewöhnliche kümmern. Studiere Details, aber lass sie nicht diktieren, welcher Art deine Handlungen sind oder sein werden; das erschöpft das Selbst.

Das destruktivste all der Dinge, die uns erschöpfen, ist die Selbst-Lüge. Wie leicht ist es für uns, uns etwas vorzumachen und uns selbst anzulügen. Aber das erschöpft uns und reißt uns in Stücke.

Die alten Zero Chiefs lehrten über die extreme Gefahr der Selbst-Lüge. Sie skulptierten und zeichneten viele Versionen des Symbols eines Mannes oder einer Frau, die eine stachlige Rebenpflanze durch die Zunge zieht. Das bedeutete die Selbst-Lüge.

Spätere Interpreten übersetzten dieses Symbol auf viele seltsame Arten und glaubten sogar, Leute zögen physisch stachlige Rebenpflanzen durch ihre Zunge. Dem war nicht so. Buchstäblich stand der Ausdruck ›eine stachlige Rebenpflanze durch die Zunge ziehen‹ für die Bedeutung ›das Selbst belügen‹.

Alle Leute benutzen Waffen. Eine Waffe ist alles, was benutzt und gemacht wird oder Leuten bekannt ist. Alle Leute zerstören während ihres Lebens –, alle Leute töten.

Wir töten sogar, wenn wir spielen, töten Insekten und Pflanzen.

Wir töten, um ein Heim zu machen. Wir töten Pflanzen und Tiere zum Essen. Sogar die Person, die nur Pflanzen konsumiert, tötet die Pflanze und Millionen von Insekten.

Feuer zerstört Holz, damit wir Wärme haben. Elektrizität zerstört Metall und Glas, sodass wir Licht haben können. Wir zerstören Mikroben in unseren Mägen, um unser Essen zu verdauen. Wir zerstören unsere Leiber mit Bewegung.

Die Blumen-Soldatinnen und Blumen-Soldaten lernen im Laufe der Zeit und durch Selbst-Studium, dass der Tod immer mit dem Leben anwesend ist. Aber der Tod ist nicht der Feind. Und das Leben ist nicht der Feind. Leben und Tod sind die großartigen Lehrerinnen und Lehrer unserer Existenz.

Wir töten, um zu essen, um zu überleben. Wir töten, um nutzbar zu machen, was wir als Werkzeuge brauchen.

Und so ist alles, was wir sind und berühren, eine tödliche Waffe. Tod transformiert die Nahrung, die wir zum Leben brauchen. Tod ist die große Wandlerin und Wandlung.

Das Medizinrad lehrt uns auch über Krieg und individuellen Konflikt.

Eine Blumen-Soldatin weiß, dass die größte Schlacht im Leben die Schlacht um das Subtile ist. Die Wirklichkeit der Selbst-Unwissenheit ist für die Geschulten überdeutlich, aber die Person, die unwissend ist, kann diese Wahrheit über sich selbst nicht sehen. Die Unwissenden suchen nach Konformismus. Inkompetenz und Ignoranz liegen den Haltungen der Faulen und der Vortäuscher zugrunde. Diese Plagen sind von Leuten geboren, die nach Konformismus trachten, anstatt den Grund für ihre Existenz auf Erden zu entdecken.

Die Handlungen der Konformisten werden von ihren Ängsten diktiert. Ein hervorragendes Beispiel ist, dass die Konformisten die Erde für einen gezähmten Zirkus halten, wo ihr Gott und ihr Teufel sich über Kleinkram streiten.

Der Gott der Konformisten braucht Übersetzer, denn ihre Gottheit hat keinen Weg, direkt mit den Gläubigen zu kommunizieren. Das bewirkt noch mehr Konfusion, denn die meisten Übersetzer hausieren mit der Angst.

Diese Worte sind keine außergewöhnlichen Aussagen. Sie sind sogar ziemlich konservative Beschreibungen dessen, was täglich rund um die Erde geschieht. Wir müssen verstehen, dass zu jedem

beliebigen Zeitpunkt jedwede Institution zum Monster anstatt zu einer großen Lehrerin oder einem großen Lehrer werden kann.
Lehre dich selbst, Lightningbolt. Das ist der einzige Weg, wie du den Schmerz deiner verzweifelten Unwissenheit beenden kannst. Ignoranz ist der größte Feind für die Blumen-Soldatinnen und Blumen-Soldaten. Für uns ist Selbstverpflichtung der Pfad, der zu Selbstfindung und Führung durch unser Selbst führt.«

Die Pflichten von Blumen-Soldatinnen und Blumen-Soldaten

Selbstverpflichtung kommt immer zuerst.
Verantwortlichkeit dem Selbst gegenüber ist Verpflichtung.
Verantwortlichkeit für Selbst-Handlung ist Verpflichtung.
Selbst-Kontemplation ist Verpflichtung.
Andere anzuerkennen ist Verpflichtung.
Sorge für das Selbst ist Verpflichtung.
Das Selbst zu lehren ist Verpflichtung.
Für alle Kinder zu sorgen ist Verpflichtung.
Über das Selbst zu lernen ist Verpflichtung.
Das Selbst zu kennen ist Verpflichtung.

Darüber hinaus lernen Blumen-Soldatinnen und Blumen-Soldaten alles, was es über ihre eigene Selbst-Macht zu lernen gibt.
Die Verantwortung, sich selbst im Gebrauch aller Materialien und Werkzeuge des Schlachtfeldes auszubilden, ist eine andere Pflicht von Blumen-Soldatinnen und Blumen-Soldaten.
Respekt zu haben vor allen Blumen-Soldatinnen und Blumen-Soldaten, die weiter sind als sie, und von ihnen zu lernen, ist für die Blumen-Soldatinnen und Blumen-Soldaten Pflicht.
Disziplin ist Selbst-Befehl. Disziplin bedeutet nicht, das Selbst zu bestrafen. Leute müssen lernen, disziplinierte Befehlshaber zu sein. Sie haben zu lernen, Befehle zu respektieren, besonders Selbst-Befehle. Das ist der Grund, warum es heißt, dass empfangene Befehle zu erlerntem Wissen werden. Das Selbst zu befehligen ist der höchste aller Befehle.
Alle Befehle werden vom Selbst-Befehlshaber und von der Selbst-Befehlshaberin studiert, bevor eine Aktion in Angriff genommen wird. Alle Blumen-Soldatinnen und Blumen-Soldaten sind verantwortlich für Frauen mit Kindern und für die Alten.
Es ist Pflicht für Blumen-Soldatinnen und Blumen-Soldaten, für

diese Leute zu sorgen, in welcher Weise es auch immer möglich ist.

Ehre ist die Göttin in allen Blumen-Soldaten.
Ehre ist der Gott in allen Blumen-Soldatinnen.

Doch muss die Frau in einer Welt, in der Frauen gelehrt werden, niemals die heilige Göttin Leben zu ehren, als erstes lernen, ihr Selbst und die Göttin Kreation zu ehren. Indem sie dies tut, ehrt sie das Vollkommene Gleichgewicht der Kreation, was das Gleichgewicht im Selbst der Leute wiederherstellen wird.

Eine Blumen-Soldatin, die eine Selbst-Befehlshaberin ist, anerkennt und respektiert alle anderen Blumen-Soldatinnen und Blumen-Soldaten, außer wenn eine einzelne Blumen-Soldatin oder ein Blumen-Soldat Selbstverachtung zeigt. Eine Person, die Selbstverachtung hat, kann nicht wirklich eine Blumen-Soldatin oder ein Blumen-Soldat sein.

Wenn eine Befehlshaberin oder ein Befehlshaber sieht, dass eine andere Blumen-Soldatin oder ein Blumen-Soldat ihre persönliche Verpflichtung eklatant ignoriert hat, ist es die Verantwortung dieser Befehlshaber, die Blumen-Soldaten des Gesetzesbruchs zu bezichtigen.

Wenn ein Gesetz gebrochen ist, ist es die Pflicht von Blumen-Soldatinnen und Blumen-Soldaten, die Anklage gegen sich selbst zu erheben und ein Justizverfahren anzustrengen.

Alle Gesetze der Armee und der Gemeinschaft werden, sofern sie vernünftig und gerecht sind, von Blumen-Soldatinnen und Blumen-Soldaten befolgt. Wenn eine Blumen-Soldatin oder ein Blumen-Soldat erkennt oder wahrnimmt, dass ein Gesetz ungerecht ist, dann muss sie oder er die Ungerechtigkeit übergeordneten Blumen-Soldaten-Offizieren oder -Offizierinnen unmittelbar berichten.

Die Blumen-Soldatin und der Blumen-Soldat muss immer innerhalb der Regeln der Gemeinschaft kämpfen, was bedeutet, dass sie oder er das Gesetz niemals brechen werden.

Blumen-Soldatinnen und Blumen-Soldaten betrachten sich als eine Armee innerhalb des Selbst.

Alle anderen Blumen-Soldatinnen und Blumen-Soldaten sind alliierte Armeen.

Alle Blumen-Soldatinnen und Blumen-Soldaten, die alliierte Armeen sind, werden innerhalb der Gesetzesregel respektiert.

»Ich werde wirklich in die Arbeit einsteigen, lesen und denken«, sagte Lightningbolt und schaute auf.

»Studiere alles«, ermutigte sie ihn. »Und wir werden uns übermorgen hier auf dieser Straße bei der Landkreisbrücke treffen.«

Lightningbolt studierte die Blumen-Soldatinnen- und Blumen-Soldaten-Regeln; er bemerkte, wie oft er sich selbst dagegen verhalten und dann seine Selbst-Empfehlungen ignoriert hatte. Das war sein erbittertster Kampf und er wusste um ihn.

Er staunte, dass diese Gesetze eingerichtet worden waren, um das Selbst auszubilden und dem Selbst Macht zu verleihen. Was für ein erbärmlicher Soldat er war! Niemals war er in der Vergangenheit ein Blumen-Soldat gewesen – nur ein wilder, unzivilisierter Feind, der sich selbst bekämpft hatte. Er würde von vorne anfangen. Als er die Blumen-Soldatinnen- und Blumen-Soldaten-Regeln wieder und wieder las, begann er sie zu verstehen und auch, wie sie auf sein Leben anzuwenden waren. Er strahlte vor Freude. Nie zuvor hatte er solches Glück empfunden. Die Entdeckung, dass er sein eigener Befehlshaber und seine eigene Armee war, machte allen Unterschied auf der Welt aus!

Als sie sich an der Brücke trafen, wie Estcheemah vorgeschlagen hatte, erzählte sie ihm mehr.

»Die Disziplin und das Wissen, die sowohl Naturkatastrophen als auch inkompetente Leute überlebt haben, überlebten deshalb, weil es einige Leute gab, die den Wert des Wissens geschätzt haben. Keine Bibliothek der Geschichte hat die Zeit, die Ignoranten, die Diebe, die Wohlmeinenden oder die religiösen Eiferer überlebt. Nur disziplinierte Leute haben Wissen bewahrt. Das kommt daher, dass sie Wissen respektiert haben.

Inkompetenz macht die Leute krank. Leute belohnen sich gegenseitig für ihren Konformismus und das zeitigt weitere Inkompetenz. Über die Zeit wird Inkompetenz die zerstörende Kraft für alle Dinge, die einstmals einzigartig und schön waren.«

»Estcheemah«, fragte Lightningbolt respektvoll, »du weißt, ich habe mich immer gefragt, wo es doch wahr ist, dass wir alle schon oft geboren sind, warum haben die Leute insgesamt dadurch nichts gelernt?«

Estcheemah lächelte. Die Weisheitslinien um ihre Augen leuchteten hell. »Wir alle waren die Zerstörer und die Erbauer. Wir waren Sklaven und Sklavenhalter. Ich hoffe, dass, wenn ich je die Sklavenhalterin bin, ich meine Sklaven befreien werde. Ich hoffe, dass, wenn ich die Zerstörerin bin, ich die Stücke für die Weisen zum Zusammensetzen aufheben werde. Ich hoffe, dass ich mich als die Erbauerin erinnern werde an das, was im Namen von Politik und religiösem Wahn abgerissen wurde.

Ich weiß, dass ich auch die Übereifrige und die Rächerin gewesen bin. Ich war die Närrin und die Fanatikerin. Ich war auch die Tapfere und ich habe mich dessen angenommen, was nicht so leicht zu verstehen war.

Ich hoffe, dass du in diesem Leben den Mut hast, der Bewahrer dieser Medizinräder zu sein. Ich hoffe, dass du die Aufgeblasenen oder Indiskreten überdauern kannst. Kannst du den Unverantwortlichen entgegentreten und dennoch ausharren? Erinnere dich immer, dass dein größter Feind deine eigene Unwissenheit ist.

Das Leben ist beides, die Geberin und die Gelegenheit für Leute, das Selbst und ihre Umstände als Leute kennen zu lernen. Wir lernen durch Erfahrung. Erfahrung ist Leben –, das ist der Grund, warum wir leben.

Wenn die Gelegenheit gegeben ist, kann eine Person Führerin oder Führer des Selbst werden, eine Selbst-Befehlshaberin, innerhalb ihres oder seines Selbst.

Alle haben einen Vorteil davon, wenn es weniger Konformisten, weniger soziale Sklaven und mehr Leute unter uns gibt, die selbstverantwortlich sind. Das kommt durch Wahl zustande.

Wahl ist Entscheidung. Wir alle müssen wissen, dass wir die Verantwortlichkeit besitzen, Entscheidungen zu treffen, die die Richtung unseres eigenen Lebens betreffen. Die alten europäischen Philosophen sagten einmal, dass es die These, Antithese und Synthese gebe. Sie waren typisch für ihre Zeit in der Hinsicht, dass sie das vierte Element ausließen – Wahl.

Leben ist Erfahrung und Lebenserfahrung ist die große Lehrerin für uns alle. Die nächste sehr machtvolle Lehrerin für die Leute ist das Selbst. Leben weist den Weg hin zur Selbsterfahrung. Die Zero Chiefs lehrten, dass wir durch das Selbst die vielen Nuancen von Erfahrung verstehen, die wir das Leben nennen. Zu verstehen, was das Selbst bedeutet, wurde für die Zero Chiefs die wichtigste Suche im Leben.

Diese Hauptleute haben uns gesagt, dass das Selbst zu lieben und zu nähren die tiefreichendste und schwierigste Aufgabe ist, die uns Leuten bekannt ist. Der Grund für die Schwierigkeit ist der, dass sich die meisten Leute verweigern, Selbstverantwortlichkeit anzunehmen.

Leute haben Angst, selbstverantwortlich zu sein, denn wir fürchten Versagen, Trennung, Tod und Schmerz. Aufgrund dessen können wir schwach und abhängig werden und suchen unaufhörlich außerhalb unseres Selbst nach Autorität.

Es gibt nichts Subtileres und nichts Absoluteres in der gesamten Kreation für uns Leute als das Geheimnis unseres Selbst. Wir wissen zwar, dass wir als ein Leib existieren, aber nur wenige von uns wissen etwas von dem Selbst-Wesen, das wir sind, und was das Potenzial dieses Selbst sein kann.

Die Zero Chiefs entdeckten durch langes Studieren, dass Leute ihr inneres Selbst ignorieren und ablehnen und sich im selben Augenblick selbst zerstören werden, indem sie äußere Autorität und Glauben verteidigen.

Dieses zu uns Leuten gehörige Paradox schockierte und verblüffte die Zero Chiefs. ›Was hat es damit auf sich?‹, fragten sie.

Sie entdeckten, dass Leute, die den Ursprung für Autorität nur im Außen kennen, das Selbst durch Glauben ersetzen. Sie tun das, weil sie sich hinter dem Glauben verstecken können und für ihre Aktionen nicht verantwortlich zu sein brauchen.

Abhängige Frauen und Männer werden beinah alles tun, um einen Angriff von außen abzuwehren; aber sie ignorieren den inneren Kampf.

Leute, die nicht ihre eigene Selbst-Autorität sind, sind Opfer jeglicher Laune anderer Leute und aller herausfordernden physischen Umstände.

Überaus oft wird Leuten in unserer Welt gelehrt, dem Wissen ihrer eigenen Erfahrungen nicht zu trauen oder aber sie infrage zu stellen. Sie werden auch gelehrt, dem Selbst, das sie sind, nicht zu trauen. Natürlich sagen die Leute, die dies lehren, auch, dass sie die obersten Autoritäten sind und dass das Vertrauen ihnen entgegengebracht werden sollte. Diese Art Rhetorik ruft einen Krieg in der Person hervor, der jeglichen Antrieb und jedes Gleichgewicht in ihr zerstören kann.

Leute, die auf diese Art abhängig sind, haben in ihrem Inneren einen regellos lärmenden Haufen von Meinungen, die sich im Krieg mit ihrem Selbst befinden. In ihrer Innenwelt existieren getrennte Persönlichkeiten oder Gesinnungen, die verschiedene Uniformen tragen; sie haben unterschiedliche Ausbildung, verschiedene Mächte, verschiedene Werkzeuge und Waffen, und sie hissen verschiedene Flaggen. Was am schlimmsten ist, sie besitzen keine Selbst-Loyalität. Am wichtigsten ist, dass jede Gesinnung oder jedes Wesen innerhalb der undisziplinierten Person von sich glaubt, dass sie nur so tun als ob.

Jedoch werden diejenigen, die sich in ihrem Leben Zeit nehmen, um über das Selbst zu lernen, entdecken, dass sie Befehlshaberin und Befehlshaber des Selbst werden können.

Leuten, die sich Mühe geben, ihre Selbstbefehlshaberin und ihren Selbstbefehlshaber zu entdecken, wird immer die Erleuchtung zuteil, dass das Selbst ihre eigene machtvolle Autorität sein kann. Mit dieser Offenbarung geht auch das Potenzial einher, eine starke Befehlshaberin und ein starker Befehlshaber zu werden.

Eine starke Befehlshaberin kämpft, um alle vereinzelten Charaktere innerhalb des Selbst kennen zu lernen, und versteht, dass das Gleichgewicht erlangt werden kann, wenn sie oder er ihre eigene selbstverantwortliche und ehrliche Selbst-Lehrerin und -Lehrer wird.

Die Selbst-Befehlshaberin und der Selbst-Befehlshaber werden alle ihre inneren Persönlichkeiten und Wesen zu einer Einheit bringen, indem sie Selbst-Fehltritte und Selbst-Triumphe studieren. Auf diese Weise wird die Selbst-Befehlshaberin eine gütige Lehrerin.

Es ist die Verantwortlichkeit der guten Selbst-Befehlshaberin, alles zu lernen, was es über Selbst-Ressourcen und Wissen, die dem Selbst verfügbar sind, gibt. Die Selbst-Befehlshaberin delegiert alle Verantwortlichkeit und Autorität an die geeignete, mächtige und loyale Person innerhalb des Selbst. Dies mag eine lebenslange Erfahrung für das Selbst sein und so sollte jede Person eine ehrliche und verständnisvolle Lehrerin sein. Alle Leute sind mehr, als was wir gelehrt worden sind. Und das Leben ist noch viel größer. Das Leben ist der unerschöpfliche Rohstoff allen Lernens. Keine Person kann dem, was die Lebenserfahrung lehrt, gleichkommen.

Eine der Arten und Weisen, wie die junge Blumen-Soldatin oder der Blumen-Soldat über die inwendigen Wesen oder die Gesinnungen lernen kann, ist zu entdecken, wie jeder Verstand eine Freundin, ein Freund und Verbündeter werden können. Jede innere Persönlichkeit kann ihrem Wissen und ihrer Fähigkeit entsprechend auf einen Rang gesetzt werden. Zum Beispiel kann es eine jugendliche Soldatin geben, die nicht besonders viel Wissen hat, aber unglaublichen Kampfesmut besitzt. Ein anderes inneres Wesen kennt vielleicht Sprachen. Und wieder ein anderes könnte sich in der Heilkunst auskennen.

Langsam werden die Blumen-Soldatin und der -Soldat aller ihrer inneren Potenziale gewahr. Es ist die Pflicht von Blumen-Soldatinnen und -Soldaten, alle ihre inneren Wesen zu finden.

Es ist möglich, dass einige der inneren Wesen in jeder und jedem von uns andauernd ignoriert werden, während andere uns mit endlosen Forderungen nach Aufmerksamkeit versklaven. Viele der Wesen sind Gedanken und Haltungen, die eingekerkert sind und befreit werden müssen.«

Estcheemah lachte und neckte Lightningbolt mit seiner Haltung, immer der Hahn auf der Balz zu sein, und damit, wie er diesem Wesen in seinem Inneren erlaubt hatte, ein Diktator zu werden.

»Einige Leute überlassen ihre innere Welt dem absoluten Zufall«, sagte sie. »Das zu tun bedeutet den beinah sicheren Selbstmord für das Selbst.

Die junge Befehlshaberin lernt, dass alle Erfahrung wertvoll ist. Dem Selbst zu berichten ist die profundeste Pflicht für jede Blumen-Soldatin und jeden Blumen-Soldaten. Der Bericht muss klar, frei von Trivialität und bündig sein.«

In den folgenden Tagen wurde Lightningbolt aufgefordert zu berichten, was er gelernt hatte. Er mühte sich und verhaspelte sich in seinen Berichten, ließ wichtige Informationen aus und verweilte bei Trivialitäten. Aber er fuhr fort zu berichten, wieder und wieder, und lernte jedes Mal, wie er maßgebliche Informationen aufbereiten konnte.

Lightningbolts größte Erleuchtung zu dieser Zeit war seine Entdeckung, dass er das wartende Gefäß war, in Erwartung, gefüllt zu werden.

Estcheemah sagte ihm, dass die Gesellschaft begierig »alle wartende Gefäße« mit Kaugummi, Bier, Religion, Trivialitäten, Rentenversprechungen, Fernsehbildern, Elend und Aspirin füllen wird.

Am selben Tag bald nach dem Abendessen, erzählte Estcheemah ihm von einer Reise, die sie ins Land der Maya unternommen hatte. Diese Geschichte lehrte ihn, wie er ihren unermesslichen Sinn für Humor schätzen konnte, aber sie lehrte ihn auch, wie er einen Blickwinkel des Unterscheidens einnehmen konnte.

Estcheemahs alte Augen waren hell, als sie sprach. »Es geht vor allem darum, wie du Dinge betrachtest, Lightningbolt. Wenn du zuzulassen lernst, dass Leute sich irren, dann wirst du das Tiefgründige und das Tragische wahrnehmen.

Oftmals haben die Hintergründe, warum etwas gebaut wurde, wenig zu tun mit dem, was dabei herauskam. Bei allen Zivilisationen unserer Erde ist das mehr als offensichtlich, doch war meine Neugierde auf die Amerikas gerichtet.

Die Völker von Mittel- und Südamerika hatten viele alte Städte, die vom Gesetzeskreis regiert wurden. Die Regierung jeder Stadt der Zero Chiefs war der Selbst-Freiheit und Demokratie gewidmet.

Doch gab es andere alte mittel- und südamerikanische Städte, die auf dem Fundament der Versklavung von Leuten errichtet waren. Diese Städte hatten feudalistische Regierungen, sie wurden regiert von religiösen Führern und Königen und Königinnen.

Einige dieser Sklavenstädte praktizierten auch Menschenopfer. Diese Opferbringer und Sklavenhalter waren die erklärten Feinde aller Zero Chiefs, der Blumen-Soldatinnen und Blumen-Soldaten. Das führte dazu, dass sich die Städte der Zero Chiefs und die Städte der Sklavenherren in zahllosen Kriegen bekämpften.

Da die Geschichte hauptsächlich über die Städte der Sklavenherren berichtete, muss noch gesagt und bekannt gemacht werden, dass es viele Städte gab, die auf dem Prinzip der Freiheit der Leute aufgebaut waren. Diese Städte erfreuten sich einer vollen Demokratie und kannten keinerlei Diskriminierung von Leuten oder Klassen.

Nachdem ich den Gesetzeskreis und die großen Städte kennen gelernt hatte, hatte ich ein tiefes Verlangen, die Lande von Mittelamerika zu besuchen. Unsere alten Ruinenstädte Amerikas hatten mich immer beschäftigt und meine Neugier geweckt. Ich hatte gehofft, dass zumindest ein Überrest dessen, was einmal existiert hat, noch vorhanden sein könnte. Ich beschloss zu gehen und zu sehen was zu entdecken sei.

Als ich meine erste Reise nach Süden ins Land der Maya machte, erwartete ich, große Armut vorzufinden, denn wir Indianerinnen und Indianer Nordamerikas waren ein Volk in einer schwierigen Lage, das ausstarb. Aber ich fand, dass die Leute nicht so schlecht dran waren wie wir, soweit es die Nahrung betraf. Was ich damit meine, ist, dass sie nicht am Verhungern waren. Aber in Wirklichkeit war ihre Armut in jeder anderen Hinsicht so groß, dass es mit Worten nicht beschreibbar ist.

Krankheit war ihr ständiger Feind. Kein Volk auf Erden konnte schmutziger leben und doch immer noch überleben, wie die Leute, die ich als erste traf. Sie aßen und schliefen mit ihren Hunden, Hühnern und Schweinen und sie wuschen sich nie.

Ich war auch erstaunt zu entdecken, dass niemand in den Dörfern sich an ihre Medizinwege erinnern konnte. Die Leute, die ich traf, wussten nichts von der stolzen Geschichte ihrer großartigen alten Städte. In der Tat glaubten sie, dass ›Teufel‹ in ihnen lebten. Ich war sprachlos von dem, was sie mir erzählten, denn ich hatte erwartet, genau das Gegenteil vorzufinden.

Es war natürlich unmöglich für mich, mit ihnen zu leben, so schlief ich allein und aß allein. Es dauerte nicht lang, nur fünf Tage, bis ich einen alten Mann traf, der mich einlud, von dem Dorf weg zum Heim seiner Leute zu reisen. Das war eine vollkommen verschiedene Welt. Ich erfuhr, dass die Dorfleute keine Freiheit hatten und ständig von der Kirche beobachtet und überwacht wurden. Diese Leute, die auf den Bauernhöfen lebten, waren wenig mehr als Sklaven. Niemand, der nicht christlich war, durfte überhaupt leben.

Ich erfuhr, dass die Einheimischen sich selbst die Emerald Mountain People nannten. Meine neuen Gastgeber waren reinliche und ordentliche Leute. Sie verdienten ihren Lebensunterhalt mit Handeln. Der Älteste dieser Familie war als Old Man bekannt.

Ich befragte ihn über den Namen und er lächelte und sagte mir, dass er mit dem Namen geboren sei. Er sagte, dass es ein ziemliches Abenteuer sei, als Teenager ein alter Mann genannt zu werden. Über diese einfachen Worte hinaus erzählte er nichts.

Die Frauen waren herzlich und freundschaftlich, aber niemals wirklich freundlich. Sie hatten Angst vor mir, in erster Linie weil sie dachten, ich sei eine ›Gringo Amerikanerin‹, und in zweiter Linie, weil sie dachten, ich trüge Blitze bei mir, was bedeutete, dass ich große Mächte besaß.

Ich erzählte Old Man, dass ich eine der alten Ruinenstädte besuchen wollte, und er wurde mein Führer.

Während ich durch die Stadt mit Namen Uxmal wanderte, konnte ich nicht anders, als darüber zu staunen, wie unsere Städte des Nordens wohl ausschauen würden, wenn sie verlassen und geplündert wären. Es muss daran erinnert werden, dass die Städte Amerikas seit 1500 systematisch geplündert und willentlich zerstört wurden.

Die Autoritäten, die verantwortliche Leute hätten sein sollen, fuhren fort, so zu tun, als sei die Zerstörung nicht organisierter Raub. Aber es war so. Es gab keinen Ort, keine Stadt, die nicht längst vor 1800 von organisierten Banden geplündert worden wäre.

Nahezu fünfhundert Jahre sind eine lange Zeit für Land und Leute, die durch Goldsucher und religiöse Eiferer verursachte Schmerzen erleiden müssen.

Ich stöberte in den Ruinen herum und kämpfte mit den Moskitos, bis ich es nicht länger aushalten konnte. Ich fühlte, dass ich eine Narrenreise gemacht hatte, als ich einem Mann mittleren Alters vorgestellt wurde, der Famous Hat hieß; sein spanischer Name war Rodriguez.

Ich habe sehr wenige Leute getroffen, die einen solchen Witz und Humor hatten wie Berühmter Hut. Mit einem Schwenken seines Sombreros erzählte er mir, dass er dachte, es sei sehr lustig, dass ich eine Touristin sei, aber genug Verstand hätte, eine Pistole zu tragen. Und er fügte mit einem Augenzwinkern dazu, dass er mir helfen würde, denn entweder sei ich eine ›Hägse‹ oder ich sei außerordentlich reich. Beide Möglichkeiten waren für ihn in Ordnung. Wenn ich eine Hexe war, konnte er Geld von mir bekommen, und wenn ich reich war, konnte er Geld von mir bekommen.

Ich versprach ihm Reichtümer und schon waren wir unterwegs, die Maya-Wunderstätten zu sehen. Weil er auch ein Händler war,

war unsere Reiseroute dieselbe, die er auch sonst gemacht hätte. ›Warum vom Weg abweichen, wenn du nicht musst?‹, sagte er mir mit einem Lächeln. ›Was gibt es, was wir auf dem Weg zum Markt nicht finden könnten?‹

Wir ritten mit Mulis zu einem Platz, den er die White Zero nannte; von Uxmal aus dauerte die Reise elf Tage.

Ich sagte ihm, wie komisch es sein würde, wenn die Städte des Nordens genauso wegerklärt würden, wie die Mayastädte gegenwärtig wegerklärt werden.

›Die weißen Leute mögen ihre eigene Geschichte nicht‹, sagte er mir. ›Was ihre Geschichte zu sagen hat, ist so faul, dass sie überhaupt nichts damit zu tun haben wollen! Aber die Weißen sind wie diese Esel. Schau, diese Esel, sie wollen dorthin zurück, wo wir einmal waren. Aber das ist nirgends. Aber sie wollen so oder so dorthin zurück! Die Esel hassen den Ort, wo wir herkamen, aber sie wollen zurückkehren. Esel sind seltsam und die Weißen genauso!‹

Wir sprachen darüber, wie New York oder Chicago aussehen würden, wenn sie verlassen wären. Je mehr ich über Amerikas Städte sprach, desto mehr wuchs sein Interesse. ›Hiissssh!‹, sagte er nach einer langen Weile. ›Diese Städte sind größer als ganz Mexico! Ich dachte, sie seien kleine fadenartige Dinger, die am Saum von Kanada angeheftet sind!‹

Ich sagte ihm, dass die meisten Gebäude des Nordens, sogar die Warenhäuser, Kirchen genannt würden, wenn sie in der Zukunft von weißen Männern gefunden würden.

›Das sagen sie auch über unsere Städte‹, versicherte er mir. ›Aber vergiss, was sie dir sagen. Was wissen sie über uns Indianer? Sie denken, dass wir immer in unsere Visionen gehen, wenn wir Medizinarbeit machen. Das reicht ihnen als Beweis! Wir reden über unsere Visionen, aber wer begibt sich je in eine hinein? Das wäre tödlich!‹

Ich erklärte ihm, wie die Weißen die Ahnen sahen. Ich sagte, dass jeder Neanderthaler, den ich je in einem Buch dargestellt gesehen hatte, immer säuberlich rasiert war und einen Haarschnitt hatte.

›Ich bin nicht überrascht‹, sagte er mit einem Kopfschütteln. ›Sie zeigen auch ihren Gott immer mit einem großen Bart und einem langen Schnauzer, aber sie schneiden sich ihr eigenes Haar kurz! Sie haben vielleicht Angst, sie könnten ihre Neanderthaler mit ihren Göttern verwechseln. Wenn alle lange Haare hätten, wer könnte dann Gott noch ausmachen?‹

Wir erlachten uns unseren Weg von einer Ruine zur nächsten und endeten schließlich an einem Ort unermesslicher Schönheit. Wir befanden uns jetzt in großer Höhe und in einem dichten Hain mit süß duftenden Bäumen. Und wunderbarerweise gab es keine Moskitos! Wir schlugen ein Lager auf und zu dem Zeitpunkt trafen wir auf unsere ersten Banditen.

Die Banditen waren sehr enttäuscht, dass wir beide extrem arm waren und zogen ihres Wegs. Das kam alles daher, dass Famous Hat wusste, dass die Banditen in der Nähe waren und wir unsere gesamte Campingausrüstung und die Esel in einer sicheren Entfernung von unserem Lager versteckt hatten. ›Ich weiß immer, wenn sie in der Nähe sind‹, erklärte mir Rodriguez, während wir unseren Kaffee genossen. ›Sie riechen wie Banken. Und außerdem wurde ich letztes Jahr ausgeraubt und mein Onkel ein Jahr davor. So kommt es, dass ich wusste, dass sie in der Gegend sind. Vor einigen Jahren wollte ich auch alles über diese alten Städte wissen, und zwar dringender, als ich es dir sagen will. Ich ging dorthin, aber ich habe nur Eidechsen und Frösche gefunden. Ich wollte glauben, dass all meine Ahnen Eidechsen und Frösche geworden seien, aber ich hab' es nicht getan.‹

›Warum?‹, fragte ich und wollte, dass er mit seiner Geschichte fortfuhr.

›Warum?‹, sagte er und schaute überrascht auf. ›Ich hab' mir vorgestellt, ich sei einer von ihnen gewesen, und wie konnte das sein? Ich war kein Frosch.

Eine Medizinfrau erzählte mir einmal, dass es jedes Mal komplizierter wird, wenn wir geboren werden. Ich werde dir eine Medizinsache zeigen‹, sagte er und stand auf. ›Folge mir.‹

Während er ging, wies er auf verschiedene landschaftlich markante Punkte hin und erklärte, dass er einer der führenden Männer seines Dorfes sei, und dass er mir nur zufällig in die Arme gelaufen sei. Er habe eine Abkürzung genommen, um seine Verwandten zu besuchen, und gesehen, wie ich herumirrte und so aussah, als habe ich mich verlaufen.

›Die Familie, die dich in die Stadt gebracht hat, ist eine ausgezeichnete Familie‹, sagte er, während wir eine steile Erhebung im Boden hochkletterten. ›Pep ist mein Bruder. Er sagte, du seiest eine verrückte Indianerin aus dem Norden, und dass du herumstolpern würdest und nach realen Dingen Ausschau hieltest. Er sagte auch, dass du eine Waffe mit dir trägst und dass du Blitzen befehlen kannst. Diese beiden Sachen gaben mir zu denken!‹

Wir machten eine abrupte Wendung um einen sehr ausladenden Stein und dort, uns gegenüber, war eine mächtige Steinskulptur einer Frau, die vor einer Schale saß.

›Das wird über kurz oder lang gestohlen werden‹, sagte er und setzte sich, um seinen Atem wieder zu finden.

›Aber zuvor bist du jetzt hier. Du kannst wirklich etwas Schönes sehen!‹

Ich studierte die Statue einer machtvollen Frau. Sie hielt liebevoll eine geschmückte Schale in ihren Händen. In der Schale war eine gesamte Stadt. Die Stadt war vollkommen intakt und sehr schön.

›Bringt dich zum Staunen, hm?‹, fragte er mit unermesslichem Stolz, der in seinen Augen leuchtete.

›Welche Stadt, denkst du, ist es?‹, fragte ich und wischte meine Tränen weg. Ich hatte noch nie so etwas Wunderbares gesehen.

›Oh! Wer weiß?‹, sagte er und zog die Schultern hoch. ›Du kannst sehen, dass die Stadt die Hoffnung aller war. Ich nenne diese Göttin unsere Göttin Hoffnung.‹«

Mehrere Jahre sollten vergehen, in denen Lightningbolt in dem einen oder anderen Gewerbe arbeitete, gleichzeitig mit seinem neuen

Bestreben, die Hochschule zu besuchen. Akademische Grade waren nicht sein Ziel. Es ging um seine Ausbildung. So besuchte er die Vorlesungen, wann immer es für ihn passte.

Er arbeitete weiterhin mit Estcheemah und erlaubte sich, seine Welt auf neue Weise zu sehen und zu erfahren. Seine Lehrerin wusste, dass Lightningbolt Zeit brauchte, um zu reifen und um Thunder Child kennen zu lernen.

Der Name Thunder Child war Lightningbolt gegeben worden, als er zehn Jahre alt und zu Besuch bei einer seiner Großtanten war. Sie konnte sich nicht an seinen Vornamen erinnern und so sprach sie ihn als Sturmkind oder Thunder Child an. Einige der älteren Männer und Frauen erinnerten sich an diesen Namen.

Thunder Child, so sagte Estcheemah Lightningbolt, war der Dichter und die »Gegenwart von Macht« in seiner Welt. Sie gab seinem Selbst-Befehlshaber den Namen Thunder Child. Seine Herausforderung über die nächsten zwanzig Jahre seines Lebens würde es sein, das Wissen und die Befehlsmacht von Thunder Child zum Vorschein zu bringen.

Das Wetter war sonnenhell und der Morgen war warm, als Lightningbolts Transporter in Estcheemahs Garten zum Halten kam. Als er ausstieg, sah er einen roten Volkswagen am Gatter geparkt. Wem gehörte er?

Dann, während er auf das Haus zuging, sah er eine wunderschöne, dunkelhaarige junge Frau auf der Terrasse stehen, die ihn beobachtete.

»Hallo, ich bin Liberty.« Sie lächelte. »Bist du Lightningbolt?«

So, das war also die junge Frau, die Estcheemah erwähnt und mit der sie gearbeitet hatte. Sie war unglaublich liebenswürdig. Warum hatte Estcheemah ihm nicht gesagt, wie schön Liberty war?

Estcheemah kam zu Liberty auf die Terrasse. Sie sah sehr erfreut aus, dass die beiden sich getroffen hatten und schlug vor, dass sie alle zusammen in der Schalengrotte Kaffee tränken.

Die Schlucht war ungewöhnlich. Wind und Wasser, zwei Erdumwälzungen und ein Vulkan hatten hunderte von Steinschalen in die breite Schlucht hineingemeißelt und skulptiert. Der Boden der Schlucht war mit Sand bedeckt und aus dem Sand erhoben sich Schalen jeder Form und Größe. Einige der Schalen reichten bis zum Bauch und maßen über einen Meter im Durchmesser, während andere Schalen klein waren wie eine Taschenuhr. Einige flache enthielten einen Fingerhut voll Wasser, während andere für vierzig Liter Platz hatten. Weil es in der Nacht zuvor geregnet hatte, glitzerten eintausend Wasserspiegel und reflektierten das Himmelsblau einer jeden Schale.

»Das ist mein Sand- und Wandel-Platz«, sagte Estcheemah, während sie in ihrem Lehnstuhl Platz nahm, den sie zu ihrem Steingarten getragen hatte. »Ich wollte unser Heim hier bauen, als Moheegun und ich aus Canada weggezogen sind, aber er wollte es nicht.«

Sie seufzte: »Ist es nicht lieblich?«

Geschmeidig setzte sich Liberty auf den warmen Sand und machte sich nicht die Mühe, ihren Stuhl aufzuklappen. Lightningbolts Aufmerksamkeit war vollkommen von Liberty eingenommen. Er setzte sich, so nah er konnte, an die wunderschöne junge Frau und lehnte seinen Rücken gegen eine der Schalen.

Alles lief kühl und ruhig ab, abgesehen von Lightningbolts Nervosität. Sich ein bisschen was zu Rauchen anzuzünden geriet zur Feuerprobe. Zuerst musste er kämpfen, seine Hände vor dem Zittern zu bewahren.

Dann, als er eine Zigarette anzündete, schüttelte er sein Feuerzeug wie ein Streichholz und warf es weg. Als ihm klar wurde, was er getan hatte, verbrannte ein plötzliches Erröten seine Wangen, und er schaute schnell nach unten.

›Du hast dein blödes Feuerzeug weggeworfen!‹, ärgerte er sich in seinem Geist. Liberty wandte sich um und schaute ihn an. Sein Puls wurde schneller und er begann wieder zu erröten. Wie konnte eine Frau nur so schön sein? Hatte sie gesehen, dass er sein Feuerzeug weggeworfen hatte? Wie konnte ein Mann das erklären?

Liberty lächelte und zog ihre Beine zu sich heran unter ihr Kinn. Lightningbolt verlagerte sein Gewicht und zündete schnell eine weitere Zigarette an. Jetzt hatte er zwei brennen. Er war dabei, sich schwerstens zu konzentrieren. Er war entschlossen, das zweite Feuerzeug nicht wegzuwerfen.

»Gefällt es dir hier?«, fragte Liberty ihn.

Lightningbolts Mund wurde trocken und seine Beine begannen zu krampfen.

»Jaah, sicher«, antwortete er und legte eine der brennenden Zigaretten bei seinen Füßen ab. Er holte schnell eine andere aus seiner Packung und zündete sie an der Zigarette, die er in seinem Mund hatte, an. Er blies an der Zigarette und warf sie dem Feuerzeug hinterher.

›O nein!‹, schrie er im Geiste. ›Du hast deine verdammte Zigarette weggeworfen! Krieg dich wieder ein, Mann!‹

Estcheemah war nicht entgangen, was geschah. Sie stand auf, als Lightningbolt die Zigarette hinter seinem Feuerzeug herwarf, und fragte Liberty, ob sie in ihr Haus gehen und ihre Medizin-Pfeife mit hierherbringen würde. Liberty stand auf und ging unverzüglich ins Haus.

»Deine Zigarette.« Estcheemah lächelte und zeigte dorthin, wo die rauchende Zigarette lag. »Und schau, du hast auch dein Feuerzeug weggeworfen.«

Lightningbolt sprang nach der Zigarette und dem Feuerzeug.

»Sie ist sehr anmutig«, sagte Estcheemah und setzte sich nieder. »Aber ich denke, du kommst damit klar.«

Lightningbolt nickte und verkroch sich dorthin, wo er gesessen hatte.

»Wasch dein Gesicht in einer der Schüsseln«, wies Estcheemah ihn an. »Und rauche nicht. Du wirst die Landschaft niederbrennen.«

Lightningbolt tat, worum sie ihn mit Nachdruck gebeten hatte.

»Mach dir nichts draus. Sie hat nicht gesehen, wie du auseinander gefallen bist.« Estcheemah lachte sanft. »Sie war ebenfalls beschäftigt. Beruhige dich und setz dich hierher, und übrigens, warum trittst du diese Zigarette neben deinem Stiefel nicht aus?«

»Klar«, murmelte er. »Verdammt!«

Estcheemah beugte sich zu ihm hinüber und tätschelte ihm einfühlsam die Schulter. »Sie mag dich. Sie ist auch ein bisschen nervös. Bleib nur gelassen, in Ordnung?«

»Gelassen, richtig«, antwortete er und biss sich auf die Lippen.

Liberty kam zurück und reichte Estcheemah ihre Pfeife, dann setzte sie sich geschmeidig neben Lightningbolt. Ihre Knie berührten sich beinah.

Estcheemah schaute hinauf in den Himmel, dann begann sie zu sprechen. »Ihr seid meine Medizin-Zwillinge«, erklärte sie ihnen. »Ihr habt euch getroffen und werdet euch in Zukunft gemeinsam in euer Lernen vertiefen. Ihr beide habt die Entscheidung getroffen, von mir zu lernen, und ihr beide sehnt euch danach, Blumen-Soldatin und Blumen-Soldat zu sein. Weil ihr weiblich und männlich seid, werde ich euch ›meine Zwillinge‹ nennen. Ihr werdet lernen, euch alles gegenseitig zu berichten.«

Dies war der zentrale Wendepunkt im Leben von Estcheemahs Lehrlingen. Ihre Entscheidungen während des nächsten Jahres sollten erweisen, ob sie wahrhaft Blumen-Soldatin und Blumen-Soldat sein würden.

Estcheemah traf sich mit Lightningbolt allein am folgenden Tag und sprach mit ihm über sein Leben. »Ich habe mich sehr bemüht, nicht in deine Lebensentscheidungen einzugreifen, Lightningbolt«, begann sie. »Und ich habe nicht die Absicht, das jetzt zu ändern. Doch gibt es ein paar Dinge, die du für dich selbst zu klären hast.

Du musst von hier weggehen und einen Platz zum Denken finden. Du musst für eine Weile alleine sein, um zu verstehen, was es ist, was du bisher getan hast und was du weiterhin mit deinem Leben anfangen willst.

Du bist ein Paradox von verschiedenen Geisteshaltungen, Lightningbolt. Deine persönlichen Bedürfnisse und deine Erfahrungen als Suchender haben dich gewandelt und stärker gemacht. Doch von jetzt an werden sich die Dinge in deiner Ausbildung beträchtlich ändern. Du hast die wunderbare Gelegenheit, zu sehen und daran teilzunehmen, wie es für eine Frau möglich ist, eine Blumen-Soldatin zu werden.

Vieles von dem, was du bis vor kurzem getan hast, kam nicht deshalb zustande, weil du wirkliche Selbst-Entscheidungen getroffen hast. Die meiste Zeit deines Lebens sind Unwissenheit und starke Furcht deine ständigen Begleiter gewesen anstatt Selbstvertrauen oder Selbstbestimmung. Selbstmitleid und Furcht haben dich am Nasenring zu den meisten deiner Entscheidungen gezogen – nicht dein Selbst-Denken.

Während wir leben, suchen wir Verständnis und Liebe. Du musst für dein Selbst sorgen und dein Selbst lieben und dich auf dein Lebensziel hin ausrichten, bevor du Heilung finden wirst.

Deine Schmerzen und Freuden haben dich stärker und viel wacher für das Leiden anderer Leute gemacht. Doch es kommt die Zeit, wo der Feige dem Mutigen Platz macht.

Jede kulturelle Haltung, an die du dich festgeklammert hast, wird herausgefordert, wenn du deinen neuen Kreis des Lernens mit Liberty beginnst. Du wurdest die meiste Zeit deines Lebens von der Welt jenseits des Reservats trainiert zu glauben, dass du einer Frau überlegen seist, einfach deshalb, weil du als Mann geboren wurdest. Du bist angeblich mehr der Denker, verantwortungsbewusster, emotional mehr im Gleichgewicht und spiritueller.

Diese Art der Täuschung ist für dich als Mann und für dein Erd-Lernen sehr destruktiv. Frauen wurden ebenfalls trainiert und gezwungen, an dieses klägliche Zerrbild sozialer und religiöser Glaubenssätze zu glauben. Du hast nun die große Gelegenheit zu sehen, wie unterschiedlich der Kampf um Selbst-Befehl und Selbst-Macht für eine Frau, die in diese unausgewogene Kultur hineingeboren ist, im Unterschied zu einem Mann wie dir ist.

Doch bleibt die Frage, ob du den Mut hast, wirklich mit dem Leben präsent zu sein? Bist du gewahr, wie schnell du der Richter sein kannst, wenn du mit etwas Neuem konfrontiert wirst, das du noch nicht gewusst hast? Wirst du freundlich, ehrlich und nicht arrogant sein, wenn du neues Lernen erfährst? Ist es dir möglich, nicht der Besserwisser zu sein? Kannst du stattdessen die Freude erfahren, eine andere Person in ihrer Ausbildung zu unterstützen, eine machtvolle Blumen-Soldatin – und vielleicht sogar eines Tages eine Zero Chief – zu werden?

Du besitzt ein Gedächtnis für unsere Medizin und Geschichte, das wunderbar ist und an das Tiefgründige heranreicht, aber wenn es darum geht, sich an Leute zu erinnern, dann stockst du oft. Leute haben dir nie viel bedeutet. Du stellst alles Wissen über Leute – und sogar über dein Selbst. Du respektierst, was ich dich gelehrt habe, aber du warst ein Mann, der zerrissen ist zwischen Wissen und den Realitäten seiner physischen Welt.

Du bist andauernd zwei Leute. Thunder Child der Suchende, und Lightningbolt, der nicht unterscheidet und ungestüm ist. Oft hast du geglaubt, dass Schmerz ein größerer Lehrer sei als dein Selbst. Schmerz und Fühlen waren deine ständigen Begleiter.

Hast du Angst vor Freude? Du erlaubst Freude in deinem Leben nur dann, wenn du denkst und lernst. Du verbietest, dass Freude in deinem physischen Leben auch während deiner Arbeit anwesend ist, weil du denkst, dass freudig zu sein schwach sein bedeutet. Wie überaus seltsam. Stimmt es nicht?

Es ist Zeit, dass du es noch mehr darauf anlegst, dich zu wandeln. Deine Sehnsucht, ein machtvoller Blumen-Soldat zu werden, ein Hoher Krieger in der Armee deines Selbst, muss dein höchstes Ziel werden, wenn du über das, was du jetzt bist, hinauskommen willst. Um ein Selbst-Lehrer und -Führer zu werden, ein wahrer Träger der Medizinräder, musst du diese Haltungen in dir bekämpfen und gleichzeitig die Mächte in dir selbst nähren. Damit das geschieht, musst du in allem, was du tust, auf dein Selbst hin ausgerichtet sein.

Ich weiß, dass du vor ein paar Jahren in deiner Selbst-Zeremonie entschieden hast, ein Blumen-Soldat zu werden. Aber jetzt steht deiner Entscheidung die schwierigste Prüfung bevor.

Es ist mein Wunsch, dass du nach Manitoba gehst, um dort nachzudenken. Geh zu den Träumerinnen und Träumern, zu Tree und Horse und sag ihnen, dass du bei ihnen sein willst und Zeit zum Denken brauchst. Dann komm zurück zur Goldenen Hütte im Sommer und erzähle mir, was du entschieden hast.«

Estcheemah hatte auch Liberty eine Herausforderung gegeben, die sie würde bestehen müssen. Auch sie wurde gebeten, bei Beginn der Goldenen Hütte zurückzukehren.

Libertys Herausforderung war einfach, aber sie hatte weitreichende Bedeutung für sie. Sie musste Fräulein Perfekt treffen und besiegen. Das war der Teil von Liberty, dem sie sich nicht hatte stellen wollen. Zu ihrer Prüfung gehörte auch, das Verhalten jeder Person, die sie traf, zu beobachten und so viel Information, wie sie konnte, zu sammeln.

Liberty war immer begierig, bei jeder ihrer Handlungen das absolut Richtige zu tun. Das »Perfektionssyndrom«, wie Estcheemah es nannte, war in Liberty geboren worden, als sie ihren ersten Fünftklässler-Test bestand. Sie hatte für diesen Akt der Mittelmäßigkeit so viel Aufmerksamkeit bekommen, dass sie ihn niemals vergessen hatte. Er war die Basis ihrer Philosophie geworden.

Estcheemah schickte Liberty an zwei Orte zu Besuch. Der erste Platz war ihr Zuhause. Liberty besuchte ihre Verwandten in Kalifornien. Gelangweilt, gähnend und mit dem Gefühl, als würde sie von kulturellem Brei erstickt, verließ Liberty Los Angeles und fuhr nach Denver zu ihrem zweiten Reiseziel.

Liberty genoss es, schön zu sein, denn es öffnete ihr ihren eigenen Weg. Weil Liberty liebenswürdig war, wurde sie niemals als nett bezeichnet. Leute sind immer übereifrig, sich netter Mädchen und Frauen anzunehmen. Aber nur die besonders mutigen oder närrischen werden den Versuch unternehmen, sich der Schönen anzunehmen. Während sie in Denver war, wollten sich siebenundvierzig

Männer ihrer annehmen; doch hatten nur zwei dieser Hoffnungsvollen die Gelegenheit, überhaupt mit ihr zu sprechen.

Der erste Mann war der Tankwart, mit dem sie kurz sprach, während er ihren Benzintank füllte, und der zweite war der Bürgermeister der Stadt, der anhielt und sich seine Scheibe reinigen ließ. Der Bürgermeister sagte: »Hallo«, und gab ihr seine Karte.

Alle Frauen in Los Angeles bekommen gesagt, dass sie die schönsten Frauen auf Erden sind. Weil L.A. ein Glamour-Ort und der ideale Platz ist, um es im Film zu etwas zu bringen, gehen zehntausende wunderschöner Frauen dorthin. Dort lernen sie schnell, dass der überwiegende Teil der Männer sie benutzt, als seien sie Wegwerfartikel. Sie lernen, mit ihrem Leib um jede Art Arbeit und um jede Art Mann zu konkurrieren, denn die Filmindustrie bewertet Frauen je nachdem, wofür sie bereit sind, sich zu verkaufen.

Liberty war Los Angeles-erfahren, denn ihr Vater war Film-Produzent. Während der gesamten Zeit ihres Aufwachsens hatte sie gesehen, was aus einer Frau wird, wenn sie an die Hollywood-Lüge glaubt.

Liberty hatte auch noch etwas anderes, das sie umsichtig machte – ihren Hochschulabschluss. Von der Hochschule war sie bitter enttäuscht. Sie entdeckte, dass viele ihrer Professoren sie auf die beste ihnen nur mögliche Weise lehrten, mittelmäßig und eine Konformistin zu sein.

Sie erfuhr, dass Amerikanerinnen und Amerikaner die am besten ausgebildeten Leute der Welt seien und dass viele unserer Zeitungen und Magazine in einem Siebtklässler-Stil verfasst sind.

Liberty besaß einen scharfen Verstand. Wenn Fortuna sie nicht schön gemacht hätte, wäre sie verachtet worden. Nun, da es so war, wurde sie nur wegen ihres Verstands gefürchtet.

Leute haben Angst vor jeder Art wahrer Macht, hatte Estcheemah Liberty erklärt. Frauen wird am meisten Furcht und Hass entgegengebracht, wenn sie denken können. Viele Frauen wurden von chauvinistischen Haltungen und religiöser Intoleranz so sehr frustriert, dass sie versuchen, sich bei Diskussionen wie Männer zu verhalten. Aber die alte Lehrerin versicherte Liberty, dass das für jede Frau die falscheste Art sei zu reagieren, so würde sie ihrem Ziel nicht näher kommen.

»Warum versuchen, wie ein Mann zu handeln?«, fragte Estcheemah. »Männer sind nicht immer so intelligent. Schau dir mal unsere Städte an und wie Männer sie entwerfen und regieren. Unsere

Städte sind gefährliche, verschmutzte Trümmerhaufen von willkürlicher Inkompetenz und Bestechung. Schau dir die exklusiven Männerclubs an, die Männer ihre Religion nennen. Sind diese Institutionen nicht ausgezeichnete Beispiele für männliche Philosophie und Dummheit?
Nein, Liberty, diskutiere niemals wie ein Mann. Diskutiere als eine Frau. Kämpfe als eine Frau. Insistiere darauf, unserer Welt den Entwurf einer Frau hinzuzufügen.«

Liberty war entzückt, Denver hinter sich zu lassen, denn schließlich war sie auf dem Weg, ihrer wahren Herausforderung zu begegnen.

Eine seltsame Windung in den verschlungenen Pfaden, die sich Jet Set nannten und die Himmel Amerikas kreuz und quer überspannten, hatte ein Netz von Umständen heraufbeschworen, dem Libertys Phantasie in die Falle gegangen war. Sie hatte von Freunden von einer populären Berühmtheit gehört, die als Abundant Star bekannt war. Sie befand sich in eifriger Vorfreude auf dem Weg zum Powder River – Land von Wyoming, um die Hüterin dieses unglaublich geheimnisvollen Stabs der Magie und Transformation zu treffen. Libertys Freundinnen hatten ihr erzählt, dass Abundant Star über spezielle Mächte verfügte und dass es sich dabei um »Frauen-Mächte« handelte.

Liberty liebte es zu dilettieren; so hatte sie eigentlich alles gelernt, von der Elektrizität bis zu eingewachsenen Zehennägeln. Aus der Nähe zu dilettieren war nicht dasselbe wie aus der Distanz zu dilettieren. Nahdilettanten können sogar Dinge lernen, während Ferndilettanten nur über das Dilettieren lesen. Liberty war das Nah- und Fern-Dilettieren von ihren Universitätsprofessoren beigebracht worden – Amerikas Volldilettanten.

Estcheemah wusste, dass die einzige Möglichkeit, sich über Abundant Star klar zu werden, darin bestand, dass sie sich trafen.

Am Tag, als Liberty Abundant Star traf, war sie hocherfreut. Doch als sie den wirklichen Namen von Abundant Star kennen lernte, nämlich Henrietta Bunch, fing sie an, nachdenklich zu werden.

Henrietta hatte den Namen Abundant Star angenommen, kurz bevor ihr Ehemann Fred Mountain Top beschlossen hatte, hauptberuflich Medizinmann zu werden. Medizinmann zu werden bedeutete für Indianer zu der Zeit ein gutes Geschäft.

Abundant Star sah sehr nach der wahren Hüterin des Lebensstabes aus. Sie trug ein authentisches Sioux-Seidengewand mit nicht weniger als zwei breiten, perlenbestickten Gürteln. Ihre rundherum bestickten Crow-Mokassins waren zu der Zeit ebenfalls Mode. Sie bewegte sich mit einer einstudierten Gangart und in ganz wichtigen Augenblicken schwenkte sie ihren Schal.

Liberty erfuhr bald, dass der Lebensstab von einem Universitätsstudenten angefertigt worden war, der gelernt hatte, wie so etwas auszusehen hatte und der ihn Fred, »einem authentischen Medizinmann«, zum Geschenk gemacht hatte.

Das alles wurde ihr von Henriettas einzigem Lehrling, einem zwanzig Jahre alten weißen männlichen Studenten aus Missoula, Montana, übermittelt, der sich selbst Black Snake nannte und sich weigerte, seinen weißen Namen zu nennen. Er erklärte Liberty, dass die Fertigungskosten des Lebensstabs einhundertundneunzig Dollar betragen hätten.

Abundant Star schüttelte den Lebensstab jedes Mal kräftig, wenn ihr Ehemann eine »bemerkenswerte Bemerkung« machte.

An den Lebensstab waren fünf Schafsglocken gebunden. Sie machten mächtigen Eindruck auf die Leute, denn sie hoben die Heiligkeit des Lebensstabs noch hervor.

Estcheemah war viel zu »real« für Liberty gewesen. Die alte Blumen-Soldatin schien nie Geheimnisse oder Magie zu erwähnen, was für sie enttäuschend war.

Abundant Star erwähnte Magie innerhalb der ersten zehn Sekunden des Gesprächs und das machte Liberty sehr glücklich. Abundant Star strahlte ein gewisses Stammes-Mysterium aus, während sie den Lebensstab hielt. Welch unglaubliche Andacht! Dass das Zuhause der zwei Medizinleute ein Chaos war, hatten Liberty und die anderen weißen Frauen schnell ausgeblendet. Sie erfuhren, dass Abundant Star zu beschäftigt war, um das Haus zu säubern, und eine Hilfe brauchte. Wer das sein würde, wurde nicht besprochen.

Auch Fred Mountain Top war überaus geheimnisvoll. Sein beträchtliches Übergewicht und seine ständig schmutzigen Kleider machten jedoch die Damen eher abgeneigt. Liberty wurde erzählt, dass Herrn Mountain Tops Kleider schmutzig waren, weil er gezwungenermaßen außer Haus lebte.

Oh, wie arm doch die Mountain Tops waren! Warum kümmerte sich Amerika nicht einen Deut um seine wichtigen Leute? Die Notlage der amerikanischen Indianerinnen und Indianer kam nirgends so deutlich zum Vorschein wie bei den Mountain Tops. Alle Spenden wurden untertänigst angenommen und würden an die Bedürftigen gehen. Es gab zwei bescheidene Schachteln aus ungegerbtem Fell, in die die Leute Geld werfen konnten.

Wenn Liberty weiter geforscht hätte, hätte sie den Farbfernseher gesehen, dem beide »Medizinleute« verfallen waren.

Und sie hätte auch die Vernachlässigung und die Wegwerfmentalität in dem gesehen, was überall herumlag oder sich im Hof häufte. Sie hätte die dreckige Schwitzhütte entdeckt, das Bier im Kühlschrank und die sich türmenden Weinflaschen in ihrem Müllhaufen. Aber Liberty beobachtete dilettantisch alles aus der Nähe und konnte Entdeckungen dieser Art nicht machen.

Genau eine Stunde bevor die »Geheimnis-des-Singenden-Kürbis-Zeremonie« begann, erlebte Liberty ihre erste Überraschung. Als sie Abundant Star über den Lebensstab befragte, wurde ihr erzählt, dass »von Frauen niemals erwartet würde, dass sie die Macht hätten, persönlich einen zu besitzen«.

Dieser Satz ließ Liberty beide Augenbrauen hochziehen und stellte alle ihre Nackenhaare auf. Etwas lief falsch!

Als nächstes hielt Fred seine Rede und erzählte Liberty und den anderen weißen Gästen, einschließlich zweier Damen aus Dänemark: »Indianer sind die einzigen Leute, die die Sprache des Geheimnisvollen sprechen, und alle anderen Sprachen auf der Erde sind nichts als Quatsch.

Die indianische Sprache ist die einzige wahre Quelle und Wurzel aller alten Lehren. Nachdem die Weißen unfähig sind, die indianische Sprache zu lernen, sind sie als Rasse zum Untergang verurteilt.«

Der Menge wurde auch erzählt, dass »Frauen, die jeden Monat ihre Periode haben, äußerst gefährlich für Gott sind. Die bösartige Ansteckungsgefahr verdarb alles – Männer, Tiere, Plätze, Pflanzen, Medizinobjekte und alle heiligen Bücher inklusive.«

Mountain Top begann, mit seinen Armen zu winken und zu seiner »Herde« zu beten. Er verkündete, »die Periode der Frau sollte nie auf die leichte Schulter genommen werden«, und »alle religiösen Männer seien durch die Existenz der Periode der Frauen in tiefe Schwierigkeiten gebracht worden.«

Er wies seine Versammlung sorgsam darauf hin, dass die »indianische Tradition Frauen strikt ihre Anwesenheit bei einer Heiligen Zeremonie verbietet, wenn sie ihre Periode haben.« Er erzählte ihnen auch, dass Lehrlinge »ihre Seele in einen besonderen Kürbis geblasen bekommen müssen, bevor Autorität an sie ausgehändigt werden kann«.

Er schimpfte weiter und erzählte seiner Zuhörerschaft, dass die Weißen das wahre Indianertum niemals verstehen würden. Weiße seien der Grund aller Ungerechtigkeit. Weiße seien zum Untergang verdammt. Er erzählte ihnen auch, dass es nur Männern erlaubt sei, in der Gegenwart Gottes in Schwitzhütten zu singen. Was Fred sagte, war für die meisten der anwesenden Leute nichts Neues; sie hatten es alles schon früher von anderen Medizinmännern gehört. Tatsächlich nickte die Besucherschaft meist zustimmend.

Drei Minuten und achtundzwanzig Sekunden, nachdem Fred gesprochen hatte und der Lebensstab im Haus verschwunden war, versuchte er, Liberty zu verführen.

Liberty beantwortete das, indem sie unverzüglich in ihr Auto sprang und nach Ten Sleep fuhr. Um die Zeit, als sie Estcheemahs Tür erreichte, hatte sie genug Wut in sich, um einen Gewehrlauf entzweizubeißen.

Estcheemah schaute aus ihrem Fenster, als Liberty in ihren Hof einfuhr, dann wandte sie sich wieder ihrer geduldigen Arbeit des Strudelbackens zu. Liberty hielt auf das Haus zu, dann drehte sie sich auf ihrem Absatz und ging in Richtung Fluss auf einen Spaziergang. Sie brauchte Zeit, um Dampf abzulassen und etwas Denkarbeit zu leisten, bevor sie ihre Mentorin sah.

Estcheemah hatte das Gefühl, dass Liberty Abundant Star getroffen hatte.

Zwei Tage später ließ Lightningbolt sich Zeit, hinter seinem Steuer hervorzukommen, nachdem er in Estcheemahs Hof geparkt hatte. Er warf einen Blick rundherum und genoss es, wieder hier zu sein. Es gab vieles, was er seiner Lehrerin zu erzählen hatte. Seine Herausforderung bestand darin, wie er das alles ausdrücken würde. Erst am späteren Nachmittag saßen die Zwillinge zusammen am Küchentisch. Estcheemah war glücklich, ihre Zwillinge zu sehen. Jetzt konnte sie mit beiden richtig gute, harte Arbeit machen.

»Ich möchte, dass du über deine Reise berichtest, Liberty«, sagte Estcheemah, als sie beiden eine Tasse Tee einschenkte. »Und dein Bericht wird folgen, Lightningbolt.«

Liberty wollte ihre Enttäuschungen nicht offen legen. Sie sprang wie ein Reh in ein Dickicht von Familienklatsch, Los Angeles-Tricks und Verteidigungen. Es funktionierte nicht, denn Estcheemah scheuchte sie schon bald aus ihrem Versteck. Liberty versuchte es mit Tränen. Sie versuchte es mit einem Schmollmund und Stirnrunzeln. Dann versuchte sie es mit Einwickeln. Aber alles schlug fehl. Ihre letzte Masche war wie ein ausgeworfenes Netz. Es war eine bebende Liberty, die sich Estcheemah zu Füßen warf, bereit, gelehrt zu werden oder sich formen zu lassen.

Estcheemah lachte einfach voller gutem Humor. »Wenn Leben nicht so ernst wäre«, sagte sie, »würden wir uns alle totlachen. Liberty, Lightningbolt, es ist nicht von Bedeutung, was andere Leute denken. Stopp. Haltet einen Moment inne. Realisiert ein für alle Mal, dass das, was andere Leute denken, nichts bedeutet. Nur was ihr von euch selbst denkt, macht etwas aus. All diese anderen Bedenken, wie ihr anderen Leuten erscheinen mögt, sind ohne Konsequenz. Erinnert euch, dass die meisten Leute leicht beeindruckt werden und durch Schmeichelei leicht dazu gebracht werden können, was auch immer zu glauben.

Schmeichelt euch nicht selber. Seid nicht so ungehobelt und platt zu glauben, ihr wärt wichtig für die Welt. Bis zu der Sekunde, wo ihr eurem Selbst wertvoll werdet, seid ihr bedeutungslos. Ihr müsst hart arbeiten, um euer Selbst zu verstehen und für euer Selbst zu sorgen. Wenn ihr das tut, dann werdet ihr fähig sein, Bedeutung in eurem Leben zu haben.«

»Und was ist mit meinem Bericht?«, fragte Lightningbolt. »Willst du ihn nicht auch hören?«

»Ja, aber jetzt noch nicht«, antwortete Estcheemah. »Es wäre viel besser, wenn du deinen Bericht erst Liberty geben würdest. Ich möchte, dass das etwas wird, was ihr zu eurer Gewohnheit macht. Es gibt auch noch einige andere Sachen, die zuerst erledigt werden müssen. Zum Beispiel seid ihr beide euch gegenseitig noch nicht angemessen begegnet. Nehmt euch etwas Zeit, das zu tun. Dann werden wir weiter zusammen arbeiten. Bis dahin, und kommt dann zurück, wenn ihr den Wunsch habt, mit mir zu sprechen.

Und, Liberty, du kannst wieder in dem Raum über dem Zuschneideraum bleiben, wenn du magst. Ich habe ihn gesäubert und er wartet schon auf dich.«

»Großartig«, lächelte Liberty. »Ich bin gerne da oben. Ich kann von meinem Fenster aus auf das ganze Tal hinunterschauen. Danke dir.«

Am folgenden Tag schickte Estcheemah ihre Zwillinge in entgegengesetzte Richtungen.

Liberty fuhr nach Sheridan, um einzukaufen und Teile für eine elektrische Pumpe zu holen, und Lightningbolt fuhr zu sich nach Hause, um in seinem Garten zu arbeiten.

Als sie sich das nächste Mal bei Estcheemah trafen, saßen sie neben einer jungen Frau, die unter großen Schmerzen litt. Sie hatte naiverweise mit einer Gruppe von jungen Leuten an einer Schwitzhütten-Zeremonie teilgenommen. Cynthia erzählte ihre Geschichte mit Tränen in den liebenswürdigen Augen. Sie und vier andere junge Frauen waren in der Hütte gedemütigt worden. Ihnen war gesagt worden, und sie hatten geglaubt, dass es unbedingt nötig sei, nackt zu sein, um eine korrekte Erfahrung der Schwitzhütte zu machen; und so waren sie denn auch in die Hütte hineingegangen.

Zwei der jungen Frauen waren in der Hütte angetatscht worden. Danach wurden die Frauen behandelt, als hätten sie die Zeremonie nur aus sexuellen Gründen mitgemacht. Cynthia und ihre Freundinnen verließen die Zeremonie sehr enttäuscht. Sie hatten Magie finden wollen. Stattdessen hatten sie nur mehr ihre alten Ängste erfahren, denen so viele Frauen begegnen, die nach etwas Neuem suchen. Sie fühlten sich benutzt und entwürdigt. Diese Erfahrung war schlimm genug gewesen, aber später bekam Cynthia Juckreiz. Aus dem Jucken wurde eine Entzündung und bald war sie mit wunden Stellen bedeckt. Der heiße Dampf in der Schwitzhütte hatte alle ihre Poren geöffnet und Cynthia für den Schmutz in der Hütte anfällig gemacht.

Die Decke auf dem Boden und die Leinwand um die Hütte herum waren alt, verrottet und schmutzig. Die Hütte starrte vor Dreck. Eine der anderen Frauen hatte sich durch das Sitzen auf der schmutzigen Decke eine Vaginalinfektion zugezogen.

Cynthias ganzer Leib bebte vor Schluchzen, als sie ihre traurige Geschichte erzählte. An diesem Abend trug Estcheemah eine Heilsalbe auf. Zwei Tage später hatten die offenen Wunden aufgehört zu nässen und ihre Heilung begann. Innerhalb von fünf Tagen sah Cynthia sehr gut aus und hatte zu lächeln begonnen.

»Ich würde meinen, das wird dir eine Lehre sein, nicht mehr mit dem blanken Hintern in eine Hütte zu gehen«, neckte Lightningbolt Cynthia und versuchte, Spaß mit ihr zu machen.

Cynthia wurde starr und Tränen füllten ihre Augen.

Liberty explodierte. »Du Idiot!«, schrie sie ihn an.

Lightningbolt stand auf und wollte weg. Er fühlte sich schrecklich.

»Setz dich«, befahl Estcheemah und zog ihn an seinem Hemdzipfel hinunter. »Wir werden das besprechen.«

»Diese verdammten Gespenster!«, fluchte Lightningbolt. Er wandte sich Liberty zu. »Und ich mach' Spaß, wann ich will.« Er berührte

Cynthias Arm. »He, hör mal, ich habe Spaß gemacht. Ich wollte, dass es haften bleibt, damit du nicht mehr mit den Gespenstern rumspielst.«

Cynthia nickte, aber sie war immer noch verärgert über das, was er gesagt hatte.

Liberty verschränkte ihre Arme und blickte finster drein.

»Seht ihr, wie Traurigkeit die Dinge in Bewegung bringen kann?« Estcheemah sah nicht von ihrem Nähen auf. »Aufgrund der Art und Weise, wie diese Narren Cynthia benutzt haben, wollt ihr alle Rache nehmen. Aber da es keinen Weg für euch gibt, euren Hass zu begleichen, lasst ihr ihn aneinander aus.

Es ist so typisch. Nein, Lightningbolt, ihr zu sagen, dass sie ihren Hintern nicht entblößen soll, ist keine Art, deiner Frustration ein Ende zu setzen. Außer natürlich, wenn du deinen Hintern auch schon entblößt hast?« Sie schaute von ihrem Nähen auf in seine Augen.

»Ich werde meinen Arsch auch nicht mehr entblößen«, gab er zu.

Am folgenden Tag, nachdem Cynthia weg war, bat Estcheemah ihre Zwillinge, still mit ihr im Garten zu arbeiten.

»Ich denken, wir sollten uns morgen treffen und sprechen«, schlug Liberty Lightningbolt nach dem Abendessen vor. »Bereit dazu?«

»Sicher«, lächelte er. »Wo?«

»Bei dem alten Haus«, antwortete sie. »Du weißt, das eine da beim Calf Creek, nah bei der Brücke. Du kennst den Platz?«

»Sicher«, antwortete er. »Wie viel Uhr?«

»Um Mittag.« Sie lächelte.

Am Tag danach war Lightningbolt glücklich und aufgeregt. Trotz ihrer Unterschiede und Diskussionen wollte er Liberty nah sein.

Weil Liberty so schön war, war sie sehr daran gewöhnt, dass Männer sich in sie verliebten. Obwohl sie das nicht unbedingt verhärtet hatte, war sie doch ein wenig zu selbstsicher geworden und neigte dazu, Verabredungen zu vergessen.

Lightningbolt war genau das Gegenteil. Alle Verabredungen waren wichtig; Leute versäumten keine Verabredungen. Sein Selbstbewusstsein gegenüber Frauen war so niedrig, dass er glaubte, er sei der letzte Mann, der infrage kommen und der erste, der vergessen werde.

Das erste Treffen mit Liberty war sehr wichtig für ihn und er wurde immer nervöser, als die Zeit näherrückte.

Er kam früh am Treffpunkt an, parkte seinen Transporter im Hof des alten Hauses, dann ging er darum herum. Wo hatte sie geparkt?

Das Gebäude hatte keine Fenster mehr; jemand hatte sie alle zerstört. Das Innere des alten Hauses war verfallen und schmutzig. Als er herumstreifte, sah er, wo einstmals Blumen gepflanzt waren; jetzt war nur noch der Umriss des Gartens übrig.

Plötzlich sah er einen alten Brunnen. Es sah aus, als ob jemand den Entwurf eines Brunnens von einem Bild aus einem Märchenbuch kopiert hätte; er war außergewöhnlich. Er ging langsam um ihn herum und erforschte die bemerkenswerte Arbeit, die dieser Bau verriet.

Lightningbolt ging in die Hocke, um die Steinarbeit näher zu inspizieren, und bemerkte etwas, was wie eine kleine Messingtür aussah. Er strich die Gräser beiseite und las die Worte auf der Platte.

»Elizabeth O'Neill. Geboren am achten April neunzehnhunderteinundzwanzig, gestorben in einem schrecklichen Feuer am sechsten Januar neunzehnhunderteinunddreißig. Alle, die ihr hier herwandert, habt einen Wunsch frei.«

Er stand auf und schaute umher. Haus, Hühnerstall, Garage und Koppeln waren allesamt vollkommene Ruinen. Klaffende Löcher und ramponierte Wände waren alles, was von der Scheune übrig war. Der Brunnen aber war instandgehalten worden. Er studierte ihn und sah, dass innerhalb der letzten Wochen Schreinerarbeiten an ihm ausgeführt worden waren. Die Innenseite des hölzernen Daches war kürzlich gestrichen worden. Eine perfekte Nachbildung eines alten eichenen Eimers aus Grimms Märchen stand auf dem Brunnen. Er hatte sogar Messingbänder.

Lightningbolt hob das Seil auf; es war verrottet und zerschlissen. Warum war das Seil nicht ersetzt worden? Er ging zu seinem Transporter und wühlte sein Lasso heraus, dann schnitt er ein gutes Stück von ihm ab, damit es bis zum Boden des Brunnens reichte. Es nahm fast eine halbe Stunde in Anspruch, das Seil zu ersetzen und um den Brunnen herum zu jäten; danach fühlte er sich zufrieden.

Er warf einen Silberdollar in den Brunnen. »Du bist kein Kind mehr, Elizabeth.« Er lächelte. »Und ich auch nicht. Mein Wunsch ist es, dass ich ein großer Schriftsteller und Blumen-Soldat werden.«

Lightningbolt hatte eine Entscheidung getroffen, während er bei den alten Cree-Träumern war. Er wollte ein Schriftsteller sein. Aber wann ist ein Wunsch wirklich? Er wartete auf den richtigen Augenblick, um mit Estcheemah über seinen Traum zu sprechen.

Er drehte sich um und ging vom Brunnen weg. Als er einige Fuß entfernt war, drehte er sich um und schaute zurück. War das der Grabstein des Mädchens? War es von Bedeutung, ob es so war?

Er wartete eine weitere Stunde, dann ging er zu seinem Transporter und stieg ein. Enttäuscht, dass Liberty nicht erschienen war, fuhr er ärgerlich im Rückwärtsgang aus dem Hof. Vielleicht war sie bei dem anderen alten Haus weiter unten an der Straße. Nein, sie würde nicht dort sein. Er fühlte es.

Er brauchte nicht lange, um zum nächsten alten Bauernhaus zu fahren. Diesmal parkte er an der Straße, sodass sie seinen Transporter sehen konnte. Erwartungs- und immer noch hoffnungsvoll, sprang er heraus und ging auf das Haus zu. Er sah auf seine Uhr; sie war viel zu spät dran. Er ging und wartete und schaute ständig auf die Uhr. Nach einer weiteren Stunde ging er zum Fluss hinunter und setzte sich und versuchte, nicht allzu erschüttert zu sein. Nach noch einer weiteren halben Stunde war er ärgerlich genug, um ihr die Reifen zu zerschießen, falls sie erschien.

Eine schreckliche Dunstglocke von Angst und Traurigkeit drückte ihn nieder, als er zu Estcheemah fuhr. Lightningbolt fühlte, dass er für Liberty nicht wichtig genug war, als dass sie sich seiner erinnerte. Die wenigen Tagträume, die er sich bezüglich Liberty erlaubt hatte, waren jetzt nur noch peinlich. Er hatte schon früher Zurückweisungen erfahren. Alles, was er jetzt tun konnte, war, sich von seinem gebrochenen Herzen abzuschirmen.

Estcheemah war gerade draußen und fütterte ihre Hühner, als er parkte. Er stieg aus und ging langsam auf sie zu, dann setzte er sich auf einen alten Kutschkasten.

»Unglaublicher Tag heute.« Er lächelte. »Habe ein Seil geflickt bei einem alten Wunschbrunnen, den ich gefunden habe.«

»Lightningbolt!«, schrie Liberty von der Terrasse. »He, ich hab's vergessen, in Ordnung?« Sie sprang über das Terrassengeländer und hielt auf ihn zu.

»Würdest du die Tür am Hühnerhaus reparieren, Lightningbolt?«, fragte Estcheemah. »Das Scharnier ist heute früh heruntergefallen.«

»Sicher«, sagte er. Er wandte sich um und marschierte davon in Richtung Hühnerhaus. Er machte bei der Scheune Halt und fand einen Hammer und Nägel. Als er aus der Scheune kam, stand Liberty draußen und lächelte.

»Wirklich, es tut mir leid«, sagte sie. »Ich bin unten am Fluss herumgestreunt und hab's einfach vergessen, verstehst du?«

Er blieb neben ihr stehen. »Nie passiert«, antwortete er.

»Ich hole meine Jacke«, bot sie an. »Wir können drunten beim Fluss sprechen. Dort gibt es einen wunderschönen Flecken.«

»Du kannst mit dir selber sprechen.« Er lächelte. »Ich bin weg. Wenn ich fertig bin mit dem Scharnier am Hühnerhaus, gehe ich heim.« Er machte sich davon.

Am nächsten Morgen stand Liberty früh auf, aber nicht vor Estcheemah. Sie schlurfte in die Küche hinaus, setzte sich an den Tisch und erklärte Estcheemah unverzüglich, was am Vortag geschehen war.

»Verdammt«, sagte Liberty. »Ich mag den Typen wirklich. Aber er macht es einem so schwer, ihm nahe zu kommen. Gestern habe ich alles verpatzt. Ich hab ihn versetzt beim alten Bauernhaus weiter drunten an der Straße.«

»Zum ersten Mal in deinem Leben können sich die Dinge anders darstellen«, sagte Estcheemah mitfühlend. »Was hast du je gewonnen, indem du dir etwas vorgemacht hast? Mach dir nichts vor. Ich meine auch gar nicht, einen Mann zu gewinnen. Ich meine zu gewinnen, was du erreichen willst, gewinnen durch Denken. Du machst das bei weitem zu kompliziert. Ich würde einfach hinüberfahren zu Lightningbolt und mich in seinen Blumengarten setzen und auf ihn warten. Wenn er sich blicken lässt, sei ehrlich. Sprich mit ihm.«

»Ich werd's versuchen!« Liberty lächelte. »Bestens.«

Liberty fuhr zu Lightningbolt und wollte ihren neuen Annäherungsversuch testen. Sie parkte ihr Auto hinter Baumwollpappeln, sodass es außerhalb seines Blickfelds sein würde, wenn er zurückkam. Sie wollte, dass ihre Anwesenheit eine Überraschung sei.

Während sie saß und auf ihn wartete, begann sie sich vorzustellen, wie es sein würde, wenn sie die Energie um Leute herum als Farben sehen würde anstatt dessen, was normalerweise zu sehen ist. Plötzlich begann sie, ein wenig Melancholie zu spüren. Sie machte sich Sorgen, dass er ihre direkte, offene Ehrlichkeit vielleicht nicht verstehen würde. Was war ihre Farbe jetzt? War sie Blau? Sie machte ihre Nase kraus; sicherlich war sie nicht Rosa!

Sie stand auf und warf einen Stein in Richtung des Bächleins, dann fluchte sie, denn sie hatte daneben geworfen. Ja! Funkelte sie?

Sie versuchte es mit einem Lächeln, als Lightningbolts Transporter in seinen Hof einfuhr und hielt. Sie probierte es mit einem Stirnrunzeln, als sie ihn eine Melodie pfeifen hörte, aber das Stirnrunzeln dauerte auch nicht lang.

»Tag«, sagte sie und versuchte ein bisschen glücklicher zu klingen, als sie sich fühlte. »Was hast du grade vor?« Ein purpurnes Leuchten, mit Donner gemischt, umflackerte Liberty, aber Lightningbolt konnte es nicht sehen.

»Hübsche Blumen, hm?«, sagte er und setzte sich neben sie.

»Warum bist du so kompliziert?«, fragte sie und verengte ihre Augen.

»Naja«, sagte er und schaute nach unten und fühlte, wie ein Lächeln in sein Gesicht kam. »Ich wäre echt gern dein Freund.«

Liberty blinzelte, während ein chartreusegrünes »freundlich« sie umschwirrte und dann verschwand.

Sex frustriert die Übereifrigen. Sex überrascht die Ahnungslosen. Sex umwirbt die Neugierigen. Und Sex ängstigt die Naiven. Doch wenn zwei Leute verliebt sind, kann Sex sie dumm oder klug machen.

Es war ein Glück, dass ausgerechnet in dem Moment ein alter Mann des Wegs kam, als Liberty und Lightningbolt Klugheit brauchten. Augenblicklich begriff der alte Mann durch irgendeine Art von Instinkt, dass er in einen Machtkreis geraten war und dass er diesen zwei jungen Leuten erst mal viel Raum lassen sollte. Er stolperte bei dem Versuch zu entscheiden, was er am besten falsch machen konnte, erst hierhin, dann dorthin.

Wenn er sich umdrehte und ging, würde es verkehrt sein. Und wenn er blieb, wäre es verkehrt. So grinste er und rückte seinen Hut zurecht. Das hatte schon früher mal funktioniert; er hoffte, das würde jetzt wieder ziehen.

Liberty schaute auf den Boden hinunter.

Lightningbolt runzelte die Stirn.

»Ha!«, rief der alte Mann halblaut. »Na klar«, sagte er und betonte seinen schweren irischen Akzent zu stark. »Dunnerlittchen!«, lachte er. »Na eben, und wenn das nicht ein toller Tag ist!« Er tippte kurz mit dem Finger an seinen Hut. »Und mir ist das Benzin ausgegangen«, kicherte er. »Und das draußen in der Wildnis.«

Liberty lächelte. »Johnnie Higgins, das bin ich.« Der alte Mann strahlte. »Ein Magier der schlimmsten Art.« Er zog einen Meter Seide aus seiner Tasche. »Arbeitslos schlag' ich mich so durch.« Er schaute sie beide fragend an. »Ich bin auf dem Weg zum Billings-Markt.« Er verbeugte sich. »Und hättet ihr vielleicht ein klein bisschen Benzin?«

»Klar«, antwortete Liberty.

»Oh, nur, um sicherzugehen.« Der alte Higgins lächelte. »Ja, dass die Kobolde ein Erbarmen haben. Ich bin so pleite, wie man nur irgendwie sein kann.«

Higgins, der Magier, bekam sein Benzin, dann verschwand er ebenso schnell, wie er aufgetaucht war.

Doch dieses kleine Zwischenspiel brachte zwei Leute zusammen, die sich wünschten, Freunde und Liebhaber zu sein. Wie es dazu kommen konnte, musste noch gelöst werden. Lightningbolt entschied, er müsse etwas tun. Was das etwas war, das wusste er nicht genau, aber er wollte es immerhin versuchen.

Er klammerte sich mit seinen Zehen an die Innensohle seiner Stiefel und fragte Liberty, ob sie mit ihm auf einen Spaziergang gehen wollte.

Sie nahm bereitwillig an und bald streiften sie an einem kleinen Bächlein mit dem Namen Bright Feather entlang.

»Das ist ein unglaublich wunderbarer Frühling«, bemerkte er mit einer leicht instabilen Stimme. »Und das Wasser schmeckt gut.«

Liberty drückte seine Schulter.

Lightningbolt nahm einen tiefen Atemzug und schaute hinauf in den Himmel.

»Estcheemah hat mir ein bisschen von unserer Geschichte erzählt – über die große Zero Chief namens Tomahseeasah. Während wir gehen, würde ich dir wirklich gern über sie erzählen, Liberty.«

Die Dämmerung am nächsten Morgen sah für Lightningbolt und Liberty sehr anders aus.

Zwei enge Freunde saßen zusammen in Estcheemahs Küche. Sie schienen beide sehr aufmerksam füreinander zu sein und achtsam auf das, was die oder der andere jeweils zu sagen hatte. Estcheemah wusste augenblicklich, dass sich mit ihren Zwillingen ein Wandel vollzogen hatte, und war neugierig darauf. Aber sie war klug und fragte nicht.

»Lightningbolt hat mir über Tomahseeasah erzählt«, sagte Liberty

Estcheemah. »Sie war erstaunlich! Aber waren alle tot? Ich meine, hast du noch irgendwelche Lehrerinnen oder Lehrer gefunden? Was ist geschehen?«

»Ja, alle deine Fragen sind wichtig und brauchen Antworten«, sagte Estcheemah. »Ich war entschieden, meine Lehrerinnen und Lehrer zu finden. Aufgrund dessen zogen Moheegun und ich im ersten Frühling nach unserer Hochzeit nach Westen.
Traurigerweise musste ich Nahoseeomah Lebewohl sagen. Sie war schwanger, glücklich mit ihrem neuen Leben und liebte ihren Ehemann sehr. Das bedeutete, dass es für sie außer Frage stand, nach Westen umzuziehen.
Moheegun und ich zogen zunächst zu dem Volk, das als das Meadowlark Creek Volk bekannt ist. Sie lebten nordwestlich der kleinen Stadt Prinz Albert in Saskatchewan. Moheegun ging mit einem entfernten Onkel namens Eesopeewohn zum Fallenstellen. Aber bald, nachdem wir angekommen waren, starb Moheeguns Onkel durch Ertrinken.
Unser erster Winter in diesem neuen Land war schmerzhaft und gefährlich. Nur die Geschicklichkeit von Moheegun hielt uns grade eben am Leben, denn das Territorium war neu für ihn. Während dieses schrecklichen Winters brachte Moheegun mir die Nachricht mit, dass eine Medizinperson namens Thunder Crow alles über Tomahseeasah wisse.
›Diese Lehrerin ist ungefähr sechsundsiebzig Winter alt‹, erklärte Moheegun. ›Diese Person lehrt eine Medizin, die als der heilige Reifring bekannt ist.‹
Ich wollte glücklich sein und wünschte mir von ganzem Herzen, dass die Medizin-Lehrerin mehr über die Medizinräder wissen möge, aber ich wagte nicht, zu hoffen, nicht nach so viel Enttäuschung.

Es wurde Juni, bevor ich Thunder Crow traf. Ich war glücklich zu entdecken, dass Thunder Crow wirklich eine Frau war. ›Das Medizinrad ist der Gesetzeskreis‹, erklärte Thunder Crow. ›Es kam von den großen Inseln von WahKahn und SsKwan in dieses heilige Land.
WahKahn und SsKwan bestand aus einer sehr großen Inselkonföderation, die im heute als Pazifik bekannten Raum existier-

te. Diese Inseln wurden nach der Kreatorin und dem Kreator benannt.‹

Tomahseeasah lehrte umfassend über den Gesetzeskreis. Die Medizinräder waren von unseren Ahnen, von Zero Chiefs, entdeckt worden, die auf den Großen Inseln lebten.

Diese Frau, bekannt als Tomahseeasah, war eine Zero Chief und eine heilige Frau. Tomahseeasah heilte viele Leute – heilte ihre Emotionen, ihren Leib, ihren Geist und ihren Geist-Geist. Sie war eine wahrhaft heilige Person. Während sie lebte, kannte nur eine Hand voll Leute sie näher – elf Frauen und sechs Männer.

Die Medizin von Tomahseeasah war die Rose; doch alle Blumen liebten diese heilige Frau und sie liebte sie. Es gibt Geschichten über die Wunder dieser Frau, aber das größte Wunder war Tomahseeasah selbst. Sie heilte viele Leute und besaß großes Wissen und Weisheit.

Girl-Man-Warrior, der Medizinmann des Deer Lake-Volkes, lebte fünfzehn Jahre lang mit ihr und lernte von ihr. Er sprach davon, wie ihr Geist dem hellsten Stern glich, der Sonne.

Er legte allen dar, dass Tomahseeasah eine wahrhaft ausgeglichene Person war. Sie war im Gleichgewicht mit Süden, Westen, Norden und Osten – das sind die Emotionen, der Leib, der Verstand und der Geist-Geist.

Alle waren verliebt in das Wissen, das diese Frau besaß. Sie war freundlich, gütig, überlegen und konnte Kranke heilen. Auch war sie unglaublich mutig und eine starke Kriegerin. Sie teilte mit allen die Erfahrung, dass ihre erste große Lehrerin ihr Leib gewesen sei.

Ihre Vagina war von Geburt an deformiert. Sie fühlte die Schönheit der Liebe, die alle Frauen besitzen, aber aufgrund der Schmerzen konnte sie niemals Liebe mit einem Mann machen.‹

Thunder Crow erläuterte, wie Tomahseeasah weinte, in ihrer Einsamkeit schluchzte, wie sie betete und wie sie nach Heilung suchte. Sie fand keine Heilung für ihre Frauen-Blume, aber sie fand Heilung für ihr Herz und ihren Geist-Geist. Alle wilden Blumen, besonders die Rose, wurden ihre innigsten Lehrerinnen.

Tomahseeasah war eine unglaublich schöne Frau. Mädchen-Mann-Krieger erklärte, dass keine der vielen Bemerkungen, die Leute über ihre Schönheit machten, ihrer gerecht wurde. Sogar als alte Frau strahlte sie so viel Liebe aus, dass Leute zu weinen anfingen.

Diese heilige Frau, Tomahseeasah, war unglaublich liebenswürdig – niemand würde das je abstreiten. Aber sie besaß eine andere Art Schönheit, die ausmachte, dass ihre wunderbare Art sich noch vertiefte; es war ihre vollkommene Liebe und Selbst-Ehrlichkeit.

Aufgrund ihrer außerordentlichen Schönheit war sie achtundzwanzigmal in ihrem Leben vergewaltigt worden. Jedes Mal schrie und blutete sie noch Tage später.

Zehn lange Jahre sehnte Tomahseeasah ihren Tod herbei; nur die Rose hielt sie am Leben. Dann traf sie eine japanische Frau, die ihr sagte, sie sei schon oftmals geboren worden und in diesem Leben habe sie Mitgefühl zu lernen. Der Name der Frau war Lotus. Sie war eine Prostituierte, die in der kleinen Stadt Calgary lebte und im Alter von vierundzwanzig starb.

Danach traf Tomahseeasah einen Medizinmann, einen Blumen-Soldaten, dessen Name Grass Lightning Fire war. Dieser Mann kannte die Medizinräder und Tomahseeasah wurde sein Lehrling. Er lehrte sie, dass jede Person in einem Kreis der Herausforderung existiert und dass unser Leben unsere heilige Herausforderung ist. Leute, so lehrte er, tun alles, was in ihrer Macht steht, um ihrem Leben und dem Kreis der Herausforderung zu entfliehen.

Tomahseeasah lehrte, dass sie gelernt hatte, aus der Medizin-Macht ihrer Herausforderung Energie zu beziehen. Sie erwarb das Wissen um Schönheit, und sie lernte, sich vor der Rose zu verneigen. Diese Frau-Rose, die Mutter-Geist-Geist des Lebens, so sagte sie, ist unsere WahKahn, unsere Kreatorin Mutter.‹«

»Schließlich fand ich meine Lehrerinnen in Idaho«, fuhr Estcheemah fort zu erklären. »Thunder Crow stellte mich ihnen vor.«

»Quetzal-Atl-Mahahn, was ›Schlangen-Mutter‹ oder ›Drachen-Mutter‹ bedeutet, war eine Zero Chief, und sie wurde meine wichtigste Lehrerin. Ich lernte auch von ihrem Lehrling; sein Name war Blue Hair. Ich arbeitete mit den beiden sechzehn Jahre lang.

Moheegun war zufrieden, ein Jäger und Fallensteller zu sein. Er arbeitete allein in Idaho und seine Liebe zum Land wuchs. Manchmal saß er bei mir und hörte zu, aber darüber hinaus zeigte er niemals irgendwelche Zeichen von Interesse, wirklich lernen zu wollen. Das frustrierte mich, aber ich konnte nichts tun, um es zu ändern.«

»Eines Tages würde ich gern über diese Dinge schreiben«, kündigte Lightningbolt an. Er fühlte, dass der Moment gekommen war, um seine Absichten wenigstens anzudeuten.

»Gut! Dann musst du Wertschätzung lernen.« Estcheemah lächelte. »Wie viele von uns schauen in ihren Geist hinein, um unsere Erde die Sonne umkreisen zu sehen, während wir alle in unseren getrennten Welten leben? Bedeutet es uns etwas, dass es Billionen von Trillionen Kilometern entfernt andere Sonnenaufgänge in anderen Galaxien gibt?«

»Sicher bedeutet es etwas!«, insistierte Lightningbolt.

»Dann zeige dem Leben deine Wertschätzung«, sagte Estcheemah zu ihm. »Wertschätzung wird dich lehren, wie du schreiben kannst. Und erinnere dich immer, dass eine Person, die nur in ihrem Hirn lebt, niemals das Selbst oder Leben kennen lernen wird. Unterscheidungsfähigkeit und Entscheidung formen das, was du wirklich gelernt hast, nicht was du glaubst, was du gelernt hättest. Verstehst du, was ich meine?«

Lichtningbolt wollte antworten, aber seine Zunge schien an seinem Gaumen angeklebt zu sein.

»Ich verstehe dein Schweigen.« Sie lächelte. »Nun, anstatt zu versuchen, genauso witzig zu sein wie ich, lass uns darüber sprechen, wie manche Leute in ihren Köpfen leben, anstatt in der wundervollen Welt, die um sie herum existiert.

Du und Liberty, ihr lebt immer noch genauso viel in euren Köpfen wie in eurer physischen Welt. Lass uns sehen, wie gut es euch gelingt, euer Wissen miteinander zu teilen. In Ordnung?«

Sehr zeitig nahm Estcheemah Liberty am folgenden Morgen mit zum Butterfly Canyon. Estcheemah fühlte, dass sie beten und ein bisschen Zeit allein mit ihrer Studentin haben wollte.

Fünf sehr alte Forellen im Butterfly Creek schwammen ganz nah an Libertys Füße heran. Der Tag war hell, warm und sanft. Die Schlucht schien überhaupt keine Schlucht zu sein. Wiesental wäre ein besserer Name gewesen.

Butterfly Creek mäanderte durch die kühlen Schatten von elf Baumwollbäumen. All diese Bäume waren vor dreißig Jahren von Estcheemah gepflanzt worden.

»Die Gelegenheit dazu gab mir das Leben«, erklärte Estcheemah, während sie das gebratene Hühnchen auswickelte, das sie für ihre Zeremonie vorbereitet hatte. »Leute haben das Glück, die Erfahrung, die wir Leben nennen, zu haben. Ich fühlte mich vom Glück berührt und so habe ich die Bäume gepflanzt, damit andere ihren kühlenden Schatten fühlen konnten. Es war sehr heiß gewesen, als ich vor dreißig Jahren das erste Mal hier war.«

Liberty war erstaunt. Vor dreißig Jahren? Bäume pflanzen, damit Leute Schatten haben konnten! Und Leben ... Sie liebte es, wenn Estcheemah mit ihr über Mutter Leben sprach. Irgendwie gab es ihr eine Kraft, die sie nicht erklären konnte.

Während sie ihr kleines Fest genossen, erzählte Estcheemah Liberty mehr über die Medizinfrau namens Tomahseeasah.

»Tomahseeasah, Wilde Rose, lehrte, dass Lebenserfahrung dem Fließen von Wasser sehr ähnlich ist. Es ist die Natur von Wasser, sich den eigenen Pfad zu bahnen, während im selben Augenblick das, was gebaut wurde, gewandelt wird.

Alle Leute sollten ihrer Worte und der Befehle an ihren Geist höchst gewahr sein. ›Doch wer wird jedes seiner oder ihrer Worte studieren?‹ hatte Tomahseeasah gefragt.

Sie sagte, dass jedes unserer Worte eine unsichtbare Straße des

Selbst-Befehlens kreiert, der Leute ihr Leben lang folgen. Sie lehrte, dass keine Handlung und kein Augenblick in der Zeit wiederkreiert oder wiederholt werden könne.

Es gibt viele Beispiele, wie Sprache einen wunderschönen Gedanken entstellen kann, Liberty. Ein extremes Beispiel dafür ist, wie das Wort liegen* gebraucht wird. *(Anm. d. Übersetzers: to lie bedeutet auf Englisch sowohl lügen wie liegen, es ist in Deutsch klanglich leicht nachvollziehbar, wenn wir umgangssprachliche bzw. Dialekt-Entsprechungen assoziieren, bei denen der Umlaut ue nicht ganz korrekt gesprochen wird, »jetzt liegst du schon wieder«).

Es ist ›ordnungsgemäß‹ zu sagen, die Wahrheit liege innen. Aber die wirkliche Bedeutung ist viel klarer, wenn wir sagen, ›die Wahrheit existiert innen‹. Das ist der Grund, warum ich, wenn möglich, niemals die Wörter lügen/liegen benutze, um mein Denken auszudrücken. Ich denke nicht, dass irgendeine Wahrheit innen lügen kann.

Zu sagen, dass ein Mann neben seiner Frau im Bett liegt, folgt den Sprachregeln. Aber es ist bei weitem besser zu sagen, dass der Mann bei seiner Frau schläft.

Brich die Regel, wenn du musst. Es ist bei weitem besser zu sagen, dass ein Mann neben seiner Frau liegt, als ihn neben ihr lügen zu haben.

Sei sehr entscheidungsbewusst bei allem, was du zu deinem Selbst sagst. Verletze dein Selbst nicht mit Worten, die kummervoll oder entwertend sind. Wenn du in diesem Leben irgendetwas vorhast zu tun, dann lass daraus eine großartige Präsenz an Weisheit und Güte werden.

Schau hinauf in die Arme der Baumwollbäume, Liberty«, sagte Estcheemah zu ihr. »Du empfängst dein Geschenk von dem, was ich in deiner Vergangenheit gepflanzt habe. Diese Bäume wurden für deine Zukunft gepflanzt.

Das ist die Wahrheit der Worte. Was wir in unserer Vergangenheit sagen, wird der Befehl für eine zukünftige Zeit. Leute können ihre Zielrichtung in einem Augenblick wechseln. Unsere Zukunft ist unsere Verantwortung. Unsere Vergangenheit war unsere Verantwortung in der Hinsicht, dass wir Ereignisse befehligt haben, die unsere Gegenwart geworden sind.

Ich bin heute hierher gekommen, um Wyoming und Montana dafür zu danken, dass sie mich so sehr lieben«, sagte Estcheemah lächelnd vor Glück. »Ich habe viele Jahre hier gelebt, aber jetzt werde ich nach Kanada gehen und dort leben.«

Liberty beobachtete, wie die alte Blumen-Soldatin eine ihrer Medizindecken ausbreitete. Anmutig nahm ihre Lehrerin ein Bündel mit Samen heraus, die sie über die Jahre gesammelt hatte, und legte es auf die Decke vor sich. Während sie die kleinen Samenpäckchen in einem Kreis anordnete, fuhr sie fort zu beten. »Ich werde zu einem anderen Teil von dir gehen, heilige Mutter Land. Ich entbiete dir all mein Wissen, jede Träne und jede Freude. Ich bringe dir meinen tiefsten Respekt und meinen tiefsten Augenblick der Selbst-Ehrlichkeit dar.

Ich tue dies, süßes Land, gütige Mutter, denn du hast dein Leben in mich hineingehaucht und mein eigentliches Wesen verstanden. Dafür bin ich dankbar so lange die Existenz der Ewigkeit währt.«

Nachdem Estcheemah ihre Gebete beendet hatte, räumte sie alles auf, dann faltete sie ihre Decke und legte sie neben sich.

»Liberty«, sagte sie und schaute sie direkt an. »Ich möchte dir vorschlagen, dass du zu mir nach Kanada kommst. Lightningbolt wird ebenfalls gehen. Doch ich denke, es wird eine viel vielversprechendere und machtvollere Reise, wenn du dich vorher entscheidest, eine Blumen-Soldatin zu werden. Ich möchte, dass du darüber nachdenkst. Wenn du in Kanada erscheinst, habe ich deine Antwort.«

»Es steht außer Frage, Estcheemah«, antwortete Liberty tief bewegt. »Ich werde dort sein.« Ihre Augen füllten sich mit Tränen und sie biss sich auf die Lippen. »Ich habe bereits entschieden.«

Am folgenden Tag kamen Liberty und Lightningbolt bei Estcheemah an, begierig, ihr für ihre Kanadareise packen zu helfen. Aber ihre Lehrerin hatte andere Ideen. Sie lächelte und hieß sie willkommen, an ihrem Tisch zu sitzen und etwas Kaffee zu trinken.

»Was gibt's?«, fragte Liberty.

»Ich brauche keinerlei Hilfe«, antwortete Estcheemah. »Ich habe viele Jahre lang auf diese Reise gewartet und ich reise erster Klasse. Jahrelang habe ich meine eigenen Umzüge auf die schwierige Weise bewältigt. Diesmal habe ich Umzugsleute – Packer und was dazugehört. Ich werde in zehn Tagen weggehen. Mein Kreis hier ist vollendet. Das nächste Mal werden wir uns in Kanada sehen.«

Lightningbolt half Liberty ihre Sachen packen.

Leute sind nie einfach in ihrem Tun – außer in ihrem Denken. Wenn zwei Leute dasitzen und sich in dem Bemühen gegenseitig anschauen, eine schrecklich schwierige Methode ausfindig zu machen, wie sie zusammenkommen könnten, dann wird bestimmt nichts Einfaches dabei herauskommen.

Es wäre ziemlich einfach gewesen, wenn Lightningbolt Liberty hätte erklären können, dass er sie liebt. Aber weil er wie alle Leute war, tat er es nicht.

Libertys Natur war sanft, offen und verständnisvoll, aber sie war auch eine Person, sodass sie niemals über die einfache Lösung nachdachte, der sie sich jetzt gegenübersah. Es war eine Halbblut-Konfrontation. Kein Halbblut würde einen Zentimeter nachgeben.

»So, hier bist du«, sagte Lightningbolt und lud sie in seinen Wohnwagen ein. Er hatte vor zu versuchen, sehr klug zu klingen. »Und ich hoffe, du hast es bequem.« Er fühlte sich in seiner klugen Art der Annäherung ein bisschen nervös, darum grinste er. »Und hier bin ich.« Er schaute auf seine Hände hinunter, so wie er es bei Estcheemah hunderte Male gesehen hatte. »Die Göttin im Innern.« Er fühlte sich plötzlich, als ob er in Panik geraten würde. »Und die Göttin außen ... ah ...« Er runzelte die Stirn. Außen? Hatte er »außen« gesagt? Er konnte nicht »außen« gesagt haben!

»Versuchst du zu sagen, dass das, was innen ist, auch außen ist?«, fragte Liberty verwirrt. Sie wusste genau, dass das nicht der Moment war, eine Frage zu stellen, aber auch sie versuchte, klug zu sein.

»Die kluge Art«, platzte Lightningbolt heraus, gewiss, dass sie entdeckt hatte, dass er ein Idiot war. Er wurde rot und bemühte sich, mehr passende Worte zu finden. »Es schneit in Kanada.« Er brachte seine Absätze mit einem Klicken zusammen. Plötzlich wurde sein Hirn leer. Er blinzelte und versuchte zu verstehen, was geschehen war.

Liberty sah noch eine Spur verwirrter aus.

Jetzt musste er ganz schnell etwas sagen! »Erinnert mich an einen Clown«, lächelte er. Er zwickte in sein Bein. »Und wie ich lachen musste.« Er kicherte. »Hast du je einen Clown außer dem alten Higgins getroffen?«

»Nein«, antwortete sie. Auch sie kämpfte, um Boden zu gewinnen, auf der Suche nach etwas, was sie sagen könnte.

»Nein«, sagte er, dann atmete er hörbar aus. »Naja, es wird dir gut tun. Willst du ein bisschen Kaffee?« Er war dankbar, dass er jetzt ein Wort an das andere reihen konnte.

Liberty hatte ihre Strickmütze unter dem Tisch erfolgreich zu einem massiven Knoten verschnürt. »Es muss Schulen geben«, schlug sie vor.

Sein Hirn wurde wieder leer. Sprachen sie über Schulen? »Sicher«, antwortete er ein bisschen zu schnell.

»Frisörschulen, Clownschulen.« Sie lächelte. Sie versuchte gerade, die Mütze zu entknoten.

»Oh, sicher!« Seine Miene hellte sich auf.

»Estcheemah sagte, ich könne die alte Baracke benutzen«, erklärte Liberty, während sie die Mütze wieder zu verknoten begann. »Sie ist hübsch, klein.«

»Welche Baracke?«, fragte er, seine Stimme war instabil. »Davon gibt es hunderte hier.« Wo? Wem? Warum? Die Fragen purzelten durch seinen Verstand. »Ofen?«, fragte er. »Stühle, Tische?«

»Ich weiß nicht«, antwortete sie. Ihre Hände lagen jetzt auf dem Tisch. Die Mütze lag verknittert auf dem Boden. »Sie sagte, es sei alles drin, weißt du, die eine da drunten bei der Schmidtschen Scheune, zwanzig im Monat.«

Lightningbolt musste etwas einfallen. »Estcheemah hat zweiundzwanzig Hektar da oben gekauft«, sagte er, »und es ist auf einer Insel – genug Platz für meinen Wohnwagen.« Er räusperte sich. Verdammt! Warum kam er jetzt mit dem Wohnwagenthema? Jetzt war die Katze aus dem Sack. Er wollte nicht, dass sie dachte, er wolle mit einem Haus um sie werben. Oh, nein! Wollte er ihre Gunst mit einem Wohnwagenhaus erkaufen? Verdammt, was hatte er getan? »Hat das Land hier zu einem guten Preis verkauft. Sie hat das Geschäftliche vor über einem Monat abgeschlossen.«

»Ich verstehe«, entgegnete Liberty.

Lightningbolt stand auf und ging zum Waschbecken. Er drehte sich um und blickte sie an, aber schaute irgendwie auf eine Seite, sodass er sie nicht direkt ansehen musste. Ihre Schönheit verwirrte ihn andauernd.

Liberty spielte mit ihrer Kaffeetasse. Sie hatte eine Million Dinge in ihrem Kopf, aber nicht eins davon stand lange genug still, damit sie etwas Intelligentes sagen konnte. Die Gedanken tanzten, tänzelten, stahlen sich um Ecken herum, hüpften und sprangen.

Schweigen füllte den Raum.

»Ich habe etwas zu sagen, Liberty«, kündigte er an und richtete sich auf. Er verhakte seine Daumen in seinen Taschen. »Ich hoffe, du verstehst.« Plötzlich geriet sein Verstand in Panik. Warum zur Hölle hatte er das gesagt? Er war gar nicht darauf vorbereitet!

Liberty schaute auf; ihre Augen waren unglaublich schön.

»Nun ...«, stammelte er. »Wirklich, ich habe etwas zu sagen.«

»Was?«, fragte sie. Ihre Stimme klang wie Musik.

»Naja«, antwortete er. »Ah . . . na, wer mag schon Baracken? Bist du dir sicher, dass du das willst?«

Libertys Miene hellte sich auf. Plötzlich wurde ihr weiblicher Verstand klar und sie bekam neun ihrer hüpfenden Gedanken zu fassen.

»Ich mag sie auch nicht.« Sie lächelte. »Und danke für deine Ehrlichkeit.« Sie stand auf und blieb an seiner Seite stehen. Sie lehnte sich gegen das Waschbecken. »Glaubst du, wir kriegen das hin?«

Sie wandte sich um und schaute ihn an. »Du kriegst das Schlafzimmer und ich werde eine Weile hier auf der Couch kampieren.« Sie wusste definitiv, dass sie nicht in einer Baracke leben wollte. »Was denkst du?«

»Schön«, antwortete er und lächelte. »Aber du nimmst das Schlafzimmer. Ich bin Bretter und winzige Räume gewohnt. Eine Frau braucht Komfort.«

»Ich bin mindestens so brett-erfahren wie du«, argumentierte sie. Ihr Stirnrunzeln sagte mehr als ihre Worte. »Du sollst es angenehm haben.«

Einfache Antworten zeigen sich manchmal in den seltsamsten Verkleidungen. Es ist ein Glück, dass es so ist, sonst wären wir Leute verloren. Die einfache Antwort auf ihre einfache Frage kam in einem Brief. Er stammte von Dale Tomlin, dem Inhaber einer Stahlbaufirma. Dale glaubte an harte Arbeit und daran, alles ausreichend klein zu machen, dass es »mit der Zeit groß herauskommt« – das war sein Motto. Er holte immer kleine Aufträge ein, immer Stahlprojekte.

Tomlin wollte einen Vorarbeiter, der fünfzehn Projekte mit unterirdischen Stahlwasserleitungen zu Ende bringen sollte.

»Ich mag Bauhelme.« Liberty lächelte.

»Das wollte ich dich eben fragen«, sagte Lightningbolt mit einem Grinsen.

Sie zogen ihren Wohnwagen an die erste Baustelle, und sie begannen zu arbeiten. An der Baustelle gab es einen kleinen Traktor, der die Stahlplatten an Ort und Stelle transportierte, sodass sie zusammengenietet werden konnten.

Lightningbolt stellte Liberty als Traktorfahrerin an. Zuerst war sie versteinert vor Angst, sie könnte etwas falsch machen, aber bald wurde sie zur Expertin.

Obwohl Liberty das Ausheben und Begradigen mit der Raupe anfangs noch zu schwer fiel, war sie doch stets dabei zu lernen, wie es ging. Als der Platz für die zwei letzten Unterwasserrohre vorbereitet war, bediente Liberty die Raupe.

Die Abende wurden ihre Zeit zum Teilen und Sprechen. Sie waren begeistert darüber, dass sie vergleichen konnten, was sie von Estcheemah gelernt hatten. Die Entdeckung, dass die Medizinräder leicht zu erinnernde Bilder der Weisheit waren, faszinierte sie. Während dieser zehn Monate des Arbeitens und Teilens wuchsen Lightningbolt und Liberty zusammen und waren glücklich, gegenseitig ihr Herz und ihren Verstand zu entdecken.

Kurz vor ihrer geplanten Abreise nach Kanada erhielten Liberty und Lightningbolt eine Einladung, Estcheemahs älteste Freundin und Schülerin zu besuchen.

Der Lodge Grass Creek floß hellrosa und golden im Abendsonnenschein, als Liberty und Lightningbolt ganz nah beim Bach parkten. Sie erkannten Sky Rivers vertrautes, leinenes Rundzelt, sobald sie auf ihr Lager zugingen. Estcheemahs Schülerin war in ihren späten Fünfzigern und die Jahre hatten dieser Frau eine edle Ausstrahlung des Leibes und gesamten Wesens verliehen.

»Ich bin gerne eine Frau«, hatte sie ihnen gesagt, als sie ihr ein Jahr zuvor in Estcheemahs Heim zusammen begegnet waren. »Ich habe immer versucht, den Blauen Himmel zu reflektieren, wie mein Name, Sky River, es tut.« Sie lächelte. »Und ich habe große Anstrengung darauf verwendet, der Macht von Mutter Erde nahe zu bleiben.«

Sky River begrüßte die junge Schülerin und den jungen Schüler von Estcheemah mit großer Wärme und ließ sie sich zum Abendessen setzen, das sie für sie vorbereitet hatte.

»Bist du alleine hier«, fragte Liberty, während sie aß, besorgt um die schöne ältere Frau.

»Reuben, mein neuer Ehemann, ist beim Holzsammeln draußen«, antwortete Sky River sanft. »Ich bin nicht überrascht, dass du meine Rede über deine Ängste vorweggenommen hast, Liberty. Der Grund, warum ich euch hierhergebeten habe, war, um mit euch über Estcheemah und eure Reise nach Kanada und euer Treffen mit ihr zu sprechen.

Ich denke, ihr solltet mehr über eure Lehrerin Estcheemah hören und über ihre Anstrengung, während all dieser Jahre zu überleben.

Estcheemah hat ihre Ängste gehabt, sehr reale Ängste, aber das ist gewiss nicht das Wichtigste in ihrem Leben.

Ich bin sicher, euch ist klar, dass Estcheemah eine sehr einzigartige Frau ist und dass sie nicht dieselbe Art Ängste besitzt wie viele Frauen. Ihr ureigenstes sind die Besorgnisse einer visionären Führerperson, die nun mal eine Frau ist. Das unterscheidet sie von gewöhnlicheren Leuten. Eines Tages wird unserer Lehrerin als einer großartigen Person gedacht werden.

Estcheemah erklärte mir einmal, wie sie in ihrem Selbst, ihrer Macht, Disziplin und ihrem Lernen mit ihrer Lehrerin, Serpent Mother, wuchs. Sie begann zu verstehen, dass ihre persönliche Verantwortung für unsere Mutter Erde und für die Gattung der Leute gewaltig war. Sie hatte die großartige Gelegenheit, von einer der wenigen lebenden Zero Chiefs, Serpent Mother, zu lernen, die die Vernichtung durch die Indianerkriege und die fortwährende Zerstörung aller Indianerinnen und Indianer in den Reservaten überlebt hatte.

Estcheemah nahm ihre Gelegenheit und Herausforderung sehr ernst. Sie erzählte mir, wie sie während ihres Heranreifens begriff, dass sie alles, was in ihrer Macht lag, tun müsse, sogar ihr Leben riskieren, um das Wissen der Medizinräder für die zukünftigen Generationen der Erdbevölkerung zu retten. Sie fürchtete den Verlust dieses Wissens und die Auswirkungen dieses Verlustes auf die Zukunft zutiefst, mehr als sie um ihre persönliche Sicherheit fürchtete.

In jenen Tagen gab es nur eine Art und Weise für Indianerinnen und Indianer, sich so frei zu bewegen. Estcheemah und Blue Hair – ein machtvoller Blumen-Soldat und Krieger, der ebenfalls viele Jahre mit Serpent Mother gelernt hatte – folgten den Erntezyklen, was hieß, Obst, Baumwolle und Nüsse zu pflücken, Kartoffeln auszugraben, Mais zu enthülsen und Handel mit anderen Indianerinnen und Indianern zu treiben.

Ihr Leben war nicht einfach. Die Leute, mit denen sie arbeiteten und lebten, waren geplagt von extremer Armut, Unwissenheit, Misstrauen, Cholera, Durchfall, Tuberkulose, Typhus und anderen Krankheiten und Schrecken, aus denen wir uns heutzutage nicht mehr viel machen.

Estcheemah und Blue Hair mussten für die Leute, mit denen sie lebten, alles sein – und doch unter ihnen verborgen bleiben. Sie lernten, Babys zur Welt zu bringen, die Kranken zu heilen und die Toten zu begraben. Wiederholt waren sie gezwungen, sich vor den unwirschen, christlichen Eiferern zu verstecken, die glaubten, dass alle Indianerinnen und Indianer Hexenkunst praktizierten und Heiden seien. Sie wurden häufig ausgeraubt und fühlten Tag für Tag den harschen Stachel der Rassenschande.

Ihre Geschichte ist bemerkenswert und erstaunlich anzuhören. Ihr solltet wissen, dass Estcheemah und Blue Hair nach Mittelamerika, Mexiko und sogar bis nach Brasilien gereist sind, immer auf der Suche nach Hinweisen auf die Medizinräder. Sie reisten auch weit in Kanada herum auf der Suche nach Medizinhauptleuten und Hüterinnen und Hütern dieses Wissens, die im Verborgenen lebten. Und all dies bewerkstelligten sie in Zeiten, die für alle Indianerinnen und Indianer unglaublich gefährlich waren.

Mehr als ihre täglichen Ängste, an Hunger oder Krankheit zu sterben, mehr als um ihre persönliche Existenz fürchtete Estcheemah den Verfall der Räder. Sie begann langsam zu verstehen, dass die einzige Art und Weise, die Medizinräder wirklich am Leben zu halten, war, sie mit allen Leuten auf der Welt zu teilen.«

»Weißt du«, sagte Liberty und schaute tief in das glühende Feuer, »was du uns jetzt erzählst, habe ich immer geahnt. Aber ich denke nicht, dass ich es früher in meinem Lernen wirklich hätte schätzen können, wie viel Estcheemah geleistet hat. Wenn ich diese Dinge über ihre Reise zu ihrem Selbst höre, bringt mich das dazu, wirklich tief über mich selbst nachzudenken. Es braucht offensichtlich eine Menge Mut und Weisheit, eine Zero Chief zu werden.«

»Ich denke, dass ihre Bereitschaft und die Verantwortung, die Medizinräder mit der gesamten Erdbevölkerung zu teilen, sich auf eine tiefe persönliche Weise vollzogen hat. Sie sah, wie alte Medizinhauptleute ohne Lehrlinge starben – und wie Medizinräder und Geschichten, die tausende Jahre alt waren, für immer mit ihnen verloren gingen. Einige Jahre vor Serpent Mothers Tod begannen Estcheemah und Blue Hair die Unermesslichkeit ihrer Herausforderung zu verstehen.

Sie hatten die Gelegenheit, vieles von dem wertvollen Wissen der Blumen-Soldatinnen und Blumen-Soldaten zu sammeln und zu schützen. Die Heiligen Räder brauchten Schutz und Wertschätzung, wenn sie überleben sollten. Die beiden wussten, dass sie schnell arbeiten mussten, denn sie hatten nur wenige Jahre, in denen einige der alten Hauptleute und Medizinfrauen noch am Leben waren, um viele der nur fragmentarisch erhaltenen Medizinräder und Geschichten wieder zusammenzusetzen.«

»Es ist erstaunlich, dass sie überlebt haben«, sagte Lightningbolt und schüttelte andachtsvoll seinen Kopf.

»Wie haben sie überlebt, fragst du?«, sagte Sky River. »Ich weiß es nicht. Nur durch unermesslichen Mut, den Einsatz ihres Verstandes, absolute Hingabe an ihren Vorsatz und ihre tiefe Freundschaft konnten sie auf das Überleben hoffen. Estcheemah ist eine wichtige Gewinnerin in dem großen Kreis, den wir Geschichte nennen. Jeder Versuch, sie zu zerstören, schlug fehl!

Sie ist eine moderne Medizinhauptfrau und Führerin, die der Welt gezeigt hat, dass Selbst-Wahl und persönliches Sorgen und Verantwortung für Leben wertvoller sind, als jegliche Belohnung mit Geld oder Bedrohung mit Schmerz und Vernichtung. Ich denke, dass Estcheemah zu machtvoll ist, um besiegt werden zu können.

Sogar nachdem Blue Hair gestorben war und Estcheemah die meiste Zeit allein war, machte sie weiter. Der Tod von Blue Hair war ein Schock für Estcheemah, aber für Indianerinnen und Indianer, die in diesen extrem gewaltsamen Zeiten lebten, war es nicht ungewöhnlich. An der Grenze Mexikos raubten ihn zwei hoffnungslose Jugendliche aus und töteten ihn. Doch starb auch er als ein Sieger. Er gewann große, mutige Einsätze in seinem Leben und rettete zusammen mit Estcheemah vieles von dem Wissen der heiligen Räder.

Und doch, nach Blue Hairs Tod blieb Estcheemah allein übrig. Erinnert euch, ihr jungen Leute, dass während der Zeit, als Estcheemah das Wissen der Medizinräder sammelte, Mutter Erde als ›teuflisch‹ und als ›Hure‹ bezeichnet wurde; auch unsere erdbewusste Estcheemah wurde so genannt. Auch sie war eine ›Hure‹ und ›Hexe‹ genannt worden, einfach weil sie eine sehr machtvolle Frau und keine Konformistin ist.

Ich bin jünger als Estcheemah, wie ihr wisst, aber wir haben viel von derselben Zeitgeschichte geteilt. Die Zeiten, die wir durchlebt haben, waren brutal und voller Elend. Die Einsamkeit und die Schrecken, die sie erfahren hat, liegen jenseits des Begreifbaren. Auch hat sie sich tiefe Sorgen gemacht darüber, wie sie Lehrlinge finden sollte – besonders junge Frauen, die den Mut haben würden, sich den unermesslichen Herausforderungen zu stellen, vor denen sie stehen.

Sie ist auf jede für eine Person überhaupt denkbare Weise beschuldigt und angegriffen worden und doch blieb sie stark. Von jeder Art von Unwissenheit wurde sie bedroht und von jeder Art politischer Eifersüchtelei. Sie lernte die Traurigkeit kennen, eine große Führerin und Denkerin zu sein – eine große Medizinhauptfrau, die keine Unterstützung erfährt. Sie wurde von jedem erdenklichen religiösen Fanatiker bekämpft und kennt daher das Gefühl des gebrochenen Herzens.

Leute von Weltrang, wie Estcheemah, geben ein Zeugnis ab, welch großartige Möglichkeiten des Geistes wir Leute haben und wie wir sie durch Kampf erreichen können.

Frauen, die darum kämpfen, Führerinnen in unserer Welt zu sein, mögen denken, dass Frauen wie Estcheemah die tiefen, persönlichen Unwägbarkeiten und Selbstzweifel fürchten, die Frauen von ihrer gewaltsam antiweiblichen Welt zu spüren bekommen haben. Aber ich denke nicht so. Estcheemah wusste, dass diese Art Angst sie besiegen konnte, und so hat sie die Lüge niemals geglaubt. Estcheemah weiß, dass die Kreation nicht so platt ist, als dass sie antiweiblich sein könnte. Sie kennt und respektiert das Gleichgewicht ihrer Kreatorin und ihres Kreators, und das gibt ihr große persönliche Macht, als Frau und als Führerin.

Die Mehrzahl der Leute unserer Welt sind jedoch hoffnungslos aus dem Gleichgewicht geraten. Sie brauchen dringend wahrhaftiges, echtes Wissen. Das ist der Grund, warum Estcheemah euch Halbblut-Leute ausgewählt hat, um euch mit ihren wertvollen Lehren zu prüfen. Unser Wissen besagt, dass die Lehre der Medizinräder die Macht hat, den Lauf der Zukunft der Leute zu verändern.

Euch beiden steht eine große Herausforderung bevor. Ich denke, dass ihr in eurem eigenen Leben konzentrierter sein werdet, sobald ihr das Ausmaß eurer persönlichen Verantwortung versteht. Wenn ihr wählt, nach Kanada zu gehen und euer Training fortzusetzen, dann werdet ihr sehen, was es bedeutet, Blumen-Soldatin und Blumen-Soldat zu sein.

Es ist auch wichtig für euch, euch immer daran zu erinnern, dass wir nicht danach streben, dass jede Person eine Blumen-Soldatin oder -Soldat wird. Nicht jede Person hat die Selbstdisziplin und Hingabe, die nötig ist, um eine Blumen-Soldatin oder ein Blumen-Soldat zu sein. Jedoch wissen und lehren wir auch, dass Leute keine Blumen-Soldatinnen und Blumen-Soldaten zu sein brauchen, um zu lernen, ihre Existenz zu feiern, für ihr Selbst zu sorgen, das Gleichgewicht der Kreation zu ehren oder selbstverantwortlich zu sein. Leute müssen nicht Blumen-Soldatinnen und Blumen-Soldaten sein, um Mutter Leben zu lieben und für ihre wertvolle Welt zu sorgen.

Ein Wort der Warnung, meine jungen Leute. Wenn unsere Herzen von dem Gedanken bewegt werden, großartige Dinge zu tun, vergessen wir oft, dass Großes nicht auf einmal entsteht. Eine Blumen-Soldatin oder ein Blumen-Soldat zu werden erfordert viele Jahre des Lernens und der Erfahrung. Ich erwähne das, weil es in unserer Zukunft jene geben wird, die glauben, sie seien Blumen-Soldatinnen und Blumen-Soldaten, weil sie über sie gehört oder gelesen haben.

Die Linie der Blumen-Soldatinnen und Blumen-Soldaten reicht über tausende von Jahren zurück, von Lehrerinnen und Lehrern zu Schülerinnen und Schülern, die dann ihr Wissen weitergeben. Das ist die Art und Weise, wie eine Blumen-Soldatin oder ein Blumen-Soldat gelehrt wird. Die ununterbrochene Linie war zuzeiten ein zerbrechlicher Faden, dann wieder ein starkes Gewebe von tausenden.

Was auch immer jetzt oder in euerer Zukunft sein wird, ihr werdet keine Missionare werden. Ihr werdet selbstverantwortliche Individuen, die Mutter Leben innigst lieben, über die heiligen Medizinräder lehren und unsere Kreatorin Mutter und unseren Kreator Vater respektieren und ehren werden.«

Zwei Wochen später traten Lightningbolt und Liberty ihre Fahrt nach Norden an. Ihr Ziel war Estcheemahs neues Heim auf einer kleinen

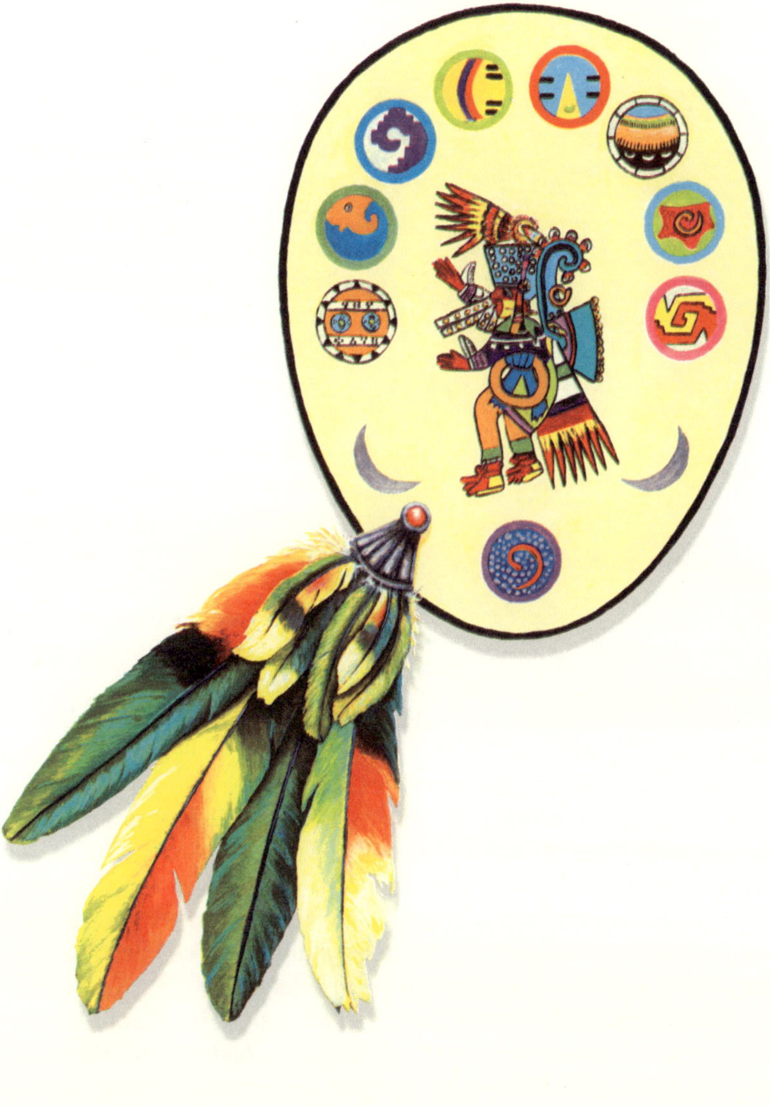

Insel in der Meerenge von Georgia an der Nordwestküste Kanadas.

Das weite Land von Alberta, Saskatchewan und Manitoba berührt die Schwester-Heide von Nord Dakota, Montana und Idaho mit der größten Sachtheit einer Begegnung. Dieses großartige Land ist ein uralter Macht- und Heil-Kreis, der keine Trennung durch Politik oder Grenzen kennt.

Es ist immer ein Erlebnis, das goldene Prärie-Gras, die rote Erde und ihre hochgewölbten, freizügigen blauen Himmel zu verlassen. Sogar wenn wir uns darauf vorbereiten, in das kühle Grün der Nordwestküste einzutreten, versetzt sie die Reisenden mit ihrer Ozean-Schönheit doch immer in Staunen.

Wenn Reisende aus diesen Gefilden voller Tiefsinn und reichem Dasein nach Westen reisen, spüren sie, dass sie durch eine magische Tür in die Rocky Mountains eintreten. Es ist kaum möglich, zu viel über diese wundersame Tür zu sagen. Es gab eine Zeit, wo diese Tür, diese »Zeitbarriere« bei den geduldigen Indianerinnen und Indianern viele Namen hatte, denn nirgendwo anders auf Mutter Erde war es möglich, in der Begegnung mit Tee-hahm-na-hannee, den Geist-Verstand des Waldes zu erfahren.

Dieses Geist-Geist-Wesen, auch bekannt als »She Beautiful«, füllt den Verstand der Reisenden mit absolutem Wald-Wissen. Personen, die Tee-hahm-na-hannee nicht suchen, können es allerdings niemals fühlen.

Liberty und Lightningbolt hatten bei dem Portal des Bergwaldes angehalten und gebetet. Sie wollten vorbereitet sein, um dem sanften Nebelgrün der Küste zu begegnen und den Kuss der Ozeanbrise zu spüren.

Die zwei Freunde waren begierig, die wunderschöne Ozean zu treffen, und beide freuten sich darauf, ihre Lehrerin zu sehen. Auf einen Mann, der ein Gewehr hielt, waren sie nicht vorbereitet.

Als Lightningbolt den Mann in Estcheemahs Garten sah, der sie mit seiner Pistole bedrohte, war er geschockt. Irgendwie war es nie bis zu seinem Gehirn vorgedrungen, dass jemand Estcheemah in Kanada etwas antun könnte. Folglich war er total unvorbereitet, als die Gefahr ausbrach.

Liberty ihrerseits misstraute dem Alleinleben und war nicht überrascht, dass Estcheemah in Schwierigkeiten sein könnte. Aber als sie das Gewehr sah, wusste auch sie nicht, was zu tun war. Sie saß einfach im Transporter und fühlte sich hilflos.

Diese gefährliche Situation sollte den Verlauf von Libertys Leben dramatisch verändern und Lightningbolt insofern schockieren, als ihm wieder einmal klar wurde, dass Estcheemah keine normale alte Dame war, die ein Bewaffneter hätte an die Wand drängen können.

Zwei Tage vor der Ankunft von Lightningbolt und Liberty hatte Estcheemah, die vom Einkaufen zurückkam, eine bekümmerte Frau mittleren Alters vorgefunden, die auf ihrer Terrasse saß. Der Name der Frau war, wie sie herausfand, Dorothea Robertson.

»Hallo«, rief Estcheemah, als sie aus ihrem Auto stieg. »Wie erstaunlich! Wie hast du mich gefunden?«

»Dein Nachbar in Wyoming sagte mir, wo du bist«, antwortete Dorothea traurig. »Er ist so ein netter Mann.«

Dorothea folgte Estcheemah ins Haus, begann zu weinen und erzählte ihr, dass sie dabei war, sich von Harry, ihrem Ehemann scheiden zu lassen.

»Jeanie Smith kannte Elaine Hankins«, erklärte sie Estcheemah unter Tränen. »Elaine hat Frau Cullys Haare geschnitten. Frau Cully kannte Wanda, die Frau deines Nachbarn.« Sie wischte ihre Tränen mit ihrem Taschentuch ab. »Und mir hat Jeanie erzählt, dass du eine echte Wahrsagerin und Medizinfrau bist, die alles wieder zusammenflicken kann.«

Die Ereignisse, die auf diese einfache Begegnung folgen sollten, reihten sich sehr schnell aneinander, denn Harry spürte Dorothea am nächsten Tag bis zu Estcheemahs Tür nach.

Er hatte eine Pistole bei sich. Er war sehr ärgerlich und überzeugt, dass Dorothea ihn wegen eines anderen Mannes verließ. Harry hatte keine Ahnung, wer Estcheemah war, und es war ihm auch egal. Was er, seit er Estcheemah begegnet war, glaubte, war, dass »die Hexe« etwas mit Dorotheas Entscheidung, ihn zu verlassen, zu tun hatte.

Harry war nicht gerade intelligent und Dorothea auch nicht. Er verdiente seinen Lebensunterhalt mit Arbeit in einem Warenhaus und er fuhr auch einen Lieferwagen. Harry fühlte, dass er schnell handeln musste, sowohl um Dorothea vor ihrer »Verrücktheit zu retten«, als auch um schnell wieder an seinen Arbeitsplatz zurückzukehren, um seine Arbeit nicht zu verlieren.

Das Drama, das stattfand, während Lightningbolt und Liberty aus ihrem Transporter ausstiegen, schien ihnen unwirklich.

Harry schwenkte bedrohlich seine Pistole und schrie, so laut er konnte, um Estcheemah einzuschüchtern. Aus irgendeinem unerklärlichen Grund hatte er den Transporter oder seine Fahrer nicht gesehen.

Lightningbolt hatte in seinen Phantasien Estcheemah oft gerettet. Aber jetzt, wo ihn das wirkliche Leben mit der Situation konfrontierte, stand er dumm herum, wusste nicht, was er sagen oder tun sollte. Liberty kauerte hinter der Tür des Transporters, überwältigt von Angst und Überraschung.

Nur Estcheemah wusste, was zu tun war.

Schneller, als das Auge ihren Bewegungen folgen konnte, griff Estcheemah unter ihre Bluse und packte ihre »Pfefferschachtel« mit den vier Läufen. Sie hatte die kleine Derringer immer bei sich getragen, um sich gegen Tiere und »Narrenvolk« zu schützen.

Als sie die Derringer gegen Harrys Schenkel presste, sprach sie ruhig mit ihm über die Tatsache, dass die vier Kugeln in ihrer Pistole sein Bein zerstören könnten.

Die Militär-45er des Mannes sah viel zu schwer für ihn aus und drückte seinen Arm herunter.

»Es wäre wohl ein bisschen kompliziert für dich, der Polizei über dein blutiges, gebrochenes Bein zu berichten«, schien sie ihm zu erklären und fuhr fort, direkt in seine Augen zu schauen. »Und wie wird es mit deiner Rente, Harry? Wirst du die auch wegwerfen?«

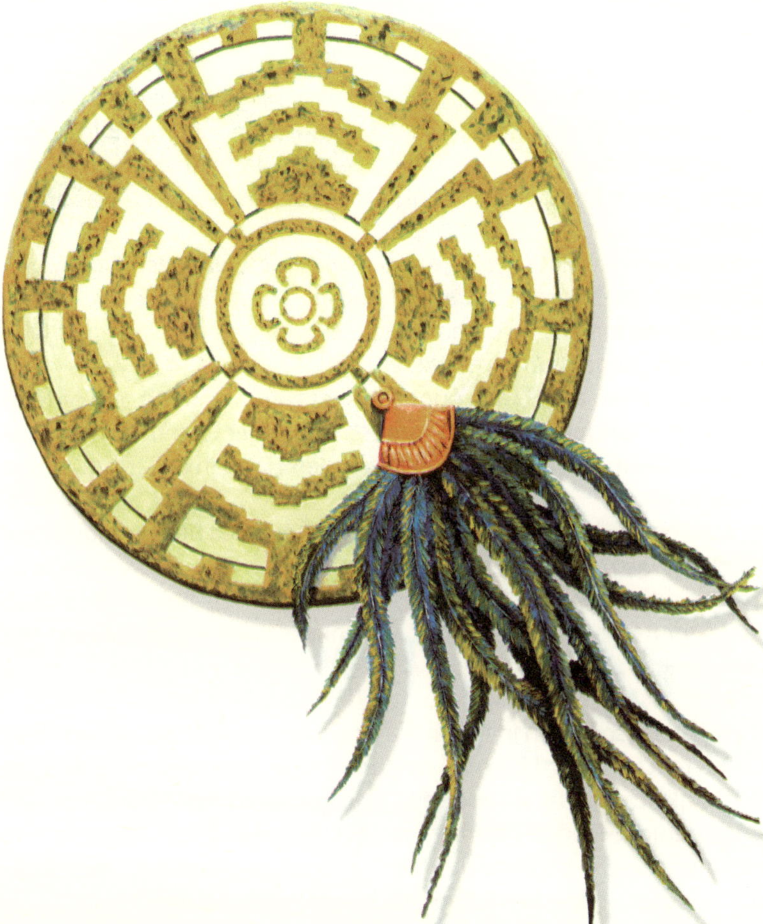

Was immer an Unvernunft oder Ärger Harry geholfen hatte, seine Pistole zu schwingen, war jetzt weg. Er stolperte zurück gegen die Kühlerhaube seines Autos und torkelte zu Boden, als habe Estcheemah ihn mit einem Hammer getroffen. Sie fasste nach seiner Pistole, nahm sie ihm mit Leichtigkeit aus der Hand und warf sie in den rückwärtigen Teil von Lightningbolts Transporterladefläche.

Für Lightningbolt war die Zeit stehen geblieben. Niemand schien sich zu bewegen, nachdem Estcheemah den Mann entwaffnet hatte. Das peinliche Schweigen wollte kein Ende nehmen. Schließlich fand er genug Kraft, sich zu räuspern, aber das war alles, was er tun konnte.

Estcheemah kniete jetzt neben dem angeschlagenen Mann. »Es ist in Ordnung, Harry«, sagte sie, und beruhigte ihn weiter. »Dorothea wird dich nicht verlassen. Wo kann sie hingehen? Und was wird aus eurem gemeinsamen Bankkonto?«

Tränen liefen aus Harrys Augen und er kämpfte damit, ein ordentlich zusammengefaltetes Taschentuch aus seiner Hosentasche zu ziehen. Estcheemah musste seinen zitternden Händen beistehen, um es zu befreien.

Während sich all das ereignete, stand Dorothea bewegungslos vor Erregung und Angst da. Als Estcheemah Harry zu trösten begann, sprang sie an seine Seite, um »ihrem Mann« zu helfen. Innerhalb von Minuten war das wieder vereinigte Paar weggefahren, mit Dorothea am Steuerrad.

Während Estcheemah in ihrem behaglichen, modernen, neuen Heim Kaffee machte, war Lightningbolt im Geiste aufgebracht über seine Hilflosigkeit. Liberty andererseits war gespannt vor Neugierde und hatte endlose Fragen darüber, wie Estcheemah ihrem Problem entkommen sei. Sie betonte das Wort entkommen so laut, dass sogar Lightningbolt seine Bedeutung nicht entgehen konnte.

»Es gibt keine Möglichkeit, einer Person, die eine Pistole auf dich richtet, zu entkommen, Liberty«, korrigierte Estcheemah sie sanft. »Sich in einer derartigen Situation etwas vorzumachen ist absolute Verrücktheit. Wenn du mit dem Tod bedroht wirst, dann gibt es nur Überleben. Wenn ich auch nur einen Atemzug lang gedacht hätte, ich könne entkommen, wäre ich verkrüppelt oder tot. Nein, ich war entschieden, siegreich zu sein; ich musste siegreich sein.«

»Du meinst, du hättest ihn auch getötet?«, fragte Liberty. Ihre Stimme war unsicher.

»Ihn getötet?«, sagte Estcheemah und hob ihre Augenbraue. »Liberty, ich bin keine Revolverheldin oder Mörderin. Ich hätte ihn ernsthaft an seinem Bein verletzt, genau wie ich es ihm berichtet habe. Aber ihn töten – niemals! Was hätte ich gewonnen damit, dass ich ihn umgebracht hätte? Wenn wir eine Waffe besitzen, entschuldigt das noch lange nicht das Töten.

Was ich dir klarmache, Liberty, ist, dass keiner mehr sich danach fühlt, eine Frau zu schlagen, sie zu vergewaltigen oder sie töten zu wollen, wenn er durch eine Kugel verletzt ist. Die Wunde nimmt allen Spaß aus der Vergewaltigung und alle Rachegelüste aus dem Mord.«

»Aber er hätte dich töten können!«, insistierte Liberty.

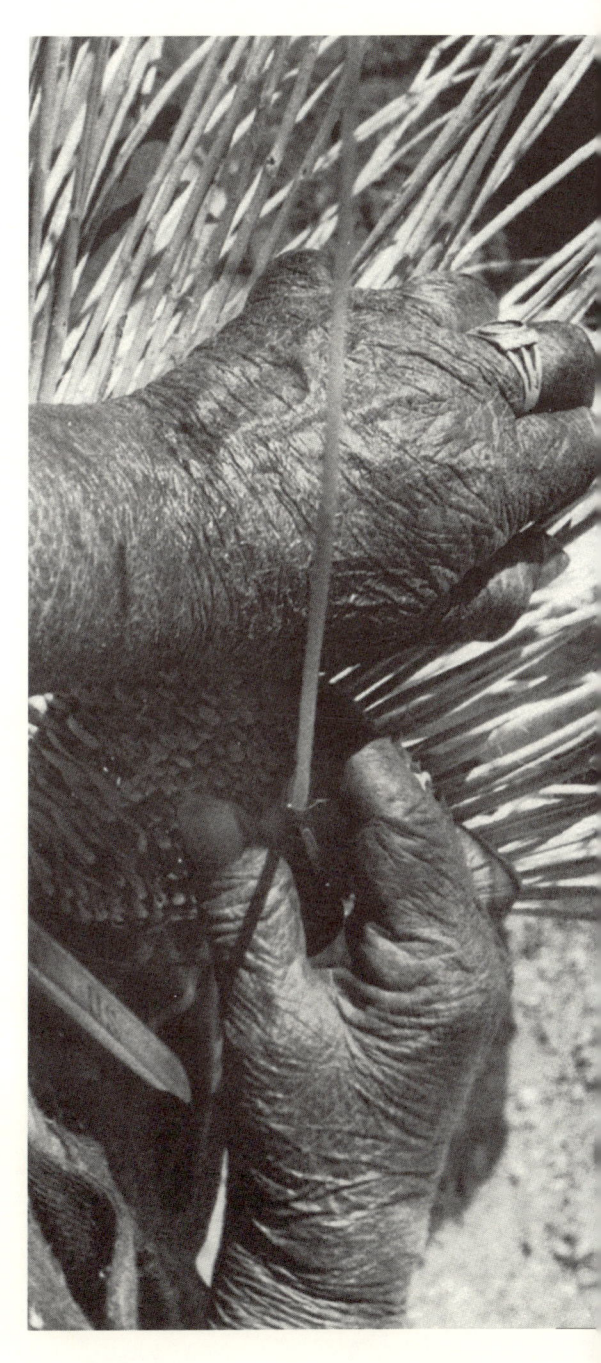

»Er hätte uns alle töten können«, korrigierte Estcheemah sie. »Du warst in derselben Gefahr wie ich, sogar als du versucht hast, dich hinter der Transportertür zu verstecken. Es gibt kein Entkommen vor einer Pistole.«

»Ich dachte, ich würde anders reagieren, verdammt!«, fluchte Lightningbolt, noch immer verlegen, dass er sich nicht beeilt hatte, alle zu retten.

»Kommt und setzt euch mit mir auf meine neue Terrasse«, sagte Estcheemah. »Lasst uns sprechen, in Ordnung? Wir können zusammen auf die Ozean schauen, während wir sprechen.«

Nachdem sie auf Stühlen Platz gefunden hatten, bat sie Lightningbolt, Harrys Pistole zu bringen. Er war ohne sie weggefahren. Sie entschärfte die Waffe sorgsam und reichte sie Liberty.

»Was für eine Pistole ist das?«, fragte sie Liberty.

»Ich weiß nicht«, antwortete Liberty, nahm die Pistole und drehte sie in ihrer Hand. »Sie ist ziemlich schwer. Bist du sicher, dass sie nicht schießt?«

»Es ist schade, dass du nicht mehr von Waffen

verstehst, Liberty«, sagte Estcheemah enttäuscht. »Die Frage ist, warum verstehst du nicht mehr von Pistolen?

Das durchschnittliche Fernseh- und Kinopublikum der Vereinigten Staaten hat Kanonen, halbautomatische Maschinenpistolen, Gewehre jeder Art und jeden Kalibers und so ziemlich jede Art von Pistole, die je auf Erden hergestellt wurde, gesehen. Unsere Spielzeugläden sind bis zum Überlaufen voll gestopft mit Nachbildungen von Pistolen, automatischen Angriffsgewehren und Handgranaten. Und du weißt, dass du sie alle gesehen hast.«

»Ich habe immer Angst vor Pistolen gehabt«, gab Liberty zu, als sie die Pistole sorgsam auf den Boden neben ihren Stuhl legte.

»Ja, ich verstehe«, sagte Estcheemah freundlich. »Ich denke, dass du wie viele junge Frauen und Mädchen einen großen Teil der Grausamkeit ignorierst, die du im Kino und im Fernsehen siehst. Du tust das, um den tiefsten Teil deines Wesens vor derartiger Rohheit zu schützen. Der Grund dafür ist, wie so oft, dass die Frau als Opfer gezeigt wird. Ja, du hast die Waffen gesehen. Aber es war für dich als Frau nicht modisch genug, eine Waffe zu haben, um dich selbst zu verteidigen.«

Liberty wurde ärgerlich.

»Frauen sollten mehr über jede Art von Maschine wissen«, fügte Lightningbolt ohne Absicht dazu.

»Damit sie so schlau wie Männer sein können?«, schnappte Liberty zurück.

»An welche Experten wendest du dich, Liberty?«, neckte Estcheemah. »Lightningbolt den Chefkoch? Oder Lightningbolt den Bankdirektor? Du bist kein Finanzzauberer oder doch, Lightningbolt?«

»Ich gebe auf!«, sagte er und warf seine Arme hoch.

»Du hast Recht, Lightningbolt!«, sagte Liberty voll Ärger. »Es ist das blöde System!«

»Du gehst konform mit deiner Kultur«, vermehrte Estcheemah den Druck auf sie. »Du wurdest in deiner Kultur gelehrt, ein Opfer zu sein. Millionen Frauen sehen jeden Tag Waffen, aber sie ignorieren sie. Es ist schade, denn oft ist es die Frau, bei weitem öfter als der Mann, die eine Waffe braucht.«

»Wie lade ich sie?«, fragte Liberty und hob die Pistole auf. »Ich habe jetzt keine Angst davor. Gibt es eine, die speziell für Frauen entworfen ist?«

»Selbstverständlich«, antwortete Estcheemah. »Meine Derringer ist eine spezielle Größe für alte Damen. Als ich jünger war, hatte sie die Größe für Frauen mittleren Alters. Als ich noch jünger war, hatte sie die richtige Größe für junge Frauen. Liberty, ich plädiere hier nicht für den Gebrauch von Waffen. Ich sage dir, dass du wissen musst, wie du Werkzeuge handhaben kannst.«

»Ich will morgen anfangen, indem ich schießen lerne«, beschloss Liberty.

»Dann werden wir unverzüglich anfangen«, ermutigte Estcheemah sie. »Erscheine hier morgen um acht und du kannst deine erste Lektion haben. Und Liberty, vergrabe Harrys alberne kleine Pistole.«

Am folgenden Morgen war Liberty mit Lightningbolt im Tal hinter Estcheemahs Heim beim Schießen. Sie benutzten Lightningbolts Gewehr. Während der nächsten zwei Wochen, die sie übten, nahm die Wichtigkeit dieser Augenblicke für Liberty zu. Doch tief in ihr blieb eine Besorgnis zurück, was sie wohl in einem Notfall tun würde.

Estcheemahs Eigentum umfasste zwar nur zwei Hektar, aber mehr als achtzig Hektar alter Zedernwald umgaben ihr Land. Das Gebiet war lang, fing am Strand an und dehnte sich landeinwärts bis zu einer sanften Anhöhe zedernbedeckter Hügel.

Lightningbolt und Liberty gingen die Holzfällerstraße entlang, erforschten den Wald und suchten nach dem richtigen Fleck, um den Wohnwagen aufzustellen. Das Wetter war ein wenig schwül, aber dafür war es warm.

Nach einiger Zeit kamen sie zu einer kleinen Wiese, aus der Wasser hervorsprudelte. Als sie die Stelle untersuchten, entdeckten sie, dass es der Ursprung von Estcheemahs Trinkwasser war.

Es machte Spaß, nach einer anderen Wiese unterhalb des Wassers Ausschau zu halten. Spielerisch bewegten sie sich auf ihrer Suche zwischen den Farnen und hohen geschmeidigen Gräsern. Sie fanden sofort fünf ausgezeichnete Plätze für den Wohnwagen, aber die beiden riesigen Zwillingszedernbäume, die sie entdeckten, nahmen ihnen die endgültige Entscheidung ab. Die Zedernzwillinge ragten turmhoch in den Himmel, wie riesige Waldwächter, und erinnerten beide, Liberty und Lightningbolt, an ihre Gründe für ihren Aufenthalt mit Estcheemah in Kanada.

Es wurde Mitte Juli, bis ihr Heim so komfortabel war, dass sie beide einziehen konnten. Zu der Zeit war der Wohnwagen hinter einer

Fassade von Zedernplanken verschwunden. Liberty hatte einen Traktor gemietet und ein breites Band um ihr Heim, den Pfad entlang und um die Außentoilette herum gepflügt. Lightningbolt machte seinerseits eine Runde mit dem Traktor und zog eine Saatmaschine, gefüllt mit hundert Pfund Wildblumensamen, und bepflanzte jeden Zentimeter Boden, den sie gepflügt hatten. Die ersten Duschen, die sie in ihrem eigenen Heim nahmen, waren ein Grund zum Feiern. Estcheemah brachte Kaffe und Salamisandwiches und sie erzählte Geschichten, die sie zum Lachten brachten.

Arbeit war die nächste Sache, die bedacht werden musste. Sie fanden Arbeitsgelegenheiten, nämlich die Farbe von einer Yacht abzuziehen, die einem Arzt gehörte. Die Arbeit war langweilig, aber sie brachte ihnen genug Geld für das Bauholz und die Nahrung, die sie brauchten, ein.

Ein einheimischer Fischer hatte Lightningbolt im Tausch für ein bisschen Schreinerarbeit ein gebrauchtes Fischernetz von seinem Boot gegeben. Liberty benutzte alle zweitausend Meter Netz, um einen Zaun zu bauen, der ganz um ihr Heim und einen großen Garten herumging.

Jeder Tag brachte eine neue Freude. In den nächsten Wochen begannen dünne Büschel von Sämlingen, ihre Köpfchen zu zeigen. Bald scharrten zwanzig erwachsene Hühner mit ihren ausschwärmenden gelben Küken mitten in ihrem Garten und fanden Würmer, derweil fünfzehn Enten in einem kleinen Teich schwammen. Ständig nachfließendes Wasser hielt den Teich rein.

Ein Schwarm Krähen und acht Raben pickten ebenfalls am Boden, wenn Liberty jeden Morgen die Hühner und Enten fütterte. Fünfundzwanzig Elstern saßen auf dem Zaun und diskutierten die Essgewohnheiten der Raben und Krähen.

Brunhilde, eine kleine Eselin, graste zufrieden jenseits der Einfriedung. Estcheemah hatte sie ihnen zum Geschenk gemacht. Liberty liebte das Tier und ritt häufig auf ihr zum Einkaufen in den Laden. Die kleine Eselin brauchte kein Zaumzeug; nur ein Halfter war nötig.

Die sanfte Brunhilde war die erste Eselin, die Lightningbolt die Gelegenheit gab, sie kennen zu lernen, und er war beeindruckt von ihrer Intelligenz. Sie wackelte mit den Ohren, wann immer sie beschuldigt wurde, ein störrischer Esel zu sein.

Einen Monat später saß Lightningbolt auf ihrer Terrasse und freute sich an den vielen tausend Blumen, die ihr Heim umgaben.

Dicht türmten sich die Wolken und die Sonne schien kühl am Himmel. Er kippte seinen Stuhl zurück und blickte über den Hof, dann erlaubte er sich einen Moment, über die Möglichkeit seines Schreibens tagzuträumen. Konnte er schreiben? Das war niemals wirklich auf die Probe gestellt worden.

Er fasste nach seinem kalten Kaffee und nippte an dem Gebräu. Plötzlich nahm er das Aroma frisch gebackenen Brotes wahr und setzte sich aufrecht hin. Liberty hatte Brot zum Backen in den Ofen geschoben.

»Zimtrollen!«, lächelte Liberty, als sie zu ihm auf die Terrasse kam. »Sie werden nicht lang brauchen. Was hast du gemacht?«

Ihre Unterhaltung wurde unterbrochen, als ein neuer Chrysler zu ihrem Tor fuhr und anhielt. Ein gut aussehender Mann mittleren Alters, der einen teuren Geschäftsanzug trug, glitt vom Fahrersitz und warf einen schnellen Blick umher. Es war offensichtlich, sogar aus der Entfernung, dass er kanadischer Indianer war.

»Steht nicht auf, Leute«, rief er freundlich. »Ich bin Robert Morrisette. Ich bin Estcheemahs engster Verwandter. Die Leute im Laden sagten, Estcheemah lebe ganz in der Nähe. Wisst ihr wo?«

Lightningbolt und Liberty gingen zum Tor und stellten sich vor, dann wiesen sie ihm den Weg zu Estcheemahs Heim.

Estcheemah fuhr mit ihrem Verwandten unverzüglich weg und war bis zum Abend fort. Liberty und Lightningbolt lernten die Geschichte am folgenden Morgen kennen.

Estcheemah hatte einen Sohn in Idaho geboren und ihr Ehemann hatte ihm den Namen Robert gegeben.

Moheegun, Roberts Vater, war mürrisch und launisch gewesen, die ganze Schwangerschaft hindurch. Moheegun jagte und stellte Fallen und wurde sehr erfolgreich. Vier Monate, nachdem Robert geboren war, machte Moheegun ein Geldgeschäft mit John Kyle, einem Freund.

Sie kauften einhundert Nähmaschinen, die Teil eines Konkurses waren. John ging auf Reisen, um die Maschinen zu verkaufen, und Moheegun fuhr fort, zu jagen und Fallen zu stellen. Die Geschäftsunternehmung war ein voller Erfolg.

Als Robert eineinhalb Jahre alt war, zogen sie nach Wyoming,

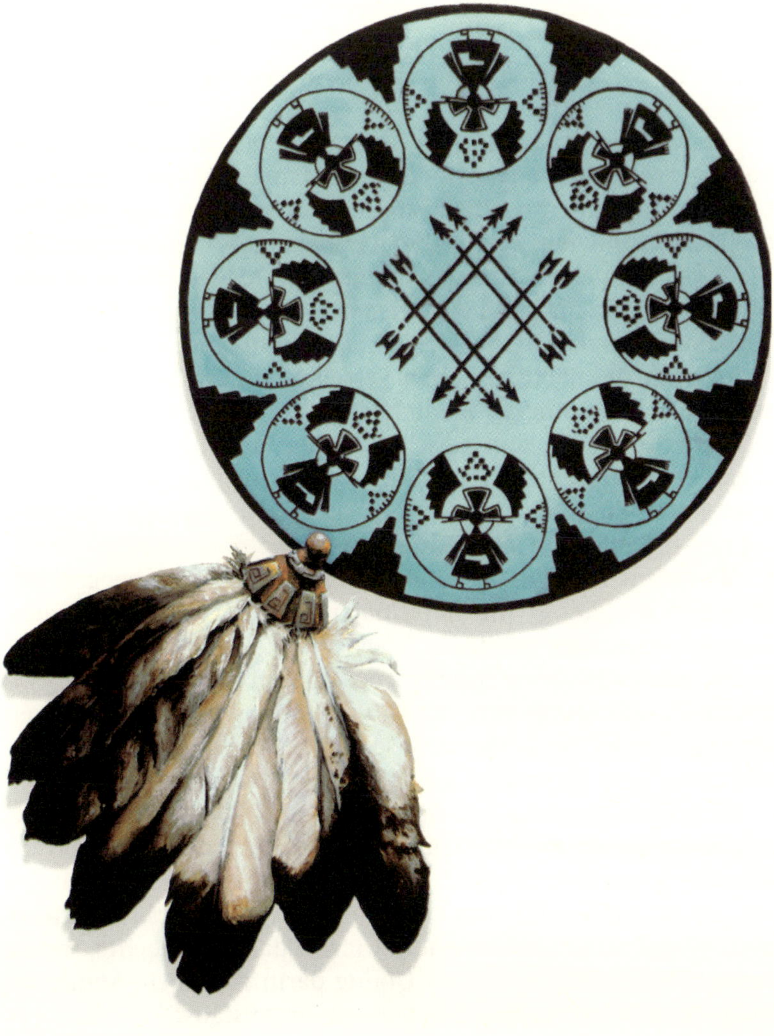

sodass Serpent Mother und Blue Hair Estcheemah weiter lehren konnten.

Moheeguns Entfremdung wuchs immer mehr. Weil er mit den Nähmaschinen so erfolgreich gewesen war, begannen er und John ein neues Geschäft. Auch dieses war erfolgreich.

Eines Tages erschien eine junge Frau namens Janet an Estcheemahs Tür. Sie tat scheu kund, sie sei aus Kanada und Moheeguns Ehefrau.

Dies war weiter keine Überraschung. In der indianischen Welt hatten sowohl die Frauen wie auch die Männer heimlich eine zweite Gattin oder einen zweiten Gatten. Jedoch wurde für gewöhnlich darüber gesprochen, bevor Abmachungen getroffen wurden. Das Mädchen war neunzehn und hatte Angst. Estcheemah und Serpent Mother sorgten für Janet und trösteten sie. Moheegun baute eine Unterkunft, er nannte sie »die Baracke«, und Janet zog ein.

Im Laufe des nächsten Jahres vertiefte sich Estcheemah immer mehr in ihr Training als Medizinfrau und Moheegun involvierte sich ebenso tief in sein Geschäft. Janet fand Interesse am Geschäft und wurde seine Buchhalterin, nachdem John Kyle sie gelehrt hatte, die Bücher zu führen. Janet und Irene, die Frau von John, wurden enge Freundinnen.

Als Robert viereinhalb Jahre alt war, kündigte Moheegun Estcheemah an, dass er mit Janet nach Kanada zurückkehren und Robert mitnehmen werde.

Der Kampf begann, Emotionen flammten auf, und beide, Estcheemah und Moheegun, waren voller Wut. Aber am Ende verlor Estcheemah die Schlacht. Sie gab nicht preis, warum sie verloren hatte, aber sie deutete an, dass Robert entführt worden war.

Zwei Jahre lang war Estcheemah untröstlich. Während dieser Zeit arbeitete sie als Putzfrau – die einzige Arbeit, die sie finden konnte. Schließlich begann sie, nach etwas anderem zu suchen, was sie tun konnte. Sie war entschlossen, niemandes Dienerin zu sein. Während sie eine Freundin in Norddakota besuchte, traf sie Edward Black Dirt. Er schien Übung darin zu haben, Mäntel zu kreieren. Edward begann, Estcheemah im Austausch für ihre Lehren in dieser Arbeit anzulernen.

Im Verlauf der nächsten drei Tage erfuhren Liberty und Lightningbolt langsam mehr. Ungeachtet dessen, wie nachdrücklich Estcheemah es auch versucht hatte, war es ihr viele Jahre lang nicht gelungen, mit ihrem Sohn zu kommunizieren. Moheegun hatte beschlossen, dass sein Sohn ein erfolgreicher Geschäftsmann würde, und er schickte ihn auf die besten Schulen der Vereinigten Staaten und Frankreichs.

Die aufschlussreichste Information erhielten sie am vierten Tag, während Estcheemah mit ihnen in ihrem Heim zu Mittag aß. Sie hatte eine Hypothek auf ihr Haus aufgenommen und all ihr Geld ihrem Sohn gegeben. Sein Geschäft befand sich in tiefen finanziellen Schwierigkeiten.

»Und was ist, wenn er es in den Sand setzt?«, fragte Liberty. »Was wirst du dann tun?«

»Ich bin alt«, antwortete sie. »Er ist mein Sohn. Ich liebe ihn sehr. Es macht wirklich nichts. Ich bin sicher, er wird erfolgreich sein.«

Die Vorbereitungen für Libertys Zeremonie begannen vier Tage später. Estcheemah hatte Lightningbolt instruiert, aus Treibholz und Steinen ein wunderschönes Medizinrad für Liberty zu bauen. Jede vorstellbare Form und beinah jede mögliche Farbe fand sich im Treibholz. Das Holz war von Wind und Reibung geformt und poliert und die Steine waren einzigartig in der Hinsicht, als sie alle ungefähr dieselbe Größe hatten. Auch sie waren von Wasser und Zeit geglättet und geformt worden. Ihre Farbe war ungewöhnlich – sie waren alle von einem verblüffenden Weiß.

Lightningbolt hatte einen Ort einzigartiger Schönheit ausgewählt, an dem er vorhatte, Libertys Medizinrad zu bauen. Es war eine vollkommen runde Graskuppe in der Nähe des Strandes, bedeckt mit unzähligen Blumen, die zu Gold wurden, während sie auf ihren Stängeln trockneten.

Estcheemah wollte Liberty mit so viel Schönheit wie nur möglich umgeben und damit gleichzeitig die Wahrheit des Praktischen und Stabilen ausdrücken. Um das zu erreichen, wählte sie für Libertys Unterstand den Norden ihres Rades. Sie hoffte, dass ihre Studentin die Weisheit und Stärke sehen würde, die das Symbol des Heims für alle Frauen bereithält.

Im Osten hatte sie Libertys Feuerring gebaut, um ihre Schülerin an die Wichtigkeit und Anwesenheit von Gesundheit zu erinnern und ihr symbolisch zu vermitteln, dass sie Klarheit und Erleuchtung in ihrem Selbst brauchte.

Der Tisch und zwei Stühle, die Estcheemah im Süden ihres Rades platziert hatte, wurde Libertys Kreis des Nährens – ein Symbol der Gegenwart des Teilens.

Der Westen war offen und sehr tief geblieben, so wie unsere Ozeane. Die Große Mutter Ozean würde im Traum des Lebens mit Liberty tanzen.

Estcheemahs Zelt war in den Zedern im Nordosten von Libertys Kreis verborgen. Lightningbolt hatte sein Zelt so aufgestellt, dass er den Pfad bewachen konnte. Er sollte aufpassen, dass niemand hier durchgehen würde.

Der Herbstmorgen war angenehm und sehr warm, als Estcheemah ihre Arbeit mit Liberty begann.

»Ich werde mit dir über den unglaublichen Lernprozess sprechen, der während der vergangenen tausend Jahre stattgefunden hat. Manche Leute würden dieses Lernen als Psychologie bezeichnen, aber unsere Hauptleute hatten dieses Wort nie gehört. Wie du weißt, ist der Westen des Medizinrades der Platz der Introspektion. Das bedeutet, nach innen zu schauen.

Leute halten an dem Glauben fest, dass sie in dem Moment, wo ihnen Information präsentiert wird – irgendein Material oder abstrakter Inhalt –, irgendwie ›wissen‹, was sie bedeutet. Nichts könnte weiter von der Wahrheit entfernt sein, denn die Information hat noch nicht den Prozess der Introspektion durchlaufen.

Introspektion bedeutet nicht ›studieren‹. Studieren ist zu oft das, was du vorgetäuscht hast, während du in der Schule warst. Introspektion ist eine Disziplin, die erlernt werden muss. Introspektion ist nicht tagträumen.«

»Ich denke, ich weiß, was du meinst«, warf Liberty ein. »Es ist, wenn ich etwas in meinem Geist sehe.«

»Bewegung und Beobachtung sind die Antworten auf Introspektion«, antwortete Estcheemah. »Wenn ich einen altmodischen Wecker sehe, werde ich schauen, wie die Zahnräder sich bewegen, wie sie zusammenarbeiten. Wenn ich nicht weiß, wie Zahnräder in einer Uhr funktionieren, werde ich mir eine Uhr besorgen, sodass ich lernen kann.

Innenschau ist nicht eine für sich stehende Disziplin. Wie du bei deinen Studien zu den Medizinrädern entdeckt hast, sind Weisheit, Vertrauen und Erleuchtung ebenfalls einbezogen.«

»Sollte ich mit einer Uhr oder etwas anderem anfangen?«, fragte Liberty naiv.

Estcheemah lachte. »Nein, Kind, nein! Aber du kannst beginnen, die Räder zu verstehen ... und vielleicht sogar Introspektion mit dem, was ich dir sage, zu betreiben.

Als Lightningbolt jung war, hat er die Information, die ich ihm eröffnet habe, nicht internalisiert, denn er weigerte sich, sich die Zeit zu nehmen, die er brauchte, um sich selbst kennen zu lernen. Er respektierte sich selbst nicht und warum sollte er sich dann die Zeit nehmen? Information bedeutete nur etwas, was er auswendig lernen und manipulieren konnte.

Er wusste nicht, wie er die Information respektieren konnte, und er wusste nicht, wie er mit der Information, die zu ihm kam, Introspektion üben konnte. Er hielt seine Tagträume für Gedanken.

Jeder angeborene Respekt, den er für das Lernen gehabt hatte, war von seinen Bekannten zerstört worden, vor allem von seiner Familie und seinen Lehrern.«

»Das ist aber traurig!«, sagte Liberty mit einem tiefen Seufzer und ahnte ihre eigene Selbstunwissenheit.

»Wenn er sein eigenes Denken respektiert hätte«, sagte Estcheemah, »hätte er entdeckt, dass er von seinen Glaubenssätzen manipuliert war. Aber Lightningbolts eigene Dogmen und Haltungen waren ihm ja selber nie bewusst, da er seine Gedanken und Gefühle nicht respektierte. Er wusste nur das, was ihm zu glauben vorgegeben war, und das meiste davon verwehrte ihm unabhängiges Denken. Wir nennen unsere Haltungen und Glauben unser ›Denken‹, wenn wir unser Selbst oder unsere Gedanken nicht kennen.

Unsere Zero Chiefs lehrten, dass jede Person eine Vielzahl von Bewusstheiten ist. Dies bedeutet einfach, dass jede Person viele verschiedene Arten von Gesinnungen oder Charakteren hat, die sie oder er internalisiert hat.

Die Hauptleute entdeckten, dass die Grundlage jeden Glaubens Angst ist. Lightningbolt hatte viele kulturelle Glaubensinhalte, sowohl indianischer als auch weißer Herkunft, und er wurde andauernd von seinen Ängsten beherrscht. Da Glaubenssätze nicht vernünftig sind, erfuhr er seine Ängste, wenn er die Tiefen seines eigenen Denkens auslotete.

Seine größte Angst war, dass er seine wahren Wahlmöglichkeiten entdeckte. Er vertraute seiner Wahl nicht, weil er sein Selbst nicht kannte. Zum Beispiel wollte er nicht entdecken, dass er ein mittelmäßiger Mann war.

Einmal habe ich Serpent Mother, meine Lehrerin, über die Gründe befragt, warum die Zero Chiefs soviel über den Verstand von uns Leuten erfahren haben. Ihre Antwort ließ mich lächeln. Doch war sie auch sehr erhellend.

›Das Selbst wurde aus sehr wichtigen Gründen studiert‹, sagte Serpent Mother zu mir. ›Als Erstes musst du dir klarmachen, Estcheemah, dass es in jenen Tagen nicht eben viel zu tun gab. Die Zero Chiefs waren nicht so geschäftig, wie du sie dir vielleicht vorstellst. Als die Zero Chiefs in den großen Städten lebten, hatten sie nicht dieselben Zerstreuungen, denen wir uns in unseren modernen Zeiten gegenübersehen.

Die Zero Chiefs hatten schwer gearbeitet, um ein wohlhabendes Volk zu werden. Zeit ist ein Reichtum, den wenige Leute auf Erden kennen. Zeit ist das wertvollste aller Dinge, die eine Person besitzen kann. Zeit gab den Zero Chiefs die Gelegenheit, die sie für ihre Entdeckungen brauchten.

Das Studium der Person wurde ihr allererster Fokus. Der Gegenstand faszinierte sie und zog ihre Aufmerksamkeit viele hundert Jahre lang auf sich.

›Was ist Ärger?‹ fragten sie. ›Warum töten Leute ihresgleichen? Warum sind manche Leute gütig und andere grausam? Warum lieben Leute? Was ist Hass?‹ Genauso wurden von unseren Ahnen tausende anderer Fragen gestellt. Das ist der Grund, warum in den Kivas soviel entdeckt wurde – die Zero Chiefs stellten Fragen über die Natur des Selbst.‹

Was ich dir nun erzählen werde, ist von unermesslicher Wichtigkeit«, sagte Estcheemah zu Liberty. »Diese Information ist der Schlüssel zum Gleichgewicht eines gesunden Verstandes und besonders zur Selbst-Armee einer Blumen-Soldatin. Intellektualisiere keinesfalls diese neue Information. Habe den Mut, über dein Selbst nachzusinnen und die Macht dessen zu entdecken, was ich mit dir teile.«

Liberty wurde noch aufmerksamer.

»Unsere uralten Zero Chiefs entdeckten nach tausenden von Jahren des Studiums der Vernunft, dass es innerhalb jedes Individuums zwölf Haupt-Mächte des Geistes gibt.

Wir nennen diese zwölf Haupt-Mächte in uns den Gesetzeskreis«, lehrte Estcheemah.

Sie reichte Liberty das Medizinrad des Gesetzeskreises. »Unsere Medizinräder sind unglaublich wertvoll für die Gattung der Leute. Dieses Erbe, das wir für die Erdbevölkerung bewahrt haben, wird eines Tages von vielen Wertschätzung erfahren. Studiere dieses Medizinrad und entdecke seine vielen Nuancen.

Unsere Hauptleute entdeckten, dass das Zentrum eines jeden Selbst aus vier Haupt-Mächten besteht.

Es gibt die Mentale Macht des Selbst.
Es gibt die Emotionale Macht des Selbst.
Es gibt die Physische Macht des Selbst.
Und es gibt die Spirituelle Macht des Selbst.

Über diese vier Haupt-Mächte hinaus, die das innere Rad des Selbst bilden, entdeckten unsere Hauptleute, dass es andere Verstandesarten gibt, die in der Person existieren. Diese Verstandesarten werden von den acht Plätzen repräsentiert, die auf dem äußeren Ring des Medizinrades existieren.«

»Schau dir nun deinen Kreis an, Liberty. Der Kreis, den du sehen kannst, ist so wie viele unserer alten Räder des Lernens. Der Kreis, der dich umgibt, ist grundlegend für Leben und fundamental für alles, was unserer Mutter Erde geboren wurde. Die Zero Chiefs benutzten die Form des Medizinrades als ein Werkzeug, um die überragenden Unterschiede im individuellen Selbst zu verstehen.

Sie entdeckten, dass Charaktere oder Bilder von Leuten im äußeren Ring des Rades existierten. Sie nannten diese internalisierten Bilder der Leute die ›Verstandesstimmen‹.

Steh auf und geh in die Kreismitte und bleib dort stehen.«

Liberty ging auf das Zentrum ihres Rades zu und begann physisch zu schätzen, was ihre Lehrerin ihr sagte.

»Der äußere Ring ist ein Kreis, der dich umgibt«, betonte Estcheemah nachdrücklich. »Er beschützt dich. Der Ring umgibt das Selbst. Das musst du in deinem Geist festhalten, während ich über dein Rad spreche.

Während unserer Kinderzeit lernen wir. Lernen bedeutet auch, dass wir so tun als ob. Es ist natürlich für Kinder, so zu tun als ob; auf diese Weise lernen sie. Kinder tun so, als ob sie andere Leute seien, die sie sehen.

Die Charaktere oder Verstandesstimmen sind Bilder von Leuten, die zu sein du während deiner Kindheit und deines Aufwachsens vorgegeben hast. Du internalisiertest diese Bilder deiner Kultur und glaubtest, sie seien real. Aber die Bilder und das So-tun-als-ob, das du internalisiert hast, sind nicht du. Sie waren niemals wirkliche Leute. Sie machten es dich nur glauben.

Diese internalisierten Bilder, die Verstandesstimmen, sind nicht das Selbst. Eher sind sie Substitute für das Selbst.

Wenn wir allein sind und das Selbst, das wir sind, studieren können, machen wir manch interessante Entdeckung. Die erste Gegebenheit, die wir über das Selbst lernen, ist, dass es die Stimmen der Autorität gibt, die in unserem Verstand existieren. Die meisten dieser Bilder – Stimmen von Autoritäten – sind albernes So-tun-als-ob. Die meisten von ihnen sind kindisch. Aber sie haben tiefe Wurzeln innerhalb unserer Kultur.

Wie kann das Selbst das Selbst erkennen, wenn so viele Stimmen vom äußeren Ring des Medizinrades zu hören sind? Kannst du dir vorstellen, Liberty, wie aufregend die Entdeckung des internalisierten Bildes und der Verstandesstimme für die Zero Chiefs war?

Selbstverständlich war die wichtige Frage, mit der sie konfrontiert wurden, die, wie sie unterscheiden konnten, welche innere Stimme das Selbst war und welche Verstandesstimmen vom äußeren Ring kamen.

Wo war bei so vielen verschiedenen Arten von internalisierten Stimmen, die Autoritäten waren, die wahre Selbst-Autorität?

Wenn ein inwendiger Verstand auf die eine Art dachte und ein anderer auf eine andere Weise dachte, wie konnten wir Leute jemals eine Entscheidung treffen?

Wir werden einen Blick auf die reale Person werfen müssen, um zu sehen, wie unsere Hauptleute die Antwort darauf erkannten. Lightningbolt hat sich einverstanden erklärt, unser Fallbeispiel zu sein.

Während seines Aufwachsens in Montana hatte Lightningbolt viele Bilder von Leuten und das, was er als ihre Autorität ansah, internalisiert. Er sah, wie Leute belohnt wurden dafür, dass sie das Bild dessen waren, was sie waren. Was diese Bilder in Wirklichkeit bedeuteten, wusste er nicht. Meistens waren die Bilder der Leute, die er internalisierte, schwach und höchst konformistisch.

Du musst dich erinnern, dass das physische Erscheinungsbild für das Kind höchst bedeutsam ist. Demzufolge sind einige seiner internalisierten Bilder dünne Leute, manche sind fett, mache dumm, manche schlau. Aber alle wollen sie dasselbe – soziale Aufmerksamkeit, Reichtum und materielle Besitztümer. Manche der Leute, die er vorgab zu sein, waren hübsch, einige oberflächlich, aber alle wollten physische Bequemlichkeit und besondere Aufmerksamkeit.

Einige der Leute, mit denen er aufwuchs, wurden bestraft für das, was sie waren, und einige wurden belohnt dafür, wer sie waren. Lightningbolt wollte weder belohnt noch bestraft werden, vor allem aber wollte er nicht abseits stehen.«

»Es verblüfft mich, wie du dir all das merken kannst!«, sagte Liberty andächtig.

Estcheemah lächelte breit. »Dir etwas zu merken ist das Verkehrteste, was du tun kannst, Liberty.« Sie berührte Libertys Hand. »Diese Dinge sind sichtbar und physisch. Du musst nur ein anderes Auge öffnen; du brauchst Dimensionen. Wenn du präsent bist im Leben, dann sind diese Dinge mehr als offensichtlich. Leute, die in Büros und Städten gefangen sind, können den Blick auf die Präsenz verlieren.

Liberty, Vielfalt ist eine Gegebenheit des Lebens und eine Große Lehre für alle ihre Kinder. Vielfalt im Ackerbau, unserem Speiseplan, unserem Spiel, unserer Arbeit und in unserem Denken sollte unsere Stärke, nicht unsere Schwäche sein.

Unser modernes Problem ist, dass Leute versuchen, sich anzupassen, anstatt zu entdecken, wer sie in ihrem eigenen Leben eigentlich sind. Leute gerieten in Verwirrung darüber, wer sie sind. Bei all diesem Konformismus wird das Selbst für ein Bild und ein vages soziales oder kulturelles Versprechen weggeworfen, das niemals erfüllt werden kann. Leute, die konform sind, die an das vage soziale Versprechen glauben, werden ein ›Das‹ – ein Ding und keine Person.

Unser Lightningbolt wollte so sein. Solche Leute hatten Geld, hatten soziales Prestige. Das waren Erwachsene.

Aber wer waren diese Autoritäten? Die meisten waren mittelmäßige, konformistische Leute. Ihre Stimme war die Stimme des Konformismus, die die Dogmen nachplapperten, an denen ihre Gemeinschaft festhielt.

Während Lightningbolt aufwuchs, internalisierte er, was er sah, aber er hatte kein Maß für das, was er sah. Wenn eine Person ohne Maß ist, bleibt ihr nur Konformismus und das Annehmen von Dogmen.

Es dauert ein Leben lang, das Selbst kennen zu lernen, Liberty. Wir sind hier mit ihr, unserer wundersamen Mutter Erde lebendig, um unser Selbst kennen zu lernen. Es ist die Gegebenheit unseres Lebens, die uns Maß geben und uns die Essenz dessen, was wir sind, lehren wird. Das ist der wichtigste Grund für unsere Existenz.

Unsere Hauptleute sagen, dass alle Kinder ihre Welt strukturieren, um zu lernen. Ich lehrte Lightningbolt, wie er seine Selbst-Unwissenheit bekämpfen kann. Auf diese Weise hat er viel von seinem Vortäuschen und seinem einfachen Kinderglauben besiegt.

Seine kulturellen Stimmen der Autorität wurden für ihn offensichtlich, als ich sie benannte. Ich nannte den emotionalen Teil von ihm den Waisenknaben. Er hasste das, weil es emotionalen Schmerz in ihm auslöste, wenn er es hörte.

Jedes Mal, wenn Lightningbolt traurig oder einsam wurde, wenn er sich abgelehnt oder verlegen fühlte, wurde der Waisenknabe der Befehlshaber in seinem Verstand. Er lernte, dagegen anzukämpfen.

Durch Zeremonien und unsere Zusammenarbeit entdeckte Lightningbolt Bull Head. Bull Head ist das physische und willensstarke Cowboy-Bild. Dieses Bild zu bekämpfen war eine große Herausforderung. Er hielt den Glauben aufrecht, dass alle Cowboys das bekämen, was sie wollten, und zwar durch absoluten Willen und brutale Kraft.

Um Bull Head zu finden, musste Lightningbolt lernen, nach innen zu schauen. Das war keine einfache Aufgabe für ihn, denn es war schwer für ihn, stillzusitzen und seiner inneren Welt zuzuhören.

Als nächstes musste er seine Aufmerksamkeit der Verstandesstimme zuwenden, die ich Onkel Sam nannte. Eigentlich waren Onkel Sam und Sugar Barrel dasselbe Wesen. Er lernte, dass Onkel Sam sich um Geld kümmerte und das Bild des perfekten Vorarbeiters widerspiegelte. Für Onkel Sam war Geld die Antwort auf alles.

Wann immer ich ihn beschuldigte, Onkel Sam zu sein, explodierte er in einem Wutanfall, so sehr verachtete er den Namen.

Die nächste Geiststimme, die er entdeckte, war der weise, aber mit Armut geschlagene Medizinmann. Ich nannte ihn Jumping Mouse.

Dieser Charakter war aus einer Anzahl von Bildern zusammengesetzt, die vom alten Goose Flying bis Dschingis Khan reichten.

Jumping Mouse ist Lightningbolts Vorstellungskraft. Jumping Mouse ist nicht ein zerstreuter Krieger; er ist das mitfühlende und spirituelle Wesen, das eines Tages ein Schriftsteller werden wird.

Es ist die Herausforderung jedes Blumen-Soldaten, die Persönlichkeit seines äußeren Ringes zu entdecken, sie auszubilden und zu transformieren. Damit beginnt der Prozess des Aufbaus der Selbst-Armee. Wie macht der Blumen-Soldat das? Der erste Selbstbefehl für den Blumen-Soldaten heißt, zuzulassen, Selbst-Wahl zu besitzen.

Das mag sehr einfach für dich klingen, Liberty – das ist es aber nicht. Der Grund für die Schwierigkeit ist der, dass die meisten Leute kein Selbst-Denken kennen. Es gibt keine wirkliche Wahl, bevor wir nicht Selbst-Denken verstehen.«

»Estcheemah«, fragte Liberty, »wie kann ich eine gute Richterin über das, was ich tue, sein? Manchmal sind meine Beweggründe nicht so klar.«

»Sei niemals eine Richterin«, antwortete Estcheemah. »Sei gütig und ehrlich. Sei diejenige, die dein Selbst erleuchten wird. Verurteile dein Selbst nicht. Du bist nicht reif, eine Richterin zu sein. Leute verurteilen sich selbst viel zu schnell, Liberty. Unsere Kultur hält an Leute zu verurteilen. Die Kultur, in der wir leben, will die Leute gar nicht lehren, mit sich ehrlich zu sein. Das kommt daher, dass selbst-ehrliche Leute nicht blind Regeln befolgen und sich etwas vormachen, wie unsere Kultur ihnen das beibringt.

Leute, die verurteilen, besitzen keine Qualifikationen, um ein klares Urteil für sich selbst zu treffen.

Anstatt dein Selbst zu verurteilen, sei eindeutig mit deinem Selbst. Anstatt zu verurteilen, sei immer informativ.

Erinnere dich, Liberty, dass die Verstandesstimmen des Vortäuschens sehr laut sind. Sie ersetzen oft Selbst-Denken durch Regeln und Glauben.

Serpent Mother sagte mir einmal, dass der überwiegende Teil der Leute schnell mit den Glaubenssätzen ihrer Gemeinschaft übereinstimmt – hauptsächlich aufgrund von Belohnung und Bestrafung. Sie erklärte auch, dass viele Leute nicht genug Selbst-Mut oder -Denken besitzen, die Unwissenheit oder die Glaubenssätze ihrer Gemeinschaften in Frage zu stellen. Wenn sie das tun würden, wären sie schockiert und entsetzt über das, was sie für normal befunden haben, nur weil es normal genannt wird.

Serpent Mother wusste nichts von den Nazis, aber sie wusste um die Konzentrationslager in Oklahoma. Sie wusste nichts von den Millionen und Abermillionen, die während des Zweiten Weltkrieges getötet worden waren, aber sie wusste um die Millionen amerikanischer Indianerinnen und Indianer, die starben, als die Europäer unsere Amerikas besiedelten.

Leute sind im Namen ihrer Götter und ihres Konformismus in jedes Extrem gegangen. Sie sagte, es sei für ein Volk durchaus möglich, die ›Tradition‹ zu entwickeln, ihre erstgeborenen Kinder zu essen. Gewisse Stämme der frühen Griechen, Römer und Hebräer praktizierten allesamt Menschenopfer. Zu jener Zeit wurde das als normal angesehen. ›Zornige Götter‹ und die seltsamen Dogmen, die diese zornigen Götter umgaben, sind oft primitiv und schockierend gewalttätig – und doch akzeptieren die Leute diese Mythen als heilig. Wer hinterfragt diese fundamentale Verrücktheit von Religionen, die behaupten, dass die Kreation mit Menschenfolter einverstanden sei? Doch ist es nicht eine Tatsache, dass viele traditionelle Religionen einen zornigen Gott haben, der das Foltern von Leuten in ewigen Flammen befürwortet?

Die einzige Macht, die die Leute vor noch schlimmeren Bedingungen und Glaubenssätzen gerettet hat, war das Denken einiger vernünftiger Individuen, denen der Einsatz und der Mut zu Eigen war, die Glaubenssätze ihrer Kultur zu hinterfragen.

Wenn Temple Doors den Glauben der Menschenopferbringer nicht hinterfragt hätte, mit denen sie gelebt hatten, hätte es keine große Wanderung in den Südwesten gegeben, und viele von den Medizinrädern wären für immer verloren gewesen.

Wenn Thomas Paine, Thomas Jefferson und viele andere tapfere Frauen und Männer nicht kritisch hinterfragt und gegen die religiös-feudalen Systeme Europas gekämpft hätten, die sozusagen ›sakrosankt‹ waren, hätten die Vereinigten Staaten heute keine Demokratie.

Aber weil sie die Geistesgegenwart besaßen, ihre Welt zu hinterfragen, gingen sie zu den Ureinwohnern der beiden Amerikas und lernten. Die Folge davon waren die ersten Schritte in Richtung einer funktionierenden Demokratie. Doch ihre Demokratie war nur eine rohe Form dessen, was sie von den amerikanischen Indianerinnen und Indianern gelernt hatten, insofern, als ihre Form der Demokratie alle Leute ausschloss, die nicht weiß und männlich waren.

Sogar jetzt kämpfen nur einige wenige mutige Frauen und Männer, um unser heutiges System in Amerika, das sich Demokratie nennt, zu verbessern.

Blumen-Soldatinnen und Blumen-Soldaten wissen, dass sie keine Selbst-Befehlshaber sein können, außer sie studieren ihr eigenes Denken und hinterfragen alles in ihrer Welt. Sie kämpfen um ihr eigenes selbstkritisches Denken und ihr Selbst-Handeln. Befehlsmacht innerhalb des Selbst lehrt uns, wie die Welt zu befehlen ist.

Wie eine Blumen-Soldatin die Selbst-Befehlshaberin im Innern findet, ist die nächste Frage, der du dich stellen musst, Liberty.

Du siehst, jede Person ist mit Selbst-Befehl geboren, aber die meisten Leute werfen die Selbst-Wahl und Selbst-Autorität weg.

Zu wählen, nicht zu wählen, ist doch immer eine Wahl, die man trifft.

Alles beginnt mit Selbst-Respekt. Selbst-Respekt wird die Blumen-Soldatin zur Selbst-Ehrlichkeit führen.

Bevor wir weitergehen, müssen wir einen Blick darauf werfen, was Selbst-Respekt für die Frauen bedeutet, die überall auf unserer Welt leben.

Selbst-Autorität wurde den Frauen verboten oder wird nicht ernst genommen, denn überall in unserer Welt werden Frauen gezwungen, in Kulturen zu leben, die lehren, dass sie weniger seien als Männer.

Liberty, wir Frauen werden unsere eigene Autorität finden, unsere Stimmen, wenn wir zu respektieren beginnen, dass wir eine Frau sind. Wir Frauen werden unsere Selbst-Autorität besitzen, wenn wir unsere Kreatorin Mutter Göttin auf die gleiche Stufe heben wie unseren Kreator.

Schau dein Medizinrad an und lerne, deine eigene weibliche Intelligenz und Selbst-Weisheit zu akzeptieren. Du bist deine eigene Selbst-Autorität. Du musst auch untersuchen, was du spürst und fühlst, denn diese Energien sind real und tun einer Frau viel kund.

Jetzt ist die Zeit für uns Frauen, unser Selbst zu lehren, alle unsere Stärken als Frauen wieder anzuerkennen. Es ist Zeit zu kämpfen, um unsere Unwissenheit zu transformieren. Es ist Zeit für uns, uns auf die Wichtigkeit unseres Selbst als Frau zu zentrieren.

Liberty, kannst du dir den wunderbaren Wandel vorstellen, der in allen Leuten und unserer Welt vollzogen wird, wenn die Frauen eine gleichberechtigte Stimme haben in Fragen, wie unsere Welt gelenkt oder wie für sie gesorgt werden soll?

Viel zu lange wurden Frauen-Entscheidungen heruntergemacht. Wir wurden sogar beschuldigt, weniger als ein Mann wert zu sein. Es ist Zeit, diese abscheulichen Glaubenssätze zu ändern. Nimm also ernst, was ich sage, und überlass es nicht einer anderen Zeit oder einer anderen Frau, diesen Wandel zu bewerkstelligen. Habe den Mut, zuzuhören und zu verstehen, was ich dich lehre. Selbst-Ehrlichkeit, persönliche Zeremonien, Selbst-Entscheidung und Selbst-Befehlen wird dein machtvollstes Selbst zum Vorschein bringen.

Die Kultur ist gar nicht immer so freundlich und beschützend. Studiere und komm zu einem Verständnis für das Diktat deiner Kultur darüber, was du als ein Mädchen oder eine Frau zu sein hast. Blumen-Soldatinnen und Blumen-Soldaten suchen nicht danach, zu zerstören, was sie gelernt haben«, warnte Estcheemah. »Vortäuschen ist Vortäuschen; wir können es verstehen.

Was und wer wir sind und wer wir werden können ist für die Person, die lernt, Information. Das Schäbige, das Abwegige und Gemeine – ja, sogar das Überhebliche –, alles kann für die Person, die vom Selbst lernt, zu Rohstoff von Information werden. Alle Information über das Selbst ist wichtig für das Selbst. Eine Blumen-Soldatin lernt über jeden inneren Rohstoff und macht davon Gebrauch.

Vortäuschen und Angst wird immer die Verstandeswesen der Unwissenheit des äußeren Rings zum Vorschein bringen. Wenn das geschieht, studiere die Information, die dir die Angst enthüllt hat. Wenn eine Frau ihre Schwächen kennen lernt, sollte sie sich niemals selbst bestrafen. Sorgsames Hinterfragen und eine klare Haltung dem Selbst gegenüber ist viel besser als Bestrafung.

Jedes Mal, wenn eine Blumen-Soldatin oder ein Blumen-Soldat erkennt oder fühlt, dass eine alte Verstandesart des Vortäuschens in ihrem oder seinem Kreis die Befehlsgewalt ergreift, ist es die erklärte Pflicht der Blumen-Soldatin, dem Selbst unverzüglich zu berichten, was stattfindet.

Der Selbst-Befehlshaber kämpft um Befehlsmacht und hinterfragt dann den Vortäuscher-Verstand, der den inneren Konflikt verursacht hat. Versuche es, Liberty – du wirst unmittelbar belohnt werden. Selbst-Ehrlichkeit belohnt das Individuum mit Mut. Mut zu gewinnen ist eine der größten Errungenschaften für die Blumen-Soldatin.

Selbst-Ehrlichkeit und Mut sind Waffen, die der Blumen-Soldat zu schmieden lernt. Sie sind die ersten inneren Waffen, die Blumen-Soldatinnen und Blumen-Soldaten helfen, ihr eigenes Vortäuschen und ihre Unwissenheit zu besiegen.

Sobald wir wirklich lernen, dass wir eine Wahl haben, können wir beginnen, uns von der Gefangenschaft und Bürde unserer Glaubenssätze zu befreien. Das ist der Beginn des Selbst-Lehrens. Und Selbst-Lehren ist einer der tiefsten Gründe dafür, dass Leute leben.

Der Selbst-Befehlshaber weiß um Selbst-Wahl und lernt, wie er dem Selbst den Befehl für eine Aktion erteilen kann. Wie du weißt, ist Thunder Child der Name von Lightningbolts Selbst-Befehlshaber. Sun Mirror werden wir deine Selbst-Befehlshaberin nennen, Liberty. Du – deine Medizin und Essenz – hast eine wahre Affinität zu den Sonnenenergien und auch all den verschiedenen Arten, wie Licht sich mit den Trillionen Wasserspiegeln auf Mutter Erde vermählt. Du musst kämpfen, um Sun Mirror innerhalb deines Selbst zum Vorschein zu bringen, und anfangen, von den Verstandeswesen deines äußeren Rings zu lernen und sie zu lehren. Dies ist Selbst-Aktion.

Selbst-Aktion ist das anzustrebende Ziel jeder Blumen-Soldatin, Liberty. Wenn die Blumen-Soldatin ihr Selbst als Frau entdeckt, wird sie beginnen, ihre eigenen Aktionen zu verstehen.

Als Frauen, die fragen, werden wir über unsere Entscheidung Kenntnis erlangen. Dies ist der einzige Weg für eine Frau, zu wissen, was Selbst-Wahl für sie bedeuten kann. Uns Frauen wurde das Privileg verwehrt, und zwar sehr lange Zeit, zu fragen, wer wir als Frau sind, und was es ist, das wir kreieren werden.

Du als eine Selbst-Befehlshaberin musst Gleichgewicht, Ordnung und Einigkeit in deinen äußeren Kreis der Wesen, die du bist, bringen.

Das Einigen des Selbst ist das Bauen der Selbst-Armee.

Das Einigen ist eine lebenslange Schlacht für die Selbst-Befehlshaberin. Der äußere Ring kann durch große Anstrengung und persönlichen Einsatz zu Selbst-Macht transformiert werden.

Es ist deine heilige Pflicht, dein Selbst auf jede dir mögliche Art und Weise auszubilden. Das Annehmen deines Selbst und die Tatsache, dass du für deine eigene Existenz von Wert bist, ist eine wunderbare persönliche Belohnung!

Kämpfe um diesen Sieg, Liberty. Behalte allezeit eine machtvolle Zielrichtung im Auge, nämlich deine eigene Selbst-Befehlshaberin zu sein.

Unsere Erde wird transformiert werden, Liberty, wenn wir Frauen beginnen, unsere Mutter Erde innigst zu lieben und uns laut für sie einzusetzen. Es ist unsere Pflicht als Frauen, als die Leute, die andere Leute gebären, Erd-Leben – Mutter Leben – zu beschützen.

Frauen haben keine wirkliche Wahl. Nicht in den Demokratien, in denen sie leben. Nicht in den totalitären Staaten, in denen sie leben. Wahl ist das größte im Universum bekannte Gleichgewicht und aufgrund von sozialer und religiöser Engstirnigkeit wurde sie den Frauen vorenthalten.

Die Zero Chiefs sagen, dass persönliche Wahl die wertvollste Macht und Präsenz ist, die die Kreation Leuten gegeben hat.

Liberty, wenn die Leute irgendeiner Nation, Religion oder eines sozialen Systems die persönliche Wahl unterdrücken, dann gibt es Stillstand und Elend.

Wir müssen die persönliche Fähigkeit, Wahl zu haben, voll unterstützen und zum Vorschein bringen, denn Wahl ist der Ursprung all dessen, was Leute auf Erden an Würdigem, Edlem, Erfindungsreichem und Schönem zum Vorschein gebracht haben. Die Gattung der Leute hängt in ihrem Fortschreiten und Überleben von diesem Ursprung von Würde und Erfindungsgeist ab.

Gleichgewicht ist aus Wahl geboren – das gilt gleichermaßen für die Natur wie für die Belange von Leuten. Wenn alles, was weiblich ist, in derselben Weise gewürdigt wird wie das, was männlich ist, dann wird in einer Welt, die aus dem Gleichgewicht ist, das Gleichgewicht wiederhergestellt.

Unsere Kreatorin Göttin wurde niedergeworfen und zertrampelt. Der Verlust unserer Göttin Mutter ist ein verkrüppelnder Schlag, unter dessen Folgen die gesamte Gattung der Leute leidet – physisch, mental, emotional, sozial und spirituell.

Unsere Kreatorin Mutter Göttin ist für sich genommen das machtvollste Symbol und die Grundlage des Lebens.

Wenn die Gattung der Leute das geheiligte Leben als unsere Kreatorin Mutter Göttin in der gleichen Weise wie den Kreator respektiert und ehrt, ist dieser eine Akt in der Lage, das Gleichgewicht in unserer Welt wiederherzustellen.

Die Zero Chiefs gaben den Leuten die Medizinräder, sodass sie sich nach Gleichgewicht in ihrem eigenen Geist sehnen würden. Sie nannten dieses Gleichgewicht die Demokratie des Geistes. Sie wollten nicht, dass die Leute mit dem einsamen Symbol und Bild eines Diktators oder Königs als Führer in ihrem Geist lebten. Könige und Königinnen sind aus dem Feudalismus, nicht aus der Demokratie heraus geboren.

Junge Frauen und Männer wurden gelehrt, ihr Denken zu demokratisieren, um im Leben als freie und ausgeglichene Individuen zu leben und auf diese Weise zu lernen, ihre eigene Führerin, ihr eigener Führer zu sein.

Diejenigen, die eine Demokratie des Geistes besitzen – den Gesetzeskreis –, werden das machtvollste aller bekannten Werkzeuge als dynamisches Hilfsmittel haben – die Erkenntnis, dass sie durch die Fähigkeit zur Selbst-Entscheidung selbstverantwortlich sind.

Selbst-Entscheidung lehrt alle Leute die Sprache ihres Selbst-Gesetzes. Das Selbst-Gesetz zu verstehen erweckt in jeder Person eine persönliche Verantwortung für Gleichgewicht im Rahmen der Gesetze unserer Welt.«

Die Lehren von den Zero Chiefs: Morealah (Wasser)

»Ist das Gleichgewicht allumfassend, so spiegelt es die Weite und die Natur der Kreation wider«

Dies lehrt Estcheemah:

Der Gesetzeskreis

»Wenn das Gleichgewicht allumfassend ist, reflektiert es die Weite und den Umfang alles Natürlichen, das als Bestandteil der Kreation existiert, denn es ist die Natur der Kreation, mit sich im Gleichgewicht zu sein.

Nach tausenden von Jahren des Studiums und der Experimente begannen die Zero Chiefs zu sehen, dass die Medizinräder eine innere Beziehung enthüllten, die sie zuvor nicht erkannt hatten, und zwar eine, die das persönliche Selbst betraf.

Die heilige Mathematik des Medizinrades (genauer gesagt, die Art und Weise, wie die Hauptleute ihre Konzepte und Zahlen auf dem Rad platzierten) machte es für die Hauptleute möglich, die verschiedenen Qualitäten und Aspekte, die ein Individuum ausmachen, zu entdecken und dann zu unterscheiden. Das offenbarte ihnen, dass jede Person aus den, wie die Zero Chiefs es nannten, zwölf prinzipiellen Mächten besteht.«

Der Gesetzeskreis: Die Gemeinschaft und das individuelle Selbst
Estcheemah:
»Die Zero Chiefs nannten das große inwendige Rad des Gleichgewichts den ›Gesetzeskreis‹.

Einige Zero Chiefs, die ihre Leute den Gesetzeskreis lehrten, wurden später die Erd-Sonnen-Hauptleute genannt. Sie lehrten, dass immer dann, wenn eine Person ihr Selbst auszubilden versucht, sie oder er sowohl in Übereinstimmung als auch Konfrontation mit den zwölf Mächten kommen wird, die das Medizinrad enthalten und in jedem individuellen Selbst existieren.

Diese Hauptleute verstanden, dass Selbst-Lehre die Grundlage für Chaos oder Übereinstimmung innerhalb der Person ist. Wenn eine Person das Selbst lehrt, kann sie oder er eine wahrhaft ausgeglichene Person werden.

Vor vielen tausend Jahren wurde in den Ozean-Tempeln die Entscheidung getroffen, dass das effektivste und machtvollste Organisationssystem für die Selbst-Regierung einer Gemeinschaft von Leuten der Gesetzeskreis sein würde. Sobald die Gemeinschaft in der Lage war, ihre eigene Regierung zu sein, würde die Gemeinschaft ihre wahre Stabilität finden.

Für die jeweilige Gemeinschaft wurde der Gesetzeskreis das Modell der Selbst-Regierung. Der Gesetzeskreis reflektiert den Geist der Leute. Und der Gesetzeskreis wurde das erste demokratische Regierungssystem der Leute.

Der ursprüngliche Gesetzeskreis wurde aus sechzehn Leuten gebildet. Diese Hauptleute waren immer acht Frauen und acht Männer. Jedes Paar dieser Frauen und Männer repräsentierte die Zwillinge des Machtplatzes, an dem sie saßen.

Was bedeutet ›die Zwillinge‹? Warum wählten die Zero Chiefs diese Bezeichnung? Die Hauptleute wollten, dass sich die Leute an das erinnerten, was ihr wichtigster Wissensinhalt war – was sie als das Wertvollste hochhielten: dass die gesamte Kreation sich im Gleichgewicht befindet und dass die höchste uns Leuten bekannte Quintessenz an Gleichgewicht diejenige ist, die zwischen Weiblich und Männlich existiert. Dass Frauen Männern gleichwertig sind. Dass alle Frauen und Männer frei geboren sind.

Im Verlauf der Geschichte erkannten die Zero Chiefs ein Problem, das im Lauf der Zeit immer und immer wieder aufgetreten war. Es war das Problem von ›Macht hat Recht‹, welches die Reichen dazu geführt hatte, ihre Schwestern und Brüder zu versklaven.

Flying Crow, die Kriegerin und Zero Chief, die für eine der Großen Wanderungen aus Mittelamerika in die nordöstlichen Vereinigten Staaten vor ungefähr fünfzehnhundert Jahren verantwortlich war, sagte:

›Welch größeres Recht besitzt die Person als das Recht auf Freiheit? Alle Leute sind frei geboren.

Alle Leute müssen das Recht haben, ihre Gemeinschaft zu formen und zu regieren. Und wer hätte mehr Wissen um Kraft als die Frau?

Das Rad des Gesetzeskreises

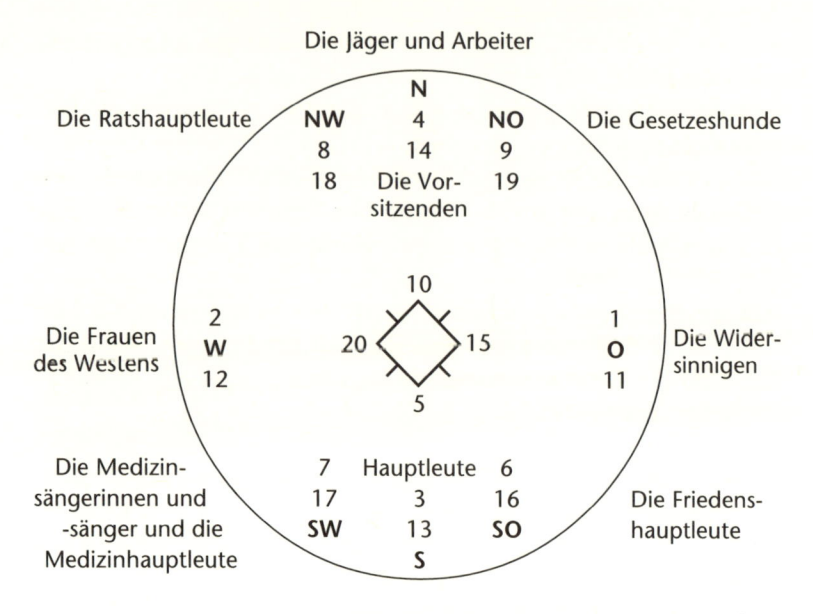

```
                    Die Jäger und Arbeiter
                            N
Die Ratshauptleute   NW     4     NO     Die Gesetzeshunde
                      8    14     9
                     18   Die Vor- 19
                         sitzenden

                           10
Die Frauen         2      ◇         1      Die Wider-
des Westens        W    20  15      O      sinnigen
                  12      ◇        11
                           5

Die Medizin-             7  Hauptleute  6
sängerinnen und         17      3      16   Die Friedens-
-sänger und die         SW     13      SO   hauptleute
Medizinhauptleute              S
```

Die Kriegshauptleute
Die Vier Vorsitzenden Hauptleute saßen im Zentrum
auf 5, 10, 15, und 20 des Kinderfeuers

Welch größere Macht existiert, als die einer Frau, die ein Kind gebiert? Welch größeres Vermögen existiert als das Vermögen der Liebe, wenn eine Person dieses essenziellen Trostes bedarf?

Die Stärken von Frauen und Männern sollten niemals verglichen werden. Es macht den Brutalen nicht wichtiger oder stärker, nur weil er brutal ist.

Waffen entscheiden darüber, wer siegreich ist, wenn das Brutale dem Jäger gegenübersteht. Es macht das Brutale nicht wichtiger, nur weil das größere Tier stärker ist als der Jäger.

Die physische Stärke von Männern im Vergleich zu der von Frauen wurde von den Unwissenden wichtiger genommen. Aber die Zugkraft der Frau am Bogen hat mehr Entscheidungen herbeigeführt als die Diktate brutaler Kraft.‹

Alle Werkzeuge und Waffen sind vom individuellen Verstand von Leuten kreiert worden. Der Verstand ist eine der größten Mächte, die der Person gegeben sind. Der Verstand der Leute ist im Gleichgewicht, wenn die weiblichen und männlichen Mächte innerhalb der Person und in allem, was sie kreiert, im Gleichgewicht sind.

Die Zero Chiefs der alten Tage würden sagen: ›WahKahn und SsKwan sind weiblich und männlich – Zwillinge –, und sie brachten die gesamte Existenz zum Vorschein. Alles, was existiert, ist weiblich und männlich.‹

Der Name ›Zwillinge‹ wurde den Vorsitzenden verliehen, die im Kreis des Gesetzes an den Machtplätzen saßen. Die Machtplätze waren zwischen Frauen und Männern immer gleich verteilt.

Weil der Gesetzeskreis eine gesetzgebende Einheit ist, die Wahl besitzt, gab es besondere Unterschiede unter den hunderten von Gesetzeskreisen. Jeder der Kreise, die über die letzten paar tausend Jahre existierten, entfaltete sich auf jeweils unterschiedliche Weise. Als Ergebnis der Gesetze, die jeder individuelle Kreis seiner Zeit und seinen Umständen entsprechend erarbeitete, konnten die Unterschiede zwischen Gesetzeskreisen sehr groß sein.

Der Gesetzeskreis war das System der Selbst-Regierung, das in einigen der größten Städte Zentralamerikas in Gebrauch war. Aber viele hundert Jahre später wurde es auch das Regierungssystem verschiedener nordamerikanischer Stämme. Wie der Kreis in Bezug auf Verfahrensdetails funktionierte, richtete sich nach Zeit und Umstand, als ein Ergebnis der Anzahl der Leute, die der Kreis repräsentierte. Diese Freiheit und die dem Gesetzeskreis innewohnende Fähigkeit der Erneuerung reflektierte die ewig wechselnden Umstände und Bedürfnisse vieler verschiedener Völker.

Jedoch war der überragende Geist der eigentlichen Struktur des Gesetzeskreises und der Umstand, dass die repräsentativen Zwillingshauptleute sowohl weiblich als auch männlich waren, unwandelbar und ewig. Es war verboten, diese machtvollen strukturellen Elemente in irgendeiner Weise zu verändern.

Was ich mit ›strukturelle Elemente‹ meine, ist die eigentliche Konstruktion des Rades selbst. Zum Beispiel sitzen die Widersinnigen immer im Osten des Gesetzeskreises, dem Platz von Eins und Elf, und sind immer Zwillingshauptleute – eine Frau, ein Mann. Die Friedenshauptleute sitzen immer im Südosten, dem Platz der Zahlen Sechs und Sechzehn, und sind immer eine Frau und ein Mann.

Wenn ihr das Medizinrad studiert, werdet ihr die ewigen Elemente des Gesetzeskreises sehen. Die eigentliche Macht, die jedes dieser Elemente für die Gemeinschaft der Leute repräsentiert, und der Macht-Platz, auf dem sie im Kreis sitzen, ist unwandelbar und ewig. Die Mathematik und tief gehende Bedeutung, die die Medizinräder für die Natur unseres Universums und die natürlichen Erd-Gesetze haben, wurden von allen Leuten, die am Gesetzeskreis teilnahmen, in höchstem Maß respektiert. Die Zahlen eines jeden Machtplatzes hatten weitreichende Bedeutung für die Repräsentanten und Hauptleute, die den Vorsitz hatten.

So wie auf jedem Medizinrad die Sonne und die Erleuchtung Osten und die Erde und die Innenschau Westen sind, die Pflanzen und das Vertrauen Süden und die Tiere und die Weisheit Norden sind, so sind die Macht-Plätze auf dem Gesetzeskreis nicht austauschbar und von ewiger Dauer.

Es folgt ein Beispiel, wie eine Gemeinschaft von Leuten ihren eigenen Gesetzeskreis baute. Obwohl ihr einige ihrer einzigartigen Entwicklungsergebnisse sehen werdet, blieb die Macht und Form des großen Kreises der Demokratie, der als Gesetzeskreis bekannt ist, unverändert und ewig.«

Ein Beispiel für den Gesetzeskreis der Blue Sky Cree

»In den Jahren um 1860 war der Gesetzeskreis in der Konföderation der Blue Sky Cree auf sehr schöne Weise durchgeführt worden – acht geräumige, bemalte Tipis waren zusammen in einem weiten Kreis aufgestellt. Um diese Zeit waren sie etwa zweitausend Leute, verteilt auf elf Lager. Einmal pro Jahr, während der Zeit der Träumer-Hütten, sandten diese elf Lager ihre Hauptleute, die sie repräsentierten, zum Gesetzeskreis. Diese Hauptleute wurden immer von anderen Leuten aus ihren Lager-Gemeinschaften begleitet.

Da die meisten Leute wegen der zeremoniellen Tänze und zum Warentausch gekommen waren, nahmen viele Leute nicht direkt an diesen Treffen des Gesetzeskreises teil. Diejenigen, die in einem Jahr zu Hause geblieben waren, hatten die Gelegenheit, im darauf folgenden Jahr zu tanzen.

Sechzehn Leute – acht Zwillingspaare, jedes Paar bestehend aus einer Frau und einem Mann – wurden als ›Stimmen des Blauen Himmels‹ gewählt, oder aber als Repräsentierende Hauptleute, um in den acht Richtungen zu sitzen, nämlich den sechzehn Macht-Positionen innerhalb des Kreises. Die Ausnahme in der weiblich-männlichen Paarbildung waren die Repräsentierenden Hauptleute im Westen, die immer zwei Frauen waren, und die des Nordens, die zwei Männer waren. Auf diese Weise hielten sich die zwei Ausnahmen das Gleichgewicht.

Zusätzlich zu den Repräsentierenden Hauptleuten wurden vier Vorsitzende Hauptleute – zwei Frauen und zwei Männer – aus den ›weisen Leuten‹ ausgewählt, denjenigen, die viele Jahre lang Einsatz für das Wohlergehen der Leute gezeigt hatten. Die Vorsitzenden Hauptleute waren auch als die Häupter bekannt. Gelegentlich gab es nur zwei Vorsitzende Hauptleute, aber das kam nur in extremen Notsituationen vor. Die Vorsitzenden Hauptleute saßen an besonderen Plätzen innerhalb des inneren oder mittleren Rings des Gesetzeskreises. Dieser Platz wurde das ›Kinderfeuer‹ genannt.

Die Vorsitzenden Hauptleute hielten die Ordnung aufrecht und besaßen das Vetorecht, wenn es notwendig wurde, doch hatten sie selbst keine Stimme. Ihre Veto-Macht wurde nur in Kraft gesetzt, wenn es große Verwirrung oder ein Patt gab.

Nachdem eine Gesetzesfrage in den Gesetzeskreis eingeführt war, diskutierten die Repräsentierenden Zwillinge, die in den acht Richtungen saßen, die Frage eingehend. Dies wurde durch eine vielschichtige und disziplinierte Vorgehensweise erreicht, die das Gespräch und die Diskussion um den Kreis herumbewegte. Erst wenn dieses Verfahren beendet war, wurde eine Abstimmung vorgenommen.

Zwei Drittel der Stimmen mussten entweder Ja oder Nein sein, um als eine Majorität gezählt zu werden. Wenn es kein Majoritätsvotum gab, wurde der gesamte Prozess wiederholt.«

Wie eine Frage im Gesetzeskreis erörtert wurde

»Wann immer sich in der Gemeinschaft eine gewichtige Frage erhob, brachten die Personen, die involviert waren, die Fragen zu den Widersinnigen, mit der Bitte, sie möge dem Gesetzeskreis vorgelegt werden.

Die Widersinnigen, die Repräsentierenden Zwillingshauptleute, die im Osten saßen, baten dann die Gesetzeshunde, die Repräsentierenden Zwillingshauptleute, die im Nordosten saßen, den Gesetzeskreis zusammenzurufen. Wenn die Widersinnigen mit den Gesetzeshunden sprachen, mussten vier andere Repräsentierende Hauptleute – Männer und Frauen in gleicher Anzahl – anwesend sein, während die Frage diskutiert wurde, ob sich der Gesetzeskreis versammeln würde.

Die Gesetzeshunde führten dann das Verfahren weiter, indem sie bekannt machten, dass eine Frage des Gesetzes an den Gesetzeskreis herangetragen werden solle. Nachdem eine Hälfte der Einheit, die den Gesetzeskreis umfasste, übereingestimmt hatte, sich als Gesetzeskreis zu treffen, begannen die weiteren Schritte.

Die sechzehn Repräsentierenden Hauptleute und die vier Vorsitzenden Hauptleute – der volle Gesetzeskreis – versammelten sich nun, um zu hören, was die Widersinnigen zu sagen hatten.

Die acht wunderschön bemalen Tipis wurden so aufgestellt, dass sie einen sehr weiten Kreis bildeten, geräumig genug, um fünfhundert Leute aufzunehmen, wenn es nötig gewesen wäre. Die fünfhundert Leute konnten in der Mitte des von den Hütten gebildeten Kreises sitzen. Jedoch kam es sehr selten vor, dass fünfhundert Leute wirklich gleichzeitig teilnahmen. Viele waren geschäftig, trieben Handel oder tanzten. Nur bestimmte Leute sind gewöhnlich an der Regierung interessiert.

Am Kinderfeuer – inmitten der Leute – war der Ort, wo die Vorsitzenden Hauptleute saßen. Alle Hütten der acht Haupt-Mächte umgaben den inneren Kreis des Kinderfeuers. Hier konnten sich die Leute versammeln, um ihre Hauptleute zu hören.

Das Tipi des Ostens oder die Hütte der Widersinnigen war die Tür, die in den großen Kreis führte. Das Tipi des Ostens war symbolisch, denn es hatte zwei Türen – eine führte in den Osten der Hütte, die zweite in den Westen. Alle Hauptleute – die Stimmen –, die den Gesetzeskreis betraten, mussten durch die Ost-Hütte gehen. Zuschauern oder Besuchern jedoch war es nicht erlaubt, durch die Ost-Türen einzutreten.

Die anderen sieben Hütten wurden als Begegnungsorte für die Leute genutzt. Hier war der Ort, wo die Hauptleute viele Fragen beantworteten. Manchmal betrafen diese Fragen das Gesetz, meistens aber waren es Fragen über Kräuter, die Verwendung von Medikamenten, Waffen, Werkzeuge, Tiere, Nahrung, Handwerk, Kinder, Geburt, Ehe und Tod. Die Ost-Hütte wurde niemals als Begegnungshütte benutzt, denn sie war die Tür. Und wer wäre so vermessen gewesen, den Widersinnigen eine Frage zu stellen? Die Person hätte nur eine widersinnige Antwort bekommen.

Die Widersinnigen Zwillinge waren die Wächterin und Wächter, an denen jede Person vorbei musste, bevor sie den großen Kreis betreten konnte. Die Ost-Zwillinge, die Widersinnigen, waren Leute, die das Gesetz kannten und einen tiefen Respekt für das Gesetz und seine Wirkung auf die Gemeinschaft und die Stämme hatten. Sie waren die jungen Leute und repräsentierten die Künstler und Handwerker, die die Kriegswaffen und die Schilde anfertigten. Diesen Objekten wurde hohe Macht beigemessen. Das hatte enorme Folgen, denn diese Handwerkerinnen und Handwerker erfuhren höchste Wertschätzung von allen Stämmen. Diese jungen Leute nahmen ihre Positionen als Widersinnige sehr ernst.

Aufs Beste gekleidet kamen die Widersinnigen durch ihre Türen und verkündeten die Frage des Gesetzes, sodass alle, die am Platz des Kinderfeuers saßen, sie hören konnten.

Da die Repräsentierenden Hauptleute zuvor die Frage gehört hatten, nämlich als sie entschieden hatten, ob sie den Gesetzeskreis einberufen sollten, waren sie auf die Debatte vorbereitet. Die Vorsitzenden Hauptleute jedoch hörten die Frage des Gesetzes, das es zu debattieren galt, auch erst zum selben Zeitpunkt wie das Volk. Dadurch, dass die Vorsitzenden Hauptleute mitten unter den versammelten Stamm gesetzt worden waren, hatten die Leute Einfluss auf die Hauptleute, die die Macht des Veto innehatten.

Nachdem sie die Frage des Gesetzes verkündet hatten, sprachen die Widersinnigen direkt zu den Friedenshauptleuten, die als die Repräsentierenden Hauptleute im Südosten des Großen Kreises saßen, dem Platz der heiligen Zahlen Sechs und Sechzehn. Die Friedenshauptleute waren Frauen und Männer, die ein Gelübde abgelegt hatten, niemals eine Person zu töten. Wenn eine Friedenshauptfrau oder -mann in die Zwangslage kommen sollte, zu töten oder auch nur unschuldig Anteil am Tod einer Person hatte, wurde sie oder er unverzüglich als Friedenshauptfrau oder -mann ausgewechselt und wurde augenblicklich Kriegshauptfrau oder -mann.

Nachdem das Gesetz oder die Frage von den Friedenshauptleuten angehört war, präsentierten sie ihrerseits das Gesetz, das debattiert wurde, zusammen mit ihrer Stellungnahme, den Kriegshauptleuten. Dies waren die Repräsentierenden Hauptleute, die im Süden saßen, dem Platz der heiligen Zahlen Drei und Dreizehn. Die Kriegshauptleute wurden immer von einer Frau und einem Mann repräsentiert.

Die Information, die wir über die Kriegshauptleute der alten Zeit haben, kommt von den Zero Chiefs der Ojibwa Kanadas. Sie erzählen uns, dass die Kriegshauptleute ein Gelöbnis abgelegt hatten, bis zum Tod zu kämpfen, um ihr Volk zu verteidigen, wenn sich dies als nötig erweisen sollte. Diese Tradition der Kriegshauptleute war ursprünglich mit den späteren Migrationen der Blumen-Soldatinnen und Blumen-Soldaten nach Norden gekommen, nach derjenigen, die von Temple Doors angeführt worden war.

Nachdem das Gesetz von den Kriegshauptleuten überdacht worden war, präsentierten sie es den Medizinhauptleuten und Sängern oder ›Trägern‹ mit ihrer Stellungnahme. Diese waren die Repräsentierenden Hauptleute, die im Südwesten saßen, dem Platz der heiligen Zahlen Sieben und Siebzehn. Die Sänger und Sängerinnen und Medizinhauptleute haben keine Entsprechung in unserer modernen Welt. Es stimmte zwar, dass sie sangen und heilten, doch taten sie mehr als das.

Singing With Lightning, die alte Cheyenne-Medizinfrau, sagte: ›Die gesamte Welt singt mit den Heilerinnen und Heilern. Die Gesänge des Sonnenaufgangs zu lernen ist in sich schon genug Arbeit für ein gesamtes Leben. Wir sollten singen, wenn wir unsere Kinder heilen.‹

Die Sängerinnen und Sänger waren auch die großen Geographen ihrer Tage und besaßen das Wissen der Reiselieder, die die Information enthielten, wie Reisen über große Entfernungen und eine sichere Heimkehr möglich waren.

Als ›Trägerinnen und Träger‹ war es bestimmten Medizinfrauen und -männern erlaubt, mit feindlichen Völkern zu verkehren. Es wurde ihnen Gehör geschenkt, wenn sie kamen, um die Kranken zu heilen, oder wenn sie Neuigkeiten brachten. Ihnen wurde auch erlaubt, Handel zwischen Stämmen zu treiben, die sonst als Feinde angesehen wurden.

Als nächstes wurde die Frage des Gesetzes an die Repräsentierenden Hauptleute weitergereicht, die aus dem Frauenkreis kamen. Diese Frauen mussten entweder schwanger sein oder für ihre eigenen jungen Kinder zu sorgen haben. Diese Hauptleute saßen im Westen des großen Kreises auf dem Platz der heiligen Zahlen Zwei und Zwölf.

Jack Rabbit Bush, einer der Ältesten der Cree, sagte einmal: ›In jeder Gemeinschaft ist es schwer, das Interesse der Leute lebendig zu halten. Die alten Gemeinschaften waren da nicht anders. Die schwangeren Frauen und Mütter mit kleinen Kindern wurden zum Teil des Kreises gemacht, denn die Weisheit dieser Frauen ist die meistgesuchte, wenn Entscheidungen darüber getroffen werden müssen, ob es ratsam sei, in den Krieg zu ziehen. Diese Mütter wa-

521

ren die grimmigsten, wenn es zu Entscheidungen kam, die ihren Nachwuchs in Gefahr bringen konnten. Und oft tragen sie auch eine intelligente, beruhigende und ausgeglichene Stimme bei, wenn nach Rache gerufen wird.‹

Die Frauen des Westens stellten nun an die Ratshauptleute gewendet die Frage des Gesetzes und fügten ihren Gesichtspunkt hinzu. Diese waren die Repräsentierenden Hauptleute, die im Nordwesten saßen, dem Platz der heiligen Zahlen Acht und Achtzehn. Die Ratshauptleute waren Frauen und Männer, die die Politikerinnen und Politiker ihrer Zeit waren. Es war ihre Pflicht, die täglichen Angelegenheiten der Gemeinschaft zu verwalten.

Bluejay, einer der Ältesten der Blue Sky Cree, erklärte: ›Die Ratshauptleute waren die beliebtesten Leute in der Gemeinschaft. In jedem Volk bilden die Beliebten immer eine Gruppe, ungeachtet dessen, ob die Gruppe gebraucht wird oder nicht. Diese Gruppen können sehr destruktiv werden, wenn sie nicht auf die Unterstützung der Gemeinschaft ausgerichtet sind. Das kommt daher, dass die Beliebten nur Konformismus kennen und ihren eigenen politischen Interessen dienen.‹

Nachdem die Ratshauptleute das Gesetz und seinen möglichen Einfluss auf die alltäglichen Aktivitäten des Volkes untersucht hatten, erklärten sie ihrerseits den Jägern und Arbeitern die Frage des Gesetzes. Die Jäger und Arbeiter sind die Repräsentierenden Hauptleute, die im Norden sitzen, am Platz der heiligen Zahlen Vier und Vierzehn. Diese zwei Männer waren der Ausgleich für die zwei Frauen, die im Westen saßen.

Die Arbeiter waren den Müttern mit jungen Kindern in der Hinsicht ähnlich, als sie für gewöhnlich an den Gesetzen der Gemeinschaft nicht sehr interessiert waren. Dadurch, dass sie jedoch einen Sitz im Großen Kreis hatten, war die wichtige Stimme der Arbeiter in die Gesetzgebung der Gemeinschaft mit eingeschlossen.

Hier muss eine spezielle Bemerkung darüber gemacht werden, was es bedeutet, ein Jäger oder Arbeiter zu sein. Das Fertigen von Waffen und Pfeilen war den Frauen vorbehalten. Wer je jagen oder Landarbeit verrichten musste, weiß, dass die physische Mühe bei dieser Art Beschäftigung vielfach extrem ist und Zeit erfordert. Aufgrund dieser Forderung, die an die Männer gerichtet war, wurde die meiste Handwerksarbeit von Frauen ausgeführt. Zwar nahmen Frauen auch am Jagen und Ackerbau teil, aber nicht im selben Zahlenverhältnis wie die Männer. Anthropologen haben in der Vergangenheit häufig unterstrichen, dass Männer die Pfeile und Waffen gefertigt und die Jagd erledigt hätten. Dem ist einfach nicht so.

Nur Gruppen mit einer großen Anzahl von Leuten konnten es sich leisten, dass ihre Jäger und Bauern Waffen fertigten. In kleineren Gemeinschaften war die physische Arbeit zu fordernd und zeitraubend. Das Herstellen von Pfeilspitzen gab den Frauen jeder Gemeinschaft auch ein politisches Gewicht – nicht anders als das Gewicht, das die Männer besaßen, weil sie einen Großteil der Nahrung lieferten. Zur selben Zeit waren es auch vorwiegend Frauen, die die Gärten versorgten, welche dem Anbau medizinischer Pflanzen und Heilkräutern gewidmet waren.

Gleichgewicht wurde meistens als der große Entwurf des Heiligen Lebens verstanden, und Gleichgewicht war es, was in den großen Gemeinschaften des Gesetzeskreises gesucht wurde.

Nachdem die Jäger und Arbeiter das Gesetz überprüft hatten, gaben sie die Frage des Gesetzes mit ihrer Sichtweise an die Gesetzeshunde weiter. Die Gesetzeshunde waren die Repräsentierenden Hauptleute, die im Nordosten saßen, dem Platz der heiligen Zahlen Neun und Neunzehn. Sie wurden immer von einer Frau und einem Mann repräsentiert. Wie für die Sänger und die Medizinleute gibt es für die Gesetzeshunde keine entsprechende Gruppe in unserer modernen Welt. Es stimmt zwar, dass sie hinsichtlich des Gesetzes höchst kundig waren, doch waren sie auch noch mehr als das.

Viele Leute machen sich nicht klar, dass die Gesetze einer Gemeinschaft eine Autorität über der Stimme der Gemeinschaft werden können. Mit anderen Worten, die Gesetze können zur Religion werden. Die Zero Chiefs der alten Zeit wussten um diese Widersprüchlichkeit in Leuten Bescheid und erfanden die Gesetzeshunde, um in eine Situation, die für ein Volk gefährlich oder destruktiv werden kann, Gleichgewicht zu bringen. Die Frauen und Männer, die die Gesetzeshunde waren, trugen die Kontrolle und Balance bei, die den höchsten Interessen der Gemeinschaft als vollständigem Kreis dienten.«

Die das Gleichgewicht aufrechterhalten: Wer sitzt wem gegenüber?

»Wenn ihr das Medizinrad des Gesetzeskreises aus der Nähe studiert, kommt ihr nicht umhin, zu bemerken, dass es sehr spezifische Repräsentierende Hauptleute gibt, die sich über das Kinderfeuer hinweg direkt gegenübersitzen. Das ist ein sehr wichtiger Teil der hohen Vernunft, die die Struktur des Rades selbst ist.

Es ist wichtig zu wissen, dass es den Hauptleuten, die sich im Gesetzeskreis gegenübersitzen, verboten ist, miteinander zu sprechen oder zu kooperieren. Oft wurde in der Mitte des Gesetzeskreises ein kleines symbolisches Feuer angezündet, um alle Kinder zu repräsentieren. Es war allen Hauptleuten verboten, das Kinderfeuer zu überqueren. Wenn eine oder einer der Hauptleute auch nur den Versuch machte, über das Kinderfeuer hinweg zu sprechen, wurde sie oder er aufgefordert, ihre Position als Repräsentierende Hauptleute aufzugeben. Für jedes Paar von Hauptleuten stellte es eine sehr schwere Verletzung des Gesetzes dar, mit denjenigen, die ihnen im Gesetzeskreis gegenübersaßen, zusammenzuarbeiten.

Warum existierte dieses Gesetz? Die Art und Weise, in der die Zero Chiefs das Rad, den Gesetzeskreis, konstruiert hatten, gibt uns darüber Auskunft. Die Friedenshauptleute, die ›Akademiker‹, sitzen den ›Politikern‹, die am Platz der Ratshauptleute sitzen, gegenüber. Das soll sie daran hindern, dass sie eine politische Allianz eingehen, die die wahren Bedürfnisse und Interessen der Gemeinschaft unterwandern könnte.

Auf ebendiese Weise konnte auch eine Allianz zwischen den Kriegshauptleuten und den Jägern und Arbeitern im Dienste ihrer eigenen politischen Ziele beträchtliches Ungleichgewicht und Gefahr unter den Leuten kreieren. Das ist in der Geschichte der Leute oftmals geschehen.

Dass die Sängerinnen und Sänger und Medizinleute den Gesetzeshunden gegenübersitzen, verhindert eine andere gefährliche Art des Ungleichgewichts, das sich unter Leuten unzählige Male ereignet hat. Haben nicht religiöse Führer ihre Macht benutzt, um die Judikative der Regierungen zu manipulieren, so wie auch umgekehrt?

So müssen wir jetzt fragen, worin die ungewöhnliche Opposition der Widersinnigen oder Heyoehkahs zu den Müttern, die im Westen des Großen Kreises sitzen, besteht. Die Widersinnigen waren vorwiegend aus den jungen Leuten ausgewählt worden, die später selbst verschiedene Arten der Repräsentierenden Hauptleute werden würden. Oftmals saßen die eigenen Mütter der Widersinnigen am Platz der Macht im Westen. Im Gesetzeskreis wurde den Jugendlichen erlaubt, in Opposition zu ihren Eltern, ihren Müttern und Vätern zu gehen, die an irgendeiner Position als Repräsentierende Hauptleute saßen. Von den jungen Leuten wurde offenes Reden erwartet.

Gesetze und Entscheidungen werden im Uhrzeigersinn um den Gesetzeskreis herum gemacht. Dies bringt in sich selbst eine Stabilität zwischen Verwandten – mit der Vorgabe des Gleichgewichts, das durch die Positionierung der Machtplätze selbst bereits vorhanden ist.

Doch was passiert, wenn dies umgedreht wird? Das war ein anderes geniales Element in der Arbeitsweise des Gesetzeskreises. Wenn die Frage, die im Gesetzeskreis debattiert wurde, Rache oder Zwistigkeiten zwischen Familien einschloss oder wenn irgendein Gesetz zum Ausgangspunkt eines Stammesdisputs wurde, dann wurde die Ordnung des Kreises umgekehrt.

Die Gesetzeshunde wurden dann die Repräsentierenden Hauptleute, die jeder zu überzeugen hatte – insbesondere die Widersinnigen, die normalerweise als diejenigen sprachen, die das Gesetz vorstellten. Die Frauen und Männer, die die Gesetzeshunde waren, legten die Bilanzen vor, die den höchsten Interessen der Gemeinschaft als einem vollständigen Kreis dienten.

Gesetzeshunde, die in ihrer Pflicht versagten und nicht das Gesetz schützten und nicht als Kontrollsystem fungierten, wurden zu Volksverrätern. Dies bedeutete Entfernung aus der Gemeinschaft und absolute Entehrung.«

Die Gesetzespfeile und die große Erneuerung

»Über diese genau definierten Ausgleichsinstanzen des Gesetzeskreises hinaus gab es viele andere wichtige Gleichgewichtsmomente, die diese aufrichtigen Hauptleute ehrten und schützten. Was als ›das Verwerfen oder Brechen der Gesetzespfeile‹ bekannt war, war eine sehr wichtige Übereinkunft zwischen allen Hauptleuten des Gesetzeskreises, die zu vielen verschiedenen Zeiten und unter vielen verschiedenen Völkern geboren worden waren.

Die Hauptleute eines Gesetzeskreises, ob sie nun eine Stadt, eine Gemeinde oder einen Stamm repräsentierten, fertigten Pfeile, die besonders geschnitzt, bemalt und sehr schön ausgeführt waren. Diese Pfeile wurden machtvolle Symbole für jedes der Gesetze, die vom Volk durch seinen Gesetzeskreis beschlossen worden waren.

Alle vier Jahre berief der Gesetzeskreis ein besonderes Treffen ein, das ›Die Zeit der Großen Erneuerung‹ genannt wurde. Zu dieser speziellen Zeit wurden alle Gesetze, die den Gesetzeskreis durchlaufen hatten, von den Repräsentierenden Hauptleuten einer genauen Musterung unterzogen. Jeder Gesetzespfeil wurde als ein Symbol des Loslassens der alten Übereinkunft zerbrochen und dann wurde das, was ehemals das Gesetz war, zu einer neuen Frage an den Gesetzeskreis.

Konnte das Gesetz verbessert werden? Funktionierte es für die Leute? Verstanden die Leute das Gesetz? Stimmten die Leute jetzt immer noch dem Gesetz zu? Was dachten die einzelnen Repräsentierenden Hauptleute? Intensive Diskussionen über das Gesetz gingen der Abstimmung voraus, die das Gesetz entweder außer Kraft setzte oder erneuerte. Wenn das Gesetz erneuert wurde, dann wurde ein neuer Gesetzespfeil angefertigt, der für die nächsten vier Jahre als das Symbol für das Gesetz stand.

Das offene Hinterfragen und Insistieren der Hauptleute, ihr Erneuern der persönlichen Wahl gemäß der Übereinkünfte des Gesetzes gab allen Leuten, Jung und Alt, die Sicherheit, dass sie die Gesetze ihrer Gemeinschaft verstehen konnten und das persönliche Recht hatten, ihre eigenen Gesetze gemeinsam zu wählen. Diese offene Diskussion und das Einlösen des Versprechens, alle Gesetze zu erneuern, machte den Gesetzeskreis für das Volk zu einer immer gegenwärtigen und zweckmäßigen Stimme der Bildung und Wahl. Aufgrund der alle vier Jahre stattfindenden Erneuerung der Gesetze konnte kein Gesetz jemals veralten, rituell oder fremdartig werden; der Bezug auf das Denken oder Verstehen der gegenwärtigen Stammesgemeinschaft blieb gewahrt.

Zu oft hatten die Zero Chiefs mit angesehen, was in den Städten und Stämmen geschah, wo Leute gezwungen wurden zu glauben, dass die Gesetze der herrschenden Klasse eine ›höhere Autorität‹ seien als der Wille und das Denken des Großteils des Volkes. Unvermeidlich sahen sie wieder und wieder, Jahrhundert um Jahrhundert, dass diese Art der Ignoranz die Versklavung der Leute mit sich brachte.

Eines der urtümlichsten Prinzipien der Disziplin der Zero Chiefs war ihr Gelöbnis, alle Formen der Sklaverei zu bekämpfen – beginnend bei der Sklaverei des Selbst durch die Ignoranz der Leute.

527

Deshalb legten sie als eine absolute Notwendigkeit für den Gesetzeskreis die Erneuerung der Gesetze alle vier Jahre fest. Auf diese Weise konnten die Gesetze der Gemeinschaft ihre Leute niemals versklaven und alte Gesetze aus der Vergangenheit konnten das Wachstum und die Entfaltung der Leute in der Gegenwart – oder Zukunft – nicht mehr hemmen.

Leute, die in Gemeinschaften lebten, welche einen Gesetzeskreis besaßen, wurden gelehrt, dass der Ursprung aller Gesetze auf Übereinstimmung zwischen Leuten beruht. Sie wurden gelehrt, dass wir die existierenden Gesetze kennen und wissen müssen, wie sie funktionieren, um in der Lage zu sein, die Gesetze unserer Gemeinschaft auf intelligente Weise zu wählen. So entsteht die Freiheit und das Recht, zu wählen, ob wir mit diesen Gesetzen übereinstimmen oder nicht. Alle vier Jahre, um die Zeit der Großen Erneuerung, suchten die Hauptleute des Gesetzeskreises nach Wegen, ihre Gesetze zu verbessern. Sie lehrten, dass, je mehr Leute das Gleichgewicht und die Vielschichtigkeit ihrer lebendigen Welt und die Natur des individuellen Selbst respektieren und verstehen, ihre Gesetze umso gerechter und intelligenter werden.

Es ist auch äußerst wichtig zu wissen, dass zusätzlich zur Erneuerung der Gesetze des Gesetzeskreises alle vier Jahre die Repräsentierenden Zwillingshauptleute und die Vorsitzenden Zwillingshauptleute von der Gemeinschaft neu gewählt wurden. Diese neue Abstimmung für die Hauptleute des Gesetzeskreises fand gewöhnlich ein Jahr vor der Zeit der Großen Erneuerung statt.

Diese Tradition, alle vier Jahre über die Vorsitzenden Hauptleute der Gesetzbildenden Versammlung abzustimmen, ist eines der vielen Elemente, das europäische Siedler von den Nachfahren einiger dieser machtvollen Hauptleute übernahmen, als sie ihre Version der Demokratie formten, und es existiert in den Vereinigten Staaten bis heute.

Eine wichtige Frage muss jetzt gestellt werden. Warum wurde die Zeitspanne von vier Jahren gewählt?

Wie bereits gesagt, beruhte der Gesetzeskreis auf der Uralten Wissenschaft und dem Lebensverständnis des Medizinrades. Die Hauptleute dieser uralten Disziplin studierten die Naturgesetze ihrer Erde und ihres Universums über tausende von Jahren und ehrten diese Gesetze mit tiefem Respekt. Als Kinder der Existenz wollten sie, dass ihre Gesetze das Gleichgewicht und die Harmonie der natürlichen

Gesetze ihres lebendigen Universums widerspiegelten, insbesondere die ihrer Mutter Erde. Die Zahl Vier wurde gewählt, weil diese Hauptleute den großartigen Entwurf und die hohe Sprache ihrer Erde respektierten.

Zum Beispiel: Die Erde und die Sonne bringen in ihrem gemeinsamen Bewegen und Tanzen durch den Raum die vier Jahreszeiten eines jeden Jahres hervor – Frühling, Sommer, Herbst und Winter. Diese vier ganz verschiedenen und machtvollen Zeiten des Jahres sind bekannt als das Medizinrad der Jahreszeiten. Sie walten über die Geburt, das Wachstum, die Reifung und die Tod-Traum-Zyklen allen Lebens auf Erden. Die vier Jahreszeiten sind kein Glaube, keine religiöse oder politische Sichtweise und wurden nicht von Leuten ersonnen, noch sind sie von ihnen abhängig. Die vier Jahreszeiten sind die Sprache und das Wesen des Lebens auf Erden.

Die Erde gab uns Leuten auch das Mittel, zu messen und zu erfahren, wo wir stehen und in welcher Richtung alle anderen Dinge um uns herum auf ihrer wunderbaren Sphäre des Lebens existieren. Die Mächte der Vier Richtungen – Osten, Westen, Süden und Norden – besaßen für die Zero Chiefs höchste Bedeutung.

Wenn wir uns an die ersten Zahlen der heiligen Erdzählweise erinnern, dann haben unsere Kreatorin und der Kreator, bekannt als die heilige Null, den Ersten Kreis des Lebens geboren. Der Erste Kreis ist Eins – die Sonne – Osten, Zwei – die Erde – Westen, Drei – die Pflanzen – Süden und Vier – die Tiere – Norden. Zusammen ließen diese sehr wichtigen vier Mächte des Lebens die Fünf entstehen – die Leute, die im Mittelpunkt des Medizinrades existieren.

Ein anderes Beispiel für die Wichtigkeit der Zahl Vier für das Leben auf Erden ist die Gegebenheit der vier heiligen Elemente des Lebens: Es gibt Feuer, Erde (Substanz), Wasser und Luft. Diese vier Elemente sind unseren Hauptleuten als das Medizinrad der Elemente bekannt. Diese Elemente kreieren das Ur-Alphabet, das Leben auf Trillionen Arten und Weisen einzigartig und genial zu dem wunderbaren Entwurf aller erdgeborenen Lebewesen kombiniert.

Unsere Hauptleute sagen, dass wir Leute vom Entwurf unseres lebendigen Universums und insbesondere von unseren Großeltern dieser Vier Großen Richtungen abstammen. Sie haben uns die Vier Mächte gegeben, eine Person zu sein. Sie haben uns Geist-Geist, Leib, Emotion und Verstand gegeben. Wir, die Leute, bringen unsere eigene Selbst-Essenz mit, unser fünftes Element. Unsere Zero Chiefs gaben dem Selbst jeder Person, die geboren wurde, den Platz im Zentrum der Mächte der Vier Großen Richtungen und lehrten, dass jede Person dafür verantwortlich ist, wie sie diese Mächte in ihrem Selbst und auf der Welt im Gleichgewicht hält.

Die Erneuerung der Gesetze des Volkes und die Erneuerung der Repräsentierenden Zwillingshauptleute und der Vorsitzenden Zwillingshauptleute des Gesetzeskreises alle vier Jahre, hatte für die uralten Völker der Amerikas tiefgründige und weitreichende Bedeutung.«

Das Individuum und der Gesetzeskreis

»Die Zero Chiefs wussten, dass eine Person oder ein Volk, das Könige oder Königinnen einsetzt, anfängt zu glauben, dass sie selber weniger wert sind als ihre Regenten. Wenn das geschah, dann starb die Demokratie des Geistes, und es gab nur noch Regenten, Sklaven und Mitläufer.

Der Gesetzeskreis der Gemeinschaft wurde als das Wesen des Rades, als Individuum, angesehen. Alle einzelnen Individuen innerhalb des Stammes sahen sich ebenfalls als individuelle Gesetzeskreise.

Die Zero Chiefs lehrten die Leute, sich nach einer Demokratie in ihrem eigenen Geist zu sehnen. Junge Frauen und Männer wurden gelehrt, ihr Denken zu demokratisieren, sodass sie im Leben auf balancierte Weise handeln konnten. Leute, die über eine Demokratie des Geistes verfügen, werden zu einem wahren Abbild des Gesetzeskreises. Solche Leute besitzen das machtvollste aller Werkzeuge, das uns Leuten bekannt ist – Selbst-Führerschaft, Sorge für das Selbst, Selbst-Entscheidung und Selbst-Verantwortung.«

Am letzten Morgen von Libertys Zeremonie wurden Liberty und Lightningbolt von der Ankunft einer Gruppe von Leuten unterbrochen.

Wenn zehn Fremde plötzlich an einem zeremoniellen Kreis auftauchen, kann es Komplikationen geben. Aber Estcheemah ging einfach spielerisch damit um und begrüßte die Leute.

»Wir suchen die Red-Fox-Frau«, kündigte der Mann, der die Gruppe führte, an. Sein Akzent sagte Estcheemah, dass er von den Leuten des nördlichen Saskatchewan kam.

»Ich bin die Red-Fox-Frau.« Estcheemah lächelte, fasste nach der ausgesteckten Hand des Mannes und schüttelte sie. »Und das ist die junge Snow Arrow hinter dir.«

Eine hübsche Cree-Frau eilte nach vorn und umarmte die alte Medizinfrau. »Estcheemah, ich bin auch gekommen. Du hast dich an mich erinnert! Wir haben Decken und Geschenke von vielen Leuten für dich mitgebracht!«

Die Ehrengruppe, wie die Besucher sich nannten, halfen, das Lager zu erweitern, um alle zu beherbergen, dann ließen sie sich zu ihrer Geschenkzeremonie nieder.

Moon Bear, die älteste der anwesenden Frauen, gab Estcheemah fünf Decken und einen Schal. »Du hast all die Jahre über soviel für uns alle getan«, erklärte sie, »wir möchten unsere Wertschätzung mit dir teilen. Unsere White-Geese-Sänger werden zwei volle Tage lang für dich singen. Und zwei große Suppen werden zu deinen Ehren gekocht und Leute werden eingeladen, um von deinen Geschichten zu hören. Wir bringen dir auch zwanzig Paar Mokassins und acht Paar Winterhandschuhe.«

»Die Zero Chiefs leben weiter. Zumindest eine, immerhin«, verkündete Raven Canoe allen, während sie das Fest genossen. Er lachte und zeigte sein Entzücken. »Und was für eine Frau sie ist! Ich bin sicher, dass wir alle unsere Fragen haben, und so werden wir uns Zeit nehmen und fragen und zuhören. Wir werden mit unserer Jüngsten anfangen, Snow Arrow.«

»Ja, ich habe eine Frage«, sagte die junge Frau. »Nach so vielen Jahren des Geheimhaltens, wie kommt es, dass du Halbblut-Leuten über die Räder erzählst? Macht es dir etwas aus, diese Frage zu beantworten, Estcheemah?«

»Halbblut-Leuten wie du«, sagte Estcheemah und ihre Augen funkelten. »Ja, es gibt viele junge Leute wie dich, die zum Halbblut-Volk gehören.

In unserer Vergangenheit, Snow Arrow, wurden wir Zero Chiefs auf jede erdenkliche Weise von Leuten angegriffen, die nicht verstanden oder geschätzt haben, was wir zu sagen hatten. Diese Angriffe kamen sowohl von den weißen als auch von den indianischen Gemeinschaften.

Wegen dieser Fanatiker waren wir Zero Chiefs lange Zeit gezwungen, im Verborgenen zu leben und im Verborgenen zu lehren. Unsere Geheimhaltung hat ein noch größeres Problem verursacht, nämlich, dass wir eine Elite kreierten. Das war nicht gut und hat unserer Position noch weiter geschadet.

Eine Elite, auch wenn sie sehr viel weiß, kann eine Macht werden, die nur ihren eigenen Zwecken dient, anstatt ein Ursprung von Wissen für alle zu sein. Wir wollten nicht, dass das mit unserem Wissen passiert. Dies ist der Grund, dass Halbblut-Leute und Leute anderer Länder und Rassen jetzt in unserem Kreis eingeschlossen sind. Unser Wissen besagt, dass die Medizinräder die Macht haben, alle Leute zu transformieren. Die Medizinräder hängen nicht von Stammesregierungen, Glaubensrichtungen oder Rassen ab.

Und die Reservate, warum haben wir unser Wissen über unsere Reservate hinausgetragen? Auch das muss beantwortet werden.

Einst bedeutete die Stammesmentalität den Leuten des Stammes etwas. Aber in unserer modernen Welt Nord-, Mittel- und Südamerikas hat das alte Stammeswesen den Zusammenhalt verloren. Stammesgeheimnisse sind nun im Besitz von Anthropologen und nicht von Stämmen.

Aus der indianischen Bevölkerung Nordamerikas wurden Kanadier und Amerikaner und das ist gut. Aber es bedeutet, dass der Stamm zweitrangig ist. Christianisierte Indianerinnen und Indianer identifizieren sich selbst zuerst mit ihrer Religion, bevor sie ihre Stammeszugehörigkeit anerkennen. Die Folge davon ist, dass Stammesmentalität und ihre Geheimnisse nicht mehr länger von Bedeutung sind und vom Großteil der Jugendlichen des Reservats werden sie als anachronistisch angesehen.

Deshalb ist es für die Lehren der Zero Chiefs Zeit, dass sie allen Völkern der Welt zugänglich gemacht werden. Auf diese Weise sorgen wir dafür, dass unsere Jugend in jedem Reservat und in jeder Stadt Amerikas von den Medizinrädern hören wird.

Wir haben versucht, unsere Medizinräder in den Reservaten zu lehren, aber wir sind auf Widerstand getroffen. Das kommt hauptsächlich daher, weil diese Lehren von den Leuten, die den Status quo repräsentieren, als ›fremdartig‹ angesehen werden.

Fremdartig bedeutet nicht, was du darunter verstehen könntest. Wir lehren nichts, was fremdartig wäre. Wir lehren über die heilige Mutter Erde und Leben. Wir lehren über das individuelle Selbst.

Was als fremdartig angesehen wird, sind rassistische Argumente. Es gibt Eifersucht und Rassenwahn zwischen den Reservaten von Amerika, Mexiko und Kanada. Den Indianerinnen und Indianern in

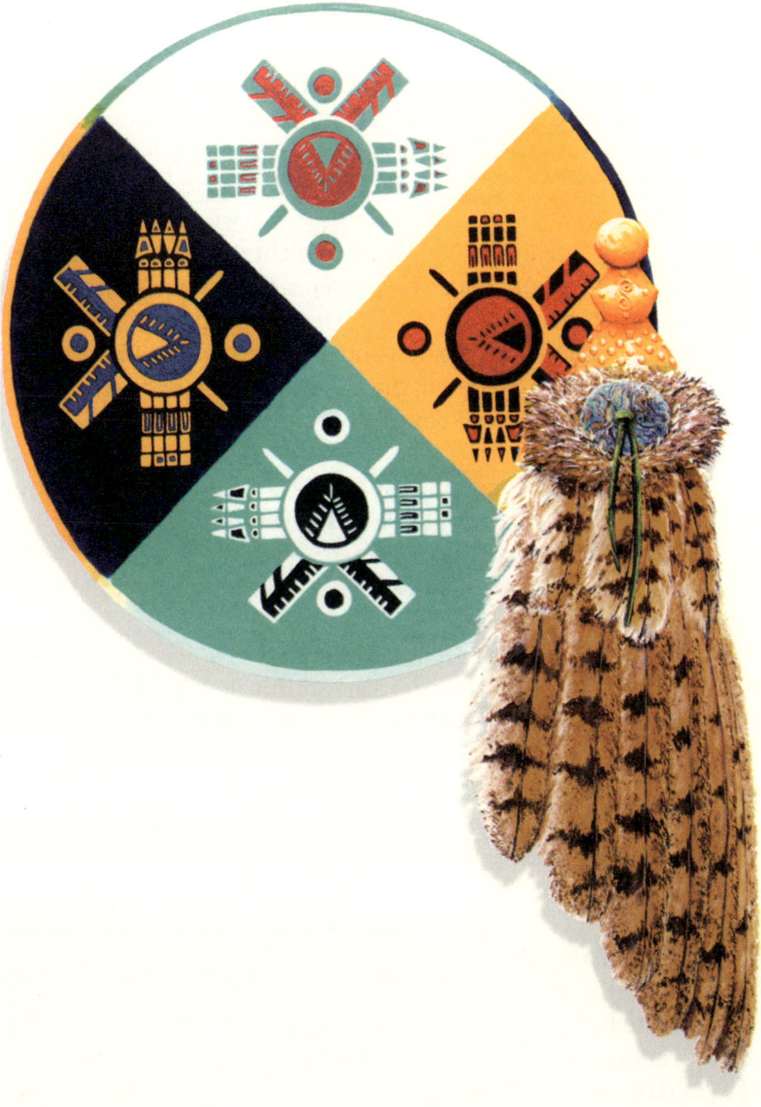

getrennten Reservaten wurde beigebracht, zu glauben, dass ihre alten Stammeslehren nur für jeweils einen Stamm spezifisch gewesen seien – den ihrigen. Aber viele hundert Jahre lang haben sich die Blumen-Soldatinnen und Blumen-Soldaten unter den vielen Stämmen von Nordamerika, Mittelamerika und Südamerika bewegt.

Jetzt haben wir Zero Chiefs beschlossen, die Information der Medizinräder mit allen Indianerinnen und Indianern Amerikas auf eine neue Weise zu teilen. Wir haben zusammen entschieden, die Halbblutleute zu lehren und die Lehren mit jeder Person zu teilen, die Wissen sucht.«

»Aber was ist, wenn die Geheimnisse nicht geehrt und geschätzt werden?«, fragte Moon Bear. »Wir haben sie so lange Zeit geliebt.«

»Ich werde in der Blumen-Sprache zu dir sprechen«, antwortete Estcheemah, »denn es gibt keinen anderen Weg für uns Blumen-Soldatinnen und Blumen-Soldaten, diese Frage zu beantworten. Unsere Blumen-Sprache ist unsere Poesie.

Wir Blumen-Soldatinnen und Blumen-Soldaten haben uns um das Heilige Licht, bekannt als Erdlicht, gesammelt, und wir haben uns der Medizinen angenommen.

Wir sagen, dass unsere Mutter Land, unsere Mutter Erde, Freiheitsliebe genannt wird.

Wir sprechen über jede Herausforderung. Wir Zero Chiefs sprechen von der Konfrontation der Person mit dem Selbst.

Die Blumen-Soldatin und der Blumen-Soldat weisen auf das Selbst und auf die Wahrheit und die Gegenwart von Mutter Leben hin.

Die Blumen-Soldaten sind keine Sklaven. Unser Gelöbnis ist es, jegliche Sklaverei zu bekämpfen und für persönliche Selbst-Freiheit zu kämpfen.

Im Bereich der Zeit sind alle Dinge vollkommen, ungeachtet dessen, was Leute glauben mögen. Leben ist Erfahrung und das Leben lehrt alle Leute im Laufe der Zeit.

Wir Leute haben unsere Lebensbedingungen kreiert und dem, was wir kreiert haben, müssen wir lernend beggnen. Wir Blumen-Soldatinnen und Blumen-Soldaten wurden die Dornen der Rose genannt, denn wir weisen auf den Schmerz wie auf die Schönheit von Leben hin.

Unser Schwert ist unsere eigene Selbst-Autorität und Selbst-Verantwortlichkeit. Was wir für unser Selbst kreieren, wird unsere Daseinszeremonie des Lebens.

Wir Blumen-Soldatinnen und Blumen-Soldaten werden forthin in Blumen sprechen und Leuten sagen, sie mögen ihre Existenz ehren.«

Die Wintermonate vergingen für Liberty recht schnell. Sie arbeitete hart und studierte all das, was Estcheemah sie gelehrt hatte. Zwar gab es viele Regentage, aber es gab auch viele Tage voller Sonnenschein. Lightningbolt war sehr glücklich, wenn er Liberty bei ihrem neuen Lernen aufblühen sah. Sie lachten zusammen und streiften an den Stränden entlang und sie entdeckten eine Zärtlichkeit füreinander, die sie nie zuvor gekannt hatten.

Silberne Himmel, der sanfte Regen, die ewig währende Meerespräsenz, stille Ozeannebel und die machtvollen Grün- und Blau-Töne des Landes – alles wurde eins für Liberty. Es gab Zeiten, in denen sie sich vorstellte, dass sie in einer Wolkenwelt umherging. Sie und Lightningbolt fuhren trotz des Regens, wenn sie konnten, jeden Tag mit ihrem Boot und erforschten die Inseln wie eifrige Kinder, die nach einem geheimen Schatz Ausschau halten.

Während sie spielten, erstatteten sie sich auch gegenseitig Bericht. Vieles von ihrem Spiel kreiste um ihr fortgesetztes Studieren der Medizinräder und das Verbessern von Libertys Fähigkeiten, Heilpflanzen zu erkennen. Sie wurde auch eine gute Schützin mit Gewehr und Pistole.

Bei Tag und bei Nacht waren die Medizinräder Teil ihrer Gespräche. Estcheemah war sehr alt, Zeit war wertvoll, und sie hatten keine Zeit, sich etwas vorzumachen. Es gab viel zu lernen, und sie lernten.

Im Vorfrühling kaufte Lightningbolt eine Schreibmaschine und begann zu schreiben. Jeden Morgen stand er früh auf und schrieb bis Mittag. Er begann damit, kurze Lehrgeschichten aufzuschreiben oder wahre Lebensgeschichten verschiedener Leute, die er im Reservat zu der Zeit, als er ein kleiner Junge war, gehört hatte.

Liberty fütterte jeden Morgen die Tiere und beobachtete Lightningbolt, wie er sich mehr und mehr auf das Schreiben einließ. Manchmal traf sie ihn auf seinen langen Spaziergängen, die er allein unternahm, wobei er Geschichten auf ein altes Tonband sprach, das

Estcheemah ihm gegeben hatte. Später spielte er die Geschichten ab und schrieb sie nieder. Ein neuer Funke hatte in Lightningbolts Geist und Herz gezündet. Liberty konnte seinen Wandel spüren und wunderte sich darüber.

Sie begann, sich allein zu fühlen. Es hatte nicht direkt mit Lightningbolt zu tun; sie liebte ihn sehr. Aber sie begann sich darüber klar zu werden, dass ihre Liebe zu ihm die Entscheidung nicht ersetzten konnte, was sie mit der wertvollen Information, die sie von Estcheemah lernte, anstellen würde. Estcheemah musste schöne Mäntel nähen, damit sie das Geld verdiente, das sie brauchte, um finanziell unabhängig zu sein. Die machtvolle Zero Chief nahm niemals Geld für Zeremonien oder Lehren und so musste sie arbeiten, um für die Zeit, die sie für ihre wirkliche Arbeit, das Lehren und Heilen, brauchte, zu bezahlen.

Wie merkwürdig, dachte Liberty bei sich. Estcheemah hatte Liberty von einer Zeit erzählt, in der machtvolle Heilerinnen und Lehrerinnen von ihrer Gemeinschaft getragen worden waren, sodass sie all ihre Zeit zum Lehren und Arbeiten nutzen konnten. Aber schon seit vielen Jahren war das für die Medizinlehrerinnen und -lehrer Amerikas, vor allem für die Frauen, Vergangenheit. Estcheemahs Lehren befanden sich nicht in Übereinstimmung mit dem Glauben der Kultur um sie herum und so musste sie sich selbst finanzieren und auf ihre eigenen Kosten lehren.

Liberty fragte sich, ob sie stark genug sei, zu überleben und wirklich eine Blumen-Soldatin zu werden. Wie viele Leute würden eine weiße Halbblut-Frau akzeptieren, die nicht aus dem Reservat kam und dennoch über Medizinräder und über die Heilige Mutter Erde lehrte? Liberty begann, sich um ihre Zukunft Sorgen zu machen. Estcheemah wurde älter und Lightningbolt hatte begonnen, seine Richtung zu finden. Aber was war mit ihr? Sie würde einen Weg finden müssen, für sich selbst zu sorgen, um ihre Arbeit als junge Medizinfrau zu finanzieren. Diese Erkenntnis stürzte Liberty in tiefen Konflikt mit sich selbst und sie wurde launisch und traurig. Sie wusste nicht warum, aber das Gefühl wollte nicht weichen.

Liberty sprach nicht offen mit Estcheemah über ihre neuen Grübeleien. Sie wollte vor sich nicht zugeben, dass sie da waren. Doch Lightningbolt bemerkte die plötzliche Distanz zwischen sich und seiner besten Freundin. Sie war ruhig und zurückgezogen und wenn er sie neckte und versuchte, sie zum Reden zu bringen, wurde sie ärgerlich. Lightningbolt ging unverzüglich zu Estcheemah und fragte sie, was zu tun sei.

Die alte Medizinfrau hatte die Veränderung in ihrer Schülerin gespürt. Sie hatte damit gerechnet, dass es geschehen würde, und war bereit. Estcheemah und Lightningbolt begannen die Vorbereitungen für Libertys Frühlingszeremonie.

An einem schönen klaren Morgen im Mai instruierte Estcheemah Lightningbolt, Liberty dabei zu unterstützen, ihren neuen Zeremoniekreis zu formen. Lightningbolt stellte ihr Zelt auf und tat sein Bestes, um Liberty zu helfen, ein schönes Lager herzurichten. Liberty war freudig erregt über diese neue Gelegenheit und versuchte, zu Lightningbolt liebenswürdig zu sein.

Es war früher Nachmittag, als Estcheemah den Pfad hinaufschritt, wobei sie Brunhilde führte. Das kleine Maultier war bepackt mit Dingen für ihr Lager.

»Dein Lager sieht gut aus, Liberty.« Estcheemah lächelte, etwas außer Atem, als sie sich in einen Lehnstuhl setzte, den Liberty für sie bereitstellte. »Ich dachte, ich würde dir einen Weg ersparen, und so habe ich deine Decken, Kissen und den Schlafsack mit heraufgebracht.«

Estcheemah bekam Kaffee und Liberty und Lightningbolt kehrten zu ihrer Arbeit zurück und stellten das Lager fertig. Eine Stunde später setzten sie sich alle zusammen.

»Dieser anmutige Zedernwald ist ein wunderbarer Platz, um deine Zeremonie zu erleben, Liberty.« Estcheemah lächelte und blickte herum. »Jetzt, wo deine Anwesenheit und dein Kreis vorbereitet sind, musst du deine Aufmerksamkeit deinem Selbst zuwenden. Für den Rest des Tages möchte ich, dass du in einem weiten Kreis um dein Lager herumgehst. Nimm dir Zeit und stelle dich den Bäumen dieses großartigen Waldes vor. Es gibt viel zu entdecken. Lightningbolt wird als Wächter hier bleiben und ich werde am Abend wiederkommen.«

Liberty wanderte umher. Am Anfang ihres Abenteuers, das sie allein unternahm, brachte die Unermesslichkeit des Waldes sie durcheinander, aber bald entschloss sie sich weiterzugehen.

Als sie ihre Erkundung ausdehnte, war sie fasziniert von der urtümlichen grünen Zedernwelt, die sich ewig fortzusetzen schien.

Zwar waren ihre Bewegungen konservativ, doch ihr Herz war es nicht. Sie fand sogar noch mehr Schönheit, als ihre Suche sie immer tiefer ins Labyrinth der grünen Bäume führte.

Eine halbe Stunde später endete Libertys Suche bei einer kleinen, aber geheimnisvollen Wiese. Sie stellte sich vor, dass die riesigen Zedern, die die Wiese umgaben, ein Geheimnis vor allen Eindringlingen beschützten. Würden diese Bäume ihr den Zutritt gewähren?

Behutsam ging sie auf das Zentrum ihrer Smaragdwelt zu und plötzlich fühlte sie, dass sie entweder in einem Friedhof oder auf zeremoniellem Boden stand.

Große und schön geschnitzte Haida-Totems enthüllten ihr plötzlich ihre Verstecke. Überrascht von ihrem Fund studierte sie die Schnitzereien und entdeckte, dass die meisten der Bilder Schildkröten darstellten.

Sie ging in dem Kreis der Achtsamkeit auf und ab und staunte über all die erlesenen Schnitzereien, die zwischen den Bäumen verborgen lagen. Die massiven Totems waren so sehr Teil des Waldes, dass es schwierig war für Liberty, zu sagen, wo Schatten und Licht auf die geschnitzten Symbole trafen.

Die Schatten waren für jede der sorgfältig kreierten Haida-Figuren sehr wichtig. Während Meeresbrisen die Zedern sanft schaukelten, erleuchtete das Sonnenlicht die Figuren und täuschten das Auge mit Bewegung.

Über die gesamte Länge eines gefallenen Stammes schienen Wale aufzutauchen und wieder zu verschwinden. Dann, sobald sich ihre Augen an das Bild gewöhnt hatten, erschien ein anderes. Diesmal war es ein Adler oder ein Lachs! Jetzt konnte sie geschnitzte Bilder von Raben, Bären und Möwen sehen, die zwischen den Bäumen versteckt gewesen waren. Als das Licht sich verlagerte, wurden einfache Stämme zu Totems, die sich in Delphine oder schwimmende Fische verwandelten.

Liberty war eine begabte Bildhauerin, die nie recht gewusst hatte, was sie mit ihren Händen kreieren sollte. Der Anblick, wie Leben und Schönheit hier skulptiert war, schockierte alle ihre Sinne und zwang sie, sich an jede der konservativen Arbeiten, die sie jemals kreiert hatte, zu erinnern. Sie setzte sich auf den Boden und weinte. Niemals in ihrem Leben war sie solch phänomenaler Macht begegnet.

Sie hatte in Los Angeles ihren bescheidenen Lebensunterhalt verdient, indem sie Miniaturen skulptierte. Sie hasste die Arbeit, denn sie wurde dafür bezahlt, dass sie nur hübsche und nette Sachen schnitzte, die das Publikum auch kaufen würde. Verbittert und enttäuscht hatte sie beschlossen, das Schnitzen aufzugeben, als sie L.A. verließ.

Sie stand auf und wischte sich über die Augen, entsetzt über ihr Selbstmitleid. Konnte sie es nochmal versuchen? Konnte sie das Schöne skulptieren oder würde sie versagen?

»Sind das Todessymbole?«, fragte sie laut in die Bäume hinein. »Oder sind es Symbole des Lebens? Warum bringen sie mich zum Weinen?«

Die scheinbar verlassenen Schnitzereien lagen überall um Liberty herum wie ihre verlorenen Träume.

Der Gang zurück zum Lager war voller Einsamkeit und wurde zu einer langen, kummervollen Reise für Liberty. Sie fühlte, wie ihre Enttäuschung und ihr Ärger mit jedem Schritt, den sie tat, wuchsen.

Estcheemah saß ruhig am Lagerfeuer und wartete. »Du siehst aus, als ob du gerade deine Katze umgebracht hättest, Liberty. Hier, setz dich und erfreue dich an deinem Feuer. Möchtest du etwas Tee oder Kaffee?«

»Ich bin 'rumgegangen und hab' mich scheußlich gefühlt«, erzählte Liberty ihr ärgerlich. »Warum sind diese Totems zerstört? Warum wurden sie umgeworfen, um zu vermodern? Schert sich denn niemand darum?«

»Doch. Ich«, antwortete Estcheemah. »Diese Medizinpfähle, die du gesehen hast, wurden von den Familien zurückgelassen, die einstmals in diesen Wäldern lebten. Es waren zeremonielle Medizinschilde, die die Medizin der Familien erzählten. Hat ihre Traurigkeit und Schönheit dich auf deinen eigenen Kummer blicken lassen?«

Liberty antwortete nicht. Sie starrte in das Feuer und bemühte sich, nicht zu weinen oder ihren tiefen Ärger zu zeigen.

»Oder haben sie dich womöglich deinen Ärger fühlen lassen?«, sagte Estcheemah ermutigend. »Wenn du darüber sprichst, wirst du verstehen, warum ich dich Zeremonien lehre.«

»Nun«, antwortete Liberty und zeigte ihren Ärger. »Mutter Erde ist nicht nur schön und sanft, Estcheemah. Es gibt eine Menge hässlicher Dinge und es gibt böse Dinge.«

»Ja, Liberty, ich verstehe«, antwortete Estcheemah und erhob ihren Blick in Libertys Augen. »Traktoren zermalmen Kinder genauso leicht, wie sie unsere Felder pflügen. Unsere Leute machen Kriegsmaschinen, die töten.

Die Wölfe umzingeln das Karibu und es stirbt. Der ungestüme Wasserstrom kocht durch die Klamm, er reißt das zerbrechliche Boot in Stücke, und die Liebenden ertrinken. Ja, Krankheit kann den Leib zersetzen und die junge Frau und den jungen Mann entstellen. Das Zahnweh existiert und auch das Geschwür, das plötzlichen Schmerz bringt. Ja, es gibt Leiden. Die meisten Leute versuchen, dem Leiden zu entfliehen, oder sie versuchen es zu ignorieren. Ich bin froh, dass du die Frage gestellt hast; sie zeigt, dass du reifer wirst.

Es macht Angst, zu sehen, was verheerende Krankheiten dem Leib antun können. Das Herz verkrampft sich, wenn wir ein Tier sehen, das von einem anderen Tier gerissen wird.

Aber sind das die Dinge, vor denen Leute sich fürchten? Die Antwort darauf, Liberty, ist nein. Leute fürchten sich vor dem, was andere Leute ihnen antun können. Viele Leute sterben an ihrer eigenen Brutalität, ihrem persönlichen Stumpfsinn und ihrer Missachtung.

Es sind nicht Naturkatastrophen, vor denen sich Leute ängstigen; katastrophale Erdbeben töten Tausende. Aber von Leuten verursachte Katastrophen, wie unsere Weltkriege, töten zig Millionen.

Alter und persönliche Inkompetenz töten alle. Es ist nur eine Frage der Zeit, bevor entweder Alter oder persönliche Dummheit uns tötet.

Liberty, was auf der ganzen Welt in großem Umfang fehlt, ist Denken. Leute wollen an das Hässliche glauben und das Schöne ignorieren.

Schönheit ist bei der Mehrheit der Leute unerwünscht und wird nicht akzeptiert. Der Grund dafür ist, dass Leute auf Schönheit reagieren müssen. Schönheit fordert Dinge von Leuten ein und Leute fürchten und hassen das. Die Leute können ihre eigene Hässlichkeit ignorieren; das geht leicht. Wer aber hinterfragt das Abweisende und Hässliche in unserer Kultur? Schönheit fordert, dass Leute im Leben präsent sind.

Die Leute wollen dem Leben entfliehen und sich etwas vormachen. Du fürchtest dich viel mehr vor deinen Vorstellungen als vor dem, was existiert, Liberty.

Ja, es ist eine Realität: Mutter Erde kann dich töten. Warum nicht? Sie hat dich auch geboren.

Mutter Leben fordert von uns allen, dass wir uns mit unseren Haltungen auseinandersetzen. Sie zwingt uns, mit uns selbst zu leben. Für viele Leute ist das eine harte Pflicht.

Du kannst nicht dir selbst und dem, was du bist, ausweichen. Leben veranlasst dich, dass du dir selbst begegnest, deinen Entscheidungen, deinen Lebensbedingungen und deinem Tod. Vermeide nicht dein Leben, indem du versuchst, deinen Tod zu vermeiden.

Du bist konservativ in allem, was du tust, denn du hast Angst vor Versagen und fürchtest dein Selbst, Liberty.

Fordere dein Selbst heraus, indem du deinem Selbst und der Schönheit begegnest. Manchmal verkleidet sich Schönheit als Hässlichkeit, um Wertschätzung ins individuelle Bewusstsein zu bringen.

Schönheit kämpft im Innern der persönlichen Imagination.

Schönheit ist es, die den Speer gegen eingebildete Schmerzen und Ängste schleudert.

Schönheit ist, immer Fragen zu stellen.

Schönheit ist, Selbst-Verantwortung zu akzeptieren.

Schönheit ist der Mut, zurückzuschlagen.

Schönheit ist, Leben und Tod ins Angesicht zu sehen.

Die Zeremonie ist eine Zeit, dem Leben zuzuhören, und es ist eine Zeit, dem Selbst zuzuhören.« Estcheemah lächelte. »Leben und Präsenz sind eine Zeremonie. Beide spiegeln jeden deiner Gedanken, jedes Gefühl wider. Erlaube deinen Emotionen nicht, das zu zerstören, was du in dieser Zeremonie lernen kannst.

Die Kreation ist sehr ausdrucksfähig und spricht in jeder Minute von unserer Präsenz. Du wirst zuhören lernen müssen, wenn du hören willst, was die Kreation zu sagen hat, denn die Kreation spricht im Augenblick. Mutter Leben weiß, was im Moment vorgeht. Die Kreation spricht eine moderne Sprache und nimmt mit uns immer im Moment Kontakt auf. Das Leben braucht keine Übersetzer. Wir sind unsere Antwort und wir sind unsere Herausforderung.

Du wirst mehr Worte lernen müssen, mehr Ausdrucksweisen, deinem Selbst deine Welt zu beschreiben. Das nennt sich Ausbildung. Du bist hier in dieser Zeremonie, um dein Selbst über die Belange des Lebens und deines Selbst auszubilden.

Leben weiß, wer du bist, aber du weißt nicht, was Leben ist. Leben weiß, wie es mit dir sprechen kann, aber du bist behindert durch eine Sprache, die deine Gegenwart nicht beschreibt.

Leute denken, dass sie Göttin und Gott mit ihren Emotionen bezwingen können. Sie versuchen, Göttin und Gott dahin zu bringen, dass sie Mitleid mit ihnen haben.« Die alte Lehrerin lachte. »In der Vergangenheit hab' ich es auch ausprobiert. Aber das ist grotesk. Niemand kann dem Leben etwas vormachen, Leben austricksen, Leben mit Denken übertrumpfen oder Leben mit Emotionen an die Wand spielen. Du wirst erfahren, dass dieses Verstehen mehr ist als nur Gefühl. Leben fühlt weder bei der Geburt noch beim Tod für irgendwen Bedauern.«

Estcheemah stand auf, um zu gehen. »Tu alles, was in deiner Macht steht, um hier präsent zu sein, Liberty.« Sie nahm Libertys Hand in ihre und schaute ihrer Schülerin tief in die Augen. »Du bist keine Heuchlerin mehr, Liberty. Du bist eine junge Frau, die beschlossen hat, zu lernen, wie der gebrochene Verstand, die Emotionen, der Leib und der Geist-Geist von Leuten zu heilen sind. Dafür wirst du sehr hart arbeiten müssen.

Es gibt keine Rolle, die du hier vorspielen musst, während du zur Kreation und zum heiligen Leben betest. Versuche mit deinem ganzen Herzen, dort zu sein, wo du bist, nicht dort, wo du dich in deinem Verstand hinphantasierst.

Achte besonders auf deine Gedanken und Gefühle, denn auf diese Weise wirst du lernen, Mitgefühl für andere zu haben. Sei stark.«

»Das verspreche ich«, antwortete Liberty fest entschlossen.

Estcheemah wandte sich Lightningbolt zu. »Es ist Zeit für dich, ihr von deinem Kummer zu erzählen, und wie du gelernt hast, ihn zu bekämpfen, Lightningbolt. Jetzt ist es Zeit für mich, zu gehen. Ich werde am Morgen zurückkommen.« Estcheemah packte ihre Dinge zusammen und Lightningbolt begleitete sie zu Brunhilde. Die machtvolle Zero Chief ritt im Licht der hellen Mondnacht davon, den Hügel hinab.

Lightningbolt kehrte zum Feuer zurück. Liberty legte Holz dazu, um den Kreis heller zu machen. Sie setzte sich still hin, bereit zuzuhören.

Einige Augenblicke lang schwieg er. Dann begann er.

»Eines Morgens ging ich in Estcheemahs Küche und begrüßte sie mit einem großen Hallo.

›Hallo Mörder‹, sagte sie. ›Wie fühlt es sich an, mit dem Leben zu spielen?‹

Ich dachte an einen Scherz und fragte sie, wen ich skalpieren solle.

›Dich selber‹, antwortete sie und begann an einem Mantel zu nähen. ›Ich meine deinen Freund, Morphium.‹

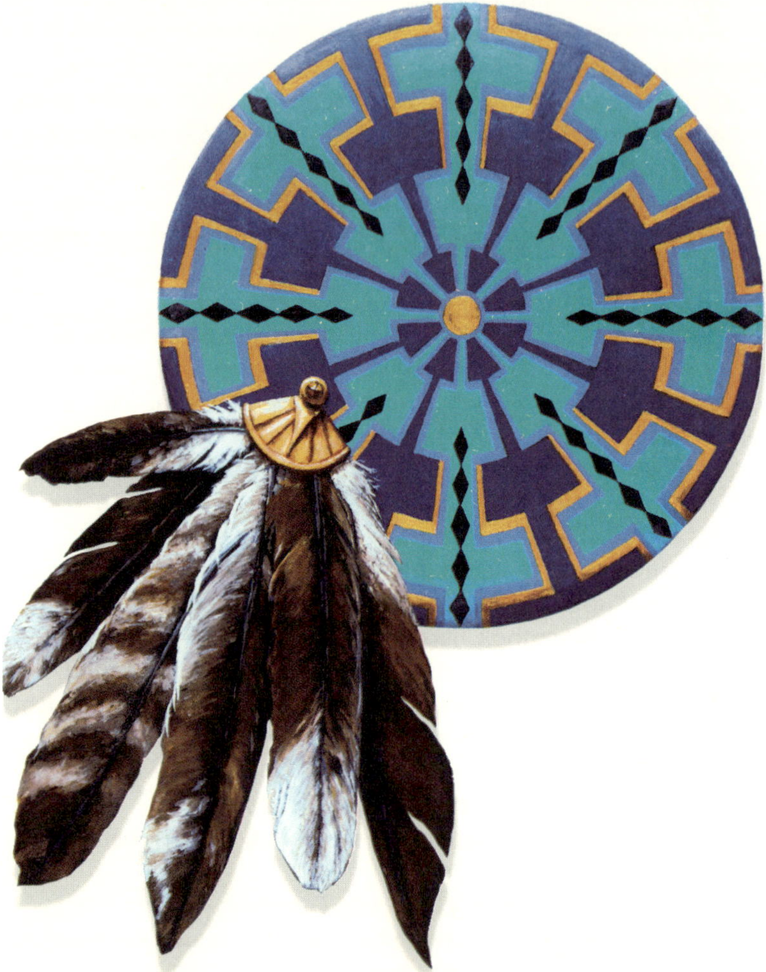

Ich hatte gedacht, dass mein Geheimnis gut versteckt sei. Es war natürlich idiotisch von mir, das zu glauben, aber ich versuchte es. Was kann vor Estcheemah verborgen bleiben?

Nun gut, es war so gekommen, dass ich im Verlauf eines Jahres sehr abhängig von Morphium geworden war.

Warum hatte ich Drogen genommen? Nun, es war meine erste große Antwort auf meine älteste Frage. Ich begann die kleinen weißen Pillen zu schlucken, denn sie setzten einem tiefen Kummer, den ich hatte, ein Ende. Ich konnte mich nicht erinnern, nicht voller Kummer zu sein; er war immer in mir gewesen.

Meinen Kummer zu beschreiben überfordert fast die Kraft meiner Worte. Zunächst gab es keine Antwort auf meinen furchtbaren Kummer – er war ganz einfach da, fast die ganze Zeit. Mein Kummer war profund und tief – subtil und doch auf brutale Weise präsent. Mein Kummer braute sich plötzlich am blauen Himmel zusammen, mystifizierte mich und verdunkelte sich in Donnerwolken der Verzweiflung. Dann verschwand er mysteriöserweise so schnell, wie er erschienen war.

Ich war geboren geworden mit der Kraft, zu täuschen. Und ja, ich machte mir etwas vor, mit absoluter Leichtigkeit. Den meisten Leuten erschien ich als ein glücklicher Strahlemann. Aber ich war nicht glücklich. Hinter der Lüge fühlte ich einen Kummer von unermesslichem Ausmaß. Kummer kann, wie alles andere im Leben, ein Lehrer oder der Ursprung von Selbstzerstörung sein. Durch Estcheemah wurde er mein Lehrer.

Ich kann Kummer in einer anderen Person auf große Entfernung ausfindig machen. Es ist beinahe unmöglich, mich zum Narren zu halten, wenn eine Person Kummer hat.

Kummer ist nicht Traurigkeit – er ist eher das, was wir unter Melancholie verstehen. Aber es ist auch wieder nicht Melancholie, denn Melancholie ist Traurigkeit ohne Wissen.

Kummer ist ein Wissen. Zum Beispiel ist es ein tiefes und profundes Wissen, dass Leben sehr, sehr kurz ist. Traurige Leute sind sich selten, wenn überhaupt je, der Gefühle einer anderen Person bewusst. Traurige Leute werden ärgerlich, zeigen es aber nie. Traurige Leute unterscheiden sich von Melancholikern.

Melancholiker denken nie an sich selbst. Daher eignen sie sich als die perfekten Opfer und perfekten Diener. Sie haben Empathie und Sympathie, aber kein wahres Selbst.

Leute, die echten Kummer kennen, gehen in die Luft, aber niemals gewaltsam. Traurige Leute denken nie an andere, nur daran, was oder wer sie sein sollten. Melancholiker kennen sich selbst nicht.

Leute, die Kummer haben, so wie ich damals, können kaltblütig werden und sehen die meisten Bestrebungen von Leuten als absolute Verrücktheit an. Alberne Leute langweilen eine Person, die Kummer hat. Langeweile in jeder Form, jede endlose Wiederholung, wird zum Feind der Person, die Kummer hat.

Ich war andauernd gelangweilt. Weihnachten, Ostern, der Unabhängigkeitstag, Erntedankfest, Geburtstage – jede sich wiederholende Langeweile dieser Art wurde eine schreckliche Bürde für mich.

Die Universität war keine Herausforderung. Sie wurde genauso langweilig, denn ich war nie auf Titel erpicht.

Nach einer Blinddarmentzündung stieß ich auf die kleine weiße Pille. Und plötzlich fühlte ich keinen Kummer mehr. Ich fühlte zwar auch sonst nicht viel, aber das machte mir nichts aus.

Der Kummer verschwand, wenn ich die Pille aß. Wir nannten sie das weiße Geschoss. Es war erstaunlich, nicht voll Kummer zu sein! Das weiße Geschoss war der Mörder von Marter und Kummer! Ich fühlte mich ›normal‹, wenn ich meine Pille hatte. Als die Pein des Kummers weg war, glaubte ich, mein Fühlen sei so wie das normaler Leute.

Zuerst brauchte ich nur wenige Pillen. Aber dann musste ich mehr haben. Meine Morphiumfreunde waren ein Universitätsprofessor, ein Doktor der Medizin, ein Anwalt, ein Geschäftsmann, eine Krankenschwester und ein Landwirt. Niemand in der Gruppe war besonders alt, außer dem Professor und dem Doktor. Unsere kleine Gruppe hatte einen Namen – wir nannten uns selbst die Buddha-Köpfe. Wir fanden den Namen lustig. Der Name gab uns auch Rückendeckung, wenn wir kommunizieren mussten.

Meine Freunde nahmen Morphium aus anderen Gründen als ich, aber darum sorgte ich mich nicht. Wir sorgten uns um gar nichts. Sorgsamkeit war, was uns fehlte, während wir das weiße Geschoss aßen.

Wenn ich zu war mit Morphium, ging ich spazieren und dachte nach oder versuchte zu denken. Nichts, was ich denken oder imaginieren konnte, brachte mir meinen Kummer zurück; ich war erstaunt. Auch der Anwalt und der Professor gingen gern spazieren und manchmal ging ich mit ihnen mit. Montana hat Millionen Hektar zum Gehen – wir gingen und gingen und redeten.

Im elften Monat meiner Morphiumzeit begann ich mich an den seltsamsten Plätzen wieder zu finden und wunderte mich, wie ich dorthin gekommen war. Ich wachte in meinem Transporter auf oder wurde an einem einsamen Bach- oder Flusslauf wach – allein.

Ich verfiel augenblicklich in Panik, dann begann ich mich langsam zu erinnern, dass ich mich ja auf einem Spaziergang befunden hatte. Meine Spaziergänge waren voller Euphorie – Zeiten der Erleichterung, einmal nicht alles und jedes fühlen zu müssen.

Estcheemah lehrte mich, wie ich wieder fühlen konnte. Nach einem Gespräch über den Tod, das ich mit Estcheemah hatte, nahm ich nie wieder Morphium.

Ich erfuhr, dass mein Kummer mein Wissen war – ein Wissen, von dem ich nichts wissen wollte. Ich kannte den Tod, aber ich wollte Mutter Leben nicht kennen. Ich wusste, wie ich Kummer haben konnte, aber ich wusste nicht, wie ich fühlen konnte. Ich war nah am Selbstmord und wusste nichts davon – auch das war eines meiner Kümmernisse.«

»Kann Kummer wirklich beendet werden?«, fragte Liberty.

»Als ich Estcheemah diese Frage stellte, sagte sie ›Es ist besser für dich, nach Selbst-Wissen zu fragen.‹ Du weißt, Liberty – hier zu sein, lebendig, und über dein Selbst und Leben zu lernen, etwas zu tun, was deine Welt besser macht, das ist der Weg. Es kann manchmal wehtun, aber es kann uns auch ein Lächeln bringen.

Estcheemah sagte mir, ich solle dir sagen, dass du den Rest dieses Abends dazu benutzen sollst, über deine eigenen Emotionen nachzudenken und darüber, wie sie dich und deine Unterscheidungsfähigkeit beeinflussen.«

»Das werde ich tun«, sagte Liberty und blickte in das Feuer. »Danke dir, Lightningbolt, dafür, dass du ehrlich zu mir bist.« Lightningbolt nickte und ging zu seinem Zelt, um Wache zu halten, und ließ Liberty für den Rest der Nacht zum Denken allein.

Der Gesang von hunderten Vögeln erfüllte den uralten Wald – das war die Begrüßung für Liberty und Lightningbolt am nächsten Morgen. Liberty bereitete den Kaffee zu, während Lightningbolt arbeitete und etwas auf ein großes Blatt Papier zeichnete. Liberty war neugierig, aber sie wusste, es war besser, nicht zu fragen. Sie wollte ihr Lernen nicht gefährden und sie wusste, dass Lightningbolt von Estcheemah instruiert war.

Als die wunderschöne alte Medizinfrau auf Brunhilde herauftritt, erschien sie so leuchtend und so sehr als ein Teil des natürlichen Waldkreises, dass Liberty ganz überrascht war. Sie erkannte, dass ihre Lehrerin dasselbe reine und machtvolle Gefühl verströmte, das von den Dris, den Bäumen, ausging, und sie begann sich darüber zu wundern. Was für eine Macht war das?

Die alte Frau stieg ab und ging mit unermesslicher Würde zu Liberty hinüber. Sie setzte sich und Liberty bot ihr eine Tasse Kaffee an. Dann wandte sich Estcheemah Lightningbolt zu. »Du wirst mir helfen, Liberty in dieser Zeremonie zu lehren, indem du mit ihr arbeitest und ihr Jagdführer bist.

Wie du weißt, Liberty, ist es Zeit für dich, einige deiner eigenen persönlichen Mächte zu entwickeln, nachdem du den Gesetzeskreis studiert hast. Was Not tut, ist, dass du den Verstand einer Kriegerin wie auch einer Jägerin in dir entwickelst. Das trifft auch für viele deiner Schwestern auf Erden zu.

Es ist wichtig für dich, ein neues Bild deiner selbst in deinem Geist zu kreieren. Eines, das vernünftiger und wahrer ist als die schwachen und opferbetonten Bilder, die dir von deiner Kultur mitgegeben wurden. Wenn du einen Konflikt erlebst, ist emotionales Selbstmitleid keine Antwort auf die Konfrontation. In der Kultur, in die du hineingeboren bist, gelten Mädchen als ›emotional‹ und Jungen als ›intellektuell‹. Das ist lächerlich. Wenn es nicht gefährlich wäre, würde ich weinen vor Lachen. Wenn Männer so intelligent wären, dann wäre unsere Welt nicht in solchen Schwierigkeiten. Richtig, Lightningbolt?«

»Absolut!«, stimmte er zu.

»Nun, es ist auch lächerlich, Frauen in ihrer Entwicklung zu behindern, indem sie für ihre Emotionen belohnt, und bestraft werden, wenn sie denken. Ein einfaches Beispiel dafür ist, dass viele Mädchen, wenn sie jung sind, überschwängliche Aufmerksamkeit erhalten, wenn sie weinen. Plötzlich werden sie umsorgt. Aber wenn Jungen ein bestimmtes Alter erreichen, werden sie lächerlich gemacht, wenn sie selbstmitleidig sind. Nun sage ich nicht, zu weinen sei von vornherein schwach. Aber, ich sage, dass Tränen oder andere Emotionen, die dazu benutzt werden, Aufmerksamkeit zu bekommen und andere zu manipulieren, zu einer Falle werden, die die Person, die sie benutzt, versklavt. Sowohl Männer als auch Frauen tun das, aber heute hebe ich die Frauen hervor, Liberty.

Die Frauen, die das tun, beginnen zu glauben, dass sie die Welt mit ihren Emotionen manipulieren können. Später im Leben entdecken sie, dass das eine Lüge ist, aber für gewöhnlich ist es zu spät. Den meisten jungen Mädchen wird beigebracht, ihrem Verstand weder zu trauen noch ihn auszubilden. Ihnen wurde die Gelegenheit verwehrt, zu lernen, wie sie unter Druck denken und handeln können. Ihnen wurde die Gelegenheit verwehrt, als Führerinnen in ihrer Welt unterwiesen und ausgebildet zu werden. Frauen sind so fähig wie Männer, intelligente und denkende individuelle Wesen zu sein. Frauen sind im gleichen Maß ›heroisch‹ und können unter Druck denken, wenn es ihnen gewährt und es sie gelehrt wird. Was den Unterschied bewirkt, ist die Kultur, geformt durch fanatische religiöse und soziale Propaganda – nicht etwas Natürliches oder Wirkliches.

Du, Liberty, wirst die Macht entwickeln, unter Druck zu denken, indem du als eine Kriegerin und Jägerin lernst. Du hast mit einem Gewehr und einer Pistole geübt. Aber jetzt musst du auch die Art und Weise verändern, wie du über dein Selbst denkst. Du wirst der natürlichen Macht der Kriegerin in dir erlauben, ihr eigenes Denken zu entwickeln.

Du hast zwei Monate lang voller Selbstmitleid im äußeren Ring deines Selbst Trübsal geblasen. Von jetzt an werde ich dieses emotionale junge Wesen in dir Molly Mope, die trübselige Trine, nennen.«

»Du hast Recht«, sagte Liberty verblüfft. »Ich kann's nicht glauben. Ich habe mich eine ganze Weile schrecklich gefühlt. Aber ich habe es nie richtig verbinden können mit all dem, was du mich über meinen äußeren Ring gelehrt hast. Ich war selbstmitleidig, fühlte mich unzulänglich und ängstlich. Das werde ich nicht mehr tun. Ich werde in meinem Inneren kämpfen, um eine Kriegerin zu sein, Estcheemah. Ich will eine machtvolle Frau und Lehrerin sein. Es macht mich krank, Versagensangst zu haben. Ich muss sie wirklich bekämpfen, meine dummen...«

»Haltungen«, schmeichelte Estcheemah.

»Ja, meine selbstmitleidigen Haltungen gehören zum jungen Mädchen, das ich war, nicht zu der Frau und Kriegerin, die ich werde. Und ich werde keine Angst haben, offen mit dir zu sein«, sagte sie und schaute Lightningbolt an. »Du bist mir einige Jahre voraus in deinem Training und das ist gut so. Als du angefangen hast zu schreiben, wurde ich mir meiner wahren Situation bewusst. Ich muss unabhängig werden und entscheiden, was ich mit meiner Information und meinem Leben tun werde.«

»Endlich sprichst du darüber«, setzte Estcheemah hinzu. »Es ist Zeit. Ja, meine Liebe, du musst die Entscheidungen einer Frau, nicht die eines Mädchens treffen. Als Medizinfrau wirst du entdecken, dass es Dinge gibt, die Lightningbolt besser machen wird, und es wird eine große Anzahl von Dingen geben, in denen du viel sensibler sein wirst und die du viel besser machen wirst. Werdet ihr beide als unabhängige eigenverantwortliche Blumen-Soldaten überleben und lernen, auf eine ausgeglichene Art und Weise zusammenzuarbeiten? Das ist eine Herausforderung, der ihr euch beide täglich stellen müsst.

Doch dafür, Liberty, wirst du in deinem Selbst machtvoll und ausgeglichen sein müssen. Und das ist es, worauf wir uns jetzt konzentrieren werden. Nachdem ich den Pfad hinuntergegangen bin, wirst du mit dem nächsten Teil deiner Zeremonie beginnen. Doch als Erstes habe ich dir etwas zu präsentieren.«

Sie schüttelte beiden, Liberty und Lightningbolt, die Hand. Als sie sie berührte, konnten sie fühlen, wie ein tiefes Gefühl von Seelenverwandtschaft ihr Herz erfüllte. Sie blieben ruhig und respektvoll stehen, als Estcheemah vorbereitete, was sie ihren »Sitzplatz« nannte. Ihre Vorbereitung bestand immer darin, dass sie ihren Medizinpfeilen auf ihrer Sonnentanzdecke eine Position gab. Als sie sie beobachteten, wie sie dasaß und ihren Heilfächer aus ihrem Bündel nahm, fragten sie sich, ob sie jemals so stark und so würdevoll werden würden wie ihre Lehrerin.

Estcheemah gab Lightningbolt ein Zeichen, mit der Präsentation zu beginnen.

Lightningbolt straffte seinen Rücken und wandte sich Liberty zu. Jetzt war er an der Reihe, mit einer Person zu sein, während sie dabei war, ihr Herz zu finden. Er wollte der beste Soldat sein.

»Estcheemah hat mir gesagt, dass deine Zeremonie bei deiner Geburt begonnen hat«, verkündete er und strahlte vor Freude. »Sie sagte, dass diese Zeremonie dein Bogenkreis heißen wird.«

Estcheemah rollte einen schwarzen Schal aus; in ihm befand sich ein auserlesener handgemachter Bogen. Sie reichte Lightningbolt den Bogen. Er ging zu einer jungen Zeder, vier Schritte weg, und hängte den Bogen an die Schlaufen, die Estcheemah dort befestigt hatte. Dann drehte er sich um und wandte sich Liberty zu.

»Deine Lehrerin hat diesen Bogen für dich gekauft, Liberty. Sie sagte, an einem bestimmten Punkt während deiner Zeremonie sei es angebracht, dass du deine eigene Waffe benennst.«

»Es ist unglaublich!« Liberty war voller Andacht. »Kann ich sie berühren, Estcheemah?«

»Natürlich«, lachte Estcheemah. »Es ist deine.«

Liberty ging zu ihrer Waffe und hob sie in ihren Händen hoch. Sie berührte sie und fühlte ihre Geschmeidigkeit und Stärke.

»Ich bin überrascht. Es ist atemberaubend«, sagte sie, als sie die Waffe in ihren Händen drehte. »Ich habe niemals gedacht, dass ich jemals eine solche Waffe haben würde.« »Sie ist elastisch, Liberty, denn sie kehrt immer in diese Form zurück, egal wie viele Male sie gezogen und unter Spannung gesetzt wird.« Estcheemah klang, als würde sie ihre Worte sorgfältig abwägen. »Sie heißt ›Jägerin-Mond-Bogen‹ in meiner Sprache, aber das ist nicht ihr Name – es ist ihre Beschreibung.

Ich habe auch fünfzig Pfeile für dich gekauft und einen Köcher, der deine Waffe begleitet. In meiner Sprache ist ›Pfeil‹ ein kompliziertes Wort, das weit in die Zeit zurückweist; es ist Mah-hah-vaynah. Linguisten würden das Wort ein Kompositum nennen. In seiner vollen Bedeutung besagt es ›Fliegen wie die Zunge von Tod‹.

Das Perspektivrad

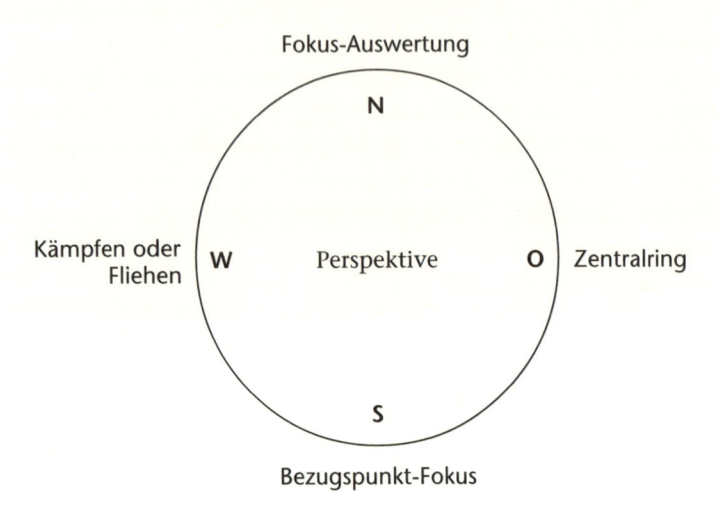

Fokus-Auswertung

Kämpfen oder Fliehen | W Perspektive O | Zentralring

N / S

Bezugspunkt-Fokus

›Der Tod spricht wie der Pfeil‹ ist eine andere Möglichkeit, das Wort zu verstehen. Du siehst, Liberty, es ist der Tod, der spricht, wenn der Pfeil jemanden berührt. Was der Pfeil berührt, das wird sterben. Der Pfeil kommt von den Händen der Leute. Die Leute müssen essen, und deswegen sind sie Jäger.

Ich kann deine Freude sehen«, sagte Estcheemah voll Zuneigung. »Doch in diesem Moment besteht das größere Geschenk in deiner eigenen Sicht deiner Waffe und das kann ausschließlich nur von dir kommen.

Die Art und Weise, wie die Heilerin und die Kriegerin in dir sich gegenseitig das Gleichgewicht halten, übertrifft bei weitem die Überraschung, die du beim Empfangen deiner Waffe und Pfeile empfunden hast. Wie du dieses Gleichgewicht verstehen und in die Gemeinschaft als Medizinfrau und -Kriegerin einbringen kannst, wird im Lauf der Jahre in deinem Herzen und in deinem Geist immer deutlicher werden.

In diesem Augenblick, da du deinen Bogen und deine scharfen Pfeile empfängst, fühlst du die Freude des Nehmens. Aber diese Gelegenheit fordert auch dein Herz heraus. Du bekommst eine Waffe. Jedes Amt, das jemand ausübt, ist eine Verantwortung und kann zu einer grausamen Waffe werden, wenn es gegen die Leute benutzt wird.

Wenn du eine Waffe annimmst oder eine Verabredung, nimmst du auch die schreckliche Herausforderung an, dass die Waffe oder die Verabredung deine Existenz hinterfragt.

Wie viele Mütter sind sich klar darüber, dass ihr Heim eine geheiligte Position ist, eine wahre Ehre – dass es eine machtvolle Waffe ist, die genutzt werden kann, um Kinder zu lehren und heilen oder um sie zu zerstören? Wie viele Mütter führen ihre Kinder dahin, dass aus ihnen unabhängige Leute werden? Die, die ihre Kinder verwöhnen und sie einen Mythos lehren, werden sie zerstören.

Jede Ärztin, jeder Arzt und alle, die heilen, wissen, dass ihr Skalpell, ihr Wissen und ihre Position Waffen sind. Diese Waffen können töten und sie können heilen.

Auch Leute sind eine Waffe, die du akzeptierst, wenn du eine Kriegerin oder Priesterin wirst. Wie du diese Waffen benutzen wirst und die Waffen respektierst, ist eine Frage, die dein tiefstes Wesen herausfordern wird.

Was sind deine Verantwortlichkeiten? Es gibt ein Sprichwort, das wir von unseren Gesetzeshunden haben, und ihre Worte sind wichtig für die Priesterin-Kriegerin.

›In den Schatten, am Fuße des Berges, sind jene, die warten, um zu töten.‹ So lauten ihre warnenden Worte. Sie bedeuten, dass die, die darauf warten zu töten, nicht Jägerinnen oder Jäger sind, sondern Leute, die Leute töten.

›Am Fuße des Berges‹ bedeutet, dass dort Leute in einem Gebäude – der Pyramide der Macht – sind und darauf warten zu töten. Es ist eine Frage für die Kriegerin-Heilerin, wie die Leute innerhalb der Gemeinschaft im gegenseitigen Gleichgewicht handeln.

Wir sind leicht zu beschämen. Aber die Kriminellen und Mörder können nicht beschämt werden. Es beschämt einen Kriminellen nicht, zu töten oder eine andere Person zu verstümmeln. Du wärst unglaublich beschämt, wenn du gezwungen wärst, eine Person zu töten.

Du musst dir im Klaren sein, dass es nicht dasselbe ist, aus Wissen heraus beschämt zu sein oder aufgrund von Ignoranz. Die Ignoranten sind beschämt, weil sie Angst haben, entdeckt zu werden. Die

Wissenden sind beschämt, weil sie wissen, dass die Kreation Intelligenz und Wissen besitzt, die um ein Vielfaches größer ist als das ihrige.

Wenn du diese Art Wissen hast, dann weißt du, dass du zeitlebens direkt verantwortlich bist für jede Handlung. Kriminelle und Mörder können nicht beschämt werden, denn sie haben jeden Gedanken, der sich auf Bedeutung und das Selbst bezieht, aufgegeben.

Größe zu erlangen ist für jede Person, die geboren wurde, das Warum ihrer Existenz. Alles, was du bist, und alles, was du tust, ist eine Frage der Kreation wer und was du bist. Sei eine Person von Macht und Rang. Sei immer selbst-verantwortlich. Du bist dabei, zu lernen, die Kriegerin und die Priesterin zu sein.

Du wirst mit jedem Pfeil, den du abschießt, dieser Worte gedenken. Sei eine ehrliche Person mit heilender Kraft – heile dich selbst.

Das wird viel Zeit beanspruchen. Ich werde mit dir sein, jede Stunde, die ich wach bin.«

Liberty übte mit ihrem Bogen, bis sie um die Mittagszeit müde wurde. Als sie in ihr Lager zurückkehrte, wartete Lightningbolt auf sie.

»Heute machen wir uns die Präsenz des Lernens zum Geschenk«, schlug Lightningbolt vor. »Estcheemah hat gesagt, dass heute dein Bewusstsein und deine Intelligenz getestet werden.« Daraufhin entrollte er eine große Zeichnung eines Medizinrades am Boden vor Liberty.

»Ich habe mich schon gefragt, was du heute Morgen gezeichnet hast«, sagte sie. »Es ist schön.«

»Im Süden«, sagte Lightningbolt, »steht geschrieben ›Bezugspunkt-Fokus‹.

Während ihres Lebens und Forschens richten Blumen-Soldatinnen und Blumen-Soldaten ihre Aufmerksamkeit immer sowohl auf ihre physische Welt als auch auf ihre innere Welt. Das ist die Bedeutung von ›Bezugspunkt-Fokus‹.

Wenn du plötzlich etwas hörst oder eine unvorhergesehene Bewegung siehst, wird es deine Aufmerksamkeit auf sich ziehen. Deine Aufmerksamkeit ist fokussiert und du bist alarmiert. Das ist der Bezugspunkt-Fokus. Jeder Bezugspunkt-Fokus wirkt auch direkt auf deine Emotionen. Deshalb ist er auf dem Medizinrad im Süden, dem Platz der Emotionen.

Leute reagieren ganz natürlich auf jedes plötzliche Geräusch oder Bewegung – den Bezugspunkt-Fokus. Sie bemühen sich entweder darum, die Angriffsursache zu bekämpfen oder vor ihr zu fliehen. Alle Leute, die in der Kunst des Kämpfens nicht trainiert sind, werden versuchen, sich zu verstecken oder zu flüchten. Die geübten Blumen-Soldatinnen und Blumen-Soldaten werden immer den Kampf wählen.

Weil die Soldatin den Kampf wählt, ist der Wille gefordert. Der physische Leib wird wach und ist bereit zu kämpfen. Die Wahl des ›Kämpfens oder Fliehens‹ findet sich im Westen des Medizinrades wieder. Im Westen ist der Leib.

Im Norden des Rades, dem Platz des individuellen Verstandes, ist ›Fokus-Auswertung‹. Das ist die Fähigkeit trainierter Blumen-Soldatinnen und Blumen-Soldaten, jede hereinkommende Information und jede Information, die irgendeinen Bezug zur Situation oder dem Umstand hat, auszuwerten.

Fokus-Auswertung sagt dir, was existiert, welche Waffen die Gefahr besitzen mag, wie viele Gefahren oder Feinde existieren mögen, wie stark der Feind oder die Gefahr sein könnte, wie alt oder jung der Feind sein könnte und wie die Gefahr wirklich aussieht.

Ich werde über das Element des Ostens sprechen, aber lass mich zuerst von deinem ›Wahren Zentrum‹ sprechen.

Im Wahren Zentrum des Medizinrades ist das Selbst. Du bist im Prozess des Lernens von deinem Selbst. Du bist das Selbst, das Wahre Zentrum. Das Selbst im Zentrum nimmt jegliche Aktion wahr.

Wenn du alle Mächte jeder Richtung in das Selbst bringst, dann bist du im Selbst zentriert – was bedeutet, dass du wahre Perspektiven besitzt. Dann bist du fähig, zu unterscheiden, was mit dem Selbst und deiner Umgebung geschieht.

Selbst-Perspektive erhellt die wahre Situation. Das kommt daher, dass im Zentrum dieses Medizinrades die ›Perspektive‹ ist – auf dem Platz des Selbst. Du wirst auf den Feind aufmerksam – Bezugspunkt-Fokus.

Du hast gewählt, zu kämpfen und nicht wegzulaufen.
Du hast ausgewertet, was existiert – den Fokus.
Jetzt musst du die Distanz zwischen dir, dem Selbst im Zentrum und dem Feind bestimmen oder einschätzen. Das wird der ›Zentral-Ring‹ genannt. Der Zentral-Ring existiert im Osten auf dem Medizinrad.

Wie weit weg der Feind ist und wie schnell der Feind sich bewegen kann, wird vom Zentral-Ring bestimmt – dem Osten. Die Macht dieses Rades wird deine sein, wenn du die Lehren auf deine innere Welt anwendest. Such nach Selbst-Macht immer innen, denn es ist die Entfaltung der Blume der inneren Disziplin, die die Blumen-Soldatin zu wahrer Medizinmacht bringt.«

»Erstaunlich«, sagte Liberty. »Aber es ist doch sehr hirnbetont.«

»Würdest du mir ein bisschen Wasser für unseren Kaffeetopf holen?«, fragte Lightningbolt und wandte sich von ihr weg. »Sicher«, antwortete sie und stand auf. »Wie viel brauchst du –«

Plötzlich dröhnte eine Explosion hinter Liberty und ließ sie beinah ausgestreckt zu Boden gehen. Sie sprang auf ihre Füße und drehte sich herum, um zu sehen, was passiert war.

»Es sieht aus, als ob du beschlossen hättest, zu kämpfen anstatt wegzurennen«, sagte Lightningbolt. »Der Knallfrosch hat sein Ziel erreicht.«

»Das war sicherlich nicht intellektuell!«, lachte sie. »Ich sehe, was du mit ›Bezugspunkt-Fokus‹ meinst!«

»Hole deine Waffe«, sagte Lightningbolt zu ihr und nahm ihren Köcher, »und lass uns gehen. Heute wirst du jagen und versuchen, ein Kaninchen zu töten. Die Kaninchen sind wild, aber sie waren nicht von Natur aus auf dieser Insel. Sie wurden hierhergebracht, um sie auszuwildern. Ich habe mehr Pfeile hier, wenn du daneben schießt, und einige weitere Kracher, wenn du wieder diskutieren willst.«

»Was sind ihre natürlichen Feinde?«, fragte Liberty, während sie gingen.

»Krankheit, Alter und vor allem Hunde. Ich nehme an, sie haben andere Feinde – vielleicht dich?« Er lächelte. »Hast du je daran gedacht, dass du der Feind eines Schweins bist? Du isst Schwein. Kannst du dir vorstellen, dass du der Feind von Hühnern, Enten, Truthähnen, Schafen und Kühen bist?«

»Nein, nie«, sagte Liberty und blickte umher.

Sie jagten beinahe eine halbe Stunde lang, schweigend. Liberty blieb immer ein Stück vor Lightningbolt, bereit, falls ein Kaninchen auftauchen sollte.

Liberty hielt bei dem kleinen Fluss an, während Lightningbolt den kleinen Rucksack zurechtrückte, den er trug. »Was ist das, was dich da drüben beobachtet?«, fragte Lightningbolt. »Es ist doch ganz gut, dass der alte Langohr dich nicht jagt ... oder?«

Liberty ging auf den Strom zu und sank auf ein Knie nieder, um aus der Nähe sehen zu können. Da war das Kaninchen – und beobachtete sie. Sie konnte nicht glauben, dass sie so nah gekommen war und es nicht gesehen hatte.

Ihre Hand zittere ein wenig, während sie einen Pfeil in ihren Bogen einlegte. Ihr Finger war gerade dabei, den Pfeil zu verlieren, als das Kaninchen hinter einen kleinen Farn hoppelte. Es wackelte mit einem Ohr, blieb wieder sitzen und beobachtete sie.

»Ist es bewaffnet?«, flüsterte Lightningbolt belustigt.

»Jaah«, antwortete sie, während sie ihren Pfeil wieder in ihren Bogen einlegte.

»Das ist der Zentral-Ring.« Lightningbolt grinste. »Und das Kaninchen ist definitiv kampfbereit, anstatt zu fliehen.« Liberty spannte ihren Bogen und schoss den Pfeil ab. Das Geschütz wurde wild, zischte über den Boden, traf einen Farn und hüpfte hoch in einen Baum, wo es stecken blieb. Das Kaninchen bewegte sich nicht.

Liberty verschoss vier weitere Pfeile, aber jedes Mal schien das Kaninchen aus dem Weg zu gehen, kurz bevor der Pfeil zu ihm kam. Liberty wurde zunehmend frustrierter, als das Kaninchen plötzlich verschwand.

»Nun, du bist wirklich eine gute Schützin mit einem Gewehr und einer Pistole, Liberty«, sagte Lightningbolt tröstend. »Aber du wirst deine neue Waffe ein wenig besser kennen lernen müssen, bevor du verstehen wirst, wie weit sie in die Welt, die dich umgibt, hineinreicht. Auch das ist das Studium des Zentral-Rings.«

In dieser Nacht dachte Liberty über das neue Medizinrad nach, das sie bekommen hatte. Ihr Fasten begann am nächsten Morgen.

Estcheemah hatte gewusst, dass es Liberty Willen und Anstrengung abverlangen würde, den Rhythmus und den Tanz ihrer neuen Waffe zu verstehen, und sie gab ihr zwei Tage, um mit sich selbst zu arbeiten. Lightningbolt hatte für Libertys Schießübungen zwei Strohballen aufgestellt. Sie schoss den ganzen Tag lang ihren Bogen ab, sprach zu sich selbst und befahl ihrem Geist, fokussiert und aufmerksam zu sein. Sie wiederholte das neue Medizinrad immer wieder, dachte über jedes inhaltliche Detail nach, das ihr mitgeteilt worden war.

Am zweiten Abend, als ihr Hunger zunahm, begann Liberty zu

verstehen, was Estcheemah ihr über das Heilige Weggeben der Pflanzen und Tiere für alle Leute erzählt hatte. Nicht mehr länger war der Umstand ihrer Abhängigkeit von den Pflanzen und Tieren lediglich intellektuell. Ihr Hunger sprach zu ihr, so wie ihr Bogen und ihre Pfeile – so wie ihr Willen und ihr Selbst-Denken. ›Tod und Leben sind auf ewig unzertrennlich‹, konnte sie in ihrem Denken hören. ›Die Pflanzen und Tiere sind heilige Kinder von Mutter Erde und schenken dir dein Leben‹, fuhr ihr Denken mit erstaunlicher Klarheit fort.

Warum hatten so wenig Leute Wertschätzung für die Schönheit des heiligen Geschenks von Tieren und Pflanzen? Ihr wurde klar, wie vordergründig sie mit den Geschenken umgegangen war, die ihr das Leben zuteil werden ließ. Zu glauben, dass von Geld und Supermärkten Nahrung kommt, ist dumm, schalt sie sich selbst. Liberty gelobte, niemals wieder dem großen Geben ihrer Mutter Erde den Rücken zuzudrehen. Sie wollte mit dem Wertschätzen und Erkennen des Geschenks von Leben beginnen, das ihr jedes Mal gegeben wurde, wenn sie von Mutter Erdes wundersamem Garten von Leben und Tod aß oder trank.

Am nächsten Morgen weckte Lightningbolt Liberty bei Sonnenaufgang. Sie sprachen sehr wenig und begannen unverzüglich mit der Jagd. Liberty blieb vorn und spähte umher. Doch erst als die Sonne hoch am Himmel stand, erspähte sie eine wunderschöne kleine bepelzte Kreatur mit langen brauen Ohren unter einem großen Beerenbusch. Liberty ließ sich auf ein Knie nieder, legte ihren Pfeil in ihren Bogen ein und visierte ihr Ziel an. Doch Liberty war nervös und ihr Arm zitterte, als sie den Pfeil losließ. Er flog eineinhalb Meter über den Kopf des Kaninchens und verschwand. »Liberty, beruhige dein Selbst. Sei präsent«, befahl sie sich selbst mit starker Stimme. Dann nahm sie einen tiefen Atemzug und legte einen anderen Pfeil in ihren Bogen. Diesmal nahm sie ihr Ziel viel beständiger ins Visier.

»Wenn das Kaninchen Leben oder Tod bedeuten würde, wäre jeder deiner Schritte sehr, sehr klar«, hatte Lightningbolt gesagt.

Liberty schoss und diesmal fand ihr Pfeil sein Ziel. Das Kaninchen sprang in die Luft, das Herz war durchbohrt.

Liberty war sprachlos. Sie war so überrascht von dem, was sie getan hatte, dass sie den Bogen aus ihrer Hand zu Boden fallen ließ. Sie hatte rote Flecken vor Erregung, aber im selben Atemzug fühlte sie Panik und Angst.

»Für gewöhnlich fangen wir sie in Fallen«, sagte Estcheemah

plötzlich hinter ihr. »In diesem Moment trifft der Tod sich mit dir, Liberty. Erlaube deinem Herzen, zu verstehen, was du getan hast, aber lass auch deinen Geist klar über das, was du getan hast, nachdenken.«

»Ich bin überrascht«, sagte Liberty und mühte sich, nicht zu weinen und nicht zu lachen. Sie hob das tote Kaninchen sorgsam hoch und untersuchte es. »Weißt du, es ist erstaunlich, wie schön ein Kaninchen ist. Ich habe mir nie zuvor ein totes angesehen. Ich hab' nie gesehen, wie ein Hühnchen geschlachtet wurde. Es ist unglaublich!«

»Es ist tiefgründig«, sagte Estcheemah und setzte sich auf den Boden neben ihr. »Wir Frauen fühlen über diesen Moment hinaus. Wir wundern uns und sind erstaunt, weil Lachen und Erregung zugegen sind, und tiefe Wertschätzung.«

»Ich weiß nicht, was ich sagen soll, Estcheemah.« Libertys Miene hellte sich auf, doch fühlte sie, wie eine Träne ihrem Auge entschlüpfte. »Diese Erfahrung hat mir geholfen, eine Menge Dinge in mir zu fühlen, die ich vorher gar nicht gekannt habe.«

»Ja, das ist sehr wahr«, sagte Estcheemah und stand auf. »Komm, wir werden ins Lager zurückkehren. Lightningbolt hat dich in einem weiten Kreis um dein Lager herumgeführt. Es ist ganz nah. Du warst tatsächlich so nah, dass ich dich den überwiegenden Teil des Morgens beim Jagen beobachtet habe – gerade so, wie die Kaninchen das getan haben.«

Liberty war schockiert. Sie schaute ungläubig um sich und merkte, dass Estcheemah Recht hatte! Liberty hatte gedacht, sie sei fünfundzwanzig Meilen vom Lager entfernt.

»Ja, das ist bemerkenswert«, erklärte Estcheemah, während sie zum Lager gingen. »Du kommst aus einer Kultur, die das Tiefgründige oder das Subtile nicht versteht. Kannst du dir vorstellen, dass die Leute eine Schule zum Kaninchen-Töten haben? Die Lehrer würden die Studenten eine Nummer ziehen und sie in langen Reihen warten lassen, um hunderte von Kaninchen zu töten, und niemals sehen, dass sie in einem Schlachthaus sind. Etwas Ähnliches ist Krieg. Die meisten Leute haben keine Vorstellung davon. Diese selben Lehrer würden Leute Zahlen ziehen und sie in Reihen anstehen lassen, um geboren zu werden und zu sterben.«

»Ich werd' nicht in irgendeiner blöden Reihe anstehen!«, sagte Liberty mit Nachdruck. »Ich werd' mein eigenes Denken praktizieren, auch wenn es mich umbringt.«

»Ehre die Frau«, forderte Estcheemah, »oder du wirst in einer endlosen Reihe anstehen, die nur im Grab enden kann.«

Am folgenden Morgen war Liberty wieder auf der Jagd. Pfeile summten wie ärgerliche Bienen, aber nicht einem Kaninchen wurde ein Härchen gekrümmt.

Sie rannte eben einen kleinen Abhang hinunter, hinter einem Kaninchen her, als sie Lightningbolt nach ihr rufen hörte.

»Was?«, rief sie zurück und fühlte, wie ihr die Luft ausging, nachdem sie wieder gefehlt hatte.

»Hetz' sie nicht zu Tode!«, schrie er zurück. »He, was ist los? Warum bist du so verkrampft?«

Sie ging zum Kamm eines kleinen Hügels und setzte sich, um nachzudenken und sich umzusehen. Weit unter ihr und eine halbe Meile entfernt strahlte die See mit ihrer blauen Liebenswürdigkeit und Großartigkeit.

»Wo ist deine Fokus-Auswertung, Liberty?«, fragte sie sich selbst.

Lightningbolt kletterte den Hügel hoch und setzte sich neben sie. »Estcheemah hat mich geschickt, damit ich mit dir spreche. Um eine machtvolle Jägern zu sein, musst du dir die Welt des Wesens, das du jagst, vorstellen. Du rennst wie verrückt herum. Werde langsamer. Bist du im Geist des Großenkaninchen-Wissens? Wo leben deine Freundinnen? Wo trinken und essen die Tiere? Was essen sie? Was bauen sie und was jagen sie? Was sind ihre Gewohnheiten? Komm, Liberty, sei mit ihnen. Sind sie Nachtkreaturen oder jagen sie während des Tages?

Das sind die Fragen, die du stellen musst, um eine gute Jägerin zu sein. Komm zur Ruhe. Betritt die Welt deiner Tierfamilie, den Großenkaninchen-Geist. Erlaube ihrer Geist-Welt, Teil von dir zu werden. Fühle deine Zeit und die Präsenz deines Platzes. Bewege dich, wie sie sich bewegen, lass deine Schnurrhaare wachsen und berühre den Wald. Lass Erde und ihre Energien dich führen. Sei die Jägerin, nicht die Schülerin. Hör deinem Selbst zu und sei präsent im Leben.

Die Mutter Erde weiß, dass Leute Pflanzen und Tiere töten müssen, um zu leben. Sie gibt uns die Wahl, wie wir es tun. Wie wir uns Leben und Tod nähern, macht den Unterschied aus. Töten wir mit Wertschätzung für das Geschenk von Leben? Töten wir rasch, mit Sorgsamkeit und Ausgeglichenheit? Sind wir rein und respektvoll, nehmen wir nur das, was wir brauchen?

Liberty, stell dir vor, dass die Lektionen deines Lebens in deinem Innern gegenwärtig sind. Dies hier ist dein Wald. Dein Geist, deine Vorstellung kann dein Medizinführer sein. Das kann ein höherer, edlerer Teil deines Denkens sein, der Medizinteil deines Selbst. Der Wald wird dich das lehren, was zu wissen Not tut, wenn du deine Vorstellungskraft pflegst und ihm zuhörst.«

Lightningbolt erhob sich langsam und ging weg, er nahm sich Zeit, als er den Hügel hinunter zurückging. Sie beobachtete ihn, bis er außer Sichtweite war, dann hängte sie sich ihren Bogen über die Schulter und begann zu jagen.

Viele Stunden lang ging sie und stellte sich die Kaninchen vor, bis sie sie in ihrer Waldwelt sah. Es war Abend, als sie die Zeichen ihrer Anwesenheit immer deutlicher wahrnahm, und das versetzte sie in Erregung.

Liberty kauerte hinter einigen Schilfrohren, an einem kleinen Teich, als sie ein wunderschönes, weißschwarzes Mutterkaninchen sah. Das Kaninchen wendete sich um und starrte Liberty direkt an, bewegungslos und stolz, die Löffel hellhörig und aufmerksam.

Ein stilles Wissen trat in Libertys Bewusstsein ein. Was war es? Spürte sie etwas? Liberty schaute herum, um zu sehen, ob etwas oder eine andere Person in der Nähe war. Nein, nur sie selbst und das Kaninchen. Langsam wurde ein Verstehen Teil von Libertys Denken. Es war ein vollkommenes Wissen, das ihr sagte, dass das Kaninchen Junge haben würde. Liberty entspannte und setzte sich. Ja, es war das Kaninchen, das sie mit diesem Wissen berührt hatte. Es gab keinen Zweifel darüber.

»Du wirst leben, wunderschöne Mutter Kaninchen«, sagte Liberty laut. »Ich weiß, du hast mir gestern eines aus deiner Familie gegeben. Wegen dir und allen Pflanzen und Tieren werde ich leben. Ich danke dir. Ich werde mich immer daran erinnern, wie du mich lehrst, Mutter Kaninchen.«

Liberty schritt zurück in ihr Lager und fühlte eine andere Art von Sieg.

Als sie an diesem Abend zusammen am Lagerfeuer saßen, sprach Liberty mit Estcheemah.

»Estcheemah«, sagte Liberty und fühlte sich tief bewegt von ihrer Entdeckung, »Ich will etwas sagen über das, was heute geschehen ist. Es ist wichtig, dass ich es in Worte fasse, ich weiß es.«

»Gewiss.« Estcheemah lächelte und fühlte Libertys Erregung.

»Nun«, begann Liberty. »Ich habe etwas über die Erde gelernt, etwas, das mein Denken über ihr Gewahrsein verändert hat. Siehst du, Estcheemah, ich habe nie wirklich gefühlt, dass unsere Erde weiß, was ich tue. Ja, ich weiß, das klingt seltsam für dich, aber das ist es nun mal, was ich gefühlt habe.

Mein Denken ist jetzt anders. Wir haben elektronische Ausrüstung, die beinahe jedes Ereignis aufnehmen kann, Bilder und Töne. Die Ausrüstung ist nicht besonders ausgefeilt, aber mit der Zeit wird sie sich verbessern. Doch sogar trotz des primitiven Standes der Elektronik half sie mir, das Wunder, das ich heute erfahren habe, zu sehen und zu verstehen.

Siehst du, wenn ich die Bewegungen von Tieren mit Infrarot beobachten kann und sie im Dunkeln sehen kann, dann kann das Mutter Erde auch. Sie kann ihre Tiere sehen, denn sie kennt ihre Tiere sehr genau. Wenn ich rudimentäre Elektronik benutzen kann, um die Bilder von Tieren und ihre Laute aufzunehmen, dann kann die Erde noch viel mehr tun.

Wir vollführen unsere elektronischen Wunder mit den Dingen, die Mutter Leben uns gegeben hat, mit ihrer Substanz. Sie war es, die uns die Materialien gegeben hat und die Information, wie sie zu benutzen sind.

Wenn wir Töne auf Plastik aufnehmen können, dann können die Steine auf Erden ihre Aufnahmen ebenfalls bewahren. Wenn Erde soviel Information auf einer kleinen Kunststoffplatte speichern kann, dann kann sie sicherlich alles, was sie will, in ihren lebendigen Bäumen speichern.

Ich fange an, zu verstehen, dass unsere Entdeckungen sehr primitiv und unbeholfen sind. Das sagt mir sehr viel! Die Dinge, von denen wir denken, sie seien so vielschichtig, sind nichts als einfache Werkzeuge. Die Erd-Schwerkraft, ihr Infrarot, ihr Elektromagnetismus, ihre hochfrequenten Radiowellen und ihre eigenen Atome sind für sie nichts Neues. Nur für uns sind sie neu.

Wenn wir im Dunkeln mit den wissenschaftlichen Spielzeugen sehen können, die Mutter Erde ihren primitiven Kindern gibt, dann muss sie ganz gewiss noch viel mehr wissen!

Der Geist-Geist von Mutter Erde ist mindestens viereinhalb Milliarden Jahre alt. Unser Leben ist für sie nichts als ein Augenblick. Ihr Geist und Denken sind allumfassend und so großartig wie die Zeit, während wir in dieser Hinsicht wie Kinder sind. Doch wir tun so, als seien wir über das Leben erhaben.

Mir ist klar geworden, Estcheemah, dass Mutter Erde mich nicht anbrüllen wird. Ihre Existenz ist für sich genommen ein Ruf. Ich war diejenige, die taub und dumm war. Ich war diejenige, die nicht eingestimmt genug war, um zu hören, was sie zu sagen hat. Sie sprach mit einem Wissen, das ich niemals vergessen werde, Estcheemah. Ich werde dieses Wissen immer respektieren.«

Liberty begann, ihr Selbst und die Kultur, in der sie lebte, zu hinterfragen. Das Stirnband, das sie trug, war nicht mehr nur eine Mode. Es war ein praktischer Teil ihrer Bekleidung geworden. Ihre Waffe wurde ihre Freundin und fühlte sich so geschmeidig und stark an wie ihre eigenen Muskeln. Am dritten Tag schoss sie eine Ente. Das Entenmahl war köstlich und Liberty begann, eine neue Stärke zu fühlen.

»Ich wünsche mir, dass du Lightningbolt die Gründe erzählst, wie du dazu kamst, mich auszusuchen«, bat Estcheemah Liberty. »In Ordnung?«

»Ja, das werd' ich sehr gern tun«, antwortete sie. »Als ich Estcheemah fand, war ich höchst erfreut darüber, in ihr eine Frau zu finden, mit der ich kommunizieren konnte.

Lightningbolt, ich habe Estcheemah ausgesucht, weil ich eine unglaublich schmerzvolle Erfahrung gemacht hatte. Ich bin sehr glücklich mit dem, was ich gelernt habe, aber ich bin auch froh, dass mein Schmerz jetzt der Vergangenheit angehört.

Mein Plan war, an die Universität von Kalifornien in Berkeley zu gehen. Ich sparte das Geld, das ich im Sommer in einer Anwaltskanzlei verdiente. Aber dann bekam ich plötzlich schreckliche Schmerzen in meinem Bauch. Ich hatte meine Menstruation drei Monate nicht gehabt und ich hatte Angst, schwanger zu sein.

Meine Tante Thelma machte einen Termin bei einer Gynäkologin. Als die Ärztin mich untersuchte, sah ich, dass sie sehr irritiert war, und das machte mir wirklich Angst. Sie schickte mich zu einem Chirurgen. Er informierte mich, dass ich eine Zyste in meinem rechten Eileiter hatte. Er sagte, sie sei so groß wie eine Grapefruit und müsse sofort entfernt werden. Am selben Abend hatte ich meine Operation.

Einige Tage später erfuhr ich, dass ich eine parthenogene Schwangerschaft gehabt hatte. Das bedeutet, dass mein Ei begann, sich von ganz allein zu teilen und einen Embryo zu entwickeln ... ohne die Einführung von Sperma. Mit anderen Worten, ich habe mich selbst geschwängert. Er sagte, dass ich seit zehn Jahren oder länger auf diese Art schwanger gewesen sei. Die Embryo-Zyste lag schlafend in meinem Eierstock, bis ich meinen Menstruationszyklus bekam. Da begann sie zu wachsen.«

»Du hattest einen Tumor?«, fragte Lightningbolt.

»Ja«, antwortete sie. »Aber aller Augenschein zeigte, dass es einmal ein Embryo gewesen war. Der Arzt war froh, dass es kein Krebs war. Er bezweifelte, dass ich je wieder meinen Menstruationszyklus haben oder fähig sein würde, Kinder zu bekommen – es gab seines Wissens nichts, das helfen würde. Mir wurde gesagt, ich dürfe keinen Geschlechtsverkehr haben und mindestens fünf Jahre würde meine Heilung wohl dauern. Ich war niedergeschmettert.

Meine Depression war fürchterlich. Ich fühlte mich alleine und verängstigt. Ich ging am Stock zur Universität und musste täglich meine Verbände wechseln.

Dann begann ich, nach Heilungsmöglichkeiten zu suchen. Ich hatte mit jeder Art von Verrückten zu tun. Ich versuchte es mit Akupunktur, Vegetarismus, Meditation, Religion, Silva-Geistes-Kontrolle, Klangtherapie und Psychologie – in der Tat wurde Psychologie mein Hauptgebiet. Aber alle Versuche scheiterten kläglich.

Vier Jahre später hatte ich noch immer meine Probleme und wog nur noch dreiundvierzig Kilo. Aber nach vier Jahren des Suchens war ich sehr kritisch geworden und mir wurde klar, dass alle Heiler und alle Techniken, die ich erfahren hatte, nutzlos waren.

Dann schlugen drei befreundete Frauen vor, ich solle mit ihnen auf eine Rucksacktour fünfzig Meilen in die Sierras gehen, um die Mondfinsternis zu sehen. Weil ich in L.A. aufgewachsen war, war es sehr aufregend für mich, in die Wildnis zu gehen. Nach zwei zermürbenden, sehr anstrengenden Tagen – und Blasen an den Füßen – kam ich am allerschönsten Platz der Welt an.

Es gab einen außergewöhnlichen See dort. Und dahinter waren Berge, die sich in dem erhabenen Gewässer in der Form einer Zwillingspyramide aufs perfekteste spiegelten. In dieser Nacht ging ich allein auf einen Spaziergang ... ich humpelte und dachte nach. Ich hatte noch nie etwas ähnlich Schönes gesehen.

Zum ersten Mal in meinem Leben wurde mir klar, dass die Erde lebendig sein könnte. In der folgenden Nacht schlug eine meiner

Freundinnen vor, ein Feuer zu machen, und eine Art Zeremonie zur Feier der Mondfinsternis zu gestalten.

Wir waren alle sehr unwissend ... so erfanden wir sie. Eine der Frauen hatte eine Rassel und begann, sie im Kreis herumzugeben. Wir wollten alle die ganze Nacht singen und beten.

Ich beobachtete die Mondin, wie sie sich tiefrot färbte, während ich betete. Mir wurde in diesem Moment klar, dass sie wirklich etwas mit dem Menstruationskreis jeder Frau zu tun hat.

Ich hatte in der Universität über die Göttin gehört. Die Professoren dachten, sie sei ein psychologischer Archetyp. Alle Bücher nämlich nannten Leben einen ›Kult‹. Sie sagten, dass der Göttinnen-›Kult‹ in der Vergangenheit existiert hatte und dass die Göttin Leben nicht mehr vorhanden sei. Es war keine wirkliche Information zu bekommen.

Aber in dieser Nacht, als ich die rote Mondin betrachtete, wusste ich, dass, wenn ich jemals geheilt werden sollte, ich direkt mit Mutter Erde und mit der Mondin beten und sprechen würde müssen. Nur die Göttin Leben würde mich heilen.

Zum ersten Mal in meinem Leben wandte ich mich an die Mondin, wie wenn sie mich verstehen würde – ganz so, als würde ich mit meiner Tante sprechen.

Ich fühlte eine plötzliche tiefe Wut aus meinem Inneren kommen und ich fragte die Mondin, warum sie zuließ, dass mir dies geschah. Ich brach zusammen und schluchzte. Als ich mich beruhigte, machte ich ein Gelöbnis. Ich sagte zur Mondin ›Wenn du wirklich lebendig bist, zeig es mir. Wenn ich geheilt bin, dann werde ich mein Leben dafür einsetzen, dass andere Frauen die weibliche Seite der Kreation kennen lernen – und erfahren, dass Mutter Erde lebendig ist.«

Lightningbolt ergriff ihre Hand. »Das ist traurig und wirklich schön.«

»Als ich die nächsten drei Wochen in den Vorlesungen saß«, fuhr Liberty fort, »wurde mir langsam klar, dass meine Professoren nicht die leiseste Ahnung von dem hatten, was sie erzählten! Sie sprachen endlos über Göttinnen als ›Archetypen der Psyche‹. Sie machten sich nicht ein einziges Mal klar, dass sie wirklich lebendig ist! Am vierten Tag nach meiner Zeremonie und meinem Gespräch mit Mutter Mondin ging ich nach meiner Physikvorlesung zur Toilette und entdeckte, dass ich meinen Monatszyklus, meinen Mondzyklus hatte.

Seltsam. Du könntest denken, ich hätte gefeiert. Habe ich aber nicht. Ich hatte große Angst.

Ich hatte Angst, denn mir wurde klar, dass die Dinge, die Leben betreffen, absichtlich entstellt worden waren. Plötzlich klang alles, was mir beigebracht worden war, falsch. Alles, was ich aus Büchern, der Religion, der Familie, den Schulen gelernt hatte, – alles – war falsch. Alle taten so als ob. Wusste irgendwer wirklich etwas über die Göttin Leben, außer mir? Waren alle verrückt und glaubten den Unsinn, den wir alle beigebracht bekommen hatten? Machte sich irgendwer außer mir klar, dass die Göttin Leben wirklich lebendig ist?

Nie zuvor hatte ich solche Einsamkeit empfunden. Meine Isolation war tiefgreifend. Ich begann zu versuchen, eine Medizinfrau zu finden, und ich traf auf alle möglichen Scharlataninnen. Die Frauen überall wussten über Religion und Mystizismus Bescheid, aber nur wenige kannten Mutter Leben.

Ich reiste nach Norden und besuchte den Yellowstone National Park und ich fand eine alte Frau, die im Yellowstone River fischte.«

»Wen?«, fragte Lightningbolt. »War sie eine Medizinfrau?«

»So ähnlich ...« Liberty lächelte. »Aber sie mag es nicht, wenn sie so genannt wird. Sie ist eine Blumen-Soldatin.«
Lightningbolt lachte.

»Nichts ist wunderbarer, als eine Frau zu sein«, sagte Estcheemah.
»Wir Frauen haben so viel vor uns.
Die Göttin Leben ist Präsenz; sie ist willensstark, mutig, geduldig und allwissend. Die Göttin Leben ist Liebe. Sie ist Ehre.
Die Gegebenheit, dass Frauen gebären können, ist unglaublich heilig. Als ich ein Mädchen war, wusste ich, dass es eine Göttin Kreatorin gab und nicht nur einen Gott, aber ich hatte keine Worte dafür.
Kannst du dir vorstellen, wie ich mich als weibliches Kind fühlte, als mir gesagt wurde, dass ich und alle Frauen der Grund für den Niedergang aller Leute seien?
Leben zu geben, alle Leute zu gebären, ist die ehrenwerteste aller Mächte, die individuellen Wesen gegeben sind. Denk nur einmal daran, Liberty – wir Frauen bringen Leben in unsere Welt. Ist das nicht heilig?
Die Lügen sind es, die die Frauen verletzen. Mir wurde gesagt, ich solle eine ›Jungfrau‹ sein. ›Jungfrau‹ bedeutet lediglich eine Frau, die keine Kinder gehabt hat, aber ich wurde glauben gemacht, es bedeute, ›niemals Sex vor der Ehre zu haben‹. Du kennst diese alte Geschichte.
Es gibt nichts vergleichbar Verheerendes, Grausames, als wenn einem Mädchen erzählt wird, dass alles im Leben von einem ausschließlich männlichen Gott stammt.
Leute spiegeln das wider, was in der Kreation existiert. Es ist offensichtlich, dass die Kreatorin Mutter, die sich mit dem Kreator Vater verbindet, Existenz und Leben gebiert.
Zu glauben, dass nur der männliche Gott gebiert, scheidet den Geist-Geist augenblicklich vom Leben – und die Wissenschaft von der Wahrheit. Dieser Glaube verleugnet auch jegliche Vernunft.
Es ist Zeit für die Leute, ihre Vernunft wieder einzufordern. Leute werden des Umstands gewahr, dass unsere Erde empfindsam ist.
Die Frauen werden die Ersten sein, die Mutter Leben ehren. Wir werden unsere eigenen Altäre für Mutter Leben in unseren Heimen wieder erbauen.
Unsere weisen Frauen werden junge Frauen lehren, tiefen Stolz für ihr Frausein zu empfinden. Wir werden auch Männer lehren, das

Wissen und die Macht von Frauen und unserer Göttin Leben zu schätzen.

Unsere gewöhnlichen Frauen, unsere weisen, unsere nährenden Frauen, alle Frauen werden wieder lernen, was es heißt, Frau zu sein.

Wenn wir die Anwesenheit unserer Kreatorin Mutter wieder anerkennen, wird das die Leute zu einem Neuentwurf unserer Welt inspirieren.

Sogar der Entwurf unserer Städte wird sich ändern, wenn Frauen wieder den Stolz und die Gelegenheit haben, ihre eigenen Träume und ihr Denken in die Welt zu bringen.

Wir sind die Töchter der Göttin Kreation. Es gibt keine Frauen oder Mädchen, die meine Worte hören und nicht ihre Befreiung von dem tiefen Schmerz feiern werden, den wir durch die Hand der religiösen Fanatiker auszuhalten hatten. Wir Frauen sind in unserer Gegenwart angelangt.«

Liberty und Lightningbolt weinten.

»Eure Tränen werden mitgefeiert«, sagte Estcheemah gefühlvoll. Sie schaute hinauf in den Himmel. »Genauso wie diese Wolken im Himmel. Es wird bald regnen. Gut, lasst es regnen!«

Am folgenden Morgen um zehn Uhr ging Liberty an den Strand und dachte über das nach, was sie am Tag zuvor gehört hatte.

Sie fühlte sich noch ganz belebt von Estcheemahs Worten, aber frustriert, dass sie nicht die Macht hatte, die Dinge schneller zu ändern. Musste sie warten, bis sie eine alte Frau war, bevor sich die Dinge wandeln würden?

Die See war aufgewühlt und spiegelte vieles von dem, was Liberty fühlte, wider. Gewaltige schwere Brecher rollten unablässig heran, donnerten gegen die granitenen Klippen und spien schäumendes Wasser hoch in die Luft. Die See brandete gegen die großen Steine und rührte das Wasser auf zu blauer Gischt. Der Wind peitschte hinein und trieb die Wasserschwaden wie einen prasselnden Regen in Richtung Land.

Der Zyklon heulte, bog die Zedern und zerzauste das Gebüsch entlang des Ufers. Liberty liebte das. Sie lachte und tanzte, warf ihre Arme hoch, schrie der Donner-Göttin und dem Donner-Gott entgegen und bat sie, ihre Gebete zu erhören. Es war der perfekte Tag für sie.

Große dunkle Wolken türmten sich am Himmel auf, Blitzvorhänge erleuchteten einen wilden Ozean anderer Art – eine himmelgeborene Flutwelle war das Echo auf den Mahlstrom dort unten.

Libertys Tränen verschmolzen mit der Ozeangischt, als sie mit den Donner-Trommeln schrie und sang. Züngelnde Blitze antworteten als Feuer-Wasser-Gemisch – sie hoben ihren Geist und sprachen zu ihrem innersten Herzen. Donnerbolzen hämmerten auf die Bergambosse und stählten das Schwert ihres Geistes.

»Blitz-Göttin, Blitz-Gott!«, rief sie.

Die See erhob sich in einer großen Welle, die am Ufer zerschellte und ihre Füße umspülte. Sie rannte ins Wasser und schrie ihr Gebet hinaus.

Noch mehr Blitze flackerten ganz in der Nähe auf, brachten eine Dri zum Bersten und schickten sechs Meter hoch Funken in die Luft.

Sie rannte zur Dri und warf Tabak in die Flammen, bevor der Regen und die wilde Brandung das Feuer löschen konnten.

Die Dri zischte und sang, dann prasselte sie in einem hellen Signalfeuer von Licht. Liberty wandte sich von der Dri weg und rannte zurück in das schäumende Wasser am Strand, jauchzend und lachend.

Fünf jähe gezackte Feuerströme – Blitze – knisterten und dröhnten. Als sie auf die Klippen zu ihrer Rechten und Linken aufschlugen, fühlte sie einen Anflug von Benommenheit.

Wasser rollte über sie weg und reinigte sie. Sie beobachtete fasziniert, wie die Welle zurückwich und sich der See anheim gab.

Sie starrte weiterhin aufs Wasser, völlig benommen. Plötzlich explodierten zwei Blitze direkt vor ihr und verwandelten sich in die Form einer machtvollen Frau und eines Mannes.

Die Blitz-Kachinas begannen, auf sie zuzugehen. Die Haare der Göttin waren leuchtend und hellgolden wie die Sonne. Das Haar des Gottes war strahlendes Feuer.

Eine neue Welle überrollte Liberty und sprühte Wasser in ihr Gesicht. Sie wischte sich das Wasser aus ihren Augen und erhob sich auf ein Knie. Das wunderschöne Bild begann zu verschwinden und wurde wieder Teil der See.

Sie versuchte, auf ihre Füße zu springen und die Göttin anzurufen, landete aber im machtvollen Sog der Flutwelle. Die nächste Woge rollte über ihren Kopf und sie musste um Luft kämpfen.

Sie reckte sich schnell über die Ozeangischt, um noch einmal nach den Blitz-Kachinas zu sehen, aber beide hatten sich aufgelöst.

Sie schüttelte ihren Kopf, dann wusch sie ihr Gesicht in der nächsten Welle. Erstaunt über das, was sie gesehen hatte, wandte sie sich von der See ab und schritt frischen Mutes zurück zu ihrem Kreis.

Am selben Nachmittag legten sich die Winde plötzlich und große Stille kehrte ein. Ein Hauch des Schweigens schien über das ganze Land zu fallen, während Liberty über das, was sie gesehen hatte, meditierte. Sogar die Möwen waren ruhig geworden.

Estcheemah war hocherfreut über Libertys Vision und lachte vor Freude, bis ihr die Tränen kamen.

Lightningbolt erinnerte sich an seine erste Vision in der Kinder-Hütte.

»Ja, es gibt große und kleine Dinge«, erklärte Estcheemah Liberty bedachtsam. »Deine Vision war keine kleine Sache, aber du kannst sie mit einem Augenwinkern klein machen, wenn du dir nicht selbst weisen Rat gibst.

Kein Sonnenaufgang oder Sonnenuntergang sind gewöhnlich. Allein schon so zu denken heißt, einen Anteil der unglaublichen Erfahrung zu zerstören, die du als dein Leben erkennst. Habe also viel Respekt für das Große und das Kleine. Zusammen sind das Große und das Kleine die Atome der Augenblicke, die wir als unser Leben erkennen.

Die Vision, die du einen Augenblick lang gesehen hast, kam aus dir. Das Leben ist nicht leichtfertig. Das Leben gibt nicht einem ihrer Kinder Visionen und enthält sie anderen vor.

Visionen, wie Träume, kommen aus dem Innern einer Person. Das ist der Grund, warum einige Visionen, von denen Leute berichtet haben, so albern sind und andere so grausam. Die Leute, die diese ihre Visionen berichtet haben, waren ebenfalls albern oder grausam.

Nein, Liberty, Göttin und Gott sind nicht abhängig davon, was ein oder zwei Leute sagen, das die Existenz und das Walten der Kreation sei. Die Kreation bezeugt sich selbst Sekunde um Sekunde, Minute um Minute.

Während wir leben, sind wir unmittelbar Teil und Teilchen vom Leben. Leben ist absolute Energie und alle lebendigen Pflanzen und Tiere sind Teil der Lebensenergie. Unsere Erde und Kreation sind lebendige Energien.

Wir wachsen aufgrund dieser Energien. Zu jeder Jahreszeit fliegen die Vögel aufgrund dieser Energien unbeirrbar in den Süden. Babys werden aufgrund dieser Energien in den Mondzyklen geboren. Die Blume erblüht in Farben aufgrund dieser Energien. Und du machst die Erfahrung der Lebensenergien.

Diese Erd-Lebensenergien haben Bewusstsein. Aber dieses Bewusstsein ist nicht dasselbe wie deines und meines. Das Wissen von Leuten ist ziemlich verschieden von dem der Energien der Pflanzen, doch die Pflanzen haben ihr eigenes Wissen.

Die Bäume und Gräser, die Ozeanpflanzen und unsere Ströme sind sehr, sehr alt. Sogar die Präsenz der Tiere auf Erden ist älter als wir Leute, wenngleich sie jünger sind als die Pflanzen. Die Pflanzen und Tiere sind alle viel älter als wir Leute. Die Bäume, die Gräser, die Ozeanpflanzen, alle Pflanzen sind direkter Teil des Erdenlebens und kennen uns Neuankömmlinge längst.

Alle Energien, die mit unserer Mutter Erde existieren, haben Bewusstsein. Die Zahl, die allen Energien im Medizinrad gegeben ist, ist die Neun. Neun wird auch ›Bewegung‹ genannt.

Jedes Kind lernt von Erd-Lebensenergien. Zu verschiedenen Zeiten ihres Lebens haben Kinder, die aufwachsen, ein Lebenswissen, das sie nie zuvor hatten. Plötzlich können sie sprechen. Plötzlich können sie denken. All das ist aus Erd-Energien geboren.

Kristalle wissen, wie sie im Einklang mit Mutter Erde schwingen und wachsen können, denn sie sind Teil ihrer Einheit und Form.

Wir Zero Chiefs sagen, dass Mutter Erde lebendig ist und durch ihre Bewusstseinsenergien lehrt.

Die lebendige Erde entfaltet ihre gesamte Kreation, alle Leute, alle Tiere, alle Insekten und alle Pflanzen durch Energie-Information.

Wenn du diese großen Energien kennen lernen willst, dann musst du ausgebildet werden und große Disziplin und Empfindsamkeit für die Energien um dich herum entwickeln. Du bist wie die Fische, die in den Ozeanen schwimmen. Sie wissen, dass sie in der Energie des Wasserlebens schwimmen, aber sie kennen das Wasser nicht.

Schau dir die Bäume hier an, Liberty; sie leben mit dir. Bäume sind mehr als nur Landschaft. Erde ist nicht tote Materie. Sie ist die lebendige Mutter. Die Bäume leben. Das Wunder deiner Existenz ist tiefgründig. Denk darüber nach und verinnerliche es.

Je weiter wir von der Kenntnis unseres Selbst entfernt sind, desto weiter sind wir vom Verstehen der Erd-Lebensenergien entfernt. Alle Erd-Lebensenergien besitzen ein Bewusstsein. Du wirst dich daran erinnern, sogar in Zeiten, wenn du sehr isoliert bist. Die Energien von Erd-Lebensbewusstsein können ein großer Ursprung von Wissen für dich werden. Stelle dich selbst dem Leben. Erwecke deine Neugierde für das Leben und die Gründe, warum du lebst.«

In derselben Nacht ging Lightningbolt mit Liberty am Strand spazieren. Helles Mondlicht glitzerte auf der ewigen Bewegung der Gezeiten.

»Estcheemah möchte, dass ich dir die Geschichte erzähle, wie ich zur Lebensenergie geführt worden bin«, sagte Lightningbolt. »Sie nahm mich mit zu einem ganz besonderen Bächlein, in einer kleinen Wiese, die sie den ›Platz der Plätze‹ nannte.

Es dauerte fünftausend oder mehr Jahre, bis diese kleine Wasser-Göttin sich ihren Weg durch die Berge geschnitten hat. Ihr Leib wird aus tausend verschiedenen Wasserursprüngen gebildet, die in hunderten von Tälern versteckt sind.

Sie fließt durch eine fünfzig Meilen breite und hundert Meilen lange Steinansammlung, die eine Moräne genannt wird. Dies außergewöhnliche Bächlein wurde in einer Wolke aus unseren Erd-Ozeanen geboren, ist nur eineinhalb Meter breit und nicht sehr tief. Die kleine Wasser-Göttin kleidet sich neu in jeder Jahreszeit und ist sehr anmutig.

Ihre größte Freude ist es, rein zu sein. Ihre Pflicht ist es, rein zu bleiben, und alles, was sie berührt, zu nähren. Sie nennt sich selbst Clear Sister Brother.

In ihrer Welt wurde sie Zeugin aller möglichen Geschehnisse. Einiges von diesen Geschehnissen ist die Ursache dafür, dass sie trüb wurde.

Sie liebte es zu baden und gebadet zu werden. Sie badete in den Strömen, die bei weitem breiter waren als sie selbst – ihr Sonnenbad und ihr Mondbad. Auch Sternlicht und Planetenlicht sind ihre Bäder.

Clear kennt Mutter Leben, unsere Erde, gut. Sie ist innig vertraut mit dem Wunder des Bluts unserer Erde. Die großen Wasserarterien und -venen unserer Erde sind ihr Fließen, ihr sich ewig erneuerndes Blut, das Leben weiterträgt und alles Leben auf Erden nährt.

Estcheemah stellte mich Clear Sister Brother vor und dieses kleine Strömlein wurde für mein Erwachen als Blumen-Soldat sehr wichtig.

Ich war niemals wirklich einem Strom begegnet. Bevor ich Clear traf, waren alle Ströme für mich gleich. Sie waren nass, sie waren mit Wasser gefüllt, in ihnen gab es Fische. Sie waren Teil der Landschaft, hübsch anzusehen, gehörten Leuten, verrichteten Arbeit, und waren ganz allgemein einfach Bäche. So oder ähnlich dachte ich, bevor ich Clear traf.

Du könntest symbolisch sagen, dass ich aalglatt war; jedenfalls sah Clear mich so. Ein Individuum, das ein Aal war, und außerhalb seines wahren Elements herumzappelte.

Ich hatte ein winziges Medizinrad gemacht, ungefähr einen Meter breit, ganz nah bei Clear. Estcheemah sagte mir, ich solle mit klarem Geist denken, während ich mich in meinen Kreis von Leben vertiefte.

Estcheemah erläuterte mir auch Clears Namen. Aber ich hatte clear nicht mit klarem Denken verbunden, bevor ich Clear getroffen hatte. Macht das Sinn? Zumindest für mich, ja. Mein Geist erwachte, während ich mit Clear war.

Sie war eine augenblickliche Freude für mich und bald nachdem ich sie getroffen hatte, wurden wir innige Freunde. Sie gab mir zu trinken und sie hielt mich rein. Sie gab mir eine Forelle und Wasser, um mein Essen zu kochen. Ich bat sie, mich zu lehren, wie Estcheemah mich instruiert hatte.

Zunächst sagte Clear nichts; sie war einfach.

Sehr bald begann ich Clears Sprache zu lernen. Ihre erste Sprachlektion für mich war:

›Ist – war, ich – du.‹

›Ich bin. Ich fließe, wie Leben ist.‹

Ich war überrascht!

Spinnenweben waren auch schon früher in Büschen hängen geblieben und ich hatte sie gesehen, aber nicht als Regenbögen, die zwischen Blättern gefangen waren. Ich lernte von Clear: ›Es hängt alles vom Sonnenwinkel ab.‹

An jenem Tag sah ich Blitze. Blitze, die aus Mutter Erde entsprangen, bis hinauf zu ihren Wolken! Das hatte ich noch nie zuvor gesehen. Ich sah wirklich Blitze hochspringen, als ich mit Clear war. Es war etwas Besonderes, es war wunderbar!

Eine Schildkröte kam zu Besuch und teilte das Abendessen mit mir. Sie aß die letzte meiner Sardinendosen. Ich hatte nie zuvor mit einer Schildkröte gegessen. Ein Grashüpfer ritt den ganzen Tag auf meinem Cowboyhut – das war nie zuvor geschehen.

›Wie ich fließe‹, erklärte Clear.

Wie du weißt, war ich in meinem Herzen krank gewesen, als ich sie das erste Mal traf. Meine Haltungen und Unwissenheit über das Leben hatten mich schrecklich traurig gemacht.

›Befasst sein mit Sein‹, zeigte mir Clear auf.

Ich lag auf meinem Bauch und beobachtete einen Wasserläufer beim Spielen und Jagen im Wasser. Plötzlich wurde mir klar, dass ich mir die gesamte See vorstellen konnte! Unverzüglich schickte ich ein winziges Schiff auf eine Insel in der Strommitte.

›Isoliere dich nicht‹, sagte Clear

Ich war so überrascht, zu hören, was Clear sagte, dass ich zu Estcheemahs Lager ging, um sie darüber zu befragen.

›Gib nach ... tauche‹, antwortete Estcheemah und klang genau wie Clear. ›Stell dir vor, wie du deinem Lebensziel entgegenfließt.‹

›Aber ich will nicht isoliert sein wie eine Insel, Estcheemah‹, sagte ich.

›Fließe von mir weg‹, antwortete Estcheemah. ›Fließe wie ein Strom zu Clear. Sie wird dich führen. Ich werde sterben, aber Clear ist ewiges Leben.‹

Ich kehrte zu Clear zurück und wollte nicht wirklich hören, dass unsere Lehrerin sterben würde ... Es machte mich traurig.

›Du fließt‹, erklärte mir Clear behutsam, als ich zurückkehrte.

›Clear‹, sagte ich, nun wieder auf meinem Bauch. ›Was ist ich?‹

›Platz der Plätze‹, antwortete sie. ›Da-sein.‹

Ich runzelte die Stirn, nippte etwas von ihrem Wasser, dann setzte ich mich auf und schaute umher.

›Alles Gute zum Geburtstag‹, sang Clear plötzlich.

Ich lächelte.

›Alles Gute zum GebErdstag‹, sang sie wieder.

Ungefähr dreißig Meter stromaufwärts flogen Elstern zu Clear und begannen zu trinken.

Plötzlich hatte ich eine Erleuchtung.

Clear war dabei, meinem Geist zu erklären, dass Leute sich zwar vorstellen wollten, sie seien am Strom, aber Angst hätten, wirklich mit ihr zu sein. Sie hätten Angst, von Ameisen gestochen oder sogar getötet zu werden.

›Das ist durchaus möglich‹, antwortete ich ihr in meinem Geist.

›Es ist alles Leben, alles Tod, Platz der Plätze‹, sagte sie. ›Angst, Leben zu leben und ihr ganz nah zu sein.‹

Ich lächelte; irgendwie wusste ich, dass ich einer meiner Ängste ins Gesicht geschaut hatte.

›Leute fürchten das Leben und das Fließen mehr, als sie den Tod fürchten‹, sagte Clear.

›Ich möchte mutig genug sein zu leben‹, sagte ich zu ihr.

›Welcher Tag ist nicht Erden-Tag?‹, fragte mich Clear. ›Welcher Moment ist nicht glücklicher Erd-Geburtstag?‹

›Leute müssen ihre Sprache emporheben‹, sagte Estcheemah plötzlich hinter mir. ›Leben emporheben, so wie die Rose in ihren Händen.‹

Ich wandte ihr mein Gesicht zu. ›Die Mondin stand über ihrer Schulter, so blau wie ihr Schal. Sie hatte mir als Abendessen gebratenes Rebhuhn und Kaninchen gebracht; sie war an dem Tag auf der Jagd gewesen.

›Welche Zeit ist nicht gewöhnlich?‹, fragte mich Estcheemah, als sie mir eine Tasse Kaffee reichte. ›Platz der Plätze – so ist es.‹

›Woher wusste sie Clears Worte?‹ fragte ich in meinem Geist, während ich aß. ›Was ist Platz der Plätze?‹, sagte ich laut.
›Erdentag‹, sagte Clear.
›Ich verstehe‹, lächelte ich.
›Wie du deine Welt befehligst‹, sagte sie. ›Ewig fließendes Leben. Leben Mutter kreierte deine Erfahungswelt für dich. Ich fließe als Leben.‹

»So«, sagte Lightningbolt und nahm Libertys Hand in die seine, »alles Gute zum Erd-Geburtstag, Liberty.
Leben Mutter hat eine Welt für dich kreiert. Sie stellte sicher, dass es viele Freuden gibt, die für dich da sind, um erfahren zu werden.
Es ist dein Abenteuer und deine Herausforderung. Die Liebe funkelt als Schönheit. Sie ist immer sichtbar und klar. Sie ist der klare Morgen, dein heller Tag.
Wir befinden uns im Leben mit Freunden, die lebendig sind. Leben teilt mit dir. Leben erklärt für dich. Leben macht alles für dich klar.
Das ist es, was Clear mit mir geteilt hat.«
»Ich schätze, was du mir gesagt hast.« Liberty lächelte, dann stand sie auf und schaute hinaus über die See. »Und ich danke dir, Clear.« Sie wandte sich ihrem Freund zu und nahm sein Gesicht in ihre Hände. »Ich habe noch nie etwas so Wunderbares, so Klares gehört.« Sie lächelte und zeigte ihm ihre Liebe. »Danke dir, Lightningbolt. Ich bereite mich vor für die Kämpfe in meiner Zukunft.«

Am folgenden Morgen bauten Liberty und Lightningbolt eine kleine Regenbogen-Hütte, gerade groß genug für sie beide und Estcheemah.

Estcheemah stand mit ihren zwei Schülern an ihrem hellen Feuer und beobachtete, wie die Abendsonne hinter dem tiefblauen Ozeanhorizont verschwand. Die Steine für die Regenbogen-Hütte heizten sich langsam auf, während Estcheemah Liberty und Lightningbolt vorbereitete, in die kleine Kathedrale einzutreten. Estcheemah sprach mit einer starken, doch ruhigen Stimme zu ihnen.
»Diese Regenbogen-Hütte wurde speziell für dich errichtet«, sagte Estcheemah und schaute Liberty an. »In dieser kleinen Kathedrale befindet sich die Gebärmutter der Kreation für diejenigen, die sich danach sehnen, sie zu sehen. Während du in der Hütte sitzt, ist es dir

möglich, deinen Geist und dein Herz mit dem unseres heiligen Universums in Einklang zu bringen.

Die erste Sache, die du entdecken wirst, während du über die Zeit und unser Universum nachsinnst, ist, dass Energien der Lebensursprung der Kreation sind. Frauen wissen um diese heilenden Energien, wenn sie ihre Babys in ihren Armen halten. Dasselbe wird auch denjenigen zuteil, die sich selbst und das Leben respektieren, während sie sich in dieser kleinen Kathedrale befinden.

Die kleine Kathedrale braucht keine Übersetzer. Alles ist von der Tiefe deines Denkens abhängig. Absolute Ehrlichkeit ist der einzige Schlüssel, um den Weg zu den Energien der Kreation zu öffnen; es gibt keinen anderen Weg.

Selbst-Ehrlichkeit ist eine Führerin. Diese Führerin wird dich durch das Labyrinth jeder deiner Emotionen, Gedanken, spirituellen Erleuchtungen und Leibeserfahrungen geleiten.

Deine Selbst-Ehrlichkeit wird jeden Inhalt deines Glaubens und Zweifels hinterfragen. Die Energien von Leben werden dir sagen, dass du geboren wurdest, um zu lernen und zu wachsen, und dass du mit jeder Wahl, die du während deines Lebens triffst, deine eigene Selbst-Essenz beeinflusst.

Wenn du nicht erleuchtet werden willst, dann wird dir auch das gewährt werden. So sind die Wege der Energien von Leben. Wenn eine Person sich die Illusion wünscht, dann wird ihr das gewährt, denn das ist die Forderung der Kreation. Aber wenn eine Person Wissen erlangen will, dann kann die Person nicht mehr dogmatisch und faul sein. Selbstverantwortlich zu sein erfordert einen unglaublichen Aufwand an Selbst-Energie. Viele Leute sind viel zu faul, um so viel Energie aufzubringen.

Eines Tages wirst du eine Erd-Priesterin des Lebens sein. Es wird dir überlassen sein, mitzuhelfen, dass in denen, die danach suchen, wahre Visionen und Erleuchtungen zum Vorschein kommen. Die Regenbogen-Hütte ist ein wichtiger und heiliger Platz für solche Suchenden.

Die Regenbogen-Hütte ist auch ein Hospital des Heilens und der Schönheit. Sie muss absolut rein sein, und sie darf niemals verschmutzen. Die Regenbogen-Hütte ist kein Platz, um zu heucheln.

Eine Blumen-Soldatin hilft Leuten, ihre Selbsttäuschung zu sehen. Die kleine Kathedrale ist der Ort, wo die Mächte einer Kriegerin und Priesterin vereint werden.

Es ist für eine Frau ebenso natürlich, eine Kriegerin zu sein, wie es das für den Mann ist, ein Krieger zu sein. Welche Mutter ist nicht grimmig, wenn ihre Kinder bedroht sind? Wenn ein Chirurg ein Skalpell handhabt, wird es ein Schwert. Es wird zur Klinge, die die eiternde Wunde öffnet. Das Heilen kommt nach dem Messer. Heilen ist die Arbeit des heiligen Lebens. Ärztin und Arzt heilen nicht; das wird von den Energien von Leben vollzogen.

Eine Frau kann die Heilerin sein, die weise Priesterin, die kampfbereite Kriegerin und die Lehrerin – vier große Mächte für die Selbst-Führerin. Frauen müssen lernen, Ungerechtigkeit und Grausamkeit, den Dreck ihrer Städte und Korruption zu bekämpfen.

Einige Beispiele von Leben, auch bekannt als Mutter Natur, können dir helfen, zu sehen, wie Leben ihr Gleichgewicht kreiert.

Cheemah, Feuer, ist Heilen. Sie bringt Wärme und hat unzählige Millionen Leben gerettet. Cheemah zerstört auch und wandelt; sie ist das Herz des Hochofens. Unsere alten Zero Chiefs sagen uns, dass der einzige Zugang für Leute, um Cheemah zu berühren, über Wissen führt; andernfalls werden wir verbrannt. Cheemah ist eine Kriegerin und eine Heilerin.

Morealah ist Wasser. Sie badet und reinigt. Sie ist unsere Erneuerung. Sie gibt uns zu trinken, aber sie ist auch die rastlosen Gezeiten der Ozeane. Sie ist der Winterschnee und sie ist der Dauerregen. Sie ist die Kriegerin und sie ist unsere Heilerin. Sie ist der Tautropfen auf dem Blütenblatt.

Ärzte sind nicht schwach und hilflos, nur weil sie Leute heilen wollen und Behutsamkeit kennen. Frauen sind nicht hilflos oder schwach, weil sie Leute heilen wollen und ihnen Behutsamkeit vertraut ist.

Die Frau, die Kraft hat, Willen, Intelligenz, Disziplin und die Liebe kennt, ist eine Person im Gleichgewicht, nicht eine Ausgeflippte, ungeachtet dessen, was so geredet wird. Habe also keine Angst, herzlich und eine Heilerin zu sein. Daraus wird dir Größe erwachsen. Du wirst nicht weniger sein, weil du dich nach Gleichgewicht sehnst.

Aber werde dir darüber klar, dass Heilen mit absoluter Selbstdisziplin und mit Wissen einhergeht. Harte Arbeit und Entschiedenheit sind die einzigen Wege zum Wissen.

Schau auf das Beispiel der Forked Tree im Erd-Sonnentanz. Die Forked Tree, der gegabelte Baum, stellt die Zwillingsmächte von Mutter und Vater Leben dar, Leben und Tod, Pflegen und Missbrauch, Trost und Schmerz. Sie repräsentiert die Zwillingsmächte von allem, was in der Kreation bekannt ist. Alles, was die Kreation kennt, ist Leben.

Die Forked Tree hat ihre Position als eine Lehre in der Mitte des Medizinrades. Die Vier Großen Richtungen des Gleichgewichts umkreisen die Dri. Im Zentrum ist das heilige Selbst, weiblich wie männlich.

Die Forked Tree repräsentiert auch die Zwillingsmächte, die einer machtvollen Person, Frau oder Mann, innewohnen. Für die Frau ist es das Gleichgewicht der Kriegerin und der Priesterin-Heilerin. Für den Mann ist es das Gleichgewicht des Kriegers und Erd-Priester-Heilers. Die höchsten Qualitäten von Leuten wurden von der Kreation ersonnen, nicht vom Glauben oder den Ängsten von uns Leuten. Die höchsten Qualitäten von Leuten reflektieren das Gleichgewicht von WahKahn und SsKwan, Mutter und Vater Kreation.

Alle Leute müssen sich bemühen, ja. Sie müssen hart danach streben, die großen Qualitäten zu erreichen, die die Kreation mit ihnen zu teilen gewillt ist. Diese Dinge sind niemals einfach. Eine Frau des Wissens weiß dies und strebt nach Gleichgewicht. Frauen, die ihre Selbst-Mächte nicht besitzen oder entfalten, werden abhängig bleiben und von anderen zu Opfern gemacht werden. Dies gilt auch für die Männer.

Die Vielfalt und die Zwillingshaftigkeit der Forked Tree ist natürlich und verleiht Leuten die Macht, jede Art von Umständen und Herausforderungen zu überstehen. Wenn die Mächte eines der beiden Äste der großen Forked Tree unterdrückt oder ignoriert werden, wird die Dri sterben.

Wenn die Frau auf die Qualitäten unserer Mutter Erde blickt, wird sie ihr natürliches Gleichgewicht sehen. Die Erde unterdrückt oder ignoriert niemals. Das Erd-Leben geht mit voller Kraft nach vorn und erweckt alles Lebendige.

Halte also Ausschau nach den Milliarden Antworten, die Mutter Erde dir in jedem gegebenen Moment anbietet, Liberty. Du wirst ihre weibliche Ausgeglichenheit in allem, was sie ist und tut, sehen.

Du musst als eine Blumen-Soldatin überleben. Sei eine Kriegerin und Priesterin. Zentriere deinen Blickpunkt auf die Energien des Lebens. Erforsche und lerne von den Energien, die Kreation hervorgebracht hat.

Diese Zeremonie begann, während du dir als Jägerin das Leben und den Tod vergegenwärtigt hast. Leute müssen töten, um zu essen – dies darf niemals in Vergessenheit geraten. Wenn diese Tatsache vergessen wird, dann verlieren Leute ihren Respekt für Leben und werden dem Leben entfremdet.

Lass dir nicht einreden, dass Männer ein besonderes Talent zum Töten hätten. Sie haben es nicht. Lehre Männer, ihr eigenes Leben zu respektieren. Lehre Männer, Leben zu nähren. Hilf Männern, zu lernen, dass es für eine Person nicht Schwäche bedeutet, wenn sie nach Harmonie und Größe strebt.

Hilf Leuten, zu sehen, dass sie keine Diebe und gebrochenen Leute zu sein brauchen, um sich der Macht eines spirituellen Pfades zu erfreuen.

Ich bin eine Kriegerin-Priesterin, Liberty. Ich trachte danach, ein individuelles Wesen im Gleichgewicht zu sein. Das ist unser Weg – der Weg jeder Blumen-Soldatin, jedes Blumen-Soldaten.

Als Liberty aus ihrer Regenbogen-Hütte heraustrat, wurde ihr klar, dass sie die Gelegenheit erhalten hatte, sich selbst aus der ewigen Gebärmutter ihrer Mutter Erde zu gebären, und zwar als eine erwachsene Frau, mit neuem Verständnis und Selbst-Wahl. Nie in ihrem Leben hatte sie sich so rein gefühlt, so tief bewegt durch die subtile Anwesenheit von Mutter Leben.

Liberty wusste auch aus ihrem tiefen Inneren, dass sie dabei war, sich zu wandeln, und dass sie nie wieder dieselbe sein würde. Sie fühlte eine neue Macht in sich wachsen, neue Zuversicht und neuen Mut, und sie wurde absolut in ihrer Entschiedenheit, ihren Geist und alle ihre Energien auf ihr Lernen mit Estcheemah hinzulenken. Sie wusste, dass jede Minute des Zusammenseins mit der machtvollen alten Zero Chief ein wertvolles Erbe des Lebens war, das es zu ehren und so voll wie möglich zu nutzen galt.

Es war ein warmer, sonniger Augustmorgen. Liberty ging allein den Pfad zum Wasserursprung hinauf und trug einen Korb glitzernder Kristalle zum Waschen. Sie hatte soeben eine machtvolle Heilungszeremonie miterlebt und Estcheemah mit den Kristallen assistiert.

Vier Jahre waren vergangen und der größte Teil dieser Zeit war Libertys und Lightningbolts Training gewidmet gewesen. Sie hatten Estcheemah bei vielen Arten von Zeremonien assistiert. Jedes Mal, wenn sie die Gelegenheit hatten, in Zeremonien bei Estcheemah zu sein, lernten sie etwas Neues. Sky River hatte zwei Kinder und drei Frauen zu Estcheemah geschickt, die Heilung brauchten. Die alte kanadische Frau Moon Bear hatte für ihre Visionssuche-Zeremonien zwei junge Männer und zwei Frauen zu Estcheemah geschickt. Und einige junge Frauen und Männer hatten um eine Regenbogen-Hütten-Zeremonie ersucht.

Liberty und Lightningbolt begannen zu verstehen, dass keine zwei Zeremonien exakt gleich waren, weil keine zwei Leute exakt gleich waren. Doch immer verwendete Estcheemah die heiligen Medizinräder als ihre Führer. Liberty staunte darüber, als sie den Wasserursprung erreichte. Sie nahm sich Zeit, jeden Kristall liebevoll zu waschen.

Sie dachte über die Geschichte nach, die Estcheemah ihr über die Dri mit dem Namen ›Stone Eater‹ erzählt hatte. Stone Eater war eine große Zeder, die einstmals am Nordende der Viktoria-Insel existiert hatte. Zwanzig Leute konnten bequem in ihrer hohlen Mitte sitzen. Die Ozeanklänge echoten in ihrem Leib – auch wenn die See meilenweit entfernt war. Die Betenden saßen ruhig in ihr und staunten über das tiefe Dröhnen der Brandung. Ihr Denken schien in dieser Dri schärfer zu werden und so tief wie die See.

Diese Frauen-Dri wurde von acht Mädchen und zwei alten Großmüttern betreut. Die Mädchen wurden durch andere Mädchen ersetzt, wenn sie heirateten. Die Dri sang ihren Seegesang. Die jungen Mädchen lernten viel von dieser Dri. Es waren unausgesprochene Lehren.

Die Männer hatten ein Bad zu nehmen, bevor sie die Dri zum Beten betreten konnten. Die Männer mussten drei Tage und zwei Nächte fasten, bevor sie die Gebärmutter dieser Dri betreten konnten. Männer, die in dieser Ozean-Dri-Gebärmutter saßen, weinten wie Knaben.

Die Medizin-Dri sprach immer über die Suchenden. Wer waren sie, die die Ozean-Mutter aufsuchten? Wer waren sie, die zu dieser Mutter Dri sprachen? Wer waren sie, die Mutter Leben und Vater Leben ehrten? Wer waren sie, die das Selbst ehrten?

Die Dri war seit jeher dort gewesen. Die Bäume waren immer präsent. Die See war immer anwesend. Die Mutter Erde sang. Die Mutter Sonne sang. Die Schwester Mondin sang.

Stone Eater wurde alt und sie wurde zehntausend Dris. Der Wald wurde ihre Gebärmutter. Liberty staunte, dass diese Dri für die Leute existieren konnte. Sie dachte an andere Bäume in Amerika, die ihre Geheimnisse bargen und die nicht geschätzt und geliebt waren. Stattdessen waren sie zu »interessanten Punkten« in irgendeinem

Nationalpark heruntergestuft worden. Irgendwie würde sich das ändern müssen.

»Wir leben mit dir, Mutter Leben«, sagte Liberty laut zu den großen Zedern, die sie kreisförmig umgaben. »Ihr werdet nie wieder Landschaft für mich sein, ihr Ahninnen.«

Estcheemah schlug vor, dass ihre Zwillinge sich etwas Zeit nehmen und die Viktoria-Insel mehr erforschen sollten. Drei Wochen lang erkundeten sie die Insel vom Norden bis zum Süden mit dem Boot – sie liebten sie.

Eine Million funkelnder Freude-Energien umgaben sie, als sie zurückkehrten. Aber als sie an Estcheemahs Tür klopften, kam keine Antwort. In der Annahme, sie halte ein Schläfchen, kehrten sie nach Hause zurück und warteten.

Ihr zweiter Besuch sagte ihnen, dass etwas nicht in Ordnung war. Estcheemah kam nicht an ihre Tür. Aber ihr Auto war im Hof und bekundete, dass sie zu Hause sein musste!

Sie probierten an der Tür und fanden sie unverschlossen. Liberty eilte in die Küche, Lightningbolt folgte ihr. Estcheemah lag auf dem Boden.

Liberty kniete nieder und berührte Estcheemahs Wange. »Du bist am Leben!«, schrie sie, mit Tränen in ihren Augen. »Lightningbolt, lass sie uns ins Krankenhaus bringen – mach schnell!«

»Aber nein!«, sagte Estcheemah mit Bestimmtheit und öffnete ihre Augen. »Ich bin hier gelegen, weil ich nicht die Kraft hatte, in mein Bett zu gehen.« Sie schaute auf ihre Zwillinge und lächelte. Ihre hellen Augen und ihre Liebe umwogten ihren müden alten Leib. Für einen kurzen Augenblick fühlte sie sich gehoben und beinahe wohl.

»Du bist krank«, beharrte Liberty und setzte sich neben Estcheemah.

Lightningbolt fühlte sich hilflos. Angst stieg in seiner Kehle auf und er wurde blass.

»Es ist alles in Ordnung«, sagte Estcheemah lächelnd. »Wirklich, ich fühle mich viel besser. Wirst du mir beim Zubettgehen helfen, Liberty?« Sie versuchte, selbst aufzustehen, aber sofort stand ihr Lightningbolt bei.

Beide halfen ihr ins Bett. Liberty zog ihr die Kleider aus und machte es ihr bequem, während Lightningbolt Suppe zubereitete.

»Es ist zwei Tage her, seit ich das letzte Mal gegessen habe«, sagte Estcheemah schwach, während sie an ihrer Suppe nippte.

Beide saßen wie benommen am Fuß ihres Bettes. Was sollten sie tun?

»Du schaust aus, als ob du grade eben zum Präsidenten gewählt worden wärst, Lightningbolt«, scherzte Estcheemah. »Ich habe dich lange nicht mehr so ernst gesehen!«, lachte sie. »Mir wird's gut gehen.« Sie trank mehr Suppe. »Das passiert den Alten oft.«

Lightningbolt versuchte zu sprechen »Aber du bist …«

»Ich werd's überleben«, antwortete sie. »Aber jetzt brauche ich Schlaf. Liberty, wecke mich in einer Stunde, und dann gib mir mehr Suppe.«

Innerhalb weniger Minuten war Estcheemah eingeschlafen. Liberty und Lightningbolt wussten nicht, was sie tun oder sagen sollten. Sie saßen am Tisch und beide warteten darauf, dass das Gegenüber etwas tun würde. »Schlafen wir auf dem Boden?«, schlug Lightningbolt vor. »Warum nicht?«

»Du gehst und holst unsere Schlafsäcke«, stimmte sie zu. »Ich werde aufräumen.«

»Ihr geht nach Hause«, rief Estcheemah von ihrem Schlafzimmer aus. »Ihr seid wie zwei verängstigte Gänse da draußen. Geht heim und schlaft.«

Es dauerte drei Wochen, bis Estcheemah wieder nach draußen konnte. Es ging ihr besser, aber sie war nicht mehr dieselbe.

Eine schreckliche Unvermitteltheit war in die Welt von Lightningbolt und Liberty eingedrungen; es war der Tod, das wussten sie. Was würden sie tun, wenn es keine Estcheemah mehr gab? Beide fühlten sich unvorbereitet für das, wovon sie wussten, dass es vor ihnen lag.

Lightningbolt brauchte Zeit, um allein zu sein und nachzudenken. Er ging an den hohen Zedern vorbei, nicht weit von Estcheemahs Heim entfernt, und war enttäuscht über sich selbst – darüber, dass er mit dem Offensichtlichen nicht gerechnet hatte.

Er war zurückgeblieben, während Liberty Estcheemah auf einen Ausflug mitnahm. Sie fühlte sich jetzt viel stärker und wollte in die Nähe der See. Sie wollte auch ein bisschen einkaufen.

Wie würden sie mit ihrem Unwissen leben? Waren sie vorbereitet, ohne Estcheemah zu sein? Lightningbolt trat gegen einen Ast und fluchte. Warum war er manchmal so langsam? Warum hatte er in der Vergangenheit soviel wertvolle Zeit weggeworfen? Er setzte sich auf einen Baumstumpf und schaute umher. Nichts mehr würde dasselbe sein, sobald Estcheemah fort wäre. Dann erinnerte er sich an die Lehre, die Liberty erhalten hatte, während er an einer alten Schreibmaschine arbeitete, die er gekauft hatte.

»Verantwortung beginnt jeden Morgen beim Aufwachen«, hatte Estcheemah Liberty gelehrt. »Leben ist ein Befehl. Deine Präsenz im Leben ist die Erfahrung dessen, was von deiner physischen Existenz befohlen wird.

Leben wird eine betäubende Flut von Bedürfnissen und sozialen Dogmen für Leute, die sich selbst oder Leben nicht zuhören. Wenn du die Gemeinen und Verzweifelten beruhigst, wirst du entdecken, dass sogar sie einen einfachen und manchmal sehr direkten Rat für sich selbst haben – aber selten bis nie folgen sie ihrem eigenen Rat. Der Grund dafür ist, dass sie nicht begreifen, was Herausforderung, Selbst-Motivation oder Selbst-Autorität ist.

Sie hinterfragen nie die Gründe für ihren Mangel an Motivation und wissen nicht, dass ihr Leben Selbst-Richtung braucht. Sie glauben, dass alles, was außerhalb von ihnen liegt, Kontrolle nötig hat.

Sie werfen ihr Leben weg, indem sie Kontrolle über sich selbst ausüben.

Nur wenn du deinen Selbst-Befehl verstehst, wirst du deine Richtung und Verantwortung für deine persönliche Autorität schätzen. Wenn dein Leben auf der Belohnung beruht, Geld zu machen, zu klatschen, zu intrigieren und Kompromisse zu schließen, dann wird dein Leben bedeutungslos. Du wirst das soziale Spiel gewinnen und dein Herz verlieren.«

»Aber was ist, wenn ich eine einfache Bäuerin oder Anwältin bin?«, hatte Liberty gefragt. »Wie wirkt sich das auf mein Leben aus? In einer praktischen Weise, die ich verstehen kann?«

»Du bist keine Bäuerin, Liberty«, hatte Estcheemah gelacht, »und es gibt keine einfachen Anwälte. Sie mögen einfach strukturiert sein, aber sie sind niemals einfach. Was du in dem Moment tust, sagt mir, dass du deinem Selbst etwas vormachst. Das, worüber ich mit dir spreche, ist eine Tatsache; es ist Leben. Der Grund, warum du mich nicht verstehst, ist, dass du das Befehlen von dir selbst fern gehalten hast.

Kommandiere dein Selbst, jetzt, in diesem Moment, um bei mir anwesend zu sein.«

»Ich habe aufgeschrieben, was du zu ihr gesagt hast, Estcheemah«, sagte Lightningbolt. »Ich werde es Liberty später geben.«

»Mache zwei Kopien«, sagte sie zu ihm. »Und studiere es gemeinsam mit ihr. Ihr beide müsst das Befehlen verstehen. Was ich euch nahe lege, ist ein lebenslanges Beharren. Wenn ihr eine Gewohnheit aufbauen wollt, dann lasst es das Befehlen sein. Denken ist ein Beruf. Denken ist eine Übung, die die meisten Leute nicht kennen. Denker befragen alles und jedes. Es gibt keinen Raum für Vermutung oder Glauben.

Um das in eurem Leben zur Wirkung zu bringen, werdet ihr eurem Selbst befehlen müssen, dem gegenüber kritisch zu sein, was ihr beobachtet und denkt. Das ist eine Übung von Moment zu Moment. Lasst zu, dass das Befehlen euer Spiel, euer Abenteuer, eure Unterhaltung und eure Befriedigung im Leben wird.«

Lightningbolt dachte über die vor ihm liegenden Herausforderungen nach, als Halbblut, als Medizinmann und als Schriftsteller. Würde das, was er zu sagen hatte, verstanden werden? Würde er in der Lage sein, durch sein Schreiben die tiefgründigen und weitreichenden Gedanken und Entdeckungen seiner Hauptleute auszudrücken? Er versuchte, nicht zu grübeln, und gelobte stattdessen, alle seine Energien auf harte Arbeit auszurichten, um mit seinem Traum Erfolg zu haben. Er wusste, dass er sich der schwierigen Aufgabe gegenübersah, seinem eigenen Selbst-Befehlen und seiner Selbst-Richtung absolut loyal sein zu müssen, wenn er als Blumen-Soldat überdauern wollte.

Lightningbolt saß still da, staunte über die anmutige Eleganz und alterslose Schönheit des Waldes und erfreute sich seiner Präsenz. Wie wunderbar war es, lebendig und an einem solch reinen und prächtigen Ort zu sein. Er wusste, dass er in Zeit und Raum und mit all den Herausforderungen und Schlachten, die vor ihm lagen, der glücklichste Mann war. Er hatte auf Erden das Glück, eine der größten geistigen Kapazitäten seines Jahrhunderts, die Zero Chief Estcheemah, als Lehrerin zu haben.

Eine weitere Woche war vergangen und Estcheemah schien wieder stärker zu sein. Liberty und Lightningbolt waren an die See gefahren, um Treibholz für Libertys neue Skulptur zu sammeln. Sie hatte entschieden, dass ihr erstes Werk Mutter Ozean gewidmet sein sollte. Als sie zurückkamen, fanden sie eine Überraschung vor, die auf dem Küchentisch auf sie wartete. Estcheemah hatte ihnen eine Notiz hinterlassen.

Da stand: »Hallo, Zwillinge. Wenn Leute sehr alt werden, werden sie zu privilegierten Leuten. Mit dieser Freiheit können wir enorm viele Dinge tun, die niemand in Frage zu stellen wagt.

Mein Vorrecht ist es, euch mitzuteilen, dass ich die Bratpfanne, die ihr mir letzte Woche geliehen habt, für die Summe von dreitausend Dollar gekauft habe. Diese Summe Geldes sollte euch für den kommenden Herbst und Winter außergewöhnlich reich machen. Ich erwarte, euch oft in meinem Kreis zu sehen.«

Estcheemah hatte die Notiz mit einer fuchsähnlichen Strichzeichnung signiert.

Bald nachdem die Regenfälle anfingen, beschloss Liberty, mit ihrer Skulptur anzufangen. Sie hatte ihrem Medizintraining Jahre gewidmet, und jetzt, das wusste sie, war es Zeit, ihr Selbst in ihrer eigenen Kunst auszudrücken. Sie wollte auch die Freiheit haben, auf eine kreative Art für sich zu sorgen. Sobald sie mit dem Holz zu arbeiten begann, fühlte sie ein Freude in ihrer Kunst, die im Einklang mit dem Land war.

An den Spätnachmittagen unterbrach Lightningbolt sein Schreiben und schaute Liberty beim Skulptieren zu. Sie sprachen über die Medizinräder und darüber, was sie für sie bedeuteten. Die Gespräche an langen Abenden klärten für beide viele Fragen.

Estcheemah unterwies Liberty jeden Morgen und einige Abende pro Woche. Sie schien unermüdlich. War sie dem Tod so nah gewesen, wie sie gedacht hatten? Liberty staunte jede Minute, die sie mit Estcheemah zusammen war.

Es war Spätsommer, als Estcheemah Liberty und Lightningbolt in ihr Heim zu einem »feierlichen« Abendessen einlud. Sie hatte gebratene Gans mit Süßkartoffeln vorbereitet und jeder Bissen war ein Genuss.

»Meine Zwillinge«, fing Estcheemah an und nahm einen tiefen Atemzug, dabei schaute sie aus ihrem Fenster auf die See hinunter. »Endlich ist es Zeit für euch, euch auf euren ersten Kreis des Lehrens vorzubereiten, in dem ihr die Lehrerin und der Lehrer seid.«

Sie lächelte und wandte beiden ihr Gesicht zu . »Sky River hat drei Jahre lang mit zwei jungen Frauen und einem jungen Mann gearbeitet, immer wieder. Sie sind bereit, über einige der Medizinräder zu hören, und es ist Zeit, dass ihr es seid, die diese wertvolle Information mitteilen.«

Liberty und Lightningbolt hatten so etwas nicht geahnt. Sie waren sprachlos. Eine Million Fragen überfluteten ihren Geist. Waren sie bereit? Konnten sie ihr Lernen auf eine Weise vermitteln, die klar und machtvoll war? Wie würden sie anfangen?

Aber als sie begannen, Fragen zu stellen, antwortete Estcheemah lediglich: »Tut, was ich euch gelehrt habe zu tun. Sprecht darüber zu eurem Selbst und zu Mutter Leben. Ich werde Fragen erst beantworten, nachdem ihr die Arbeit vollendet habt.«

Zwei Wochen später reisten Liberty und Lightningbolt nach Zentralkanada, um die drei jungen Schüler von Sky River zu treffen. Sky River war anwesend, aber sie bewahrte Distanz und schritt nicht ein einziges Mal ein, um den Kreis des Lehrens zu übernehmen. Das Medizinrad, um das die drei gebeten hatten, war eines der wertvollsten Medizinräder des Heilens und Verstehens der Person. Es war das Medizinrad der Leibessphären.

Liberty und Lightningbolt erkannten bald, dass das Verständnis und die Antwortfähigkeit bei den drei Studenten nicht gleich war. Auch wenn sie alle in ihren frühen Zwanzigern waren, waren die drei doch vollkommen voneinander verschieden. Liberty und Lightningbolt wurden dauernd mit der Frage konfrontiert, wie ihre Information an jede und jeden von ihnen zu übermitteln war.

Zuerst versuchten sie, zu viel zu sagen, und verloren alle drei jungen Leute unmittelbar. Dann wurde Lightningbolt zu streng und die drei jungen kanadischen indianischen Halbblut-Leute begannen, Verstehen durch Gehorsam zu ersetzen. Liberty sprang zur Rettung der Situation ein, hatte aber einen schweren Stand, die jungen Studenten dahin zu bringen, dass sie für sich selbst dachten. Wieder wollte sie zu viel sagen.

Als Liberty und Lightningbolt zu Estcheemahs Heim zurückkehrten, waren sie beide davon überzeugt, dass sie Anleitung brauchten.

Estcheemah saß in ihrem großen Vorraum und bestickte einen Medizingürtel für Liberty mit Perlen, während ihre Zwillinge neben ihr saßen und auf die See hinausschauten. Ein heftiger Regenschauer tanzte silbrig-dunkel mit den hereintobenden Winden. Breite Wasserrinnsale stürzten das Panoramafenster vor ihnen hinunter und erinnerten sie an ihr Leben.

Liberty begann den Bericht und Lightningbolt folgte. Sie waren beide aufgeregt und frustriert durch ihre Erfahrung, denn sie waren sich nicht sicher, wie gut sie es eigentlich gemacht hatten. Zum ersten Mal waren Estcheemahs Halbblut-Schüler durch den Spiegel gegangen und jetzt blickten sie aus der Perspektive der Lehrerin und des Lehrers auf sich selbst zurück. Es war sein sehr wichtiger Moment für sie, einer, den sie nie vergessen würden.

Als Estcheemah sprach, klang ihre Stimme uralt, doch voller Energie und Weisheit. Liberty und Lightningbolt waren sehr aufmerksam.

»Ihr beide lernt nun endlich, was das Wort Unterscheidung bedeutet. Ich habe all diese Jahre über daran gearbeitet, euch diese unermesslich wichtige Macht des Geistes zu lehren.« Sie lächelte und fuhr fort, Perlen zu sticken.

»Wie ihr lernt, sind nie zwei Leute exakt gleich. Wenn du zu viel sagst, bevor eine Person bereit ist, kannst du sie mit dem Gewicht des Wissens zerschmettern. Wenn du zu wenig sagst, dann kann es sein, dass du die Person zu Tode langweilst.« Sie lachte stillvergnügt in sich hinein.

»Eure Fähigkeit, zu unterscheiden, was unter den gegebenen Umständen wirklich nötig und machtvoll ist, bleibt euer Leben lang eine Prüfung für euch als Lehrerin und Lehrer. Was Sieg ist, bleibt im Geist einer Blumen-Soldatin immer die Frage.

Es gibt Strategie und Manöver. Strategie beruht auf eurer Erfahrung und Vorstellung. Eure Strategie oder euer Plan, wie ihr euch irgendeiner Situation nähert, ist nur eurer Vorstellungskraft ebenbürtig – und fußt auf Erfahrung und Verstehen. Manöver hingegen ist immer die Entscheidung aus dem Moment heraus. Ungeachtet dessen, wie machtvoll eure Pläne sein mögen, kann ein starker Führer im Augenblick manövrieren und verändert das, was entsprechend den realen Lebenssituationen verändert werden muss. Keine Führerin und kein Führer kann es sich leisten, einem Glauben oder Theorien nachzuhängen, wenn sie oder er gewinnen wollen. Um siegreich zu sein, müssen Führerinnen und Führer unterscheiden, was sich gerade ereignet und was erreicht werden muss. Sie müssen bereit sein, ihre Pläne in einem Augenblick zu erneuern und zu ändern. Das ist das Geheimnis großer Führerschaft.

Wenn es zum Lehren und Heilen von Leuten kommt, ist Unterscheidungsfähigkeit das Gebot, denn was für die eine Person heilend ist, ist es für eine andere nicht. Die Herausforderung für die eine Person ist für eine andere keine Herausforderung. In jeder Zeremonie, die ihr leitet, und jedes Mal, wenn ihr euch vorbereitet, eine andere Person über das Selbst und die heilige Mutter Leben zu lehren, werdet ihr diese Person in empfindsamer und unterscheidender Weise prüfen müssen, und zwar ihre Energien, ihr Selbst-Vortäuschen und ihre Selbst-Ehrlichkeit.

Ihr müsst als Lehrerin und Lehrer auch enorme Geduld haben. So sehr ihr auch einer Person augenblicklich die Welt des Verstehens, die ihr besitzt, geben wollt – ihr könnt es nicht. Leute müssen langsam ihre eigene Welt des Wissens aufbauen. Als Lehrerin und Lehrer müsst ihr Information, Landkarten, Waffen, Energie und Erfahrung liefern – sodass sie erfolgreich sein können. Dies zu bewerkstelligen dauert Jahre.

Verschiedene Leute brauchen verschiedene Information. Verschiedene Leute brauchen verschiedene Erfahrungen, um zu lernen. Mutter Leben liefert die korrekten Lebenserfahrungen und Informationen für jedes ihrer Kinder – falls sie wählen, in ihrer Präsenz des Seins zu lernen.

Jede Person ist einzigartig, doch alle Leute besitzen Geist-Geist, Leib, Emotionen, Geist und Selbst. Keine Person ist nur schlau oder nur dumm geboren. Keine Person ist gut oder nicht gut geboren. Leute haben die Wahl. Wir können wählen, so zu tun, als seien wir das eine oder das andere, doch tief innen wissen wir: Wenn wir darauf bestehen, unwissend, unverantwortlich, ignorant oder gemein zu sein, werden wir unserem Selbst großen Schmerz zufügen.

Die Medizinräder werden eure größten Führer als Lehrer und Heiler sein. Ihr werdet sehr selbstdiszipliniert und sensibel eurem Le-

benswissen gegenüber sein müssen, wenn ihr vorhabt, andere Leute zu lehren, mehr Selbst-Macht zu bekommen und verantwortlicher zu werden. Heilen und Selbst-Lehren sind die zwei größten Herausforderungen an persönliche Fähigkeiten, die die Kreation kennt.«
Ein langes Schweigen erfüllte den Raum.
Endlich sprach Liberty und versuchte die Frage zu formulieren, die sie stellen wollte. »Estcheemah, auch wenn ich dich mit vielen verschiedenen Leuten habe arbeiten sehen, heilen und lehren – nur eine Hand voll haben wirklich beschlossen, Medizinleute zu werden.« Liberty mühte sich, die richtigen Worte für ihre Frage zu finden. »Ich weiß, dass ich irgendwann in meinem Leben diejenigen lehren werde, die Medizinleute werden wollen oder gar Blumen-Soldatinnen und Blumen-Soldaten, aber es gibt auch Frauen und Männer, die einfach ihr Leben verbessern und von Mutter Erde lernen wollen. Sie wollen nicht Medizinleute und Heiler werden.« Sie fuhr fort, nach ihrer Frage zu suchen.
»Ich denke vor allem an die Frauen, die zu mir kommen werden, die auf eine persönliche Weise einfach mehr über Mutter Leben lernen und Heilung für ihr Selbst finden wollen. Was soll ich diesen Frauen sagen, wo können sie anfangen?«
Estcheemah lächelte und legte ihre Perlenarbeit nieder. Sie schaute tief in Libertys Augen.
»Nun wohl, das ist eine Frage einer jungen, reifenden Lehrerin«, sagte Estcheemah mit Stolz. »Nein, nicht jede Person ist ein Blumen-Soldat oder eine Medizinperson. In der Tat gibt es nur eine kleine Anzahl Leute, die wirklich kämpfen, um die Selbst-Macht und die Ausdauer zu erlangen, die nötig ist, um eine Blumen-Soldatin, ein Blumen-Soldat zu sein. Unsere Disziplin ist unglaublich fordernd und schwierig. Und doch, es beschließen auch nicht alle, Gehirnchirurg, Geschäftsvorstand oder General zu werden.
Doch jede Person hat das Recht, über das wahre Gleichgewicht ihrer Kreatorin und ihres Kreators, ihre lebendige Mutter Erde und die Natur des individuellen Selbst zu lernen.
Ja, wo sollst du anfangen? Ich möchte, dass du mehr darüber nachdenkst und morgen Abend zurückkommst, dann werde ich mit dir darüber sprechen.«
Liberty stand auf und zog ihren Mantel an. Sie sagte gute Nacht zu ihrer Lehrerin und ging auf die Tür zu.
»Estcheemah«, sagte Lightningbolt, als er aufstand, »diese Gele-

genheit zu lehren hat mir viel über mein Schreiben gezeigt. Ich werde auf sehr einfache und direkte Weise schreiben müssen, um die Medizinräder in unsere Welt einzuführen, und so klar wie möglich. Es gibt so viel zu sagen, aber mir wird deutlich, dass ich einen einfachen und tiefgründigen Anfang wählen muss. Daran werde ich bestimmt eine Weile arbeiten, denke ich.« Er wiegte andächtig seinen Kopf. »Vielleicht ein Leben lang.« Dann nahm er mit großem Respekt und voll Liebe ihre Hände in die seinen. »Danke dir«, sagte er, beinahe flüsternd, und schluckte den Schwall von Emotionen, den er fühlte, hinunter. Dann wandte sich Lightningbolt um und schritt hinter Liberty zur Tür hinaus.

Am nächsten Abend schaute Lightningbolt Liberty zu, wie sie auf Brunhilde zu Estcheemah ritt. Es regnete und so hatte Liberty ihren Plastikponcho und wetterfeste Elchlederstiefel angezogen. Er lächelte über die vielen Veränderungen an ihr. Sie hatte ihre langen braunen Haare zu einem Zopf geflochten und in einen bunten, gewebten Schal eingewickelt. Sie trug eine Pistole an ihrer Hüfte und ein Jagdmesser in ihrer Packtasche, zusammen mit einem Notizblock und zwei Stiften zum Notizenmachen. Sie hatte ein langes Lederband an ihre Taschenlampe gebunden, sodass sie sie um ihre Schulter hängen konnte und ihren Händen noch immer Freiheit ließ.

Liberty war nicht mehr länger die junge Frau, die er kennen gelernt hatte. Sie war vollkommen zur Frau erblüht. Sie war von den Herausforderungen und Realitäten des Lebens in den wilden, anmutigen Bergwäldern und durch die ursprüngliche Schönheit von Mutter Erdes prachtvoller See transformiert worden. Mit dem wilden Land zu leben erforderte Denken, Respekt, Pragmatismus und Verantwortung. Die Wandlungen in Liberty vollzogen sich nicht nur in ihrer Kleidung, sondern, was wichtiger war, auch in ihrem Verstehen ihres Lebens und ihres Selbst.

Die Medizinräder lehrten Liberty, die Sprache ihrer Zeit und ihrer Erde zu sprechen. Ihre wachsende Kommunikation mit ihrem Selbst hatte einen überaus machtvollen Effekt auf ihr Selbstvertrauen und ihre persönliche Macht. Doch bei allen Wandlungen war Liberty so sehr damit beschäftigt, zu lernen, zu tun und sie selbst zu werden, dass sie noch nicht gesehen hatte, wie groß ihr Wandel war.

Estcheemah hatte zu Lightningbolt die Bemerkung gemacht, wie sehr sie die Wandlung der Frau schätzte, und sie dankte Leben für das Wunder der sich entfaltenden Natur des persönlichen Selbst.

Diese neue Liberty betrat zuversichtlich Estcheemahs Heim und begann ihren Regenumhang auszuziehen.

»Wenn du fertig bist, möchte ich, dass du kommst und mit mir am Panoramafenster sitzt«, rief Estcheemah aus dem Vorraum.

Als Liberty eintrat, sah sie Estcheemah auf ihrer Sonnentanzdecke am Panoramafenster sitzen und auf die ruhige und wunderschöne See hinausblicken. Da war ein kleines rotes Stofftäschchen, das direkt vor der alten Lehrerin auf der Decke lag. Liberty setzte sich eilig und blickte mit eifriger Erwartung auf Estcheemah.

»Du hast eine extrem wichtige Frage gestellt, Liberty«, begann Estcheemah. »Sie zu beantworten brauche ich ein wenig Zeit. Doch du musst dich daran erinnern, dass reale Antworten immer Tore sind, die zu Aktionen führen und Selbstaktionen sind immer Tore, die zu Fragen führen. So kommt unser Lernen und Wachsen zustande.

Wo kann eine Frau beginnen, wenn sie über ihr Selbst lernen und ihre Kreatorin Mutter Leben feiern will? Ich muss anfangen, indem ich mit dir, Liberty, über den Hausaltar der Frauen in alten Zeiten spreche. Wie du weißt, hatte der Hausaltar vor der modernen Zeit Frauen gehört und war ein zentraler Ort von Respekt und Macht. Aus deinen Jahren an der Universität, Liberty, weißt du auch, dass das Thema Frauen und ihre Hausaltäre ein Thema ist, das all die Leute, die Mutter Leben akademisieren, komplett meiden. Der Grund dafür ist sehr einfach: Es ist nicht vorgesehen, dass Frauen irgendeine Art echter Macht in ihrem Heim haben.

Als die Wirklichkeit unserer Kreatorin geleugnet und nur dem Kreator Macht über Leute zugebilligt wurde, begannen Frauen auch die Brutalität dieser Zurückweisung zu erfahren.

In jeder Gemeinschaft wird ein altes Gleichgewicht wieder einkehren, wenn Frauen und ihre Kinder unsere Kreatorin und unseren Kreator als ebenbürtig ehren können. Diese Verehrung beginnt in ihren Heimen.

Jede Frau weiß tief in ihrem Selbst, wie überaus wichtig der Hausaltar für Frauen sein kann. Wir wissen das ebenso gut, wie die Priesterinnen alter Zeiten es gewusst haben. Der Grund, warum wir sogar den Gedanken an unsere persönlichen Altäre so schätzen, ist der, dass Frauen ihre Beziehung zu Mutter Erde und Leben feiern und sie zum Mittelpunkt machen wollen.

Kinder werden von Frauen geboren und deshalb sind Frauen direkt für die Tatsachen von Leben und Tod empfänglich. Wir Frauen sorgen für das Wohlergehen unserer Familie und wir sorgen für das Leben – offensichtlich sind diese beiden miteinander verbunden. Welche Mutter betet nicht für die Gesundheit ihres Kindes und wird die Heilerin in ihrem Heim?

Jede Frau weiß tief in ihrem Selbst, dass unsere Kreatorin Leben und Heilen ist. Das galt auch für die Frauen unserer Vergangenheit.

Die Frage, die sich jetzt jede Frau und jeder Mann stellen muss, lautet: Was bedeutet das für die Leute von heute? Wir wirkt die Diskriminierung unserer Kreatorin auf Frauen und auf alle Leute in unserer gegenwärtigen Welt? Wenn Frauen auf Mutter Leben, auf Mutter Erde blicken, um Liebe, Wissen über Heilen und um Führung in ihrem täglichen Leben zu erhalten, wird ihnen für alles, was krank ist, die Schuld zugewiesen.

Frauen bekommen zu hören, dass der Respekt für Leben ein ›Kult‹ und das Wissen um unsere Kreatorin Mutter eine ›kultische Religion‹ sei. Diese Art Verbohrtheit enthält keine Wahrheit, noch birgt sie irgendeine Freude.

Frauen brauchen Selbstachtung und Harmonie in ihrem Heim und in ihrem Berufsleben. Die Frauen werden das finden, wenn sie Mutter Leben zum Mittelpunkt ihres Lebens machen. Frauen, wie alle Leute, müssen unsere Kreatorin kennen und lieben.

WahKahn ist die Kreatorin. Keinem noch so starken Fanatismus und albernen Glauben wird es gelingen, ihre Existenz in der Kreation zu verleugnen.

Frauen können die Erneuerung ihres Stolzes und ihrer Freude finden, wenn sie aufs Neue zentrale Figuren in ihren Heimen werden. Das Heim kann ein Ort der Ehre und Klarheit für Frauen werden – ein Ort, um die heilige Mutter Leben zu ehren.

Jedes Heim wird auf eine neue Weise geehrt und respektiert, wenn Frauen ihre Altäre bauen, um zu feiern und ihre Kinder über die Mutter-Göttin Kreation lehren.

Es ist nur eine Frage der Zeit, bis der Wandel kommt, Liberty. Ungeachtet dessen, wie lange den Leuten diese Jahre der Ignoranz noch aufgezwungen werden, eines Tages wird es zu Ende sein. Unser Heilige Kreatorin Mutter wird nicht mehr verleugnet werden.

Die große Transformation wird von den Frauen ausgehen. Dies geschieht, indem sie die heilige Kreatorin Mutter-Göttin emporheben und darum kämpfen, ihre eigene persönliche Autorität zu erlangen.

Estcheemah griff in das kleine Täschchen, das vor ihr lag, nahm einen kleinen polierten Stein heraus und legte ihn auf die Decke vor Liberty. »Was denkst du, ist das, Liberty?«

»Es sieht wie Jade aus«, antwortete sie.

»Dieser wunderschöne blaugrüne Stein kommt aus Peru«, lächelte Estcheemah und erinnerte sich an ihre eigene Lehrerin und Freundin. »Es ist das einzige materielle Objekt, das meine Lehrerin auf ihrem Altar liegen hatte.«

»Night Arrow Woman?«, fragte Liberty.

»Nein, es gehörte Serpent Mother«, antwortete Estcheemah. »Das Leben meiner Lehrerin war spartanisch, beinahe karg. Sie zog immer herum. Ich denke nicht, dass sie länger als zehn Jahre an irgendeinem Platz blieb. Sie reiste ihr Leben lang und entwickelte ein unglaubliches Bewusstsein für das, was wichtig und was bedeutungslos war.

Ich war dazu entschlossen, noch ehrgeiziger als sie zu sein. Mein Leben war voll mit vielen Dingen, während ihr Leben von allen Trivialitäten frei war.

Sie fragte mich einmal, was der wichtigste Gegenstand in meinem Leben sei – was ich retten würde, wenn ich einen Gegenstand retten könnte? Nach langem Nachdenken antwortete ich, dass es meine Medizinpfeife wäre. Sie lachte und sagte mir, dass ihr fünf Pfeifen gestohlen worden seien.

Ich überlegte und überlegte und mir fiel nichts ein. Sie sagte mir, dass die einzige Sache, um deren Rettung ich mich kümmern solle, meine Geistesgegenwart sei.

Sie sagte mir auch, dass Leute, die beginnen, sich selbst zu hassen wegen ihrer Verluste im Leben, alles verlieren werden. Aber Leute, die an dem, was sie sind, an ihrem Ehrgeiz, festhalten können, werden jegliche Art von Verlust überleben.

WahKahn und SsKwan haben alles kreiert. Kein physischer Gegenstand kann mit der Kreation geteilt werden, denn die Kreation ist alle Dinge. Nichts, was kreiert wurde, kann an die Kreation zurückgegeben werden. Die Kreation besitzt bereits alles, was kreiert wurde.

Kein Opfer macht für die Kreation Sinn, denn die Kreation ist die große Intelligenz. Die Kreation besitzt bereits alles, was kreiert wurde. Nur unsere persönliche Ehrlichkeit und Selbst-Präsenz wird von der Kreation als Geschenk akzeptiert. Selbst-Ehrlichkeit ist Größe.

Wenn wir der Kreation unsere Liebe darbringen, wird unsere Liebe als wahre Liebe angenommen, falls sie Selbst-Ehrlichkeit enthält.

Serpent Mothers Altar waren die Jahreszeiten und ihre Feiern waren ihr als Person, die mit der Kreation lebendig war, das Wichtigste. Sie lehrte, dass alle Leute ihr Leben mit der Kreation teilen. Da die Kreation die Existenz ist, hat die Kreation ein größeres Wissen als die Gattung der Leute. Das Leben ist ein einzigartiges Geschenk, das jeder Person, die geboren ist, individuell gegeben wurde.

Was ich getan habe als Blumen-Soldatin, als eine Erd-Priesterin getan habe, ist in erster Linie mir selbst von Bedeutung. Andere können in keinster Weise wissen, was ich getan habe oder wer ich war. Nur die Kreatorin, der Kreator, Mutter Erde und ich wissen in vollem Umfang über alles Bescheid, was ich bin und was ich getan habe. Das macht mich eigenverantwortlich.

Die Zero Chiefs der alten Zeit sprachen von der Krankheit der Phantasie als der Hauptursache für den Tod von Leuten. Keine andere Art der Ignoranz ist so gefährlich für Leute wie Phantasie und Selbsttäuschung.

Leute, die ihre wahre Lebenserfahrung durch Phantasie ersetzen, werfen ihr Leben in Tagträumereien weg und wissen gar nicht, dass sie das Leben nicht kennen gelernt haben. Es gibt nichts Gewaltsameres für das Selbst und nichts Destruktiveres für den Geist als Phantasie und Täuschung. Leute, die nur in ihrem Hirn leben, kennen nur Phantomleute – nicht die wirklichen Leute, mit denen sie im Leben zusammen sind.

Die Phantasie oder der Tagtraum muss für die realen Dinge herhalten, die Leute im Leben haben könnten. Es gibt Leute, die ihr Leben lang phantasiert haben und nicht länger wissen, was real ist oder was sie sich wünschen. Es ist traurig, Leute zu sehen, die die Phantasie und das Vortäuschen akzeptieren und nie wirkliche Liebe kennen lernen, niemals eine wirkliche Herausforderung haben, niemals die wirklichen Abenteuer erleben, die sie im Leben haben könnten.

Liberty, wenn du die Leute herausfordern solltest, die in einem andauernden Tagtraum leben, und darauf hinweist, dass sie dabei sind, in einem bitteren Traum zu leben, dann weden sie tagträumen, ihn zu verändern, anstatt ihn wirklich zu verändern.«

Liberty erschauderte.

»Ja, es ist sehr beängstigend«, stimmte Estcheemah zu. »Leute, die in Phantasien leben, sind Leute, die nicht den Mut haben, Leben kennen zu lernen. Sexuelle Phantasien, religiöse Phantasien, Gesundheits- oder Arbeitsphantasien, Aufmerksamkeitsphantasien und Phantasieabenteuer sind die Ersatzillusion, die die meisten Leute als Leben akzeptieren.

Leute, die es vorziehen, die Illusion zu haben, anstatt Leben kennen zu lernen, sind nicht mehr loyal zu ihrem Selbst oder irgendeiner anderen Person. Sie werden dir etwas vormachen und niemals ehrlich sein. Der Grund dafür ist, dass sie niemals Selbst-Ehrlichkeit oder Selbst-Lernen erfahren haben, und so haben sie nie diese Art persönlichen Sieges gekostet.

Viele Leute, die ins Leben hineingeboren sind, versuchen, sich zu verstecken und vor der Wahrheit ihres Selbst wegzulaufen. Das Leben ist die größte aller Herausforderungen, die die gesamte Kreation kennt. Die meisten Leute werden bezüglich ihrer Herausforderung versagen, weil sie in Phantasien flüchten, anstatt ihr Leben zu leben.

Als eine Blumen-Soldatin von Mutter Leben wirst du diese individuelle Krankheit dein Leben lang bekämpfen. Dazu wirst du die Vorstellungskraft von Leuten nähren, denn in ihr werden sie Selbst-Macht finden. Vorstellungskraft ist anders als Phantasie, insofern, als Vorstellung die Basis für alles ist, was wirklich kreiert werden kann. Wir stellen uns vor, wie Maschinen funktionieren, wie Chemikalien zusammenwirken und wie wir unsere Lebensumstände und unsere Welt verbessern können.

Vorstellung wird erst wichtig, nachdem wir etwas durchdacht haben. Nachdem jeder Aspekt studiert worden ist, können wir uns vorstellen, wie alle getrennten Teile zusammen funktionieren können.

Vorstellung ist, Möglichkeiten bildhaft zu machen. Erinnere dich, dass Vorstellung nur funktionieren kann, wenn das Studieren vorhanden ist. Die Vorstellung bringt Leute jenseits von simplen Regeln zur Kreativität.

Du bist jetzt eine junge Blumen-Soldatin. Was du tust und wie du es tun wirst, werden deine Frage und deine Antwort für jede Aktion sein, solange du lebst.

Hab keine Angst, dir die realen Probleme, die dich heimsuchen werden, vorzustellen. Sie sind nicht die imaginierten Monster, die aus Angst und Phantasie heraus geboren sind.

Noch nie haben Phantasiemonster Leute geschädigt. Doch hat es

Millionen zerstört, über Situationen und Beziehungen zu phantasieren.

Es ist deine Aufgabe, Leuten dabei zu helfen, das Selbst zu finden, das sie sind – ihren Mut, ihr eigenes Denken, ihren Leib und ihre Vorstellungskraft.

Höre also zu. Ich pflege meine Vorstellung. Ich stelle mir vor, dass ich hier auf der geheiligten Mutter Erde erwache und staune, dass ich lebendig und Teil der Kreation bin.

Ich stelle mir vor, dass die Kreation mir einen Leib gegeben hat, den ich respektieren und lieben sollte.

Ich stelle mir vor, dass ich mit meiner physischen Existenz lernen werde, solange ich meinen Leib bewohne.

Ich stelle dir eine Frage, die du als eine Frau abwägen sollst. Wir Frauen wurden jahrhundertelang gelehrt, dass wir unserem Leib oder unserem Geist nicht trauen sollten.

Stell dir mit mir vor, wie abgefeimt und peinigend es für alle Frauen ist, eine solche Lüge gesagt zu bekommen. Wie unglaublich traurig war und ist das für Frauen!

Stell dir deinen Leib und Geist als dein Heim vor, Liberty. Was würde geschehen, wenn du deinem wunderschönen Heim misstrauen würdest? Stell dir vor, was tief in deinem Herzen und Geist geschehen würde, wenn du deinem Heim jedes Mal, wenn du es siehst, misstraust, weil du gelehrt worden bist, dass es ›weiblich‹ und ›übel‹ sei?

Würdest du dein Heim lieben? Würdest du deinem Leib trauen? Wie würdest du für einen Leib sorgen, dem Misstrauen entgegengebracht wird? Es missfällt mir, was die religiösen Fanatiker über Frauen gesagt haben. Was diese Art extremen Denkens allen Frauen antut – und wie negativ es die Männer berührt, ist ein Thema, das Psychologen über Jahre beschäftigen sollte!

Eine Hälfte der Leute wurde zum Sündenbock für alle Leute gemacht. Kannst du dir vorstellen, was in einer Frau geschieht, wenn sie angeklagt und zum Monster gemacht wird?

Wenn wir dieselben Haltungen in Bezug auf Nahrung, die wir essen, hätten, wie die Fanatiker in Bezug auf Sex, würden wir das meiste von dem, was wir essen, erbrechen.

Ganz bestimmt wird unsere Zukunft von derartiger Verrücktheit frei sein. Diese Fragen haben Schmerz in mir verursacht, aber sie haben mich auch gelehrt, mir neue Haltungen und Arten des Seins vorzustellen.

Ich stelle mir vor, dass Frauen und Männer ebenbürtig sind.

Ich stelle mir vor, dass das Leben eine Herausforderung und ein Geben ist – andernfalls würde ich die Präsenz von Leben und ihr Gleichgewicht nicht erfahren.

Ich stelle mir vor, dass Sex natürlich ist – und wunderbar sein kann.

Ich stelle mir vor, dass alle Leute in das Leben hineingeboren sind, um zu lernen und zu wachsen.

Ich stelle mir vor, dass ich mein Leben leben und meine Erfahrung und meine Existenz hinterfragen kann.

Ich stelle mir vor, dass ich helfen kann, die Bedingungen meiner Welt und meine persönlichen Lebensumstände zu verändern.

Ich stelle mir vor, dass ich der Kreation direkt zuhören kann und dass ich keinen Übersetzer benötige.

Ich stelle mir vor, dass ich ich selbst sein kann, auch in den Zeiten, wo ich durch andere Schmerz erfahre.

Ich stelle mir vor, dass ich meine eigene Autorität und meine eigene Lehrerin bin.

Ich stelle mir vor, dass alle Information von mir hinterfragt werden muss.

Ich stelle mir vor, dass ich mir selbst eine gütige Lehrerin sein kann.

Ich stelle mir vor, dass ich eine eigenverantwortliche Person bin, die andere lehrt, für unsere heilige Mutter Leben zu sorgen.

Liberty, lehre Leute, das Leben zu ehren und von Herzen gern zu haben, und sie werden den Unterschied zwischen Phantasie und wahrer Vorstellung verstehen.

Wenn Leute lernen, das Selbst zu respektieren, das sie sind, werden sie lernen, ihre verstümmelten Vorstellungen zu heilen. Tu dies und du wirst wahre Heilung kennen lernen.

Meine Lehrerin nannte diesen Stein Vorstellungskraft.«

Die Lehren der Zero Chiefs: Wehomah (Luft)

Das Medizinrad der Leibessphären

Die Art und Weise, wie unsere alten Zero Chiefs über die Zahlen und das Medizinrad dachten und wie die Zahlen auf die Leibsphären von uns Leuten bezogen sind, ist sehr erleuchtend.

Die Erdzählweise war eines der ersten Medizinräder, die unsere alten Zero Chiefs entdeckt hatten. Im Laufe der Zeit entdeckten die Tempel der Zero Chiefs, dass die heiligen Zahlenmächte der Erdzählweise eine direkte Widerspiegelung des Entwurfs und der Funktion des Leibes eines Individuums waren und ihn erst entstehen ließen.

Schau auf das Medizinrad, das zeigt, wo die Leibsphären zu finden sind.

Die Zero Chiefs teilen uns mit, dass der Leib eines Individuums erdbewusst und sonnenbewusst ist. Dieses Bewusstsein kann durch die Verwendung von Kristallen verändert und gewandelt werden, und zwar von einer geübten und disziplinierten Medizinperson.

Kristalle sind ganz besondere Edelsteine, die Mutter Erde uns Leuten gegeben hat. Medizinfrauen und Medizinmänner haben über zehntausende von Jahren Pflanzen und Kristalle benutzt, um Leute zu heilen und ins Gleichgewicht zu bringen.

Die Edelsteine können das elektromagnetische Feld des Leibes beeinflussen und Heilung bringen, denn unser Leib spricht auf die Kristallmatrix und auf Kristalllicht an. Unser Leib wurde aus dem Lichtspektrum der Erdkristalle geboren.

Kristalle sind sonnen-, erd-, lichtbewusst und vibrieren im Rhythmus mit allen anderen Kristallen unserer Mutter Welt.

Unsere Hauptleute sagen, dass die Kristalle unserer Mutter Erde auch mit Kristallen auf anderen Planeten vibrieren. Jede Planetin gibt ihnen einen Lichtgesang, der durch das elektromagnetische Feld dringt.

Mutter Erde vibriert im Einklang mit ihren Kristallen und kommuniziert mit allen anderen Planeten in unserem Sonnensystem.

Die Wissenschaft der Kristalle ist komplex und erfordert Ausbil-

Das Rad der Leibessphären

Die physischen Zentren
Die Energiezentren

Der physische Leib   *Das Herz und die Lungen*   *Die Energie, die vom*
Der Leibes-Verstand   Mut und Furcht   Leib ausstrahlt und
                                     4   den Leib umgibt
                                    10   Das Energiefeld
                            8   9

Die Gebärmutter   *Das Höhere Selbst*   *Die Genitalien*
der Frauen   Das Höhere Selbst   einer Person
Die Hoden der   2   1   Sexuelle Energie,
Männer   5   Magnetismus und
Der Wille   *Der Mund und die Kehle*   Kreativität
                            7   Die Stimme   6

Das physische Gehirn   *Das Zentrum der Stirn*
Der Gehirn-Verstand   3   einschließlich Augen,
                                                                  Ohren und Nase
                               Der Magen   Die Macht des
                               Die Emotionen   Sehens, Hörens und
                                                                  Riechens

dung und Übung. Eine Person kann die Sphären des Leibes eines Individuums nicht beeinflussen, indem sie wahllos irgendwohin auf den Leib Kristalle platziert. Vielmehr beeinflusst die geübte Person, die die Kristalle auf den Leib einer anderen Person legt, die Resultate direkt, sehr ähnlich wie ein Skalpell oder die Nadel nicht die gleiche Wirkung haben, wenn ein Neuling anstatt eines Experten sie anwendet.

Die Zero Chiefs lehrten, dass alle Kinder der Kreation ihren Entwurf und ihre Entstehung der heiligen Null verdanken. Die Gesamtheit des Lebens existiert als Teil der großen Null. Die Zero Chiefs sagen, dass die Null nicht nichts repräsentiert, sondern in Wirklichkeit alles enthält und gebiert.

Die Erstgeborene aus der heiligen Null ist die Eins, unsere Sonne. Die Zweitgeborene ist die Zwei, unsere Erde. Was sie mit alledem meinten, ist, dass alle Planeten in unserem Sonnensystem von unserer Sonne geboren wurden.

Die Sonne wurde von WahKahn und SsKwan geboren, Kreatorin und Kreator. Das vollkommene Gleichgewicht dessen, was wir als Dunkel und Licht verstehen, ist die Erste-in-Substanz-Geborene, die wir unsere Sonne nennen.

Alles, was in Substanz-Geist-Leben hineingeboren wurde, ist aus der Vollkommenheit von Dunkelheit und Licht geboren.

In Bezug auf das zentrale Thema Dunkelheit und Licht gibt es soviel Fanatismus, dass es sehr wichtig ist, das Denken unserer Ahnen diesbezüglich zu kennen.

Die Zero Chiefs dachten, dass Abwesenheit von Licht unmöglich sei, weder innerhalb noch außerhalb von Substanz. Chemisch gesehen stimmt das: An den dunkelsten Plätzen der Substanz oder des Raums existiert die chemische Übertragung von Licht.

Die Zero Chiefs betrachteten auch unsere Sonne als ein atomarchemisches Wesen. Sie nahmen Atomenergie auf folgende Weise wahr:

»Aus vollkommener Energie – WahKahn und SsKwan – wurde und wird weiterhin jegliche Substanz geboren. Energie zieht Energie an, während Substanz sich von Energie abwendet. Die Substanzdrehung und die Schwerkraft von Energie kreieren jegliche chemische Dunkelheit und Licht.«

Die Eins

Eins ist in den Leibsphären der Person die Zahl für die Genitalien von Frauen und Männern.

Die weiblichen Genitalien werden die Frauen-Blume genannt: Jede Person wird aus dem vollkommenen Gleichgewicht von Dunkel und Licht der Frauen-Blume geboren.

Das weibliche Ei und der Samen des Mannes werden »Sonne-geboren-in-der-Gebärmutter-Substanz« genannt.

Weil unser Sonnen-Mutter-Vater das perfekte Gleichgewicht von Dunkel und Licht ist, sind auch wir mit dem Gleichgewicht von Dunkel und Licht geboren.

Die Eins des Individuums, die erste Leibsphäre ist auch die wunderbare Energie und der Magnetismus sexueller Liebe.

Die Zwei

Die aus Dunkel und Licht kombinierte Energie gebiert durch die Vereinigung von Weiblich und Männlich Geist-Geist in Substanz hinein. Aufgrund der Vereinigung von Frau und Mann werden Leute im heiligen Mutterleib geformt.

Die Frau ist, wie die Mutter Erde verantwortlich, den heiligen Tempel des Lebens zu tragen, der als Gebärmutter bekannt ist, und sie ist verantwortlich für alles Leben. Die Gebärmutter ist das Zentrum, wo wir Leute entstehen.

Individuen sind Geist-Geist-Wesen, die vom Tod-Geist vermittels des Heiligen Tempels des Mutterleibes ins Leben hineingeboren sind. Mutter Erde teilt dieses Geschenk und diese Macht mit allen ihr geborenen weiblichen Wesen.

Die Zwei ist in den Leibsphären der Person für die Frauen die Gebärmutter.

Für die Männer sind die Hoden die Zahl Zwei.

Unsere Ahnen wussten, dass die Eigenschaften von Erde und Sonne in jeder Person inkorporiert sind. Zwei, die Zweite Leibsphäre, ist auch der persönliche Wille, für Frauen wie für Männer. Es gibt keinen größeren Willen auf Erden als den Willen zu kreieren und Leben zu gebären und zu leben.

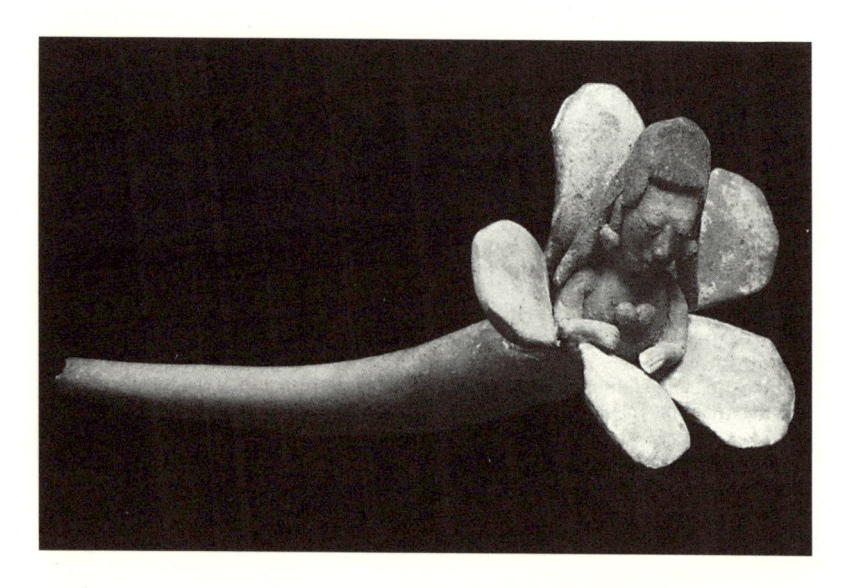

Die Drei

Drei, wie du dich von der Erdzählweise (auch genannt Kinder-Zählweise) her, erinnerst, ist die Zahl für alle Pflanzen.

Die Hauptleute beobachteten, dass alle Pflanzen die Macht besitzen, Tod – die tote Substanz von Tieren und Pflanzen – in Leben zu verwandeln. Die Pflanzen essen das, was tot ist, und verwandeln es in lebendiges Gewebe für sich selbst. Bäume wurden die »Großen Transformatoren« genannt.

Pflanzen sind Nahrung für die Leute, für alle Tiere und alle anderen Pflanzen. Pflanzen sind auch die Heiler und Heilerinnen für alle Leute, alle Tiere und anderen Pflanzen.

Die Drei der Leibsphären der Person ist der Magen.

Der Magen hat die Macht, alle Nahrung – die Tiere und Pflanzen, die wir getötet und verzehrt haben – in Leben zu verwandeln.

Die Emotionen sind ebenfalls Teil unserer dritten Sphäre. Der Magen einer Person ist das Zentrum der Emotionen.

Die Zero Chiefs fanden, dass Pflanzen die Emotionen einer Person in vielerlei Hinsicht beeinflussen. Manchmal ist dieser Effekt sehr direkt, zum Beispiel dann, wenn wir Pflanzen gegessen haben. Doch gibt es auch die tiefgründigen und subtilen Wirkungen, nämlich die Antwort jeder Person auf die Schönheit von Pflanzen und ihren Blüten. Das ist die dritte Leibsphäre.

Die Vier

Vier ist in der Erdzählweise die Zahl für alle Tiere.

Die Tiere waren die ersten Kinder des Lebens, denen physische Unabhängigkeit in Form von Herz und Lungen gegeben wurde. Nun konnten sich Tiere über die Erde, die Gewässer und die Himmel hinwegbewegen.

Die Vier der Tiere gab den Leuten ihr Herz und ihre Lungen. Das gab Leuten die Fähigkeit, im Element Luft zu leben.

Zusammen kreieren das Herz und die Lungen der Person das physische Leibeszentrum der Vier.

Auch die Energien von Mut und Angst haben die Leute von den Tieren bekommen. Die Leibsphäre des Muts ist auch das Herz.

Angst kann sowohl ein Freund als auch ein Feind sein. Angst kann eine Person für Gefahr wachmachen und Angst kann der Feind werden, wenn Leute in Panik geraten.

Die Herausforderung von Angst und Mut ist eine der schwierigsten Prüfungen, die uns Leuten bekannt sind. Angst und Mut wird jede Leibsphäre beleben oder dämpfen. Die Sphären Eins bis Drei werden augenblicklich von der Vier beeinflusst – unserem Mut und unserer Angst.

Mut oder Angst beeinflussen direkt unsere Kreativität, unsere Sexualität, unseren Willen, unser Nachgeben, unsere Emotionen und unsere Vorlieben.

Leute, die keine Selbst-Energie besitzen, sind Leute, die des Muts ermangeln.

Leute, die zulassen, dass Angst ihr Leben regiert, haben ihre Sexualität und ihre Fähigkeit nachzugeben unterdrückt.

Leute, die ihre Angst unterdrückt haben, verlieren ihre Fähigkeit, ihre Erfahrungen in Selbst-Bedeutung zu übersetzen, und werden zu Opfern ihrer Emotionen.

Tollkühnheit ist kein Mut. Leute, denen es an Selbst-Richtung und Mut mangelt, werden von ihrer Tollkühnheit getrieben. Tollkühnheit ist emotionale Unreife.

Die vierte Leibsphäre ist unser Mut und unsere Angst.

Die Fünf

Fünf ist, wie du dich von der Erdzählweise her erinnerst, die Person.

Die fünfte Sphäre des Leibes der Person ist die persönliche Stimme. Sie ist heilig.

Unsere Fähigkeit, zu sprechen, mit Leben und dem Selbst sowie mit anderen Leuten zu kommunizieren, hat Leute besonders gemacht und anders als alle anderen Kreaturen, die Mutter Leben geboren hat.

Leute haben die Fähigkeit, ein stimmliches System der Selbst-Kommunikation zu entwickeln. Uns wurde die Macht gegeben, gedachte Bilder und visuelle Bilder durch Sprache in Wortsymbole zu transformieren. Leute können das Heilige, das Tiefgründige, das Weltliche, das Unwissende und das Weise zum Ausdruck bringen.

Die Fünf hat in den Leibsphären der Person ihren Platz an der Kehle. Sie umfasst auch den Mund, die Zunge und den Gaumen.

Die Sechs

Die sechste der Leibsphären der Person umfasst unsere zwei Augen, unsere zwei Ohren und unsere zwei Nasenlöcher.
Die Sechs beeinflusst uns direkt, indem sie uns kontinuierlich Informationen darüber gibt, was in unserer Gegenwart existiert.
Durch unsere physische sechste Leibsphäre machen wir die Erfahrung dessen, was es an sichtbaren und unsichtbaren Welten zu erfahren gibt.

Die Sieben

Unsere Zero Chiefs haben auf den Unterschied zwischen dem Verstand und dem, was wir als das Gehirn kennen, hingewiesen.

Das Gehirn ist der »transaktive Erfahrungsmacher«. Dieser Ausdruck ist sehr alt und wurde von den Blumen-Soldatinnen und Blumen-Sodaten im Tempel von Baal-Hel-Atl-WahKahn benutzt.

Unser Gehirn, der transaktive Erfahrungsmacher, hält alle physischen Leibfunktionen aufrecht und speichert die gesamte Information unserer Erfahrungen.

Der Selbst-Verstand ist höher als das Gehirn und hat die Fähigkeit, den transaktiven Erfahrungsmacher zu kontrollieren.

Unser Gehirn ist Teil des Selbst-Verstandes.

Die Essenz des Selbst-Verstandes ist als Geist-Geist bekannt.

Wer Anatomie studiert, weiß, dass Licht nicht direkt in das Gehirn eintritt. Die Zäpfchen und Stäbchen der Retina im Auge werden vom Licht angeregt. Daraufhin werden die Neuronen gereizt. Die Neuronen senden elektrochemische Impulse den Sehnerv entlang zum Gehirn. Diese elektrochemischen Impulse werden dann in Bilder von Farbe und Licht übersetzt.

Es ist der Verstand, der die Bilder sieht, nicht das Gehirn. Tief innerhalb der Vollkommenheit des Selbst, innerhalb der Totalität des Leibes existiert der Verstand.

Das Gehirn ist nicht getrennt vom Leib. Dieser vollkommene Verstand wird das Selbst genannt.

Die Zero Chiefs lehrten, dass das Gehirn und der Leib nicht getrennt sind. Jedoch ist der Leib nicht ohne sein eigenes Wissen und folglich hat auch er Bewusstsein.

Sie folgerten, dass der Gehirn-Verstand Wissen hat und dass der Leib-Verstand Wissen hat. Aber was war der Unterschied zwischen den beiden? Die Antwort darauf können wir finden, wenn wir die achte Leibsphäre kennen lernen.

Die Acht

Die Acht ist in der Erdzählweise die Zahl für die Zyklen aller natürlichen Gesetze auf Erden. Diese Gesetze wirken direkt auf jede Person durch ihre achte Leibsphäre – die Gesamtheit des individuellen Leibs.

Die Zero Chiefs lehrten, dass der Leib und Zellverband Wissen besitzt – den Leib-Verstand. Jede Zelle hat ihr Wissen, ist Teil von und nimmt Teil an jeder anderen Zelle in der Gesamtheit des Leibes. Darin besteht der Leib-Verstand.

Meistens ist, während wir wach sind, der Gehirn-Verstand wach und der Leib-Verstand schläft. Während wir schlafen, schläft der Gehirn-Verstand, aber der Leib-Verstand ist wach.

Der Gehirn-Verstand und der Leib-Verstand sind nur zu besonderen Zeiten gemeinsam wach. In Momenten tiefen und machtvollen kreativen Denkens oder während Zeiten extremer Gefahr erfährt die disziplinierte Person den Wachzustand des Gehirn-Verstandes und des Leib-Verstandes zusammen.

Der Leib-Verstand spricht eine vom Gehirn-Verstand verschiedene Sprache.

Wie gesagt, dringt kein Licht oder Ton, nichts, was physisch wäre, in das Gehirn ein. Dem Gehirn-Verstand ist nur elektrochemische Energie bekannt. Alles Physische muss vom Gehirn-Verstand in das, was wir als Hitze, Licht, Ton und so fort wahrnehmen, übersetzt werden.

Der Leib-Verstand weiß, was die physische Welt ist.
Der Gehirn-Verstand kennt nur Symbole.
Das Symbol ist die Sprache des Gehirn-Verstandes.
Das Symbol ist Wissen für den Gehirn-Verstand.
Das Symbol ist Übersetzung für den Gehirn-Verstand.
Das Symbol dient dem Gehirn-Verstand als Erfahrung.
Der Leib-Verstand erfährt die physische Welt direkt und kommuniziert mit dem Gehirn-Verstand durch elektrochemische Mittel.

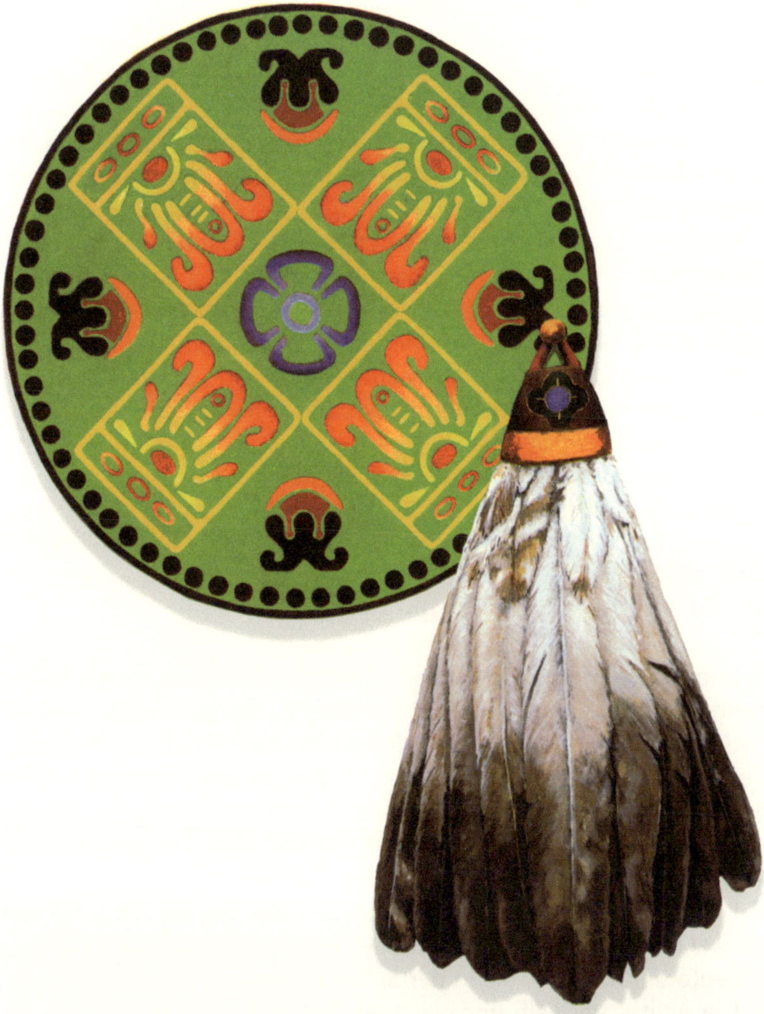

Der Gehirn-Verstand kennt Leben nur durch die elektrochemische Übertragung von Neuronen, die vom physischen Leib-Verstand veranlasst worden ist.

Die achte Leibsphäre, der Leib-Verstand, kennt Leben durch die eigene physische Existenz – den Leib.

Die Lehrerinnen und Lehrer des Tempels von Baal-Hel-Atl-Wah-Kahn sagten Folgendes: »Die gesamte Kreation wird zusammengehalten von den Energien, die das Energiefeld der Kreation umfassen. Der Leib-Verstand wird in jedem Augenblick vom Energiefeld beeinflusst. Der Leib-Verstand hat Wissen durch das umfassende Energiefeld der Kreation.«

Kinder, Poeten, Künstler, Musiker, kreative Mathematiker, wahre Philosophen, Wissenschaftler, die nach Leben suchen, Mütter, die der Kreation zuhören, und Väter, die Leben berühren – alle sind inspirierte Individuen: Diese inspirierten, kreativen Leute stehen in speziellen Momenten in Kommunikation mit ihrem Leib-Verstand und empfangen Wissen vom Energiefeld. Der Leib-Verstand spricht die Sprache des Energiefeldes.

Die siebte Leibsphäre ist der Scheitelpunkt des Kopfes.

Die achte Leibsphäre ist die Gesamtheit des Leibes.

Die Neun

Bewegung ist Energie, sowohl sichtbare als auch unsichtbare. Bewegung ist Energie und Energie ist Bewegung. Bewegung und Energie sind das Leben und alles, was kreiert wurde. Jede Person ist ein Geist-Geist-Wesen, aus reiner Energie in die Energie der Substanz hineingeboren. Das ist die physische Welt.

Alle Energien sind WahKahn und SsKwan. Alle Energien sind die Kreation und Leben.

Leute sind aus der Geist-Geist-Energie in die Energie von Licht und Dunkel hineingeboren, um Geist-Geist in der Substanz zu werden.

Leute sind Energie, die in der Substanz leben.

Die Acht – der Leib und der Leib-Verstand und alles, was in die Substanz hineingeboren wurde – wurde aus dem Energiefeld von Kreation gebildet.

Alle Wesen, die auf Erden sterben, werden durch das Energiefeld zurück in die Welt von Geist-Geist geboren.

Der Mutterleib ist der Platz, wo die reine Geist-Geist-Energie, die uns als Tod bekannt ist, und unsere Erden-Welt, bekannt als Leben, sich begegnen.

Das Energiefeld enthält den Entwurf und das Bewusstsein aller Zahlen, aller Göttinnen und Gottheiten und alles Wissens.

Das Energiefeld der Erde ist Neun und Neunzehn und enthält deshalb alle Information und alles Wissen über Geist-Geist und Substanz. Der Entwurf des Energiefelds ist ein heiliger Entwurf.

Jede Energie hat Bewusstsein. Die Energie-Information im Zentrum eines winzigen Samens oder einer Zelle hat Energie mit Bewusstsein.

Energie spricht die Sprache von Leben und Tod auf Erden. Energie wohnt allen Dingen inne und umgibt alle Dinge, die kreiert wurden, einschließlich all dem, was in Zeit und Raum je kreiert wurde. Alle Dinge, die auf Erden kreiert werden, besitzen ihre eigene Energiesphäre. Jeder Felsen, Baum, Vogel, Fisch, jede Blume oder Person besitzt eine eigene Energiesphäre. Diese Energiesphäre, die jede Person umgibt, ist einzigartig und individuell für diese Person.

Die persönliche Energiesphäre jeder Person ist die Verbindung zum großen Energiefeld, bekannt als das Leben.

Die neunte Leibsphäre der Person ist das messbare elektromagnetische Feld, das den Leib jeder Person umgibt.

Die Zehn

Die Zahl Zehn der Leibsphären ist das Höhere Selbst der Person. Das Höhere Selbst ist eine der faszinierendsten Sichtweisen, die die Zero Chiefs von Leben und Tod hatten.

Viele Jahre lang habe ich intensiv darüber nachgedacht, wie ich den Gegenstand der Zehn, das Höhere Selbst, darstellen könnte, und zwar so, dass es für eine Person, die niemals von dem Konzept gehört hat, Sinn macht. Ich suchte bei anderen Kulturen, um zu sehen, ob es dort eine Ähnlichkeit zu entdecken gäbe, die sich mit der Welt von Licht befasste. Dann entdeckte ich eines Tages die Mythen und Legenden der alten Griechen.

Trotz der Übersetzungsprobleme war es leicht zu sehen, dass die alten Griechen keine Juden, Christen oder Buddhisten waren. Erde war der Ort des Lichtes für die Griechen, genauso wie für unsere Ahnen.

Einer der ersten offiziellen Akte der frühen Christen Europas war es, die »Hölle« an einem guten sicheren Platz zu verstecken, wo sie das Konzept kontrollieren konnten. Ich erfuhr von einem Priester, dass dies auf dem Konzil von Nizäa beschlossen wurde. Bei demselben Treffen wurde auch entschieden, das Konzept der Wiedergeburt zu leugnen – das Verständnis, dass wir in Wirklichkeit viele verschiedene Leben leben.

Estcheemah hat mir vor Jahren einmal etwas erzählt, woran ich mich noch heute erinnere.

Eines Tages erwähnte sie beiläufig, dass viele der großen Legenden und Geschichten der Ahnen Europas den adligen Frauen und Männern erzählt wurden – und insbesondere den Königinnen und Königen –, um Leben und Leben nach dem Tod zu erklären.

Jahre später erst erfasste ich den Sinn, als ich auf der Hochschule die Mythen und Legenden der Europäer studierte. All diese Legenden waren von offiziellen Übersetzern späterer Jahre entstellt worden, doch hier und da gibt es Überlieferungsstränge, die von dem Originalstoff der Geschichte übrig geblieben sind und zusammengefügt werden können.

Die großen Erzählungen kombinieren sowohl Geschichte als auch Mythen und Legenden, die sehr verbreitet waren. Mit anderen Worten, die Erzählungen waren den Tempelpriesterinnen und -priestern, die Geschichte überlieferten, wohl bekannt.

Das gilt auch für alte Wappensymbole. Wenn Leute die Symbole der Wappenkunde alter Zeiten studieren, erkennen sie Greife, Kentauren und viele andere zusammengesetzte Halbwesen, die wir auch bei unseren Maya-Ahnen finden. Doch werden diese Symbole nicht einheitlich auf dieselbe Weise interpretiert.

Unsere Vorfahren in Europa und Amerika waren keine Juden oder Christen. Ihre Verwendung von Tierheraldik kann nicht durch die vereinfachende jüdisch-christliche Interpretation und Glaubensvorstellungen verstanden werden, die viele Tiere und Symbol-Kreaturen über Jahrhunderte verunglimpft haben. Zum Beispiel wurden Darstellungen von Schlangen, Stieren, Katzen und vielen fliegenden Kreaturen und Leuten zu »Dämonen« herabgewürdigt. Fliegende Leute repräsentierten für Nichtchristen nicht nur »Teufels- oder Engelswesen«. Oft waren fliegende Leute Symbole für seefahrende Völker – die frühen Ägypter, Griechen und Römer bezogen sich auf Segel als »Flügel«.

Der Wolf war in alten Zeiten das heraldische Zeichen der Nordgermanen. Der Falke und das weiße Pferd waren synonym für die alten Briten. Andere germanische Stämme wurden symbolisch dargestellt als Wildschwein, Rabe und Schwan. Die Chinesen benutzten das Symbol des Drachen, um sich selbst darzustellen.

In den Vereinigten Staaten benutzen wir das Symbol des Weißkopfseeadlers, um die Amerikaner darzustellen. Der Bär repräsentiert Russland. Im Laufe unserer vielen Kriege stelllten sich verschiedene Militäreinheiten als Adler, Schlangen, Tauben, Hunde, Katzen, Pferde und in hundert anderen heraldischen Symbolen dar, wie Bäume, Blumen, Waffen, Sterne, Mond und Sonne. Diese Symbole sind einfache Beschreibungen von Völkern und von heiligen Tempeln, die in Europa und an vielen anderen Orten auf unserer Erde existiert haben.

Während meines Studiums der Geschichte demonstrierte einer meiner Professoren, wie Symbolik verdreht worden ist. Als Beispiel zeigte er uns ein Bild von Athene und erklärte, dass sie das athenische Volk des alten Griechenland repräsentierte. Die Leute von Athen waren unter demselben Namen wie ihre Göttin bekannt. In einem anderen Bild, das er uns zeigte, war das athenische Volk symbolisch abgebildet als die Göttin, die für ihren Stadtstaat kämpfte.

Er gab uns ein anderes Beispiel, das auf einem der Mosaik-Friese des alten Rom zu sehen ist. Es zeigt, wie der Gott Dionysos die Piraten des Tyrrhenischen Meers bekämpft. Hier symbolisiert der Gott die römische Flotte, die den ganzen Mittelmeerraum regierte und die See von Piraten und Räubern säuberte. Mythen und Geschichte waren in diesem römischen Mosaik symbolisch kombiniert.

Wir wissen, so fuhr mein Professor in seiner Erklärung fort, dass ein König existierte, der sich Dionysos, d.h. »Zwilling von Zeus«, nannte. Er nahm den Namen seiner Gottheit an. So lag der Grund dafür, dass die Römer den »Gott« Dionysos in ihren eigenen Schlachtreihen abbildeten, darin, dass das Volk, das zusammen mit den Römern kämpfte, unter demselben Namen wie ihr Gott-König Dionysos bekannt war.

Die Griechen und Römer waren kenntnisreich genug, um unglaubliche Aquädukte und Gebäude zu bauen. Diese Griechen und Römer waren auch die Vorfahren des modernen Europa. Heute jedoch gibt es Leute, die glauben, dass die Römer und Griechen nicht wussten, was ihre eigenen Symbole bedeuteten. Ein Teil des Problems ist, dass die größten Entstellungen geschichtlicher Fakten daraus entstanden sind, wie Leute die Sprache interpretieren.

Was hat das mit der Welt des Lichts zu tun?

Wie unsere Blumen-Soldatin und Blumen-Soldaten nannten die Griechen sich die Hellenen, was »Lichtvolk« bedeutet.

Die Griechen lebten in Hellas, – auf Erden – mit ihrer Göttin Helena. Hell oder hel bedeutet einfach »Licht«. In der alten keltischen Sprache bedeutete hel Licht, ebenso wie das Wort »hell« noch im heutigen Deutsch existiert.

Helen war die Göttin des Lichts, Hel, Helen, Hellen, Helle und Helios sind Namen für die Göttinnen und Götter des Lichts.

Einige Namen für die Göttinnen und Götter unserer eigenen Ahnen Amerikas sind sehr ähnlich.

Beispielsweise war Wyola-Helle, die Göttin der Heide, als »Heide-Licht« in Amerika bekannt.

Ein anderer Mythos (oder »Lehr-Geschichte«) der alten Griechen hat einiges mit dem Verständnis gemeinsam, das unsere Maya-Ahnen hatten – die Legende von Persephone. Es gibt viele »offizielle« Interpretationen darüber, was diese Erzählung angeblich bedeutet. Doch das Verständnis, das unsere Ahnen hatten, half mir, tiefere Einsicht in die Bedeutung zu erlangen, die die frühen Europäer der Erzählung beigemessen haben mögen.

Persephone lebte nicht auf Erden. Vielmehr wohnte sie mit ihrer Großen Mutter Demeter in der Welt von Geist-Geist. Als sie von Hades »gefangen wurde«, kam sie auf die Erde.

Die Worte »Hades« und »Heide(kraut)« bedeuten »heidnisch«, »Erdleute« – gemeint sind die Bauern oder Erdbewohner. Die Wurzeln dieser Worte bedeuten bis auf den heutigen Tag im modernen Keltisch und Deutsch »Wiesen« und »Täler«.

Hades bedeutet nicht unterirdisch. Der »Gott« Hades wurde als die männliche Macht, als Zwilling von Mutter Erde, der weiblichen Macht, gesehen.

Als Persephone Hades (die Erde) verließ, kehrte sie zu ihrer Mutter (Demeter) zurück, was bedeutet, dass sie in die große Welt von Geist-Geist zurückkehrte, aus der sie gekommen war. Im modernen Deutsch existiert nach wie vor das Wort »die Mutter«; es ist auch wichtig, zu erkennen, dass das Wort meter »Maß« bedeutet. Demeter ist viel mehr als die Getreidegöttin der alten Griechen. Ihr Name bedeutet »die Große Geist-Geist-Mutter allen Lebens« und »das Maß«.

Die Geschichte erzählt, wie Persephone nach Helle oder Hades zu leben kommt und von der Nahrung des Tod-Lebens isst, die unsere irdische Existenz repräsentiert. Dann kehrt sie zu ihrer Geist-Geist-Mutter zurück.

Persephone symbolisiert die Person oder Persönlichkeit, die wir in jedem Leben sind. Dieser Mythos stellte dar, wie die alten Griechen die Zyklen von Tod und Wiedergeburt lehrten. In jeder Existenz sind wir zu einem Teil Geist-Geist und wohnen im Land des reinen Intellekts und Maßes – der Geist-Geist-Welt. Und zu einem anderen Teil sind wir in jeder Existenz eine Person – Geist-Geist in Substanz –, die Leben auf Erden erfährt, wo wir von Tod und Leben essen müssen, um zu leben.

Mit diesem neuen Verständnis begann ich zu erkennen, dass unsere Ahnen auch Kombinationen von Namen verwendeten, nicht nur um Völker und Geschichte zu beschreiben, sondern auch, um vielschichtigere Konzepte zu erklären.

Weil einige von uns Halbblut-Leuten amerikanisches Englisch und amerikanisches Indianisch sprechen, verstehen wir auch viele der Wurzelworte, die von den meisten Europäerinnen und Europäern vergessen wurden.

In vielen Erzählungen und Legenden wurde die Sonne oft als Tor zwischen der Erde und dem Ort der Göttinnen und Götter gesehen. Da die Sonne (und alle anderen Sterne) die Erstgeborenen der Kreation, der Großen Null, sind, ist es leicht zu verstehen, warum sie als Tor angesehen wurde – als Eingangsweg ins Leben. Folglich war es beiden Völkern der alten Amerikas und denen des frühen Europa gang und gäbe, sich die Namen von Sonne oder Feuer zu geben.

Das Wort Baalam in einer sehr alten Form der Crow-Sprache, und, nur ein bisschen anders ausgesprochen, Heaalen, bedeutet dasselbe wie Hellen im alten Keltisch-Gemanischen. Ba bedeutet »mit« oder »zu«. Aalam, Healam oder Hellen bedeutet »Licht«, was die Göttin Hellen, Helle oder Heallan ist.

Olin bedeutet in der alten Sprache der Crow, Atzeken und Maya »Licht in Bewegung«. Olin oder Hoaalin ist in einer leicht abgewandelten Aussprache Hellen oder heilig.

Shim bedeutet »schimmern/scheinen«. Shim oder Chim und Chim Baalam bedeutet »das Schimmernde Licht«, »Leuchtende Helle« oder »erscheinen«.

Das Verständnis unserer Ahnen ging dahin, dass alle Leute von

Tod/Dunkel-Licht in die Welt des Erd-Lichts und unseres Sonnen-Lichts geboren sind. Mit anderen Worten, die Leute wurden hier geboren, hinein in die Helle, das Helle Land der Erde.

So haben wir hier die Worte unserer Ahnen, die die Werte der Völker des alten Europa und Griechenland weitertragen. Wir haben auch die Worte und die Lehren unserer Hauptleute der Amerikas.

Es ist interessant, dass so viele unserer Ahnen, sowohl hier in den Amerikas als auch in der alten Welt, realisierten, dass sie von einer dunkel-lichten Geist-Geist-Welt in Helle – Hades – hineinkamen, die Welt von Licht-Dunkel, die unsere Erde ist. Und es ist gleichermaßen interessant – wie viele dieser Alten lehrten –, dass die Person, die wir jetzt gegenwärtig auf Erden sind, das Niedere Selbst ist, und dass wir mit dem Tod wieder mit unserem Höheren Selbst vereint werden.

Zehn ist Intellekt
Zehn ist Maß
Zehn ist das Höhere Selbst.

Unsere Ahnen dachten, dass, während eine Frau auf Erden lebt, ihr männlicher Zwilling ihr Höheres Selbst ist und in der Geist-Geist-Welt lebt.

Die Ahnen dachten, dass, während ein Mann auf Erden lebt, seine weibliche Zwillingheit sein Höheres Selbst ist und in der Geist-Geist-Welt lebt.

Wenn die Zero Chiefs die Zahl Zehn beschrieben, lehrten sie, dass Genie und Kreativität für diejenigen erreichbar sei, die ihre Energien mit den Energien von Leben und Maß vereinigten.

Während wir in reiner Essenz verweilen, sind wir ein Wesen, sowohl weiblich als auch männlich, vereint mit der Kreation, weil die Kreation sowohl weiblich wie männlich ist.

Wenn Leute in die Existenz hineingeboren werden, sind sie innerhalb des Selbst in Weiblich und Männlich getrennt und auf Erden als entweder Weiblich oder Männlich geboren, damit sie innerhalb der Essenz unseres Geist-Geist lernen und wachsen.

Einer der Zwillinge ist als Fünf, als Person, in die Substanz-Geist-Geist-Welt unserer Mutter Erde geboren. Die andere Zwillingheit bleibt in der Welt von reiner Geist-Geist-Energie als die Zehn. Auf diese Weise ist es uns Leuten möglich, in einem Leben als Frau und in einem anderen als Mann geboren zu werden.

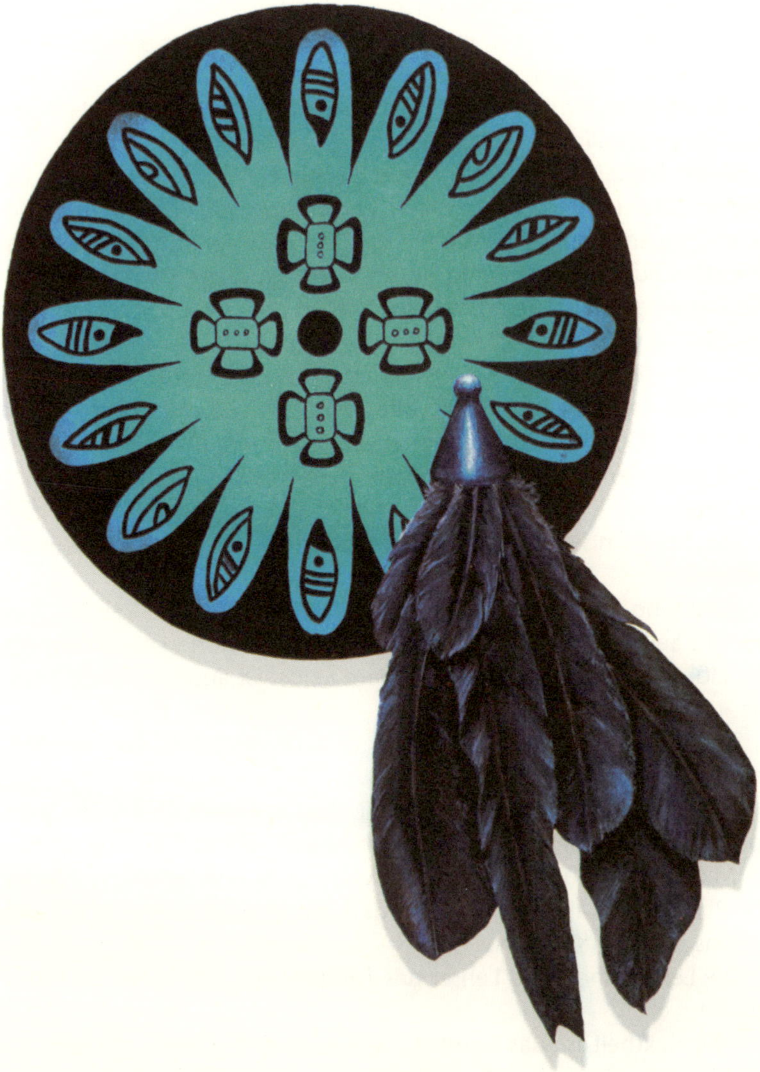

Das individuelle Selbst ist, wenn es als Geist-Geist-Essenz geeint ist, eine Göttin/Gottheit, was ganz einfach deus bedeutet – zwei oder Zwilling – und die Zwillingsnatur unserer Kreatorin, unseres Kreators und des Lebens reflektiert.

Während die Fünf, die Person in der Substanz-Geist-Geist-Welt der Erde wohnt, kann sie sich mit ihrer Zwillingsnatur nur durch Selbstenergie und Selbst-Annehmen vereinen.

Alle Männer lernen wahre Ehre kennen, wenn sie das Gleichgewicht ihrer Zwillingsnatur ehren – die Göttin in ihnen.

Wenn Frauen die Göttin Mutter Leben ehren, dann können sie beginnen, sich selbst wertzuschätzen und die Stärke zu finden, die sie als Frauen brauchen. Weil die Kreatorin Mutter von der Gesamtheit der Leute so nachhaltig entehrt und ignoriert wurde, müssen alle Frauen ausbalancieren, was so sehr aus dem Gleichgewicht geraten ist. Das wird den Frauen gelingen, wenn sie die Tatsache annehmen, dass sie lebendige Spiegelbilder unserer Kreatorin Mutter sind.

Sobald Frauen eine machtvolle spirituelle Grundlage mit ihrer Kreatorin gefunden haben, können sie beginnen, über ihr Gleichgewicht zu lernen – ihre Liebe zu ihrem Zwillingsspiegelbild, dem inneren Gott.

Die Lehrerinnen und Lehrer des Quetzal-Atl-Coatl-Atl-Tempels sagten:

»Einigung des Selbst ist die größte Heilung für eine Person. Das Höhere Selbst bringt reinen Intellekt von allen höheren Zahlen, wo das Höhere Selbst wohnt. Das Höhere Selbst ist ausgleichende Energie.«

Die Lehrerinnen und Lehrer des Quetzal-Atl-Schim-Auc-Tempels sagten:

»Das Energiefeld um den individuellen Leib (die Neun der Leibsphären der Person) wird direkt vom Mond beeinflusst (eine wichtige Macht der Neun in der Erdzählweise). Das Energiefeld verbindet die Person und alle Wesen auf Erden mit den höheren Zahlen des Lebens und der Kreation.«

Die Lehrerinnen und Lehrer des Tempels von Chim-Atl-Lan-Helan sagten:

»Verrücktheit ist das Resultat, wenn Leute in ihrem Leib und im Leben nicht präsent sind. Vollkommen vom Selbst abgeschnitten und total getrennt von der Präsenz des Selbst zu sein mündet in Verrücktheit. Leute, die verrückt geworden sind, sind getrennt von den

Energien des Lebens, und wissen nicht, wie sie sich mit der Existenz in Beziehung setzen können.«

Die Zero Chiefs der alten Zeit lehren uns, dass Zehn Intellekt und Maß ist – das Maß aller Existenz. Jede Person hat das Potenzial, Leben und Denken zu messen und Vernunft walten zu lassen, denn Kreation hat reinen Intellekt kreiert; das ist unsere Zehn.

Die Energie des Gleichgewichts ist Selbst-Weisheit.

Sich zu entfalten und hinsichtlich der Essenz ein höheres Wesen zu werden, ist die Herausforderung für jedes in der Substanz geborene Geist-Geist-Wesen.

Der reine Intellekt weiß, dass das Leben nicht lange währt. Geist-Geist fürchtet den Tod nicht. Reiner Intellekt ist Geist-Geist und todlos.

Die zentrale Macht des Medizinrades wird auch sichtbar, wenn wir das Beispiel betrachten, das wir von den frühen Griechen haben. Auf diese Weise können wir das Denken unserer Hauptleute hier in Amerika verstehen.

Alte Namen aus den Lehrgeschichten, wie Psyche (»Kreis«) und Cupido (»Kubus«) beschrieben die zentrale Kraft des Medizinrades. Der Kreis und der Kubus beschreiben die Ideen und Offenbarungen, die durch die Mathematik entdeckt wurden.

Es sollte nicht sonderlich überraschen, dass Geist-Geist und Substanz gesehen wurden, als »hätten sie sich ineinander verliebt«, wie Psyche und Cupido.

Psyche ist die wunderschöne Göttin. Sie ist der Kreis oder die Sphäre. Cupido ist der wunderschöne Gott. Er ist der Kubus oder das Quadrat.

Wie WahKahn und SsKwan ist jeder Winkel oder jede mathematische Formel aus der Sphäre und dem Kubus geboren, dem Kreis und dem Viereck. Das sind der Psyche-Kreis und der Cupido-Kubus.

Über all den Geschenken, die den Leuten durch die Mathematik gegeben wurden, wird sich der innere Wert der Medizinräder als sogar noch größer erweisen.

Es ist interessant, einige der Zahlen des Medizinrades auf das hin zu untersuchen, was sie uns sagen. Wenn wir zum Beispiel das Modell der Fünf, der Leute, nehmen, und die Zahl 5 vom Blickpunkt 5+1 betrachten, im Gegensatz zu 1+5, werden wir sehen, dass es einen unglaublichen Unterschied zwischen ihnen gibt.

Nach der Lehre der Zero Chiefs ist eine Person, sobald sie im

Selbst zentriert ist, eine »wahre Fünf«. Eine Fünf wird alle Dinge zuerst von einem eigenen Fünf-Selbst-Standpunkt aus ansehen.

Sexualität ist Eins. Es gibt Leute, die von ihrer Sexualität getrieben sind; sie ziehen die Eins der Fünf vor.

Für die zentrierte Person beginnt Sexualität jedoch mit der Fünf.

Beide Zahlen drücken sich in der Gegenwart, Sechs, aus. Aber der Zugang und das Resultat sind sehr verschieden.

Natürlich sind zwischen den Zahlen hunderte von Kombinationen möglich, aber der Einfachheit halber werden wir nur einige untersuchen.

Eine 2+5 (Wille plus Selbst) ist nicht dasselbe wie eine 5+2, eine Person, die zuerst im Selbst zentriert ist.

Die Frau oder der Mann, die bzw. der den Emotionen den Vorrang gibt, 3+5, ist keine ausgeglichene Person. Es ist besser, eine 5+3 zu sein.

Wenn die Rechnung 4+5 lautet, wird aus der Vier Angst oder Wut anstatt Mut. Es ist besser, eine 5+4 zu sein – eine Person plus Mut.

Wie du sehen kannst, ist es sehr wichtig, dem Selbst, der Fünf den Vorrang zu geben.

Die Pflanzen sind die Grundlagen des Lebens

Eine Drei ist eine Pflanze.

Eine Drei muss Licht und Erde essen, um zu leben. Licht (1) plus Erde (2) ergibt Pflanze (3).

Wenn eine Person eine Drei isst, dann nimmt sie auch Zwei, die Erdelemente, und Eins, das Licht unserer Sonne, auf.

Jede und jeder von uns ist eine Fünf, eine Person.

Wenn eine Person sich vegetarisch ernährt, dann ist diese Person eine 2+3, was 5 ergibt – Erdelemente plus Pflanzen.

Fast alle Tiere fressen Pflanzen und einige Tiere fressen Tiere.

Die Zahl Acht ist der Leib. Ein Tier (4), das ein Tier (4) frisst, wird zur Acht.

Es gibt Leute, Fünf, die Fleisch essen, Vier.

Die mathematischen Kombinationen, die 5 ergeben, sind: 4+1 =5 und 3+2 =5 und 2+2+1 =5.

Kannibalismus ist für uns nicht neu, aber er war auch im Altertum nicht so weit verbreitet, wie einige Leute zu glauben geneigt sind.

Die Zahlen können zeigen, warum. Eine 5+5 wird nicht eine Acht (Leib), so wie wenn eine Vier eine Vier frisst.
Schau die Zahlen Fünf und Vier an und sieh, was passiert. Eine Person (5) isst ein Tier (4), was Bewegung und Energie ergibt (9).
Wenn aber eine Person eine andere Person isst, dann ergibt das eine Zehn $-5 +5 = 10-$, und das ist Maß.

Ich bin sicher, dass die Kannibalen die Tragweite der Tatsache erkannten, dass sie Leute ermordeten, um Nahrung zu haben, und dies brachte ihnen augenblicklich Gewissensbisse und Maß. Das ist der Grund dafür, dass es nicht oft Kannibalismus gab. Wenn Kannibalismus unter Leuten auftritt, dann nur für eine kurze Zeit – bis das Maß wiederhergestellt ist.

Jenseits meiner Worte erstreckt sich ein weiter Kontinent des Lernens, der dich erwartet. Selbstdisziplin, Selbst-Mut, Unterscheidungsfähigkeit und Intelligenz werden deine Führer durch die Zahlen sein, die die Kreation uns gegeben und uns als unsere Herausforderung für das Selbst gezeigt hat.

Leben und Heilen

Die Besorgnis um Mutter Welt, die ich zu fühlen begann, wuchs in mir, als Estcheemah mich über mein Selbst und meine Verantwortlichkeit lehrte.

Ihr Beharren darauf, dass wir für unsere Mutter Erde sorgen müssen, bewirkte in mir, dass ich der Zerbrechlichkeit unserer Planetin gewahr wurde. Die Tatsache, dass Mutter Erde sterben könnte, machte mir großen Kummer. Darum fragte ich Estcheemah, was getan werden könne.

»Es ist nicht ungewöhnlich, arrogante und fanatische Aussagen über unsere Mutter Erde zu lesen«, hatte sie geantwortet. »In Magazinen und Zeitungen stehen oft Artikel dieser Art.

Leute vergessen, dass es ihre Mutter Erde ist, die jedes lebendige Wesen und alle Dinge, die auf ihrem Planeten leben, geboren hat. Sie glauben, dass Mutter Erde ›es nicht kapiert‹, aber wir machen natürlich alles richtig.

Diese Albernheiten können nur Feinde des Lebens glauben, Leute, die glauben, dass unsere lebendige Erde tote Materie sei.

Fanatiker haben unsere Mutter Welt ›die Mutter aller Huren‹,

›das Reich allen Übels‹, genannt und ihr tausende anderer hasserfüllter Namen gegeben. Ich denke, dass die alten Schriftsteller von Regierungen sprachen, nicht von der Erde, die ihnen ihr Leben gegeben hat. Doch wer wird heute schon für Mutter Leben Partei ergreifen?

Im Verlauf von Jahrhunderten haben all die Hassreden von Fanatikern Ekel und Abscheu für alles Erhabene und Schöne gezüchtet – für unsere wunderschöne, lebendige Erde. Und diese Art von Negativität hat auf alle Leute tiefe Wirkung ausgeübt.

Diese Angstmacherei, die behauptet, Leben und die Frau seien der Feind, hat Generationen von Leuten krank gemacht und das Denken von Millionen Leuten mit destruktiver Sprache verkrüppelt. Im Zuge dieser Einstellung hat sich die Meinung breit gemacht, dass auch das Heilen vermeintlich eine Waffe des Hasses darstelle, die gegen den Feind – das Leben – einzusetzen sei.

Wenn Leute das kleinste Jucken oder die Angst verspüren, sie könnten ein Gesundheitsproblem haben, dann rücken sie der Situation mit dem Gebrauch von Antibiotika zu Leibe. Antibiotika bedeutet ›gegen Leben‹. Diese Drogen versprechen, die ›Eindringlinge‹ zu ›zerstören‹, die vom Leib ›Besitz ergriffen‹ haben. Der ›eindringende Teil‹ wird herausgeschnitten und ausgelöscht. Dann, nach massiven Schädigungen und extremer Gewalt, die dem Leib angetan wurde, wenden die ›Experten‹ ihre ›Medikation‹ an, um die Heilung zu ›unterstützen‹. Den Leuten wird dann gesagt, dass sie ihrem Leib das Heilen überlassen sollen. Mit einem herablassenden Lächeln werden sie angewiesen, dass sie Mutter Natur erlauben sollen, ihren kleinen Beitrag zu leisten.

Der Geist-Geist des Lebens wird ignoriert, denn Geist wurde mit Alkohol gleichgesetzt oder zu noch Schlimmerem degradiert. Geist-Geist bedeutet mittlerweile »Anti-Leben« – Tod. Andere Sektierer predigen auch, dass es ›üble Geister‹ gibt, die den Leib attackieren.

Nein, wenn das Wort Natur benutzt wird, wird auf nette Art die Wahrheit unterschlagen, dass es Mutter Leben ist, die das Heilen aller ihrer Kinder bewerkstelligt.

Das Wort Antibiotika bedeutet ›gegen Leben.‹

Was wir brauchen, sind Probiotika.

Über das Lebensspendende wird selten gesprochen, denn dann müsste Mutter Leben erwähnt werden und die Rede müsste mehr beinhalten als nur eine Etikettierung. Wenn jedoch über das Leben selbst gesprochen werden müsste, wird die Diskussion abgebrochen. Mutter Leben wird in ihrer Existenz geleugnet. Leben wurde von Frauenhassern, die die Erde dafür verachten, dass sie weiblich ist, zur Feindin erklärt.

Wenn Leben zum Feind wird, welche Hoffnung gibt es dann für das Verstehen von Leben und Heilen und für uns, die als Geist-Geist-Wesen von Mutter Leben geboren worden sind? Wenn Leben zur Widersacherin gemacht wird, beginnt ein Krieg in den Herzen und im Verstand der Leute. Der Krieg beginnt zuerst im Geist, dann wirkt er auf das Herz. Die Leute, die sich hinter der kalten Sprache der Wissenschaft verstecken, erklären Leben ebenfalls nicht. Es gibt keine ›Alternative‹ zum Leben.

Probiotisches Denken heilt das herzlose Denken von Leuten, das durch Hass und Angstparolen über Mutter Leben und durch die Vorstellung, dass Mutter Leben unser Feind sei, entstanden ist. Probiotika wenden unsere Herzen und unseren Verstand der Entdeckung von Leben zu.

Wenn der Leib einer Person aus dem Gleichgewicht ist, kommt das oftmals davon, dass eine andere Art von Lebensgleichgewicht vorherrscht. Das neue Lebensgleichgewicht ist dadurch entstanden, dass der Leib sich selbst zu restabilisieren versucht.

Probiotika bewirken Symbiose. Dieses Wort bedeutet ›Leben miteinander‹; ich mag dieses Wort.

Alles im Leben ist symbiotisch, nicht ›feindlich‹. Krankheit ist eine Präsenz, die lebendig ist, weil es im Leib der Person ein Versagen des Gleichgewichts gibt. Die Antwort darauf ist nicht, alles abzutöten, sondern ins Gleichgewicht zu bringen.

Der Krieg gegen Mutter Leben ist sehr schlimm und sehr töricht.

Erd-Mutter, Mutter Leben, ist unsere Lebensspenderin. Wenn Mutter Leben im Herzen und im Geist der Leute das lebendige Wesen wird, das sie wahrlich ist, dann werden alle Leute auf Erden beginnen, die eigentlichen Gründe für ihre Existenz zu verstehen.

So viele Leute weigern sich, Mutter Leben zu sehen, denn die meisten Leute wollen für ihr Leben oder für die Leben von anderen, die ihre Erde teilen, nicht verantwortlich sein. Leute tun gern so, als könnten sie Dinge vor Mutter Leben verbergen. Sie tun gern so, als sei sie so töricht, wie sie selbst es sind. Viele Leute wollen sich durch das Leben mogeln und glauben, sie könnten ihr Narrentum vor den Augen der Kreation verbergen. Nichts kann vor der Kreation verborgen werden.

Den meisten Leuten in unserer Welt wurde beigebracht, dass die Kreation selbstgerecht, zornig, verurteilend, grausam, dumm und eifersüchtig sei – wie sie selbst. Nichts könnte weiter von der Wahrheit entfernt sein. Die Kreation kennt keine Eifersucht.

Wir nennen dieses Phänomen Ignoranz. Unsere Zukunft wird anders sein, denn eines Tages werden Leute zu fragen beginnen: ›Was ist wertvoll?‹ Wir müssen die Antworten auf diese Frage suchen.

Bevor wir beantworten können, warum wir Leute so herzlos unsere lebendige Welt zerstört haben, müssen wir einen Blick auf das werfen, was wertvoll ist.

Wenn all die Toten nach dem Zweiten Weltkrieg tot geblieben wären, dann wäre das Leben einer Person wertvoller geworden. Aber alle hatten es eilig, wieder geboren zu werden. Kannst du ihnen das verdenken? Wer will nicht leben und die Gelegenheit haben, zu erfahren, wer er ist? Leben ist eine wundervolle Erfahrung. Warum sollten sie nicht begierig darauf sein, wieder geboren zu werden?

Zweifellos denkst du, ich plädiere dafür, dass sich die Dinge ändern sollten, aber das ist es nicht, was ich sage. Leute werden Veränderungen dann herbeiführen, wenn sie sie wirklich wollen.

Wenn Milliarden gestorben sind, weil wir unsere Ozeane überfischt und unsere Erde verschmutzt haben, dann werden die Veränderungen vollzogen werden – wenn es überhaupt Überlebende gibt.

Ich denke, dass dann, wenn WahKahn, unsere Kreatorin Mutter, einst wieder von Leuten respektiert wird, ein großer Umschwung kommen wird.

Eine der ersten Gleichgewichtsbewegungen, die wir in unserem Denken brauchen, ist die, dass Frauen wichtig sind. Frauen sind Männern ebenbürtig. Ihr innerstes Wissen und Fühlen über Mutter Leben und Ihre Heilfähigkeiten zu verleugnen, ist für jede Frau ein Entehren ihrer selbst und unserer Mutter Kreation.

Jede Mutter weiß, dass Mutter Leben nah ist, wenn ihr Kind Heilung braucht.

Das Wort Heilen selbst ist weiblich. Es kommt von dem keltischen und griechischen Wort Heilin, welches wiederum das Wort für die Göttin Helena ist. Sie war die Göttin von Licht und Heilung. Heilin bedeutet ›heilen‹ und ›Göttin Licht‹. Sogar das englische Wort well (Brunnen/gesund) kommt von der Wurzel hel bzw. heilin , ›heilen‹.

Wir brauchen Gesänge von Licht und Heilen. Das Gleichgewicht muss wieder gefunden werden.

Wie können wir in unserer Zeit das Gleichgewicht wieder finden? Das ist die Frage, der sich jede Person stellen muss. Durch das Lehren und Aktivieren unseres Selbst können wir beginnen, so wie es unsere Zero Chiefs vor vielen tausend Jahren getan haben. Wir können unser geheiligtes Leben neu kennen lernen.

Zum Beispiel können wir die Pflanze kennen lernen, bevor sie zum Heilen verwendet wird. Das ist ein sehr wichtiger Schritt für uns Leute. Die Pflanze zu respektieren, die uns heilt, heißt, Leben zu respektieren. Das ist Probiotik. Unsere Zero Chiefs erkannten, dass wir Probiotika brauchen.

Ich werde dir anhand des Beispiels

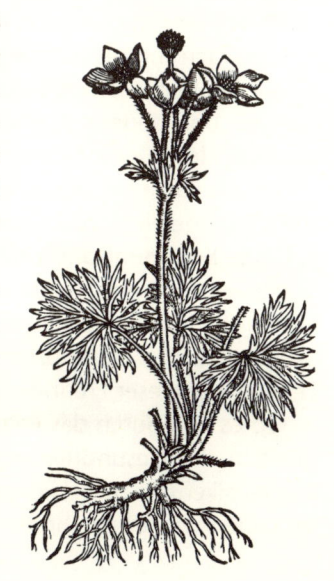

von Penicillin helfen zu verstehen, was ich mit Probiotika meine, und warum ich denke, dass wir die Heilsubstanz kennen sollten.

Penicillin ist lebendig und hat Energie und Kenntnis von dem, was die Person braucht. Wir können mit Penicillin kommunizieren, um die Hilfe zu bekommen, die wir brauchen. Nein, Penicillin spricht nicht Crow, Cheyenne, Englisch oder Deutsch; aber Penicillin hat sein Wissen direkt durch die Energien des Lebens. Mit der heilenden Substanz oder Pflanze zu sprechen ist unsere Art und Weise, mit der Pflanze durch ihre mit Leben verbundenen Energien zu kommunizieren.

Hier ist ein Gebet unserer Zero Chiefs, an das du dich erinnern kannst, wenn du es brauchst. Das Gebet wird dir auch helfen, zu verstehen, was ich dir sage. Die Medizinfrau oder der Medizinmann hielten die heilende Substanz oder das Kraut in der Hand und sagten:

›Kreation, ich berühre dein wundersames Wesen mit meiner Hand, Heilige Mutter und Heiliger Vater Erde. Ich bin so dankbar für meine irdische Existenz und meine Lebenserfahrung, die ihr mir gegeben habt. Heute befinde ich mich hier in der Gegenwart dieser Person, die mit einem Ungleichgewicht an Gesundheit zu mir gekommen ist. Mag ihre Krankheit sie möglicherweise ihrem Tod nahe bringen, so bringt sie sie auch ihrem gegenwärtigen Leben nahe.

Ich erkenne dies an und behalte es in meinem Herzen und Geist, während ich mit dir spreche, Heiliges Leben.

Wir können einen Knochen einrenken, wir können eine Wunde reinigen und bedecken, doch von da an waltet deine Anwesenheit, genannt Heilen und Leben.

Ich bitte dich mit dieser Heilpflanze, Geheiligtes Leben, dieser Person Gleichgewicht zu bringen. Sie ist zu mir gekommen, um in lebendige Kommunikation einzutreten – mit dem Selbst und mit dir.‹

War dieses Gebet gesprochen, wurde die Person ihrer Heilpflanze als einer Freundin vorgestellt. Die Person blieb dann eine Weile mit der Pflanze oder Heilsubstanz zusammen, sodass sie oder er mit dem Leben oder dieser Freundin über die Heilung sprechen konnte.

Ob es nun durch das Penicillin oder eine Gardenie ist, das Gleichgewicht der Gesundheit wird dann zu unserer krisengeschüttelten Erdbevölkerung zurückkehren, wenn wir anfangen, die heilige Mutter Leben wieder zu ehren.

Die Zwanzig Großen Lehrerinnen und Lehrer

Für diejenigen von euch, die am Studium einzelner Leute interessiert sind, folgt hier die Entdeckung unserer Zero Chiefs über die Zwanzig Großen Lehrerinnen und Lehrer des Lebens. Diese Lehrerinnen und Lehrer lehren Erfahrung.

Alle Babys sind frei geboren.
1. Wut ist unserer Erste Lehrerin.
2. Fürsorge ist unsere Zweite Lehrerin.
3. Schmerz ist unser Dritter Lehrer.
4. Das Physische ist unser Vierter Lehrer.
5. Gefühl ist unser Fünfter Lehrer.
6. Sex ist unser Sechster Lehrer.
7. Ehrlichkeit ist unsere Siebte Lehrerin.
8. Prüfung ist unsere Achte Lehrerin.
9. Sieg ist unsere Neunte Lehrerin.
10. Konfrontation ist unsere Zehnte Lehrerin.
11. Rohe Macht ist unsere Elfte Lehrerin.
12. Geist-Geist ist unser Zwölfter Lehrer.
13. Tod ist unsere Dreizehnte Lehrerin.
14. Furcht ist unsere Vierzehnte Lehrerin.
15. Niederlage ist unsere Fünfzehnte Lehrerin.
16. Einsamkeit ist unsere Sechzehnte Lehrerin.
17. Bedürfnis ist unser Siebzehnter Lehrer.
18. Suche ist unsere Achtzehnte Lehrerin.
19. Liebe ist unsere Neunzehnte Lehrerin.
20. Geduld ist unsere Zwanzigste Lehrerin.

Die Suche nach Zeremonien

Die Suche nach Zeremonien ist zweifellos eines der wichtigsten und lohnendsten Ziele, die eine Person verfolgen kann, die danach strebt, die unermessliche Realität, die wir als Leben kennen, zu berühren.

Die meisten Leute erkennen, dass sie Zeremonien und Möglichkeiten, die Kreation zu berühren, zutiefst brauchen, aber wenige Leute geben sich große Mühe, diesem Drang nachzugeben.

Dieser Drang zeigt uns unser Bedürfnis, unser Wesen wieder ins Gleichgewicht zu bringen. Dafür müssen wir erkennen, dass wir ein Teil der Kreation und dass wir lebendig sind. Wir Geist-Geist-Wesen suchen nach speziellen Wegen und Gelegenheiten, das Leben und unsere Existenz mit der Kreation zu feiern.

Es ist sehr schade, dass die meisten Leute ohne diese Zeiten der Intimität leben. Leute, die Zeremonien meiden, verwehren sich die Intimität ihres Selbst und ihres Leben – sie sehnen sich nur danach, in einer Phantasie zu leben.

Leute, die kriminell sind, niederträchtig, faul und verschlossen, meiden Selbst-Zeremonien, weil sie befürchten, ihre eigene Bösartigkeit zu entdecken.

Die Kreation ist Leben und hat absolutes Wissen. Alles, was auf Erden geschieht, ist der Kreation bekannt, und jedes lebendige Wesen, jede Kreatur ist der Kreation vertraut.

Die Kreatorin und der Kreator verurteilen Leute nicht, denn die Kreation weiß, dass Leute erst lernen müssen, was es bedeutet, selbstverantwortliche Wesen zu sein.

WahKahn und SsKwan brauchen keine geschriebenen Befehle, damit Leute über sich selbst und über das Leben lernen können. Die Gegebenheit der Existenz und des Lebens jeder Person ist für sich genommen schon Beweis genug für das Tiefgründige und Bedeutungsvolle.

Leben ist die größte Lehrerin für alle individuellen Geist-Geist-Wesen.

Nirgends in unserem Universum, nirgends in Raum oder Zeit gibt es einen wundersameren Aufenthaltsort als hier in unserem Leben. Hier bei Mutter Erde ist die Erfahrung möglich, die Lernen genannt wird – und sie ist der Grund, warum Leute leben.

Leute, die sich klarmachen, dass sie lebendig sind, wollen ihre Existenz mit persönlichen Zeremonien feiern.

Diejenigen, die die Zeremonie suchen, haben während ihrer Lebenszeit auf Mutter Erde immer die Jahreszeiten und ihre Präsenz im Blick. Wir haben unsere Medizinräder, die uns führen.

Die kleine Regenbogen-Kathedrale

Ich war der Feuerhüter, als zehn Cree und Ojibwa aus Kanada Estcheemah besuchten. Nachdem allen ein Sitz in der geräumigen Hütte angewiesen worden war, sprach Estcheemah mit ihnen über das Heilen und die Geschichte der kleinen Kathedrale, die Regenbogen-Hütte:

»Es wird soviel über Schwitzhütten geredet,« begann sie. »Aber wenige Leute kennen die Geschichte unserer Hütten.

Viele Leute auf unserer Erde haben die Schwitzhütte benutzt. Es ist keine Medizinhütte, sondern ein einfaches Bad, das manche Leute ›Sauna‹ nennen.

Im Unterschied dazu ist die Kleine Kathedrale oder Regenbogen-Hütte eine Hütte des Heilens und der Gebete.

Ich habe jede Art von Schwitzhütte und jede Art von Regenbogen-Hütte gesehen. Regenbogen-Hütten sind wie Krankenhäuser und müssen sehr rein gehalten werden. Reinlichkeit ist ein tiefer Zweck der Hütte.

Regenbogen-Hütten haben bei den Völkern von Nord- und Südamerika eine sehr lange Geschichte. Die sehr großen Gemeinschaftshütten der alten Völker des Südwestens können noch immer besichtigt werden. Chaco Canyon in New Mexico ist das beste Beispiel für diese geräumigen Zeremonienhütten.

Diese Hütten waren im Rund erbaut und aus Stein gefertigt. Sie dienten als Kivas, zeremonielle Zentren, und als Heilungshütten. Die Dächer dieser Kivas waren geschnitzt und so eingepasst, dass sie das Licht fern hielten und als Belüftung fungierten, die die Luftzirkulation aufrechterhielt.

Die großen kreisförmigen Steinräume hatten alle eine tiefe Grube, die die heißen Steine aufnehmen konnte, wenn die Kiva als Regenbogen-Hütte benutzt wurde.

Sowohl das Wasser als auch die heißen Steine wurden vom ›Himmelsdach‹ in diese Hütten hinuntergereicht, um auf die Steinhügel gelegt zu werden. Selten wurden in diesen Räumen Feuerstellen eingerichtet.

Diese Regenbogen-Hütten waren Krankenhäuser. Differenzierter und ausgedehnter Kräuter- und Pflanzenanbau für Heilzwecke war eines der Hauptziele des Hospitals von Chaco Canyon. Es war der Ort, an den du gebracht wurdest, wenn du dir ein Bein gebrochen hattest oder einen Zahn gezogen bekommen musstest. Es war auch der Ort, wo viele Babys geboren wurden.

Manche Unfälle sind sehr blutig und einige Krankheiten sind eitrig. Also wurden die großen Kivas in einer Weise gebaut, die es ermöglichte, sie sehr rein zu halten. Da Sand leicht entfernt werden kann, bestanden die Böden der Kivas vollständig aus frischem reinen Flusssand.

Diese Räume wurden sowohl für chirurgische als auch für zeremonielle Zwecke genutzt. Die Bevölkerung war nicht so zahlreich, dass die Kivas mit Kranken und Infizierten voll gewesen wären. Einen Großteil der Zeit standen die Kivas leer und so wurden sie für Meditation und Gebet genutzt.

Natürlich werden diese großen Kivas und Regenbogen-Hütten des Südwestens nicht mehr für Heilungen benutzt. In der Tat haben viele Leute ihren Verwendungszweck vollkommen vergessen.«

»Die Leute des Nordens waren Nomaden und deshalb waren ihre Regenbogen-Hütten klein und transportierbar.

Diese Hütte hier wurde, wie ihr sehen könnt, aus frischen Flussweiden gebaut. Acht (manchmal sechzehn) Weiden werden so gebogen, dass sie eine Hütte bilden, ähnlich wie diese.

Die Hütten der Nomaden waren mit Tierhäuten bedeckt. Die Haut der Regenbogen-Hütte war jedoch aus Leinwand gemacht. Ich halte meine Leinwand rein, indem ich sie mit Seife wasche und von der Sonne trocknen lasse.

Wir haben unserer Medizindecken auf die Haut dieser Hütte gelegt, um sie schön zu machen. So wird es seit hunderten von Jahren gemacht. Diese Regenbogenroben werden manchmal Dämmerung und Morgen genannt.

Im Innern unserer kleinen Medizin-Kathedrale ist das kleine Loch, das Lightningbolt in die Erde gegraben hat. Es wird Cheemahdah oder Feuerring genannt.

Die Vulkansteine, die er gesammelt und in unserem zeremoniellen Feuer erhitzt hat, werden in unsere Cheemahdah hineingelegt.

Wie viele von euch wissen, wird das zeremonielle Feuer das Kinderfeuer genannt. Der Grund dafür ist, dass es die Leute immer an Erneuerung gemahnen soll.«

Ich hatte ein speziell gebautes Paddel, genannt ›Feuerzunge‹, benutzt, das Estcheemah mich zu fertigen gelehrt hatte. Ich benutzte es genau so, wie das unsere Ahnen getan hatten, um die feurigen, glühenden Steine einen nach dem anderen in die Cheemahdah zu schaufeln.

Als ich mit meiner Arbeit fertig war, reichte ich den hölzernen Eimer hinein, den Estcheemah immer in ihren Zeremonien benutzte, dann kroch ich hinterher und setzte mich neben Estcheemah. Sie zog den Wassereimer zu sich heran und verschloss die Türöffnung.

Estcheemah begrüßte uns alle mit den Worten unserer alten Tempel-Wasserhüterinnen:

»Mögest du die Regenbögen betreten, Person. Komm herein in diese Hütte der Erneuerung und Reinigung. Morealah tanzt mit Cheemah, Wasser mit Feuer, in diesem Tempel. Ehahmah tanzt mit Wehomah, Erde mit Luft, in diesem Tempel.

WahKahn und SsKwan werden dich in ihre Decke des Anbeginns und der Zukunft hüllen. Was für Ich von der Kreation ersonnen wurde, kannst du in diesem Tempel hinter deinen Augen sehen; sei dir dessen bewusst. Habe vollen Respekt für dein Selbst und fühle die Ehre, dass die heilige Erde dir diesen Tempel der Reinigung gegeben hat.«

Estcheemah spritzte bedächtig Wasser über die Steine und die Kleine Kathedrale füllte sich schnell mit warmem Dampf.

»In den alten Tagen«, erklärte sie, »begann das Baden zuerst im Fluss oder in den Badeschalen. Tausende dieser Schalen, die überall in Amerika gefunden wurden, wurden von den Frauen für das Baden benutzt. Alte Badeschalen wurden ihrerseits benutzt, um darin Keimlinge zu ziehen.

Regenbogen-Hütten wurden nicht jeden Tag benutzt, aber jeden Tag wurde gebadet.

Regenbogen-Hütten wurden benutzt zur Reinigung. Während Reinigungs- und Heilungszeremonien wie dieser badeten die Leute zunächst in ihren zeremoniellen Wannen. Nachdem das Bad beendet war, betraten sie die Regenbogen-Hütte. Wenn die Zeremonie vollendet war, kamen die Leute zum Fluss, um zu baden, oder sie benutzen ihre Badeschalen noch einmal.

Jetzt ist es Zeit, in der Gebärmutter der Erde zu sprechen und die Kreation zu bitten, mit uns zu sein.«

Estcheemah sprengte wieder Wasser auf die heißen Steine und begann mit ihren Gebeten.

Der Dampf wurde zu einer Wolke und die Wolke wurde eine See der Entdeckungen für mich. Ich wanderte weit und ausgiebig in meinem Herzen und meinem Geist herum, während ich vom Wasser und vom Gebet gereinigt wurde.

Gelegentlich war Estcheemahs starke Stimme so jung wie eine wilde Blume, dann wiederum so alt wie die Erde selbst. Ich staunte darüber. Sie sprach und erzählte, wie Vögel durch die Luft gleiten, und sie sang über die kleinen Blumen am Bachufer. Irgendwie konnte ich durch ihre Gebete und das Singen spüren, dass Leben wirklich für uns sorgt. Sie feierte das geheiligte Selbst jeder Person, die ins Leben hineingeboren ist, und sie sang vom Mut der Selbst-Ehrlichkeit und der Macht persönlicher Verantwortlichkeit. Regenbogen von Licht bewegten sich in Wirbeln vor den Augen aller und einige weinten leise. Estcheemah saß an ihrem Küchentisch, als Liberty hereinkam. Die wunderschöne alte Frau nähte, als ob sie niemals krank gewesen wäre. Liberty hoffte, dass ihre Lehrerin stärker werden würde. Doch in Wirklichkeit hatte Estcheemah gelernt, stärker auszusehen, als sie in Wirklichkeit war. Sie schaute zu Liberty hoch, lächelte und biss einen Faden ab.

Liberty setzte sich an den Tisch und studierte das Gesicht ihrer Lehrerin. Die Augen der alten Zero Chief leuchteten mit unendlicher Herzlichkeit.

Wie war das möglich? Liberty war mehr und mehr erstaunt. Diese Frau hatte ein solch raues Leben gehabt, doch war sie nie hilflos und bitter, wie so viele andere alte Leute. Woher nahm sie ihre unermessliche Energie für soviel Liebe und Sorge? Ihr Geist war unglaublich scharf und klar. Wie war das möglich?

Liberty drückte Estcheemahs Hand, da sie nicht wusste, was sie sagen sollte, dann goss sie sich eine Tasse Kaffee ein. Sie und Lightningbolt hatten darüber gesprochen, was sie tun würden, wenn Estcheemah nicht mehr wäre. Liberty war zutiefst frustriert.

Schließlich, nach Jahren der Arbeit, wusste sie, dass sie in ihrer Ausbildung vorankam, und sie befürchtete jetzt, dass sie plötzlich zurückbleiben würde, ohne genug Selbst-Macht erworben zu haben, um erfolgreich zu sein. Das schien ihr sehr ungerecht, doch wusste sie nicht, wie sie darüber sprechen sollte. Estcheemah wusste es.

»Du möchtest wissen, wie es kommt, dass ich nach all den Jahren noch so lebendig bin?« Estcheemah hielt inne und schaute ihre Schülerin an. »Es ist eine Frage der Gerechtigkeit, Liberty.

In einem Leben werden wir die Ungerechtigkeit hinausschreien und im nächsten Leben werden wir behaupten, dass alles, was wir tun, gerecht sei.

Im Laufe der Zeit wird jede persönliche Aktion durch die Gerechtigkeit ausgeglichen. Die Gerechtigkeit antwortet Leuten über viele Leben hinweg, niemals in der Sekunde. Gerechtigkeit ist eine Frage, die die Jugend zu verstehen versucht. Das kommt daher, dass die Gerechtigkeit die Jugend hinterfragt.

Die Alten, die die Gerechtigkeit zu kompromittieren und wegzuerklären versuchen, werden gebeten, Seite an Seite mit der Gerechtigkeit zu sitzen und über ihre Zielrichtung in einem anderen Leben zu entscheiden.

Die Gerechtigkeit ist unsere Göttin des Gleichgewichts.

Unsere Göttin Gerechtigkeit kann mit der Geschwindigkeit von Licht und so weit wie die Ewigkeit sehen. Ihr Name bedeutet ›Licht‹ und ›Helligkeit‹.

Die Augen der Gerechtigkeit sind die Augen von WahKahn und SsKwan, die vollkommenen Augen der Ewigkeit.

Das Schwert der Gerechtigkeit ist Zeit und Präsenz.

Der Geist der Gerechtigkeit ist die vollkommene Vernunft der Ewigkeit und Absolutes Wissen.

Gerechtigkeit wird angesprochen als Shee-nah-meeah.

Die Shee-nah-meeah bedeutet das ›Gleichgewicht der Existenz‹ und ist das, was im Laufe der Zeit und während aller Leben, die wir gelebt haben, erfahren und gelernt wurde.

Unser Leben ist nicht sehr lang. Deshalb begreifen die meisten Leute von der Zeit nicht mehr, als es ihre unmittelbaren Lebensumstände zulassen.

Die Zeit belohnt nur Akte persönlichen Muts. Die Gerechtigkeit erkennt nur persönliche Akte von Mut.

Die Zeit bestraft Leute nicht. Leute, die kein Selbst haben oder die sich ihrer Selbstverantwortung und ihrem eigenen Wissen verweigern, sehen sich nur Chaos gegenüber und werden die Opfer der Umstände.

Das bedeutet, dass die Gerechtigkeit Leute stets jeder ihrer Schwächen aussetzen wird. Es ist das Werk von Gerechtigkeit, einen Weg für Leute zu bereiten, damit sie ihre Stärken entdecken und in ihrem Wesen wachsen können.

Eine Frau mit Mut wird zum Beispiel in ihre Zukunft blicken und studieren und ermessen, was zu tun ist. Ihr Verständnis ihres Selbst und ihrer Präsenz wird ihr den unermesslichen Mut verleihen, etwas gegen die Probleme zu tun, die sich ihr stellen.

Die Zero Chiefs lehren, dass jede Person tief in sich nach ihrem persönlichen Wissen suchen muss.
Wissen existiert jenseits von Glauben, Politik, Klatsch und Angst.
Selbst-Wissen ist ein Preis, und um ihn zu erringen und zu behalten, muss jede Person kämpfen.
Persönliches Wissen ist die Essenz dessen, wer und was wir sind. Wie du bereits durch Zeremonien und diszipliniertes Selbstlernen weißt, ist es möglich, das Selbst und unser persönliches Wissen zu erkennen.
Wenn die Person beginnt, dem Selbst zu begegnen, wird sie oder er sich in der Präsenz unserer Göttin Gerechtigkeit befinden. Diese Person wird augenblicklich realisieren, dass Gerechtigkeit persönliche Erfahrung niemals eingrenzt. Stattdessen gibt sie der Person jegliche Gelegenheit, die Essenz dessen, was sie ist, zu erfahren.
Wir Zero Chiefs lehren, dass alle Geist-Geist-Geborenen während ihres Lebens der Tatsache dessen, was sie sind, begegnen werden. Das ist ihre Essenz.
Gerechtigkeit sind nicht Gesetzesbücher und Anwälte. Gerechtigkeit heißt auch nicht zu verurteilen. Gerechtigkeit ist eine Selbstbeurteilung, die willens ist, alle Dinge im Gleichgewicht und Maß zu sehen.
Leute urteilen einfach mit ihrem persönlichen Maß. Wenn es kein Maß gibt – keine Erfahrung und kein Gleichgewicht –, dann gibt es kein Selbsturteil und keine wirkliche persönliche Gerechtigkeit.
Die Kreation wird niemals eine Person verurteilen, denn die Kreation hat bereits perfektes Wissen. Die Kreation weiß genau, warum Leute tun, was sie tun.
Gerechtigkeit ist Leben. Sie ist vertraut mit der Existenz und dem Dasein jeder Person.
Wenn es eine Gerechtigkeit gibt, Liberty, dann lass sie dein Verstehen deines Selbst sein und die Sorge um dein Selbst.
Wenn es eine Gerechtigkeit gibt, dann lass sie deine Suche nach deinem eigenen Selbst-Mut sein.
Wenn es eine Gerechtigkeit gibt, dann lass sie das sein, dass du deine größte Lehrerin wirst.
Wenn es eine Gerechtigkeit gibt, dann lass sie deinen Mut sein, Selbst-Ignoranz zu bekämpfen.
Wenn es eine Gerechtigkeit gibt, dann lass sie deinen Mut sein, eine Person mit Ehre und Selbst-Integrität zu sein.
Wenn es eine Gerechtigkeit gibt, dann lass sie deinen Mut sein, Mutter Leben und ihre Herausforderungen anzunehmen.

Wenn es eine Gerechtigkeit gibt, dann lass sie deinen Mut sein, unsere Heilige Erde zu respektieren und für sie zu sorgen.
Wenn es eine Gerechtigkeit gibt, dann lass sie deinen Mut sein, die Heilige Mutter Leben zu ehren.
Es ist also Gerechtigkeit, dass du so lebst, wie du lebst, Liberty. Was du mit deiner Lebenserfahrung in diesem Leben tust, ist deine Frage und deine Wahl.«

Der Frühling blühte, wie Estcheemah noch keinen gesehen hatte. Überall waren Nuancen von Farbe und lieblichstem Glanz, die sie zuvor nicht bemerkt hatte. Schon bei Sonnenaufgang war sie mit einem tiefen Sehnen erfüllt, um das sie niemals gewusst hatte. Estcheemah wusste augenblicklich, dass es die Geist-Geist-Welt war, die sie zu sich rief.

Die alte Zero Chief stand andachtsvoll da, als sie beobachtete, wie das Sonnenlicht die ozeanische Weite berührte. Die Sonne strahlte und glänzte wie hell gefärbte, Funken sprühende Lichtdiamanten auf jeder Welle der ozeanischen Flutbewegung. Wilde Explosionen von Silber und Gold liebkosten das Land und umtanzten spielerisch Estcheemahs Füße, während sie sich in ihren Lehnstuhl setzte, um zu denken und zu beten.

Sie schaute hinauf in das blaue Himmelsgewölbe und dann auf das Grün der Zedern. War es immer so traurig, das Leben zu verlassen? Plötzlich erhob sich aus dem Wald hinter ihr der Klang einer Milliarde Honigbienen und füllte die Luft mit ihrer Melodie der Erneuerung. Ein Lächeln berührte ihre Lippen. Sie hatte seit vielen Jahren keinen solch feinen Gesang vernommen. Sie runzelte die Stirn, sich erinnernd. Ja, das erste Mal, als sie den Klang gehört hatte, war sie etwa zehn Jahre alt gewesen.

Die machtvolle alte Zero Chief begann ergeben, ihre letzte Zeremonie zu planen. Sie hatte sich auf das Kommen dieses Tages viele Jahre vorbereitet – und jetzt hatte der Frühling die Zeit und den Ort gebracht. Jedes Detail musste mit äußerster Sorgfalt und Hingabe abgewogen werden. Diese Zeremonie würde ihre abschließende Ehrbezeigung für ihre meistgeliebte Freundin und Lehrerin, Mutter Leben, sein.

Es war Mitte April, als Estcheemah ihre Zwillinge bat, ihr eine schöne Frühlingslaube aus Zedernästen zu bauen. Sie arbeiteten schnell und geübt zusammen und bald war sie fertig.

Ihre Lehrerin hatte ausgesehen, als würde sie immer stärker, aber in Wirklichkeit war es nicht so. Estcheemah wusste, dass sie nicht mehr viele Wochen zu leben hatte.

Als die Laube fertig gestellt war, instruierte Estcheemah ihre Zwillinge, auf einen Spaziergang zu gehen und ihre Beziehung mit Leben und miteinander zu kontemplieren. »Kommt heute Abend zurück, wenn ihr lange über meine Frage nachgedacht habt«, sagte sie zu ihnen.

Als sie gegangen waren, hatte sie sich an die Arbeit gemacht und einen Feuerkreis gebaut, nicht allzu weit von ihrer Medizinlaube entfernt. Als die Sonne hinter dem Ozeanhorizont verschwand, stand Estcheemah allein in den Schatten der Dämmerung. Ihre machtvolle, doch angestrengte Stimme erhob sich empor durch den Wald und trug ihre Gebete dem ersten Flimmern des Sternenlichts entgegen.

Die machtvolle alte Frau beugte sich hinunter, um ihr letztes irdisches Feuer zu entzünden, zu Ehren des Selbst-Geist-Geists von Mutter Erde, die Schönheit. Die Flammen leuchteten hell, flachsgolden, und wirbelten Funken in die Luft, höher und höher, bis sie eins mit den Sternen wurden.

Die Zero Chief legte einen Stein in alle vier Richtungen in einem weiten Kreis um ihr Feuer herum. Sie legte einen goldenen Stein in den Osten, Cheemah zu Ehren. Ein schwarzer Stein wurde in den Westen gelegt, Ehahmah zu Ehren. Als nächstes kam ein roter Stein in den Süden, Morealah zu Ehren, und ein weißer Stein in den Norden, Wehomah zu Ehren.

Sie gab mehr und mehr Holz ins Feuer, bis es hell und heiß leuchtete. Als Liberty und Lightningbolt sich ganz in der Nähe niedersetzten, ging sie zu ihnen und stellte sich hinter sie.

»Dies wird mein letzter Tanz sein«, sagte sie zu ihnen mit einer Stimme, die alterslos klang. »Für mich ist es die abschließende Aktion meines Lebens, die ich vollbringen will. Ich warne euch jetzt davor, dass die Anstrengung dieses Tanzes mich möglicherweise noch heute Abend töten kann, oder ich sterbe morgen. Seid also nicht überrascht oder tut auch nicht so, wenn ich sterbe. Dieser Tanz ist mein Gebetstanz. Er ist so angelegt, dass er mich jenseits meiner physischen Dauer bringen wird. Es ist ein gute Art zu sterben, viel besser, als zu warten.«

Liberty war von dem, was sie hörte, wie betäubt, Lightningbolt hingegen nicht. Er hatte diese Ankündigung seit Wochen erwartet.

»Dieser Tanz gehört mir – das fordere ich«, verkündete sie und wandte ihr Gesicht dem Feuer zu. »Mein Herz schlägt schnell vor Erregung und der großen Herausforderung meiner neuen Schlacht.« Sie ging auf ihr Feuer zu und begann langsam um es herumzutanzen. »Dies ist mein Danksagungstanz für das Leben, das du mir gegeben hast, Mutter Leben.«

Lightningbolt begann, die Trommel zu schlagen, die sie ihm gereicht hatte. Sie tanzte nun am Platz, ihrem Feuer gegenüber, und drehte sich in anmutigen Bewegungen zu Lightningbolts Rhythmus. Liberty begann Estcheemahs Medizingesang für sie zu singen.

Plötzlich streute Estcheemah ein Pulver auf die heißen Kohlen. Eine unerwartete, laute Explosion barst vom Feuer hoch und schickte eine Fontäne aus Licht und Farbe in die Luft.

Lightningbolt und Liberty sprangen auf die Füße. Der Wald warf das Dröhnen als Echo zurück, während Lichtteilchen und leuchtende Funken gegen den Himmel stoben. Estcheemah tanzte ruhig weiter und begann, ihren Schal herumzuwirbeln. Ihr Haar war so weiß geworden wie die Mondin.

»Haltet Ausschau nach dem Geheimnis im Licht«, rief Estcheemah, während sie tanzte. »Haltet Ausschau nach den Feuer-Kachina-Tänzerinnen.«

Liberty hatte das Geheimnis schon gesehen, bevor Estcheemah ihnen zugerufen hatte. In genau dem Moment, als das Licht flackerte und der Wald vom Dröhnen erklang, hatte Estcheemah ihren Schal hochgeworfen und herumgewirbelt, um die Silhouette einer tanzenden Füchsin mit dem Schal zu zeichnen.

Die Medizinfrau tanzte weiter und warf noch mehr Pulver in ihr Feuer. Das Licht zerbarst in alle Regenbogenfarben. Wieder wirbelte Estcheemah ihren Schal und warf ihn gekonnt in die Luft, sodass die Silhouette eines fliegenden Vogels entstand.

Plötzlich konnte auch Lightningbolt das Geheimnis sehen. Als er Estcheemahs Schal die Form eines Delphins annehmen sah, der in den gleißenden Lichtern sprang, war er vor Überraschung und Freude sprachlos. Er beobachtete nun fasziniert, wie Estcheemah eine weitere Form kreierte, diesmal ein Adlerweibchen.

Während Estcheemah diese Medizinschatten von Licht kreierte, tanzte sie anmutig und verwob ihre Schritte mit dem Feuer. Sie fuhr fort, mit ihren Schals Gestalt um Gestalt zu formen – es schien kein Ende zu nehmen. Sie ehrte und feierte die vielen Wesen von Mutter

Erde, die ihr ganzes Leben hindurch ihre Führer und Lehrer gewesen waren.

Je länger sie aber tanzte, desto mehr wuchsen die Spannungen in Lightningbolt und Liberty. Plötzlich wurde ihnen die volle Wahrheit bewusst – sie würde diesen Tanz nicht überleben.

Während die Schönheit, die sie sahen, sie faszinierte und ihre Augen bezauberte, spalteten neue, weiß glühende Klangexplosionen die Nacht, erschütterten ihre Emotionen und brachten sie an die Schwelle des Weinens.

»Disziplin!«, rief Estcheemah, sie klang außer Atem. »Dies ist mein Todestanz, nicht eurer. Seid stark!« Schließlich, nachdem sie eine Ewigkeit getanzt zu haben schien, verlangsamte Estcheemah ihre Schritte, dann setzte sie sich geschmeidig auf ihre Decke nahe beim Feuer.

Nun kehrten das Schweigen und das Dunkel der Nacht zurück. Lightningbolt war so erschüttert von der Erfahrung, dass er nur mit Unbeweglichkeit reagieren konnte. Das Feuer war zu sanft glimmender Glutasche zusammengefallen, die Estcheemahs weißes Haar erleuchtete.

Libertys Augen hatten sich mit Tränen gefüllt, aber sie war entschlossen, nicht zu weinen.

Die Mondin begann eben die Spitzen der höchsten Zedern und die lichten Wolken zu beleuchten, die sie verborgen hatten. Liberty lächelte, als sie Regentopfen ihr Gesicht berühren spürte. Die Mondin glühte hell und enthüllte bergige Täler himmelsgeborener Wolken. Ein sanfter Regen erschien wie ein Nebel in den Zedern. Die Wolke aus Regen und Mondlicht rollte über das Land und durch die Zedern und kleidete Estcheemah in einen Schal von Regen und Mondlicht. Die Tränen der alten Zero Chief flossen mit denen des Regens zusammen und sie lächelte.

Die Zero Chiefs hatten immer gesagt, dass Regen die Antwort von Mutter Leben auf ein Gebet ist. Regen brachte Wechsel und stetige Erneuerung.

In jedem Augenblick, den Lightningbolt Estcheemah gekannt hatte, war sie eine Überraschung gewesen. Er hatte noch nie eine Person getroffen, die so herzlich und doch so selbstmächtig und willensstark war wie seine Lehrerin. Ihre Geduld war Ehrfurcht gebietend, und ihre persönliche Stärke war enorm. Doch dieser Ausdruck von Selbst-Bestimmtheit und Macht, dessen Zeuge er eben geworden war, erstaunte ihn und ließ ihn stumm vor Verwunderung zurück.

Sie ist wahrhaft edel, dachte Liberty. Eine Blumen-Soldatin bis zu ihrem allerletzten Moment! Ich will auch so bestimmt und stark sein.

Der Regen hielt inne, so plötzlich, wie er begonnen hatte, und brachte eine absolute Stille.

Dann, nach einer Weile, sagte Estcheemah sanft: »Kommt, setzt euch zu mir an mein Feuer.« Ihre Stimme war angestrengt, aber ungewöhnlich klar. Liberty sprang unverzüglich auf, eilte zu Estcheemah und setzte sich neben sie. Lightningbolt folgte schnell und setzte sich auf die andere Seite.

»Ich habe diesen Tanz außerhalb einer Kiva gesehen, vor über vierzig Jahren«, erklärte Estcheemah. »Ich war jung. Ich träumte, dass ich eines Tages auch mit dem Feuer-Regenbogen tanzen könnte.« Sie war einen Augenblick lang ruhig und erlaubte sich, wieder zu Atem zu kommen. »Es dauerte viele Jahre, um die Pulver zu sammeln, die jetzt Teil eures Feuer-Regenbogens geworden sind. Erinnert euch an die Farben des Feuer-Regenbogens, wenn ihr die Kranken heilt.

Jetzt werde ich sterben. Wie schön wird das sein.« Sie faltete ihre Hände. »Es ist meine Zeit, Mutter Leben zu verlassen. Weil ich so alt bin, kann nur der Tod mich noch trösten. Ich wünsche mir, zur Energie-Essenz und zum Geist-Geist zurückzukehren. Ihr beide habt die Gelegenheit, mit meiner machtvollsten Schülerin, Sky River, weiterzuarbeiten. Sie ist eine sehr engagierte Heilerin und Lehrerin. Doch ihr werdet eure eigenen starken Selbst-Lehrer sein müssen, um als Blumen-Soldatin und -Soldat zu überdauern.

Ich bitte euch, Liberty und Lightningbolt, eurer Vernunft zu trauen und eure Jahreszeit zu kontemplieren. Ich gebe euch diese goldenen Blätter.« Sie hob zwei Blätter auf und reichte sie ihren Lehrlingen.

»Diese kleinen Blätter erschüttern mich mit ihrer direkten Frage nach Leben und Tod.

Als Rosen-Soldatin werde ich mich bald einhüllen in die Roben der Jahreszeit. – Die Jahreszeiten waren die ewige Entfaltung meines Geistes. Ich bitte euch, für die Heilige Rose zu sorgen. Ihr werdet ihre Samen sein, die vom Erdwind weggetragen werden. Aber ihr müsst eurem Leben eine Richtung geben, oder es werden keine Samen von Gedanken da sein.

In meinen Händen liegt jede Wahl und jede Entscheidung, die ich in meinem Leben getroffen habe. Ich nenne sie die Blätter meiner Existenz.

Die vielen Blätter, die ich gewesen bin, sind meine vielen Erfahrungen. Ich halte in meiner Hand die Blätter, die ich gewesen bin. Jeder Fehler und jeder Sieg haben mich gelehrt. Meine Blätter wurden mit Sorgfalt und Schönheit kreiert. Meine Blätter hingen an meinem wachsenden Baum der Blüte.

Die Konsequenz eines weiteren Tages zieht vorüber mit den Worten, die ich gesagt habe. Wer besitzt wirklich die eigenen Blätter der Erfahrung? Werdet ihr die Verantwortung übernehmen für euer eigenes Leben?

Die Blättertür zu sehen und zu schätzen heißt, präsent zu sein im Leben und Selbstdenken. Der Mut öffnet die Blättertür. Die durch die Blättertür gehen, können Sieg erfahren.«

Estcheemahs Erschöpfung wurde offensichtlich und sie legte sich nieder, geschwächt von ihrem Tanz. Lightningbolt trug die alte Medizinhauptfrau schließlich zurück zu ihrem Heim.

Dies war Estcheemahs letzte Zeremonie. Innerhalb von Tagen begann sie, in sich selbst zu verschwinden und Teil einer anderen Existenz zu werden.

Vier Wochen später starb die Zero Chief, die Blumen-Soldatin.

Ihr Wille war ungebrochen. Sie wurde unverzüglich eingeäschert. Robert erbte ihren Besitz.

Ihre letzte Bitte war, dass Lightningbolt und Liberty ihre Asche »Mutter Ozean zurückgeben« sollten.

Achtzig Feuer glühten und brannten in einem weiten Kreis, der für Estcheemah angelegt worden war. Viele Leute kamen aus hunderten Meilen im Umkreis. Es wurde weder geklatscht noch geredet. Robert und elf andere Leute, die Lightningbolt nicht kannte, führten den Vorsitz über die Zeremonie.

Während der Zeremonie wurden wenige Worte gesprochen. Das deutlichste Geräusch war stilles Weinen.

Lightningbolt und Liberty wurden größtenteils ignoriert, denn viele der anwesenden Leute waren alt und hatten sie nie kennen gelernt. Sky River blieb diskret. Nur für einen kurzen Moment erschien sie, berührte Lightningbolt und Liberty an der Stirn und verschwand.

Den Rest der Zeit saßen sie allein, getrennt von Estcheemahs Verwandten und den Trauernden.

Lightningbolt und Liberty behielten Estcheemahs »irdische Schätze«. Bevor sie starb, hatte sie ihnen Instruktionen gegeben, was mit ihren Medizingegenständen zu tun sei. Liberty hielt liebevoll Estcheemahs Pfeife in ihrem Schoß und Lightningbolt ihr »Bündel der Geheimnisse«.

Allein standen sie vor dem Sonnenuntergang und beteten zur See, dann stießen sie ihr Boot ab, hinaus in die Brandung. Gemeinsam paddelten sie den kleinen Kahn aufs offene Wasser. Keine Tränen kamen mehr und keine Worte, als sie Estcheemahs Besitz im Ozean verschwinden sahen. Das sanfte Gefühl der Dünung, die ihr Schiff schaukelte, gab ihnen irgendwie Trost.

»Tu es«, sagte Liberty. Lightningbolts Augen füllten sich mit Tränen, als er die Urne mit Estcheemahs Asche hochhob, um sie in die Flut zu streuen. Versehentlich glitt seine Hand ab, und er ließ die Urne fallen. Er griff nach ihr, aber sie taumelte außerhalb seiner Reichweite in die Tiefe. Als das Boot den Strand bei Estcheemahs Heim berührte, sprang Lightningbolt aus dem Boot.

Liberty schaute langsam umher. »Estcheemah!«, rief sie den Bäumen zu. »Wir werden unseren Kreis einrichten.«

»Wir werden unser Selbst und Mutter Leben ehren, Estcheemah!«, sagte Lightningbolt mit Bestimmtheit und Stolz.

Bildnachweis und Abbildungslegenden

Die Farbtafeln

Alle Medizingürtel wurden von Hyemeyohsts Storm entworfen und von Red Wolf, Willow LaLand und Black Wolf gezeichnet. Alle Illustrationen mit Ausnahme der Farbtafel 7 wurden vom Autor entworfen und unter der Anleitung von Art Director Red Wolf/John McKeithen vom jeweils angegebenen Künstler ausgeführt; Farbtafel 7 wurde von Red Wolf entworfen.

Farbtafel 1 (Seite 19) – Venus-Medizinschild: Entwurf H. Storm, Ausführung Black Wolf
Farbtafel 2 (Seite 23) – Ursprungsschild: Entwurf H. Storm, Ausführung Red Wolf
Farbtafel 3 (Seite 27) – Sonnen-Schild: Entwurf H. Storm, Ausführung Willow LaLand
Farbtafel 4 (Seite 31) – Spinnenfrau-Schild: Entwurf H. Storm, Ausführung Willow LaLand
Farbtafel 5 (Seite 100) – Blitz-Schild: Entwurf H. Storm, Ausführung Raven Prismon
Farbtafel 6 (Seite 105) – Erneuerungsschild: Entwurf H. Storm, Ausführung Red Wolf
Farbtafel 7 (Seite 149) – Maya-Bild der zwei Erdhemisphären: Entwurf und Ausführung Red Wolf
Farbtafel 8 (Seite 481) – Mond-Schild: Entwurf H. Storm, Ausführung Willow LaLand
Farbtafel 9 (Seite 485) – Gras-Schild: Entwurf H. Storm, Ausführung Black Wolf
Farbtafel 10 (Seite 493) – Der Gesetzeskreis: Entwurf H. Storm, Ausführung Black Wolf
Farbtafel 11 (Seite 533) – Pfeil-Schild: Entwurf H. Storm, Ausführung Willow LaLand
Farbtafel 12 (Seite 544) – Leute-Schild: Entwurf H. Storm, Ausführung Red Wolf
Farbtafel 13 (Seite 609) – Mutter-der-Pflanzen-Schild: Entwurf H. Storm, Ausführung Black Wolf
Farbtafel 14 (S. 617) – Der Null-Schild: Entwurf H. Storm, Ausführung Red Wolf

Bildnachweis

Seite 37 – Little-Big-Horn-Berge: Foto Bill Rautio
Seite 53 – Bergkiefern: Foto David Muench/David Muench Photography
Seite 57 – Mutter Erde vom Mond aus gesehen: Entwurf H. Storm, Ausführung Red Wolf
Seite 68 – Alter Pawnee-Medizinschild: Field-Museum of National History (A 109070)
Seite 73 – Alte indianische Rassel: mit freundlicher Genehmigung des Department of Library Services, American Museum of Natural History (2A-13764)
Seite 74 – Federn: Entwurf H. Storm, Ausführung Black Wolf
Seite 77 – Alter Crow-Schild: Field Museum of National History (A 111350)
Seite 80 – Schneeflocke unter dem Mikroskop: mit freundlicher Genehmigung des Department of Library Services, American Museum of Natural History (2A-3028)
Seite 85 – Stein in Hufeisenform: Illustration Red Wolf
Seite 91 – Revolver, indianische Decken und Gürtel: Foto Sigrund Yeilding
Seite 96 – Altes Indianermesser: Entwurf H. Storm, Ausführung Red Wolf
Seite 121 – Indianermädchen: Foto Dennis Sanders
Seite 126 – Spielplatz der Nordcheyenne: Foto Joseph Farber/Georges Borchardt, Inc.
Seite 140 – Sänger von Spring Creek: Foto Don Doll, s. J.
Seite 141 – Indianische Decken, Trommeln und ein Cowboyhut: Foto Sigrund Yeilding
Seite 151 – Estcheemahs Medizinpfeife: Entwurf H. Storm, Ausführung Red Wolf
Seite 153 – Mandan-Pfeife: Joslyn Art Museum, Omaha/Nebraska
Seite 155 – »Dakota«-Pfeife: Joslyn Art Museum, Omaha/Nebraska
Seite 156 – Einfache Pfeife: mit freundlicher Genehmigung des Department of Library Services, American Museum of Natural History (332742)

Seite 161 – Alte Indianerin: Foto Joseph Farber/Georges Borchardt, Inc.
Seite 169 – Amerikanischer Ureinwohner vor einem Regierungsgebäude: Foto Randall A. Wagner
Seite 171 – Indianerjunge an einem Zaun: Foto Howard Rainer
Seite 179 rechts – Sonnen-Kachina: Illustration Red Wolf
Seite 179 links – Gehörnte Kachina: Illustration Red Wolf
Seite 180 – Lanze: Bibliothek des American Museum of Natural History (336169)
Seite 182 – Bogen und Pfeile: mit freundlicher Genehmigung des Department of Library Services, American Museum of Natural History (2A-13791)
Seite 191 – Rehkitze: Foto Les Blacklock
Seite 236 – Zwei Indianer zu Pferde: mit freundlicher Genehmigung des National Museum of the American Indian/Smithsonian Institution (3566)
Seite 239 – Indianerin beim Fischeräuchern: mit freundlicher Genehmigung des National Museum of the American Indian/Smithsonian Institution (36879)
Seite 242/243 – Sioux-Indianer bei der Rationsausgabe: mit freundlicher Genehmigung des National Museum of the American Indian/Smithsonian Institution (27587)
Seite 246 – Medizinschild von Sonne und Mond: Entwurf H. Storm, Ausführung Snow Bayley
Seite 246 – Medizinschild der Wilden Blumen: Entwurf H. Storm, Ausführung Red Wolf
Seite 247 – Medizinschild der Blitzrose: Entwurf H. Storm, Ausführung Red Wolf
Seite 247 – Medizinschild der Zählenden Hände: Entwurf H. Storm, Ausführung Snow Bayley und Red Wolf
Seite 249 – Beim Büffelbeerenpflücken: mit freundlicher Genehmigung des Department of Library Services, American Museum of Natural History (317351)
Seite 251 – Crow – Blume des Wigwam: mit freundlicher Genehmigung des Department of Library Services, American Museum of Natural History (316852)
Seite 256 – Das Rad der Mathematik: Entwurf H. Storm, Ausführung Ocean Rose
Seite 257 – Das Alte Rad oder Maya-Zählrad: Entwurf H. Storm, Ausführung Ocean Rose

Seite 258 – Rad mit einem Baby im Zentrum: Entwurf H. Storm, Ausführung Snow Bayley

Seite 259 – Maya-Figuren mit der Null und dem Pi-Symbol: Entwurf H. Storm, Ausführung Snow Bayley

Seite 263 – Die Erde: Foto Kevin Kelley/World Perspectives

Seite 266 – Das Rad der Kinder-Erdzählweise: Entwurf H. Storm, Ausführung Ocean Rose

Seite 270 – Das Rad der Erdzählweise: Entwurf H. Storm, Ausführung Ocean Rose

Seite 271 – Das Rad der Elemente/Schönheit: Entwurf H. Storm, Ausführung Ocean Rose

Seite 273 – Das Rad der Mächte der Vier Richtungen: Entwurf H. Storm, Ausführung Ocean Rose

Seite 274 – Das Rad der Vier Mächte des individuellen Selbst: Entwurf H. Storm, Ausführung Ocean Rose

Seite 276 – Fliegender Spatz: Foto Russell C. Hamser/Peter Arnold, Inc.

Seite 288 – Tänzer der Sonnentanzträumer-Hütte: mit freundlicher Genehmigung des Wyoming State Museum

Seite 294 – Blackfoot-Tänzer: Foto Dennis Sanders

Seite 299 – Indianerin mit Feder: Foto Howard Rainer

Seite 300/301 – Tänzer der Sonnentanzträumer-Hütte: mit freundlicher Genehmigung des National Museum of the American Indian/Smithsonian Institution (21977)

Seite 304 – Steinwand: Foto Sam Smith

Seite 309 – Reservatskinder: Foto Dennis Sanders

Seite 341 – Mond über dem Wasser: Foto Lionel Atwill/Peter Arnold, Inc.

Seite 345 – Waschbär: mit freundlicher Genehmigung des Department of Library Services, American Museum of Natural History (336664)

Seite 350 – Schild der Wilden Blumen: Entwurf H. Storm, Ausführung Red Wolf

Seite 353 – Schild von Sonne und Mond: Entwurf H. Storm, Ausführung Snow Bayley

Seite 356 – Schild der Zählenden Hände: Entwurf H. Storm, Ausführung Snow Bayley und Red Wolf

Seite 359 – Schild der Blitzrose: Entwurf H. Storm, Ausführung Red Wolf

Seite 367 – Helm: Illustration Black Wolf
Seite 373 – Präriefalke: Foto Stephen Krasemann/DRK Photos
Seite 383 – Maya-Figur: Illustration Ocean Rose
Seite 385 – Geburt einer Stadt: Entwurf H. Storm, Ausführung Ocean Rose
Seite 386 – Die Maya-Stätten auf der Halbinsel Yucatán: Karte Laura Hartman Maestro
Seite 387 – Maya-Relief: aus »American Indian Design and Decoration« von Ley Roy Appleton, Abdruck mit freundlicher Genehmigung von Dover Books
Seite 389 – Steinkopf eines Maya-Häuptlings: Illustration Red Wolf
Seite 392 – Kriegerzeichnung: mit freundlicher Genehmigung des Department of Library Services, American Museum of Natural History (118147)
Seite 393 – Maya-Prozession: mit freundlicher Genehmigung des Department of Library Services, American Museum of Natural History (118148)
Seite 398 – Maya-Steinskulptur: Foto Justin Kerr
Seite 401 – Die Migrationen der Indianerstämme aus Zentralamerika in den Norden: Karte Laura Hartman Maestro
Seite 402 – Maya-Hauptfrau: Illustration Red Wolf
Seite 403 – Maya-Zeichnung: Foto Ian Graham, © 1977 The President and Fellows of Harvard College
Seite 404/405 – Kiva im Chaco Canyon: Foto Swan Storm
Seite 408 – Pyramide: Foto Maximilien Bruggmann
Seite 409 – Gesamtansicht von Pueblo Bonito: Foto David Muench/David Muench Photography
Seite 411 – Wikingerschiff: Illustration Red Wolf
Seite 414 – Rad mit zwei Wächtern: Illustration Snow Bayley und Red Wolf
Seite 418 – Spinne, die Kreatorin: Jeff Briley, State Museum of History, Oklahoma Historical Society
Seite 419 – Aztekischer Kriegsgott: mit freundlicher Genehmigung des Department of Library Services, American Museum of Natural History (332105)
Seite 421 – Drei Maya-Figuren: mit freundlicher Genehmigung des Department of Library Services, American Museum of Natural History (329235)

Seite 422 – Steinrelief eines Maya-Heers: Peabody Museum, Harvard University, Foto © 1985 The President and Fellows of Harvard College

Seite 424 – Bienen-Kriegerinnen mit Kachinas: Illustration Red Wolf

Seite 425 – Kachinas von Krieger und Kriegerin: Illustration Red Wolf

Seite 428 – Das Rad der Fünf Regeln einer Soldatin und eines Soldaten: Illustration Ocean Rose

Seite 433 – Relief: »Stachlige Weinrebe durch die Zunge«: Foto Justin Kerr

Seite 441 – Torbogen zum Innenhof in Uxmal: mit freundlicher Genehmigung des Department of Library Services, American Museum of Natural History (117492)

Seite 455 – Alte Frau: mit freundlicher Genehmigung des Department of Library Services, American Museum of Natural History (316973)

Seite 465 – Erdwächter und Erdgöttin: Illustration Ocean Rose und Snow Bayley

Seite 470 – Luchsweibchen mit Jungem: Foto Alan und Sandy Carey

Seite 471 – Zwei Wölfe: Foto Karen G. Hollett

Seite 472 – Tipi: mit freundlicher Genehmigung des Cheyenne Visitors Council

Seite 482 – Eine Wanderarbeiterin beim Wurzelnsammeln: mit freundlicher Genehmigung des Department of Library Services, American Museum of Natural History (335549)

Seite 487 – Alte Hände: Foto Ruth und Louis Kirk

Seite 488 – Alte Frau: Foto Ruth und Louis Kirk

Seite 497 – Rad der Masken von Mädchen/Junge/Frau/Mann: Illustration Ocean Rose und Raven Prismon

Seite 512 – Das Rad des Gesetzeskreises: Illustration Ocean Rose

Seite 513 – Weiblicher und männlicher Maya-Chief: Illustration Red Wolf

Seite 516 links – Kwaquiutal-Zwillings-Chiefs: mit freundlicher Genehmigung des Royal British Columbia Museum, Victoria/ British Columbia

Seite 516 rechts – Indianische Zwillings-Chiefs: mit freundlicher Genehmigung des Department of Library Services, American Museum of Natural History (317333)

Seite 517 – Maya-Pyramide: mit freundlicher Genehmigung des Department of Library Services, American Museum of Natural History (330211)
Seite 518 – Tipi: Foto Dennis Sanders
Seite 521 – Indianerin mit Baby: mit freundlicher Genehmigung des Department of Library Services, American Museum of Natural History (316892)
Seite 527 – Maya-Skulptur: mit freundlicher Genehmigung des Department of Library Services, American Museum of Natural History (325620)
Seite 536 – Alter Totem: Foto Ruth und Louis Kirk
Seite 540 – Haida-Wasservogel: Illustration Willow LaLand
Seite 550 – Liberty mit Bögen: Entwurf H. Storm, Ausführung Ocean Rose
Seite 552 – Das Perspektivrad: Illustration Ocean Rose
Seite 566 – Maya-Frau in Großem Rad: Entwurf H. Storm, Ausführung Red Wolf
Seite 569 – Sturmumtoste Küste: Foto Ruth und Louis Kirk
Seite 577 – Gewitter: Foto Thomas H. Ives
Seite 581 – Maya-Priesterinnen der Zahlen: Illustration Snow Bayley
Seite 583 – Haida-Aale: Illustration Willow LaLand
Seite 586 – Rotfuchs: Foto John Daniels/Ardea London Ltd.
Seite 591 – Haida-Wal: Illustration Willow LaLand
Seite 603 – Das Rad der Leibessphären: Illustration Ocean Rose
Seite 604 – Maya-Skulptur eines jungen Mädchens, das aus einer Blume geboren wird: mit freundlicher Genehmigung des National Museum of the American Indian/Smithsonian Institution (24/ 451 A)
Seite 622–627 – Heilpflanzenillustrationen aus »Dover Plant and Floral Woodcuts«, mit freundlicher Genehmigung von Dover Books
Seite 629 – Pueblo Bonito: Foto Swan Storm
Seite 632 – Regenbogen-Hütte: Foto Sigrund Yeilding
Seite 635 – Flussweiden: Foto Sigrund Yeilding
Seite 645 – Heulender Wolf: Lynn und Donna Rodgers

Sandra Ingerman
Auf der Suche nach der verlorenen Seele
Der schamanische Weg zur inneren Ganzheit

Traumatische Erlebnisse führen aus schamanischer Sicht zum Verlust von Teilen der Seele. Der ›zurückgelassene‹ Mensch fühlt sich unvollständig und vom Leben abgeschnitten. Sandra Ingerman hat die alte schamanische Heiltechnik der Seelenrückholung wiederentdeckt und durch moderne psychologische Erkenntnisse bereichert.

256 Seiten, gebunden, ISBN 3-7205-2019-6

Tom Cowan
Schamanismus
Eine Einführung in die tägliche Praxis

Tom Cowan zeigt, wie Menschen der heutigen Zeit eine persönliche spirituelle Lebensweise entwickeln können, indem sie Elemente des Schamanismus mit überlieferten Traditionen und bestehenden religiösen Verpflichtungen verbinden.

251 Seiten, kartoniert, ISBN 3-7205-1977-5

Michael Harner
Der Weg des Schamanen
Das praktische Grundlagenwerk zum Schamanismus
Erweiterte und aktualisierte Neuauflage

Dieses klassische Nachschlagewerk, ergänzt und aktualisiert, enthält alle grundlegenden Informationen zum Schamanismus: Was er bedeutet, woher er kommt und wie schamanische Techniken für ein bewussteres und gesünderes Leben genutzt werden können.
Ein praktisch orientiertes Buch – auch für alle geeignet, die sich erstmals mit Schamanismus beschäftigen.

240 Seiten, Festeinband, ISBN 3-7205-2091-9

ARISTON

HEYNE BÜCHER

W. & K. Gear

Die großangelegte Saga über die Frühgeschichte der Ureinwohner Nordamerikas.

»... ein Lesevergnügen ersten Ranges.« OBSERVER

Im Zeichen des Wolfes
01/8796

Das Volk des Feuers
01/9084

Das Volk der Erde
01/9610

Das Volk vom Fluß
01/9947

Das Volk an der Küste
01/10338

Das Volk an den Seen
01/10588

Das Volk der Stille
01/13029

01/13029

HEYNE-TASCHENBÜCHER